李宗侗（一八九五—一九七四）

字文伯，河北省高陽縣人。自幼聰明過人。十七歲時到法國留學，畢業於法國巴黎大學。一九二四年返國，受聘於國立北京大學，兼法文系主任，曾出任故宮博物院秘書長等職。一九四八年，受聘為國立台灣大學歷史系教授。後歷兼國史館史料審查委員、編譯館編審委員、台灣省文獻委員會顧問、中華文化復興運動推行委員會委員等職。對中國古代史頗有研究，在學術上時有獨特見解。

夏德儀（一九〇一—一九九八）

號卓如，為臺灣大學歷史系文史淵博精深知名教授。一九〇一年出生於江蘇，北大歷史系畢業，一九四六年來台任教，先後開授中國通史、中國近代史、中國外交史等課程。教學之餘並擔任中學歷史教科書編委，以及參與台灣文獻叢刊的史料編纂工作。一九九四年完成《百吉老人自訂年譜》一書。退休後定居美國，一九九八年去世於美國。

國家教育研究院 主編

資治通鑑今註

第一冊

周紀 秦紀 漢紀

李宗侗 夏德儀等 校註

臺灣商務印書館

永恆的經典，智慧的泉源

馬英九（總統暨文化總會前會長）

中國傳統經典是民族智慧與經驗的結晶。在五千年的歷史中，這些典籍經歷戰亂的傷害，飽受文革的摧殘，然而書中蘊含的哲理，不只啟迪世世代代的炎黃子孫，且遠播於東亞及世界各國。如今學習國學經典同在兩岸盛行，並非偶然，反映這些古籍的價值跨越了時空，對二十一世紀兩岸人民，依然發揮積極的引導作用。

古人從小開始的經典教育，對一個孩子建立正確的人生觀，有非常重要的意義。而古文最迷人的地方，正在於它能將博大精深的知識，凝煉為言簡意賅的文字；將複雜的人生經驗，濃縮為一語道破的智慧。而這些修身、齊家、治國、平天下的理念，即使經過千百年的時空變遷，仍能與現代生活相結合。

我念小學二年級的時候，跟著在石門水庫任職的母親住在桃園龍潭。民國四十七年的臺灣，沒有電視可看，也沒有電晶體收音機可聽。晚上沒事，媽媽常常燈下課子，教我念古文。啟蒙的第一課是《左傳》的〈鄭伯克段於鄢〉，其中我記得最牢的一句話，就是鄭莊公對他從小被母親寵壞、長大後又驕縱謀反的弟弟共叔段所作的評語：「多行不義必自斃，子姑待之。」這句話我一直作為自惕與觀人的警語。放在今天的臺灣與世界的時空中，不也是很適用嗎？

上高中後，父親常常以晚清名臣曾國藩的家訓「唯天下至誠能勝天下至偽，唯天下至拙能勝天下至巧」來訓勉我。當初覺得陳義過高，似乎不切實際，但年紀愈大，閱歷愈多，愈覺得有道理。「尚誠尚拙、去偽去巧」的理念，也成為我為人處事的哲學。

民國八十年（一九九一）十二月，聯合國大會通過決議，要求各國全面禁止漁民在海洋使用「流刺網」（driftnet）捕魚，以免因為網目太小，造成大小通吃而使漁源枯竭。讀過《孟子》梁惠王篇的人，一定會覺得這個國際規範似曾相識。這位兩千多年前的亞聖不早就說過「數罟不入洿池，魚鱉不可勝食也」嗎？我不能不承認，孟子的保育觀念，實在非常先進。同樣的，他對齊宣王所說大小諸侯之間交往的原則，也可適用到今天的兩岸關係：「惟仁者為能以大事小……惟智者為能以小事大……以大事小者，樂天者也，以小事大者，畏天者也。樂天者，保天下；畏天者，保其國。」兩岸真能照辦，臺海還會不和平繁榮嗎？

民國九十五年（二〇〇六）十月，臺灣被貪腐的烏雲籠罩，民怨沸騰，當時總統府前廣場群眾豎起兩層樓高的海報標語，上面寫的就是「禮義廉恥」四個大字。二十一世紀臺灣街頭群眾運動的訴求，居然是二千五百多年前春秋時代齊國宰相管仲的名言，這是民主化後的臺灣，人生觀與價值觀的回歸，同時也是古典智慧的再現！

國家文化總會的前身是「中華文化復興運動推行委員會」（文復會），四十多年前曾與國立編譯館、臺灣商務印書館邀集國內多位國學大師共同出版《古籍今註今譯》系列，各界評價甚高，一時洛陽紙貴。如今重新刊印，邀我作序，實不敢當，忝為會長，礙難不從。謹在此分享一些讀經的親身感受，並期待古典文化的智慧，就像在歷史長河中的一盞明燈，繼續照亮中華民族的未來。

在時間的長河中

楊渡（文化總會祕書長）

時間是殘酷的，因為它會淘洗去所有的肉體與外在，虛華與偽飾。所有的慶典，權柄和武器，都有寂寞、生鏽、消逝的一天。

時間是溫柔的，因為它也留存了文明的光。唐朝沒有了宮殿，卻為我們留下李白和李商隱的詩句。長安的美麗，不是存在於西安，而是存在於詩句裡。

所有的政治風暴都會消逝，所有的權力都會轉移，所有的歷史，都見證著朝代的不斷更迭，才是進步的必然。然而到最後，什麼會留存下來？

文化總會的前身是「文化復興總會」，它是為了因應文化大革命對中國傳統文化的破壞，以「復興中華文化」為宗旨，而設立起來的。為了反制文革，總會特地請當時最好的學者，對四書、詩經、周易、老莊、春秋等進行今註今譯，以推廣典籍閱讀。當時聘請的學者，包括了南懷瑾、屈萬里、林尹、王夢鷗、史次耘、陳鼓應等，堪稱一時之選，連續出版了諸子百家的經典。這工作也持續了好幾年。

文化大革命的風暴過去之後，文復會性質慢慢改變，直到李登輝時代，它變成民間文化團體，舉辦一些文化活動。等到民進黨執政，由於去中國化，這些傳統文化的研究被忽略，束之高閣。然而，歷史多麼反諷。當文革過去，在經濟富裕後的現代大陸，由於缺少思想的指引，人們卻開始重讀古代典籍，而有諸子百家講堂與各種當代閱讀，古書今讀，竟成顯學。當年搞文革的卻已經悄悄的「復興中華文化」了。

反觀臺灣，這些由學養深厚的專家所寫的典籍今註今譯，卻因政治原因未受到重視。現在回頭看經典，細心體會古代的智慧，而不是用政治符號去切割知識典籍，我們才會開始懂得謙卑。歷史這樣長，而我們只是風中的塵埃。一如聖嚴法師所留下的偈：「無事忙中過，空裡有哭笑。」能留下的，只是無形的智慧，美麗的詩句，和千年的夢想。

當政治的風暴過去之後，什麼會留存下來？時間有多殘酷，我不知道。我只知道，中國傳統經典的生命，一定會生存得比政權更遠，更深，更厚。

我只知道，當古老的「禮義廉恥」，成為二十一世紀反貪腐抗議群眾運動的標語時，整個中華文明已經走向另一個階段。那是作為人的價值觀的百劫回歸，那是自信自省的開端。古老的，或許比現代更新、更有力，更象徵著數千年文明的總結。

而我們，只是千年文明裡的小小學生，仍在古老的經籍中，探詢著生命終極的意義，並且，尋找前行的力量。

《古籍今註今譯》總統推薦版序

中華文化精深博大，傳承頌讀，達數千年，源遠流長，影響深遠。當今之世，海內海外，莫不重新體認肯定固有傳統，中華文化歷久彌新、累積智慧的價值，更獲普世推崇。

語言的定義與運用，隨著時代的變動而轉化；古籍的價值與傳承，也須給予新的註釋與解析。商務印書館在先父王雲五先生的主持下，民國一〇年代曾經選譯註解數十種學生國學叢書，流傳至今。

臺灣商務印書館在臺成立六十餘年，繼承上海商務印書館傳統精神，以「宏揚文化、匡輔教育」為己任。五〇年代，王雲五先生自行政院副院長卸任，重新主持臺灣商務印書館，仍以「出版好書，匡輔教育」為宗旨。當時適逢國立編譯館中華叢書編審委員會編成《資治通鑑今註》（李宗侗、夏德儀等校註），委請臺灣商務印書館出版，全書十五冊，千餘萬言，一年之間，全部問世。

王雲五先生認為，「今註資治通鑑，雖較學生國學叢書已進一步，然因若干古籍，文義晦澀，今註之外，能有今譯，則相互為用，今註可明個別意義，今譯更有助於通達大體，寧非更進一步歟？」

因此，他於民國五十七年決定編纂「經部今註今譯」第一集十種，包括：詩經、尚書、周易、周禮、禮記、春秋左氏傳、大學、中庸、論語、孟子，後來又加上老子、莊子，共計十二種，改稱《古籍今註今譯》，參與註譯的學者，均為一時之選。

臺灣商務印書館以純民間企業的出版社，來肩負中華文化古籍的今註今譯工作，確實相當辛苦。中華文化復興運動總會（國家文化總會前身）成立後，一向由總統擔任會長，號召推動文化復興重任，素有成效。六〇年代，王雲五先生承蒙層峰賞識，委以重任，擔任文復會副會長。他乃將古籍今註今譯列入文復會工作計畫，廣邀文史學者碩彥，參與註解經典古籍的行列。文復會與國立編譯館中華叢書編審委員會攜手合作，列出四十二種古籍，除了已出版的第一批十二種是由王雲五先生主編外，文復會與國立編譯館主編的有二十一種，另有八種雖列入出版計畫，卻因各種因素沒有完稿出版。臺灣商務印書館另外約請學者註譯了九種，加上《資治通鑑今註》，共計出版古籍今註今譯四十三種。茲將書名及註譯者姓名臚列如下，以誌其盛：

序號	書名	註譯者	主編	初版時間
1	尚書	屈萬里	王雲五（臺灣商務印書館）	五八年九月
2	詩經	馬持盈	王雲五（臺灣商務印書館）	六〇年七月
3	周易	南懷瑾	王雲五（臺灣商務印書館）	六三年十二月
4	周禮	林尹	王雲五（臺灣商務印書館）	六一年九月
5	禮記	王夢鷗	王雲五（臺灣商務印書館）	七三年一月
6	春秋左氏傳	李宗侗	王雲五（臺灣商務印書館）	六〇年一月
7	大學	宋天正	王雲五（臺灣商務印書館）	六六年二月
8	中庸	宋天正	王雲五（臺灣商務印書館）	六六年二月
9	論語	毛子水	王雲五（臺灣商務印書館）	六四年十月
10	孟子	史次耘	王雲五（臺灣商務印書館）	六二年二月
11	老子	陳鼓應	王雲五（臺灣商務印書館）	五九年五月

12	莊子	陳鼓應	王雲五（臺灣商務印書館）	六四年十二月
13	大戴禮記	高明	文復會、國立編譯館	六四年四月
14	春秋公羊傳	李宗侗	文復會、國立編譯館	六二年五月
15	春秋穀梁傳	薛安勤	文復會、國立編譯館	八三年八月
16	韓詩外傳	賴炎元	文復會、國立編譯館	六一年九月
17	孝經	黃得時	文復會、國立編譯館	六一年七月
18	列女傳	張敬	文復會、國立編譯館	八三年六月
19	新序	盧元駿	文復會、國立編譯館	六四年四月
20	說苑	盧元駿	文復會、國立編譯館	六六年二月
21	墨子	李漁叔	文復會、國立編譯館	六三年五月
22	荀子	熊公哲	文復會、國立編譯館	六四年九月
23	韓非子	邵增樺	文復會、國立編譯館	七一年九月
24	管子	李勉	文復會、國立編譯館	七七年七月
25	孫子	魏汝霖	文復會、國立編譯館	六一年八月
26	史記	馬持盈	文復會、國立編譯館	六八年七月
27	商君書	賀凌虛	文復會、國立編譯館	七六年三月
28	太公六韜	徐培根	文復會、國立編譯館	六五年二月
29	黃石公三略	魏汝霖	文復會、國立編譯館	六四年六月
30	司馬法	劉仲平	文復會、國立編譯館	六四年十一月
31	尉繚子	劉仲平	文復會、國立編譯館	六四年十一月
32	吳子	傅紹傑	文復會、國立編譯館	六五年四月
33	唐太宗李衛公問對	曾振	文復會、國立編譯館	六四年九月
34	資治通鑑今註	李宗侗等	國立編譯館	五五年十月
35	春秋繁露	賴炎元	文復會、國立編譯館	七三年五月

36	公孫龍子	陳癸淼	文復會、國立編譯館	七五年一月
37	晏子春秋	王更生	文復會、國立編譯館	七六年八月
38	呂氏春秋	林品石	文復會、國立編譯館	七四年二月
39	黃帝四經	陳鼓應	臺灣商務印書館	八四年六月
40	人物志	陳喬楚	文復會、國立編譯館	八五年十二月
41	近思錄、大學問	古清美	文復會、國立編譯館	八九年九月
42	抱朴子內篇	陳飛龍	文復會、國立編譯館	九〇年一月
43	抱朴子外篇	陳飛龍	文復會、國立編譯館	九一年一月
44	四書（合訂本）	楊亮功等	王雲五（臺灣商務印書館）	六八年四月

已列計畫而未出版：

序號	書名	譯註者	主編	
1	國語	張以仁	文復會、國立編譯館	
2	戰國策	程發軔	文復會、國立編譯館	
3	淮南子	于大成	文復會、國立編譯館	
4	論衡	阮廷焯	文復會、國立編譯館	
5	楚辭	楊向時	文復會、國立編譯館	
6	文心雕龍	余培林	文復會、國立編譯館	
7	說文解字	趙友培	國立編譯館	
8	世說新語	楊向時	國立編譯館	

民國七十年，文復會秘書長陳奇祿先生、國立編譯館與臺灣商務印書館再度合作，將當時已出版的二十九種古籍今註今譯，商請原註譯學者和適當人選重加修訂再版，使整套古籍今註今譯更加完善。

九十八年春，國家文化總會秘書長楊渡先生，約請臺灣商務印書館總編輯方鵬程研商，計議重新編輯出版《古籍今註今譯》，懇請總統會長撰寫序言予以推薦，並繼續約聘學者註譯古籍，協助青年學子與國人閱讀古籍，重新體認固有傳統與智慧，推廣發揚中華文化。

臺灣商務印書館經過詳細規劃後，決定與國家文化總會、國立編譯館再度合作，重新編印《古籍今註今譯》，首批十二冊，以儒家文化四書五經為主，在今年十一月十二日中華文化復興節出版，以後每三個月出版一批，將來並在適當時機推出電子版本，使青年學子與海內外想要了解中華文化的人士，有適當的版本可研讀。二十一世紀必將是中華文化復興的新時代，讓我們共同努力。

臺灣商務印書館董事長**王學哲**謹序　民國九十八年九月

編纂古籍今註今譯序

由於語言文字習俗之演變，古代文字原為通俗者，在今日頗多不可解。以故，讀古書者，尤以在具有數千年文化之我國中，往往苦其文義之難通。余為協助現代青年對古書之閱讀，在距今四十餘年前，曾為本館創編學生國學叢書數十種，其凡例如左：

一、中學以上國文功課，重在課外閱讀，自力攻求；教師則為之指導焉耳。惟重篇巨帙，釋解紛繁，得失互見，將使學生披沙而得金，貫散以成統，殊非時力所許；是有需乎經過整理之書篇矣。本館鑒此，遂有學生國學叢書之輯。

二、本叢書所收，均重要著作，略舉大凡；經部如詩、禮、春秋；史部如史、漢、五代；子部如莊、孟、荀、韓，並皆列入；文辭則上溯漢、魏，下迄五代；詩歌則陶、謝、李、杜，均有單本；詞則多采五代、兩宋；曲則擷取元、明大家；傳奇、小說，亦選其英。

三、諸書選輯各篇，以足以表見其書，其作家之思想精神、文學技術者為準；其無關宏旨者，概從刪削。所選之篇類不省節，以免割裂之病。

四、諸書均為分段落，作句讀，以便省覽。

五、諸書均有註釋；古籍異釋紛如，即采其較長者。

六、諸書較為罕見之字，均注音切，並附注音字母，以便諷誦。

七、諸書卷首，均有新序，述作者生平，本書概要。凡所以示學生研究門徑者，不厭其詳。

然而此一叢書，僅各選輯全書之若干片段，猶之嘗其一臠，而未窺全豹。及民國五十三年，余謝政後重主本館，適國立編譯館有今註資治通鑑之編纂，甫出版三冊，以經費及流通兩方面，均有借助於出版家之必要，商之於余，以其係就全書詳註，足以彌補余四十年前編纂學生國學叢書之闕，遂予接受。甫歲餘，而全書十有五冊，千餘萬言，已全部問世矣。

余又以今註資治通鑑，雖較學生國學叢書已進一步，然因若干古籍，文義晦澀，今註以外，能有今譯，則相互為用，今註可明個別意義，今譯更有助於通達大體，寧非更進一步歟？幾經考慮，乃於五十六年秋，決定編纂經部今註今譯第一集十種，其凡例如左：

一、經部今註今譯第一集，暫定十種，其書名及白文字數如左。

詩經	三九一二四字
尚書	二五七〇〇字
周易	二四二〇七字
周禮	四五八〇六字
禮記	九九〇二〇字
春秋左氏傳	一九六八四五字

大　學　一七四七字

中　庸　三五四五字

論　語　一二七〇〇字

孟　子　三四六八五字

以上共白文四八三三七九字

二、今註仿資治通鑑今註體例，除對單字詞語詳加註釋外，地名必註今名，年份兼註公元，衣冠文物莫不詳釋，必要時並附古今比較地圖與衣冠文物圖案。

三、全書白文四十七萬餘字，今註假定佔白文百分之七十，今譯等於白文百分之一百三十，合計白文連註譯約為一百四十餘萬言。

四、各書按其分量及難易，分別定期於半年內，一年內或一年半內繳清全稿。

五、各書除付稿費外，倘銷數超過二千部者，所有超出之部數，均加送版稅百分之十。稍後，中華文化復興運動推行委員會制定工作實施計畫，余以古籍之有待於今註今譯者，不限於經部，且此種艱鉅工作，不宜由獨一出版家擔任，因即本此原則，向推行委員會建議，幸承接納，經於工作計畫中加入古籍今註今譯一項，並由其學術研究出版促進委員會決議，選定第一期應行今註今譯之古籍約三十種，除本館已先後擔任經部十種及子部二種外，徵求各出版家分別擔任。深盼羣起共鳴，一集告成，二集繼之，則於復興中華文化，定有相當貢獻。

本館所任之古籍今註今譯十有二種，經慎選專家定約從事，閱時最久者將及二年，較短者不下一年，則以屬稿諸君，無不敬恭將事，求備求詳；迄今祇有尚書及禮記二種繳稿，所有註譯字數，均超出原預算甚多，以禮記一書言，竟超過倍數以上。茲當第一種之尚書今註今譯排印完成，問世有日，謹述緣起及經過如右。

王雲五

民國五十八年九月二十五日

資治通鑑今註序

南宋以前，中國正史體裁不外編年與紀傳，劉知幾所謂二體是也。若以時代之先後而論，編年遠古於紀傳，蓋夏商周以來國史之通例，魯史《春秋》及《竹書紀年》斯其明證矣。自司馬遷始創紀傳體以來，班固等因之，遂成史學之正宗。編年體如荀悅《漢紀》諸書，非其倫也。至宋司馬光編集《資治通鑑》，采用正史雜史多至三百餘種，錄一千三百六十二年事蹟，歷十九年始成，共書二百九十四卷，蔚然成復興編年體之鉅著，於是二體遂復並峙，兩司馬氏之姓名亦共永垂不朽。蓋子長紀傳體之祖，君實編年體之復興者。然經年既遠，文字非詁訓難明，地理官制非註釋莫辨，則有待於今註者亦自然之理。曉峯部長以《史記今註》屬史語所諸先生，而以《資治通鑑今註》見屬，舉二體之精英，為諸史今註之創始，其用意良有以也。顧以眾手成書，而時間又急迫，不免有遺漏、矛盾、體例不純之處。信哉胡梅磵之言：「人苦不自覺，前註之失吾知之；吾註之失，吾不能知也。」胡氏學識之淵博，宗侗等安敢望其項背，其言尚如此，則今註之失更不待言，匡謬補正，是有望於並世學人者矣。然明知註史之難而又受命不辭者，則亦有說。通鑑昔雖有史炤之釋文及號稱司馬康之註，皆極簡略，其集大成者實推梅磵。胡註之成在元至元二十二年乙酉，去今已六百七十一年，其間地名之沿革最甚，讀胡註者仍不能知其今地，今註之不可以緩，此其尤重要者。又《晉書》以後，兩唐書以前，諸正史皆尚無註。若將南北朝及唐、五代各卷加以詮釋，未嘗不可供作各史今註之前驅，其於註史或不無小補乎？有此三義，乃敢妄作。至其凡例，列於另紙。方今註首冊刊成之日，適恭逢 總統蔣公七秩有慶，藉重註涑水之鉅著，敬當野人之獻芹，若能微有資於至治，則懽忭於無既矣。

李宗侗 夏德儀 序 中華民國四十五年十月

凡例

㈠溫公因漢以前只用干支紀日，而不用干支紀年，乃用《爾雅・釋天》歲陽歲陰名。字雖難解，為保存原書面目計，仍加以保留，而註干支及西元於下。

㈡原書分節只中空一格，茲為較明顯起見，將每節提行，並上加號數，以便讀者引用。

㈢節過長者加以分段，每段提行而不加號數，以無傷溫公分節原旨。

㈣史書慣用干支紀日，甚不便於讀者，茲在干支下加註日名。但漢高五年以前通鑑只紀月而不紀干支，註從闕。

㈤為省印刷起見，註釋用淺近文言，以免份量過重。

㈥地名只註今地，其有聚訟者始引用漢《地理志》、後漢《郡國志》、唐《括地志》等書，以便考證。凡不言「故城」處，亦指故城。

㈦官制輿服略予註明。

㈧胡註常註明姓氏來源，然唐人所著姓氏書，已不盡可憑，茲多從略。

㈨引用胡三省註時，加「胡三省曰」字樣，與其餘諸家同。

宋神宗御製資治通鑑序

朕惟君子多識前言往行，以畜其德。故能剛健篤實，輝光日新。書亦曰：「王人求多聞，時惟建事。」詩、書、春秋皆所以明乎得失之迹，存王道之正，垂鑑戒於後世者也。漢司馬遷紬石室金匱之書，據左氏、國語，推世本、戰國策、楚漢春秋，采經摭傳，罔羅天下放失舊聞，考之行事，馳騁上下數千載間，首記軒轅，至于麟止，作為紀、表、世家、書、傳，後之述者不能易此體也。惟其是非不謬於聖人，褒貶出於至當，則良史之才矣！若稽古英考，留神載藉，萬機之暇，未嘗廢卷。嘗命龍圖閣直學士司馬光論次歷代君臣事迹，俾就祕閣繙閱，給吏史筆札，起周威烈王，訖于五代。光之志以為周積衰，王室微，禮樂征伐自諸侯出；平王東遷，齊楚秦晉始大，桓文更霸，猶託尊王為辭，以服天下；威烈王自陪臣命韓、趙、魏為諸侯，周雖未滅，王制盡矣。此亦古人述作造端立意之所繇也。其所載明君良臣切摩治道議論之精語，德刑之善制，天人相與之際，休咎庶證㈠之原，威福盛衰之本，規模利害之効，良將之方略，循吏之條教，斷之以邪正，要之於治忽。辭令淵厚之體，箴義深切之義，良謂備焉。凡十六代，勒成二百九十四卷。列於戶牖之間而盡古今之統，博而得其要，簡而周於事，是亦典刑之總會，冊牘之淵林矣。荀卿有言：「欲觀聖人之迹，則於其粲然者矣，後王是也。」若夫漢之文宣，唐之太宗，孔子所謂吾無間焉者。自餘治世聖王，有慘怛之愛，有忠利之教，或知人善任，恭儉勤畏，亦各得聖賢之一體，孟軻所謂「吾於武成，取二三策而已。」至於荒墮顛危，可見前車之失；亂賊姦宄，厥有履霜之漸。詩云：「商鑑不遠，在夏后之世。」故賜其書名曰《資治通鑑》，以著朕之志焉耳。

治平四年十月初開經筵，奉聖旨讀《資治通鑑》。其月九日，

臣光初進讀，面賜御製，令候書成日寫入㈡。

【今註】㈠宋刊本如此，「庶證」當為「庶徵」之誤。㈡神宗序胡註本無，今據宋本。後二行當係溫公附註，宋刊原低二格，共六行，今仍照錄。

進資治通鑑表

臣光言，先奉敕編集歷代君臣事迹，又奉聖旨賜名資治通鑑，今已了畢者。伏念臣性識愚魯，學術荒疎，凡百事為，皆出人下，獨於前史粗嘗盡心，自幼至老嗜之不厭。每患遷固㊀以來，文字繁多，自布衣之士讀之不徧，況於人主，日有萬機，何暇周覽？臣常不自揆，欲刪削冗長，舉撮機要，專取關國家盛衰，繫生民休戚，善可為法，惡可為戒者，為編年一書，使先後有倫，精粗不雜。私家力薄，無由可成。伏遇英宗皇帝資睿智之性，敷文明之治，思歷覽古事，用恢張大猷，爰詔下臣俾之編集。臣夙昔所願一朝獲伸，踊躍奉承，惟懼不稱。先帝仍命自選辟官屬㊁，於崇文院置局㊂，許借龍圖㊃、天章閣㊄、三館㊅、祕閣㊆書籍，賜以御府筆、墨、繒帛、及御前錢，以供果餌，以內臣為承受。眷遇之榮，近古莫及。不幸書未進御，先帝違棄羣臣。陛下紹膺大統，欽承先志，寵以冠序，錫之嘉名㊇，每開經筵，常令進讀。臣雖頑愚，荷兩朝知待如此其厚，隕身喪元，未足報塞；苟智力所及，豈敢有違。會差知永興軍，以衰疾不任治劇，乞就冗官。陛下俯從所欲，曲賜容養，差判西京留司御史臺，及提舉西京嵩山崇福宮，前後六任，仍聽以書局自隨。給之祿秩，不責職業。臣既無它事，得以研精極慮，窮竭所有。日力不足，繼之以夜。徧閱舊史，旁采小說，簡牘盈積，浩如淵海。抉擿幽隱，校計毫釐，上起戰國，下終五代，凡一千三百六十二年，修成二百九十四卷。又略舉事目，年經國緯，以備檢尋，為目錄三十卷。又參考羣書，評其同異，俾歸一塗，為考異三十卷。合三百五十四卷。自治平㊈開局，迨今始成，歲月淹久，其間抵牾不敢自保，罪負之重固無所逃。臣光誠惶誠懼，頓首頓首，重念臣違離闕庭十有五年，雖身處於外，區區之心，朝夕寤寐何嘗不在陛下之左右。顧以駑蹇，無施而可，是以專事鉛槧，用酬大恩，庶竭涓塵，少裨海嶽。臣今骸骨癯瘁，目視昏近，齒牙無幾，神識衰耗，目前所為，旋踵遺忘，臣之精力盡於此書。伏望陛下寬其妄作之誅，察其願忠之意，以清閒之宴，時賜省覽。鑒前世之興衰，考當今之得失，嘉善矜惡，取是捨非，足以懋稽古之盛德，躋無前之至治，俾四海羣生，咸蒙其福，則臣雖委骨九泉，志願永畢矣。謹奉表陳進以聞。臣光誠惶誠懼，頓首頓首，謹言。

端明殿學士兼翰林侍讀學士太中大夫提舉西京嵩山崇福宮上柱國河內郡開國公食邑二千六百戶食實封壹阡戶臣司馬光上表

元豐⑩七年十一月進呈

檢閱文字承事郎臣　司馬康

同修奉議郎臣　范禹祖

同修祕書丞臣　劉恕

同修尚書屯田員外郎充集賢校理臣　劉攽

編集端明殿學士兼翰林侍讀學士太中大夫臣　司馬光

獎諭詔書

敕司馬光修資治通鑑成事。史學之廢久矣，紀次無法，論議不明，豈足以示懲勸明久遠哉！卿博學多聞，貫穿今古，上自晚周，下迄五代，發揮綴緝，成一家之書，褒貶去取，有所據依。省閱以還，良深嘉歎。今賜卿銀、絹、對衣、腰帶、鞍轡馬，具如別錄㈡，至可領也。故茲獎諭，想宜知悉。冬寒，卿比平安好。遣書指不多及。

十五日

元豐八年九月十七日，准尚書省箚子，奉聖旨重行校定。

元祐㈢元年十月十四日，奉聖旨下杭州鏤板。

校對宣德郎祕書省正字臣 張耒

校對宣德郎祕書省正字臣 晁補之

校對朝奉郎行祕書省正字上騎都尉臣 宋匪躬

校對朝奉郎行祕書省校書郎充集賢校理武騎尉賜緋魚袋臣 盛次仲

校定承議郎充祕閣校理武騎尉賜緋魚袋臣 張舜民

校定承議郎祕書省校書郎充集賢校理武騎尉賜緋魚袋臣 孔武仲

校定修實錄院檢討官朝奉郎行祕書省著作佐郎武騎尉賜緋魚袋臣 黃庭堅

校定宣德郎守右正言臣 劉安世

校定奉議郎行祕書省著作佐郎兼侍講賜緋魚袋臣 司馬康

校定修實錄檢討官承議郎祕書省著作郎兼侍講上騎都尉賜緋魚袋臣　范祖禹

太中大夫守尚書右丞上柱國汲郡開國侯食邑一千八百戶食實封二百戶賜紫金魚袋臣　呂大防

通議大夫守尚書左丞上柱國平原郡開國公食邑二千五百戶食實封柒百戶臣　李清臣

金紫光祿大夫守尚書右僕射兼中書侍郎上柱國東平郡開國公食邑七千一百戶食實封二千三百戶臣　呂公著

【今註】 ㊀遷固：司馬遷，班固。㊁仍命自選辟官屬：命司馬光自選擇屬官，請朝廷派充為同修等官。㊂於崇文院置局：局，修書局；崇文院，宋會要輯稿職官十八：「太平興國二年太宗幸三館，顧左右曰：是豈足以蓄天下圖書，待天下賢俊？即日詔有司度左昇龍門東北車府地為三館。三年二月成。乃下詔曰：國家聿新崇構，大集羣書，宜錫嘉名，以光策府，其三館新修書院宜為崇文院。」㊃龍圖閣：宋真宗建，以奉太宗御書，御製文集及典籍、圖書、寶瑞之物及宗正屬籍世譜。㊄天章閣：宋真宗藏書閣名，在龍圖閣之北。㊅三館：宋承五代後周制度，以昭文館，集賢院，史館為三館。及太宗建崇文院，乃以東廊為昭文書庫，南廊為集賢書庫，西廊分經史子集四部，為史館書庫。名為三館，實皆設於崇文院中。㊆祕閣：宋太宗在崇文院中建祕閣以藏書籍及古書畫真跡。㊇錫之嘉名：司馬溫公書原名「通志」，神宗改為資治通鑑。㊈治平：英宗年號。書始修於治平三年，及治平四年，英宗崩，神宗即位。㊉元豐：神宗年號，七年為神宗即位後第十七年。是年，資治通鑑修成。⑪別錄：另紙之附錄。⑫元祐：哲宗年號。

治平資治通鑑事略

治平三年，四月辛丑，命龍圖直學士侍讀司馬光編集歷代君臣事迹。初，光患歷代史繁重，學者不能綜，況於人主？欲上自戰國，下迄五季，正史之外，旁采他書，關國家興衰，係生民休戚，善可為法，惡可為戒者，依左氏傳體為編年一書，名曰通志，遂約戰國至秦二世為八卷以進。英宗悅之，命續其書，置局祕閣，以劉恕趙君錫同修。四年，十月己酉，初御邇英。甲寅，初進讀。賜名資治通鑑，神宗親製序，面賜光。

序曰：「光之志以為威烈王命韓趙魏為諸侯，周雖未滅，王制盡矣。此亦古人述作造端立意之所繇也。其所載明君良臣切摩治道，議論之精語，德刑之善制，天人相與之際，休咎庶證之原，威福盛衰之本，規模利害之効，良將之方略，循吏之條教，斷以邪正，要於治忽。辭令淵厚之體，箴諫深切之義，良謂備焉。凡十六代，博而得其要，簡而周於事，是亦典刑之總會，冊牘之淵林矣。」元豐七年，十二月戊辰，書成二百九十四卷，上起戰國，下終五代，凡一千三百六十二年。又略舉事目，年經國緯，為目錄三十卷。參考羣書，評其同異，俾歸一塗，為考異三十卷，合三百五十四卷。自治平開局迄今始成，凡十九年。詔書獎諭，賜銀、帛、衣、帶、靴、馬。上諭輔臣曰：「前代未嘗有此書，過荀悅漢紀遠矣！」以光為資政殿學士。輔臣請觀之，遂命付三省㊀。

【今註】 ㊀事略宋刊本無，胡註本有，茲附錄於此。

資治通鑑總目

凡二百九十四卷

目次

【第一冊】

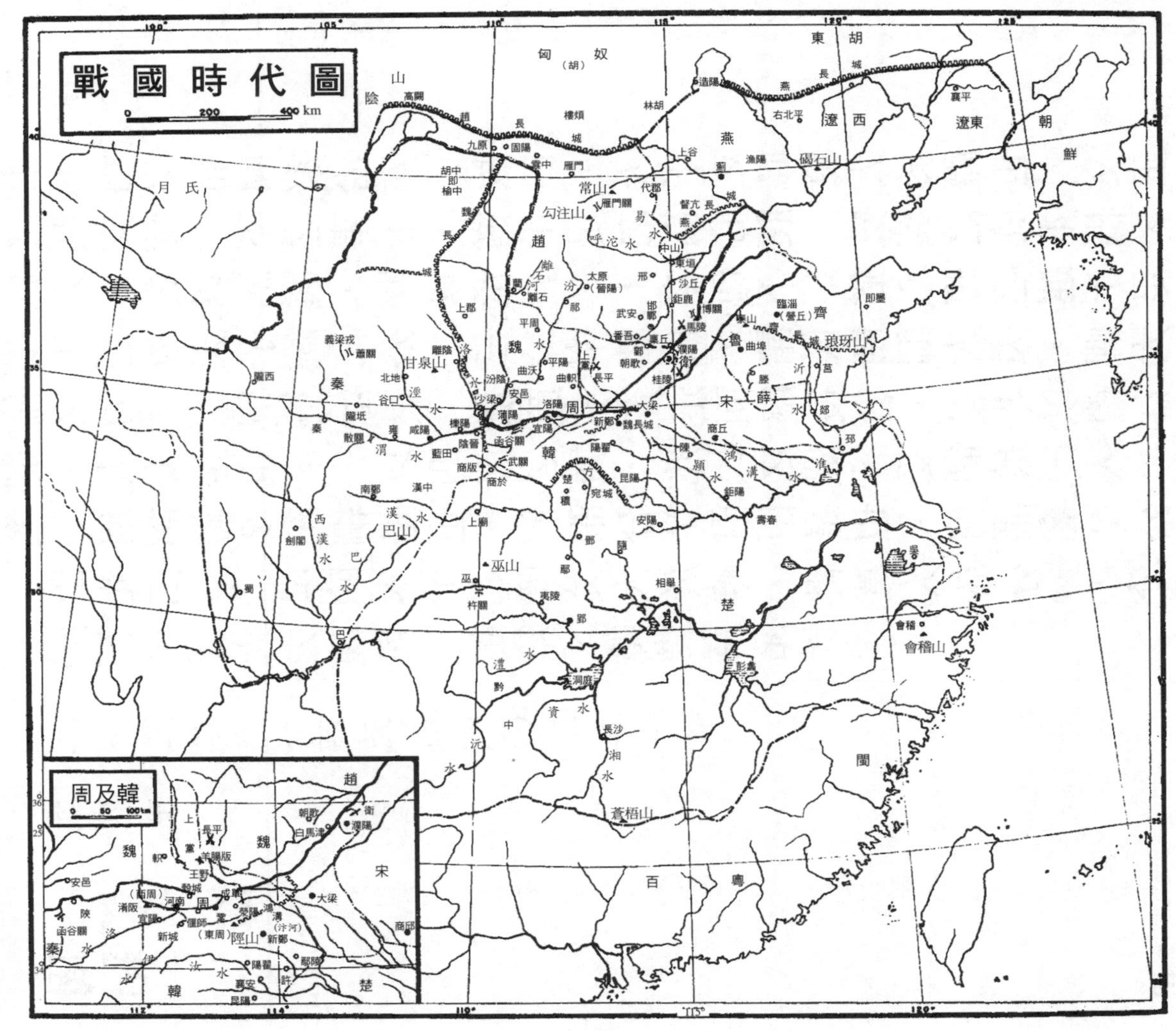
戰國時代圖
0 200 400 km
匈奴（胡）
東胡
陰山
月氏
燕
遼西
遼東
朝鮮
碣石山
常山
勾注山
趙
魏
秦
韓
周
宋
齊
魯
薛
楚
甘泉山
巫山
巴山
會稽山
蒼梧山
琅玡山
洞庭
彭蠡
百粵
閩
長城
周及韓
0 50 100 km

卷一　周紀一

司馬光編集
李宗侗註

起著雍攝提格，盡玄黓困敦㈠，凡三十五年。（戊寅至壬子，西元前四〇三年至西元前三六九年）

威烈王 名午，考王之子㈡。

二十三年㈢（西元前四〇三年）

㈠初命晉大夫魏斯、趙籍、韓虔為諸侯㈣。

臣光曰㈤：臣聞天子之職莫大於禮，禮莫大於分㈥，分莫大於名。何謂禮？紀綱是也。何謂分？君臣是也。何謂名？公、侯、卿、大夫是也。夫以四海之廣，兆民之眾，受制於一人，雖有絕倫之力㈦，高世之智㈧，莫敢不奔走而服役者，豈非以禮為之紀綱哉！是故天子統三公，三公率諸侯，諸侯制卿大夫，卿大夫治士庶人，貴以臨賤，賤以承貴。上之使下、猶心腹之運手足，根本之制支葉；下之事上，猶手足之衞心腹，支葉之庇本根，然後能上下相保而國家治安。故曰，天子之職莫大於禮也。文王序易以乾坤為首，孔子繫之曰：「天尊地卑，乾坤定矣。卑高以陳，貴賤位矣㊈。」言君臣之位猶天地之不可易也。春秋抑諸侯，尊王室。王人雖微、序於諸侯之上㊉，以是見聖人於君臣之際，未嘗不惓惓也㊁。非有桀紂之暴，湯武之仁，人歸之，天命之，君臣之分、當守節伏死而已矣。是故以微子而代紂，則成湯配天矣㊂；以季札而君吳，則太伯血食矣㊂。然二子寧亡國而不為者，誠以禮之大節不可亂也。故曰，禮莫大於分也。夫禮、辯貴賤，序親疏，裁羣物，制庶事，非名不著，非器不形。名以命之，器以別之，然後上下粲然有倫，此禮之大經也。名器既亡，則禮安得獨在哉！昔仲叔于奚有功於衞，辭邑而請繁纓。孔子以為不如多與之邑，惟名與器，不可以假人，君之所司也。政亡，則國家從之㊃。衞君待孔子而為政，孔子欲先正名，以為名不正，則民無所措手足㊄。夫繁纓、小物也，而孔子惜之；正名、細務也，而孔子先之。誠以名器既亂，則上下無以相保故也。夫事未有不生於微，而成於著㊅。聖人之慮遠，故能謹其微而治之；眾人之識近，故必待其著而後救之。治其微則用力寡而功多；救其著則竭力而不能及也。易曰：「履霜堅冰至(一七)。」書曰：「一日二日萬幾(一八)。」謂此類也。故曰，分莫大於名也。嗚呼！幽厲失德(一九)，周道日衰，綱紀敗壞，下陵上替，諸侯專征(二〇)，大夫擅政(二一)，禮之大體、什喪七八矣！然文武之祀猶緜緜相屬者(二二)，蓋以周之子孫尚能守其名分故也。何以言之？昔晉文公有大功於王室，請隧於襄王。襄王不許，曰：「王章也！未有代德而有二王，亦叔父之所惡也！不然，叔父有地而隧，又何請焉？」文公於是乎懼而不敢違(二三)。是故以周之地、則不大於曹、滕(二四)，以周之民、則不眾於邾、莒(二五)，然歷數百年宗主天下，雖以晉、楚、齊、秦之彊，不敢加者，何哉？徒以名分尚存故也。至於季氏之於魯(二六)，田常之於齊(二七)，白公之於楚(二八)，智伯之於晉(二九)，其勢皆足以逐君而自為，然而卒不敢(三〇)者，豈其力不足而心不忍哉？乃畏奸名犯分而天下共誅之也。今晉大夫暴蔑其君(三一)，剖分晉國，天子既不能討，又寵秩之(三二)，使列于諸侯。是區區之名分復不能守而幷棄之也，先王之禮於斯盡矣！或者以為當是之時，周室微弱，三晉彊盛，雖欲勿許，其可得乎？是大不然。夫三晉雖強，苟不顧天下之誅而犯義侵禮，則不請於天子而自立矣。不請於天子而自立，則為悖逆之臣。天下苟有桓文之君，必奉禮義而征之。今請於天子而天子許之，是受天子之命而為諸侯也，誰得而討之？故三晉之列於諸侯，非三晉之壞禮，乃天子自壞之也！嗚呼！君臣之禮既壞矣，則天下以智力相雄長，遂使聖賢之後為諸侯者，社稷無不泯絕㉝，生民之類糜滅幾盡㉞，豈不哀哉！

㈡初，智宣子㉟將以瑤為後，智果曰㊱：「不如宵也㊲。瑤之賢於人者五，其不逮㊳者一也：美鬢長大則賢㊴，射御足力則賢，伎藝畢給㊵則賢，巧文辯惠㊶則賢，彊毅果敢則賢，如是而甚不仁。夫以其五賢陵人，而以不仁行之，其誰能待之㊷？若果立瑤也，智宗必滅。」弗聽。智果別族於太史為輔氏㊸。

趙簡子之子長曰伯魯，幼曰無恤。將置後，不知所立。乃書訓戒之辭於二簡㊹，以授二子，曰：「謹識之㊺。」三年而問之，伯魯不能舉其辭；求其簡，已失之矣。問無恤，誦其辭甚習㊻，求其簡，出諸袖中而奏之(47)。於是簡子以無恤為賢。立以為後。簡子使尹鐸為晉陽(48)，請曰：「以為繭絲(49)乎？抑為保障(50)乎？」簡子曰：「保障哉！」尹鐸損其戶數(51)。簡子謂無恤曰：「晉國有難，而(52)無以尹鐸為少(53)；無以晉陽為遠，必以為歸。」

及智宣子卒，智襄子為政，與韓康子、魏桓子宴於藍臺，智伯戲康子而侮段規。智國聞之，諫曰：「主(54)不備難，難必至矣！」智伯曰：「難將由我。我不為難，誰敢興之？」對曰：「不然。夏書有之：『一人三失，怨豈在明，不見是圖(55)。』夫君子能勤小物故無大患。今主一宴而恥人之君相，又弗備，曰：『不敢興難。』無乃不可乎？蚋(56)、蟻、蜂、蠆皆能害人，況君相乎？」弗聽。智伯請地於韓康子。康子欲弗與，段規曰：「智伯好利而愎(57)，不與，將伐我；不如與之。彼狃于得地(58)，必請於他人。他人不與，必嚮之以兵(59)，然則我得免於患而待事之變矣。」康子曰：「善。」使使者致萬家之邑於智伯。智伯悅，又求地於魏桓子。桓子欲弗與，任章曰：「何故弗與？」桓子曰：「無故索地，故弗與。」任章曰：「無故索地，諸大夫必懼。吾與之地，智伯必驕。彼驕而輕敵，此懼而相親(六〇)，以相親之兵待輕敵之人，智氏之命必不長矣！周書曰：『將欲敗之，必姑輔之。將欲取之，必姑與之(六一)。』主不如與之以驕智伯，然後可以擇交而圖智氏矣；奈何獨以吾為智氏質乎(六二)？」桓子曰：「善。」復與之萬家之邑一。智伯又求蔡皋狼之地(六三)於趙襄子，襄子弗與。智伯怒，帥韓魏之甲以攻趙氏。襄子將出，曰：「吾何走乎？」從者曰：「長子(六四)近，且城厚完。」襄子曰：「民罷力以完之(六五)，又斃死以守之，其誰與我(六六)？」從者曰：「邯鄲(六七)之倉庫實。」襄子曰：「浚民之膏澤(六八)以實之，又因而殺之，其誰與我？其晉陽乎！先主之所屬也，尹鐸之所寬也，民必和矣！」乃走晉陽。三家以國人圍而灌之，城不浸者三版(六九)，沈竈產鼃(七〇)，民無叛意。智伯行水(七一)，魏桓子御，韓康子驂乘(七二)。智伯曰：「吾乃今知水可以亡人國也！」桓子肘康子，康子履桓子之跗(七三)，以汾水可以灌安邑，絳水可以灌平陽也。絺疵謂智伯曰：「韓魏必反矣！」智伯曰：「子何以知之？」絺疵曰：「以人事知之。夫從韓魏之兵以攻趙，趙亡，難必及韓魏矣。今約勝趙而三分其地，城不沒者三版，人馬相食，城降有日，而二子無喜志，有憂色，是非反而何？」明日，智伯以絺疵之言告二子。二子曰：「此夫讒臣欲為趙氏游說，使主疑於二家而懈於攻趙氏也。不然，夫二家豈不利朝夕分趙氏之田，而欲為危難不可成之事乎？」二子出，絺疵入，曰：「主何以臣之言告二子也？」智伯曰：「子何以知之？」對曰：「臣見其視臣端而趨疾，知臣得其情故也。」智伯不悛(七四)，絺疵請使於齊。趙襄子使張孟談潛出見二子曰：「臣聞脣亡則齒寒(七五)。今智伯帥韓魏以攻趙，趙亡，則韓魏為之次矣！」二子曰：「我心知其然也；恐事未遂而謀泄，則禍立至矣！」張孟談曰：「謀出二主之口，入臣之耳，何傷也？」二子乃潛與張孟談約，為之期日而遣之。襄子夜使人殺守隄之吏，而決水灌智伯軍。智伯軍救水而亂，韓魏翼而擊之(七六)，襄子將卒犯其前(七七)，大敗智伯之眾。遂殺智伯，盡滅智氏之族；唯輔果在。臣光曰：智伯之亡也，才勝德也。夫才與德異、而世俗莫之能辯，通謂之賢，此其所以失人也。夫聰察彊毅之謂才，正直中和之謂德。才者、德之資也；德者、才之帥也。雲夢之竹(七八)、天下之勁也，然而不矯揉(七九)，不羽括，則不能以入堅。棠谿(八〇)之金、天下之利也，然而不鎔範(八一)，不砥礪，則不能以擊彊。是故才德全盡謂之聖人，才德兼亡謂之愚人；德勝才謂之君子，才勝德謂之小人。凡取人之術，苟不得聖人君子而與之；與其得小人，不若得愚人。何則？君子挾才以為善，小人挾才以為惡。挾才以為善者，善無不至矣；挾才以為惡者，惡亦無不至矣。愚者雖欲為不善，智不能周，力不能勝，譬如乳狗搏人(八二)，人得而制之。小人智足以遂其姦，勇足以決其暴，是虎而翼者也。其為害豈不多哉！夫德者人之所嚴(八三)，而才者人之所愛。愛者易親，嚴者易疏。是以察者多蔽於才而遺於德。自古昔以來，國之亂臣，家之敗子，才有餘而德不足，以至於顛覆者多矣！豈特智伯哉！故為國為家者，苟能審於才德之分而知所先後，又何失人之足患哉？

(三)三家分智氏之田。趙襄子漆智伯之頭以為飲器(八四)。智伯之臣豫讓欲為之報仇，乃詐為刑人(八五)，挾匕首(八六)，入襄子宮中塗廁。襄子如廁(八七)，心動。索之，獲豫讓。左右欲殺之，襄子曰：「智伯死無後，而此人欲為報仇，真義士也！吾謹避之耳！」乃舍之(八八)。豫讓又漆身為癩(八九)，吞炭為啞，行乞於市，其妻不識也；行見其友，其友識之，為之泣曰：「以子之才，臣事趙孟，必得近幸(九〇)，子乃為所欲為，顧不易邪？何乃自苦如此？求以報仇，不亦難乎！」豫讓曰：「既以委質(九一)為臣，而又求殺之，是二心也！凡吾所為者極難耳，然所以為此者，將以愧天下後世之為人臣懷二心者也！」襄子出，豫讓伏於橋下。襄子至橋，馬驚。索之，得豫讓，遂殺之(九二)。

襄子為伯魯之不立也，有子五人，不肯置後，封伯魯之子於代(九三)，曰代成君，早卒。立其子浣(九四)為趙氏後。襄子卒，弟桓子逐浣而自立，一年卒。趙氏之人曰：「桓子立非襄主意！」乃共殺其子，復迎浣而立之，是為獻子。獻子生籍，是為烈侯(九五)。

魏斯者、魏桓子之孫也，是為文侯(九六)。

韓康子生武子。武子生虔，是為景侯㊈㊆。

魏文侯以卜子夏、田子方為師，每過段干木之廬必式㊈㊇，四方賢士多歸之。文侯與羣臣飲酒、樂，而天雨，命駕將適野。左右曰：「今日飲酒樂，天又雨，君將安之？」文侯曰：「吾與虞人期獵㊈㊈，雖樂豈可無一會期哉！」乃往，身自罷之⑩⑩。韓借師於魏以伐趙。文侯曰：「寡人與趙兄弟也，不敢聞命。」趙借師於魏以伐韓。文侯應之亦然。二國皆怒而去；已而知文侯以講⑩①於己也，皆朝于魏。魏於是始大於三晉，諸侯莫能與之爭。使樂羊伐中山⑩②克之，以封其子擊。文侯問於羣臣曰：「我何如主？」皆曰：「仁君。」任座曰：「君得中山，不以封君之弟而以封君之子，何謂仁君？」文侯怒，任座趨出。次問翟璜，對曰：「仁君。」文侯曰：「何以知之？」對曰：「臣聞君仁則臣直，嚮者任座之言直，臣是以知之。」文侯悅，使翟璜召任座而反之，親下堂迎之，以為上客。文侯與田子方飲，文侯曰：「鍾聲不比⑩③乎？左高⑩④。」田子方笑。文侯曰：「何笑？」子方曰：「臣聞之，君明樂官，不明樂音。今君審於音，臣恐其聾於官也？」文侯曰：「善。」

子擊出，遭田子方於道，下車伏謁㉕。子方不為禮。子擊怒，謂子方曰：「富貴者驕人乎？貧賤者驕人乎？」子方曰：「亦貧賤者驕人耳！富貴者安敢驕人？國君而驕人則失其國，大夫而驕人則失其家。失其國者，未聞有以國待之者也！失其家者，未聞有以家待之者也！夫士貧賤者、言不用，行不合，則納履而去耳！安往而不得貧賤哉㉖？」子擊乃謝之㉗。

文侯謂李克曰：「先生嘗有言曰：『家貧思良妻，國亂思良相。』今所置非成則璜㉘，二子何如？」對曰：「卑不謀尊，疏不謀戚㉙。臣在闕門㉚之外，不敢當命。」文侯曰：「先生臨事㉛勿讓。」克曰：「君弗察故也！居視其所親，富視其所與，達視其所舉，窮視其所不為，貧視其所不取，五者足以定之矣！何待克哉？」文侯曰：「先生就舍，吾之相定矣。」李克出，見翟璜。翟璜曰：「今者聞君召先生而卜相，果誰為之？」克曰：「魏成。」翟璜忿然作色曰：「西河㉜守吳起㉝，臣所進也，君內以鄴㉞

為憂，臣進西門豹。君欲伐中山，臣進樂羊。中山已拔，無使守之，臣進先生。君之子無傅，臣進屈侯鮒。以耳目之所睹記，臣何負㉕於魏成？」李克曰：「子言克於子之君者，豈將比周㉖以求大官哉？君問相於克，克之對如是。所以知君之必相魏成者？魏成食祿㉗千鍾，什九在外，什一在內，是以東得卜子夏、田子方、段干木。此三人者、君皆師之；子所進五人者、君皆臣之。子惡得㉘與魏成比也？」翟璜逡巡再拜曰：「璜鄙人也，失對。願卒為弟子㉙。」

吳起者、衛人，仕於魯。齊人伐魯，魯人欲以為將；起取齊女為妻，魯人疑之。起殺妻以求將，大破齊師。或譖之㉚魯侯曰：「起始事曾參㉛，母死不奔喪，曾參絕之。今又殺妻以求為君將，起殘忍薄行㉜人也！且以魯國區區㉝而有勝敵之名，則諸侯圖魯矣。」起恐得罪，聞魏文侯賢，乃往歸之。文侯問諸李克，李克曰：「起貪而好色；然用兵，司馬穰苴㉞弗能過也。」於是文侯以為將，擊秦，拔五城。起之為將，與士卒最下者同衣食，臥不設席，行不騎乘㉕，親裹贏糧㉖，與士卒分勞苦。卒有病疽㉗者，起為吮之㉘。卒母聞而哭之，人曰：「子、卒也！而將軍自吮其疽，何哭為？」母曰：「非然也。往年，吳公吮其父疽，其父戰不旋踵㉙，遂死於敵。吳公今又吮其子，妾不知其死所矣㉚，是以哭之。」

㈣燕㉛湣公薨，子僖公立。

【今註】㊀《爾雅・釋天》：「太歲在甲曰閼逢，在乙曰旃蒙，在丙曰柔兆，在丁曰彊圉，在戊曰著雍，在己曰屠維，在庚曰上章，在辛曰重光，在壬曰玄黓，在癸曰昭陽，是為歲陽。在寅曰攝提格，在卯曰單閼，在辰曰執徐，在巳曰大荒落，在午曰敦牂，在未曰協洽，在申曰涒灘，在酉曰作噩，在戌曰掩茂，在亥曰大淵獻，在子曰困敦，在丑曰赤奮若，是為歲陰。」（歲陰二字據郝懿行改。）按干支在古代只用以記日，記年之用較後起。故司馬溫公用歲陽歲陰而不用干支。㊁武王至威烈王二十世，戰國時周世系如下：

威烈王—安王┬烈王
　　　　　　└顯王—慎靚王—赧王

㊂胡三省曰：「上距春秋獲麟七十八年，距左傳趙襄子惎智伯事七十一年。」按由此可見《資治通鑑》之作，上接《左傳》之說不虛。㊃胡三省曰：「此溫公書法所由始也。」按魏斯即魏文侯，據傳說為畢公高之後，姬姓。晉獻公時，封畢萬於魏，為大夫，以後遂為魏氏。其子犨事晉文公，曾參與晉楚間城濮之戰。晉頃公

時，魏舒初為正卿。趙藉即趙烈侯，其始祖造父與秦同屬嬴姓。晉獻公時，封趙夙於耿，為大夫。夙弟衰從晉文公，參與城濮之戰，衰子盾至靈公時為正卿。韓虔即韓景侯，舊傳為武王子韓侯之後，另一說謂為曲沃桓叔之後。但以晉語韓宣子對叔向所說：「其自桓叔以下嘉吾子之賜」一語，則韓氏出自晉之同姓曲沃桓叔無疑，武王子實另一韓氏，與此不同。至晉悼公時韓厥始為正卿。知氏既滅之後，晉掌政權者只有三家，遂造成分晉之局面。㊄臣光曰：此司馬溫公仿《左傳》中君子曰及仲尼曰而下之議論。因通鑑是進呈御覽之書，故稱「臣光」而不用姓。㊅分：音份，地位。㊆絕倫之力：超越羣倫的才力。㊇高世之智：高出同時代人的智慧。㊈孔子繫之曰：「天尊地卑，乾坤定矣；卑高以陳，貴賤位矣」：以上《易・繫辭》文。乾為天，坤為地，天尊地卑之義既明，則乾坤之體用明定。天高地卑之義既陳述明顯，則寓物貴賤之地位亦清晰。㊉王人雖微，序於諸侯之上：《公羊傳》僖公八年，「春王正月，公會王人齊侯宋公衞侯許男曹伯陳世子款鄭世子華盟於洮。王人者何？微者也。曷為序乎諸侯之上？先王命也。」⑪惓惓：《漢書・劉向傳》：「忠臣畎畝，猶不忘君，惓惓之義也。」註謂惓惓猶勤勤。按勤勤懇懇不忘君。⑫以微子而代紂，則成湯配天矣：微子，《史記・宋微子世家》：「殷帝乙之首子而紂之庶兄也。」〈殷本記〉：「帝乙長子曰微子啟，啟母賤，不得嗣；少子辛；辛母王后，辛為嗣。」紂立後，商竟至於亡。王者祀天以其祖配，商之國祚不絕則成湯永能配天，言微子若立則商不亡。⑬以季札而君吳，則太伯血食矣：吳國為太伯之後。諸樊讓位於弟季札，季札不受。後公子光與王僚爭國，刺王僚。至光之子夫差而吳亡。古祭宗廟用活牲，因曰血食。季札若立則吳不亡，太伯永得受祭祀。㈣昔仲叔于奚有功於衛，辭邑而請繁纓：《左傳》成公二年，「新築人仲叔于奚救孫桓子，桓子是以免。既，衛人賞之以邑，辭；請曲縣繁纓以朝，許之。仲尼聞之曰：惜也！不如多與之邑。唯名與器，不可以假人，君之所司也。名以出信，信以守器，器以藏禮，禮以行義，義以生利，利以平民，政之大節也。若以假人，與人政也。政亡，則國家從之，不可止也已。」按繁纓用以裝飾馬之物，與曲縣皆諸侯所用，非大夫所宜用。㈤衛君待孔子而為政，孔子欲先正名：《論語・子路篇》：「子路曰：『衛君待子而為政，子將奚先？』子曰：『必也正名乎！』子路曰：『有是哉子之迂也！奚其正？』子曰：『野哉由也！君子於其所不知蓋闕如也！名不正則言不順，言不順則事不成，事不成則禮樂不興，禮樂不興則刑罰不中，刑罰不中則民無所錯手足。故君子名之必可言也，言之必可行也。君子於其言，無所苟而已矣！』」㈥生於微而成於著：微，微細不彰。著，顯著。㈦履霜堅冰至：坤卦初六爻文。先履微霜而後漸至堅厚的冰，比喻由微至著。㈧書曰：一日二日萬幾：此《尚書・皋陶謨》文。「一日二日」等於日日。幾，《漢書・王嘉傳》作機。偽孔安國傳曰：「幾微也，言當戒懼萬事之幾微。」㈨幽厲失德：周厲王為國人流於彘，幽王為犬戎殺於驪山下，平王東遷，西周遂亡。㈩諸侯專征：征是征伐，諸侯不奉天子命令，獨專有征伐大權。(一一)大夫擅政：擅是專擅，大夫不聽諸侯命令，獨專國政，如魯之三桓，晉之六卿，齊之田氏皆是。(一二)相屬者：相聯屬。(一三)昔晉文公有大功於王室，請隧於襄王：太叔帶之難，周襄王出居於氾，晉文公帥師納王，殺太叔帶。王享醴，命晉侯宥，請隧，弗許。事見《左傳》僖公二十五年。按隧是由地面傾斜降下之路，王葬時所用之禮，諸侯以下不能使用。王章是王的制度。叔父指晉文公，周稱同姓諸侯如此。㉔曹、滕：春秋時小國，曹都在今山東省定陶縣，滕都在今山東省滕縣。㉕郳、莒：亦春秋時小國，郳都在今山東省嶧縣，莒都在今山東省莒縣。㉖季氏之於魯：魯桓公子季友有立僖公之功，其後為季孫氏，世掌其國政權。及季平子驅逐昭公，季康子又驅逐哀公，然終未敢篡君位，見《左傳》及《史記・魯世家》。㉗田常之於齊：田氏即陳氏，陳公子完出奔齊，齊桓公以為工正。七世而至田常，弒齊簡公。及田和遂代姜姓之齊為諸侯。見下安王二十三年㈡。詳見《左傳》及《史記・田敬仲完世家》。《史記》作田常，《左傳》及《論語》則作陳恆，溫公從《史記》。田陳古音同。㉘白公之於楚：白公勝為楚平王太子建之子，作亂，殺令尹子西及司馬子期。其部下石乞曰：「焚庫弒王，不然，不濟。」白公曰：「弒王不祥，焚庫無聚，何足以守乎？」（以上《左傳》文）遂失敗而自縊。事見《左傳》及《史記・楚世家》。㉙知伯之於晉：《史記・晉世家》：「知伯與趙韓魏共分范中行地，以為邑。（晉）出公怒，告齊魯，欲以伐四卿。四卿恐，遂反攻出公，出公奔齊，道死。故知伯乃立昭公曾孫驕為晉君，是為哀公。」智伯，《左傳》及《史記》皆作知伯，知、智古同字。㉚卒不敢：竟不敢。㉛暴蔑其君：對其君虐待而輕視。㉜又寵秩之：以爵位榮寵他們。㉝社稷無不泯絕：社稷代表國家，意言其國家沒有不滅絕的。㉞糜滅幾盡：《說文解字》：「糜，糝也。」徐鍇以為糜即粥，按由粥而引申為糜爛。言糜爛滅絕幾至於全人類。㉟智宣子：韋昭曰：「智宣子，晉卿荀躒之子申也。」按荀氏即智氏之別稱。㊱智果：智氏之族人。㊲宵：智宵：宣子之庶子，智瑤之弟兄。㊳不逮：不及人。㊴美鬢：胡三省曰：「通鑑俗傳寫者多作美鬚，非也。國語作美鬢，今從之。」㊵伎藝畢給：韋昭曰「給足也。」按謂各種伎藝皆精能。㊶巧文辯惠：工於文辭而善辯，與《史記・殷本紀》謂紂「辯足以飾非」意同。㊷其誰能待之：誰能忍受他？㊸智果別族於太史為輔氏：以上事亦見《晉語》。古代太史掌氏姓，智果至太史處與智氏分族，自為輔氏。㊹二簡：東漢以前無紙，將竹削為簡，以供寫字其上曰竹簡。㊺謹識之：慎重的記著。㊻甚習：甚熟習。㊼奏之：進上。按《史記・趙世家》所記與此異。世家曰：「簡子盡諸子與語，毋卹最賢。簡子乃告諸子曰：『吾藏寶符於常山上，先得者賞！』諸子馳之常山上，求無所得。毋卹還曰：『已得符矣！』簡子曰：『奏之！』毋卹曰：『從常山上臨代，代可取也。』簡子於是知毋卹果賢，乃廢太子伯魯而以毋卹為太子。」此蓋一事之兩種傳說。通鑑采《韓詩外傳》所記。㊽為晉陽：治理晉陽。晉陽舊有兩說：《漢書・地理志》及《水經注》皆以為在漢太原郡之晉陽，在今山西省太原縣西南；《括地志》以為在唐虞鄉縣。胡三省用第一說。按唐叔所封之晉確在今山西省西南部而非太原；閻若璩論之甚詳。趙襄子所守之晉陽，似以在太原為宜。㊾繭絲：吸人民之脂膏，不盡不止，等於抽蠶繭之絲，亦非盡不止。㊿保障：愛民富民，使之能為國家的保障。(51)損其戶數：減輕人民戶之數目，則徭役及賦稅皆減。(52)而：等於爾。(53)為少：輕視。胡三省曰：少音多少之「少」，重之為多，輕之為少。(54)主：春秋末以來，家臣稱大夫曰主。(55)〈夏書〉有之：「一人三失，怨豈在明，不見是圖」：按此《偽古文尚書》五子之歌文。三失，三次過失。怨不怕在明處，宜圖謀防微所不能見的。(五六)蜹：胡三省曰：「今按蜹，小蟲，日中羣集人之肌膚而嘬其血，蚊之類也。」(五七)愎：音庇，剛愎。(五八)狃於得地：因得地遂喜而驕。(五九)嚮之以兵：以兵相向。(六〇)此懼而相親：「此」指上文諸大夫，相親是互示聯合。(六一)周書曰：以下為《逸周書》文，非《尚書》中之〈周書〉。(六二)為智氏質乎：胡三省曰：「質謂椹質也，質的也。椹質受斧，質的受矢。言智伯怒魏桓子必加兵於魏，如椹質之受斧，質的之受矢也。」按質今作鑕，《漢書・張蒼傳》：「解衣伏質」，注：「鍖也」。鍖亦即椹。(六三)蔡皐狼之地：胡三省曰：「史炤曰：『皐狼春秋蔡地，後為趙邑。』余據春秋之時，晉楚爭盟，晉不能越鄭而服蔡；三家分晉，韓得成皐，因以幷鄭。時蔡地已為楚所滅，鄭之南境亦入於楚。就使皐狼為鄭地，趙襄子安得而有之？漢書地理志：西河郡有皐狼縣，又有藺縣。漢之西河，春秋以來皆為晉境，而古文藺字與蔡字近，或者蔡字其藺字之訛歟？」按胡氏此說極近理，皐狼絕對非蔡地，史炤之誤無疑。皐狼縣故城在今陝西省永寧縣西北，藺縣故城在永寧縣西。(六四)長子：故城在今山西省長子縣西。(六五)民罷力以完之：罷讀曰疲，言人民疲竭其力以修築成的。(六六)其誰與我：誰肯與我同心同力？(六七)邯鄲：音寒丹，故城在今河北省邯鄲縣西南十里趙王城。(六八)浚民之膏澤：浚，韋昭曰：「煎也」。言煎煮人民之脂膏。(六九)三版：古代築城皆用版築，每高二尺用一版，三版共六尺。(七〇)沈竈產鼃：鼃、今字作蛙，似蝦蟇而長腳，其色青。俞樾以為沈通作煁。按《爾雅・釋言》：「煁、烓也。」郭注：「今之三隅竈。」《說文解字》：「烓、行竈也。」郝懿行曰：「郭云三隅竈者，蓋如今之風爐，形如筆筩，缺其上口為三角以受風，形制大小，隨人所欲，舟車皆可攜帶，故說文謂之行竈也。」烓讀若回。行竈可產蛙，城中之積水可知。㉑行水：巡行灌城。㉒驂乘：古代兵車中有三甲士：一為將，一為御，一人持矛在車之右，《左傳》謂之右，驂乘即右。㉓桓子肘康子，康子履桓子之跗：跗音夫，腳趾。二人不敢明言，故桓子以臂肘推康子，康子以足踢桓子之腳趾。肘，履皆動詞。㉔不悛：不改。㉕脣亡則齒寒：《左傳》僖公五年宮之奇諫虞公語。㉖翼而擊之：在兩翼擊智伯軍隊。㉗將卒犯其前：率領兵卒攻智伯軍隊的正面。㉘雲夢之竹：古澤名，杜預曰：「楚之雲夢，跨江南北。」《漢書・地理志》：「華容縣，雲夢澤在南。」今湖北省監利、石首縣皆漢華容縣境。㉙不矯揉，不羽括：矯揉是曲撓竹而使之直。羽是箭上的羽，括是箭尾安弓弦處。羽括是裝羽及括於箭上。㉚棠谿：地名，漢屬吳房縣，在今河北省遂平縣西北。其地產銅，甚精利，韓國曾於此鑄劍。㉛不鎔範，不砥礪：《漢書・董仲舒傳》注：「鎔謂鑄器之模範。」砥礪，用石磨。意謂不將銅溶化而置於模範中，更不再以石磨它。㉜乳狗搏人：小狗追咬人。㉝所嚴：所尊敬。㉞飲器：按顏師古曰：「匈奴嘗以月氏王頭與漢使歃血盟。」以仇人頭為飲器，古有此俗。㉟刑人：被刑之人。㊱匕首：匕音比，匕首，短劍。㊲如廁：往廁。㊳舍之：舍，古捨字。㊴漆身為癩：癩，惡疾。身上塗漆使生惡疾。㊵近幸：親近。㊶委質：《左傳》僖公二十三年：「策名委質。」朱駿聲以質為摯之假借。稱臣時必以摯為進見之禮，故委質即稱臣。㊷得豫讓遂殺之：胡三省曰：「自智宣子立瑤至豫讓報仇，其事皆在威烈王二十三年之前，故先以初字發之。溫公之意蓋以天下莫大於名分，觀命三大夫為諸侯之事，則知周之所以益微，七雄之所以益盛；莫重於宗社，觀智趙立後之事，則知智宣子之所以失，趙簡子之所以得；君臣之義當守節伏死而已，觀豫讓之事，則知策名委質者，必有霣而無貳。其為後世之鑑，豈不昭昭也哉！」按此胡氏發明溫公書法之議論。(九三) 代：秦代郡即代舊地，閻若璩曰：「張守節云：蔚州飛狐縣北百五十里有秦漢故郡城，飛狐漢廣昌縣地，則漢代郡治廣昌縣，秦亦爾，云治高柳者恐誤。」按廣昌故城在今河北省淶源縣北。(九四) 其子浣：代成君之子。(九五) 烈侯：周威烈王二十三年為趙烈侯六年，烈侯以下戰國趙世系如後：

(1)烈侯—(3)敬侯—(4)成侯—(5)肅侯—(6)武靈王—(7)惠文王—(8)孝成王—(9)悼襄王—(10)王遷
(2)武侯（烈侯之弟）；平原君（武靈王之子）

(九六) 文侯：周威烈王二十三年為魏文侯二十二年，文侯以下戰國魏世系如後：

(1)文侯—(2)武侯—(3)惠王—(4)襄王—(5)昭王—(6)安僖王—(7)景閔王—(8)王假

按《史記》在惠王及襄王之間，多哀王。司馬溫公據《竹書紀年》。惠王有後元年，《史記》誤為襄王元年。(九七) 景侯：周威烈王二十三年為韓景侯六年，景侯以下戰國韓世系如後：

(1)景侯—(2)烈侯—(3)文侯—(4)哀侯—(5)懿侯—(6)昭侯—(7)宣惠王—(8)襄王—(9)僖王—(10)桓惠王—(11)王安

(九八) 每過段干木之廬必式：段干：雙姓，名木。廬同閭，《史記・魏世家》即作閭；又〈周本紀〉武王式商容閭，言過其閭巷必式。式，車前橫木。此為動詞，言低頭以手撫橫木，表示恭敬。記言：「式視馬尾」，低頭則正看車前馬之尾。(九九) 虞人期獵：虞人掌山林湖澤之官。期獵：約定日期往狩獵。

(一〇〇)自罷之：與取消狩獵。(一〇一)講：講和，調停。(一〇二)中山：春秋之鮮虞國，漢高帝時為中山郡，郡治盧奴，故城在今河北省定縣。(一〇三)不比：不和。(一〇四)左高：編鐘有懸，左高，懸左高。(一〇五)下車伏謁：自車降下，伏地拜見。(一〇六)安往而不得貧賤哉：何往而得不到貧窮與低賤？(一〇七)子擊乃謝之：《史記》作「子擊不懌而去」。自「子擊出遭田子方於道」至此，約略據《史記・魏世家》。(一〇八)非成則璜：成，魏文侯弟；璜，翟璜。(一〇九)疏不謀戚：疏遠之人不敢對親近之人謀。(一一〇)闕門：宮闕之門。(一一一)臨事：遇事。(一一二)西河：泛指今綏遠省鄂爾多斯左翼前旗以南至陝西省神木府谷、榆林、葭縣等地。(一一三)吳起：衞人，仕於魯魏，後仕於楚，為楚宗室所殺，事見本條及本卷安王十五年㈠及二十一年㈠，《史記》有列傳。(一一四)鄴：故城在今河南省臨漳縣西。(一一五)何負：不如。(一一六)比周：阿喜私黨。(一一七)食祿：居官所得之穀。(一一八)惡得：何得。(一一九)卒為弟子：終以弟子自比。(一二〇)譖之：進讒言。(一二一)曾參：孔子弟子，魯人。(一二二)薄行：品行不善。(一二三)區區：言其國小。(一二四)司馬穰苴：齊田氏族人，善用兵，世稱名將。《史記》有列傳。(一二五)騎乘：騎，騎馬；乘，坐車。言不騎馬或乘車，與士卒同步行。(一二六)親裹贏糧：顏師古曰：「贏，擔也。」言自為士卒包裹所擔之軍糧。(一二七)疽：癰瘡。(一二八)吮之：用口吮瘡。(一二九)戰不旋踵：言向前猛戰不轉身後退。(一三〇)不知其死所矣：不知他將死於何處。(一三一)燕：胡三省曰：「燕自召公奭受封於北燕。自召公至湣公三十二世。」周威烈王二十三年為燕湣公三十一年。戰國時燕世系如下：

(1)湣公—(2)僖公—(3)桓公—(4)文公—(5)易王—(6)王噲—(7)昭王—(8)惠王—(9)武成王—(10)孝王—(11)王喜

二十四年（西元前四〇二年）

㈠王崩，子安王驕立。

㈡盜殺楚㊀聲王，國人立其子悼王。

【今註】㊀楚：芊姓，國於南方，舊傳周封熊繹於楚，似未可信。自熊繹至聲王共三十世。周威烈王二十三年，為楚聲王五年。戰國時楚世系如下：

(1)聲王—(2)悼王┬(3)肅王
　　　　　　　　└(4)宣王—(5)威王—(6)懷王—(7)頃襄王—(8)考烈王┬(11)王負芻
　　　　　　　　　　　　　　　　　　　　　　　　　　　　　　├(9)幽王
　　　　　　　　　　　　　　　　　　　　　　　　　　　　　　└(10)王郝

安王

元年（西元前四〇一年）

㈡秦㊀伐魏，至陽狐㊁。

【今註】㊀秦：嬴姓，本居東方，後漸遷居今山西，至西周孝王時，封非子於秦，始至今甘肅境。秦初封在漢隴縣（〈郡國志〉作隴州，惠棟謂「州」字衍），秦亭，故城在今甘肅省清水縣北。至秦襄公助周抗犬戎，遂得豐鎬舊地，擴境地至今陝西。周威烈王二十三年為秦簡公之十二年。簡公以下世系如後：

懷公—昭子—靈公—(4)獻公—(5)孝公—(6)惠文王—(7)武王

懷公—(1)簡公—(2)惠公—(3)出公（史記作出子）

惠文王—(8)昭襄王—(9)孝文王—(10)莊襄王—(11)始皇帝—(12)二世—(13)子嬰（二世兄子）

㈡陽狐：《史記正義》以陽狐郭在元城縣東北，在今河北省元城縣境。胡三省曰：「余按此時西河之外皆為魏境，若秦兵至元城，則是越魏都安邑而東矣。水經注河東垣縣有陽壺城，九域志絳州有陽壺城。」按垣縣今山西省垣曲縣，絳州今山西省新絳縣，皆魏國距河不遠之地。

二年（西元前四〇〇年）

㈠魏韓趙伐楚，至桑丘㈠。

㈡鄭圍韓陽翟㈡。

㈢韓景侯薨，子烈侯取立。

㈣趙烈侯薨，國人立其弟武侯。

㈤秦簡公薨，子惠公立。

【今註】㈠桑丘：《史記》作乘丘，故城在今山東省滋陽縣西。㈡陽翟：今河南省禹縣。

三年（西元前三九九年）

(一)王子定奔晉。

(二)虢山崩，壅河㈠。

【今註】㈠虢山崩，壅河：徐廣曰：「虢山在陝。」按陝舊虢國，在今河南省陝縣。山崩遂壅塞黃河。

四年（西元前三九八年）

(一)楚圍鄭，鄭人殺其相駟子陽㈠。

【今註】㈠駟子陽：鄭國駟氏屬姬姓。鄭穆公之子騑，字子駟，周人常以祖父字為氏，其後遂為駟氏。

五年（西元前三九七年）

(一)日有食之。

(二)三月盜殺韓相俠累。俠累與濮陽㈠嚴仲子有惡㈡，仲子聞軹㈢人聶政之勇，以黃金百溢㈣為政母壽，欲因以報仇。政不受，曰：「老母在，政身未敢以許人也。」及母卒，仲子乃使政刺俠累。

俠累方坐府上，兵衞甚眾。聶政直入上階，刺殺俠累，因自皮面、決眼，自屠出腸㊄。韓人暴㊅其尸於市，購問㊆莫能識。其姊嫈㊇聞而往哭之曰：「是軹深井里㊈聶政也！以妾尚在之故，重自刑以絕從㊉，妾柰何畏歿身之誅，終滅賢弟之名？」遂死於政尸之旁。

【今註】㊀濮陽：春秋之帝丘，在今河南省濮陽縣西南。㊁有惡：不相善。㊂軹：音只，故城在今河南省濟源縣南十三里之軹道鎮。㊃溢：二十四兩為一溢。㊄自皮面、決眼，自屠出腸：胡三省曰：「皮面，以刀剺面而去其皮。」決眼：自掘眼球。自屠出腸：割腹使腸流出。㊅暴：暴露陳列。㊆購問：懸賞問有人能識者。㊇姊嫈：嫈音瑩。㊈深井里：邑下分若干里，至漢仍有此習俗。㊉絕從：絕其姊從坐之罪。

六年（西元前三九六年）

㈠鄭駟子陽之黨弒繻公，而立其弟乙，是為康公。

㈡宋悼公㊀薨，子休公田立。

【今註】㊀宋悼公：子姓，微子啟封於宋，今河南省商邱縣，微子至悼公共二十七世。

八年（西元前三九四年）

㈠齊㈠伐魯㈡取最。

㈡鄭負黍㈢叛，復歸韓。

【今註】㈠齊：太公所封，姜姓。太公至康公共二十九世。是時田常已專齊政，至十一年，遂遷康公於海上，姜齊亡而田齊興。伐魯之事，實田常所主持者。㈡魯：周公子伯禽所封，在今山東省曲阜縣。自伯禽至穆公凡二十八世。㈢負黍：劉昭《郡國志》：「陽城有負黍聚。」按陽城在今河南省登封縣東南。

九年（西元前三九三年）

㈠魏伐鄭。

㈡晉烈公薨，子孝公傾立。

十一年（西元前三九一年）

㈠秦伐韓宜陽㈠，取六邑。

㈡初，田常生襄子盤，盤生莊子白，白生太公和㈡。是歲，田和遷齊康公於海上，使食一城，以奉其先祀。

【今註】㈠宜陽：在今河南省宜陽縣西。㈡田常生襄子盤，盤生莊子白，白生太公和：按襄子盤，世本作昄。莊子白，世本作伯，伯白，今古字，同。司馬貞曰：「紀年齊宣公十五年田莊子卒，明年立田悼子，悼子卒乃次立田和。是莊子後有悼子，蓋立年無幾，所以作史記及世本者不得錄也。」

十二年（西元前三九〇年）

㈠秦晉戰於武城㈠。

㈡齊伐魏，取襄陽㈡。

㈢魯敗齊師于平陸㈢。

【今註】㈠武城：胡三省曰：「此非魯之武城。左傳，晉陰飴甥會秦伯盟于王城。杜預曰『馮翊臨晉縣東有王城，今名武鄉。』」臨晉縣在今陝西省大荔縣。㈡襄陽：胡三省曰：「陽當作陵。」圈稱曰：「襄邑，宋地，本承匡襄陵鄉也。」是襄陵即漢之襄邑，在今河南省睢縣西。㈢平陸：戰國時有二平陸，一即此，漢代名為東平陸，在今山東省東平縣東北。

十三年（西元前三八九年）

㈠秦侵晉。

㈡齊田和會魏文侯楚人衛人于濁澤㊀，求為諸侯。魏文侯為之請於王及諸侯，王許之。

【今註】㊀濁澤：徐廣曰：「長社有濁澤。」其地在今河南省中部。

十五年（西元前三八七年）

㈠秦伐蜀，取南鄭㊀。

㈡魏文侯薨，太子擊立，是為武侯。武侯浮西河㊁而下，中流㊂顧謂吳起曰：「美哉山河之固，此魏國之寶也！」對曰：「在德不在險。昔三苗氏㊃左洞庭㊄，右彭蠡㊅，德義不修，禹滅之。夏桀之居，左河濟㊆，右泰華㊇，伊闕㊈在其南，羊腸㊉在其北，修政不仁，湯放之。商紂之國，左孟門⑪，右太行⑫，常山⑬在其北，大河經其南，修政不德，武王殺之。由此觀之，在德不在險。若君不修德，舟中之人㈣皆敵國也。」武侯曰：「善。」魏置相，相田文。吳起不悅，謂田文曰：「請與子論功可乎？」田文曰：「可。」起曰：「將三軍，使士卒樂死，敵國不敢謀，子孰與起？」文曰：「不如子。」起曰：「治百官，親萬民，實府庫，子孰與起？」文曰：「不如子。」起曰：「守西河而秦兵不敢東鄉，韓趙賓從，子孰與起？」文曰：「不如子。」起曰：「此三者子皆出吾下，而位加吾上何也？」文曰：「主少國疑，大臣未附，百姓不信，方是之時，屬之子乎？屬之我乎？」起默然良久曰：「屬之子矣！」久之，魏相公叔尚主㈤而害吳起。公叔之僕曰：「起易去也！起為人剛勁自喜㈥。子先言於君曰：『吳起賢人也，而君之國小，臣恐起之無留心也！君盍試延以女，起無留心則必辭矣！』子因與起歸而使公主辱子。起見公主之賤子也，必辭。則子之計中矣。」公叔從之，吳起果辭公主。魏武侯疑之而未信，起懼誅，遂奔楚。楚悼王素聞其賢，至則任之為相。起明灋審令㈦，捐㈧不急之官，廢公族疏遠者，以撫養戰鬬之士，要在彊兵，破遊說之言從橫者⑲。於是南平百越⑳，北卻三晉，西伐秦，諸侯皆患楚之彊，而楚之貴戚大臣多怨吳起者。

㈢秦惠公薨，子出公㉑立。

㈣趙武侯薨，國人復立烈侯之太子章，是為敬侯。

㈤韓烈侯薨，子文侯立。

【今註】㈠伐蜀，取南鄭：蜀，國名，都城在今四川省成都。南鄭在今陝西省南鄭縣東。㈡西河：胡三省曰：「西河即禹貢之龍門西河。」按龍門山在今陝西韓城縣東北，黃河西岸，跨山西河津縣界。西河即今山西陝西兩省之間之黃河。以其在晉國之西，故曰西河。㈢中流：船在河中行駛之時。㈣三苗氏：舊傳古時強國，曾為舜禹所征討。㈤洞庭：即今湖南省洞庭湖。㈥彭蠡：即今江西省鄱陽湖。㈦河濟：濟水出今山西省垣曲縣王屋山，南流貫河而南。自漢築滎陽石門，濟水遂與河合流而入海。㈧泰華：即華山，在今陝西省。㈨伊闕：在河南省洛陽南，左右兩山若闕門，伊水經其間，故名伊闕。㈩羊腸：羊腸阪在今山西省壺關縣東南。⑪孟門：在今陝西省宜川縣東南，隔河以東即山西省吉縣。⑫太行：山名，在今河南省河內縣西北。⑬常山：即恆山，在今河北省曲陽縣西。⑭舟中之人：同船中之人。⑮尚主：劉貢父曰：「予謂公主之稱本出秦舊，男為公子，女為公主。」按春秋末家臣稱統屬他的貴族為主，引申稱貴族之女亦為主。戰國已然，非自秦始。因女尊貴，不敢言娶，遂曰尚主。尚：尊尚。⑯剛勁自喜：性剛而自喜。⑰明灋審令：修明法令。⑱捐：廢除。⑲從横：從是連合諸侯以反抗秦國；横是使諸侯共尊從秦國。⑳百越：越種類甚眾，因總稱為百越。㉑出公：即下文之出子。《史記》作出子。

十六年（西元前三八六年）

㈠初命齊大夫田和為諸侯㊀。

㈡趙公子朝作亂，出奔魏，與魏襲邯鄲，不克。

【今註】㊀初命齊大夫田和為諸侯：從此田氏之齊遂取姜姓之齊而代之。田和以下世系如後：

田和—桓公午（紀年在二代之間有侯剡一世《史記》無）—威王因齊—宣王辟彊—湣王地（世本名遂）—襄王法章—王建

十七年（西元前三八五年）

㈠秦庶長改逆獻公于河西㊀而立之，殺出子及其母，沈之淵傍。

㈡齊伐魯。

㈢韓伐鄭，取陽城㊁。伐宋，執宋公。

㈣齊太公薨，子桓公午立。

【今註】㈠秦庶長改逆獻公於河西：秦爵第十級曰右庶長，第十一級曰左庶長，第十八級曰大庶長。此雖未明言，以理推論，當即大庶長。胡三省曰：「余謂此言河西，非西縣也。靈公之卒，獻公不得立，出居河西。河西者黃河之西，蓋漢涼州之地。」㈡陽城：在今河南省登封縣東南。

十九年（西元前三八三年）

㈠魏敗趙師于兔臺㈠。

【今註】㈠兔臺：地名，確地無考，《史記正義》以為在黃河以北。

二十年（西元前三八二年）

㈠日有食之，既㈠。

【今註】㈠日有食之，既：既是日全蝕。

二十一年（西元前三八一年）

㈠楚悼王薨，貴戚大臣作亂，攻吳起。起走之王尸而伏之。擊起之徒，因射刺起幷中王尸。既葬，肅王即位。使令尹盡誅為亂者，坐起夷宗者七十餘家。

二十二年（西元前三八〇年）

㈠齊伐燕，取桑丘。魏韓趙伐齊，至桑丘㈠。

【今註】㈠桑丘：胡三省曰：「此桑丘非三年所書楚之桑丘。」按地當在燕趙之間，今河北省北部，確地無考。

二十三年（西元前三七九年）

㈠趙襲衞㈠，不克。

㈡齊康公薨，無子，田氏遂幷齊而有之。是歲，齊桓公亦薨，子威王因齊立。

【今註】㈠趙襲衞：康叔自周成王時封於衞，至是歷三十二世，是年為衞慎公之三十五年。

二十四年（西元前三七八年）

㈠狄㊀敗魏師于澮㊁。

㈡魏韓趙伐齊，至靈丘㊂。

㈢晉孝公薨，子靖公俱酒立。

【今註】㊀狄：此當係晉國赤狄白狄之餘種。㊁澮：澮山在今山西省汾城縣，澮水由是出，入於汾水。㊂靈丘：閻若璩曰：「靈邱亦屬齊邊邑。趙世家：敬侯二年，敗齊於靈邱；六國表：敬侯九年，魏武侯九年，韓文侯九年，因齊喪共伐之，至靈邱；又趙世家：惠文王十四年，樂毅將趙秦韓魏燕攻齊，取靈邱；明年，燕獨深入取臨菑。加以蚔鼃去王遠，無以箴王闕，特辭靈邱請士師，足徵為邊邑。但實不知其所在。爾時趙別有靈邱，以葬武靈王得名，即今靈邱縣。孝成王以靈邱封黃歇，絳侯擊破陳豨於靈邱，皆其地。註史記者以此之靈邱為齊之靈邱，無論齊境不得至代北，而敬侯時安得國有靈邱？胡三省註齊靈邱，又以漢清河郡之靈縣當之，抑出臆度，毋寧闕疑。」按趙敬侯九年即周安王二十四年，下距周赧王二十年，武靈王之卒共八十四年，趙於此時安得先有靈邱？閻說極是。

二十五年（西元前三七七年）

㈠蜀伐楚，取茲方㊀。

(二)子思言苟變㊁於衛侯曰：「其才可將五百乘㊂。」公曰：「吾知其可將，然變也嘗為吏，賦於民㊃而食人二雞子，故弗用也。」子思曰：「夫聖人之官人，猶匠之用木也：取其所長，棄其所短。故杞梓連抱而有數尺之朽，良工不棄。今君處戰國之世，選爪牙之士，而以二卵棄干城之將㊄，此不使聞於鄰國也！」公再拜曰：「謹受教矣。」衛侯言計非是，而羣臣和者如出一口。子思曰：「以吾觀衛，所謂君不君、臣不臣者也㊅。」公丘懿子㊆曰：「何乃若是？」子思曰：「人主自臧㊇則眾謀不進。事是而臧之，猶却眾謀㊈；況和非[一〇]以長惡乎？夫不察事之是非而悅人讚己，闇[一一]莫甚焉；不度理之所在而阿諛[一二]求容，諂[一三]莫甚焉！君闇臣諂以居百姓之上，民不與也！若此不已，國無類矣！」子思言於衛侯曰：「君之國事將日非矣！」公曰：「何故？」對曰：「有由然焉。君出言自以為是，而卿大夫莫敢矯[一四]其非。卿大夫出言亦自以為是，而士庶人莫敢矯其非。君臣既自賢矣！而羣下同聲賢之。賢之則順而有福，矯之則逆而有禍。如此則善安從生？詩曰：『具曰予聖，誰知烏之雌雄㊄？』抑亦似君之君臣乎！」

㈢魯穆公薨，子共公奮立。【考異】司馬遷史記六國表，周威烈王十九年甲戌，魯穆公元年。烈王元年丙午，共公元年。顯王十七年己巳，康公元年。二十六年戊寅，景公元年。赧王元年丁未，平公元年。二十年丙寅，文公元年。四十三年己丑，頃公元年。五十九年乙巳，周亡。秦莊襄元年壬子，楚滅魯。按魯世家穆公三十三年卒，若元甲戌終乙巳，則是三十二年也。共公二十二年卒，若元丙午終戊辰，則是二十三年也。康公九年卒。景公二十五年卒。平公二十二年卒，若元丁未終乙丑，則是十九年也。文公二十三年卒。頃公二十四年，楚滅魯。班固漢書・律曆志，文公作緡公，其在位之年與世家異者，惟平公二十年耳。本志自魯僖公五年正月辛亥朔旦冬至推之，至成公十二年正月庚寅朔旦冬至，定公七年正月己巳朔旦冬至，元公四年正月戊申朔旦冬至，康公四年正月丁亥朔旦冬至，緡公二十二年正月丙寅朔旦冬至，漢高祖八年十一月乙巳朔旦冬至，武帝元朔六年十一月甲申朔旦冬至，元帝初元二年十一月癸亥朔旦冬至，其間相距皆七十六年，此最為得實，又與魯世家註，皇甫謐所紀，歲次皆合，今從之。六國表差謬，難可盡據也㊅。

㈣韓文侯薨，子哀侯立。

【今註】㊀茲方：胡三省曰：「史記，蜀伐楚，取茲方。楚為扞關以拒之。則扞關之地在茲方之西。」按《括地志》以為扞關在巴山縣界，唐巴山縣即今四川省長陽縣，茲方必距其地不遠。㊁苟變：人姓名。㊂五百乘：古時車戰，以乘為單位，五百乘即五百輛兵車。㊃賦於民：收賦稅於人民。㊄干城之將：《詩經》：「赳赳武夫，公侯干城。」干城二字出於此。干城之將，言能為國扞禦外敵之將。㊅君不君、臣不臣：此引齊景公對孔子之言，見《論語》。㊆公丘懿子：公丘，複姓。

㊇自臧：自以為善。㊈事是而臧之，猶却眾謀：所言行皆是而眾以為善，尚能使眾人之謀議退却不敢表示。[一〇]和非：附和其不善之言行。[一一]闇：昏而不明理。[一二]阿諛：有意恭維。[一三]諂：諂媚。[一四]矯：矯正。[一五]詩曰：具曰予聖，誰知烏之雌雄：君臣上下賢愚相同，各自以為是聖人，若烏之雌雄使人難知。此詩・〈正月篇〉之文。[一六]胡三省曰：「余按考異自魯僖公五年，至漢元帝初元二年，六百餘年間，十二月朔且冬至，相距皆七十六年，此最為得實；又與魯世家註，皇甫謐所紀，歲次皆合。蓋謂劉彝叟長歷也。且言史記六國表差謬，難可盡據。又按通鑑目錄編年用劉彝叟長歷。漢武帝太初元年初用夏正定歷，史紀曆書是年書閼逢攝提格，目錄書彊圉赤奮若。閼逢攝提格甲寅也，彊圉赤奮若丁丑也，有二十四年之差。溫公用彝叟歷，邵康節皇極經世書亦用彝叟歷。康節少自雄其才，既學，力慕高遠。一見李之才，遂從而受學，廬於共城百源，冬不爐，夏不扇，夜不就席者數年，覃思於易經也。皇極經世書不能違彝叟歷。及其來居於洛，而溫公亦奉祠以書局在洛，相過從稔，又夙所敬者也。余意其講明之間，必嘗及此，而決於用彝叟歷。讀考異此一段，辭意可見。」

二十六年（西元前三七六年）

㈠王崩，子烈王喜立。

㈡魏韓趙共廢晉靖公為家人㊀，而分其地。

【今註】㈠家人：《漢書・董賢傳》註：「家人，猶庶人也。」等於是平民。

烈王

元年（西元前三七五年）

㈠日有食之。

㈡韓滅鄭㈠，因徙都之。

㈢趙敬侯薨，子成侯種立。

【今註】㈠韓滅鄭：韓既滅鄭，當時人常稱韓王為鄭王，見《戰國策》及《韓非子》。

三年（西元前三七三年）

㈠燕敗齊師于林狐㈠。魯伐齊，入陽關㈡。魏伐齊，至博陵㈢。

㈡燕僖公薨，子桓公立。

㈢宋休公薨，子辟公立。

㈣衞慎公薨，子聲公訓立。

【今註】㈠林狐：地名，無考。㈡陽關：應劭以為陽關即漢鉅平縣之陽關亭。按鉅平故城在今山東省泰安縣西南。㊂博陵：徐廣曰：「東郡之博平，漢為縣。」按博平故城在今山東省博平縣西北三十里。

四年（西元前三七二年）

㈠趙伐衞，取都鄙七十三。

㈡魏敗趙師于北藺㊀。

【今註】㊀北藺即漢藺縣，故城在今山西省離石縣西。

五年（西元前三七一年）

㈠魏伐楚，取魯陽㊀。

㈡韓嚴遂弒哀侯，國人立其子懿侯。初，哀侯以韓廆㊁為相而愛嚴遂，二人甚相害也㊂。嚴遂令人刺韓廆於朝。廆走哀侯，哀侯抱之，人刺韓廆兼及哀侯㊃。

㈢魏武侯薨，不立太子，子罃與公中緩爭立，國內亂。

【今註】㊀魯陽：在今河南省魯山縣。㊁韓廆：廆音灰。㊂二人甚相害也：互相不和。㊃胡三省曰：「戰國策以聶政刺韓相事及幷中哀侯為一事，此從史記。蜀本註曰：『按太史公年表及韓世家於韓烈侯三年皆書聶政殺韓相俠累，於哀侯六年又皆書嚴遂弒哀侯。以刺客傳考之，聶政殺俠累事在哀侯時；以戰國策考之亦然。從傳與戰國策則是年表世家於烈侯三年書盜殺俠累，誤矣。通鑑於烈侯三年載聶政殺俠累事，又於哀侯六年載嚴遂殺其君哀侯，是從年表世家所書。蓋刺客傳初不言并殺哀侯，止戰國策言之，通鑑豈以此疑之歟？故載併刺哀侯，不書聶政，止曰使人。以此求之，則通鑑之意不以嚴仲子為嚴遂，亦不以俠累為韓廆，止從年表世家而不信其傳也。』余按溫公與劉道原書亦疑此事。」

六年（西元前三七〇年）

㈠齊威王來朝。是時周室微弱，諸侯莫朝，而齊獨朝之，天下以此益賢威王。

㈡趙伐齊至鄄㊀。

㈢魏敗趙師于懷㊁。

㈣齊威王召即墨大夫㊂語之曰：「自子之居即墨也，毀言日至㊃。然吾使人視即墨，田野辟㊄，人民給㊅，官無事，東方以寧，是子不事吾左右以求助也。」封之萬家。召阿㈦大夫語之曰：「自子守阿，譽言㈧日至。吾使人視阿，田野不辟，人民貧餒㈨；昔日趙攻鄄，子不救；衞取薛陵㈩，子不知；是子厚幣事吾左右以求譽也。」是日，烹阿大夫及左右嘗譽者㈡。於是羣臣聳懼，莫敢飾詐，務盡其情。齊國大治，彊於天下。

㈤楚肅王薨，無子，立其弟良夫，是為宣王。

㈥宋辟公薨，子剔成立。

【今註】㈠鄄：《史記》或作甄，即漢鄄城縣，在今山東省濮縣東二十里舊城集。㈡懷：在今河南武涉縣西南。㈢即墨大夫是守即墨的官。即墨故城在今山東省平度縣東南康王城。㈣毀言日至：毀謗他之言天天來。㈤辟即「闢」字，田野開闢。㈥人民給：人民皆能足給。㈦阿：即東阿，故城在今山東省陽穀縣東北五十里，俗稱為阿城鎮。㈧譽言：稱美之言。㈨貧餒：貧窮饑餓。㈩薛陵：舊薛國，漢薛縣故城在今山東滕縣東南。㈡左右嘗譽者：王近侍嘗稱譽阿大夫之人。

七年（西元前三六九年）

㈠日有食之。

㈡王崩，弟扁立，是為顯王。

㈢魏大夫王錯出奔韓。公孫頎謂韓懿侯曰：「魏亂，可取也。」懿侯乃與趙成侯合兵伐魏，戰于濁澤㊀，大破之，遂圍魏。成侯曰：「殺罃立公中緩，割地而退，我二國之利也。」懿侯曰：「不可。殺魏君，暴也，割地而退，貪也，不如兩分之。魏分為兩，不彊於宋衞，則我終無魏患矣。」趙人不聽。懿侯不悅，以其兵夜去。趙成侯亦去。罃遂殺公中緩而立，是為惠王。

太史公曰：「魏惠王之所以身不死，國不分者，二國之謀不和也。若從一家之謀，魏必分矣。故曰：『君終無適子㊁，其國可破也。』」

【今註】㊀濁澤：胡三省曰：「徐廣以為長社濁澤非也。括地志云：『濁水源出蒲州解縣東北平地。』爾時魏都安邑，韓趙伐魏，豈至河南長社耶？解縣濁水近於魏都，當是也。」按濁水有數處，此濁澤當與安王十三年者非一地。其年齊楚與魏相會，亦不必在魏都附近。㊁適子：適即嫡，古通用，嫡夫人所生之子曰嫡子。

卷二 周紀二

起昭陽赤奮若，盡上章困敦，凡四十八年。（癸丑至庚子，西元前三六八年至西元前三二一年）

司馬光編集
趙鐵寒註

顯王

元年（西元前三六八年）

㈠齊伐魏，取觀津㈠。㈡趙侵齊，取長城㈡。

【今註】㈠觀津：在今山東省觀城縣。㈡長城：齊長城起今山東省長清縣，沿黃河南行，再傍泰山而東南，蜿蜒數百里，至臨沂縣東南入海而止。此云取長城者，當係取長城線之某一城邑。

三年（西元前三六六年）

㈠魏、韓會于宅陽㈠。㈡秦敗魏師、韓師于洛陽㈡。

【今註】㈠宅陽：在今河南省滎陽縣。㈡洛陽：此洛陽泛指北洛水之陽而言，即今陝西省澄城郃陽洛川各縣地，非今河南洛陽。

四年（西元前三六五年）

㈠魏伐宋。

五年（西元前三六四年）

㈠秦獻公敗三晉㈠之師于石門㈡，斬首六萬。王賜以黼黻㈢之服。

【今註】㈠三晉：戰國時稱韓趙魏三國為三晉。此三國同時伐秦之可能性不大。按《史記・秦本紀》，獻公二十一年（即周顯王五年）「與晉戰於石門。」此時晉已遭瓜分，不可能與秦對戰，晉字亦有未安。疑通鑑屬稿時，因無法證實此晉之究竟，故籠統以三晉名之。㈡石門：在今陝西省三原縣。㈢黼黻：古代禮服上繡飾之圖案。黼為斧形，半白半黑，斧刃白而斧身黑。黻為兩己字相背之形，以青黑二色線繡之。黼音甫，黻音弗。

七年（西元前三六二年）

㈠魏敗韓師、趙師于澮㈠。秦、魏戰于少梁㈡，魏師敗績㈢，獲魏公孫痤。

㈡衛聲公薨，子成侯速立。

㈢燕桓公薨，子文公立。

㈣秦獻公薨，子孝公立；孝公生二十一年矣。是時河山以東彊國六㊃，淮泗之間小國十餘㊄。楚魏與秦接界。魏築長城，自鄭濱洛，以北有上郡㊅。楚自漢中，南有巴、黔中㊆。皆以夷翟㊇遇秦，擯斥㊈之不得與中國之會盟㊉。於是孝公發憤㊁，布德修政，欲以彊秦。

【今註】㊀澮：水名，源出今山西省翼城縣東南澮山，西流經絳縣、曲沃、新絳，入汾河。此云「敗趙師韓師於澮。」不著邑名，不能質指其地。㊁少梁：魏邑名，在今陝西省韓城縣南二十二里。㊂敗績：《左傳》莊公十一年傳曰：「師大崩曰敗績。」即大潰。㊃河山以東彊國六：河指大河，山指太行山。河山以東之六強國為齊、楚、燕、韓、趙、魏。㊄淮泗之間小國十餘：此十餘小國之名已難詳考，春秋時淮泗間之二等國及小國，此時尚在者有宋、魯、滕、薛、小邾、莒、淮夷等。㊅自鄭濱洛，以北有上郡：鄭，鄭國始封地，在今陝西省華縣。洛，北洛水，源出陝西省定邊縣東南之白于山，東南流經今保安、甘泉、鄜縣、洛川、白水、澄城、大荔、朝邑入渭。魏沿洛水自鄭而北築長城以防秦。上郡、魏置，治今陝西省延安，領今陝北及綏遠省鄂爾多斯左翼等地。㊆漢中、巴、黔中：楚漢中有今湖北省竹山、房縣，及陝西省之白河、安康一帶地，與漢以後之漢中郡有所不同。巴、故巴國，在今重慶。黔中郡、楚置，治今湖南省沅陵縣，有今湘西自常德南至貴州省鎮遠縣以北之地。㊇翟：與「狄」同。㊈擯斥：棄逐曰擯。屏拒曰斥。(一〇)會盟：春秋之世，「有事而會，不協而盟。」見左昭三年傳。(一一)發憤：自強之意。

八年（西元前三六一年）

㈠孝公下令國中曰：「昔我穆公㊀，自岐雍㊁之間，修德行武，東平晉亂㊂，以河為界，西霸戎翟㊃，廣地千里，天子致伯㊄，諸侯畢賀，為後世開業甚光美。會往者厲、躁、簡公、出子之不寧㊅，國家內憂，未遑外事，三晉攻奪我先君河西地㊆，醜莫大焉！獻公即位，鎮撫邊境，徙治櫟陽㊇，且欲東伐，復穆公之故地㊈，修穆公之政令。寡人思念先君之意，常痛於心！賓客羣臣，有能出奇計彊秦者，吾且尊官，與之分土！」

於是衛公孫鞅(一〇)聞是令下，乃西入秦。公孫鞅者，衛之庶孫也，好刑名㈡之學，事魏相公叔痤。痤知其賢，未及進，會病，魏惠王往問之曰：「公叔病如有不可諱㈢，將奈社稷何㈢？」公叔曰：「痤之中庶子㈣衛鞅，年雖少，有奇才，願君舉國㈤而聽之！」王嘿然㈥。公叔曰：「君即㈦不聽用鞅，必殺之，無令出境！」王許諾而去。公叔召鞅謝曰：「吾先君而後臣，故先為君謀，後以告子，子必速行矣！」鞅曰：「君不能用子之言任臣㈧，又安能用子之言殺臣乎？」卒不去。王出，謂左右曰：「公叔病甚，悲乎㈨！欲令寡人以國聽衛鞅也，既㈩又勸寡人殺之，豈不悖㈪哉？」衛鞅既至秦，因嬖臣㈫景監以求見孝公，說㈬以富國彊兵之術；公大悅，與議國事。

【今註】㈠穆公：滅國十四、辟地千里，春秋之世，號為霸君。㈡岐、雍：岐，今陝西省岐山縣。雍，今陝西省鳳翔縣。㈢東平晉亂：穆公娶晉獻公之女。獻公卒，子奚齊立，大臣里克殺之。又立卓子，里克又殺之。穆公以兵送獻公子夷吾返國，立為惠公。惠公卒，子圉立，是為懷公，無道，穆公又送獻公子重耳返國，立為文公，晉亂乃平。㈣西霸戎翟：西伐戎王、益國十二，遂霸西戎。㈤伯：方伯、一方諸侯之長。㈥厲、躁、簡公、出子之不寧：厲，厲共公，穆公之十世孫，在位三十四年，伐義渠、取大荔、攻戰不寧。躁公、厲共公子，在位十四年，南鄭反，義渠來伐。簡公，躁公弟懷公之子。躁公卒，弟懷公立。懷公卒，孫靈公立。靈公卒，子獻公不得立，更立簡公。出子，簡公之孫。簡公卒，子惠公立。惠公卒，子出子立，其庶長鼂殺出子迎立獻公。㈦河西地：今黃河之西，自陝西省華縣北至韓城一帶，為晉之河西地。此區素為秦晉紛爭之地，屬秦屬晉，迭經反覆。㈧櫟陽：在今陝西省臨潼縣東北七十里。㈨穆公之故地：穆公時，秦境東至於河，甚至渡河取晉王官及郊，遠至今山西省之猗氏縣。(一〇)公孫鞅：衛之公孫，名鞅，後封於商，又稱商鞅。(一一)刑名：劉向云：「刑名者，循名以責實，其尊君卑臣，崇上抑下，合於六經。」(一二)不可諱：人情諱言死，及其竟死，則曰不可諱。(一三)奈社稷何：社、土神。稷、穀神。國之所祭，引申為國家之義。此言「如國家何？」(一四)中庶子：戰國以來，大夫之家臣有中庶子。(一五)舉國：「舉」「與」聲近，古者通用。舉國言將國事交與衛鞅而聽其行事。(一六)嘿然：無應聲。(一七)即：如。(一八)任臣：任臣以政事。(一九)悲乎：可悲痛。(二〇)既：終。(二一)悖：背謬。(二二)嬖臣：賤人得寵者。(二三)說：讀稅，以言語說服人曰說。

十年（西元前三五九年）

㈠衛鞅欲變法，秦人不悅。衛鞅言於秦孝公曰：「夫民不可與慮始，而可與樂成㈠。論至德者不和於俗，成大功者不謀於眾。是以聖人苟㊁可以彊國，不灋其故㊂。」甘龍曰：「不然！緣灋而治者，吏習而安之㊃。」衞鞅曰：「常人安於故俗，學者溺㊄於所聞，以此兩者，居官守灋可也，非所與論於灋之外也。智者作灋，愚者制㊅焉；賢者更禮，不肖者拘㊆焉。」公曰：「善。」以衞鞅為左庶長㊇，卒㊈定變法之令。

令民為什伍，而相收司連坐[一〇]。告姦[一一]者，與斬敵首同賞。不告姦者，與降敵同罰。有軍功者，各以率受上爵[一二]。為私鬬者，各以輕重被刑。大小僇力[一三]本業，耕織致粟帛多者，復其身[一四]。事末利，及怠而貧者，舉以為收孥[一五]。宗室非有軍功論，不得為屬籍[一六]。明尊卑，爵秩，等級，各以差次[一七]名田宅、臣妾、衣服。有功者顯榮，無功者雖富無所芬華[一八]。

令既具，未布[一九]，恐民之不信，乃立三丈之木於國都市南門，募[二〇]民有能徙置北門者予[二一]十金。民恠[二二]之，莫敢徙。復曰：「能徙者予五十金。」有一人徙之，輒[二三]予五十金[二四]。乃下令。

令行朞[二五]年，秦民之[二六]國都，言新令之不便者以千數。於是太子犯灋，衛鞅曰：「灋之不行，自上犯之，太子，君嗣也，不可施刑。刑其傅公子虔、黥其師公孫賈㉗。」明日㉘，秦人皆趨令㉙。行之十年，秦國道不拾遺，山無盜賊，民勇於公戰，怯於私鬭，鄉邑大治。秦民初言令不便者，有來言令便。衛鞅曰：「此皆亂法之民也。」盡遷之於邊。其後民莫敢議令。

臣光曰：「夫信者，人君之大寶也。國保於民，民保於信；非信無以使民，非民無以守國。是故古之王者，不欺四海；霸者，不欺四鄰。善為國者，不欺其民；善為家者，不欺其親。不善者反之：欺其鄰國，欺其百姓，甚者欺其兄弟，欺其父子。上不信下，下不信上，上下離心，以至於敗。所利不能藥㉚其所傷，所獲不能補其所亡。豈不哀哉！昔齊桓公不背曹沫之盟㉛，晉文公不貪伐原之利㉜，魏文侯不棄虞人之期㉝，秦孝公不廢徙木之賞。此四君者，道非粹白㉞，而商君尤稱刻薄，又處戰攻之世，天下趨於詐力，猶且不敢忘信，以畜其民㉟，況為四海治平之政者哉？」

㈡韓懿侯薨，子昭侯立。

【今註】㊀樂成：樂音洛。樂其成功。㊁苟：如果。㊂灋其故：以其舊者為法則。㊃緣灋而治者，吏習而民安之：按通鑑節采甘龍之言，止取此兩句，辭意突兀不全。《史記・商君列傳》作：「甘龍曰：『不然！聖人不易民而教，知者不變法而治；因民而教，不勞而成功，緣法而治者，吏習而民安之。』」㊄溺：音逆。沈迷淹沒曰溺。㊅制：制裁。㊆拘：約束。㊇左庶長：秦爵二十等之第十級。㊈卒：終。㊉令民為什伍，而相收司連坐：五人為伍，二伍為什，彼此伺察。一家有罪，則九家舉發；若不舉，則九家連坐其罪。⑪告姦者：舉發姦私犯罪者。⑫以率受上爵：標準謂之率。依標準受上等之爵賞。⑬僇力：并力。僇與「戮」同。⑭復其身：免除賦稅傜役曰復。身之義為本人。⑮收孥：收，拘繫其妻子，沒為奴婢。秦法一人有罪，罰及其室家。⑯屬籍：登記宗室支派親疏之書冊，謂之屬籍。雖生為宗室，無軍功者。不得收入屬籍。⑰差次：上下尊卑差別之等次。⑱芬華：優美華麗。⑲未布：未公佈。⑳募：徵求。㉑予：給與。㉒恠：「怪」字俗體。㉓輒：竟。㉔五十金：當時金屬貨幣的五十個單位。㉕朞年：朞與「期」同。朞年即週年。㉖之：往。㉗黥：古五刑之一，剜去面皮一部，以墨涅之。後代曰「刺字」。㉘明日：此明日為廣義之詞，如言以後。㉙趨令：疾走曰趨。此謂民皆趨向於令之所指，不敢遲延。㉚藥：治療。㉛齊桓公不背曹沫之盟：齊桓公伐魯，魯敗求和，桓公與魯莊公會於柯。魯將曹沫以匕首劫桓公，請返魯之侵地。桓公既許而悔之，管仲以為不可，遂返魯侵地。諸侯皆信齊而欲附。㉜晉文公不貪伐原之利：晉文公伐原，約於眾曰，三日不得原則去之，及期果退兵。諜者曰原即將降，軍吏請待之，文公以為得原失信不可，軍退三十里而原降。㉓魏文侯不棄虞人之期：魏文侯與羣臣飲酒樂，天雨，命駕將適野，左右曰：「今日天雨，君將安之？」文侯曰：「吾與虞人期獵。」乃往，告虞人天雨而罷獵。㉔粹白：純白。㉕畜：養育。

十一年（西元前三五八年）

㈠秦敗韓師于西山㈠。

【今註】㈠西山：西山泛稱韓西方之山，不能確指其地。胡三省以為「自宜陽、熊耳，東連嵩高，南至魯陽，皆韓之西山。」

十二年（西元前三五七年）

㈠魏、韓會于鄗㈠。

【今註】㈠鄗：在今河南省榮澤縣境內。

十三年（西元前三五六年）

㈠趙、燕會于阿㈠。

㈡趙、齊、宋會于平陸㈡。

【今註】㈠阿：當即漢之涿郡阿陵縣，在今河北省任邱縣東北二十里。㈡平陸：齊邑，在今山東省汶上縣。

十四年（西元前三五五年）

㈠齊威王、魏惠王會，田于郊㈠。惠王曰：「齊亦有寶乎？」威王曰：「無有。」惠王曰：「寡人國雖小，尚有徑寸之珠，照車前後各十二乘者十枚。豈以齊大國而無寶乎？」威王曰：「寡人之所以為寶者，與王異。吾臣有檀子者，使守南城㈡，則楚人不敢為寇，泗上十二諸侯㈢皆來朝。吾臣有盼子者，使守高唐㈣，則趙人不敢東漁于河㈤。吾吏有黔夫者，使守徐州㈥，則燕人祭北門，趙人祭西門㈦，徙而從者七千餘家。吾臣有種首者，使備盜賊，則道不拾遺。此四臣者，將照千里，豈特十二乘哉！」惠王有慚色。

㈡秦孝公、魏惠王會于杜平㈧。

㈢魯共公薨，子康公毛立。

【今註】㈠田於郊：田與畋獵之「畋」同。此會失其地，故田於何城之郊，亦不可知。㈡南城：泛指齊南境之城。㈢泗上十二諸侯：即本卷顯王七年所謂「淮泗之間小國十餘」者。㈣高唐：在今山東省禹城縣西南。㈤趙人不敢東漁于河：河指黃河，趙齊之界。㈥徐州：齊之徐州，在今山東省滕縣，去燕趙遠。此處之徐州，唐張守節以為「齊之西北界土地名」近是，但不詳其所在。㈦燕人祭北門，趙人祭西門：言燕祖宗之靈不敢出南門，趙祖宗之靈不敢出東門。㈧杜平：在今陝西省澄城縣境內。

十五年（西元前三五四年）

㈠秦敗魏師于元里㈠，斬首七千級㈡，取少梁㈢。

㈡魏惠王伐趙圍邯鄲㈣，楚王使景舍救趙。

【今註】㈠元里：在今陝西省澄城縣。㈡首級：秦法臨陣斬敵人首一，功一級，故曰首若干級。㈢少梁：在今陝西省韓城縣南二十二里。㈣邯鄲：即今河北省邯鄲縣。趙都。

十六年（西元前三五三年）

㈠齊威王使田忌救趙。初，孫臏與龐涓俱學兵灋。龐涓仕魏為將軍，自以能不及孫臏，乃召之至，則以灋斷其兩足而黥之㊀，欲使終身廢棄。齊使者至魏。孫臏以刑徒㊁陰見，說齊使者。齊使者竊載，與之齊。田忌善而客待之，進於威王。威王問兵灋，遂以為師。於是，威王謀救趙，以孫臏為將。辭以刑餘之人不可。乃以田忌為將，而孫子為師，居輜車㊂中，坐為計謀。

田忌欲引兵之趙，孫子曰：「夫解雜亂紛糾者不控拳㊃，救鬭者不搏撠㊄，批亢擣虛，形格勢禁㊅，則自為解耳。今梁趙相攻，輕兵銳卒，必竭於外，老弱疲於內；子不若引兵疾走魏都，據其街路㊆，衝其方虛，彼必釋趙以自救；是我一舉解趙之圍，而收弊於魏也。」田忌從之。十月，邯鄲降魏。魏師還。與齊戰于桂陵㊇，魏師大敗。

㈡韓伐東周，取陵觀、廩丘㊈。

㈢楚昭奚恤為相，江乙言於楚王曰：「人有愛其狗者，狗嘗溺㊉井，其鄰人見，欲入言之，狗當門而噬㊁之；今昭奚恤常惡臣之見，亦猶是也。且人有好揚人之善者，王曰此君子也，近之；好揚人之惡者，王曰此小人也，遠之。然則且有子弒㊂其父，臣弒其主者，而王終已不知也，何者？以王好聞人之美，而惡聞人之惡也。」王曰：「善，寡人願兩聞之。」

【今註】㊀黥：古五刑之一。見前顯王十年註㉗。㊁刑徒：刑人。㊂輜車：軍行載輜重之大車，可以臥起其間者。㊃解雜亂紛糾者不控拳：解開淩亂糾纏之事物者，須用手清理，不能握拳，握拳則無能為力。㊄救鬭者不搏撠：以手撥擊曰搏。以手拘持曰撠。撠字又可作戟。救鬥者以手搏撠之，則鬥者愈怒，鬥逾難解。㊅批亢擣虛，形格勢禁：批讀「ㄆㄝ」，以手披分之曰批。亢，相鬥者力敵對抗。擣，衝擊。虛，相鬥者力所不及之空虛。如此則其形相格，其勢自禁，鬥者欲鬥不能，自然解開。㊆街路：四通八達之大路。㊇桂陵：在今山東省菏澤縣東北二十里。㊈陵觀，廩丘：東周二邑名，其所在不詳。㊉溺：讀尿。⑪噬：音世。口咬曰噬。⑫弒：音式。以下殺上曰弒，如子弒父，臣弒君。

十七年（西元前三五二年）

㈠秦大良造㊀伐魏。

㈡諸侯圍魏襄陵㊁。

【今註】㈠大良造：即大上造，秦爵二十等之第十六級。㈡襄陵：在今山西省臨汾縣。

十八年（西元前三五一年）

㈠秦衛鞅圍魏固陽㈠，降之。

㈡魏人歸趙邯鄲。與趙盟漳水㈡上。

㈢韓昭侯以申不害為相。申不害者，鄭之賤臣也，學黃老㈢刑名以干昭侯。昭侯用為相。內修政教，外應諸侯，十五年，終申子之身，國治兵彊。申子嘗請仕其從兄，昭侯不許，申子有怨色。昭侯曰：「所為學於子者，欲以治國也。今將聽子之謁㈣，而廢子之術乎？已㈤其行子之術，而廢子之請乎？子嘗教寡人，修功勞，視次第㈥，今有所私求，我將奚㈦聽乎？」申子乃辟舍㈧請罪曰：「君真其人也。」

昭侯有弊袴㈨命藏之。侍者曰：「君亦不仁者矣，不賜左右，而藏之。」昭侯曰：「吾聞明主愛一嚬一咲㈩，嚬有為嚬，笑有為笑。今袴豈特嚬笑哉，吾必待有功者！」

【今註】㊀固陽：當在今山西省南部。胡三省以遠在今綏遠省包頭以北烏喇特旗之固陽縣說之，地遠，非秦所必攻，疑非是。㊁漳水：漳水由山西來。經今河南省臨漳縣東流。臨漳距邯鄲不足百里，魏人既歸趙邯鄲盟於漳水，當即在今臨漳縣境。㊂黃老：老即老子。黃，黃帝，後人假託道家之言。道家以為天地不仁，反儒家仁愛諸說，態度冷酷無情，此點與法家主刑名者相近，故古人恒以黃老刑名並舉。㊃謁：請求。㊄已：同「抑」，猶今云「還是。」㊅次第：次序等級。㊆奚：與「何」同。㊇辟舍：辟與「避」同。所止曰舍。辟舍即變更其所止位置，與離席辟席同義。㊈弊袴：弊與「敝」同。義為破舊。袴即褲子。㊉嚬，咲：嚬亦作顰，愁蹙之容，如今口語所謂「緊鎖眉頭。」咲，古笑字。

十九年（西元前三五〇年）

㈠秦商鞅築冀闕㊀宮庭於咸陽，徙都之。令民父子兄弟同室內息者為禁㊁。幷諸小鄉聚㊂集為一縣。縣置令丞。凡三十一縣。廢井田，開阡陌㊃。平斗桶權衡丈尺㊄。

㈡秦、魏遇于彤㊅。

㈢趙成侯薨，公子緤與太子爭立，緤敗奔韓。

【今註】㊀冀闕：古者宮庭為二臺於門外，作樓觀於臺上，其下為門，兩觀之間，闕然為通道，即其壁間，懸記教令，浹日而收之，故謂之冀闕。冀即記事之記。又取其高大之義謂之魏闕。魏典巍通。又取其有法儀可象之義謂之象魏。㊁父子兄弟同室內息者為禁：秦用戎人之俗，父子兄弟，同室而息，以至男女無別，長幼無序，至是禁之。㊂幷諸小鄉聚：幷與合併之「併」同。聚，人所聚居，今或曰鎮。合併小鄉聚，減少單位，以期指揮運用靈活。㊃阡陌：亦作仟伯。就井田縱橫之畛域，闢為道路，大者曰阡，小者曰陌。㊄斗桶，權衡。丈尺：斗桶，今謂之量。權衡，今謂之衡。丈尺，今謂之度。度量衡為經濟標準之基礎，不平則亂。㊅郉：在今陝西省華縣境內。

二十一年（西元前三四八年）

㈠秦商鞅更為賦稅法㊀行之。

【今註】㊀更為賦稅法：井田既廢，則周什一之法不復用，蓋計畝而為賦稅之法。

二十二年（西元前三四七年）

㈠趙公子范襲邯鄲，不勝而死。

二十三年（西元前三四六年）

㈠齊殺其大夫牟。

㈡魯康公薨，子景公偃立。

㈢衞更貶號曰侯，服屬三晉。

二十五年（西元前三四四年）

㈠諸侯會于京師。

二十六年（西元前三四三年）

㈠王致伯于秦。諸侯皆賀秦。秦孝公使公子少官帥師會諸侯于逢澤㊀以朝王。

【今註】㊀逢澤：既為朝周天子而會於此，則其地當距洛陽不遠，惜已不詳其所在。胡三省以為在開封附近，距周都遠，恐未是。

二十八年（西元前三四一年）

㈠魏龐涓伐韓，韓請救於齊。齊威王召大臣而謀曰：「蚤㈠救孰與晚救？」成侯曰：「不如勿救。」田忌曰：「弗救則韓且折而入於魏，不如蚤救之。」孫臏曰：「夫韓魏之兵未弊㈡而救之，是吾代韓受魏之兵，顧反聽命於韓也；且魏有破國之志，韓見亡，必東面而愬㈢于齊矣。吾固深結韓之親，而晚承魏之弊，則可受重利，而得尊名也。」王曰：「善。」乃陰許㈣韓使而遣之。韓因恃齊，五戰不勝，而東委國㈤於齊。齊因起兵，使田忌、田嬰、田盼將之㈥，孫子為師，以救韓，直走魏都。龐涓聞之，去韓而歸。

魏人大發兵，以太子申為將，以禦齊師。孫子謂田忌曰：「彼三晉之兵，素悍勇而輕齊，齊號為怯㈦。善戰者，因其勢而利導之。兵灋：『百里而趣利者蹶上將，五十里而趣利者軍半至㈧。』」乃使齊軍入魏地為十萬竈，明日為五萬竈，又明日為二萬竈。龐涓行三日，大喜曰：「我固知齊軍怯，入吾地三日，士卒亡者過半矣。乃棄其步軍[九]，與其輕銳倍日并行[一〇]逐之。孫子度[一一]其行，暮當至馬陵[一二]；馬陵道陜[一三]，而旁多阻隘[一四]，可伏兵。乃斫大樹，白而書之曰[一五]：「龐涓死此樹下！」於是令齊師善射者萬弩，夾道而伏。期[一六]日暮見火舉而俱發。龐涓果夜到斫木下，見白書，以火燭之[一七]，讀未畢，萬弩俱發，魏師大亂相失。龐涓自知智窮兵敗，乃自剄[一八]曰：「遂成豎子[一九]之名！」齊因乘勝大破魏師，虜太子申[二〇]。

成侯鄒忌惡田忌，使人操十金卜於市曰：「我田忌之人也，我為將三戰三勝，欲行大事[二一]可乎？」卜者出，因使人執之。田忌不能自明[二二]，率其徒攻臨淄[二三]，求成侯，不克[二四]，出奔楚。

【今註】[一]蚤：與早晚之「早」同。[二]弊：與罷敝之「敝」同。[三]愬：與告訴之「訴」同。[四]陰許：秘密的應許。[五]委：託付。[六]將：率領。[七]怯：害怕曰怯。[八]百里而趨利者：百里而趨利者，蹶上將，五十里而趨利者，軍半至：跌倒曰蹶。此二句言疾馳求勝者，其成敗之機與距離遠近成正比。軍半至者，言軍所能達者才半數。[九]棄其步軍：步軍行動遲緩，欲疾行，故棄置而不用。[一〇]倍日并行：一日行二日程。[一一]度：讀惰，逆料。[一二]馬陵：在今河北省大名縣南。[一三]陜：與狹隘之「狹」同。[一四]阻隘：斷絕曰阻。險要曰隘。[一五]白而書之：斫去樹皮，使樹變白，寫字於上，便於龐涓夜間看見。[一六]期：

約定。㈦燭：照明。㈧自剄：斷首曰剄。即自刎。㈨豎子：小子。㈩虜太子申：按《孟子・梁惠王章》，惠王語孟子曰：「東破於齊，長子死焉！」通鑑作「虜太子申，」係從《史記・孫武列傳》，與《孟子》不同。孟子既親聞之於梁惠王，似應以《孟子》為正。㈡欲行大事：大事指取齊自王而言。㈢不能自明：不能自己洗刷明白。㈢臨淄：齊都，在今山東省臨淄縣。㈣不克：不能如願。

二十九年（西元前三四〇年）

㈠衛鞅言於秦孝公曰：「秦之與魏，譬若人有腹心之疾，非魏幷秦，秦即幷魏。何者？魏居嶺阨㈠之西，都安邑，與秦界河，而獨擅山東之利；利則西侵秦，病㈡則東收地。今以君之賢聖，國賴㈢以盛，而魏往年大破於齊，諸侯畔㈣之，可因此時伐魏；魏不支秦，必東徙；然後秦據河山之固，東鄉㈤以制諸侯，此帝王之業也。」公從之，使衛鞅將兵伐魏。魏使公子卬將而禦之。軍既相距，衛鞅遺㈥公子卬書曰：「吾始與公子驩㈦，今俱為兩國將，不忍相攻，可與公子面相見，盟，樂飲而罷兵，以安秦魏之民。」公子卬以為然，乃相與會盟。已飲㈧，而衛鞅伏甲士襲虜公子卬，因攻魏師，大破之。魏惠王恐，使使獻河西之地㊈於秦以和。因去安邑，徙都大梁⑩。乃歎曰：「吾恨不用公叔之言㊁。」秦封衛鞅商於㊂十五邑，號曰商君。

(二)齊趙伐魏。

(三)楚宣王薨，子威王商立。

【今註】㊀嶺阨：山嶺險隘之地。㊁病：不利。㊂賴：仰仗。㊃畔：同叛。㊄鄉：同「嚮」。㊅遺：讀「位」，致送。㊆驩：同「歡」。㊇已飲：盟罷而飲。㊈河西之地：魏河西之地，即黃河以西今陝西省韓城以南、華縣以北一帶地。⑩徙都大梁：大梁，今開封。按梁之徙都在惠王之初，不在此年，此從史記而誤者。㊁吾恨不用公叔之言：公叔痤勸惠王不用公孫鞅即殺之，惠王不能用。事見本卷顯王八年。㊂商於：地區名，今陝西省商縣以東一帶地。

三十一年（西元前三三八年）

(一)秦孝公薨，子惠文王立。公子虔之徒，告商君欲反㊀，發吏捕之。商君亡之魏，魏人不受，復內之秦㊁。商君乃與其徒之㊂商於，發兵擊鄭㊃。秦人攻商君，殺之，車裂以徇㊄，盡滅其家。

初，商君相秦，用灋嚴酷；嘗臨渭論囚[六]，渭水盡赤。為相十年，人多怨之。趙良見商君，商君問曰：「子觀我治秦，孰與五羖大夫賢[七]？」趙良曰：「千人之諾諾，不如一士之諤諤[八]，僕請終日正言而無誅可乎？」商君曰：「諾[九]。」趙良曰：「五羖大夫，荊之鄙人[一〇]也，穆公舉之牛口之下[一一]，而加之百姓之上，秦國莫敢望焉[一二]。相秦六七年，而東伐鄭[一三]，三置晉君，一救荊禍[一四]。其為相也，勞不坐乘[一五]，暑不張蓋[一六]，行於國中[一七]，不從車乘，不操干戈。五羖大夫死，秦國男女流涕，童子不歌謠，舂者不相杵[一八]。今君之見也，因嬖人景監以為主[一九]，其從政也，凌轢公族，殘傷百姓。公子虔杜門不出，已八年矣[二〇]。君又殺祝懽而黥公孫賈[二一]。詩曰：『得人者興，失人者崩[二二]。』此數者，非所以得人也。君之出也，後車載甲，多力而駢脅者為驂乘[二三]，持矛而操闟戟者，旁車而趨[二四]；此一物不具，君固不出。書曰：『恃德者昌，恃力者亡[二五]。』此數者，非恃德也。君之危，若朝露[二六]，而尚貪商於之富，寵秦國之政[二七]，畜百姓之怨[二八]。秦王一旦捐賓客[二九]而不立朝，秦國之所以收君(三〇)者，豈其微(三一)哉！」商君弗從。居(三二)五月而難作。

【今註】㈠公子虔之徒告商君欲反：商君刑公子虔，事見本卷顯王十年。以此啣怨而告其欲反。㈡魏人不受，復內之秦：內與「納」同。魏人怨商君詐執公子卬，以破魏師，故不受，復送之還秦。㈢之：往。㈣鄭：鄭國始封地。在今陝西省華縣。㈤車裂以徇：車裂，古酷刑之一，謂之「轘」。徇，巡行示眾。㈥論囚：決定囚犯之罪刑曰論。㈦孰與五羖大夫賢：孰與，何如。《史記》載：百里奚，虞之賢人，虞亡入晉，晉以媵秦穆公夫人，後亡去，走宛，楚鄉人執之，秦穆公以五羖羊皮贖之歸，以為上大夫，執政，秦人謂之五羖大夫。賢，義為好。㈧千人之諾諾，不如一士之諤諤：此本晉趙簡子語。諾諾，本上對下之應聲，此借作普通應聲用。剛直正言曰諤諤。㈨諾：此上對下之應聲，尾音高亢，聲如「鶚」。㈩鄙人：粗野之人。(一一)舉之牛口之下：《孟子》曰：「百里奚，虞人也，以食牛干秦穆公。」與《史記》不同。趙良此論與《孟子》同。(一二)秦國莫敢望焉：秦國之人，莫敢望五羖大夫之項背。(一三)東伐鄭：周襄王二十二年（西元前六三〇年）秦晉圍鄭。(一四)三置晉君，一救荊禍：置之義為立。三立晉君，指惠公、懷公、文公。荊，即楚。一救荊禍，指周襄王二十年晉大敗荊於城濮，而秦於此時和楚以支援之。(一五)勞不坐乘：古車皆立乘，坐乘為驕侈之享受。(一六)暑不張蓋：蓋，車上之蓋，其用如傘。(一七)國中：城中。(一八)舂者不相杵：舂音冲，用杵在臼中搗米曰舂。相杵，隨杵聲歌唱，一人首唱，他人隨聲附和，以提高工作情緒，減少疲勞。古樂府有杵歌，即相杵之歌詞。⑲因嬖人景監以為主：衞鞅至秦，因嬖臣景監求見孝公。事見本卷顯王八年。⑳公子虔杜門不出，已八年矣：孝公太子犯法，鞅刑其傅公子虔。事見本卷顯王十年。㉑又殺祝懽，而黥公孫賈：黥公孫賈事見本卷顯王十年，與公子虔之刑同時。殺祝懽事《史記》不詳其經過，通鑑此文，節《史記》而成者，故亦從略。㉒詩曰：「得人者興，失人者崩。」：按今《詩經》無此二句。㉓多力而駢脅者為驂乘：駢，連合。脅，肋骨。駢脅，肋骨合而為一，古以此等人健強多力。古乘車之制，引領者在左，駕御者在中，驂乘者在右。驂乘者如今之衞士、保鏢。㉔持矛而操闟戟者，旁車而趨：手擎曰持。手把曰操。闟。即鋋，鐵把之短矛。戟，戈之銳有支格者。旁讀傍，旁車而趨，即夾車而奔馳。㉕書曰：「恃德者昌，恃力者亡。」：按今《書經》無此二句。㉖危若朝露：朝，讀召，晨謂之朝。朝露日上即消，言其危險如之。㉗寵秦國之政：以執秦國之政為寵。㉘畜百姓之怨：畜讀蓄。養百姓之怨恨。㉙捐賓客：捐之義為棄。諱言死，而曰捐賓客。㉚收君：收，即今口語言懲治人曰「收拾。」㉛微：少。㉜居：經。

三十二年（西元前三三七年）

㈠韓申不害卒。

三十三年（西元前三三六年）

㈠宋大丘社亡㊀。

㈡鄒㊁人孟軻見魏惠王㊂。王曰：「叟不遠千里而來，亦有以利吾國乎？」孟子曰：「君何必曰利，仁義而已矣。君曰，何以利吾國？大夫曰，何以利吾家？士庶人曰，何以利吾身？上下交征利，而國危矣。未有仁而遺其親者也，未有義而後其君者也㊃。」王曰：「善」。

初孟子師子思，嘗問牧民㊄之道何先？子思曰：「先利之。」孟子曰：「君子所以教民者，亦仁義而已矣，何必利？」子思曰：「仁義固所以利之也。上不仁，則下不得其所，上不義，則下樂為詐也，此為不利大矣，故易曰：『利者，義之和也。』又曰：『利用安身，以崇德也。』此皆利之大者也。」

臣光曰：「子思、孟子之言一也㊅。夫唯仁者為知仁義之為利，不仁者不知也。故孟子對梁王，直以仁義而不及利者，所與言之人異故也。」

【今註】㊀太丘：在今河南省永城縣西北三十里。㊁鄒：古邾國。邾國，夷語曰「邾婁」，合言之曰鄒。邾國既亡，魯穆公改其地曰鄒。《史記》取鄒之同音字作騶。其地即今山東省鄒平縣。㊂魏惠王：孟子謂之梁惠王。魏移都大梁，故魏亦名梁。㊃自「王曰叟」至「未有義而後其君者也」：此段節《孟子・梁惠王章》而成。㊄牧民：牧之義為養。㊅一也：意義相同曰一。

三十四年（西元前三三五年）

㈠秦伐韓拔宜陽㊀。

【今註】㊀宜陽：在今河南省宜陽縣。

三十五年（西元前三三四年）

㈠齊王、魏王會于徐州以相王㊀。

㈡韓昭侯作高門，屈宜臼曰：「君必不出此門！何也？不時㊁！吾所謂時者，非時日也。夫人固有利不利時。往者，君嘗利矣，不作高門。前年秦拔宜陽，今年旱；君不以此時恤民之急㊂，而顧益奢，此所謂時詘舉贏㊃者也。故曰不時。」

㈢越王無彊伐齊，齊王使人說㊄之以伐齊不如伐楚之利。越王遂伐楚。楚人大敗之，乘勝盡取吳故地，東至于浙江。越以此散㈥，諸公族爭立，或為王，或為君，濱於海上㈦，朝服於楚㈧。

【今註】㈠相王：魏齊彼此相尊為王。㈡何也？不時：何也？屈宜臼自設問詞，以便再進一步申說。不時，時機不宜。㈢恤民之急：體恤人民之急難。㈣時詘舉贏：詘與絀同。有餘曰贏。此言時勢短絀不利，而舉措若有贏餘。㈤說：讀稅，說服人曰說。㈥散：讀傘，分崩離析曰散。㈦濱於海上：越之公族為王為君，於海水之濱。㈧朝服於楚：朝見降服於楚國。

三十六年（西元前三三三年）

㈠楚王伐齊，圍徐州㈠。

㈡韓高門成。昭侯薨，子宣惠王立。

㈢初，洛陽人蘇秦說秦王以兼天下之術㈡，秦王不用其言。蘇秦乃去，說燕文公曰：「燕之所以不犯寇，被甲兵㈢者，以趙之為蔽㈣其南也。且秦之攻燕也，戰於千里之外，趙之攻燕也，戰於百里之內。夫不憂百里之患，而重千里之外，計無過㈤於此者！願大王與趙從親㈥，天下為一，則燕國必無患矣！」文公從之。資㈦蘇秦車馬，以說趙肅侯曰：「當今之時，山東之建國，莫彊於趙，秦之所害，亦莫如趙；然而秦不敢舉兵伐趙者，畏韓魏之議[八]其後也。秦之攻韓、魏也，無有名山大川之限，稍蠶食[九]之，傅國都[一〇]而止。韓、魏不能支秦，必入臣於秦。秦無韓、魏之規[一一]，則禍中[一二]於趙矣。臣以天下地圖案[一三]之，諸侯之地，五倍於秦。料度諸侯之卒，十倍於秦。六國為一，併力西鄉而攻秦，秦必破矣！夫衡人[一四]者，皆欲割諸侯之地以與秦。秦成，則其身富榮，國被秦患，而不與其憂[一五]。是以衡人日夜務以秦權恐愒[一六]諸侯，以求割地。故願大王熟計之也！竊為大王計，莫如一[一七]韓、魏、齊、楚、燕、趙為從親，以畔[一八]秦。令天下之將相會於洹水[一九]之上，通質結盟，約曰：『秦攻一國，五國各出銳師，或撓[二〇]秦，或救之；有不如約者，五國共伐之！』諸侯從親以擯[二一]秦，秦甲必不敢出於函谷[二二]，以害山東矣！」肅侯大說[二三]，厚待蘇秦，尊寵賜賚之，以約於諸侯。

會[二四]秦使犀首[二五]伐魏，大敗其師四萬餘人，禽[二六]將龍賈，取雕陰[二七]，且欲東兵㉘。蘇秦恐秦兵至趙，而敗從約。念莫可使用於秦者，乃激怒張儀，入之於秦。張儀者，魏人，與蘇秦俱事鬼谷先生㉙，學縱橫之術，蘇秦自以為不及也。儀游諸侯無所遇㉚，困於楚，蘇秦故召而辱之。儀恐，念諸侯獨秦能苦㉛趙，遂入秦。蘇秦陰遣其舍人齎金幣資儀。儀得見秦王，秦王說之，以為客卿㉜。舍人辭去，曰：「蘇君憂秦伐趙，敗從約，以為非君，莫能得秦柄㉝，故激怒君，使臣陰㉞奉給君資，盡蘇君之計謀也。」張儀曰：「嗟乎！此在吾術中㉟而不悟，吾不及蘇君明矣。為吾謝蘇君，蘇君之時，儀何敢言㊱！」

於是蘇秦說韓宣惠王曰：「韓地方九百餘里，帶甲數十萬，天下之彊弓、勁弩㊲、利劍，皆從韓出，韓卒超足而射，百發不暇止㊳。以韓卒之勇，被堅甲，蹠勁弩㊴，帶利劍，一人當百，不足言也。大王事秦，秦必求宜陽㊵、成皋㊶。今茲効㊷之，明年復求割地。與、則無地以給之㊸；不與，則棄前功，受後禍。且大王之地有盡，而秦求無已；以有盡之地，逆㊹無已之求，此所謂市怨結禍㊺者也，不戰、而地已削矣。鄙諺曰：『寧為雞口，無為牛後㊻。』夫以大王之賢，挾㊼強韓之兵，而有牛後之名，臣竊為大王羞之！」韓王從其言。

蘇秦說魏王曰：「大王之地方千里，地名雖小㊽，然而田舍廬廡之數㊾，曾無所芻牧㊿。人民之眾，車馬之多，日夜行不絕，輷輷殷殷(51)，若有三軍之眾。臣竊量大王之國不下楚。今竊聞大王之卒，武士(52)二十萬，蒼頭(53)二十萬，奮擊(54)二十萬，廝徒(55)十萬，車六百乘，騎五千匹。乃聽於羣臣之說，而欲臣事秦。故敝邑趙王，使臣効愚計，奉明約，在大王之詔詔之(56)。」魏王聽之。

蘇秦說齊王曰：「齊四塞之國，地方二千餘里，帶甲數十萬，粟如丘山。三軍之良(57)，五家(58)之兵，進如鋒矢，戰如雷霆，解如風雨(59)，即有軍役，未嘗倍泰山，絕清河，涉渤海者(60)也。臨淄之中七萬戶，臣竊度之，不下戶三男子，不待發於遠縣，而臨淄之卒，固已二十一萬矣。臨淄甚富而實(61)，其民無不鬭雞、走狗、六博(62)，闒鞠(63)。臨淄之塗(64)，車轂擊，人肩摩(65)，連衽成帷，揮汗成雨(六六)。夫韓魏之所以重畏秦(六七)者，為與秦接境壤(六八)也。兵出而相當(六九)，不十日而戰，勝(七〇)存亡之機決矣。韓魏戰而勝秦，則兵半折，四境不守；戰而不勝，則國已危，亡隨其後，是故韓、魏之所以重與秦戰，而輕為之臣也(七一)。今秦之攻齊則不然，倍(七二)韓魏之地，過衞陽晉之道(七三)，經乎亢父之險(七四)，車不得方軌，騎不得比行(七五)，百人守險，千人不敢過也。秦雖欲深入，則狼顧(七六)恐韓魏之議其後(七七)也。是故恫疑虛喝(七八)，驕矜而不敢進。則秦之不能害齊，亦明矣。夫不深料(七九)秦之無奈齊何，而欲西面而事之，是羣臣之計過也。今無臣事秦之名，而有彊國之實，臣是故願大王少留意計之(八〇)！」齊王許之。

乃西南說楚威王曰：「楚天下之彊國也，地方六千餘里，帶甲百萬，車千乘，騎萬匹，粟支十年(八一)，此霸王之資(八二)也。秦之所害(八三)，莫如楚。楚彊則秦弱，秦彊則楚弱，其勢不兩立。故為大王計，莫如從親以孤秦(八四)。臣請令山東之國，奉四時之獻(八五)，以承大王之明詔(八六)；委社稷，奉宗廟(八七)，練士厲兵(八八)，在大王之所用之。故從親則諸侯割地以事楚，衡合則楚割地以事秦。此兩策者，相去遠矣，大王何居(八九)焉？」楚王亦許之。

於是蘇秦為從約長(九〇)，幷相六國。北報趙(九一)，車騎輜重，擬於王者(九二)【考異】史記、蘇秦傳，秦兵不敢窺函谷關，十五年。又云，秦使犀首欺齊魏，與共伐趙、蘇秦去趙，而從約皆解。齊魏伐趙敗從約，止在明年耳。其自相違戾如此！秦本紀，惠文王七年，公子卬與魏戰，虜其將龍賈，後二年事耳，烏在其不闚函谷十五年乎。此出於遊談之士誇大蘇秦而云爾，今不取。

(四)齊威王薨，子宣王辟彊立。知成侯賣田忌(九三)，乃召而復之。

(五)燕文公薨，子易王立。

(六)衛成侯薨，子平侯立。

【今註】㊀徐州：在今山東省滕縣。㊁兼天下之術：併吞天下之方術。㊂不犯寇，被甲兵：不遭寇之進犯，受甲兵之害。㊃蔽：遮掩。㊄過：錯。㊅從親：合縱而親密。從，讀縱。㊆資：幫助。㊇議：圖謀。㊈蠶食：如蠶之食葉，寖漸而消失。㊉傅：與附著之「附」同。言直至都城而止。(一一)秦無韓、魏之規：規，規劃，圖謀。上文謂秦不敢舉兵伐趙者，畏韓魏之議其後也，故此處謂秦無韓、魏之謀於其後，則禍中於趙矣。(一二)中：讀仲。(一三)案：與考按之「按」同。(一四)衡人：衡與「橫」同。衡人，即當時說士中主張東方各國東西相連以事秦之人。(一五)「秦成」至「而不與其憂」：連橫之計實現，則秦成功，衡人富榮。聽從之國受秦患，其時憂患與衡人不相二一。(一六)秦權恐愒：權即力量。愒與「⿰忄赫」同。⑰一：合併為一體。⑱畔：與背叛之「叛」同。⑲洹水：出今河南省林縣，東流經安陽、臨漳、內黃等縣，入白溝河。⑳撓：擾擾。㉑擯：排斥。㉒函谷：秦函谷關在今河南省靈寶縣。㉓說：同「悅」。㉔會：恰巧，適值。㉕犀首：武官名，取其勇猛難當之意。㉖禽：同擒。㉗雕陰：在今陝西省鄜縣北。㉘東兵：引兵東下。㉙鬼谷先生：即鬼谷子，先秦諸子之一，當為陰陽家。蘇秦張儀之縱橫術，由鬼谷子之陰陽學脫胎而來。㉚遇：適合。㉛苦：害。㉜客卿：秦專設此官，以待各國人才之入秦者。㉝秦柄：柄，把柄。此謂秦國政治之權柄。㉞陰：祕密。㉟此在吾術中：言吾在蘇君此術中。㊱蘇君之時，儀何敢言：蘇君用事之時，儀不言連衡之道。㊲勁弩：強有力曰勁。弩，連發之弓。㊳超足而射，百發不暇止：超足，即起足。放弩者坐地，舉足踏弩而發之。百發不暇止，言速度之快，百發連射而不止。㊴蹠勁弩：蹠，音質。腳掌曰蹠。用腳掌發弩，故曰蹠勁弩。㊵宜陽：今河南省宜陽縣，正當秦出兵東下之道。㊶成皋：在今河南省汜水縣治西北：即歷史上有名之虎牢，得此足以制鄭。㊷効：同效，獻也；如今云「報効」。㊸與，則無地以給之：與，答應給他。給，滿足。此言答應給他，則無地以滿足其慾望。㊹逆：迎接。㊺市怨：買怨。㊻寧為雞口，無為牛後：唐張守節註《史記》曰：「雞口雖小，猶進食，牛後雖大，乃出糞。」按漢人註《戰國策》，雞口作「雞尸」，牛後作「牛從」，言寧為雞中之主，不為牛羣之隨從。其義較雞口牛後為長。㊼挾：攜帶。㊽地名雖小：此言地雖說小。㊾田舍廬廡之數：田，耕種之地。舍及廬廡，泛指房屋。數，稠密。㊿無所芻牧：無曠地可以刈草或放牧牛羊。

(五一)輷輷殷殷：輷亦作訇，音轟，車行聲。殷殷，亦形容車馬行人雜沓之聲。雷之初發，其聲殷殷。(五二)武士：兵卒之武勇者曰武士。(五三)蒼頭：普通兵卒以青巾著頭者。(五四)奮擊：兵卒之能奮勇首先擊敵者。(五五)廝徒：古車戰之卒有樵汲者，每百人中五人。廝徒，取薪之卒，即樵汲之類。(五六)在大王之詔詔之：上一詔字名詞，王命曰詔。下一詔字動詞，指揮之義。(五七)三軍之良：齊三軍之良士。(五八)五家：高、國、慶、崔、陳（即田）為齊大族，此時雖有衰微者，而習慣上仍稱其五氏為五家。(五九)進如鋒矢，戰如雷霆，解如風雨：其進，速如鋒銳之箭。其戰，力大如萬鈞之雷霆。其退，急如風雨之飄忽。(六〇)倍泰山、絕清河、涉渤海：此言縱不幸有兵役之侵，敵國未有能背泰山以立陣，渡清河以至齊，浮渤海以拊背者。(六一)甚富而實：有財曰富。有物曰實。(六二)六博：如後世擲骰子之戲，投箸六，行六棋，故曰六博。(六三)闒鞠：亦作蹋鞠，即踢球之戲。(六四)塗：與道途之「途」同。(六五)車轂擊，人肩摩：車軸頭相撞擊。人之肩相摩擦。(六六)連衽成帷，揮汗成雨：衣襟曰衽，連起衣襟可成帷幕，擦汗而揮之，紛落如雨。(六七)重畏秦：重之義為甚。此言甚畏秦。(六八)接境壤：壤為土地。接境壤即接境土。(六九)相當：相敵。(七〇)勝存亡之機決矣：胡三省以為勝之下存之上當有「負」字，其說甚是。(七一)重與秦戰而輕為之臣：難與秦戰而易為之臣。(七二)倍：與「背」同。此言秦攻齊則以背向韓魏，兵家之忌。(七三)陽晉之道：在今山東省鄆城縣西。(七四)亢父之險：在今山東濟寧縣南。(七五)車不得方軌，騎不得比行：行讀杭。車併行謂之方軌。騎兩行謂之比行。古以士卒二十五人魚貫而行為一行。(七六)狼顧：狼多疑，行則眼睛屢屢則左右而顧，謂之狼顧。(七七)議其後：圖謀於其後。(七八)恫疑虛喝：以虛聲使人恐懼疑慮。今通作虛聲恫喝。(七九)料：度量。(八〇)少留意計之：稍稍留意打算打算。(八一)粟支十年：糧食夠吃十年。(八二)資：資本。(八三)害：苦。(八四)孤秦：孤立秦國。(八五)四時之獻：按春夏秋冬四時時令各有所獻。(八六)承大王之明詔：奉行大王之明令。(八七)委社稷，奉宗廟：委託國家，奉上宗廟。(八八)練士厲兵：磨礪兵器，訓練士卒。(八九)何居：何所自處。(九〇)從約長：以蘇秦為合從盟約之長。(九一)北報趙：北歸以報趙王。(九二)車騎輜重，擬於王者：車馬行李之盛多，比於各國之王。(九三)成侯賣田忌：事見本卷顯王二十八年。

三十七年（西元前三三二年）

(一)秦惠王使犀首欺(一)齊魏，與共伐趙，以敗從約。趙肅侯讓(二)蘇秦。蘇秦恐，請使燕必報齊(三)。蘇秦去趙，而從約皆解。趙人決河水，以灌齊魏之師；齊魏之師乃去。

(二)魏以陰晉(四)為和於秦，實華陰(五)。

(三)齊王伐燕，取十城，已而復歸之。

【今註】(一)欺：詐騙。(二)讓：責。(三)報齊：對齊報復。(四)陰晉：魏邑，今陝西省華陰縣東部。(五)華陰：秦邑，今陝西省華陰縣西部。實、駐軍屯糧曰實。

三十九年（西元前三三〇年）

㈠秦伐魏，圍焦、曲沃㈠。魏入少梁河西地㈡於秦。

【今註】㈠焦、曲沃：焦，在今河南省陝縣治東。曲沃，在今陝縣西南曲沃鎮。㈡少梁、河西地：少梁在今陝西省韓城縣南。河西地，魏黃河以西之屬地。今陝西省韓城以南華縣以北一帶。

四十年（西元前三二九年）

㈠秦伐魏，度河，取汾陰、皮氏㈠，拔焦。

㈡楚威王薨，子懷王槐立。

㈢宋公剔成之弟偃，襲攻剔成，剔成奔齊，偃自立為君。

【今註】㈠汾陰、皮氏：汾陰在今山西省榮河縣北。皮氏在今山西省河津縣西。

四十一年（西元前三二八年）

㈠秦公子華、張儀帥師圍魏蒲陽㈠，取之。張儀言於秦王，請以蒲陽復與魏，而使公子繇質於魏。儀因說魏王曰：「秦之遇魏甚厚，魏不可以無禮於秦。」魏因盡入上郡㊁十五縣以謝焉。張儀歸而相秦。

【今註】㊀蒲陽：在今山西省永濟縣北。㊁上郡：治今陝西省綏德縣。有今陝北綏德以北至綏遠省鄂爾多斯左翼前旗一帶地。

四十二年（西元前三二七年）

㈠秦縣義渠㊀，以其君為臣。

㈡秦歸焦、曲沃於魏。

【今註】㊀義渠：西戎國，秦滅以為縣，在今甘肅省寧縣。

四十三年（西元前三二六年）

㈠趙肅侯薨，子武靈王立。置博聞師㊀三人，左右司過㊁三人。先問先君貴臣肥義，加其秩。

【今註】㊀博聞師：以博聞為師，類似後世之博士。㊁左右司過：司察君過，類似後世之拾遺補闕。

四十四年（西元前三二五年）

㈠夏，四月戊午，秦初稱王。

㈡衛平侯薨；子衛君立。衛有胥靡㊀亡之魏，因為魏王之后治病。嗣君聞之，請以五十金買之；五反魏不與，乃以左氏㊁易之。左右諫曰：「夫以一都買一胥靡可乎？」嗣君曰：「非子所知也。夫治無小，亂無大；法不立，誅不必，雖有十左氏，無益也！灋立誅必，失十左氏無害也。」魏王聞之曰：「人主之欲，不聽之不祥。」因載而往，徒獻㊂之。

【今註】㊀胥靡：犯輕罪者，帶鎖服役。㊁左氏：衛邑名，其地不詳。㊂徒獻之：徒為空之義。徒獻，謂不附任何條件而交胥靡與衛。

四十五年（西元前三二四年）

㈠秦張儀帥師伐魏，取陝㊀。

㈡蘇秦通於燕文公之夫人。易王知之。蘇秦恐，乃說易王曰：

「臣居燕，不能使燕重，而在齊，則燕重。」易王許之。乃偽得罪於燕而奔齊。齊宣王以為客卿。蘇秦說齊王，高宮室，大苑囿㈡，以明得意。欲以敝齊而為燕。

【今註】㈠陝：今河南省陝縣。㈡大苑囿：養鳥獸之場，古曰囿，漢曰苑。

四十六年（西元前三二三年）

㈠秦張儀及齊、楚之相會齧桑㈠。

㈡韓、燕皆稱王。趙武靈王獨不肯，曰：「無其實，敢處其名乎！」令國人謂己曰君。

【今註】㈠齧桑：在今江蘇省沛縣西南。

四十七年（西元前三二二年）

㈠秦張儀自齧桑還，而免相，相魏㈠。欲令魏先事秦，而諸侯効之。魏王不聽，秦王伐魏，取曲沃平周㈡。復陰厚張儀益甚㈢。

【今註】㈠免相，相魏：免秦相，改任魏相。其相魏所以如此之易者，當是出於秦之推薦，魏不敢不聽。㈡曲沃、平周：曲沃，在今山西省聞喜縣。非在河南陝縣之曲沃。平周，在今山西省介休縣。㈢陰厚張儀益甚：暗中厚待張儀更甚。

四十八年（西元前三二一年）

㈠王崩。子慎靚王定立。

㈡燕易王薨，子噲立。

㈢齊王封田嬰於薛㈠，號曰靖郭君㈡。靖郭君言於齊王曰：「五官㈢之計，不可不日聽而數覽也。」王從之。已而厭之，悉以委㈣靖郭君。靖郭君由是得專齊之權。靖郭君欲城薛㈤，客謂靖郭君曰：「君不聞海大魚乎，網不能止，鈎不能牽，蕩㈥而失水，則螻蟻制焉㈦。今夫齊，亦君之水也，君長有齊，奚㈧以薛為？苟㈨為失齊，雖隆㈩薛之城到於天，庸⑪足恃乎！」乃不果⑫城。靖郭君有子四十人，其賤妾之子曰文。文通儻饒智略⑬，說靖郭君以散財養士。靖郭君使文主家待賓客，賓客爭譽其美，皆請靖郭君以文為嗣。靖郭君卒，文嗣為薛公，號曰孟嘗君⑭。孟嘗君招致諸侯遊士，及有罪亡人，皆舍業⑮厚遇之，存救其親戚⑯；食客常數千人，各自以為孟嘗君親己，由是孟嘗君之名重天下。

臣光曰：「君子之養士，以為民也。易曰：『聖人養賢，以及萬民。』夫賢者，其德足以敦化正俗，其才足以頓綱振紀⑰，其明足以燭微慮遠⑱，其彊足以結仁固義，大則利天下，小則利一國。是以君子豐祿以富之，隆爵以尊之，養一人而及萬人者，養賢之道也。今孟嘗君之養士也，不恤智愚⑲，不擇臧否⑳，盜其君之祿以立私黨㉑，張虛譽㉒，上以侮㉓其君，下以蠹㉔其民，是姦人之雄也。烏㉕足尚哉！書曰：『受為天下逋逃主，萃淵藪』㉖此之謂也。」

孟嘗君聘於楚，楚王遺之象牀㉗，登徒直送之，不欲行，謂孟嘗君門人公孫戍曰：「象牀之直千金，苟傷之毫髮，則賣妻子不足償也！足下能使僕無行者，有先人之寶劍，願獻之。」公孫戍許諾。入見孟嘗君曰：「小國所以皆致相印於君者，以君能振達貧窮㉘，存亡繼絕，故莫不悅君之義，慕君之廉㉙也。今始至楚，而受象牀，則未至之國，將何以待君哉！」孟嘗君曰：「善。」遂不受。公孫戌趨去，未至中閨⑳，孟嘗君召而反之曰：「子何足之高志之揚㉑也？」公孫戌以實對。孟嘗君乃書門版㉒曰：「有能揚文之名，止文之過，私得寶於外者，疾㉓入諫！」

臣光曰：「孟嘗君可謂能用諫矣。苟其言之善也，雖懷詐諼㉔之心，猶將用之，況盡忠無私，以事其上乎。詩云：『采葑采菲，無以下體㉕，』孟嘗君有焉。」

㈣韓宣惠王欲兩用公仲、公叔為政，問於繆留。對曰：「不可！晉用六卿而國分㉖，齊簡公用陳成子及闞止而見殺㉗；魏用犀首張儀而西河之外亡㉘。今君兩用之，其多力者內樹黨㉙，其寡力者藉外權㊵，羣臣有內樹黨以驕主㊶，有外為交以削地㊷，君之國危矣！」

【今註】①薛：在今山東省滕縣。②靖郭君：靖郭者，取平定城郭之義，以為榮寵，非有其地。③五官：列國之大者有三卿五大夫，五大夫分典國事，謂之五官。④委：付託。⑤城薛：在自封之薛邑築城，以為守備。⑥蕩：放，言自放肆。⑦螻蟻制焉：受制於螻蛄螞蟻。⑧奚：義與「何」同。⑨苟：假如。⑩隆：高。⑪庸：義與「豈」「安」「烏」「何」同。⑫果：果然。⑬通儻饒智略：通達倜儻，而智略有餘。⑭孟嘗君：孟、田文之字。嘗，邑名，在薛之旁。⑮舍業：築房舍立家業。⑯親戚：古稱父母兄弟為親戚。⑰頓網振紀：頓，整頓。振，振作。綱，網之大索。紀，網之小繩。⑱燭微慮遠：燭，照明。微，細小。慮，思考。遠，遠大。⑲不恤智愚：不關心智或愚。⑳不擇臧否：不選擇好或壞。㉑私黨：私人黨羽。㉒張虛譽：張大養士眾多之虛名。㉓侮：欺。㉔蠹：木蛀蟲曰蠹。㉕烏：與「何」同義。㉖受為天下逋逃主，萃淵藪：此二語出《尚書・偽武成篇》。受，紂王名。逋音晡，亡命曰逋。主，主人，此言窩藏包庇者。萃，聚集。水深曰淵，湖泊無水有草為藪。此二句謂受辛為天下罪犯逃亡之窩藏包庇者，壞人之聚集好似虫魚聚於深水之淵，鳥獸聚於無水有草之藪。㉗遺之象牀：遺音位，贈送曰遺。象牀，象牙做成之牀。㉘振達貧窮：救助貧窮之人。㉙廉：不取他人財物。㉚閨：內室小門。㉛足高志揚：行路時足抬起過高，表示意志之喜悅。此與「趾高氣揚」同意。㉜書門版：版與「板」同。在門板上寫字。㉝疾：急速。㉞詐諼：諼亦作「諠」。詐諼即虛偽欺騙。㉟采葑采菲，無以下體：此《詩經・邶風・谷風》章句。葑，蔓菁。菲，葸菜。下體，二菜之根。葑與菲之根，有時可食，有時不可食。此言取人之諫己，如取葑菲，不可以其根有時不可食，幷其本體而棄之。㊱晉用六卿而國分：晉之六卿為智氏、范氏、中行氏、趙氏、韓氏、魏氏。自晉文襄以來，迭秉國政，後皆強大，卒分晉國。㊲齊簡公用陳成子及闞止而見殺：齊簡公使闞止執政，陳成子不悅，不久，成子殺闞止，並弒簡公。㊳魏用犀首張儀而西河之外亡：犀首外結韓國，張儀外結秦國，二人各倚與國以為重而內爭權，故魏地日削。

㊴內樹黨：在國內成立黨派。㊵藉外權：勾結外國力量。㊶驕主：內樹黨便不把國主放在心上。㊷削地：藉外權則其心外嚮，削國土以媚與國。

卷三　周紀三

司馬光　編集
趙鐵寒　註

起重光赤奮若，盡昭陽大淵獻，凡三十有三年。（辛丑至癸亥，西元前三二〇年至西元前二九八年）

慎靚王

元年（西元前三二〇年）

㈠衛更貶㊀號曰君。

【今註】㊀貶號：貶、音扁。減少。貶號、自己減損其名號，由侯降為君。

二年（西元前三一九年）

㈠秦伐韓，取鄢㊀。

㈡魏惠王薨，子襄王立㊁。【考異】史記魏世家云，惠王三十六年卒，子襄王立，襄王十六年卒，子哀王立，哀王二十三年卒，子昭王立。六國表，魏王元辛亥，終丙戌，襄王元丁亥，終壬寅，哀王元癸卯，終乙丑。按杜預春秋後序云，太康初，汲縣有發舊冢者，大得古書，其記年篇，起自夏殷周，皆三代王事，無諸國別也，惟特記晉國，起自殤叔，次文侯昭侯，以至曲沃莊伯，皆用夏正，編年相次，晉國滅，獨記魏事下至魏哀王之二十年，蓋魏國之史記也。哀王於史記襄王之子，惠王之孫也。古書紀年篇，惠王三十六年，改元，從一年始，至十六年，而稱惠成王卒，即惠王也，疑史記誤分惠成之世，以為後王年也。哀王二十三年，乃卒，故特不稱謚，謂之今王。裴駰魏世家註，引和嶠云，紀年起自黃帝，終於魏之今王，今王者，魏惠成王子。按太史公書惠成王，但言惠王，惠王子曰襄王，襄王子曰哀王，惠王三十六年，卒，襄王立，十六年卒，惠襄為五十二年，今按古文，惠成王立三十六年，改元稱一年，改元後十七年，卒。太史公書為誤分惠成之世，以為二王之年數也。世本，惠王生襄王，而無哀王，然則今王者，魏襄王也。彼既魏史所書魏事，必得其真，今從之。孟子入見而出，語人曰：「望之不似人君，就之而不見所畏焉。卒然㊂問曰：『天下惡㊃乎定？』吾對曰：『定于一！』『孰㊄能一之？』對曰：『不嗜㊅殺人者，能一之！』『孰能與㊆之？』對曰：『天下莫不與也！王知夫苗乎？七八月之間旱㊇，則苗槁㊈矣；天油㊉然作雲，沛㊁然下雨，則苗浡㊂然興之矣！其如是，孰能禦之！』」

【今註】㊀鄢：在今河南省鄢陵縣西北。㊁襄王立：通鑑記戰國事多采《史記》，惟於此慎靚王二年書「惠王薨子襄王立」。則從古本《竹書紀年》。倘依《史記》則惠王早薨於周顯王三十五年，襄王之立至慎靚王二年已十六年。㊂卒然：卒讀猝。卒然、冒失突兀。㊃惡：讀烏。義與「何」同。㊄孰：誰。㊅嗜：喜好。㊆與：聽從歸附。㊇七八月之間旱：此七八月從周曆而言，周曆以建子月（即今陰曆十一月）為正月。較夏曆提前兩個月。周曆七八月即夏曆五六月，正禾苗生長之時。㊈槁：枯。㊉油然：油與由通用。由、生。油然，形容雲自未生至已生之情狀。㊁沛然：沛字又可作

「霈」。大雨。沛然，形容大雨如注之情狀。㊂浡然：浡字又可作「勃」，又與「悖」字通用。浡然、形容已枯之禾苗立時興起之形狀。

三年（西元前三一八年）

㈠楚趙魏韓燕同伐秦，攻函谷關㊀。秦人出兵逆㊁之，五國之師皆敗走。

㈡宋初稱王。

【今註】㊀函谷關：在今河南靈寶縣治西南。㊁逆：迎戰。

四年（西元前三一七年）

㈠秦敗韓師于脩魚㊀，斬首八萬級。虜其將鰻申差㊁于濁澤㊂。諸侯振恐。

㈡齊大夫與蘇秦爭寵，使人刺秦殺之。張儀說魏襄王曰：「梁㊃地方不至千里，卒不過三十萬，地四平，無名山大川之限㊄，卒戍㊅楚韓齊趙之境，守亭障㊆者、不過十萬；梁之地勢，固戰場也。夫諸侯之約從盟於洹水㈧之上，結為兄弟，以相堅也；今親兄弟，同父母，尚有爭錢財，相殺傷；而㈨欲恃㈩反覆蘇秦之餘謀㈡，其不可成，亦明矣！大王不事㈢秦，秦下兵攻河外㈢，據卷、衍、酸棗㈣，劫衞取陽晉㈤；則趙不南；趙不南，則梁不北；梁不北，則從道絕；從道絕，則大王之國欲毋㈥危，不可得也！故願大王審定計議㈦，且賜骸骨㈧！」魏王乃倍㈨從約，而因儀以請成㈩于秦。

張儀復歸相秦。

㈢魯景公薨，子平公旅立。

【今註】㈠脩魚：在今河南省原武縣東。㈡鯁、申差：司馬貞曰：鯁、申差二將名。㈢濁澤：在今河南省長葛縣西南。㈣梁：魏惠王徙都大梁，故魏亦稱梁。㈤限：隔。㈥戍：守。㈦亭障：亭有二種：一內地之亭，置於要路旁，為行旅之傳舍，如後代之驛站；一邊塞之亭，置於國境塞徼間，為沿邊防守哨崗之所在，如後代之守望崗樓。此處所謂亭，指後者而言。障，邊境防守之小城，較亭規模略大者。㈧洹水：發源於今河南省林縣，東南流經安陽、內黃等縣入於漳水。㈨而：乃。㈩恃：仗。㈡餘謀：是時蘇秦已死，故稱其謀為餘謀。㈢事：字又可作「傳」。與侍養之「侍」通。此言事秦，即服侍奉養秦國。㈢河外：魏先都安邑，以黃河以西地，今陝西省韓城以南，華縣以北地為河外，後都大梁，以黃河以北地為河外。㈣卷，衍，酸棗：卷、在今河南省原武縣東。衍、亦名衍氏，在今河南省鄭縣北。酸棗，在今河南省延津縣。㈤陽晉：在今山東省鄆城縣。陽晉衞之東境，過此則為齊地。秦師如東進抵於陽晉，則魏與趙道絕，故下云：「則趙不南，梁不北。」㈥毋：古勿字，義為「不」。㈦審定計議：慎重決定計謀。㈧且賜骸骨：賜骸骨為辭職之代詞。言一面勸魏王慎重決計，一面辭職。㈨倍：與「背」同。㈩請成：求和。

五年（西元前三一六年）

(一)巴蜀㈠相攻擊，俱告急於秦，秦惠王欲伐蜀，以為道險陿㈡難至；而韓又來侵，猶豫㈢未能決。司馬錯請伐蜀，張儀曰：「不如伐韓！」王曰：「請聞其說！」儀曰：「親魏、善楚，下兵三川㈣，攻新城、宣陽㈤，以臨二周㈥之郊，據九鼎㈦，按圖籍㈧，挾㈨天子，以令於天下，天下莫敢不聽，此王業也。臣聞爭名者於朝，爭利者於市，今三川、周室，天下之朝市也，而王不爭焉，顧爭於戎翟㈩，去王業遠矣！」司馬錯曰：「不然！臣聞欲富國者，務⑪廣其地；欲彊兵者，務富其民；欲王者，務博其德；三資者備，而王隨之矣。今王地小民貧，故臣願先從事於易。夫蜀、西僻之國(一二)，而戎翟之長也，有桀紂之亂；以秦攻之，譬如使犲狼逐羣羊；得其地足以廣國，取其財足以富民，繕(一三)兵不傷眾，而彼已服焉。拔一國，而天下不以為暴，利盡四海，而天下不以為貪，是我一舉而名實附也(一四)，而又有禁暴止亂(一五)之名。今攻韓劫(一六)天子，惡名也，而未必利也；又有不義之名，而攻天下所不欲，危矣！臣請論其故：周、天下之宗室也，齊韓之與國(一七)也；周自知失九鼎，韓自知亡三川，將二國幷力合謀，以因乎齊、趙，而求解乎楚、魏，以鼎與楚，以地與魏，王弗能止也。此臣之所謂危也。不如伐蜀完(一八)！」王從錯計，起兵伐蜀，十月取之。貶蜀王更號為侯，而使陳莊相蜀。蜀既屬秦，秦以益彊，富厚輕諸侯。

㈡蘇秦既死。秦弟代厲亦以遊說(一九)顯於諸侯。燕相子之與蘇代婚，欲得燕權。蘇代使於齊而還，燕王噲問曰：「齊王其霸乎？」對曰：「不能！」王曰：「何故？」對曰：「不信其臣。」於是燕王專任子之。鹿毛壽謂燕王曰：「人之謂堯賢者，以其能讓天下也。今王以國讓子之，是王與堯同名也。」燕王因屬國⑳於子之，子之大重。或曰：「禹薦益而以啟人為吏㉑，及老，而以啟為不足任天下，傳之於益。啟與交黨攻益奪之。天下謂禹名傳天下於益而實令啟自取之。今王言屬國於子之，而吏無非太子人者，是名屬子之，而實太子用事也。」王因收印綬自三百石吏㉒已上，而效之㉓子之。子之南面行王事，而噲老不聽政，顧㉔為臣，國事皆決於子之。

【今註】㊀巴、蜀：巴、巴國，在今重慶。蜀、蜀國，在今成都。㊁陘：與「狹」同。㊂猶豫：與游移同。㊃三川：伊水、洛水、黃河，謂之三川。㊄新城、宜陽：新城、在今洛陽南伊闕。宜陽、在今河南省宜陽縣。㊅二周：周分為東西，故曰二周。㊆九鼎：鼎、夏鑄之重器，夏亡入商，商亡入周。為三代傳國之重器。㊇按圖籍：圖籍、輿地之圖及其記載。按、用力由上向下壓住。此處之「按」有攬意。㊈挾：把物件夾在臂脅之間謂之挾。此處之挾，就原義引申成為強制脅迫之意。⑩翟：與「狄」同。⑪務：勤勉用力。⑫西僻之國：西方偏僻之國。⑬繕：治。⑭名實附：虛名與實利相合。⑮禁暴止亂：此春秋霸王之行徑，儒家所承認之國際間合作模範，故以為美。⑯劫：以武力奪取。⑰與國：友邦。⑱完：全。言伐韓不如伐蜀之計十全。⑲說：讀稅。⑳屬國：付託國家。㉑禹薦益，而以啟人為吏：禹薦其賢臣益於天，而以其子啟之人為執事之吏。㉒收印綬自三百石吏已上：收自年祿米三百石以上官吏之印綬。㉓劾之子之：劾義為呈。將收得之印綬奉送與子之。㉔顧：反。

六年（西元前三一五年）

㈠王崩，子赧王延立。

赧王上

元年（西元前三一四年）

㈠秦入侵義渠㊀，得二十五城。

㈡魏人叛秦，秦人伐魏，取曲沃㊁，而歸其人。又敗韓於岸門㊂，韓太子倉入質于秦，以和。

㈢燕子之為王三年，國內大亂，將軍市被與太子平謀攻子之。齊王令人謂太子曰：「寡人聞太子將飭㊃君臣之義，明父子之位，寡人之國，唯㊄太子所以令之㊅！」太子因要黨㊆聚眾，使市被攻子之，不克；市被反攻太子，構難(八)數月，死者數萬人，百姓恫(九)恐。齊王令章子將五都之兵，因北地(一〇)之眾，以伐燕。燕士卒不戰，城門不閉，齊人取子之醢(一一)之，遂殺燕王噲。齊王問孟子曰：「或謂寡人勿取燕，或謂寡人取之。以萬乘之國，伐萬乘之國，五旬而舉之(一二)，人力不至於此，不取必有天殃(一三)！取之何如？」孟子對曰：「取之而燕民悅，則取之，古之人有行之者，武王是也！取之而燕民不悅，則勿取，古之人有行之者，文王是也。以萬乘之國，伐萬乘之國，簞食壺漿(一四)以迎王師，豈有他哉！避水火也，如水益深，如火益熱，亦運(一五)而已矣！」諸侯將謀救燕。齊王謂孟子曰：「諸侯多謀伐寡人者，何以待之(一六)！」對曰：「臣聞七十里為政於天下者，湯是也，未聞以千里畏人者也！書曰：『徯我后，后來其蘇(一七)！』今燕虐(一八)其民，王往而征之，民以為將拯(一九)己於水火之中也，簞食壺漿，以迎王師；若殺其父兄，係累(二〇)其子弟，毀其宗廟，遷其重器(二一)，如之何其可也！天下固畏齊之彊也，今又倍地(二二)，而不行仁政，是動天下之兵也(二三)！王速出令：反其旄倪(二四)，止其重器，謀於燕眾，置君而後去之，則猶可及止也。」齊王不聽。已而燕人叛。王曰：「吾甚慙㉕於孟子！」陳賈曰：「王無患焉！」乃見孟子曰：「周公何人也？」曰：「古聖人也。」陳賈曰：「周公使管叔監商㉖，管叔以商畔也㉗。周公知其將畔而使之㉘與？」曰：「不知也。」陳賈曰：「然則聖人亦有過與？」曰：「周公弟也，管叔兄也，周公之過，不亦宜乎㉙！且古之君子，過則改之；今之君子，過則順之㉚。古之君子，其過也如日月之食㉛，民皆見之，及其更也㉜，民皆仰㉝之！今之君子，豈徒㉞順之，又從為㉟之辭。」

(四)是歲，齊宣王薨，子湣王地立。

【今註】㊀侵義渠：按《左傳》義例，軍事行動有鐘鼓堂堂正正者曰伐，無鐘鼓而暗襲者曰侵。義渠、在今甘肅省寧縣，西戎之國。㊁曲沃：在今河南省陝縣西南。㊂岸門：在今山西省河津縣南。㊃飭：修整。㊄唯：專。㊅太子所以令之：此言齊國專聽太子之所命。㊆要黨：結合黨羽。㊇構：字又可作「搆」。結連。㊈恫：字又可作「痌」。音同。痛心。㊉北地：齊之北境地，與燕接壤者。⑪醢：音海。肉醬。通鑑記齊人醢子之，采古本《竹書紀年》，與《戰國策》《史記》不同。

㉒舉：攻克。㉓殃：災禍。㉔簞食壺槳：簞、音丹。竹製圓形盛物器。食、音飼，熟食品。漿、水。㉕運：回。言若所迎者所予之痛苦，如水益深，如火益熱，則將所攜之簞食壺漿取回而往迎他國。㉖待：對待。㉗徯我后，后來其蘇：按此二句《尚書》逸篇之文，今本偽仲虺之誥有之，不足信。徯、等待。后、君。蘇、甦息。此言待我君，我君來，則得甦息。㉘虐：苦。㉙拯：音蒸。伸手援救。㉚係累：係、與「繫」同。係累、束縛。㉛重器：鎮國之寶物。㉜倍地：齊併燕，則土地增加一倍。㉝是動天下之兵也：如此則自招天下之討伐。㉞反其旄倪：反與「返」同。旄、即耄，人生八十、九十曰耄，倪字又可作倪。嬰兒。此言歸還燕國之老幼。㉟慚：愧。㊱周公使管叔監商：監商本應作監殷，宋避宣祖諱，凡殷字皆作商。周武王滅殷，以紂之子武庚治殷地，而以管叔監之，及武王崩，管叔叛，周公討平之，誅管叔。㊲畔：與「叛」同。㊳與：與「歟」同。疑問詞，與「耶」同義。㊴不亦宜乎：此言周公對為兄之管叔，不能不恭，故雖釀成叛亂，亦不足深責。㊵順：順遂其過。㊶日月之食：如日月食人皆得望見。㊷更：改。㊸仰：仰望。㊹徒：與「但」字同義。㊺辭：托辭以掩其過。此孟子以責陳賈者。

二年（西元前三一三年）

㈠秦右更㊀疾伐趙，拔藺㊁，虜其將莊豹。

㈡秦王欲伐齊，患齊楚之從親；乃使張儀至楚，說楚王曰：「大王誠能聽臣，閉關㊂絕約於齊，臣請獻商於之地㊃六百里，使秦女得為大王箕帚之妾㊄，秦楚嫁女娶婦，長為兄弟之國。」楚王說㊅而許之。羣臣皆賀，陳軫獨弔㊆，王怒曰：「寡人不興師而得六百里地，何弔也！」對曰：「不然，以臣觀之，商於之地不可得而齊秦合，齊秦合，則患必至矣！」王曰：「有說乎㊇？」對曰：「夫秦之所以重楚者，以其有齊也；今閉關絕約於齊，則楚孤！秦奚貪㊈夫孤國，而與之商於之地六百里？張儀至秦必負㊉王！是王北絕齊交，西生患於秦也。兩國之兵必俱至！為王計者，不若陰合而陽絕於齊⑪；使人隨張儀，苟⑫與吾地，絕齊未晚也。」王曰：「願陳子閉口毋⑬復言，以待⑭寡人得地！」乃以相印授張儀，厚賜之。遂閉關絕約於齊。使一將軍隨張儀至秦。張儀詳⑮墮車，不朝⑯三月。楚王聞之曰：「儀以寡人絕齊未甚耶⑰？」乃使勇士宋遺，借宋之符⑱，北罵齊王。齊王大怒，折節⑲以事秦，齊秦之交合。張儀乃朝見楚使者曰：「子何不受地，從某至某廣袤⑳六里。」使者怒，還報楚王。楚王大怒，欲發兵而攻秦。陳軫曰：「軫可發口言乎？攻之不如因賂㉑之以一名都，與之幷力㉒而攻齊，是我亡地於秦，取償㉓於齊也。今王已絕於齊，而責欺㉔於秦，是吾合齊秦之交而來㉕天下之兵也！國必大傷矣！」楚王不聽，使屈匄㉖帥師伐秦。秦亦發兵使庶長㉗章擊之。

【今註】㈠右更：秦爵二十等之第十四級。㈡藺：在今山西省離石縣西。㈢閉關：古列國各於其境之險要通道間置防，闢門以通出入曰關。閉關則閉其關門而不啟，彼此不通，以示斷絕邦交及商業。㈣商於之地：商於亦作於商。商、在今陝西省商縣東八十五里之商洛鎮。於、在今河南省內鄉縣西。自於至商今里四百餘里，古里較小，故張儀曰六百里。㈤箕帚之妾：小妻謂之妾，執箕帚以供灑掃者。㈥說：與「悅」同。㈦弔：戚楚不歡。㈧說：讀說話之說。此問有所說明否？㈨奚貪：奚義同「何」。貪、愛。此言秦何愛於孤立之楚。㈩負：背信。言秦必背信於王。⑪陰合陽絕於齊：暗中仍合而表面與齊絕交。⑫苟：果然。⑬毋：古「勿」字。義為「不要」。⑭待：等待。⑮詳：與「佯」通用。又可作「陽」。假裝曰佯。⑯不朝：古相見曰朝。後世專用為臣下見君之名稱，不朝即不與楚將軍相見。⑰邪：與「耶」同。疑問詞。⑱借宋之符，北罵齊王：符、憑以出入關塞之信物，其作用如今之護照，以金銅玉竹木等製成。楚齊既已絕交，持楚符者，不能通行於齊國，故借用宋國之符，以至齊，罵齊王。㈩折節：折、屈折。節、志向。此言齊王改變平日與秦不合之志向。㈪廣袤：東西曰廣，南北曰袤。㈫賂：音路。以財物遺人謂之賂。㈬幷力：合力。㈭償：補償。㈮責欺：責讓詐欺之罪於秦。㈯來：招致。㈰屈匄：屈、讀「ㄑㄩ」。匄、音蓋。與「丐」同。㈱庶長：秦爵二十等第十級左庶長，第十一級右庶長。

三年（西元前三一二年）

㈠春，秦師及楚戰于丹陽㈠，楚師大敗，斬甲士八萬，虜屈匄及列侯執珪㈡七十餘人，遂取漢中郡㈢。楚王悉發國內兵，以復襲秦，戰于藍田，楚師大敗。韓魏聞楚之困，南襲楚至鄧㈣，楚人聞之，乃引兵歸，割兩城以請平于秦。

㈡燕人共立太子平，是為昭王。昭王於破燕之後，弔死問孤，與百姓同甘苦，卑身㈤厚幣以招賢者。謂郭隗曰：「齊因孤㈥之國亂㈦而襲破燕，孤極知燕小力少，不足以報㈧；然誠得賢士與共國，以雪㈨先王之恥，孤之願也！先生視可㈩者，得身事之。」郭隗曰：「古之人君，有以千金使涓人㈡求千里馬者，馬已死，買其首五百金而返。君大怒，涓人曰：『死馬，且買之，況生者乎！馬今至矣。』不期年，千里之馬，至者三。今王必欲致士，先從隗始；況賢於隗者，豈遠千里哉！」於是昭王為隗改築宮，而師事之。於是士爭趣燕㊂，樂毅自魏往；劇辛自趙往。昭王以樂毅為亞卿，任以國政。

㈢韓宣惠王薨，子襄王倉立。

【今註】㊀丹陽：丹水之陽。丹水源出今陝西商縣西北之冢嶺山，東南流經商南縣，入河南省，至淅川縣與淅川合，再東南流入於均水，水北謂之陽。戰於丹水之陽，當在今河南省內鄉縣以西至豫陝交界之荊紫關一帶。㊁執圭：圭字又可作「珪」。玉製表祥瑞之物，大臣執之。執圭、楚爵名，等於附庸之封君。㊂漢中郡：楚漢中郡包今湖北省房縣、竹山、鄖縣、均縣一帶西北至於漢中，其區域與漢之漢中郡不盡相同。㊃郾：在今河南省偃城縣東南三十五里。㊄卑身：屈己。㊅孤：春秋之義，列國諸侯，有凶稱孤，無凶則稱寡人。㊆國亂：燕王噲讓位於子之國亂，事見前二年。㊇報：報復。㊈雪：洗。㊉可者：可以稱為賢士者。⑪涓人：涓、清潔。涓人、司打掃清潔者。在宮中為賤役，其後演變為近臣之一，仍存涓人之名。⑫趣：與「趨」同。疾走。

四年（西元前三一一年）

㈠蜀相殺蜀侯。

㈡秦惠王使人告楚懷王，請以武關之外㈠易黔中㈡地。楚王曰：「不願易地，願得張儀而獻黔中地。」張儀聞之，請行。王曰：「楚將甘心㈢於子，奈㈣何行？」張儀曰：「秦彊楚弱，大王在，楚不宜敢取臣！且臣善其嬖㈤臣靳尚，靳尚得事幸姬㈥鄭袖，袖之言王無不聽者！」遂往。楚王㈦囚將殺之。靳尚謂鄭袖曰：「秦王甚愛張儀，將以上庸㈧六縣及美女贖之；王重地尊秦，秦女必貴，而夫人斥㈨矣！」於是鄭袖日夜泣於楚王曰：「臣各為其主耳！今殺張儀，秦必大怒，妾請子母俱遷江南，毋為秦所魚肉㈩也！」王乃赦張儀而厚禮之。張儀因說(一一)楚王曰：「夫為從者(一二)，無以異於驅羣羊而攻猛虎，不格(一三)明矣。今王不事秦，秦劫韓、驅梁(一四)而攻楚，則楚危矣。秦西有巴蜀，治船積粟，浮岷江(一五)而下，一日行三百餘里，不至十日，而拒扞關(一六)；扞關驚，則從境以東(一七)，盡城守矣〔一八〕。黔中、巫郡〔一九〕，非王之有。秦舉甲出武關，則北地絕。秦兵之攻楚也，危難在三月之內；而楚待諸侯之救，在半歲之外。夫待弱國之救，忘彊秦之禍，此臣所為大王患也！大王誠能聽臣，臣請令秦楚長為兄弟之國，無相攻伐。」楚王已得張儀，而重出黔中地〔二〇〕，乃許之。張儀遂之韓，說韓王曰：「韓地險惡，山居，五穀所生，非菽而麥〔二一〕，國無二歲之食，見〔二二〕卒不過二十萬；秦被甲百餘萬。山東之士，被甲蒙冑〔二三〕以會戰；秦人捐甲徒裼〔二四〕以趨敵，左挈人頭，右挾生虜〔二五〕。夫戰孟賁、烏獲〔二六〕之士，以攻不服之弱國，無異垂千鈞〔二七〕之重於鳥卵之上，必無幸矣〔二八〕！大王不事秦，秦下甲據宜陽〔二九〕，塞成皋，則王之國分矣；鴻臺之宮，桑林之苑〔三〇〕，非王之有也！為大王計，莫如事秦以攻楚，以轉禍而悅秦，計無便於此者！」韓王許之。張儀歸報秦王，封以六邑，號武信君〔三一〕。復使東說〔三二〕齊王曰：「從人〔三三〕說大王者必曰：『齊蔽〔三四〕于三晉，地廣民眾，兵彊士勇，雖有百秦，將無奈齊何！』大王賢〔三五〕其說而不計〔三六〕其實。今秦楚嫁女娶婦，為昆〔三七〕弟之國；韓獻宜陽；梁效河外〔三八〕，趙王入朝，割河間[39]以事秦。大王不事秦，秦驅韓，梁攻齊之南地[40]，悉趙兵度清河[41]，指博關[42]，臨菑、即墨[43]非王之有也！國一日見攻，雖欲事秦，不可得也！」齊王許張儀。張儀去，西說趙王曰：「大王收率[43]天下以擯[44]秦，秦兵不敢出函谷關十五年，大王之威，行於山東[45]，敝邑[46]恐懼，繕甲厲[47]兵，力田積粟[48]，愁居懾處[49]，不敢動搖。唯大王有意督過之也[50]！今以大王之力，舉[51]巴蜀[52]，幷漢中[53]，包兩周[54]，守白馬之津[55]，秦雖僻遠，然而心忿含怒之[56]日久矣！今秦有敝甲凋[57]兵軍於澠池[58]，願渡河、踰漳、據番吾[59]，會邯鄲之下，願以甲子合戰正殷紂之事[60]！謹使使臣先[61]聞左右。今楚與秦為昆弟之國，而韓、梁、稱東藩[62]之臣，齊獻魚鹽之地[63]，此斷趙之右肩也[64]。夫斷右肩而與人鬬，失其黨而孤居，求欲毋危得乎！今秦發三將軍；其一軍塞午道[65]，告齊，使渡清河軍[66]於邯鄲之東；一軍軍成皋[67]，驅韓、梁，軍於河外[68]；一軍軍於澠池[69]，約[70]四國為一以攻趙，趙服，必四分其地。臣竊為大王計，莫如與秦王面相約而口相結，常為兄弟之國也。」趙王許之。張儀乃北之燕，說燕王曰：「今趙王已入朝，效河間以事秦。大王不事秦，秦下甲雲中、九原㈦，驅趙而攻燕，則易水長城㈦非大王之有也！且今時齊趙之於秦，猶郡縣也，不敢妄舉師以攻伐。今王事秦，長無齊趙之患矣。」燕王請獻常山之尾㈦五城以和。張儀歸報，未至咸陽，秦惠王薨，子武王立。武王自為太子時，不說㈦張儀；及即位，羣臣多毀短之，諸侯聞儀與秦王有隙㈦，皆畔衡復合從㈦。

【今註】㈠武關之外：武關在今陝西省商縣東南一百八十里。武關之外，即今陝西省商南縣以東至河南省內鄉、淅川等縣地。㈡黔中：楚郡，治今湖南省沅陵縣。其區域由今湘西至湘南，以至貴州省北部一部份。㈢甘心：滿足心願。㈣柰何行：如何可去。㈤嬖臣：賤而得寵之臣。㈥幸姬：愛妾。㈦囚：拘禁。㈧上庸：古庸國之地，在今湖北省竹山縣。㈨斥：屏逐疏遠。㈩魚肉：魚與肉任人宰割，此取其義。㈡說：讀稅。以言語說服人。㈢從：讀「縱」。㈢不格：不敵。㈣梁：魏。㈤岷江：發源於今四川省松潘縣，東南流經灌縣、成都、彭山、眉山、樂山、犍為、宜賓等縣，入於長江。秦巴郡，治今重慶，長江至此已不名岷江，此渾言之。㈥拒扞關：拒、至。扞音捍。扞關在今四川奉節縣東。㈦從境以東：扞關楚之西境。此言從此邊境以東。㈧城守：即守城。㈨黔中，巫郡：楚黔中郡，治今湖南省沅陵縣。巫郡，治今四川省巫山縣。⑳重出黔中地：原言以黔中地易張儀，今儀既來，又以割出黔中地予秦為難。㉑非菽而麥：菽、豆類之總名。菽賤於麥，麥貴於菽，「非菽而麥」是生活提高，與張儀指為韓人生活艱苦之原意不合。按《戰國策》此語作「非麥而豆」以下歷舉民食不足之艱難情狀，以動韓王之心。此作「非菽而麥」係從《史記・張儀傳》，似以仍從《戰國策》為是。㉒見：與「現」同。㉓被甲蒙冑：被讀「披」。冑音「冒」。古軍將所載之軍帽，正名兜鍪，俗名曰盔。冑字由下作月，與由下從肉之「胄」字有別，通用多混為一字，又失其「冒」音，統讀「宙」。㉔捐甲徒裼：捐、除。捐甲、脫除甲。裼、音「錫」，脫去上身衣服露出肉體叫「裼」。此言秦兵臨陣，脫甲赤臂而戰。㉕左挈人頭，右挾生虜：挈與「攜」同。挾、臂下夾持。虜、俘虜。此言秦兵左邊提攜斬殺之人頭，右邊挾持活捉之俘虜，極狀其勇猛兇惡。㉖孟賁、烏獲：皆戰國時著名勇士。㉗千鈞：古以三十斤為一鈞，千鈞計三萬斤。㉘幸：與「倖」同。此言以三萬斤壓於鳥卵之上，則鳥卵必無徼倖能全之理。㉙宜陽、成皋：宜陽、今河南省宜陽縣。成皋、即歷史上有名之虎牢關所在地，在今河南省氾水縣。㉚鴻臺之宮、桑林之苑：皆韓宮苑名。㉛武信君：無此地名，特取其美名以為榮寵。㉜說：讀「稅」。以下說趙王說燕王皆讀「稅」。㉝從：讀「縱」。㉞蔽：遮掩。㉟賢：善。㊱計：算。㊲昆弟：兄弟。㊳效河外：效義為呈獻。河外，此以魏舊都而言，河西為河外。㊴河間：唐司馬貞以為在黃河漳河之間。㊵南地：齊之南境地。㊶清河：古濟水又名清河，在齊之西境，東北流，包齊之北境。㊷博關：所在未詳，依趙師攻齊渡清河路線求之，當在齊邑博昌附近。博昌即今山東省博興縣。㊸收率：集合統率。㊹擯：排斥。㊺山東：古言山東皆指太行山以東。㊻敝邑：邑、城之小者。謙稱本國曰敝邑。㊼繕甲厲兵：繕、修理。厲與「礪」同，磨利兵器曰厲兵。㊽力田積粟：出力種田積儲糧食。㊾愁居懾處：懾、恐怖。此如今語「提心弔膽的過日子」。㊿唯大王有意督過之也：因為大王時有督責敝邑罪過之意。(51)今以大王之力：現在由於大王督責盡力。(52)舉巴蜀：攻克巴國與蜀國。事見本卷慎靚王五年(一)。(53)并漢中：合併漢中。事見本卷赧王三年(一)。(54)包兩周：韓魏服秦，則秦包圍東西二周。(55)守白馬之津：在今河南省滑縣北。(56)心忿含怒：心中忿恨，隱忍怒氣。(57)敝甲凋兵：破甲殘兵。(58)澠池：今河南省澠池縣。(59)渡河、踰漳、據番吾：河、黃河。踰、越過。番吾又作蒲吾。古無輕脣音，番讀播。吾讀牙。番吾、今河北省平山縣。(60)正殷紂之事：言此正如周武王伐殷紂之事。(61)使使臣：上使字動詞，派遣。使臣、名詞，張儀自稱。(62)東藩：東面之藩籬屬國。(63)魚鹽之地：齊東臨大海，盛產魚鹽，富甲列國。(64)右肩：右臂。(65)午道：所在不詳。唐司馬貞云：「當在趙之東齊之西。」(66)軍：駐屯。(67)成皋：見前註㉙。(68)河外：此河外就韓魏言之，當鄭州以北黃河之外地，亦即趙漳河以南地。(69)澠池：今河南省澠池縣。(70)約：約束。(71)下甲雲中、九原：下甲、出兵。雲中、趙邑，在今綏遠省托克托縣。九原、趙邑，在今綏遠省五原縣。(72)易水，長城：易水源出今河北省易縣，東南流入拒馬河，當燕與秦趙交通孔道。為燕西南邊界。長城、燕長城南與趙為界，起今河北省武清縣，西南行至今徐水縣，折而北傍易水經易縣，以至今察哈爾省之懷來縣，由此蜿蜒而東將二千里而達今遼寧省之遼陽縣北境。(七三)常山之尾：常山即恆山，漢避文帝諱改恆為「常」，此山古稱北嶽。自今河北省曲陽縣西北起，北至清苑縣西，西北至於今山西省大同縣，皆恆山山脈。此云「常山之尾」者，當在恆山之北端，易水西南一帶。(七四)說：與「悅」同。(七五)隙：嫌怨。(七六)從：讀「縱」。

五年（西元前三一〇年）

(一)張儀說秦武王曰：「為王計者，東方有變(一)，然後王可以多割得地也。臣聞齊王甚憎(二)臣，臣之所在，齊必伐之。臣願乞其不肖之(三)身以之梁，齊必伐梁。齊梁交兵，而不能相去(四)，王以其間(五)伐韓，入三川，挾天子，案圖籍，此王業也。」王許之。齊王果伐梁。梁王恐，張儀曰：「王勿患也，請令齊罷兵！」乃使其舍人之楚，借使(六)謂齊王曰：「甚矣！王之託(七)儀於秦也。」齊王曰：「何故？」楚使者曰：「張儀之去秦也，固與秦王謀矣，欲齊梁相攻，而令秦取三川也。今王果伐梁，是王內罷(八)國而外伐與國(九)，而信(一〇)儀於秦王也。」齊王乃解兵還。張儀相魏一歲卒。儀與蘇秦皆以縱橫之術遊諸侯，致位富貴，天下爭慕效(一一)之。又有魏人公孫衍者，號曰犀首，亦以談說顯名。其餘蘇代、蘇厲、周最、樓緩之徒，紛紜〔一二〕偏於天下，務以辯詐相高，不可勝紀〔一三〕，而儀秦衍最著〔一四〕。

孟子論之曰：「或謂『公孫衍，張儀，豈不大丈夫哉！一怒而諸侯懼，安居而天下熄〔一五〕。』孟子曰：『是惡〔一六〕足為大丈夫哉！君子立天下之正位，行天下之正道，得志則與民由之〔一七〕；不得志，則獨行其道，富貴不能淫〔一八〕，貧賤不能移〔一九〕，威武不能詘〔二〇〕，是之謂大丈夫〔二一〕。』」

揚子法言曰〔二二〕：「或問『儀秦學乎鬼谷術，而習乎縱橫言，安中國者，各十餘年，是夫〔二三〕？』曰：『詐人也〔二四〕！聖人惡諸〔二五〕。』曰：『孔子讀，而儀秦行〔二六〕，何如也？』曰：『甚矣！鳳鳴而鷙翰〔二七〕也！』『然則子貢不為歟？』曰：『亂而不解，子貢恥諸〔二八〕；說而不富貴，儀秦恥諸〔二九〕。』或曰：『儀秦其才矣乎，跡不蹈已〔三〇〕。』曰：『昔在任人，帝而難之〔三一〕。不以才乎？才乎才，非吾徒之才也〔三二〕！』」

㈡秦王使甘茂誅蜀相莊。

㈢秦王、魏王、會于臨晉㈢

㈣趙武靈王納吳廣之女孟姚，有寵，是為惠后。生子何。

【今註】㈠變：混亂。㈡憎：厭惡。㈢乞其不肖之身：乞、要求。不肖、不賢。此辭職告退之辭。㈣不能相去：彼此不能解去。㈤間：空隙。㈥借使：借楚國使者。㈦託：信任。「託儀於秦」意謂加強秦對儀之信任。㈧罷：讀「疲」。㈨與國：友國。㈩信：與註㈦託字同義。⑪慕效：羨慕仿效。⑫紛紜：盛多。⑬紀：與「記」同。⑭著：顯明。⑮熄：火滅。此以火滅形容天下兵爭之停息。⑯惡：讀「烏」。義與「何」同。⑰由之：由其道。⑱富貴不能淫：富與貴不能亂其行。⑲貧賤不能移：貧與賤不能動其志。⑳威武不能詘：詘與「屈」同。威脅與武力不能屈其節。㉑自「或謂公孫衍」以下至「是之謂大丈夫」：此節引《孟子・滕文公章》，讀者可以參看。㉒揚子法言：《法言》十三卷，漢揚雄撰。㉓是夫：夫：疑問詞，與「歟」同。㉔詐人：欺詐之人。如今語「騙子」。㉕惡諸：惡，讀「烏」。諸、此。㉖孔子讀而儀秦行：言讀孔子之書行儀秦之事。㉗鳳鳴而鷙翰：鷙、鷹鷂。翰，羽毛。此言鳴聲似至仁之鳳鳥，而羽毛似至惡之鷹鷂。比喻其不倫不類。㉘亂而不解，子貢恥諸：《法言》此言，從《史記・仲尼弟子列傳》「子貢一出，存魯、亂齊、破吳、彊晉、而霸越」，司馬光按考其年與事，皆多不合，以為出於戰國游說之士所假託者。其見良是。恥諸，恥之。㉙說而不富貴，儀秦恥諸：游說而不能取富貴，儀秦恥之。㉚跡不蹈已：行跡不循故常。如今言獨創一格。㊂昔在任人，帝而難之：在、察。任人，佞人。難、拒。此變《尚書・舜典》「而難任人」句成文者。㊂自「或問儀秦學乎鬼谷術」以下至「非吾徒之才也」：此《法言・淵騫篇》文。㊂臨晉：在今山西省臨晉縣。

六年（西元前三〇九年）

㈠秦初置丞相，以樗里疾為右丞相。

七年（西元前三〇八年）

㈠秦魏會于應㊀。

㈡秦王使甘茂約魏以伐韓，而令向壽輔行。甘茂令向壽還，謂王曰：「魏聽臣矣，然願王勿伐！」王迎甘茂於息壤㊁而問其故。對曰：「宜陽大縣，實郡也㊂。今王倍㊃數險，行千里，攻之難。魯人有與曾參同姓名者殺人，人告其母，其母織自若也㊄；及三人告之，其母投杼下機，踰牆㊅而走。臣之賢，不若曾參；王之信臣，又不如其母，疑臣者非特三人，臣恐大王之投杼也。魏文侯令樂羊將而攻中山，三年而拔之。反而論功，文侯示之謗書一篋㊆。樂羊再拜稽首曰㊇：『此非臣之功，君之力也！』今臣羈旅㊈之臣也，樗里子、公孫奭挾韓而議之，王必聽之，是王欺魏王，而臣受公仲侈㊉之怨也！」王曰：「寡人弗聽也！請與子盟。」乃盟於息壤。秋，甘茂，庶長㊁封帥師伐宜陽。

【今註】㊀應：在今河南魯山縣。㊁息壤：不詳所在。然秦王既迎甘茂於此，當距秦都咸陽不遠。按咸陽在今陝西咸陽縣東二十五里，息壤當更在其東。㊂宜陽大縣，其實郡也：春秋之時，縣大而郡小。戰國之世，縣小而郡大。宜陽雖縣，其大實抵一郡。㊃倍：同「背」。險利於敵，而面向我，我攻之，謂之背險。㊄自若：如常。㊅踰牆：越牆。㊆謗書一篋：謗毀樂羊的書牘一竹笥。㊇稽首：稽音啟。叩頭。㊈羈旅：羈字又可作「羇」。羈旅、寄居之旅客。甘茂楚人故云。㊉公仲侈：韓相。㊁庶長：庶長分左右。秦爵二十等之第十第十一級。

八年（西元前三〇七年）

㈠甘茂攻宜陽，五月而不拔㊀，樗里子，公孫奭果爭之。秦王召甘茂，欲罷兵。甘茂曰：「息壤在彼㊁！」王曰：「有之！」因大悉起兵，以佐甘茂。斬首六萬，遂拔宜陽。韓公仲侈入謝於秦，以請平㊂。

㈡秦武王好以力戲㊃，力士任鄙、烏獲、孟說皆至大官。八月，王與孟說舉鼎絕脈㊄而薨。族孟說㊅。武王無子，異母弟稷，為質於燕，國人逆㊆而立之，是為昭襄王。昭襄王母芊八子㊇，楚女也，實宣太后。

㈢趙武靈王，北略中山之地㊈，至房子[一〇]，遂至代，北至無窮[一一]，西至河。登黃華之上[一二]，與肥義謀胡服騎射[一三]以教百姓，曰：「愚者所笑，賢者察焉[一四]；雖驅[一五]世以笑我，胡地，中山，吾必有之！」遂胡服。國人皆不欲，公子成稱疾不朝，王使人請之曰：「家聽於親，國聽於君。今寡人作教易服，而公叔不服[一六]，吾恐天下議己[一七]也！制[一八]國有常，利民為本；從政有經[一九]，令行為上；明德先論於賤[二〇]，而從政先信於貴。故願慕公叔之義[二一]，以成胡服之功也。」公子成再拜稽首曰：「臣聞中國者，聖賢之所教也，禮樂之所用也，遠方之所觀赴[二二]也，蠻夷之所則效也[二三]；今王舍此[二四]，而襲遠方之服，變古之道㉕，逆人之心，臣願王孰圖之也㉖！」使者以報。王自往請之曰：「吾國東有齊中山，北有燕、東胡，西有樓煩㉗、秦、韓、之邊，今無騎射之備，則何以守之哉！先時中山負㉘齊之彊兵，侵暴㉙吾地，係累㉚吾民，引水圍鄗㉛，微㉜社稷之神靈，則鄗幾於不守也，先君醜之㉝！故寡人變服騎射，欲以備四境之難，報中山之怨；而叔順中國之俗，惡變服之名，以忘鄗事之醜，非寡人之所望㉞也！」公子成聽命，乃賜胡服，明日服而朝。於是始出胡服令，而招騎射焉。

【今註】㊀拔：攻城而克。㊁息壤在彼：舉息壤以證前盟。㊂請平：求和。㊃力戲：與人角力為戲。㊄舉鼎絕脈：鼎金屬三足器，此當是笨重者，故能使秦武王舉之致死。絕脈、力竭血脈斷絕。㊅族孟說：族誅孟說。㊆逆：迎。㊇芊八子：芊、音咩，羊鳴聲，楚姓。八子、宮中女官名號。㊈中山：白狄所建國名，都今河北省定縣。㊉房子：今河北省臨城縣。⑪代北、無窮：代國都今察哈爾省蔚縣。無窮疑即無終，在太原以北。⑫黃華：所在不詳。唐張守節以為黃河之側山名。⑬胡服騎射：服胡人之服，騎馬，射箭。⑭察：明白。⑮驅世：舉世。⑯公叔：公子成者武靈王之叔父，故稱公叔。⑰議己：恐天下責己令不行於上。⑱制：以法治國。⑲經：常法常規皆謂之經。

⑳先論於賤：胡三省曰：「德欲其下及，故先論於賤，賤者感其德，則德廣所及可知矣。」㉑願慕公叔之義：願慕公叔明大義。㉒觀赴：觀瞻。㉓則效：效法。㉔舍：同「捨」。㉕逆：違背。㉖孰：同「熟」。㉗東胡、樓煩：東胡，鮮卑族，居匈奴之東，故曰東胡。樓煩，北狄國名，都今山西省靜樂縣婁煩鎮。其地區包今山西省保德、寧武、苛嵐一帶。㉘負：仗恃，憑藉。㉙侵暴：侵略暴虐。㉚係累：係同「繫」。係累，束縛。㉛鄗：音霍，今河北省高邑縣。㉜微：無。㉝醜之：恥之。㉞望：希望。

九年（西元前三〇六年）

㈠秦昭王使向壽平宜陽①。而使樗里子、甘茂伐魏。甘茂言於王，以武遂②復歸之韓，向壽、公孫奭爭之不能得；由此怨讒甘茂③。茂懼，輟伐魏蒲阪④，亡去。樗里子與魏講而罷兵。甘茂奔齊。

㈡趙王略中山地，至寧葭⑤；西略胡地，至榆中⑥，林胡王獻馬。歸使樓緩之秦，仇液之韓，王賁之楚，富丁之魏，趙爵之齊。代相趙固主胡，致⑦其兵。

㈢楚王與齊韓合從。

【今註】㈠平宜陽：平之義為「正」為「和」。正宜陽之疆界，和宜陽之人民。㈡武遂：在今山西省臨汾縣。㈢讒：說他人壞話。㈣蒲阪：在今山西省永濟縣。㈤寧葭：在今河北省清苑縣東南。㈥榆中：在今綏遠省鄂爾多斯旗黃河北岸。㈦致：招致。

十年（西元前三〇五年）

㈠彗星見。

㈡趙王伐中山，取丹丘、爽陽鴻之塞㈠，又取鄗、石邑、封龍、東垣㈡，中山獻四邑以和。

㈢秦宣太后異父弟曰穰侯㈢魏冉，同父弟曰華陽君㈣芊戎，王之同母弟曰高陵君㈤、涇陽君㈥。魏冉最賢，自惠王武王時任職用事。武王薨，諸弟爭立，唯魏冉力能立昭王。昭王即位，以魏冉為將軍，衞咸陽。是歲，庶長壯及大臣諸公子謀作亂，魏冉誅之，及惠文后㈦皆不得良死㈧；悼武王后㈨出居于魏；王兄弟不善者，魏冉皆滅之。王少，宣太后自治事，任魏冉為政，威震秦國。

【今註】㈠丹丘、爽陽鴻之塞：丹丘、在今河北省曲陽縣。爽陽鴻之塞，《史記》作華陽鴟之塞，在今河北省定縣西。㈡鄗、石邑、封龍、東垣：鄗、今河北省高邑縣。石邑、今河北省獲鹿縣。封龍、山名，在今河北省獲鹿縣南，接元氏縣界，又名飛龍山。東垣、在今河北省正定縣南。㈢穰侯：穰在今河南省鄧縣。㈣華陽君：華陽今陝西省商縣一帶地。在華山之陽，故曰華陽㈤高陵君：高陵在今陝西省高陵縣。㈥涇陽君：涇陽在今甘肅省平涼縣。㈦惠文后：惠文王后，昭王母。㈧不得良死：不得善終。㈨悼武王后：武王后，昭王嫂。

十一年（西元前三〇四年）

㈠秦王、楚王、盟于黃棘㈠，秦復與楚上庸㈡。

【今註】㈠黃棘：在今河南省新野縣。㈡上庸：楚郡，今湖北省竹山，房縣一帶。赧王三年秦取之。

十二年（西元前三〇三年）

㈠彗星見。秦取魏蒲阪、晉陽、封陵㈠。又取韓武遂㈡。

㈡齊、韓魏以楚負㈢其從親，合兵伐楚。楚王使太子橫為質於秦，以請救。秦客卿㈣通，將兵救楚，三國引兵去。

【今註】㈠蒲阪、晉陽、封陵：蒲阪、在今山西省永濟縣。晉陽，不詳所在，非太原之晉陽，亦非臨汾之晉陽。胡三省以為當在蒲阪之東，封陵之西（按之輿圖，當作「蒲阪之南，封陵之北。」）封陵、一作風陵，在今永濟南境，臨大河，對岸即潼關，今名風陵渡。㈡武遂：在今山西省臨汾縣。㈢負：背叛。㈣客卿：外國人之仕於秦者。

十三年（西元前三〇二年）

㈠秦王、魏王、韓太子嬰，會于臨晉㈠。韓太子至咸陽而歸。秦復與魏蒲阪。

㈡秦大夫有私與楚太子鬬者，太子殺之㈡，亡歸。

【今註】㈠臨晉：在今山西省臨晉縣。㈡亡：逃亡。

十四年（西元前三〇一年）

㈠日有食之既㈠。

㈡秦人取韓穰㈡。

㈢蜀守煇叛秦，秦司馬錯往誅之。

㈣秦庶長奐、會韓、魏、齊兵伐楚，敗其師于重丘㈢，殺其將唐昧，遂取重丘。

(五)趙王伐中山，中山君奔齊。

【今註】㈠既：日全食食盡謂之既。㈡重丘：所在不詳。春秋時有二重丘，一屬曹，在今山東省菏澤縣北。一屬齊，在今山東省茌平縣西南，皆非其地。依《呂氏春秋》所記齊韓魏軍與唐昧之戰經過求之，當在今河南省泌源、唐河、新野等縣間。

十五年（西元前三〇〇年）

(一)秦涇陽君為質於齊。

(二)秦華陽君伐楚，大破楚師，斬首三萬，殺其將景缺，取楚襄城㈠。楚王恐，使太子為質於齊，以請平。

(三)秦樗里疾卒，以趙人樓緩為丞相。

(四)趙武靈王愛少子何，欲及其生而立之。

【今註】㈠襄城：在今河南省襄城縣。

十六年（西元前二九九年）

㈠五月、戊申、大朝東宮，傳國於何。王廟見禮畢，出臨朝。大夫悉為臣，肥義為相國㊀，幷傅王。武靈王自號主父㊁。主父欲使子治國，身胡服，將士大夫西北略胡地，將自雲中、九原、南襲咸陽。於是詐自為使者，入秦，欲以觀秦地形，及秦王之為人。秦王不知，已而㊂怪其狀甚偉，非人臣之度㊃，使人逐之，主父行已脫關矣㊄。審問之㊅，乃主父也！秦人大驚！

㈡齊王、魏王、會于韓。

㈢秦人伐楚，取八城。秦王遺楚王書曰：「始寡人與王約為兄弟，盟于黃棘㊆，太子入質，至驩㊇也；太子陵殺寡人之重臣，不謝而亡去㊈，寡人誠不勝怒，使兵侵君王之邊㊉。今聞君王，乃令太子質於齊以求平㊀。寡人與楚接境，婚姻相親，而今秦楚不驩，則無以令諸侯。寡人願與君王會武關㊁，面相約，結盟而去，寡人之願也！」楚王患㊂之，欲往，恐見欺；欲不往，恐秦益怒。昭睢曰：「毋行！而發兵自守耳！秦虎狼也，有幷諸侯之心，不可信也！」懷王之子蘭，勸王行，王乃入秦。秦王令一將軍詐為王，伏兵武關。楚王至，則閉關，劫之，與俱西。至咸陽，朝章臺(一四)，如藩臣禮。要(一五)以割巫、黔中郡(一六)。楚王欲盟，秦王欲先得地。楚王怒曰：「秦詐我，而又彊要我以地！」因不復許，秦人留之(一七)。楚大臣患之，乃相與(一八)謀曰：「吾王在秦不得還，要以割地；而太子為質於齊。齊秦合謀，則楚無國矣！」欲立王子之在國者。昭睢曰：「王與太子俱困於諸侯，今又倍(一九)王命，而立其庶子(二〇)不宜！」乃詐赴於齊(二一)。齊湣王召羣臣謀之，或曰：「不若留太子以求楚之淮北(二二)。」齊相曰：「不可！郢中(二三)立王，是吾抱空質(二四)，而行不義於天下也。」其人曰：「不然！郢中立王，因與其新王市(二五)曰：『予我下東國(二六)，吾為王殺太子。不然，將與三國(二七)共立之！』」齊王卒用其相計，而歸楚太子。楚人立之。

㈣秦王聞孟嘗君之賢，使涇陽君為質於齊以請，孟嘗君來入秦，秦王以為丞相。

【今註】㈠相國：此官始此。後代不常設，漢魏以降間有設者，則位尊於丞相。㈡主父：國主之父。㈢已而：賓主交際之事已畢。㈣非人臣之度：不是人臣應有之風度。㈤脫關：脫身出關。㈥審問：仔細探問。㈦黃棘：事見本卷赧王十一年㈠。㈧驩：同「歡」。㈨太子不謝而亡去：事見本卷赧王十三年㈡。⑽使兵侵君王之邊：調取重丘戰襄城。事見本卷赧王十四年㈣及十五年㈡。⑾令太子質於齊以求平：事見本卷赧王十五年㈡。⑿武關：在今陝西省商南縣。⒀患：苦。⒁章臺：秦宮名。⒂要：脅迫。⒃巫、黔中郡：楚郡名。巫、治今四川省巫山縣。黔中、治今湖南省沅陵縣。⒄留之：留住不放。⒅相與：互相。⒆倍：同「背」。⒇庶子：嫡子以外之諸子，謂之庶子。㉑詐赴於齊：赴，古「訃」字。此言詐以楚王薨於秦訃告於齊。㉒淮北：楚國淮河以北地。㉓郢中：郢，楚都，在今湖北省江陵縣。郢中、言郢城之中，即言楚國之都中。㉔空質：落空之人質。㉕市：講交易討價還價。㉖下東國：即楚淮北之地。㉗三國：秦韓魏。

十七年（西元前二九八年）

㈠或謂秦王曰：「孟嘗君相秦，必先齊而後秦㈠，秦其危哉！」秦王乃以樓緩為相，囚孟嘗君，欲殺之。孟嘗君使人求解於秦王幸姬㈡，姬曰：「願得君狐白裘！」孟嘗君有狐白裘已獻之秦王，無以應姬求。客有善為狗盜者，入秦藏㈢中，盜狐白裘以獻姬。姬乃為之言於王而遣㈣之。王後悔，使追之。孟嘗君至關，關灋、雞鳴而出客[五]，時尚蚤[六]，追者將至。客有善為雞鳴者，野雞[七]聞之皆鳴，孟嘗君乃得脫歸[八]。

(二)楚人告于秦曰：「賴社稷神靈，國有王矣[九]！」秦王怒，發兵出武關擊楚，斬首五萬，取十六城。

(三)趙王封其弟為平原君[一〇]。平原君好士，食客嘗數千人。有公孫龍者，善為堅白同異之辯[一一]，平原君客之。孔穿自魯適趙，與公孫龍論臧三耳[一二]，龍甚辯析[一三]，子高[一四]弗應，俄而[一五]辭出。明日，復見平原君。平原君曰：「疇昔[一六]公孫之言信[一七]辯也！先生以為何如？」對曰：「然幾能令臧三耳矣[一八]！雖然；實難[一九]！僕願得又問於君。今謂三耳甚難，而實非也；謂兩耳甚易，而實是也。不知君將從易而是者乎？其亦從難而非者乎？」平原君無以應。明日，謂公孫龍曰：「公無復與孔子高辯事[二〇]也，其人理勝於辭[二一]，公辭勝於理[二二]，終必受詘[二三]！」鄒衍過趙，平原君使與公孫龍論白馬非馬之說[二四]，鄒子曰：「不可！夫辯者，別殊類使不相害，序異端使不相亂[二五]，抒意通指，明其所謂[二六]，使人與知[二七]焉，不務相迷也[二八]！故勝者不失其所守，不勝者得其所求㉙。若是，故辯可為也。及至煩文以相假㉚，飾辭以相惇㉛，巧譬以相移㉜，引人使不得及其意㉝，如此、害大道。夫繳紛爭言㉞，而競後息㉟，不能無害君子㊱。衍不為也！」座皆稱善，公孫龍由是遂絀㊲。

【今註】 ㊀先齊而後秦：言以齊之利益為先，而後及於秦。㊁幸姬：愛妾。㊂藏：讀「葬」，收儲物品的倉庫。㊃遺：使之離秦。㊄雞鳴而出客：雞鳴啟關放出旅客。㊅蚤：同「早」。㊆野雞：田野人家之雞。㊇脫歸：脫身歸齊。㊈賴社稷神靈，國有王矣：秦留懷王，邀索高價。楚立新王，秦計落空，更遣使以此語譏諷之，故秦王怒。㊉平原君：趙勝實封於東武城，而以平原為號。⑪堅白同異之辯：堅白說為名家之知識論，見今本《公孫龍子‧堅白論篇》。胡適之《中國哲學史大綱》第八篇第五章銓釋甚得體要，讀者可以參看。同異之辯，論一切同異均非絕對不變。即《莊子‧天下篇》：「大同而與小同異，此之謂小同異；萬物畢同，萬物畢異，此之謂大同異。」之理。⑫臧三耳：臧、古稱奴亦曰臧。「以臧三耳」為公孫龍之說者，出《呂氏春秋‧審應覽‧淫辭篇》，魏王肅又采入所作偽《孔叢子》。今本《公孫龍子》及《莊子‧天下篇》舉辯者二十一例中並無之，而有「雞三足」，此殆引申雞三足之說而成者。⑬辯析：辯論分析。⑭子高：孔穿字。⑮俄而：時間不久。⑯疇昔：曩昔。⑰信：甚。⑱幾能令臧三耳矣：言公孫之言甚辯，幾能令奴生三耳。⑲實難：實在不可能。⑳辯事：以辯論為事。㉑理勝於辭：道理勝於言辭。言其實際。㉒辭勝於理：言辭勝於道理。言其空虛。㉓自「平原君客之。孔穿……」至「終必受詘」：此采《呂氏春秋・審應覽・淫辭篇》及偽《孔叢子》者，今本《公孫龍子》無之。㉔白馬非馬之說：此為公孫龍學說中心理論，見今本《公孫龍子・白馬論》及〈跡府〉兩篇。胡適之《中國哲學史大綱》第八篇第五章釋〈白馬論〉中「一切同異皆非絕對的」之理甚明。又陳大齊「『異白馬於所謂馬』與『白馬非馬』」（載民國四十年一月三十一日出版大陸雜誌第二卷第二期）於公孫龍欲依據「異白馬於所謂馬」證明「白馬非馬」說，在邏輯方法上有無錯誤問題作深邃之研究，讀者均可參看。㉕別殊類使不相害，序異端使不相亂：害、擾。此言分別事物之品類，使各不相擾。序列事物之不同端緒，使各不相亂。㉖抒意通指，明其所謂：抒意、發揮意義。通指、疏通宗旨。指同「恉」「旨」。明其所謂，使人明白其所說之名實與事理。㉗使人與知：使人能知。㉘不務相迷：不以使人迷惑為目的。㉙不勝者得其所求：辯論失敗者，獲得所求之真知。㉚煩文以相假：託虛文以假借成真。㉛飾詞以相惇：飾浮詞以取信於人。惇、信。㉜巧譬以相移：設巧譬以移轉論旨。㉝引人使不得及其意：引人至於迂遠而不得達其真意。㉞繳紛爭言：繳同「糾」。繳、糾纏。紛、亂。糾纏紛亂之爭論。㉟競後息：爭論不已，以後息為勝。㊱不能無害君子：如此是非混淆之論，不能無害於君子。㊲絀：同「屈」。折而不能伸謂之「絀」。

卷四 周紀四

司馬光編集
趙鐵寒註

起閼蓬困敦、盡著雍困敦、凡二十五年。（甲子至戊子，西元前二九七年至西元前二七三年）

赧王中

十八年（西元前二九七年）

㈠楚懷王亡㊀歸。秦人覺之，遮㊁楚道，懷王從間道㊂走趙。趙主父在代，趙人不敢受。懷王將走魏，秦人追及之，以歸。

㈡魯平公薨，子緡公㊃賈立。

【今註】㊀亡：逃走。㊁遮：攔擋。攔截懷王歸楚之路。㊂間道：偏僻小路。㊃緡公：緡字正字應作緡，唐避太宗諱，改右旁從民者作氏，至今沿襲不改。緡公依世本應作湣公。緡與「閔」「憫」「愍」「湣」通用。

十九年（西元前二九六年）

㈠楚懷王發病薨於秦，秦人歸其喪。楚人皆憐之，如悲親戚㊀。

諸侯由是不直㈡秦。

㈡齊韓魏趙宋同擊秦，至鹽氏㊂而還。秦與韓武遂㊃，與魏封陵㊄，以和。

㈢趙主父行新㊅地，遂出代西㊆，遇樓煩㊇王於西河㊈，而致其兵。

㈣魏襄王薨，子昭王立。

㈤韓襄王薨，子釐㊉王咎立。

【今註】㊀親戚：古稱父母兄弟曰親戚，與今專稱族外親屬者不同。㊁不直：同情懷王，以秦為不是。㊂鹽氏：城名，司鹽官治所。在今山西省安邑縣。㊃武遂：遂本作隧。在今山西省臨汾縣西南。㊄封陵：即風陵，在今山西省永濟縣南，與潼關隔河相望，今有渡口，名風陵渡。㊅新地：趙新取中山國之地。趙取中山地事見上卷赧王十四年。㊆代西：代，北狄國名，都今察哈爾省蔚縣。代西即今山西省北部應縣山陰縣一帶地方。㊇樓煩：北狄國名。都今山西省靜樂縣（縣南七十里有樓煩鎮）有今保德，岢嵐，神池，寧武等地。㊈西河：泛指今綏遠省鄂爾多斯左翼前旗以南至陝西省神木府谷榆林葭縣等地。㊉釐：與喜慶之「喜」同。字又可作「僖」或「禧」。

二十年（西元前二九五年）

㈠秦尉㊀錯伐魏襄城㊁。

㈡趙主父，與齊燕共滅中山㊂，遷其王於膚施㊃。歸行賞，大赦，置酒酺㊄五日。

㈢趙主父封其長子章於代，號曰安陽㊅君。安陽君素侈㊆，心不服其弟㊇。主父使田不禮相之。李兌謂肥義曰：「公子章，彊壯而志驕，黨眾而欲大㊈，田不禮忍殺而驕，二人相得，必有陰謀！夫小人有欲，輕慮淺謀，徒見其利，不顧其害，難必不久矣。子任重而勢大，亂之所始，而禍之所集也，子何不稱疾毋出，而傳政於公子成，毋為禍梯(一〇)，不亦可乎！」肥義曰：「昔者主父以王屬(一一)義也，曰：『毋變而(一二)度，毋易而慮，堅守一心，以歿而世！』義再拜受命，而籍(一三)之。今畏不禮之難，而忘吾籍，變孰大焉！諺曰：『死者復生，生者不愧(一四)。』吾欲全吾言，安得全吾身乎！子則有賜，而忠我矣；雖然，吾言已在前矣，終不敢失。」李兌曰：「諾(一五)，子勉之矣。吾見子已(一六)今年耳！」涕泣而出。李兌數見公子成，以備田不禮。肥義謂信期(一七)曰：「公子章與田不禮，聲善而實惡[一八]，內得主[一九]，而外為暴，矯令[二〇]以擅一旦之命，不難為也！今吾憂之：夜而忘寐，飢而忘食，盜出入不可以不備！自今以來，有召王者，必見吾面，我將以身先之；無故，而後王可入也。」信期曰：「善。」主父使惠文王朝羣臣，而自從旁窺之，見其長子傫然[二一]也，反北面為臣，詘[二二]於其弟。心憐之，於是乃欲分趙而王公子章於代，計未決而輟[二三]。

主父及王游沙丘[二四]，異宮。公子章田不禮以其徒作亂，詐以主父令召王。肥義先入，殺之。高信[二五]即與王戰。公子成與李兌自國至。乃起四邑之兵入距難[二六]。殺公子章及田不禮，滅其黨。公子成為相，號安平君[二七]。李兌為司寇[二八]。是時，惠文王少，成兌專政。公子章之敗也，往走主父，主父開之[二九]。成兌因圍主父。公子章死，成兌謀曰：「以章故圍主父，即解兵，吾屬夷矣[三〇]。」乃遂圍之，令宮中人後出者夷！宮中人悉出。主父欲出不得，又不得食，探雀鷇[三一]而食之，三月餘，餓死沙丘宮。主父定死[三二]，乃發喪赴諸侯[三三]。主父初以長子章為太子。後得吳娃，愛之，為不出者數歲。

生子何，乃廢太子章而立之。吳娃死，愛弛㉔，憐故太子欲兩王之，猶豫㉕未決，故亂起。

㈣秦樓緩免相，魏冉代之。

【今註】㊀秦尉：尉，官名，秦尉，秦之國尉。㊁襄城：今河南省襄城縣。㊂中山：國名，白狄種鮮虞族所建。春秋時名鮮虞國，戰國時改名中山。都中山，在今河北省定縣。㊃膚施：今陝西省膚施縣。膚施原為鮮虞發祥地，此時已入趙國版圖。㊄酺：字又可作「脯」。人民羣聚飲食曰酺，許人民酺，以示慶祝。㊅安陽：地名，在今山西省定襄縣境內。㊆侈心：即邪心。如今言「心術不正」。㊇其弟：指惠文王。㊈黨眾而欲大：欲與慾望之「慾」同。此言公子章黨羽眾多，欲望甚大。㊉禍梯：禍之階梯，禍患必經之路。⑪屬：與囑託之「囑」同。⑫而：與爾汝之「爾」同。⑬籍：古記事於竹簡，聯貫多數竹簡成冊曰籍。引申為「記錄」或「文書」。⑭「死者復生，生者不愧」：此晉國大夫荀息語，見《春秋公羊傳》僖公十年。意為受人託孤者，善盡保護輔佐之責任，作到縱令託者復生，受託者對之並無愧怍的地步。⑮諾：緩慢之應辭，即今問答語中應聲之「ㄛ！」。⑯已：義與「止」同。言肥義之命止於今年。⑰信期：人名。信姓。信讀「ㄒㄧㄣˊ」。⑱聲善而實惡：聲名雖善而內裏實惡。⑲內得主而外為暴：得主謂武靈王愛之，故在外行暴虐。⑳矯令：詐稱有令曰矯令。此指公子章可矯武靈王之令。㉑傫然：傫字正字作「儽」。

態度懶散懈怠曰傫然。㉒詘：與委屈之「屈」同。㉓輟：音「ㄔㄨㄛˋ」。義與「止」同。㉔沙丘：地名，在今河北省平鄉縣。㉕高信：司馬貞以為即信期。無可考證。㉖距難：距與抗拒之「拒」同。㉗安平君：安平非地名，以公子成安國平亂故以此封號榮寵之。㉘司寇：周禮所載周六卿之一。春秋戰國各諸侯國亦多有之。職掌刑罰。㉙開之：言開宮門放公子章進入。㉚夷：本義為「平」。引申為殺戮消滅。㉛觳：音叩。初生小鳥，須其母哺食者曰觳。㉜定死：確實已死。㉝赴：與訃告之「訃」同。報喪。㉞弛：放鬆弓弦曰弛。引申為鬆懈減少義。㉟猶豫：字又可作「游移」。遲疑不決。

二十一年（西元前二九四年）

㈠秦敗魏師于解㊀。

【今註】㊀解：讀如「害」（ㄏㄞ）即今山西省解縣。

二十二年（西元前二九三年）

㈠韓公孫喜魏人㊀伐秦。穰侯㊁薦左更㊂白起於秦王，以代向壽將兵，敗魏師韓師于伊闕㊃，斬首二十四萬級，虜公孫喜，拔五城。秦王以白起為國尉㈤。

㈡秦王遺㈥楚王書曰：「楚倍㈦秦，秦且㈧率諸侯伐楚，願王之飭㈨士卒，得一樂戰㈩！」楚王患之，乃復與秦和親⑪。

【今註】㈠魏人：凡稱人者，皆言其「將卑師少」。其義例見《春秋公羊傳》隱公五年。此伐秦以韓為主，故魏國所出兵少而將卑。㈡穰侯：穰地名，在今河南省鄧縣。秦丞相魏冉封穰侯。㈢左更：秦二十等爵之第十二級。㈣伊闕：闕讀「確」。闕，大門前望樓，左右分立，中闕為通道。伊闕，伊水自兩山間而下，兩山東西對峙，如闕，故謂之伊闕，在今河南省洛陽縣南二十里，俗謂龍門。㈤國尉：胡三省曰：「戰國之時有國尉，有都尉。」㈥遺：音位。送致曰遺。㈦倍：與背叛之「背」同。㈧且：與即時之「即」義同。㈨飭：整頓曰飭。㈩樂戰：滿意之戰。⑪和親：構和而相親善。

二十三年（西元前二九二年）

㈠楚襄王迎婦於秦。

臣光曰：「甚哉秦之無道也，殺其父而劫㈠其子。楚之不競㈡也，忍其父而婚其讎㈢。嗚呼！楚之君誠得其道，臣誠得其人，秦雖彊，烏得陵㈣之哉！善乎，荀卿論之曰：『夫道、善用之，則百里之地，可以獨立；不善用之，則楚六千里，而為讎人役㊄。』故人主不務得道，而廣有其勢，是其所以危也。」

㈡秦魏冉謝病免，以客卿燭壽為丞相。

【今註】㊀刼：以兵威脅迫。㊁競：與人爭短長。㊂讎：與仇恨之「仇」同。㊃陵：欺侮曰陵。㊄役：聽命效力。

二十四年（西元前二九一年）

㈠秦伐韓拔宛㊀。

㈡秦燭壽免，魏冉復為丞相。封於穰與陶㊁，謂之穰侯。又封公子市㊂於宛，公子悝於鄧㊃。

【今註】㊀宛：地名，今河南省南陽縣。㊁封於穰與陶：穰見前註。陶，地名，在今山西省永濟縣，城北三十里有陶邑鄉。㊂市：音弗。古借作「福」字。其中直畫，直透橫畫上，與城市之市字不同。㊃鄧：地名，在今河南省孟縣西南。

二十五年（西元前二九〇年）

㈠魏入河東地㈠四百里，韓入武遂地二百里于秦。㈡魏芒卯始以詐見重。

【今註】㈠河東地：魏割所屬黃河以東地予秦。魏河東地即今山西省南部沿河永濟、河津、安邑，平陸等地。

二十六年（西元前二八九年）

㈠秦大良造㈠白起客卿錯㈡伐魏，至軹㈢，取城大小六十一。

【今註】㈠大良造：即大上造。秦二十等爵之第十六級。㈡客卿錯：即司馬錯，秦以「客卿」為官名，如范雎秦拜為客卿。㈢軹：地名，常太行軹道之險。在今河南省濟源縣南十三里之軹城鎮。

二十七年（西元前二八八年）

㈠冬十月秦王稱西帝，遣使立齊王為東帝，欲約與共伐趙。蘇代㈠自燕來，齊王曰：「秦使魏冉致帝㈡，子以為何如？」對曰：「願王受之而勿稱也。秦稱之，天下安之，王乃稱之，無後㈢也。

秦稱之，天下惡之，王因勿稱，以收天下，此大資㊃也。且伐趙孰與伐桀宋㊄利？今王不如釋帝㊅以收天下之望，發兵以伐桀宋，宋舉㊆則楚趙梁㊇衞皆懼矣，是我以名尊秦，而令天下憎㊈之，所謂以卑為尊也㊉。」齊王從之。稱帝二日，而復歸之㊁。十二月，呂禮自齊入秦。秦王亦去帝，復稱王。

㈡秦攻趙拔杜陽㊂。

【今註】㊀蘇代：縱橫家蘇秦之弟，亦著名說士。㊁致帝：致，致送。此言秦使魏冉致送帝之稱號於齊。㊂無後：無與勿通用，義為「不」。無後即「不遲」。㊃大資：即大利。㊄桀宋：此謂宋康王，康王無道，天下謂之桀宋，言其無道如夏桀。㊅釋帝：放棄帝號。㊆舉：攻而克之。㊇梁：即魏，都大梁故一稱梁。㊈憎：厭恨，如今言「討厭」。㊉以卑為尊也：自卑則人尊之。意如今言「以退為進」。㊁而復歸之：仍以帝號還秦。㊂杜陽：徐廣曰：杜一作梗。杜陽疑為梗陽之誤，梗陽，今山西省清源縣。

二十八年（西元前二八七年）

㈠秦攻趙，拔新垣，曲陽㊀。

【今註】㊀秦攻趙，拔新垣，曲陽：攻趙，趙字疑誤，〈六國年表〉為「魏」字。新垣地不詳，胡三省疑即河東垣縣。曲陽在今河南省濟源縣。

二十九年（西元前二八六年）

㈠秦司馬錯擊魏河內㊀，魏獻安邑㊁以和。秦出其人歸之魏。

㈡秦敗韓師于夏山㊂。

㈢宋有雀生鸇于城之陬㊃，史㊄占之，曰：「吉！小而生巨，必霸天下。」宋康王喜，起兵滅滕伐薛㊅，東敗齊，取五城，南敗楚，取地三百里，西敗魏軍，與齊魏為敵國，乃愈自信其霸。欲霸之亟成，故射天笞㊆地，斬社稷㊇而焚滅之，以示威服鬼神。為長夜之飲於室中，室中人呼萬歲，則堂上之人應之；堂下之人又應之；門外之人又應之；以至於國中㊈無敢不呼萬歲者。天下之人，謂之桀宋。齊湣㊉王起兵伐之，民散，城不守。宋王奔魏，死於溫⑪。

【今註】㊀河內：魏之河內，即漢河內郡地，約略包括河南省舊懷慶府所屬各縣。㊁安邑：魏安邑在今山西省夏縣北。㊂夏山：地名，未詳，疑在山西省南部夏墟一帶。㊃雀生鷇於城之陬：鷇、劉向《說苑》作「鸇」。鷂鷹之類。陬，音鄒。僻隅曰陬，城陬如今言「城角」。㊄史：官名，後代史官之前身，兼掌占卜吉凶等事。㊅滅滕伐薛：滕，今山東省滕縣。薛在滕縣東南。㊆笞：音池。打擊曰笞。㊇社稷：社者土神，稷者穀神，人生所至重，引申為國家，宋康王斬社稷之神主，而焚燬之。㊈國中：此國之義為「城」，與現在國家意義不同。㊉湣：字又可作「閔」或「憫」或「愍」。

㈡溫：即今河南省溫縣。

三十年（西元前二八五年）

㈠秦王會楚王於宛。會趙王於中陽㊀。秦蒙武擊齊拔九城。

㈡齊湣王既滅宋而驕，乃南侵楚，西侵三晉，欲幷二周為天子。狐咺正議，斮之檀衢㊁；陳舉直言，殺之東閭㊂。燕昭王日夜撫循㊃其人，益以富實，乃與樂毅謀伐齊。樂毅曰：「齊霸國之餘業也㊄，地大人眾，未易獨攻也。王必欲伐之，莫如約趙及楚魏。」於是使樂毅約趙，別使使者㊅連楚魏，且令趙嚪㊆秦以伐齊之利。諸侯害齊王之驕暴，皆爭合謀，與燕伐齊。

【今註】㈠中陽：地名，在今山西省中陽縣西。㈡狐咺正議斮之檀衢：狐咺，《漢書・古今人表》作「狐爰」，人名。斮與斬首之「斬」同。衢，四面通達之大街曰衢。檀衢，未詳。胡三省以為或即通齊宮檀台之路。㈢東閭：齊東門名。㈣撫循：循正字應作「揗」。撫循即用手按摩表示安慰。本為對於傷患者安慰之動作，擴大成為體恤慰問。㈤齊霸國之餘業也：此時之齊，雖為田齊，但仍憑藉齊桓公霸業之根基。㈥使使者：上一「使」字動詞。「使者」名詞。言以樂毅使趙，另派使者連結楚魏。㈦啗：音淡。又可作「啗」或「啖」，以利誘人。

三十一年（西元前二八四年）

㈠燕王悉起兵，以樂毅為上將軍㈠。秦尉斯離帥師㈡與三晉之師㈢會之。趙王以相國印授樂毅。樂毅幷將秦魏韓趙之兵以伐齊。齊湣王悉國中之眾以拒之，戰于濟西㈣，齊師大敗。樂毅還秦韓之師，分魏師以略宋地㈤，部趙師以收河間㈥，身帥燕師長驅逐北㈦。劇辛曰：「齊大而燕小，賴諸侯之助以破其軍，宜及時攻取其邊城以自益㈧，此長久之利也。今過而不攻，以深入為名，無損於齊，無益於燕，而結深怨，後必悔之。」樂毅曰：「齊王伐功矜能，謀不逮〔九〕下；廢黜賢良，信任諂諛〔一〇〕，政令戾虐〔一一〕，百姓怨懟〔一二〕。今軍皆破亡，若因而乘〔一三〕之，其民必叛，禍亂內作，則齊可圖也。若不遂乘之，待彼悔前之非，改過恤〔一四〕下，而撫〔一五〕其民，則難慮〔一六〕也。」遂進軍深入，齊人果大亂失度〔一七〕，湣王出走。樂毅入臨淄〔一八〕，取寶物祭器，輸之於燕。燕王親至濟上，勞軍、行賞，饗士〔一九〕，封樂毅為昌國君〔二〇〕。遂使留徇〔二一〕齊城之未下者。

齊王出亡之衛，衛君辟宮舍之〔二二〕，稱臣而共具〔二三〕。齊王不遜〔二四〕，衛人侵〔二五〕之。齊王去，奔鄒魯，有驕色。鄒魯弗內〔二六〕，遂走莒〔二七〕。楚使淖齒〔二八〕將兵救齊，因為齊相。淖齒欲與燕分齊地，乃執湣王而數〔二九〕之曰：「千乘、博昌〔三〇〕之間，方數百里，雨血沾衣，王知之乎？」曰：「知之。」「嬴博〔三一〕之間，地坼〔三二〕及泉，王知之乎？」曰：「知之。」「有人當闕而哭者，求之不得，去則聞其聲，王知之乎？」曰：「知之。」淖齒曰：「天雨血沾衣者，天以告也；地坼及泉者，地以告也；有人當闕而哭者，人以告也。天地人皆告矣，而王不知誡〔三三〕焉，何得無誅！」遂弒〔三四〕王於鼓里〔三五〕。荀子論之曰：「國者，天下之利勢也。得道以持之，則大安也，大榮也，積美之源也；不得道以持之，則大危也，大累也，有之不如無之。及其綦㊱也，索㊲為匹夫㊳不可得也。齊湣宋獻㊴是也。故用國者，義立而王，信立而霸，權謀立而亡。挈㊵國以呼禮義而無以害之。行一不義，殺一無罪，而得天下，仁者不為也。擽然㊶扶持心國，且若是其固也。之所與為之者之人，則舉義士也；之所以為布陳於國家刑法者，則舉義法也；主之所極然帥羣臣而首嚮之者，則舉義志也。如是，則下仰上以義矣。是基定也。基定而國定，國定而天下定，故曰以國濟義，一日而白㊷，湯武是也。是所謂義立而王也。德雖未至也，義雖未濟也，然而天下之理略奏㊸矣。刑賞已諾信於天下矣。臣下曉然，皆知其可要也。政令已陳，雖覩利敗，不欺其民；約結已定，雖覩利敗，不欺其與㊹。如是，則兵勁城固，敵國畏之。國一綦明，與國信之。雖在僻陋之國，威動天下，五伯㊺是也。是所謂信立而霸也。挈國以呼功利，不務張其義，齊其信，唯利之求，內則不憚㊻詐其民，而求小利焉；外則不憚詐其與，而求大利焉。內不修正其所以有，然常欲人之有。如是則臣下百姓，莫不以詐心待其上矣。上詐其下，下詐其上，則是上下析[47]也。如是則敵國輕之，與國疑之，權謀日行，而國不免危削，綦之而亡，齊湣、薛公[48]是也。故用彊齊，非以修禮義也，非以本政教也，非以一天下也，綿綿常以結引[49]馳外為務，故彊，南足以破楚；西足以詘[50]秦；北足以敗燕；中足以舉宋。及以燕趙起而攻之，若振槁[51]然，而身死國亡，為天下大戮，後世言惡，則必稽[52]焉。是無他故焉，唯其不由禮義而由權謀也。三者明主之所謹擇也，仁人之所務白也。善擇者制人，不善擇者人制之[53]。」

樂毅聞畫邑[54]人王蠋賢。令軍中環畫邑三十里無入。使人請蠋，蠋謝不往。燕人曰：「不來，吾且屠畫邑！」蠋曰：「忠臣不事二君，烈女不更[55]二夫。國破君亡，吾不能存，而又欲劫之以兵，吾與其不義而生，不若死！」遂經[56]其頸於樹枝，自奮絕脰[57]而死。

燕師乘勝長驅，齊城皆望風奔潰。樂毅修整燕軍，禁止侵掠，求齊之逸民，顯而禮之；寬其賦斂，除其暴令，修其舊政，齊民喜悅。乃遣左軍渡膠東，東萊(五八)。前軍循泰山以東至海，略琅邪(五九)。右軍循河濟屯阿陘(六〇)，以連魏師。後軍旁北海，以撫千乘(六一)。中軍據臨淄，而鎮齊都。祀桓公管仲于郊。表賢者之閭。封王蠋之墓。齊人食邑於燕者，二十餘君，有爵位於薊(六二)者，百有餘人。六月之間，下齊七十餘城，皆為郡縣。

(二)秦王魏王韓王會于京師。

【今註】㊀上將軍：軍之主將，如春秋時代之元帥。我國歷史上「上將軍」名稱起於此。㊁帥師：「將尊、師眾、稱某率師。」義例見《春秋公羊傳》隱公五年。㊂師：「將軍、師眾、稱師。」義例見《春秋公羊傳》隱公五年。㊃濟西：濟水之西，濟水之下游，今為黃河所佔，故濟西即今日黃河之西，地區甚廣。按樂毅自燕進軍臨淄路線求之，戰於濟西之地，應在今山東省陽信、惠民、商河、濟陽一帶。㊄宋地：以商邱為中心，西北至今河南省滑縣。北至今山東省之菏澤縣。東北至今山東省之金鄉縣。東至今江蘇省之徐州市，山東省之嶧縣。東南至今江蘇省宿遷縣。南至今安徽省之太和縣。西南至今河南省之淮陽縣。西至今河南省之蘭封縣。在此豫魯蘇皖四省交界區域內，皆宋地，以其近於魏國，故分予魏略取之。㊅河間：謂濟河黃河之間，此時黃河由今河南省滑縣北流，入今河北省由滄縣東北入海，不走濟河道。濟黃兩河之間，謂之河間。其間距趙國近，樂毅以方略部署趙師收取之，或即齊屬今山東省高堂、聊城、陽穀、堂邑、齊河等十餘縣地。㊆逐北：北即敗字，北敗雙聲，古文故可通用。逐北，即追逐敗兵。㊇自益：增加曰益，益又為利益，自益即自取其利益。㊈逮：與「及」字同義。謀不逮下即不謀於下，一意孤行。㊉諂諛：獻媚曰諂。面從曰諛。⑪戾虐：不合人民要求曰戾。殘暴侵害人民曰虐。⑫怨懟：懟音對。歎恨曰怨。憤悶曰懟。⑬乘：趁勢。⑭恤：體貼關念曰恤，恤下體貼關念其人民。⑮撫：安慰。⑯慮：圖謀。⑰失度：失其日常態度。⑱臨淄：齊國國都，今山東省臨淄縣。⑲饗士：慰勞軍隊曰饗士。⑳昌國君：昌國，齊邑名，在今山東省淄川縣東北。封樂毅於此又取昌大燕國之義，以榮寵之。㉑徇：巡行招降。㉒辟宮舍之：辟與「避」同。舍，住宿。讓開正宮由湣王居住。㉓稱臣而共具：共與供給之「供」同。衞君自稱臣而供應湣王所需要。㉔不遜：謙讓感謝曰遜。不遜如今言「不客氣」。㉕侵之：衞國人感覺不快，遂侵犯他。㉖內：與收納之「納」同。㉗莒：齊邑名，今山東省莒縣。㉘淖齒：淖音鬧。姓淖名齒。㉙數：音暑，責備。今謂之「數落」。㉚千乘、博昌：齊邑名。千乘，今山東省高苑縣。博昌，今山東省博興縣。㉛嬴博：齊邑名。嬴，在今山東省萊蕪縣西北汶水之北。博，在今山東省泰安縣東南。㉜坼：音澈，破開。㉝誡：與警戒之「戒」同。㉞弒：與「殺」同義。以下殺上為弒，如「弒君」「弒父」。㉟鼓里：地名。所在不詳。胡三省曰：「鼓里：莒中地名，近齊廟。」㊱綦：音其。齊人謂極為綦。㊲索：義與「求」同。㊳匹夫：匹、義為「一」。馬一隻稱匹，布一捲稱匹。匹夫即一夫，言其孤立無黨羽羣眾，等於說「平民」。㊴宋獻：即宋康王。或曰康，或曰獻，蓋國亡身死之後，宋人之私謚，故不一致。㊵挈：與提攜之「攜」同。挈國即攜持全國。㊶擽然：擽通櫟，音落。形容石塊之磊落堅強狀。㊷白：明白。㊸略奏：奏與輻輳之「輳」同。輳之義為集中，略奏謂天下之理略盡於此。㊹與：與黨。此處指外交中之與國。㊺五伯：伯與「霸」同，五伯有不同數說，依班固《白虎通義》，其一曰夏代昆吾氏，商代大彭氏、豕韋氏，春秋齊桓公、晉文公。其二曰齊桓公、晉文公、秦穆公、楚莊王、吳王闔廬。其三曰齊桓公、晉文公、秦穆公、楚莊王、宋襄公。㊻不憚：不怕。㊼析：分離。㊽薛公：薛國名，在今山東省滕縣。奚仲所封，後為齊所滅。及齊湣王又以封孟嘗君之父田嬰。此薛公指孟嘗君而言。孟嘗君卒，諸子爭立，齊魏共滅其國。㊾結引：引與車靷之「靷」同。又與「紖」通。牽引車輛前進之繩曰靷。綿綿結靷，連續結好引車之繩，言其奔走不休。㊿詘：與屈服之「屈」同。(51)振槁：搖動曰振。枯木曰槁。搖動枯木則枝葉蕭蕭而下，以此形容燕勝齊之易。(52)稽：考察曰稽。此言後世以齊湣王之失敗為鑑戒。(53)自「荀子論之曰」至「人制之」：此引《荀子・王霸篇》之文。(54)晝邑：晝字又作「澅」。齊邑名，以傍澅水得名。在今山東省臨淄縣西北二里，即《孟子》「去齊宿於晝」之晝，晝為畫字之誤。(55)不更：經歷曰更。不更即不經歷。今言「烈女不事二夫。」(56)經：投環自縊曰經。今謂之「上吊」。(57)絕脰：斷頸曰絕脰。(58)膠東、東萊：膠，水名，東南入膠州灣，西北入萊州灣，縱貫二百餘里，流經今山東省膠縣、平度、昌邑三縣。膠水之東謂之膠東，包括今青島、烟臺、掖縣、萊陽、蓬萊、海陽、即墨等十六縣市。東萊，齊邑名，即今之掖縣。此處以東萊代表膠東全區，並不專指掖縣一地。(五九)琅邪：讀「狼牙」。字又可作「琅琊」。齊邑名，在今山東省臨沂縣。此處以琅邪代表該地區，並非專指臨沂一地。(六〇)循河、濟，屯阿、鄄：河、黃河。濟、濟水。阿、今山東省東阿縣。鄄、今山東省濮縣。此言右軍沿黃濟二河南下，駐屯於東阿濮縣之間，以與魏軍呼應。(六一)千乘：齊邑名，今山東省高苑縣。(六二)薊：燕國首都。今河北省薊縣。

三十二年（西元前二八三年）

(一)秦趙會于穰。秦拔魏安城(一)。兵至大梁(二)而還。

(二)齊淖齒之亂，湣王子法章，變姓名為莒太史敫(三)家傭(四)。太史敫女奇法章狀貌，以為非常人，憐而常竊(五)衣食之，因與私通。王孫賈從湣王，失王之處(六)，其母曰：「汝朝出而晚來，則吾倚門而望，汝暮出而不還，則吾倚閭而望。汝今事王，王走，汝不知其處，汝尚何歸焉！」王孫賈乃入市中呼曰：「淖齒亂齊國，殺湣王，欲與我誅之者袒右(七)！」市人從者四百人，與攻淖齒殺之。於是齊亡臣相與求湣王子欲立之。法章懼其誅己，久之，乃敢自言。遂立以為齊王，保莒城以拒燕(八)。布告國中曰：「王已立在莒矣。」

(三)趙王得楚和氏璧(九)。秦昭王欲之，請易以十五城。趙王欲勿與，畏秦彊；欲與之，恐見欺。以問藺相如，對曰：「秦以城求璧，而王不許，曲在我矣；我與之璧，而秦不與我城，則曲在秦。均之二策(一〇)，寧許以負秦(一一)。臣願奉璧而往，使秦城不入，臣請完璧而歸之。」趙王遣之。相如至秦，秦王無意償(一二)趙城。相如乃以詐紿(一三)秦王，復取璧。遣從者(一四)懷之，間行(一五)歸趙。而以身待命於秦。秦王以為賢，而弗誅，禮而歸之。趙王以相如為上大夫(一六)。

(四)衛嗣君薨，子懷君立。嗣君好察微隱(一七)，縣令有發褥而席弊(一八)者，嗣君聞之，乃賜之席，令大驚以君為神。又使人過關市(一九)，賂之以金，既而召關市，問有客過，與汝金汝回遣之(二〇)！關市大恐。又愛泄姬，重如耳，而恐其因愛重以壅己(二一)也，乃貴薄疑(二二)，以敵如耳，尊魏妃，以偶泄姬，曰：「以是相參(二三)也。」荀子論之曰：「成侯嗣君聚斂計數之君也，未及取民(二四)也；子產取民者也，未及為政也；管仲為政者也，未及修禮也。故修禮者王，為政者彊，取民者安，聚斂者亡。」

【今註】㊀安城：在今河南省原武縣。㊁大梁：魏之首都，今開封。㊂太史敫：敫音繳，《史記》作嬓。莒國之太史，時莒亡未久，故敫仍存其官名。㊃家傭：即家庭之傭工。㊄竊：背人之私下行為曰竊。㊅處：去處。諱言湣王之死，而曰「失其去處」。㊆袒右：褪衣曰袒。袒露右臂。㊇保莒城以拒燕：保即防守。時燕前軍在莒之附近琅邪，中軍在臨淄。㊈和氏璧：楚人卞和得之於荊山，獻之厲王，王以為詐，刖其左足。後又獻之武王，又以為詐，刖其右足。再獻之文王，理其璞而得寶，名之曰和氏之璧。李宗侗按舊說和氏璧如此。但既曰卞和，和為人名，以人名下加氏，非古習俗。疑和氏之璧，亦與魯重器「夏后氏之璜」相類，同屬古代相傳之玉器。卞和之說屬於後起者。⑽均之二策：均義為「權衡」。權衡以上二策。⑾寧許以負秦：寧可我許使秦負其曲。《史記・藺相如列傳》即作「寧許以負秦曲。」⑿償：補償。⒀紿：音代。欺騙。⒁從者：從音縱。隨員。⒂間行：從偏僻小路走。⒃上大夫：官名，各國多置之。上大夫為大夫之第一級，位卿下。⒄微隱：細微隱晦，即祕密之小事。⒅發褥而席敝：拿起被褥露出破蓆子。⒆關市：關口之市。關有司關，職掌稽查徵稅。市有市司，職掌貨物之出入。⒇汝回遣之：回義為還。此言「你還給他！」㉑恐其因愛重以壅己也：怕泄姬如耳因愛而蒙蔽自己。㉒薄疑：疑音仡。風俗通：「衞賢人薄疑。」正立曰疑，故取以為名。㉓相參：意為使之互相察考牽制。㉔取民：收攬曰取。民即「人」字。此言收攬人心。

㈠秦伐趙，拔兩城。

三十三年（西元前二八二年）

㈠秦伐趙，拔石城㈠。

㈡秦穰侯復為丞相。

㈢楚欲與齊韓共伐秦，因欲圖周㈡。王使東周武公謂楚令尹昭子曰：「周不可圖也！」昭子曰：「乃圖周，則無之㈢！雖然，何不可圖？」武公曰：「西周之地，絕長補短㈣不過百里，名為天下共主，裂其地不足以肥國，得其眾不足以勁兵。雖然，攻之者名為弒君㈤；然而猶有欲攻之者，見祭器㈥在焉故也。夫虎肉臊而兵利身㈦，人猶攻之，若使澤中之麋㈧，蒙虎之皮，人之攻之也，必萬倍矣！裂楚之地，足以肥國，詘楚之名，足以尊王，今子欲誅殘天下之共主，居三代之傳器，器南則兵至矣㈨！」於是楚計輟㈩不行。

【今註】㈠石城：在今河南省林縣西南八十五里。㈡圖周：圖義為謀，圖周即陰謀取周。㈢乃：與「即」同義。此言「立時取周則無此意」。㈣絕長補短：今口語作「截長補短」。㈤弒君：見本卷周赧王三十一年註㊳。㈥祭器：夏商周三代相傳之九鼎等，非特以為祭器，兼有表示受命於天作用。㈦兵利身：爪牙為虎之兵器。利身義為防衛身體。㈧麋：鹿之一種，無爪牙性馴，肉可食。㈨器南則兵至矣：此言周所保有之祭器，為野心者爭奪之目標，祭器南運至楚，則侵奪之兵隨至於楚。㈩計輟：計劃中止。

三十五年（西元前二八〇年）

㈠秦白起敗趙軍，斬首二萬，取代光狼城㈠。又使司馬錯發隴西㈡兵，因㈢蜀，攻楚黔中㈣拔之。楚獻漢北㈤及上庸㈥地。

【今註】㈠取代光狼城：光狼城在今山西省高平縣西南二十五里。代本白狄之國，後入於趙，其地遠在晉北與高平了不相關，此處乃言「代光狼城」（《史記・秦紀》亦然）上冠一「代」字，反迷失光狼城所在，史炤司馬康均以為在代，胡三省以為不詳，考古今地理書代無光狼城，此「代」字或係衍文，亦未可知。㈡隴西：秦郡名，今甘肅省天水以至蘭州等地皆屬之。㈢因：憑藉。㈣黔中：

楚邑名，即今湖南省沅陵縣。㈤漢北：地區名，漢水以北今湖北省光化，樊城，河南省鄧縣，南陽等地皆是。㈥上庸：地區名，今湖北省竹山、竹谿、房縣等地皆是。

三十六年（西元前二七九年）

㈠秦白起伐楚，取鄢、鄧、西陵㈠。

㈡秦王使使者告趙王，願為好㈡，會于河外澠池㈢。趙王欲毋行，廉頗藺相如計㈣曰：「王不行，示趙弱且怯也。」趙王遂行，相如從㈤。廉頗送至境，與王訣㈥曰：「王行，度㈦道里會遇之禮畢，還不過三十日，三十日不還，則請立太子以絕秦望㈧。」王許之。會于澠池。王與趙王飲㈨，酒酣㈩，秦王請趙王鼓瑟⑪，趙王鼓之。藺相如復請秦王擊缶⑫，秦王不肯。相如曰：「五步之內，臣請得以頸血濺大王⑬矣。」左右欲刃⑭相如，相如張目叱⑮之，左右皆靡⑯。王不懌⑰，為一擊缶。罷酒，秦終不能有加於趙⑱。趙人亦盛⑲為之備，秦不敢動。

趙王歸國，以藺相如為上卿，位在廉頗之⑳右。廉頗曰：「我為趙將，有攻城野戰之功；藺相如素賤人，徒以口舌㉑，而位居我上，吾羞不忍為之下㉒。」宣言㉓曰：「我見相如，必辱之！」相如聞之，不肯與會。每朝常稱病，不欲爭列㉔。出而望見，輒引車避匿㉕。其舍人㉖皆以為恥。相如曰：「子視廉將軍孰與秦王㉗？」曰：「不若㉘！」相如曰：「夫以秦王之威，而相如廷叱之，辱其羣臣。相如雖駑㉙，獨㉚畏廉將軍哉！顧吾念之㉛，彊㉜秦所以不敢加兵於趙者，徒以㉝吾兩人在也。今兩虎共鬭，其勢不俱生，吾所以為此㉞者，先國家之急，而後私讎也。」廉頗聞之，肉袒，負荊㉟，至門謝罪。遂為刎頸之交㊱。

㈢初燕人攻安平㊲，臨淄市掾㊳田單在安平。使其宗人皆以鐵籠傳車轊㊴，及城潰，人爭門而出，皆以軸折，車敗，為燕所擒；獨田單宗人以鐵籠得免。遂犇㊵即墨㊶。是時齊地皆屬燕，獨莒、即墨未下。樂毅乃幷右軍，前軍，以圍莒。左軍、後軍，圍即墨。即墨大夫，出戰而死。即墨人曰：「安平之戰，田單宗人以鐵籠得全，是㊷多智習兵。」因共立以為將以拒燕。樂毅圍二邑，朞年不剋㊸，乃令解圍，各去城九里而為壘㊹，令曰：「城中民出者勿獲㊺，困者賑之㊻！使即舊業，以鎮新民㊼。」三年而猶未下。或讒之於燕昭王曰：「樂毅智謀過人，伐齊呼吸之間㊽，剋七十餘城，今不下者兩城耳；非其力不能拔，所以三年不攻者，欲久仗兵威，以服齊人，南面而王耳！今齊人已服，所以未發者，以其妻子在燕故也。且齊多美女，又將忘其妻子，願王圖㊾之！」昭王於是置酒大會，引言者而讓㊿之曰：「先王舉國以禮賢者，非貪土地以遺子孫也。遭所傳德薄，不能堪命(51)，國人不順(52)，齊為無道，乘孤國之亂，以害先王。寡人統位(53)。痛之入骨，故廣延羣臣，外招賓客，以求報讎，其有成功者，尚欲與之同共燕國；今樂君親為寡人破齊，夷(54)其宗廟，報塞(55)先讎，齊國固樂君所有，非燕之所得也。樂君若能有齊，無燕並為列國，結歡同好，以抗諸侯之難，燕國之福，寡人之願也！汝何敢言若此！」乃斬之。賜樂毅妻以后服，賜其子以公子之服，輅車乘馬，後屬百兩(56)。遣國相奉而致之樂毅，立樂毅為齊王。樂毅惶恐不受，拜書以死自誓。由是齊人服其義，諸侯畏其信，莫敢復有謀者。

頃之[五七]，昭王薨，惠王立。惠王自為太子時，嘗不快於樂毅。田單聞之，乃從反間[五八]於燕，宣言曰：「齊王已死，城之不拔者二耳。樂毅與燕新王有隙，畏誅而不敢歸，以伐齊為名，實欲連兵南面王齊，齊人未附，故且緩攻即墨以待其事，齊人所懼，唯恐他將之來，即墨殘[五九]矣！」燕王固已疑樂毅，得齊反間，乃使騎劫代將，而召樂毅。樂毅知王不善代之[六〇]，遂犇趙。燕將士由是憤惋不和[六一]。田單令城中人食必祭其先祖於庭，飛鳥皆翔舞而下城中，燕人怪之。田單因宣言曰：「當有神師下教我。」有一卒曰：「臣可以為師乎？」因反走[六二]，田單起，引還[六三]坐東鄉，師事之[六四]。卒曰：「臣欺君！」田單曰：「子勿言也！」因師之，每出約束必稱神師[六五]。乃宣言曰：「吾惟懼燕軍之劓[六六]所得齊卒，置之前行，即墨敗矣！」燕人聞之，如其言。城中見降者盡劓，皆怒堅守，唯恐見得[六七]。單又縱反間，言：「吾懼燕人掘吾城外冢墓，可為寒心。」燕軍盡掘冢墓，燒死人。齊人從城上望見，皆涕泣，共欲出戰，怒自十倍。田單知士卒之可用，乃身操版鍤(六八)，與士卒分功；妻妾編於行伍之間，盡散飲食饗士，令甲卒皆伏(六九)，使老弱女子乘城(七〇)，遣使約降於燕。燕軍皆呼萬歲。田單又收民金得千鎰，令即墨富豪遺燕將曰：「即降，願無虜掠(七一)吾族家！」燕將大喜，許之。燕軍益懈。田單乃收城中得牛千餘，為絳繒衣(七二)，畫以五采(七三)龍文，束(七四)兵刃於其角，而灌脂(七五)束葦於其尾，燒其端，鑿城數十穴，夜縱牛，壯士五千隨其後，牛尾熱，怒而犇燕軍。燕軍大驚，視牛皆龍文，所觸盡死傷，而城中鼓譟(七六)從之，老弱皆擊銅器為聲，聲動天地。燕軍大駭，敗走，齊人殺騎劫，追亡逐北(七七)，所過城邑，皆叛燕復為齊。田單兵日益多，乘勝(七八)，燕日敗亡，走至河上，而齊七十餘城皆復焉。乃迎襄王於莒，入臨淄。封田單為安平君(七九)。齊王以太史敫之女為后，生太子建。太史敫曰：「女不取媒，因自嫁，非吾種也！汙吾世(八〇)。」終身不見君王后。君王后亦不以不見故失人子之禮。

趙王封樂毅於觀津(八一)，尊寵之以警動於燕齊。燕惠王乃使人讓樂毅且謝之曰：「將軍過聽(八二)，以與寡人有隙，遂捐燕歸趙(八三)。將軍自為計則可矣，而亦何以報先王之所以遇將軍之意乎！」樂毅報書曰：「昔伍子胥說聽於闔閭(八四)，而吳遠迹至郢(八五)，夫差弗是也(八六)，賜之鴟夷(八七)而浮之江。吳王不寤(八八)先論之可以立功，故沈(八九)子胥而不悔；子胥不早見主之不同量(九〇)，是以至於入江而不化(九一)。夫免身立功以明先王之迹(九二)，臣之上計也。離毀辱之誹謗，墮先王之名(九三)，臣之所大恐也。臨不測之罪，以幸為利，義之所不敢出也。臣聞古之君子，交絕不出惡聲；忠臣去國，不潔其名(九四)。臣雖不佞(九五)，數奉教於君子矣，唯君王之留意焉！」於是燕王復以樂毅子閒為昌國君。而樂毅往來復通燕(九六)，卒於趙，號曰望諸君(九七)。

田單相齊，過淄水(九八)，有老人涉淄而寒，出水不能行，田單解其裘而衣之。襄王惡之曰：「田單之施於人，將以取我國乎？不早圖，恐後之變也。」左右顧無人。巖下有貫珠者(九九)。襄王呼而問之曰：「汝聞吾言乎？」對曰：「聞之。」王曰：「汝以為何如？」對曰：「王不如因以為己善，王嘉(一〇〇)單之善，下令曰：『寡人憂民之饑也，單收〔二一〕而食之；寡人憂民之寒也，單解裘而衣之；寡人憂勞百姓，而單亦憂，稱寡人之意〔二二〕！』單有是善而王嘉之，單之善亦王之善也。」王曰：「善。」乃賜單牛酒。後數日貫珠者復見王曰：「王朝日宜召田單而揖之於庭，口勞〔二三〕之，乃布令求百姓之饑寒者，收穀〔二四〕之。」乃使人聽於閭里〔二五〕，聞大夫之相與語者曰：「田單之愛人，嗟〔二六〕乃王之教也。」田單任〔二七〕貂勃於王。王有所幸臣九人，欲傷安平君。相與語於王曰：「燕之伐齊之時，楚王使將軍將萬人而佐齊〔二八〕，今國已定而社稷已安矣，何不使使者謝於楚王？」王曰：「左右孰可？」九人之屬曰：「貂勃可！」貂勃使楚，楚王受而觴之〔二九〕，數月不反。九人之屬相與語曰：「夫一人之身而牽留萬乘者，豈不以據勢也哉！且安平君之與王也，君臣無異，而上下無別，且其志欲為不善，內撫百姓，外懷戎翟〔三〇〕，禮天下之賢士，其志欲有為，願王察之！」異日，王曰：「召〔三一〕相單而來！」田單免冠、徒跣、肉袒〔三二〕而進，退而請死罪五日〔三三〕。而王曰：「子無罪於寡人，子為子之臣禮，吾為吾之王禮而已矣。」

貂勃從楚來，王賜之酒。酒酣，王曰：「召相單而來！」貂勃避席稽首㉔曰：「王上者孰與㉕周文王？」王曰：「吾不若也！」貂勃曰：「然、臣固知王不若也！下者孰與齊桓公？」王曰：「吾不若也！」貂勃曰：「然、臣固知王不若也！然則周文王得呂尚以為太公㉖，齊桓公得管夷吾以為仲父，今王得安平君而獨曰『單。』安得此亡國之言乎！且自天地之闢，民人之始，為人臣之功者，誰有厚於安平君者哉！王不能守王之社稷，燕人興師而襲齊，王走而之城陽之山㉗中，安平君以惴惴㉘即墨，三里之城，五里之郭，敝卒㉙七千人，禽其司馬，而反千里之齊，安平君之功也；當是之時，舍城陽而自王㉚，天下莫之能止；然而計之於道，歸之於義，以為不可，故棧道木閣㉛而迎王與后於城陽山中，王乃得反，子臨百姓。今國已定，民已安矣，王曰：『單。』嬰兒之計，不為此也。王亟殺此九子者，以謝安平君；不然，國其危矣。」乃殺九子而逐其家。益封安平君以夜邑㉜萬戶。

田單將攻狄㉝，往見魯仲連，魯仲連曰：「將軍攻狄，不能下也！」田單曰：「臣以即墨破亡餘卒，破萬乘之燕，復齊之墟㉔；今攻狄而不下何也？」上車弗謝㉕而去。遂攻狄，三月不克。齊小兒謠曰：「大冠若箕㉖，脩劍拄頤㉗，攻狄不能下㉘，壘枯骨成丘㉙。」田單乃懼，問魯仲連曰：「先生謂單不能下狄，請聞其說！」魯仲連曰：「將軍之在即墨，坐則織蕢㉚，立則仗鍤㉛，為士卒倡曰：『無可往矣！宗廟亡矣！今日尚矣！歸於何黨矣㉜！』當此之時，將軍有死之心，士卒無生之氣㉝，聞君言莫不揮泣奮臂而欲戰，此所以破燕也；當今將軍東有夜邑之奉，西有淄上之娛㉞；黃金橫帶，而騁乎淄澠㉟之間，有生之樂，無死之心，所以不勝也。」田單曰：「單之有心，先生志㊱之矣。」明日，乃厲氣循城㊲，立於矢石之所，援枹鼓之㊳，狄人乃下。

(九)初，齊湣王既滅宋，欲去㊴孟嘗君。孟嘗君奔魏，魏昭王以為相，與諸侯共伐破齊。湣王死，襄王復國，而孟嘗君中立為諸侯，無所屬。襄王新立，畏孟嘗君，與之連和。孟嘗君卒，諸子爭立，而齊魏共滅薛。孟嘗君絕嗣。

【今註】㊀鄢、鄧、西陵：鄢城在今湖北省宜城縣南。鄧在今湖北省襄陽縣東北，非河南之鄧縣。西陵即西陵峽，在今湖北省宜昌縣西北。㊁好：讀ㄏㄠ。和好。㊂河外澠池：今河南省澠池縣。稱河外者對河內而言，古稱黃河以北自濟源至修武一帶曰河內。黃河以南自陝州至洛陽以西曰河外。㊃計：計議。今語曰「商量」。㊄從：音縱，跟隨。㊅訣：臨別談話。今語曰「話別」。㊆度：預計。㊇以絕秦望：立太子，則國有君長，老王無足輕重，遂無挾持要脅之價值，故曰絕秦望。㊈王與趙王飲：胡三省曰：「此句作秦王與趙王飲，文意乃明。」㊉酒酣：原義飲酒樂曰酣。按「酣」為形容詞，形容飲酒者將醉未醉，不拘形跡禮法，真情流露之狀。⑪鼓瑟：瑟、樂器，形如琴，二十五絃，橫放而鼓之。鼓、義為擊打。⑫缶：音否（ㄈㄡˇ）盛酒之瓦器，形如盆，覆而擊之以為樂之節奏，本西戎樂器，秦國用之。⑬以頸血濺大王：以自己刎頸之血濺秦王身。暗示自殺兼殺對方，為古人之外交詞令。⑭刃：殺。⑮叱：大聲喝斥。⑯靡：萎縮不振。⑰懌：懌音亦，快樂曰懌。⑱有加於趙：不能佔趙上風。⑲盛：大。⑳右：古人有以右為尊者，語言中遂以作右與尊同意。㉑徒以口舌：只有能言善詞令之功。㉒不忍為之下：不甘心在他之下。㉓宣言：揚言於眾表示決心。㉔爭列：爭上朝站位之上下次序。古名曰「朝列」。㉕引車避匿：牽車躲避藏起來。㉖舍人：戰國時大夫可置舍人，舍人大夫之私臣，與漢以後舍人為政府官吏不同。㉗孰與：何如。㉘不若：不如。廉將軍不及秦王之重。㉙駑：劣馬曰駑。自謙之詞。㉚獨：專一。此言秦王尚且不怕，乃獨怕廉將軍乎。㉛顧吾念之：顧與「惟」同義。惟吾考慮。㉜彊：即「強」字。㉝徒以：只因。㉞為此：如此。㉟肉袒負荊：肉袒、裸背露肉。負荊、背著打人的荊條。㊱刎頸之交：情誼親切，為友刎頸而死，在所不惜。如今言「生死之交」。㊲安平：安平城在齊都臨淄之東。㊳臨淄市掾：掾音院。屬官曰掾。臨淄有司市組織，田單為其職員。㊴鐵籠傅車轊：傅與附屬之「附」同。轊音衛。車軸頭曰轊。此言用鐵籠罩車軸頭，則不怕撞碰。㊵犇：奔之正字。㊶即墨：齊近海邑名，在今山東平度縣東南，今即墨縣西北。㊷是：此人。㊸朞年不剋：朞與「期」同。週年曰朞年。剋與攻克之「克」同。㊹壘：壁壘。軍隊所作之防守工事。㊺獲：擒捉。㊻困者賑之：生活困苦者予以救濟。㊼使即舊業，以鎮新民：使不失舊業，以安新附之民。㊽呼吸之間：形容樂毅進展之快，等於呼吸氣之短時間。㊾圖：考慮計劃。㊿讓：責怪。(51)不能堪命：此言王噲讓國於子之，子之德薄不足以承受大命。燕王噲讓位於子之事，見上卷慎靚王五年註㈡。(52)不順：不聽命。(53)統位：繼統君位。(54)夷：平。(55)塞：彌補缺漏。(56)輅車乘馬，後屬百兩：輅車、諸侯所乘之車。乘馬，馬四匹曰乘。兩與車輛之「輛」同。後屬百輛，諸侯出行時，輅車之後，跟從之車百輛。(57)頃之：時間不久曰頃之。(58)反間：間者間諜。反間者因敵人所使間諜而用之。(59)殘：城破之意。(60)不善代之：燕王使騎劫代己其意不善。(61)憤惋不和：既恨燕王之昏，又惜樂毅之去，羣情不平。(62)反走：回頭反身而走。(63)引還：牽引之還坐。(64)坐東鄉，師事之：東鄉，鄉與方向之「向」同。坐西面向東。古時習慣多以右為上，自南面之位言之，以西為上，故尊師坐西東向。(65)神師：假託神師，加強眾大信仰，與號令效力。(66)劓：音意。古代五刑之一，割去鼻子曰劓。(67)唯恐見得：只怕被齊所擒捉。（六八）版鍤：古無磚，城牆皆起土版築。版、打牆板。鍤字又可作「臿」或「插」。鍤掘地起土之工具，今謂之鍫。（六九）伏：埋伏。（七〇）乘城：登城而守。（七一）虜掠：俘人曰虜。搶錢物曰掠。（七二）絳繒：深醬顏色為絳。厚絹曰繒。（七三）五采：采與彩色之「彩」同。五彩青、黃、赤、白、黑。（七四）束：以繩縛綁。（七五）脂：油。（七六）譟：羣眾呼喊。（七七）北：即敗，北敗二字雙聲，故可通用。（七八）乘勝：此言田單乘勝利之勢。（七九）安平君：安平地名已見前，又取其安國平亂之意，故封田單以榮寵之。（八〇）汙吾世：汙之義為辱。汙吾世，即言汙吾家門。（八一）觀澤：邑名，在今山東省觀城縣西。（八二）過聽：過於聽信別人挑撥的話。（八三）捐燕歸趙：捐義與棄同。棄燕投趙。（八四）闔閭：夫差之父。閭字又可作「廬」。（八五）郢：楚國首都。今湖北省江陵縣。（八六）夫差弗是也：夫差不如是。（八七）鴟夷：皮囊。伍子胥自殺，吳王以革囊盛其尸沉於江。鴟夷二字，義不可解，自來注解者，多牽強附會，疑此吳語之音譯，不能依字面強解者。（八八）寤：與覺悟之「悟」同。（八九）沈：與沉水之「沉」同。（九〇）不同量：義為氣味不相同。（九一）化：變更。此言子胥至死不知變更其態度。（九二）明先王之迹：迹與跡同。明先王之迹即光揚先王之行事。（九三）墮先王之名：毀壞先王之名聲。（九四）忠臣去國，不潔其名：不自潔其名譽，使國家蒙不利。（九五）不佞：不才。（九六）復通燕：又與燕通好。（九七）望諸君：望諸澤名，古九澤之一，又名孟諸或孟豬。在今河南省商邱縣至虞城一帶。（九八）淄水：源出今山東省博山縣，東北流經益都縣西，再經壽光廣饒二縣間，再趨東北，過清水泊入海。由西南而東北，流經三百餘里。（九九）巖下有貫珠者：巖與「檐」或「簷」同聲通用。貫珠者，以繩連穿珍珠成串之工匠。（一〇〇）嘉：稱贊。（一〇一）收而食之：收、收養。食、音飼，以食物與人曰食。⑫稱寡人之意：稱音趁。此言適合寡人之意。⑬口勞：勞讀澇。口勞，口語慰勞。⑭收穀：收養生存之。⑮閭里：如今言街巷。⑯嗟：歎美之聲。⑰任：薦舉擔保。⑱楚王使將軍將萬人而佐齊：即淖齒救齊，事見本卷周赧王三十一年㈠。⑲觴之：設酒筵招待。⑳翟：與夷狄之「狄」同。㉑召：呼喚。㉒免冠、徒跣、肉袒：不戴帽子，赤腳，袒肩露出身體，表示聞召即來，並且請罪願受責。㉓請死罪五日：一連五日自請死罪。㉔稽首：叩頭。稽音啟。㉕孰與：何如。㉖太公望：即呂尚，齊始封之君。㉗城陽之山：在莒境。㉘惴惴：音贅。憂懼曰惴。㉙敝卒：疲備之兵曰敝卒。㉚舍城陽而自王：舍與「捨」同。其時襄王在城陽，舍城陽謂棄襄王而自為王。㉛棧道木閣：於山崖峭壁間架木為道謂之棧道。棧道之上無所棲息，故構木為閣，以避風雨。㉜夜邑：即掖邑，今山東省掖縣。㉝狄：春秋晚年，中原之狄，業已先後滅亡，此在東方所僅存者。此狄居今山東省高苑縣。㉞復齊之墟：光復齊之故城。㉟弗謝：話不投機，故田單不謝而去。㊱大冠若箕：大冠、武冠。若箕，像似簸箕。㊲脩劍拄頤：脩、長。拄、音主，支撐。頤、音移，嘴下巴。此譏笑田單戴了像簸箕的大帽子，佩了長可以支拄嘴巴的大寶劍，頗自驕喜。㊳攻狄不能下：下，攻克。㊴壘枯骨成丘：壘，堆壘。人死以後之白骨曰枯骨。丘字此處讀「希」。此言攻狄不能克，傷亡慘重，堆壘白骨成了小山。㊵織蕢：織義與「編」同。蕢，盛土之草筐。編草筐盛土修城用。㊶仗鍤：仗，倚。鍤、起土器，今名鍫。㊷為士卒倡曰，至歸於何黨矣：倡與歌唱之「唱」同。「無可往矣！」如言「無處可走了！」宗廟、義為國家，古之兵以部族為主，一部之兵，同一血統，故可以宗廟號召之。尚，義為努力。此句言今日必須努力。黨，義為所，何黨即何所，亦即何處。此言不努力則今後何所歸宿。不堪設想。此四句當為田單所作振奮士氣之軍歌，以往亡尚黨四字為韻，辭氣頗為壯烈。㉓無生之氣：無倖生之志。㉔娛：快樂。㉕淄澠：二水名。淄水已見前注。澠水。發源於臨淄，西北流經廣饒，注入麻大湖。㉖志：心意有所主持曰志。㉗厲氣循城：厲氣，振作勇氣。循城，循與巡行之「巡」同。巡察督飭攻城士卒。㉘援枹鼓之：援、手持。枹、打鼓小杖。鼓之，古軍中號令，進軍則擊鼓。此言田單親自持杖擊鼓，督促進攻。㉙去：驅逐。

二十七年（西元前二七八年）

(一)秦大良造白起伐楚、拔郢。燒夷陵㈠。楚襄王兵散，遂不復戰，東北徙都於陳㈡。秦以郢為南郡。封白起為武安君㈢。

【今註】㈠夷陵：楚先王墓名，在今湖北省宜昌縣境內。㈡陳：春秋陳國國都，今河南省淮陽縣。

㈢武安君：武安趙邑，在今河南省武安縣治西南五十里。按此時武安屬趙，未為秦有，秦封白起武安君，一則懸此地為進攻奪取之目標，一則取武功安邦之義以榮寵之。胡三省曰：「戰國之君，分封其臣，如平原武安之類，非真食其縣之入。」此言甚是。

三十八年（西元前二七七年）

㈠秦武安君定巫、黔中，初置黔中郡㈠。

㈡魏昭王薨，子安釐㈡王立。

【今註】㈠巫、黔中：巫、楚郡，治今四川省巫山縣。黔中、楚黔中地，在今湖南沅陵縣。㈡釐：與「喜」同。字又可作「僖」或「禧」或「憙」。

三十九年（西元前二七六年）

㈠秦武安君伐魏，拔兩城。

㈡楚王收東地㈠兵，得十餘萬，復西取江南十五邑。

㈢魏安釐王封其弟無忌為信陵君㈡。

【今註】㈠楚東地：楚新都陳以南以東地方。㈡信陵君：信陵魏邑名，在今河南省寧陵縣。

四十年（西元前二七五年）

㈠秦相國穰侯伐魏，韓暴鳶救魏，穰侯大破之，斬首四萬，暴鳶走開封。魏納八城以和。穰侯復伐魏，走芒卯，入北宅，遂圍大梁。魏人割溫以和。

四十一年（西元前二七四年）

㈠魏復與齊合從㊀。秦穰侯伐魏，拔四城，斬首四萬。

㈡魯湣公薨，子頃公讎立。

【今註】㊀合從：從音縱。南北曰縱。關東諸侯南北聯合西向以抗秦曰合從。

四十二年（西元前二七三年）

㈠趙人魏人伐韓華陽㊀。韓人告急于秦，秦王弗㊁救。韓相國謂陳筮曰：「事急矣願公雖病，為一宿之行㊂。」陳筮如㊃秦，見穰侯。穰侯曰：「事急乎？故使公來！」陳筮曰：「未急也。」穰侯怒曰：「何也？」陳筮曰：「彼韓急，則將變而他從；以未急，故復來耳！」穰侯曰：「請發兵矣。」乃與武安君及客卿胡陽救韓。八日而至，敗魏軍於華陽之下，走芒卯㊄，虜三將，斬首十三萬。武安君又與趙將賈偃戰，沈其卒二萬人於河。魏段干子請割南陽予秦㈥以和。蘇代謂魏王曰：「欲璽者段干子也，欲地者秦也。今王使欲地者制璽，欲璽者制㈦地，魏地盡矣。夫以地事秦，猶抱薪救火，薪不盡，火不滅。」王曰：「是則然也。雖然事始㈧已行，不可更矣！」對曰：「夫博之所以貴梟㈨者，便、則食，不便、則止。今何王之用智，不如用梟也。」魏王不聽，卒以南陽為和，實修武㈩。

㈡韓釐王薨，子桓惠王立。

㈢韓魏既服於秦，秦王將使武安君與韓魏伐楚，未行，而楚使者黃歇至。聞之，畏秦乘勝，一舉而滅楚也，乃上書曰：「臣聞物至則反，冬夏是也；致至則危，累棊是也㈡。今大國之地，徧天下有其二垂㈢，此從生民以來，萬乘之地，未嘗有也。先王三世不忘接地於齊，以絕從親之要㈢；今王使盛橋守事於韓，盛橋以其地入秦，是王不用甲，不信威，而得百里之地，王可謂能矣。王又舉甲而攻魏，杜㈣大梁之門，舉河內、拔燕、酸棗、虛、桃，入邢㈤，魏之兵雲翔而不敢捄㈥。王之功亦多矣。王休甲息眾二年，而後復之(一七)，又幷蒲、衍、首垣、以臨仁、平丘、黄、濟陽、嬰城(一八)而魏氏服。王又割濮磨之北(一九)，注齊秦之要，絕楚趙之脊(二〇)，天下五合、六聚，而不敢救。王之威亦單(二一)矣。王若能保功守威，絀(二二)攻取之心，而肥仁義之地，使無後患，三王不足四，五伯不足六也(二三)。王若負(二四)人徒之眾，仗(二五)兵革之彊，乘毀魏之威，而欲以力臣天下之主，臣恐其有後患也。詩曰：『靡不有初，鮮克有終(二六)。』易曰：『狐涉水，濡其尾(二七)。』此言始之易，終之難也。昔吳之信越也，從而伐齊，既勝齊人於艾陵(二八)，還為越王禽於三江之浦(二九)。智氏之信韓魏也，從而伐趙，攻晉陽城，勝有日矣，韓魏叛之，殺智伯瑤於鑿臺之下。今王妬(三〇)楚之不毀，而忘毀楚之彊韓魏也。臣為王慮而不取也。夫楚國援也，鄰國敵也(三一)。今王信韓魏之善王(三二)，此正吳之信越也。臣恐韓魏卑辭除患，而實欲欺大國也。何則？王無重世(三三)之德於韓魏，而有累世之怨焉。夫韓魏父子兄弟接踵(三四)而死於秦，將十世矣。故韓魏之不亡，秦社稷之憂(三五)也，今王資(三六)之與攻楚，不亦過(三七)乎。且攻楚將惡出兵(三八)？王將借路於仇讐之韓魏乎，兵出之日，而王憂其不反也。王若不借路於仇讐之韓魏，必攻隨水右壤㊴，此皆廣川、大水、山林、谿谷，不食之地，是王有毀楚之名，而無得地之實也。且王攻楚之日，四國㊵必悉起兵而應王，秦楚之兵，構而不離㊶，魏氏將出而攻留方、與、銍、湖陵、碭、蕭、相㊷故宋必盡。齊人南面攻楚泗上必舉。此皆平原四達膏腴㊸之地，如此則天下之國，莫彊於齊魏矣。臣為王慮，莫若善楚，秦楚合而為一，以臨韓，韓必斂手而朝王，施以東山之險，帶以曲河之利㊹，韓必為關內之侯㊺。若是而王以十萬戍鄭㊻，梁氏寒心，許、鄢陵、嬰城，而上蔡召陵㊼不往來也。如此魏亦關內侯矣。大王壹善楚，而關內兩萬乘之主㊽。注地於齊，齊右壤可拱手而取也。王之地，一經兩海㊾，要約天下。是燕趙無齊楚齊楚無燕趙也。然後危動燕趙，直搖齊楚，此四國者，不待痛㊿而服矣。」王從之。止武安君，而謝韓魏，使黃歇歸，約親於楚。

【今註】㊀華陽：邑名：在今河南省鄭縣南。㊁弗：古無輕脣音，讀弗為不。㊂一宿之行：渡一夜為一宿，極言行路時間之短暫。㊃如：往。㊄芒卯：一作孟卯，齊人，為魏相，有賢名。本書於赧王四十年，已書「走芒卯」，此處又書「走芒卯」，據《史記》校之，四十年無走芒卯事，疑是重複。㊅請割南陽予秦：此南陽在今河南省北部，黃河之北，平漢鐵路之西，以修武縣為中心及其周圍地方，以其地在太行之南，大河之北，故謂之南陽，春秋戰國時期，所謂南陽，大半皆指此地。非今河南省南部與湖北省接鄰之南陽。今南陽秦昭襄王三十五年（即周赧王四十三年）始置，予、與給與之「與」同。㊆制：統制。此言欲得地之秦能統制欲得璽者，欲得璽之段干子又能統制欲得地者，兩者相互為用。㊇事始已行，不可更矣：此言割南陽事先已做過，雖錯也不能更改了。㊈博貴梟：古博具以木五方，刻為梟盧雉犢塞五等采，一擲得梟，則盡食其子，雜采則食其餘子。故博貴擲得梟。㊉實修武：修武為南陽大城，所謂「割南陽以和」，實割修武一帶地，非全部南陽。否則魏既已割南陽，不得再充實修武。實修武句法係仿《左傳》。㊀致至則危，累棋是也：致，物重疊相加曰致。至，極處。累棋，以棋子疊累而至極高則必傾，故以之比喻，一意求高者則必危。㊁二垂：垂與「陲」同。二垂，東西極邊。㊂絕從親之要：要與腰身之「腰」同。從讀合縱之縱。關東各國南北合從以抗秦，則魏韓正當其要，楚接地於齊，則由南而東而北，繞魏韓兩面，足拊其背，故曰絕從親之要。㊃杜：堵塞曰杜。㊄河內，燕、酸棗，虛、桃，邢：河內，即戰國南陽及以東一帶地。燕、南燕，在今河南省滑縣。酸棗，在今河南省延津縣，虛，桃、二地名，皆在今延津縣境內。邢、即邢丘，春秋邢國故都，在今河南省溫縣。河內與邢在西，而燕、酸棗、虛、桃，在東。依行文言之，似應作「舉河內入邢，拔燕、酸棗、虛、桃。」⑯雲翔而不敢捄：捄與援救之「救」同。雲翔，如雲之飛翔，形容其飄忽。此言魏軍飄忽飛翔遠去而不敢救。⑰復之：言恢復元氣。⑱蒲、衍、首垣、仁、平丘、黃、濟陽：衍，在今河南省鄭縣北近河處。蒲、首垣，均在今河北省長垣縣境內。平丘在長垣縣西南。黃，即外黃，在今河南省杞縣東六十里。濟陽在今河南省蘭封縣東北。仁、所在不詳。（修武縣境內漢有仁亭但距蒲衍首垣遠不類）王應麟以為仁即任城縣，按任城即今山東省濟寧縣，距長垣二百餘里，彼此難於聯屬恐未確。⑲濮磨之北：濮、濮水在今河南延津滑縣間，已淤塞。磨、地名，不詳所在。史記索隱云「近濟水。」⑳注齊秦之要，絕楚趙之脊：要與腰同。秦之勢力直至於齊，故曰注齊之要。如此則隔絕楚趙之聯繫，故曰絕楚趙之脊。㉑單：無雙曰單。㉒絀：義為屈。㉓三王不足四，五霸不足六也：此謂三王五伯不足續。秦王名譽與地位，且駕三王五霸而上之。㉔負：仗恃。㉕仗：倚賴。㉖靡不有初，鮮克有終：此《詩經・大雅・蕩》文。言人事莫不有開頭，而少能有結果。㉗狐涉水，濡其尾：此《易經》火水未濟彖辭。水濕曰濡。言小狐之渡水，後力不濟，必至水濕其尾。㉘艾陵：在今山東省泰安縣東南。㉙三江之浦：水邊曰浦。三江即松江、婁江、東江，皆在今江蘇省松江縣至上海之間。㉚妬：義為忌。㉛楚國援也，鄰國敵也：此言遠交近攻之理。㉜善王：與王親善。㉝重世：重音虫。再世曰重世。㉞接踵：踵，腳跟。接踵，後人腳趾接前人腳跟，言先後相繼。㉟韓魏之不亡，秦社稷之憂也：言韓魏不亡，必將報秦仇。㊱資：資助之聯合攻楚。㊲過：錯誤。㊳惡：與烏同。義為「何」。惡出兵，即由何途出兵。㊴隨水右壤：隨水無可考。唐司馬貞以為在今河南省鄧縣之西。隨水《戰國策》作隨陽，即今湖北省隨縣。㊵四國：楚韓魏齊。㊶構而不離：結合曰構。此言秦楚之兵交戰不離，而魏齊兩國得其利。㊷留，方與，銍、湖陵、碭、蕭、相：留，即留城，在今江蘇省沛縣東南五十里。方與，城名，在今山東省魚臺縣北。銍，即銍城，在今江蘇省宿縣南四十六里。湖陵，在今沛縣北五十里。碭，今江蘇省碭山縣。蕭，今江蘇省蕭縣。相，在今宿縣西南九十里。㊸膏腴：土地肥沃曰膏腴。㊹施以東山之險，帶以曲河之利：施義為被。帶義為引。此言以東山之險加之，以黃河大曲之利引之。㊺關內之侯：此言韓王將成為函谷關內秦屬之一侯，與後代「關內侯」名義不同。㊻鄭：今河南省鄭縣。㊼許、鄢陵，上蔡，召陵：許，今河南省許昌縣。鄢陵、上蔡，今河南省縣。召陵，在今河南省郾城縣東。㊽關內兩萬乘之主：謂韓魏二王。㊾一經兩海：自東至西謂經，兩海，東海與西海（古以今青海省為西海）此言秦地之大自西至東連貫兩海。㊿不待痛：凡事盡力為之曰痛。不待痛，言燕趙齊楚四國自服，不待秦王費力。

卷五 周紀五

起屠維赤奮若，盡旃蒙大荒落，凡十七年。（己丑至乙巳，西元前二七二年至西元前二五六年）

司馬光編集
趙鐵寒 註

赧王下

四十三年（西元前二七二年）

㈠楚以左徒㈠黃歇侍太子完為質於秦。

㈡秦置南陽郡㈡。

㈢秦魏楚共伐燕。

㈣燕惠王薨，子武成王立。

【今註】㈠左徒：楚國官名，其職掌不詳。唐張守節以為如唐左右拾遺之類。㈡南陽郡：此今河南省南部之南陽，漢以下史籍稱南陽者皆指此地，與春秋戰國時期以漢河內郡為南陽者不同。

四十四年（西元前二七一年）

㈠趙藺相如伐齊，至平邑㈠。

趙田部㊁吏趙奢收租稅，平原君家不肯出。趙奢以灋治之，殺平原君用事者㊂九人。平原君怒，將殺之。趙奢曰：「君於趙為貴公子，今縱㊃君家而不奉公㊄則灋削，灋削則國弱，國弱則諸侯加兵，是無趙也，君安得有此富乎？以君之貴，奉公如法則上下平，上下平則國彊，國彊則趙固，而君為貴戚，豈輕於天下邪㊅？」平原君以為賢，言之於王。王使治國賦㊆，國賦大平，民富而府庫實。

【今註】㊀平邑：趙邑名。在今河北省南樂縣東北七里。㊁田部：春秋齊有司田之官，此田部當即主管農田之官署，如漢之大司農寺。胡三省注以為「吏部收田之租稅者」，恐未是。㊂用事者：用事即管事，平原君家管理事務者。㊃縱：寬容放縱。㊄奉公：奉為「捧」本字，引申為恭敬承受之意。奉公即遵守公家政令。㊅豈輕於天下邪：邪與「耶」同。此言趙國強固則平原君聲價隨以增高。㊆國賦：國家租稅。

四十五年（西元前二七〇年）

㈠秦伐趙，圍閼與㊀。趙王召廉頗、樂乘而問曰：「可救否？」皆曰：「道遠險陿㊁，難救。」問趙奢，趙奢對曰：「道遠險陿，譬猶兩鼠鬬於穴中，將勇者勝。」王乃令趙奢將兵救之，去邯鄲㊂三十里而止。令軍中曰：「有以軍事諫者死！」秦師軍武安㊃西，鼓譟勒兵㊄，武安屋瓦盡振。趙軍中侯㊅有一人言急救武安，趙奢立斬之。堅壁二十八日不行，復益增壘。秦間㊆入趙軍，趙奢善食遣之，間以報秦將，秦將大喜曰：「夫去國三十里而軍不行，乃增壘，閼與非趙地也！」趙奢既已遣間，卷甲而趨㊇，一日一夜而至㊈，去閼與五十里而軍，軍壘成。秦師聞之，悉甲㊉而往。趙軍士許歷請以軍事諫，趙奢進之(一一)。許歷曰：「秦人不意趙至此，其來氣盛，將軍必厚集其陳(一二)以待之；不然必敗！」趙奢曰：「請受教！」許歷請刑，趙奢曰：「胥後令邯鄲(一三)。」許歷復請諫曰：「先據北山上者勝。後至者敗！」趙奢許諾，即發萬人趨之，秦師後至，爭山不得上。趙奢縱兵擊秦師，秦師大敗，解閼與而還。趙王封奢為馬服君(一四)，與廉藺同位。以許歷為國尉(一五)。

(二)穰侯言客卿竈於秦王，使伐齊取剛壽(一六)，以廣其陶邑(一七)。初、魏人范睢從中大夫(一八)須賈使於齊，襄王聞其辯口(一九)，私賜之金及牛酒。須賈以為睢以國陰事[20]告齊也，歸而告其相魏齊。魏齊怒，笞擊范睢，折脅摺齒[21]。睢佯[22]死，卷以簀[23]置廁中，使客醉者更溺[24]之，以懲後[25]，令無妄言者。范睢謂守者曰：「能出我，必有厚謝！」守者乃請棄簀中死人。魏齊醉曰：「可矣。」范睢得出，魏齊悔，復召求之。魏人鄭安平遂操[26]范睢亡匿，更姓名曰張祿。秦謁者[27]王稽使於魏，范睢夜見王稽，稽潛載[28]與俱歸，薦之於王。王見之於離宮[29]。范睢佯為不知永巷[30]而入其中。王來而宦者怒逐之曰：「王至！」范睢謬曰：「秦安得王？秦獨有太后穰侯耳！」王微聞其言，乃屏[31]左右，跽[32]而請曰：「先生何以幸教寡人！」對曰：「唯唯[33]。」如是者三。王曰：「先生卒不幸教寡人邪[34]？」范睢曰：「非敢然也，臣羈旅[35]之臣也，交疏[36]於王，而所願陳者皆匡[37]君之事，處人骨肉之間，願效愚忠，而未知王之心也。此所以王三問而不敢對者也。臣知今日言之於前，明日伏誅於後，然臣不敢避也。且死者人之所必不免也，苟可以有補於秦而死，此臣之所大願也；獨恐臣死之後，天下杜口裹足[38]莫肯鄉秦(39)耳。」王跽曰：「先生是何言也？今者寡人得見先生，是天以寡人溷(40)先生，而存先王之宗廟也。事無大小，上及太后，下至大臣，願先生悉以教寡人，無疑寡人也！」范睢拜，王亦拜。范睢曰：「以秦國之大，士卒之勇，以治諸侯，譬若走韓盧而搏蹇兔(41)也；而閉關十五年，不敢窺兵於山東者，是穰侯為秦謀不忠，而大王之計，亦有所失也。」王跽曰：「寡人願聞失計。」然左右多竊聽者，范睢未敢言內，先言外事以觀王之俯仰(42)，因進曰：「夫穰侯越韓魏而攻齊剛壽，非計也。齊湣王南攻楚，破軍殺將(43)，再辟(44)地千里，而齊尺寸之地無得焉者，豈不欲得地哉！形勢不能有(45)也。諸侯見齊之罷敝(46)，起兵而伐齊，大破之，齊幾(47)於亡，以其伐楚而肥韓魏也。今王不如遠交而近攻，得寸、則王之寸也，得尺、亦王之尺也。今夫韓魏，中國之處(48)，而天下之樞(49)也，王若用霸(50)，必親中國，以為天下樞，以威楚趙，楚彊則附趙，趙彊則附楚(51)，楚趙皆附，齊必懼矣；齊附，則韓魏因可虜(52)也。」王曰：「善。」乃以范睢為客卿，與謀兵事。

【今註】㊀閼與：今河南省武安縣西南五十里有閼與山。又今山西省和順縣西北有閼與聚。東西相距二百餘里同名閼與，古今解說，每致混淆不清。詳考此處所謂閼與，即今和順縣之閼與聚，非武安縣之閼與山。至本書下文所言「秦師軍武安西，鼓譟勒兵，武安屋瓦盡振」者，蓋秦軍之先頭部隊，故趙奢置武安之秦軍於不顧，卷甲而趨，一日一夜至於閼與聚與秦決戰。依此更疑武安西南戰國時本無山名閼與者，徒以唐張守節不明秦軍主力所在，牽就「秦軍武安西」一語，疑閼與山在此。附記於此，以示闕疑。㊁陿：與狹隘之「狹」同。㊂邯鄲：今河北省邯鄲縣。趙國都。㊃武安：邑名，屬趙，即今河南省武安縣。㊄鼓譟勒兵：擊鼓喧譁曰鼓譟。部署列陣曰勒兵。㊅趙軍中侯：此句有兩讀，或讀「趙軍，中侯。」或讀「趙軍中，侯。」均可。屬前讀則「中侯」為官名；屬後讀則「侯」為軍事任務之一種。侯即斥侯，即軍中所派遣侯望敵人動靜者。㊆間：間諜。㊇卷甲而趨：卷與「捲」同。甲長掩膝，行動不便，欲速行，故捲之以疾走。㊈一日一夜而至：《史記・趙奢傳》作「二日一夜而至」。蓋太史公以閼與距趙奢頓兵處二百里之遙，非二日一夜莫辦；司馬溫公受唐人影響，以為趙奢頓兵處距閼與近，一日一夜已足。通鑑此段記事，全錄《史記》之文，惟此句作「一」作「二」不同者，由於閼與所在不定故。㊉悉甲：悉，義為「完盡」。悉甲，如言全部兵力。⑪進之：接納。《史記・趙奢傳》即作「納之」。⑫陳：與「陣」同。⑬胥後令、邯鄲：胥與「須」同。義為「等待」。此言「等待離邯鄲以後之令。」蓋「有以軍事諫者死！」在邯鄲以西三十里頓兵時所下之令，以誑秦軍者，今既離邯鄲前進，時機環境均已變更，進諫者是否犯令，須另作計議，故如是說。司馬貞以為「邯鄲」為「欲戰」之誤，亦只能作一假設。⑭馬服君：馬者甲兵之本，古或以馬為甲兵之總名。疑馬服之義，取趙奢服秦之兵馬，借此佳名以榮寵之。唐人著《括地志》以為邯鄲西北有馬服山，以封趙奢，不無問題，疑借馬服君之名以名山，非先有山名，後有封號。⑮國尉：官名。⑯剛壽：齊邑名。在今山東省東平縣西南。⑰陶邑：陶為穰侯所封之別邑，其地在今山西省永濟縣北，已見本書赧王二十四年註②。此處言穰侯使伐齊取剛壽以廣陶封，此陶則為古之陶丘，在今山東省定陶縣，當是穰侯別邑，隨軍事東向進展，已移於此。果仍在山西大河之岸，則取剛壽，無廣陶之理。⑱中大夫：戰國時各國間或置之，為上中下三級大夫之中級。⑲辯口：口才辯捷。⑳陰事：祕密事。㉑折脅摺齒：摺音折。折脅，打斷肋骨。摺齒，拉折牙齒。㉒佯：假裝。字又可作「陽」。㉓簀：竹蓆。㉔溺：小便。讀「尿」不讀「逆」。㉕懲後：儆戒以後之人。㉖操：護持曰操。㉗謁者：官名。職掌賓讚奏事，間亦出使他國。㉘潛載：不敢顯露，偷載入秦。㉙離宮：行宮。㉚永巷：宮中長巷為永巷。㉛屏：音丙。避開曰屏。㉜跽：音忌。跪之一種，古謂之長跪。古人席地而坐，兩膝著地，臀置於足跟曰坐。起而上身垂直，兩膝仍著地，則曰跽。㉝唯唯：問答語中之應聲。本音為「ㄨㄟˊ」，今口語中發聲作「呃」如注音符號韻符中之「ㄏ」。㉞邪：與疑問詞「耶」同。㉟羈旅：羈，寄居。旅，旅客。此言臨時過路之人，與秦無深厚之關係。㊱交疎：交情疎遠。㊲匡：救助。㊳杜口裹足：閉口為杜口。止足不前為裹足。㊴鄉秦：鄉與傾嚮之「嚮」同。今簡作「向」。㊵溷：音混。汙辱。㊶走韓盧而搏蹇兔：韓盧，盧字又可作「獹」，韓國所產犬名。毛色墨而善走。蹇兔，跛足之免。此言若馳韓盧以搏跛免無不獲之理。㊷俯仰：俯者點頭，表示接受。仰者揚面，表示不接受。意為觀秦王之意向。㊸齊湣王南攻楚，破軍殺將：破楚軍於重丘，殺其將唐昧，事見卷三赧王十四年㈣。㊹辟：與開闢之「闢」同。㊺不能有：即不能保特。㊻罷敝：罷即疲倦之「疲」。敝即困憊之「憊」。㊼幾：義為近。今常語作「幾乎」。㊽中國之處：處義為「去處」「地方」。此言韓魏居中國之中心。㊾樞：門軸，引申為門戶之意。㊿用霸：用霸天下之謀策。(五一)楚疆則附趙，趙疆則附楚：附義為親近與扶助。先使弱者親附，漸收楚趙皆依賴秦國之效果。(五二)虜：俘虜。

四十六年（西元前二六九年）

㈠秦中更㊀胡傷攻趙閼與不拔。

【今註】 ㊀中更：秦爵二十等之第十三級。

四十七年（西元前二六八年）

㈠秦王用范睢之謀，使五大夫㊀綰伐魏，拔懷㊁。

【今註】 ㊀五大夫：秦二十等爵之第九級。㊁懷：在今河南省武陟縣西。

四十八年（西元前二六七年）

㈠秦悼太子質於魏而卒。

四十九年（西元前二六六年）

㈠秦伐魏邢丘㊀。

范睢日益親用事，因承閒㊁說王曰：「臣居山東時聞齊之有孟嘗君，不聞有王；聞秦有太后、穰侯，不聞有王。夫擅國之謂王，能利害之謂王，制殺生之謂王。今太后擅行不顧㊂，穰侯出使不報㊃，華陽涇陽擊斷無諱㊄，高陵進退不請㊅，四貴備而國不危者，未之有也！為此四貴者下㊆，乃所謂無王也。穰侯使者操王之重㊇，決制於諸侯，剖符於天下㊈，征敵伐國莫敢不聽，戰勝攻取，則利歸於陶㊉；戰敗則結怨於百姓，而禍歸於社稷⑪。臣又聞之，木實繁者，披⑫其枝，披其枝者、傷其心，大其都者、危其國⑬，尊其臣者、卑其主。淖齒管⑭齊，射王股，擢王筋，懸之於廟梁，宿昔而死(一五)；李兌管趙，囚主父於沙丘，百日而餓死(一六)。今臣觀四貴之用事，此亦淖齒李兌之類也。夫三代之所以亡國者，君專授政於臣，縱酒弋獵；其所授者，妬賢疾能，御下蔽上，以成其私，不為主計，而主不覺悟，故失其國。今自有秩(一七)以上至諸大吏，下及王左右，無非相國之人者，見王獨立於朝，臣竊為王恐，萬世之後，有秦國者，非王子孫也。」王以為然。於是廢太后、逐穰侯、高陵、華陽、涇陽君於關外。以范睢為丞相，封為應侯(一八)。

魏王使須賈聘於秦，應侯敝衣間步(一九)而往見之。須賈驚曰：「范叔固無恙(二〇)乎？」留坐飲食，取一綈袍(二一)贈之。遂為須賈御(二二)而至相府曰：「我為君先入，通於相君。」須賈怪其久不出，問於門下，門下曰：「無范叔，鄉者(二三)吾相張君也。」須賈知見欺，乃膝行(二四)入謝罪。應侯坐責讓(二五)之，且曰：「爾所以得不死者，以綈袍戀戀，尚有故人之意耳。」乃大供具，請諸侯賓客，坐須賈於堂下，置莝豆於前，而馬食之(二六)。使歸告魏王曰：「速斬魏齊頭來，不然，且屠(二七)大梁。」須賈還，以告魏齊。魏齊犇(二八)趙，匿於平原君家[二九]。

㈡趙惠文王薨，子孝成王丹立，以平原君為相。

【今註】㊀邢丘：邢國故都，在今河南省溫縣。㊁承閒：承又可作「乘」。趁機會曰承閒。㊂太后擅行不顧：太后昭襄王母宣太后。擅行政事置王於不顧。㊃穰侯出使不報：魏冉宣太后之異父弟，封穰侯。穰在今河南省鄧縣。出使不報、專擅外交。㊄華陽、涇陽、擊斷無諱：華陽，亭名，在今河南省密縣。華陽君，芊戎，又號新城君；宣太后之同父弟。涇陽、邑名，在今陝西省涇陽縣。涇陽君，佚其名，（疑即公子悝）昭襄王同母弟。擊斷無諱、擊殺斷命，無所畏懼。㊅高陵進退不請：高陵、在今陝西省高陵縣。高陵君，名顯，昭襄王同母弟。進退不請、來去自由，無所請示。㊆下：壓低。㊇操王之重：假王之重。㊈剖符於天下：符為出使之信物，剖符出使於天下各國。[一〇]利歸於陶：陶，穰侯所封別邑。見本書赧王四十五年註[一七]。[一一]社稷：義為國家。[一二]披：分散破裂傷及本體曰披。讀批上聲「ㄆㄧˇ」[一三]大其都者，危其國：此《春秋左氏傳》隱公元年鄭祭仲，及昭公十一年楚申無宇所說。[一四]管：總攬權勢。[一五]自「淖齒管齊」至「宿昔而死」。事見卷四赧王三十一年㈠。[一六]自「李兌管趙」至「百日而餓死」。事見卷四赧王二十年㈡。[一七]有秩：鄉官，官吏之最低級。言其才有階級之序列。[一八]應侯：應，邑名，在今河南魯山縣東。[一九]敝衣閒步：閒與閑古文通用，破衣安閑而步行。[二〇]無恙：無憂。[二一]綈袍：厚繒所製之袍，可以禦寒。[二二]御：執轡駕車。御為古代知識份子藝能之一，列孔門六藝之科。為人御，為敬賓敬長之禮節。㉓鄉者：鄉與「嚮」同。嚮者即今口語之「剛才」，「方才」。㉔膝行：以膝著地而行，表示有罪乞恕。㉕責讓：責斥詈罵。㉖置莝豆於前，而馬食之：莝音挫，寸斬之碎草。豆莝，草中雜拌豆類。食，音飼，以食物餵人畜曰食。㉗屠：殺。「屠大梁」言屠大梁城。大規模之殺戮曰「屠城」。亦謂之「洗城」。㉘犇：奔之正字。

五十年（西元前二六五年）

㈠秦宣太后薨，九月穰侯出之陶㊀。臣光曰：「穰侯援立昭王㊁，除其災害，薦白起為將㊂，南取鄢、郢，東屬地於齊㊃，使天下諸侯，稽首㊄而事秦，秦益彊大者，穰侯之功也。雖其專恣驕貪，足以賈禍㊅，亦未至盡如范雎之言。若雎者，亦非能為秦忠謀，直欲得穰侯之處㊆，故搤其吭㊇而奪之耳。遂使秦王絕母子之義，失舅甥之恩。要之，雎真傾危㊈之士哉！」

㈡秦王以子安國君為太子。

㈢秦伐趙，取三城。趙王新立，太后用事，求救於齊。齊人曰：

「必以長安君(一〇)為質。」太后不可，齊師不出，大臣彊諫(一一)，太后明謂左右曰：「復言長安君為質者，老婦必唾其面！」左師(一二)觸龍願見太后，太后盛氣而胥之入(一三)。左師公徐趨而坐(一四)，自謝(一五)曰：「老臣病足，不得見久矣，竊自恕(一六)，而恐太后體之有所苦也，故願望見太后。」太后曰：「老婦恃輦而行(一七)。」曰：「食得毋衰乎？」曰：「恃粥耳。」太后不和之色稍解。左師公曰：「老臣賤息(一八)舒祺最少，不肖(一九)而臣衰，竊憐愛之，願得補黑衣(二〇)之缺，以衞王宮，昧死以聞！」太后曰：「諾(二一)。年幾何矣？」對曰：「十五歲矣，雖少，願及未填溝壑(二二)而託之。」太后曰：「丈夫亦愛少子乎？」對曰：「甚於婦人。」太后笑曰：「婦人異甚(二三)。」對曰：「老臣竊以為媼(二四)之愛燕后(二五)，賢於長安后。」太后曰：「君過矣，不若長安君之甚！」左師公曰：『父母愛其子，則為之計深遠。媼之送燕后也，持其踵(二六)而泣，念其遠也，亦哀之矣；已行，非不思也，祭祀則祝之曰：『必勿使反(二七)！』豈非為之計長久，為子孫相繼為王也哉。」太后曰：「然。」左師公曰：「今三世以前，至於趙王之子孫為侯者，其繼有在者乎？」曰：「無有。」曰：「此其近者禍及身，遠者及其子孫，豈人主之子，侯則不善哉！位尊而無功，奉厚而無勞㉘，而挾重器㉙多也。今媼尊長安君之位，而封之以膏腴之地，多與之重器，而不及今㉚令有功於國，一旦山陵崩㉛，長安君何以自託於趙哉！」太后曰：「諾，恣㉜君之所使之。」於是為長安君約車百乘㉝質於齊。齊師乃出，秦師退。

㈣齊安平君田單，將趙師以伐燕，取中陽㉞。又伐韓，取注人㉟。

㈤齊襄王薨，子建立。建年少，國事皆決於君王后。

【今註】㊀陶：穰侯別邑。見本書赧王四十五年註㊆。㊁穰侯援立昭王：事見卷三赧王十年㈢節。㊂薦白起為將：事見卷四赧王二十二年㈠節。㊃南取鄢、郢，東屬地於齊：事見卷四赧王三十六年㈠及三十七年㈠等節。㊄稽首：叩頭。稽音啟。㊅賈禍：賈義為賈賣之「買」。賈音「古」。㊆欲得穰侯之處：希望奪得穰侯之政治地位。㊇搤其吭：用力緊握曰搤，音「ㄜˋ」。吭，即咽喉。㊈傾危：欺凌他人曰傾。迫害善類曰危。㊉長安君：惠文王少子，孝成王之弟。太后所鍾愛。⑪彊諫：彊與「強」同。彊諫，竭力諫論其利害。⑫左師：春秋以還，各國間有左右師之官。職掌不詳。

㉓盛氣而胥之入：胥、等待。怒氣等待觸龍進來。㉔徐趨而坐：安詳緊走就坐。㉕自謝：自責。㉖竊自恕：私下自己寬容自己。㉗恃輦而行：人力推輓之車曰輦。春秋戰國之世，諸侯及大夫之年老者皆得乘坐，漢以下成為帝后之專用品。㉘賤息：賤，謙詞。息、子。賤息如後世言「犬子」。㉙不肖：不賢。㉚黑衣：諸侯衞士之服。㉛諾：上對下之應聲。㉜未填溝壑：貧賤孤寒之人死無葬所，填置於天然溝壑之中。未填溝壑，謙言未死。㉝異甚：甚義與「何」同。異甚，言有何不同？㉞媼：老婦稱媼。音襖。㉟愛燕后，賢於長安君：燕后，太后之女，嫁為燕王后。賢，過。言愛燕后過於長安君。㊱持其踵而泣：抱其腳而哭。㊲必勿使反：祝禱神佑，必不要使其反。反與「返」同。此處之反，謂大歸，古曰「休出」，因不和而返其母家。㊳奉厚而無勞：奉與俸祿之「俸」同。勞，勞績。㊴重器：國之寶物。㊵及今：趁現在。㊶山陵崩：諱言太后之死，曰山陵崩。㊷恣：隨意。㊸約車百乘：約、集。百乘、車百輛。㊹中陽：燕邑，在今河北省唐縣北。㊺注人：又名「注」。在今河南省臨汝縣西北。

五十一年（西元前二六四年）

㈠秦武安君伐韓，拔九城，斬首五萬。

㈡田單為趙相。

五十二年（西元前二六三年）

(一)秦武安君伐韓，取南陽㈠，攻太行道絕之。

(二)楚頃襄王疾病㈡。黃歇言於應侯曰：「今楚王疾，恐不起㈢，秦不如歸其太子㈣，太子得立，其事秦必重，而德相國無窮，是親與國而得儲萬乘㈤也；不歸，則咸陽布衣㈥耳，楚更立君，必不事秦，是失與國而絕萬乘之和，非計也。」應侯以告王，王曰：「令太子之傅先往問疾，反，而後圖之㈦。」黃歇與太子謀曰：「秦之留太子，欲以求利也，今太子力未能有以利秦也，而陽文君子二人在中，王若卒大命㈧，太子不在，陽文君子必立為後，太子不得奉宗廟㈨矣；不如亡秦，與使者俱出㈩，臣請止，以死當之⑾。」太子因變服為楚使者御，而出關；而黃歇守舍⑿，常為太子謝病⒀，度⒁太子已遠，乃自言於王曰：「楚太子已歸，出遠矣，歇願賜死！」王怒，欲聽之⒂。應侯曰：「歇為人臣，出身⒃以狥⒄其主；太子立，必用歇。不如無罪而歸之，以親楚。」王從之。黃歇至楚三月。秋，頃襄王薨，考烈王即位。以黃歇為相，封以淮北地，號曰春申君㈧。

【今註】㊀南陽：韓南陽在黃河北太行山之南，與秦南陽郡在今河南省南陽縣者不同。已見赧王四十三年註㊁。㊁疾病：輕病曰疾，重病曰病。㊂不起：臥床不起。諱言死曰「不起」。㊃秦不如歸其太子：黃歇以左徒侍太子完為質於秦，事見本卷赧王四十三年㈠。㊄儲萬乘：楚萬乘之大國。言如是則儲蓄一萬乘之與國，備他日之用。㊅咸陽布衣：布衣、平民。言太子不歸，楚另立新君，則太子咸陽市上一平民耳，有何足貴。㊆而後圖之：然後計議。㊇若卒大命：卒、義為終，此言若終其天年。㊈不得奉宗廟：不得奉祭祀於宗廟，即不得立。㊉與使者俱出：使者即太子完之傅，秦使其回國問疾者。⑪臣請止，以死當之：臣留此，拼死以了此事。⑫守舍：看守太子所住之館舍。⑬謝病：稱病謝客。⑭度：算計，音惰。⑮欲聽之：欲任其自殺。⑯出身：捨身。⑰狥：正字作「徇」或「殉」。義為從。引申為從死不惜之意。⑱春申君：春申君初封在今安徽省壽縣。後徙封江東，居吳開申浦，在今江蘇武進縣北。

五十三年（西元前二六二年）

㈠楚人納州㊀于秦以平㊁。

(二)武安君伐韓，拔野王㊂，上黨㊃路絕。上黨守馮亭，與其民謀曰：「鄭道已絕㊄，秦兵日進，韓不能應㊅，不如以上黨歸趙。趙受我，秦必攻之，趙被秦兵必親韓，韓趙為一，則可以當秦矣。」乃遣使者告於趙曰：「韓不能守上黨，入之秦，其吏民皆安於趙，不樂為秦㊆。有城市邑十七㊇，願再拜獻之大王！」趙王以告平陽君豹，對曰：「聖人甚禍無故之利㊈。」王曰：「人樂吾德，何謂無故？」對曰：「秦蠶食，韓地中絕㊉，不令相通，固自以為坐而受上黨也；韓氏所以不入於秦者，欲嫁其禍㊁於趙也。秦服其勞，而趙受其利，雖彊大不能得之於弱小，弱小固能得之於彊大乎？豈得謂之非無故哉！不如勿受。」王以告平原君，平原君請受之。王乃使平原君往受地。以萬戶都㊂三封其太守為華陽君㊂。以千戶都三封其縣令為侯。吏民皆益爵三級㊃。馮亭垂涕不見使者曰：「吾不忍賣主地，而食之也。」

【今註】 ㊀州：古國名，滅於楚。在今湖北省監利縣之州陵城。㊁平：和。即今之媾和。㊂野王：在今河南省沁陽縣。㊃上黨：韓郡名，在太行山之巔，其高與天為鄰，故曰上黨。包括今山西省長子、長治、壺關、陵川、黎城、潞城等十餘縣地帶。㊄鄭道已絕：韓都今河南省新鄭縣，野王陷秦，則上黨與鄭交通中斷，故曰鄭道已絕。㊅韓不能應：韓不能應戰。㊆不樂為秦：不樂為秦人。㊇有城市邑十七：有城有市之邑十七處。㊈聖人甚禍無故之利：聖人極以無故之利為禍。㊉韓地中絕：取野王則韓地中斷為兩部。㈡嫁其禍：移禍。㈢萬戶都：有萬戶居民之城市。㈢華陽君：趙無華陽，此封華陽君殆無其地。㈣民皆益爵三級：用秦法二十等爵定級，益民爵就其舊有之爵加三級。

五十五年（西元前二六〇年）

㈠秦左庶長㊀王齕攻上黨拔之。上黨民走趙，趙廉頗軍於長平㊁，以按據上黨民㊂。王齕因伐趙，趙軍數戰不勝，亡一裨將四尉㊃。趙王與樓昌虞卿謀，樓昌請發重使為媾㊄，虞卿曰：「今制媾者在秦㊅，秦必欲破王之軍矣，雖往請媾，秦將不聽；不如發使，以重寶附楚魏，楚魏受之，則秦疑天下之合從㊆，媾乃可成也。」王不聽，使鄭朱媾於秦，秦受之。王謂虞卿曰：「秦內㊇鄭朱矣。」對曰：「王必不得媾，而軍破矣。何則？天下之賀戰勝者皆在秦矣。夫鄭朱貴人也，秦王應侯必顯重之㊈以示天下㊉，天下見王之媾於秦，必不救王，秦知天下之不救王，則媾不可得成矣。」既而秦果顯鄭朱而不與趙媾。秦數敗趙兵，廉頗堅壁不出㈡，趙王以頗失亡多，而更怯不戰，怒數讓之。應侯又使人行千金於趙為反間，曰：「秦之所畏，獨畏馬服君之子趙括為將耳；廉頗易與㈢，且㈢降矣。」趙王遂以趙括代頗將。藺相如曰：「王以名使括，若膠柱鼓瑟㈣耳，括徒㈤能讀其父書傳，不知合變也。」王不聽。初、趙括自少時學兵法，以天下莫能當。嘗與其父奢言兵事，奢不能難㈥，然不謂善。括母問其故？奢曰：「兵死地也，而括易言之㈦，使趙不將括則已，若必將之，破趙軍者，必括也！」及括將行，其母上書，言括不可使，王曰：「何以？」對曰：「始妾事其父，時為將，身所奉㈧飯而進食者，以十數；所友者以百數；王及宗室所賞賜者，盡以與軍吏、士大夫；受命之日，不問家事。今括一日為將，東鄉㈨而朝，軍吏無敢仰視之者；王所賜金帛，歸藏於家，而日視便利田宅可買者，買之。王以為如其父，父子異心，願王勿遣！」王曰：「母置之㈩！吾已決矣。」母因曰：「即如㈡

有不稱，妾請無隨坐㉒。」趙王許之。秦王聞括已為趙將，乃陰使武安君為上將軍㉓，而王齕為裨將，令軍中有敢泄武安君將者斬！趙括至軍，悉更約束㉔，易置軍吏㉕，出兵擊秦師。武安君佯敗而走，張二奇兵㉖以刼之。趙括乘勝，追造㉗秦壁，壁堅拒不得入。奇兵二萬五千人絕趙軍之後，又五千騎絕趙壁間，趙軍分而為二，糧道絕㉘。武安君出輕兵擊之，趙戰不利，因築壁堅守，以待救至。秦王聞趙食道絕，自如㉙河內，發民年十五以上，悉詣㉚長平，遮絕㉛趙救兵及糧食。齊人楚人救趙，趙人乏食，請粟于齊，王弗許。周子曰：「夫趙之於齊、楚，扞蔽㉜也，猶齒之有脣也，脣亡則齒寒；今日亡趙，明日患及齊楚矣，救趙之務，宜若奉漏甕沃焦釜㉝然。且救趙高義也，卻㉞秦師顯名也，義救亡國，威卻彊秦，不務為此，而愛粟，為國計者過㉟矣。」齊王弗聽。

九月，趙軍食絕四十六日，皆內陰相殺食㊱，急來攻壘。欲出，為四隊，四五復之，不能出㊲。趙括自出銳卒搏戰㊳，秦人射殺之。趙師大敗，卒四十萬人皆降。武安君曰：「秦已拔上黨，上黨民不樂為秦而歸趙，趙卒反覆，非盡殺之，恐為亂！」乃挾詐㉙而盡坑殺之，遺其小者二百四十人歸趙。前後斬首虜四十五萬人。趙人大震。

【今註】㊀左庶長：秦爵二十等之第十八級。㊁長平：在今山西省高平縣西二十里。㊂以按據上黨民：按據，以手按撫之為按，據之義為定。上黨失，民騷動，廉頗駐軍於高平，撫而定之。㊃裨將四尉：胡三省曰：「裨將，軍之副將也；尉，軍中諸部都尉也。」㊄為媾：媾之義為和。為媾即請和。㊅今制媾者在秦：制之義為定。言今日決定和否之權在秦而不在趙。㊆合從：從讀縱。關東諸侯南北聯合以抗秦謂之合縱。㊇內：與接納之「納」同。㊈顯重之：表面推重之。㊉以示天下：以趙求和使者昭告於天下諸侯，咸使知之。⑪堅壁不出：堅守其壁壘不出戰。⑫易與：與之義為「相處」。此言容易對付。⑬且：將。⑭膠柱鼓瑟：瑟各絃發聲之清濁高低，在於調節各絃張弛之柱，今用膠膠住其柱，則調節之作用全失，欲求瑟之發音成調，決無可能。以鼓瑟之法喻用趙括不得其道。⑮徒：義為但。⑯不能難：不能難住他；使他找不出辯難的話。⑰易言之：話說得太容易。⑱奉：與手捧之「捧」同。⑲東鄉：鄉與方嚮之「嚮」同。古人尚右，故西席東鄉為尊位。⑳置之：如今言「放下！」止其母勿再多言。㉑即如有不稱：稱讀趁。即如，假如。此言假如有不稱其職情事。㉒妾請勿隨坐：古者敗軍之將，家人連併論罪。趙王既不聽其言，故請特許若趙括戰敗時不連坐。㉓上將軍：軍中最高之主將。如後世之元帥。㉔悉更約束：完全變更廉頗的作戰命令。㉕易置軍吏：更動軍部的佐戰人員。㉖張二奇兵：伸展左右兩翼之兵。㉗造：到。㉘糧道絕：趙軍通後方糧餉補給道路中斷。㉙自如：如之義為「到」。親自到河內。㉚悉詣：詣音意。其義為「到」。完全到長平。㉛遮絕：阻擋曰遮。中斷曰絕。㉜扞蔽：防禦曰扞，字又可作「捍」。遮掩曰蔽。㉝奉漏甕沃焦釜：鍋焦發火，情勢危急，不暇擇器，捧漏甕汲水而澆潑之。奉與手捧之「捧」同。沃、水澆潑曰沃。㉞卻：退。㉟過：錯。㊱陰相殺食：絕糧四十六日，趙軍中士卒，私下彼此相殺吃人肉。㊲四五復之，不能出：四五次往復，不能衝出去。㊳銳卒搏戰：趙括自率精兵，與秦軍手搏作戰。㊴挾詐：使用欺騙手段。

五十六年（西元前二五九年）

㈠十月，武安君分軍為三，王齕攻趙武安、皮牢㊀，拔之。司馬梗北定太原㊁，盡有上黨地。韓魏使蘇代厚幣㊂說應侯曰：「武安君即圍邯鄲乎？」曰：「然。」蘇代曰：「趙亡則秦王王矣㊃，武安君為三公，君能為之下乎㊄？雖欲無為之下，固不得已矣。秦嘗攻韓，圍邢丘，困上黨，上黨之民，皆反為趙；天下不樂為秦民之日久矣(六)。今亡趙，北地入燕，東地入齊，南地入韓魏，則君之所得民，無幾何人矣。不如因而割之(七)，無以為武安君功也。」應侯言於秦王曰：「秦兵勞，請許韓趙之割地以和，且休士卒。」王聽之。割韓垣雍(八)，趙六城以和。正月，皆罷兵。武安君由是與應侯有隙(九)。

趙王將使趙郝約事(一〇)於秦割六縣。虞卿謂趙王曰：「秦之攻王也，倦而歸乎？王以其力尚能進，愛王而弗攻乎？」王曰：「秦不遺餘力(一一)矣，必以倦而歸也。」虞卿曰：「秦以其力攻其所不能取，倦而歸，王又以其力之所不能取以送之，是助秦自攻也；來年，秦攻王，王無救矣(一二)。」趙王計未定，樓緩至趙，趙王與之計之，樓緩曰：「虞卿得其一，不得其二，秦趙構難而天下皆說，何也？曰，吾且因彊而乘弱矣(一三)。今趙不如亟割地為和，以疑天下(一四)，慰秦之心；不然天下將因秦之怒，乘趙之敝(一五)，瓜分之，趙且亡，何秦之圖乎？」虞卿聞之，復見曰：「危哉樓子之計，是愈疑天下(一六)，而何慰秦之心哉！獨不言其示天下弱乎？且臣言勿與者，非固勿與而已⑰也：秦索六城於王，而王以六城賂齊，齊秦之深讎⑱也，其聽王⑲，不待辭之畢也，則是王失之於齊，而取償於秦，而示天下有能為也。王以此發聲⑳，兵未窺㉑於境，臣見秦之重賂至趙，而反媾㉒於王也。從秦為媾，韓魏聞之，必盡重王，是王一舉而結三國之親，而與秦易道㉓也。」趙王曰：「善。」使虞卿東見齊王，與之謀秦。虞卿未返，秦使者已在趙矣。樓緩聞之，亡去。趙王封虞卿以一城。

秦之始伐趙也，魏王問於大夫，皆以為秦伐趙於魏便。孔斌曰：「何謂也？」曰：「勝趙，則吾因而服焉，不勝趙，則可承敝而擊之㉔。」子順曰：「不然，秦自孝公以來，戰未嘗屈㉕，今又屬其良將，何敝之承？」大夫曰：「縱其勝趙，於我何損？鄰之羞㉖，國之福也。」子順曰：「秦貪暴之國也，勝趙必復他求，吾恐於時㉗魏受其師也。先人有言，燕雀處屋，子母相哺㉘，呴呴㉙焉相樂也，自以為安矣，竈突炎上㉚，棟宇將焚㉛，燕雀顏不變，不知禍之將及己也；今子不悟趙破，患將及己，可以人而同於燕雀乎！」子順者孔子六世孫也。初，魏王聞子順賢，遣使者奉黃金束帛㉜聘以為相。子順曰：「若王能信用吾道，吾道固為治世也，雖蔬食飲水㉝，吾猶為之；若徒欲㉞制服吾身，委以重祿，吾猶一夫㉟耳，魏王奚少㊱於一夫？」使者固請，子順乃之魏。魏王郊迎以為相。子順改嬖寵㊲之官以事賢才，奪無任之祿㊳以賜有功。諸喪職者咸不悅，乃造謗言。文咨㊴以告子順，子順曰：「民之不可與慮始久矣，古之善為政者，其初不能無謗：子產相鄭三年而後謗止㊵；吾先君之相魯，三月而後謗止。今吾為政日新，雖不能及賢，庸知謗乎㊶！」文咨曰：「未識先君之謗，何也？」子順曰：「先君相魯，人誦之曰：『麛裘而芾，投之無戾；芾而麛裘，投之無郵㊷！』及三月，政化既成，民又誦曰：『裘衣章甫，實獲我所；章甫裘衣，惠我無私㊸！』」文咨喜曰：「乃今知先生不異乎聖賢矣。」子順相魏凡九月，陳大計輒㊹不用，乃喟然㊺曰：「言不見用，是吾言之不當也；言不當於主㊻，居人之官，食人之祿，是尸利素餐㊼，吾罪深矣！」退而以病致仕㊽。人謂子順曰：「王不用子，子其行乎？」答曰：「行將何之(49)，山東之國，將幷於秦，奏為不義，義所不入(50)。」遂寢於家。新垣固(51)請子順曰：「賢者所在必興化致治(52)，今子相魏，未聞異政，而即自退，意者(53)志不得乎？何去之速也。」子順曰：「以無異政(54)，所以自退也。且死病無良醫(55)，今秦有吞食天下之心，以義事之，固不獲安，救亡不暇，何化之興？昔伊摰在夏(56)，呂望在商(57)，而二國不治，豈伊呂之不欲哉？勢不可也。當今山東之國，敝而不振，三晉(58)割地以求安，二周折而入秦，燕齊楚已屈服矣，以此觀之，不出二十年，天下其盡為秦乎(59)！」

(二)秦王欲為應侯必報其仇，聞魏齊在平原君所(60)，乃為好言，誘平原君至秦而執之。遣使謂趙王曰：「不得齊首，吾不出王弟於關(61)。」魏齊窮，抵虞卿(62)，虞卿棄相印，與魏齊偕亡至魏，欲因信陵君以走楚。信陵君意難見之(63)，魏齊怒自殺，趙王卒取其首以與秦。秦乃歸平原君。九月，五大夫(64)王陵復將兵伐趙，武安君病不任行(65)。

【今註】㊀武安、皮牢：武安在今河南省武安縣西南五十里。皮牢不詳所在，王應麟顧祖禹皆以為近武安，而不能實指其處。㊁太原：今山西省陽曲縣附近十餘縣地。㊂厚幣：財物豐多為厚幣。㊃秦王王矣：秦王為天下之王。㊄君能為之下乎：君能甘居白起之下否？㊅不樂為秦民之日久矣：天下之人不樂意受秦統治，為時已久。㊆不如因而割之：不如從趙之請，許其割地以和。㊇垣雍：春秋名衡雍，在今河南省原武縣西北五里。㊈有隙：隙為間隙，裂縫。引申為嫌怨。㊉約事：辦理媾和結約之事。⑪不遺餘力：不留餘力。⑫王無救矣：來年秦再來攻，追悔割地求和之計，亦無法補救了。⑬吾且因彊而乘弱矣：彊指秦，弱指趙，天下之諸侯皆悅，曰，我將藉強秦戰勝之機會，以攻新弱之趙。⑭以疑天下：趕快割地媾和，則天下以為秦趙和好，天下畏秦，便不敢攻趙。⑮乘趙之敝：敝、疲憊。天下諸侯利用趙新敗疲憊之時機。⑯是愈疑天下：如是則天下疑趙誠心親秦，而不肯救趙。⑰非固勿與而已：並非固執不與秦而止，另有妙計。⑱讐：與仇恨之「仇」同。⑲其聽王：他答應王之請求。⑳發聲：意為聲揚宣傳。㉑窺：音魁。字又可作闚。行進半步曰窺。此言齊兵未至於趙境半步。㉒媾：合和曰媾。字又可作「講」。㉓與秦易道：反秦之道而行。㉔承敝而擊之：承與乘義可相通。繼其後曰承，當其時曰乘。此言隨其疲憊之後而擊之。㉕屈：戰敗。㉖鄰之羞：羞恥辱。以鄰國之恥辱為利。㉗於時：其時。㉘子母相哺：子幼則母哺之。母老則子哺之。㉙呴呴：音吼，鳥鳴而聲不出，聲在喉中。㉚竈突炎上：竈突，鍋竈之煙突。炎上，火焰上昇。㉛棟宇將焚：棟，房之脊樑。宇、屋宇。此言棟宇，則混言房屋。㉜奉黃金束帛：捧黃金及帛一束。㉝蔬食飲水：菜飯為蔬食，言食無肉。水，白水，言飲無湯。㉞徒欲：但欲。㉟一夫：平民一個。㊱奚少：何少？㊲嬖寵：賤人得寵曰嬖。愛而縱容曰寵。㊳無任之祿：不任事者之俸祿。不任事者即閑員。㊴文咨：人姓名。㊵子產相鄭三年而後謗止：事見《左傳》襄公三十年。㊶庸知謗乎：豈能介意謗語。㊷麛裘而芾，投之無戾；芾而麛裘，投之無郵：麛音迷，鹿之小者。芾音弗，讀如「肺」，字又可作「韍」。古大夫以上所穿命服之蔽膝者。郵與「尤」同，過錯曰尤。此謗孔子曰，那個穿麛裘和芾的大夫，拋棄了他沒有什麼罪惡；那個穿芾和麛裘的大夫，拋棄了他沒有什麼過錯。㊸袞衣章甫，實獲我所；章甫袞衣，惠我無私：袞衣，皮衣。章甫，甫讀如「佛」，大冠名，殷商遺制，孔子宋人，故喜戴之。衣、古齊音讀之如「殷」，作「一ㄟ」音。私，讀「ㄙㄟ」音。此譬孔子曰那個穿皮衣，戴大冠的大夫，實在合乎我的要求；那個戴大冠穿皮衣的大夫，造福於我們無所偏私。㊹輒：終。㊺喟然：喟音魁。喟然，嘆息之聲。㊻不當於主：不合於主之意。㊼尸利素餐：尸之義為主。尸祿專主於祿。素餐、吃飯不作事。㊽致仕：致，交納曰致。仕、官宦曰仕。仕又與事通。致仕者或以老或以病，辭去官職。所以曰致仕者，言將所掌之事。或將所仕之官，交還於君。㊾行將何之：之義為「去」。此言走到那裏去。㊿義所不入：守正義，不入不義之國。(51)新垣固：人姓名，新垣複姓。(52)興化致治：振興教化，至於治理。(53)意者：意與臆測臆度之「臆」同。意者，揣度。(54)異政：與眾不同之政治設施及成績。(55)且死病無良醫：況且害了非死不可的重病，又無良醫能醫好，不能不致仕。(56)伊摯在夏：伊摯即伊尹。《孟子》有伊尹五就桀五就湯之說。此言在夏，據其就桀時而言。㊼呂望在商：《史記》載：太公嘗事紂，紂無道，去之，游說諸侯，卒歸周西伯。㊽三晉：韓魏趙皆舊晉國，故謂之三晉。㊾不出二十年，天下其盡為秦乎：按是年西曆紀年前二五九年至二二一年、滅六國計三十八年。㊿聞魏齊在平原君所：魏齊逃匿於平原君家，事見本書赧王四十九年。(61)關：函谷關。(62)魏齊窮，抵虞卿：魏齊路窮，依賴虞卿。(63)意難見之：畏秦以見魏齊為難。(64)五大夫：秦二十等爵之第五級。(65)病不任行：因病不勝遠行之任。

五十七年（西元前二五八年）

㈠正月，王陵攻邯鄲少利㊀，益發卒佐陵，陵亡五校㊁。武安君病愈，王欲使代之，武安君曰：「邯鄲實未易攻也，且諸侯之救日至。彼諸侯怨秦之日久矣，秦雖勝於長平，士卒死者過半，國內空，遠絕河山㊂，而爭人國都，趙應其內，諸侯攻其外，破秦軍必矣！」王自命不行㊃，乃使應侯請之。武安君終辭疾不肯行，乃以王齕代王陵。

趙王使平原君求救於楚，平原君約其門下食客文武備具者㊄二十人，與之俱㊅，得十九人，餘無可取者。毛遂自薦於平原君。平原君曰：「夫賢士之處世也，譬若錐之處囊中，其末立見（七），今先生處勝之門下三年於此矣，左右未有所稱誦（八），勝未有所聞，是先生無所有（九）也。先生不能（一〇），先生留！」毛遂曰：「臣乃今日請處囊中耳；使遂蚤（一一）得處囊中，乃脫穎而出（一二），非特其末見而已！」平原君乃與之俱，十九人相與目笑之（一三）。平原君至楚（一四），與楚王言合從之利害，日出而言之，日中不決（一五），毛遂按劍歷階（一六）而上，謂平原君曰：「從之利害兩言（一七）而決耳！今日出而言，日中不決何也？」楚王怒叱（一八）曰：「胡不下（一九）！吾乃與而君言，汝何為者也（二〇）？」毛遂按劍而前曰：「王之所以叱遂者，以楚國之眾（二一）也，今十步之內，王不得恃楚國之眾也，王之命懸於遂手（二二）。吾君在前，叱者何也！且遂聞，湯以七十里之地王天下，文王以百里之壤而臣諸侯，豈其士卒眾多哉！誠能據其勢而奮其威（二三）也。今楚地方五千里，持戟百萬，此霸王之資（二四）也。以楚之彊，天下弗能當。白起小豎子（二五）耳，率數萬之眾，興師以與楚戰，一戰而舉鄢、郢，再戰而燒夷陵（二六），三戰而辱王之先人（二七），此百世之怨，而趙之所羞，而王弗之惡㉘焉。合從者為楚非為趙也。吾君在前，叱者何也！」楚王曰：「唯唯㉙，誠若先生之言，謹奉社稷以從㉚！」毛遂曰：「從定乎？」楚王曰：「定矣！」毛遂謂楚王之左右曰：「取雞狗馬之血來㉛！」毛遂奉㉜銅盤而跪進之楚王曰：「王當歃血以定從㉝，次者吾君，次者遂。」遂定從於殿上；毛遂左手持盤血，而右手招十九人曰：「公等相與㉞歃此血於堂下㉟，公等錄錄㊱所謂因人成事者也。」平原君已定從而歸，至於趙曰：「勝不敢相天下士矣㊲。」遂以毛遂為上客。於是楚王使春申君將兵救趙。魏王亦使將軍晉鄙將兵十萬救趙。秦王使謂魏王曰：「吾攻趙，旦暮且下㊳，諸侯敢救之者，吾已拔㊴趙，必移兵先擊之。」魏王恐，遣人止晉鄙，留兵壁鄴㊵，名為救趙，實挾兩端㊶。又使將軍新垣衍，間入邯鄲㊷，因平原君說趙王，欲共尊秦為帝，以卻其兵。齊人魯仲連在邯鄲，聞之，往見新垣衍曰：「彼秦者棄禮義而上首功㊸之國也，彼即肆然㊹而為帝於天下，則連有蹈東海而死㊺耳，不願為之民也。且梁㊻未睹秦稱帝之害故耳，吾將使秦王烹醢㊼梁王！」新垣衍怏然㊽不悅曰：「先生惡能㊾使秦王烹醢梁王？」魯仲連曰：「固也㊿，吾將言之。昔者九侯，鄂侯，文王，紂之三公也。九侯有子而好(51)，獻之於紂，紂以為惡，醢九侯，鄂侯爭之彊，辯之疾，故脯鄂侯(52)；文王聞之，喟然而嘆，故拘之牖里之庫(53)百日，欲令之死。今秦萬乘之國也，梁亦萬乘之國也。俱據萬乘之國，各有稱王之名，柰何(54)睹其一戰而勝，欲從而帝之，卒就脯醢之地(55)乎？且秦無已(56)，而帝則將行其天子之禮，以號令於天下，則且變易諸侯之大臣，彼將奪其所不肖，而與其所賢，奪其所憎，而與其所愛(57)，彼又將使其子女讒妾，為諸侯妃姬(58)，處梁之宮，梁王安得晏然(59)而已乎？而將軍又何以得故寵(60)乎？」新垣衍起再拜曰：「吾乃今知先生天下之士也，吾請出(61)，不敢復言帝秦矣。」

(二)燕武成王薨。子孝王立。

(三)初、魏公子無忌，仁而下士，致(62)食客三千人。魏有隱士曰侯嬴，年七十，家貧，為大梁夷門監者(63)。公子置酒大會，賓客坐定，公子從車騎，虛左自迎侯生(64)。侯生攝敝衣冠直上載(65)公子上坐不讓，公子執轡愈恭。侯生又謂公子曰：「臣有客在市屠中，願枉車騎過之(六六)！」公子引車入市，侯生下見其客朱亥，睥睨(六七)故久立與其客語，微察(六八)公子，公子色愈和(六九)，乃謝客就車，至公子家，公子引侯生上坐，徧贊賓客(七〇)，賓客皆驚。及秦圍趙，趙平原君之夫人，公子無忌之姊也，平原君使者冠蓋相屬(七一)於魏，讓(七二)公子曰：「勝所以自附於婚姻者，以公子之高義，能急人之困也。今邯鄲旦暮降秦，而魏救不至，縱公子輕勝棄之，獨不憐(七三)公子姊邪！」公子患之，數請魏王，敕晉鄙令救趙，及賓客、辯士、游說萬端，王終不聽。公子乃屬賓客(七四)，約車騎百餘乘，欲赴鬬以死於趙。過夷門，見侯生。侯生曰：「公子勉之(七五)矣，老臣不能從。」公子去，行數里，心不快，復還，見侯生。侯生笑曰：「臣固知公子之還也。今公子無佗端(七六)，而欲赴秦軍，譬如以肉投餒虎(七七)，何功之有？」公子再拜問計。侯嬴屏人曰：「吾聞晉鄙兵符(七八)在王臥內(七九)，而如姬最幸，力能竊之。嘗聞公子為如姬報其父仇(八〇)，如姬欲為公子死無所辭(八一)。公子誠一開口，則得虎符，奪(八二)晉鄙之兵，北救趙，西卻秦，此五伯之功也。」公子如其言，果得兵符。公子行，侯生曰：「將在外，君令有所不受㊁。有如㊃晉鄙合符，而不授兵，復請之㊄，則事危矣。臣客㊅朱亥，其人力士，可與俱㊆。晉鄙若聽大善，不聽，可使擊之㊇。」於是公子請朱亥與俱。至鄴，晉鄙合符，疑之，舉手㊈視公子曰：「吾擁十萬之眾，屯於境上，今單車㊉來代之，何如哉㊀？」朱亥袖四十斤鐵椎㊁，椎殺晉鄙。公子遂勒兵㊂，下令軍中曰：「父子俱在軍中者，父歸；兄弟俱在軍中者，兄歸；獨子無兄弟者，歸養。」得選兵㊃八萬人，將之而進。王齕久圍邯鄲不拔，諸侯來救，戰數不利。武安君聞之曰：「王不聽吾計，今何如矣！」王聞之怒，彊起武安君。武安君稱病篤㊄，不肯起。

【今註】㊀少利：即「失利」「不利」。諱言「失利」「不利」而曰少利。㊁亡五校：校、校尉。領兵八百人者。㊂遠絕河山：道遠，大河高山隔絕之。㊃王自命不行：秦王親命之，亦不肯去。㊄文武備具者：文武才能兼有，如今言文武全才。㊅與之俱：與之偕行。㊆譬若錐之處囊中，其末立見：錐、針形手工具。末、末梢，錐之尖端。此言有才能之士在世，比如錐之在袋中，其尖梢立時透露於外，使人看見。⑧誦：與頌贊之「頌」同。⑨無所有：空洞，文武之才什麼也沒有。⑳不能：無能。㉑蚤：與早晚之「早」同。㉒脫穎而出：《史記・平原君傳》作「穎脫而出」。穎與「營」通用。穎脫即營謀擺脫袋囊而出。故下云：「非特其末見而已」。㉓目笑之：眾人相視而笑之。㉔至楚：時楚都陳，即今河南省淮陽縣。㉕不決：不能決定。㉖歷階：登階。㉗兩言：古以一字為一言，兩言即利害兩字。㉘叱：大聲喝逐曰叱。㉙胡不下：胡與「何」同義。言「何不下去！」。㉚汝何為者也：你是做什麼的！㉛楚國之眾：楚國之兵。㉜命懸於遂手：懸正字作「縣」。性命懸掛於遂之手中。㉝據其勢而奮其威：根據形勢奮發其威武。㉞霸王之資：霸王之資本。㉟小豎子：蒙昧無知的小子。㊱一戰而舉鄢郢，再戰而燒夷陵：事見本書赧王三十七年。㊲三戰而辱王之先人：指白起毀楚之宗廟而言。㊳惡：音悟，羞恥。㊴唯唯：問答話中之應聲。本音為「ㄨㄟ」，今口語中發聲作「呃」如注音符號韻符中之「ㄟ」。㊵謹奉社稷以從：謹舉國家以從趙國之後。㊶取雞狗馬之血來：盟之用牲血，貴賤不同，天子用牛及馬，諸侯用犬及豬，大夫以下用雞。此盟包括楚王、平原君、毛遂等，有王、有君、有士、貴賤之等不一，故總用雞狗馬之血。㊷奉：與「捧」同。㊸歃血以定從：歃，音煞。飲血謂之歃血。會盟之儀，塗牲血於口唇。請楚王先歃血以定合縱。㊹相與：參預。㊺堂下：殿堂之下。㊻錄錄：正字應作「碌碌」。典籍中又作「娽娽」或「逯逯」或「轆轆」或「鹿鹿」或「陸陸」或「六六」。此本出於《老子》「不欲碌碌如玉」。碌碌本石塊相隨滾動之聲音，後乃借為形容石塊相隨滾動之貌，再引申為無所特異，隨眾進行之義，而仍存碌碌之聲，故字可混用不一，探其本義，應以碌碌為正，其他同聲音，皆為借字。㊲不敢相天下之士矣：相、皮相，貌相。意為不敢再以外表取人了。㊳旦暮且下：早晚將可攻下。㊴拔：攻克。㊵留兵壁鄴：魏王留住晉鄙之兵，於鄴築起壁壘，停止不進。鄴、在今河南省臨漳縣西十里。距趙都邯鄲不足百里。㊶實挾兩端：左右兩頭曰兩端。言其名為救趙，陰附於秦，持觀望態度。㊷間入邯鄲：由偏僻之路以入邯鄲。時邯鄲在圍中，非間行不得入。㊸上首功：以首功即攻戰斬首之功為上。秦法臨陣斬敵人首一功加一級。㊹肆然：恣意自大。㊺蹈東海而死：跳入東海自殺。㊻梁：即魏，都大梁故曰梁。㊼烹醢：烹音怦，水煮。醢音海，肉醬曰醢。此言如魏尊秦為帝，則秦王終必煮熟魏王做成肉醬。㊽怏然：不快樂。㊾惡能：惡義與「豈」「安」同。惡能、豈能。㊿固也：當然。(51)有子而好：古稱女子亦曰子。此言有女而美。(52)爭之彊，辯之急，故脯鄂侯：鄂侯為救九侯（九侯即鬼侯）強爭力辯九侯無罪，紂王怒，殺鄂侯做成肉乾。(53)牖里之庫：牖字又作「羑」。牖里地名，在今河南省湯陰縣北九里。庫即房舍。(54)柰何：柰字又可作「奈」。柰何即如何。此處如言為什麼？(55)卒就脯醢之地：結果自取被做肉乾肉醬之地步。(56)無已：貪心慾望無止境。(57)自「則且變易諸侯之大臣」，至「而與其所愛」：此言秦將控制諸侯之用人權。(58)子女讒妾，為諸侯妃姬：子女、女子。讒妾，好說壞話的賤女人。派入諸侯之宮，做魏王之妃或妾。(59)晏然：平安舒適。(60)故寵：如舊日之寵信。(61)吾請出：吾請出趙都而去。(62)致：招致。(63)大梁夷門監者：夷門，大梁城北面城門。監者即監門官。(64)虛左自迎侯生：古尚右，於朝以南面為主，故上右。於野則上左，左者自對方視之仍為右。侯生，侯先生之簡稱。(六五)攝敝衣冠，直上載：穿戴破舊衣帽，逕直上車，毫無禮貌。(六六)枉車騎過之：枉之義為屈尊。此言希望屈尊公子之車從一臨之。(六七)睥睨：《史記・信陵君傳》作「俾倪」。睥睨目不正視。按通鑑此文照錄〈信陵君傳〉，「見其客朱亥，睥睨故久立與其客語，微察公子，公子顏色愈和。」以行文言之，疑睥睨二字當在「微察公子」句上。(六八)微察：偷偷的觀察。(六九)愈和：越和藹。(七〇)徧贊賓客：徧贊，贊義為告，如今之介紹，以侯生普徧介紹於賓客。(七一)冠蓋相屬：使者之大冠車蓋相接連。(七二)讓：責。(七三)獨不憐：獨之義為「豈」。獨不憐，豈不愛惜。(七四)乃屬賓客：屬與囑附之「囑」同。遂囑咐賓客。(七五)勉之：努力。(七六)佗端：佗古「他」字。他端、其他辦法。(七七)以肉投餒虎：投義為打擊。餒虎，餓虎。以肉投餒虎必難收打虎之功。(七八)兵符：古軍隊調遷，陣中佈令，皆以兵符為信物。兵符以銅為之，作虎形，象兵之勇猛，故又曰虎符。中剖之為二，分存兩處，有所命令，須合其符，符合然後遵從。(七九)臥內：臥室之內。(八〇)為如姬報其父仇：按此隱括《史記・信陵君傳》之文者。原文曰：「嬴聞如姬父為人所殺，如姬資之三年，自王以下，欲求報其父仇，莫能得。如姬為公子泣，公子使客斬其仇頭，敬進如姬，如姬之欲為公子死，無所辭。」較詳細。(八一)為公子死，無所辭：為公子盡死力，無所推辭。(八二)奪：強取。(八三)將在外，君令有所不受：此孫武子之言。(八四)有如：假如。(八五)復請之：再向王請示。(八六)臣客：臣之朋友。(八七)俱：偕行。(八八)擊之：擊殺之。(八九)舉手：表示不相信。(九〇)單車：意指信陵君之輕車減從。(九一)何如哉：何以如此輕易耶？(九二)椎：與「槌」同。字亦從金作「鎚」，從石作「硾」。(九三)勒兵：部署兵隊。(九四)選兵：經過挑選之精兵。[九五]病篤：病重。

五十八年（西元前二五七年）

㈠十月，免武安君為士伍[一]，遷之陰密[二]。十二月，益發卒軍汾城旁[三]。武安君病未行，諸侯攻王齕，齕數卻，使者日至[四]。王乃使人遣武安君，不得留咸陽中[五]。武安君出咸陽西門十里，至杜郵[六]。王與應侯羣臣謀曰：「白起之遷，意尚怏怏有餘言[七]。」王乃使使者賜之劍，武安君遂自殺。秦人憐之，鄉邑皆祭祀焉。

魏公子無忌大破秦師於邯鄲下，王齕解邯鄲圍走。鄭安平為趙所困，將二萬人降趙。應侯由是得罪[八]。

公子無忌既存趙，遂不敢歸魏，與賓客留居趙，使將將其軍還魏。趙王與平原君計，以五城封公子。趙王掃除自迎，執主人之禮，引公子就西階[九]。公子側行辭讓，從東階上[一〇]，自言辠[一一]過；以負於魏[一二]，無功於趙。趙王與公子飲，至暮，口不忍獻五城，以公子退讓也。趙王以鄗為公子湯沐邑[一三]，魏亦復以信陵[一四]奉公子。

公子聞趙有處士毛公，隱於博徒⑮，薛公隱於賣漿⑯家，欲見之，兩人不肯見，公子乃間步從之游⑰。平原君聞而非之。公子曰：「吾聞平原君之賢，故背⑱魏而救趙，今平原君所與遊，徒豪舉耳⑲！不求士也；以無忌從此兩人遊，尚恐其不我欲也⑳，平原君乃以為羞乎？」為裝欲去㉑。平原君免冠謝，乃止。平原君欲封魯連㉒。使者三返，終不肯受。又以千金為魯連壽，魯連笑曰：「所貴於天下士，為人排患釋難，解紛亂而無取也㉓；即有取㉔，是商賈之事也。」遂辭平原君而去，終身不復見。

㈡秦太子之妃曰華陽夫人㉕，無子，夏姬生子異人。異人質於趙，秦數伐趙，趙人不禮之。異人以庶孽孫㉖質於諸侯，車乘進用不饒㉗，居處困㉘，不得意。陽翟大賈㉙呂不韋適㉚邯鄲，見之曰：「此奇貨可居㉛！」乃往見異人，說㉜曰：「吾能大子之門㉝。」異人笑曰：「且自大君之門。」不韋曰：「子不知也，吾門待子門而大。」異人心知所謂，乃引與坐深語㉞。不韋曰：「秦王老矣，太子愛華陽夫人，夫人無子。子之兄弟二十餘人，子傒㉟有秦國之業，士倉㉖又輔之；子居中不甚見幸，久質諸侯，太子即位，子不得爭為嗣矣㉗。」異人曰：「然則柰何㉘？」不韋曰：「能立適嗣㉙者，獨華陽夫人耳，不韋雖貧，請以千金為子西遊，立子為嗣。」異人曰：「必如君策㊵，請得分秦國，與君共之！」不韋乃以五百金與異人，令結賓客㊶，復以五百金買奇物玩好，自奉而西㊷，見華陽夫人之姊，而以奇物獻於夫人，因譽子異人之賢，賓客徧天下，常日夜泣，思太子及夫人曰：「異人也以夫人為天㊸。」夫人大喜。不韋因使其姊說夫人曰：「夫以色事人者，色衰則愛弛㊹，今夫人愛而無子，不以繁華㊺時蚤㊻自結於諸子中賢孝者，舉以為適㊼，即㊽色衰愛弛，雖欲開一言，尚可得乎？今子異人賢，而自知中子㊾不得為適，夫人誠以此時拔之㊿，是子異人無國而有國，夫人無子而有子也(51)，則終身有寵於秦矣。」夫人以為然，承間言於太子曰：「子異人絕賢(52)，來往者皆稱譽之。」因泣曰：「妾不幸無子，願得子異人(53)，立以為子，以託妾身。」太子許之。與夫人刻玉符約以為嗣(54)，因厚餽遺異人(55)，而請呂不韋傅之(五六)。異人名譽盛於諸侯。呂不韋娶邯鄲諸姬絕美者與居(五七)，知其有娠(五八)。異人從不韋飲，見而請之(五九)。不韋佯怒(六〇)，既而獻之(六一)。孕期年而生子政(六二)。異人遂以為夫人。邯鄲之圍，趙人欲殺之，異人與不韋行金六百斤予守者(六三)，脫亡(六四)赴秦軍，遂得歸。異人楚服(六五)而見華陽夫人，夫人曰：「吾楚人也，當自子之。」因更其名曰楚。

【今註】㊀士伍：士，士卒。伍，等單。免為士伍，免武安君爵與士卒相等。㊁陰密：在今甘肅省靈台縣西五十里。㊂軍汾城旁：汾城，今山西省臨汾縣，去邯鄲六百餘里。㊃使者日至：王齕告急之使者，日至於咸陽。㊄不得留咸陽中：限制武安君不得居留於咸陽城中。㊅杜郵：在今陝西省咸陽縣東二十里。秦都咸陽，故城在今縣東三十里。㊆意尚怏怏有餘言：怏怏、不快。餘言、不滿之言。㊇鄭安平……降趙，應侯由是得罪：鄭安平掩護范睢亡匿，事見本卷赧王四十五年㈡節。㊈就西階：古禮主人延客，客就西階以上。此言趙王以國賓之禮待信陵君。(一〇)從東階上：東階主人所登，信陵君謙不以賓自居，故從東階上。(一一)皐：皐、古罪字，秦以其似始皇之皇，改作「罪」。(一二)負於魏：負，負罪，如今口語之「對不起！」(一三)以鄗為公子湯沐邑：鄗音霍，在今河北省柏鄉縣北。湯沐邑者，以其邑之賦稅所入為公子之沐浴費。(一四)信陵：在今河南省寧陵縣。(一五)博徒：賭博之徒。(一六)賣漿：漿字又可作「[illegible]」。即醴，即今之甜酒。(一七)間步：安閑步行。古間閒閑三字通用。(一八)背：

叛。⑲徒豪舉耳：行俠仗義謂之豪。此言平原君非真喜士，只是豪俠舉動而已。⑳尚恐其不我欲也：還怕他不願與我來往。㉑為裝欲去：收拾行裝將他去。㉒欲封魯連：以其折新垣衍帝秦之議。事見本卷赧王五十七年㈠節。㉓排患釋難，解紛亂而無取也：除患解難，解決糾紛，而不取報酬。㉔即有取：如有所取。㉕華陽夫人：華陽不詳，疑非在今河南省之華陽，或指華山之陽。㉖庶孽孫：庶、非嫡。異人於秦太子為庶子，於王為庶孽孫。㉗進用不饒：進項花費不富裕。㉘居處困：處境困難。㉙陽翟大賈：陽翟，韓舊都，今河南省禹縣。賈，商賈。㉚適：與「如」「之」同意，到。㉛奇貨可居：奇珍之貨，可以囤積。㉜說：音稅。說服人曰說。與說話之說音義不同。㉝大子之門：光大你的門戶。㉞深語：深入之談話。㉟子傒：不詳。胡三省以為秦太子之子，愛而居長者。㊱士倉：子傒之佐。㊲不得爭為嗣矣：言此時不爭立嗣，待太子即王位，欲爭不得矣。㊳柰何：柰字又可作「奈」。奈何如今口語「怎麼辦？」㊴適嗣：適與嫡庶之「嫡」同。華陽夫人秦太子之嫡夫人，無子可擇庶子立之。㊵必如君策：必之義為「果」。此言果然照君計劃實現。㊶令結賓客：使異人結交賓客，製造名譽。㊷自奉而西：奉本為捧字，此處借用其義。自奉如言自己運送而西入秦。㊸以夫人為天：古義，子以父為天，妻以夫為天。此言以華陽夫人為天。㊹色衰則愛弛：年老姿色衰敗，則丈夫之愛隨之而減。㊺繁華：華與「花」同。花正盛開，繁、謂之華。㊻蚤：與早晚之「早」同。㊼適：即嫡子之嫡。㊽即：如。㊾自知中子：中讀伯仲之「仲」。㊿拔之：提拔。(51)異人有國，夫人有子：異人本無國而至於有國，夫人本無子而至於有子。(52)絕賢：極賢。

(五三)願得子異人：願得異人為子。(五四)刻玉符，約以為嗣：破玉符為二，各藏其一半為信物，為立異人為嗣之佐證。(五五)厚餽遺異人：遺音位，贈送曰遺。太子與華陽夫人多致送財物與異人。(五六)傅之：請呂不韋為異人之師傅。(五七)與居：與之同居。(五八)有娠：娠字又可作「任」「孕」「身」。有娠、即有孕。(五九)請之：請呂不韋見贈。(六〇)佯怒：假怒曰佯怒。(六一)獻之：獻贈與異人。(六二)生子政：政即秦始皇帝。(六三)行金六百斤予守者：行賄以金給看守異人之人。(六四)脫亡：脫身逃走。(六五)楚服：楚國代表南方文化，衣服言語與華夏不盡相同。華陽夫人、楚國人，異人楚服以博取其歡心。

五十九年（西元前二五六年）

㈠秦將軍摎㈠伐韓，取陽城，負黍㈡，斬首四萬。伐趙，取二十餘縣，斬首虜九萬。赧王恐，背秦㈢與諸侯約從㈣，將天下銳師出伊闕攻秦，令無得通陽城㈤。秦王使將軍摎攻西周。赧王入秦，頓首受罪，盡獻其邑三十六，口三萬。秦受其獻，歸赧王於周。是歲赧王崩㈥。

【今註】㈠摎：音留。㈡陽城、負黍：前者在今河南省登封縣東南三十里。後者在今登封縣西南。㈢背秦：違背與秦之信約。㈣約從：與諸侯相約合縱。㈤令無得通陽城：秦通陽城之孔道，在伊闕之南，諸侯之師出伊闕則陽城之道不通。㈥赧王崩：自武王伐紂即位，至此亡凡八百五十六年。有作八百六十七年者，蓋從皇甫謐《帝王世紀》之說，其說扞格難通，仍以八五六年為是。

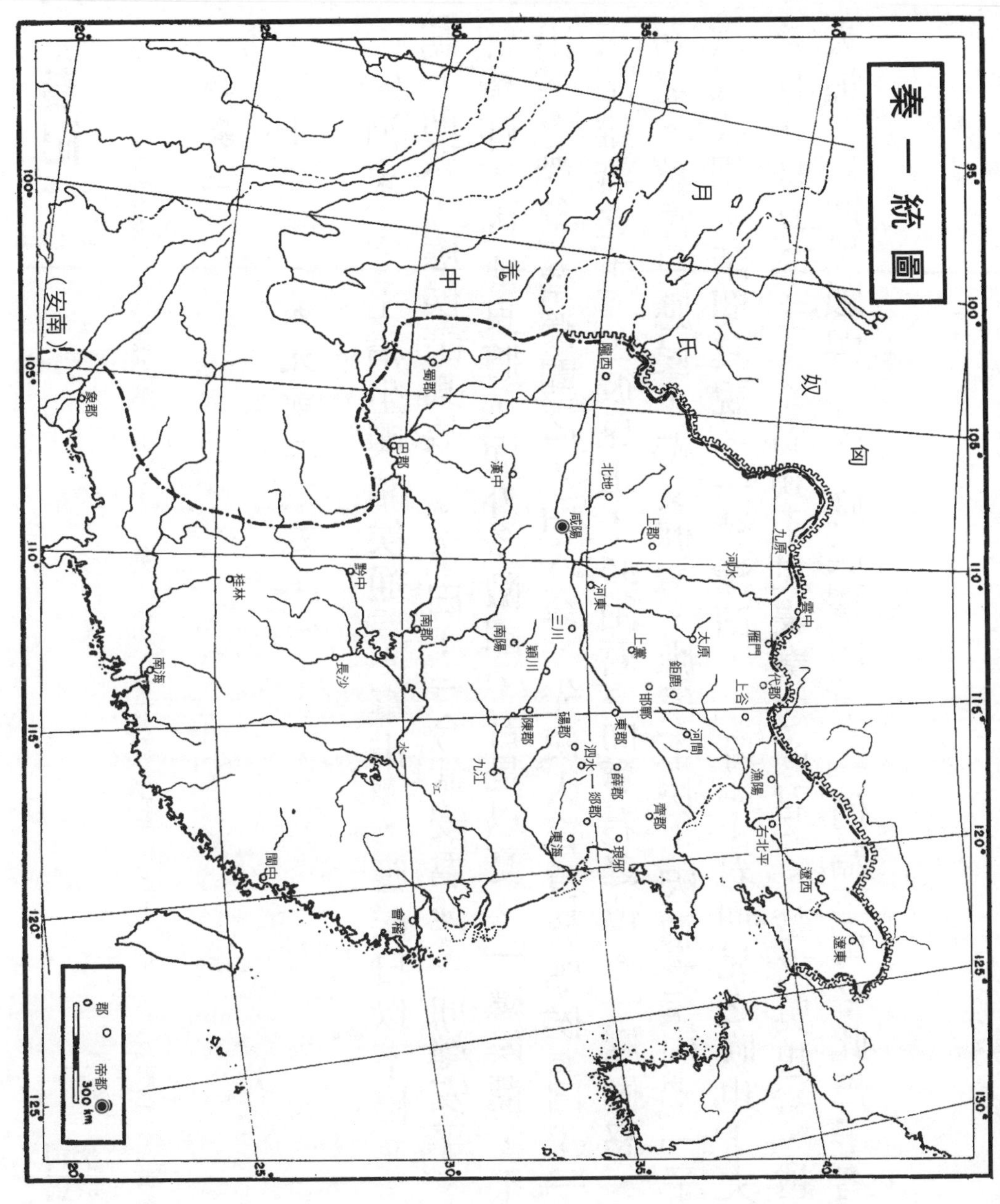
秦一統圖
匈奴
月氏
羌中
(安南)
隴西
蜀郡
巴郡
象郡
漢中
北地
咸陽
上郡
九原
河水
雲中
雁門
代郡
上谷
太原
鉅鹿
邯鄲
上黨
河東
三川
潁川
南陽
南郡
黔中
桂林
長沙
南海
陳郡
碭郡
東郡
泗水
薛郡
齊郡
郯郡
東海
琅邪
河間
漁陽
右北平
遼西
遼東
九江
閩中
會稽
郡
帝都
300 km

卷六　秦紀一

司馬光 編集
李宗侗 註

起柔兆敦牂，盡昭陽作噩，凡二十八年。（丙午至癸酉，西元前二五五年至西元前二二八年）㈠

昭襄王

五十二年（西元前二五五年）

㈠河東㈡守王稽坐與諸侯通㈢，棄市㈣，應侯日以不懌㈤。王臨朝㈥而歎，應侯請其故㈦。王曰：「今武安君死，而鄭安平、王稽等皆畔，內無良將，而外多敵國，吾是以憂。」應侯懼，不知所出㈧。燕客㈨蔡澤聞之，西入秦。先使人宣言於應侯㈩曰：「蔡澤天下雄辯之士(一一)，彼見王，必困君(一二)而奪君之位。」應侯怒，使人召之。蔡澤見應侯，禮又倨(一三)。應侯不快，因讓之(一四)曰：「子宣言欲代我相，請聞其說。」蔡澤曰：「吁(一五)！君何見之晚也！夫四時之序，成功者去(一六)。君獨不見夫秦之商君(一七)、楚之吳起(一八)、越之大夫種(一九)，何足願與(二〇)？」應侯謬曰(二一)：「何為不可？此三子者、義之至也，忠之盡也。君子有殺身以成名，死無所恨。」蔡澤曰：「夫人立功豈不期於成全耶？身名俱全者、上也；名可法而身死者、次也；名僇辱㉒而身全者、下也。夫商君、吳起、大夫種，其為人臣盡忠致功，則可願矣；閎夭、周公㉓、豈不亦忠且聖乎？三子之可願孰與閎夭、周公哉？」應侯曰：「善。」蔡澤曰：「然則君之主惇厚舊故㉔，不倍功臣㉕，孰與孝公、楚王、越王？」曰：「未知何如。」蔡澤曰：「君之功能孰與三子？」曰：「不若。」蔡澤曰：「然則君身不退，患恐甚於三子矣。語曰：『日中則移，月滿則虧㉖。進、退、贏、縮㉗，與時變化㉘，聖人之道也。』今君之怨已讎而德已報㉙，意欲至矣㉚！而無變計，竊為君危之！」應侯遂延以為上客，因薦於王。王召與語，大悅，拜為客卿。應侯因謝病免。王新悅蔡澤計畫，遂以為相國。澤為相，數月免。

㈡楚春申君以荀卿為蘭陵㉛令。荀卿者，趙人，名況，嘗與臨武君論兵於趙孝成王之前。王曰：「請問兵要？」臨武君對曰：「上得天時，下得地利，觀敵之變動，後之發，先之至，此用兵之要術也。」荀卿曰：「不然。臣所聞古之道，凡用兵攻戰之本，在乎一民㉜。弓矢不調，則羿㉝不能以中；六馬不和，則造父㉞不能以致遠；士民不親附，則湯武不能以必勝也。故善附民者、是乃善用兵者也。故兵要在乎附民㉟而已。」臨武君曰：「不然。兵之所貴者，勢利㊱也，所行者變詐㊲也。善用兵者感忽悠闇㊳，莫知所從出㊴。孫、吳㊵用之無敵於天下，豈必待附民哉！」荀卿曰：「不然。臣之所道，仁人之兵，王者之志㊶也；君之所貴，權謀勢利也。仁人之兵不可詐也；彼可詐者，怠慢者也，露袒者也㊷，君臣上下之間滑然㊸有離德者也。故以桀詐桀，猶巧拙有幸焉；以桀詐堯，譬之以卵投石，以指橈沸㊹，若赴水火，入焉焦沒耳！故仁人之兵上下一心，三軍同力。臣之於君也，下之於上也，若子之事父，弟之事兄，若手臂之扞頭目㊺而覆胸腹㊻也。詐而襲之，與先驚而後擊之，一也。且仁人用十里之國，則將有百里之聽；用百里之國，則將有千里之聽；用千里之國，則將有四海之聽。必將聰明警戒和傳而一(四七)。故仁人之兵聚則成卒，散則成列，延則若莫邪之長刃，嬰之者斷(四八)；兌則若莫邪之利鋒，當之者潰(四九)；圜居而方止則若盤石然，觸之者角摧而退耳。且夫暴國之君將誰與至哉？彼其所與至者，必其民也。其民之親我歡若父母，其好我芬若椒蘭，彼反顧其上則若灼黥(五〇)，若仇讎。人之情，雖桀跖(五一)，豈有肯為其所惡賊其所好者哉！是猶使人之子孫自賊其父母也。彼必將來告，夫又何可詐也。故仁人用國日明(五二)，諸侯先順者安；後順者危。敵之者削；反之者亡。詩曰：『武王載發(五三)，有虔秉鉞(五四)，如火烈烈，則莫我敢遏(五五)！』此之謂也。」

孝成王臨武君曰：「善。請問王者之兵設何道(五六)何行而可？」荀卿曰：「凡君賢者其國治；君不能者其國亂。隆禮貴義者其國治；簡禮賤義者其國亂。治者彊，亂者弱，是彊弱之本也。上足卬(五七)則下可用也；上不足卬則下不可用也。下可用則彊，下不可用則弱，是彊弱之常也。齊人隆技擊(五八)，其技也，得一首者則賜贖錙金，無本賞矣(五九)。是事小敵毳，則偷可用也(六〇)；事大敵堅，則渙焉離耳。

若飛鳥然，傾側反覆無日，是亡國之兵也。兵莫弱是矣！是其去賃市傭而戰之(六一)，幾矣！魏氏之武卒，以度取之(六二)；衣三屬之甲(六三)，操十二石之弩(六四)，負矢五十箇，置戈其上(六五)，冠冑帶劍，贏(六六)三日之糧，日中而趨百里，中試則復其戶，利其田宅(六七)。是其氣力數年而衰，而復利未可奪也，改造(六八)則不易周也。是故地雖大其稅必寡，是危國之兵也。秦人其生民也陿隘(六九)，其使民也酷烈，刼之以勢，隱之以阸，忸之以慶賞，鰌之以刑罰(七〇)，使民所以要利於上者，非鬬無由也。使以功賞相長，五甲首而隸五家(七一)。是最為眾彊長久之道，故四世有勝(七二)，非幸也，數也。故齊之技擊不可以遇魏之武卒，魏之武卒不可以遇秦之銳士，秦之銳士不可以當桓文之節制，桓文之節制不可以當湯武之仁義，有遇之者，若以焦熬投石焉(七三)。兼是數國者皆干賞蹈利之兵也，傭徒鬻賣之道也，未有貴上安制綦節之理也(七四)。諸侯有能微妙之以節，則作而兼殆之耳(七五)！故招延募選，隆勢詐，上功利，是漸之也(七六)；禮義教化，是齊之也(七七)。故以詐遇詐，猶有巧拙焉；以詐遇齊，譬之猶以錐刀墮泰山也。故湯武之誅桀紂也，拱挹指麾，而彊暴之國莫不趨使，誅桀紂若誅獨夫。故泰誓曰：「獨夫紂[七八]。」此之謂也。故兵大齊[七九]則制天下，小齊則治鄰敵。若夫招延募選隆勢詐上功利之兵，則勝不勝無常，代翕代張，代存代亡，相為雌雄耳[八〇]，夫是謂之盜兵，君子不由也。」孝成王臨武君曰：「善。請問為將？」荀卿曰：「知莫大於棄疑[八一]，行莫大於無過，事莫大於無悔，事至無悔而止矣。不可必也[八二]，故制號政令欲嚴以威，慶賞刑罰欲必以信，處舍收藏欲周以固[八三]，徙舉進退欲安以重，欲疾以速，窺敵觀變欲潛以深，欲五以參[八四]，遇敵決戰必行吾所明，無行吾所疑，夫是之謂六術。無欲將而惡廢[八五]，無怠勝而忘敗，無威內而輕外，無見其利而不顧其害，凡慮事欲熟而用財欲泰，夫是之謂五權將所以不受命於主有三：可殺而不可使處不完，可殺而不可使擊不勝，可殺而不可使欺百姓，夫是之謂三至。凡受命於主而行三軍，三軍既定，百官得序，羣物皆正，則主不能喜，敵不能怒，夫是謂之至臣。慮必先事而申之以敬，慎終如始，始終如一，夫是之謂大吉。凡百事之成也，必在敬之；其敗也，必在慢之。故敬勝怠則吉，怠勝敬則滅，計勝欲則從，欲勝計則凶。戰如守，行如戰，有功如幸，敬謀無曠，敬事無曠，敬吏無曠，敬眾無曠，敬敵無曠，夫是之謂五無曠。慎行此六術、五權、三至，而處之以恭敬無曠，夫是之謂天下之將，則通於神明矣。」

臨武君曰：「善。請問王者之軍制？」荀卿曰：「將死鼓(八六)，御死轡，百吏死職，上大夫死行列。聞鼓聲而進，聞金聲而退。順命為上，有功次之，令不進而進猶令不退而退也，其罪惟均。不殺老弱，不獵禾稼，服者不禽，格者不赦，犇命者不獲。凡誅非誅其百姓也，誅其亂百姓者也。百姓有捍(八七)其賊，則是亦賊也。以故順刃者生，傃刃(八八)者死，犇命者貢。微子開封於宋(八九)，曹觸龍斷於軍(九〇)，商之服民，所以養生之者，無異周人(九一)，故近者謌謳而樂之，遠者竭蹶而趨之，無幽閒辟陋之國，莫不趨使而安樂之，四海之內若一家，通達之屬莫不從服，夫是之謂人師。詩曰：『自西自東，自南自北，無思不服(九二)。』此之謂也。王者有誅而無戰，城守不攻，兵格不擊，敵上下相喜則慶之，不屠城，不潛軍，不留眾，師不越時，故亂者樂其政，不安其上，欲其至也(九三)。」臨武君曰：「善。」

陳囂問荀卿曰：「先生議兵常以仁義為本，仁者愛人，義者循理，然則又何以兵為？凡所為有兵者，為爭奪也。」荀卿曰：「非汝所知也！彼仁者愛人，愛人故惡人害之也；義者循理，循理、故惡人之亂之也。彼兵者，所以禁暴除害也，非爭奪也。」

㈢燕孝王薨，子喜立。

㈣周民東亡(九四)，秦人取其寶器(九五)，遷西周公(九六)於憚狐之聚(九七)。

㈤楚王遷魯於莒(九八)而取其地。

【今註】㊀溫公以赧王崩後，不可無紀年以統一史事，遂改用秦紀年，這純屬於記事的方便，並無正統閏統的分別。㊁河東舊屬魏地，後為秦所取，因在黃河之東，遂置河東郡。漢河東郡本秦舊郡，治安邑，安邑故城在今山西省夏縣北。㊂通：交通勾結。㊃棄市：在市上殺罪，所以稱棄市。㊄不懌：不快樂。王稽會薦范雎於秦王，漸被任為丞相。後范雎又重用王稽鄭安平，事見卷五赧王四十五年㈡及四十九年㈠。《史記・范雎蔡澤列傳》：「秦之法，任人而所任不善者，各以其罪罪之。」現鄭安平投降趙，王稽又得罪，秦王雖未罪范睢，但范睢亦因此而不快樂。㈥臨朝：上朝。㈦請其故：問是何原因。㈧不知所出：不知有何種辦法。㈨燕客：燕國人。㈩宣言於應侯：所說話使范睢能間接聽見。⑪雄辯之士：富有辯才的人。⑫困君：對你為難。⑬禮又倨：倨傲無禮貌。⑭因讓之：就責讓他。⑮吁：疑怪的聲音。⑯四時之序，成功者去：四時各按他的次序，已經成功者就讓給下一時，若春天對夏天。⑰商鞅事見卷二顯王九年至三十一年各條。⑱吳起被殺事見卷一安王二十一年㈠。⑲大夫種即文種，助越王句踐滅吳有功，後為越王所殺。⑳何足願與：值得願意做嗎？㉑謬曰：假意的說。㉒僇即戮。名僇辱，名敗裂。㉓閎天：周文王之賢臣。周公：周開國之功臣。㉔惇厚舊故：厚愛舊交。㉕倍同背。不倍功臣：對有功者始終禮敬不傷害。㉖日中則移，月滿則虧：日到正午至天中就移動向西落，月到月中滿圓後就漸虧縮。㉗進退贏縮：按贏是早出，縮是晚出，有進有退，有早出者，有晚出者。㉘與時變化：順時間而變化不同。㉙讎：報仇。報仇指殺其仇人魏齊，報德指保薦王稽鄭安平。㉚意欲至矣：所希望及所要求者皆已經達到。㉛蘭陵：故城在今山東嶧縣東五十里。㉜一民：使民和而如一體。㉝羿：古之善射者，見於《山海經》及〈天問〉。㉞造父：古之善御者，據說當周穆王時，曾為穆王御而周行天下。㉟在乎附民，今本《荀子》作「在乎善附民」，元刊本及《羣書治要》皆無「善」字，王念孫以為「善」字誤衍。附民親附如一。㊱勢利：乘形勢，爭利害。㊲變詐：用奇計。㊳感忽悠闇：郝懿行曰：「感讀如撼。」感忽：撼動速快。悠闇：神秘使敵不可測。㊴莫知所從出：不能知從何處而來。㊵孫吳：孫指吳將孫武，吳指吳起。㊶志：意志。㊷露袒者也：露袒同路單。王念孫曰：「路單猶羸憊也。上不恤民則民皆羸憊，故下句云：君臣天下之間滑然有離德也。」㊸滑然：楊倞曰：滑亂也，音骨。以指撓沸：撓即攪，用手指撓沸水或沸湯，必至潰爛。入焉焦沒耳：王念孫曰「案焉猶則也，說見經傳釋詞。」入火則焦，入水則沒。㊹橈沸：橈同攪，攪沸水或沸湯。㊺扞頭目：保護頭目。㊻覆胸腹：掩蓋胸腹。㊼和傳而一：今本《荀子》傳作傳，但楊倞曰：「傳或為博，博眾也。是『傳』字不誤，相和而聯為一。傳與『附民』之附意同。」㊽延則若莫邪之長刃，嬰之者斷：延之意為長。莫邪：胡三省曰：「吳之寶劍。」《說文解字》則謂「莫邪為長戟。」遇見其刃者兵器皆斷。㊾兌則若莫邪之利鋒，當之者潰：郝懿行曰：「兌與銳同，荀書皆然。」遇見其鋒的必敗潰。㊿則若灼黥：等於畏懼火之灼黥。㊀桀、跖：夏桀，夏之末王；跖，盜跖，《莊子》書中之名盜。㊁用國日明：俞樾曰：「明之言盛也，國日明猶言國日盛。」言仁人執國政能使國日盛。㊂武王載發：武王指成湯。發毛詩作旆，旆是大旗。成湯建豎起大旗以興師。㊃有虔秉鉞：虔是恭敬。鉞：斧類。恭敬地手杖斧鉞。㊄則莫我敢遏：遏，阻止。無人敢於阻止我。此詩見《毛詩・商頌》。㊅何道：王念孫曰：「道術也。」言用何類道術。㊆上足卬：卬古仰字。足仰是能教化且長養人民。㊇技擊：孟康曰：兵家之技巧。技巧者，習手足，便器械，積機關，以立攻守之勝。㊈得一首者則賜贖錙金，無本賞矣：楊倞曰：「其技擊之術，斬得一首則官賜錙金贖之，斬首雖戰敗亦賞，不斬首雖勝亦不賞，是無本賞也。」㊉是事小敵毳，則偷可用也：毳讀為脆，敵若脆弱則齊國兵可苟且用。㊀賃市傭而戰之：雇市中之人而使戰鬥。(六二)以度取之：汪中曰：「度，程也。」以標準考取。(六三)衣三屬之甲：如淳曰：「上身一；髀褌一；脛繳一，凡三屬也。」(六四)操十二石之弩：古者石重百二十斤，與漢以後不同。(六五)負矢五十箇，置戈其上：先負矢於身，再置戈於矢上。(六六)贏：負擔。(六七)中試則復其戶，利其田宅：復其戶言免其傜役；利其田宅：言給以田宅便利之處。(六八)改造：更選擇。(六九)陋隘：言秦地勢險固。(七〇)鰌之以刑罰：盧文弨曰：「鰌音蹴。」戰不勝則以刑罰凌籍他。(七一)五甲首而隸五家：斬敵人之首五個，就使他發五戶，所以上言功賞相長。(七二)四世有勝：胡三省曰：「四世謂秦孝公，惠文王，悼武王，昭襄王。」(七三)有遇之者，若以焦熬投石焉：胡三省曰：「焦熬之物至脆，投石則碎。」按有遇之者，言遇湯武仁義之師，無能敵之者。(七四)未有貴上安制綦節之理也：未有貴愛其長上，為之致死，安於制度，極於節義之理。(七五)諸侯有能微妙之以節，則作而兼殆之耳：楊倞曰：「微妙，精盡也；節，仁義也。」言有能盡力於仁義者，則必起而使此數國皆至於危殆。(七六)故招延募選，隆勢詐，上功利，是漸之也：招延募選指齊之技擊，隆勢詐指秦人，尚功利指魏人。漸，詐欺。(七七)是齊之也：使與仁義相齊一。(七八)獨夫紂：《孟子》引〈泰誓〉亦有此語。(七九)大齊：以仁義教化為大齊，次者為小齊。(八〇)代翕代張，代存代亡，相為雌雄耳：翕，收歛；張，張開。雌雄喻勝負。言時歛時開，時能存時能亡，互為勝負。(八一)知莫大於棄疑：知同智，古今字。棄疑惑則用人不疑。(八二)不可必也：雖至無悔，但仍不可自信其必勝，故尚須以下各事。(八三)處舍收藏欲周以固：楊倞曰：「處舍，營壘也，收藏，財物也；周密牢固則敵不能陵奪矣。」(八四)欲潛以深，欲五以參：楊倞曰：謂使間諜觀敵欲潛隱深入之也。伍參猶錯雜也，使閒諜或參之，或伍之於敵之間而盡知其事。㊅無欲將而惡廢：按欲惡即好惡，勿以所喜之人為將，而不以所惡之人為將，須視其人之能否，勿以私好惡為標準。㊅將死鼓：軍中鳴鼓則進，大將至死而鼓聲不絕。㊇捍：捍蔽。㊇傃刃：向刃，言抵抗。㊇微子開封於宋：微子開即微子啟。已見卷一註。㊈曹觸龍斷於軍：其事無考。楊倞引《說苑》左師觸龍事，然為夏事非商事，亦不類。㊈商之服民，所以養生之者，無異周人：胡三省曰：「以上下文觀之，商周二字恐或倒置。」㊈自西自東，自南自北，無思不服：此《毛詩・大雅・文王有聲》之詩。㊈故亂者樂其政，不安其上，欲其至也：亂國之人民皆樂我之政，故不安其上之統治而盼望我軍之至。㊈周民東亡：不欲為秦國百姓，故向東逃亡。㊈寶器：國家歷傳寶藏之重器，亦稱重器，若九鼎等。孟子言滅人國者「毀其宗廟，遷其重器。」遷寶器猶言滅國。㊈西周公：西周武公之子文公。自赧王時起，東西周分治。㊈𢍰狐之聚：在今河南省汝縣西北。𢍰音憚。㊈楚王遷魯於莒：魯自伯禽受封至此時而亡。莒在今山東省莒縣。

五十三年（西元前二五四年）

㈠摎㈠伐魏，取吳城㈡。韓王入朝，魏舉國聽令。

【今註】㈠摎：秦將名。㈡吳城：按《漢書・地理志》「吳山在太陽縣西，上有吳城。」吳山在今山西省安邑縣東南。

五十四年（西元前二五三年）

㈠王郊㊀見上帝於雍㊁。

㈡楚遷于鉅陽㊂。

【今註】㊀郊：祭天之禮稱為郊。㊁雍：秦惠公所都，在今陝西省鳳翔縣南。㊂鉅陽：胡三省曰：「赧王三十七年，楚自郢東北徙於陳，今自陳徙鉅陽，至始皇六年，春申君以朱英之言自陳徙壽春，此時雖徙鉅陽，未離陳地也。」是胡氏以為鉅陽當去陳不遠，但其確地無考。

五十五年（西元前二五二年）

㈠衞懷君朝於魏，魏人執而殺之，更立其弟，是為元君。元君，魏壻㊀也。

【今註】㊀魏壻：魏君之壻。

五十六年（西元前二五一年）

(一)秋，王薨，孝文王立。尊唐八子㈠為唐太后，以子楚為太子。趙人奉子楚妻子歸之。韓王衰絰㈡入弔祠。

(二)燕王喜使栗腹約歡於趙，以五百金為趙王酒。反而言於燕王曰：「趙壯者皆死長平㈢，其孤未壯，可伐也。」王召昌國君樂閒問之，對曰：「趙四戰之國㈣，其民習兵，不可。」王曰：「吾以五而伐一。」對曰：「不可。」王怒，羣臣皆以為可。乃發二千乘，栗腹將而攻鄗㈤，卿秦攻代㈥。將渠曰：「與人通關約交，以五百金飲人之王，使者報而攻之，不祥，師必無功。」王不聽，自將偏軍隨之。將渠引王之綬㈦，王以足蹴之㈧。將渠泣曰：「臣非自為，為王也。」燕師至宋子㈨，趙廉頗為將，逆㈩擊之，敗栗腹於鄗，敗卿秦樂乘於代㈡，追北五百餘里，遂圍燕。燕人請和。趙人曰：「必令將渠處和㈢。」燕王使將渠為相而處和，趙師乃解去。

(三)趙平原君卒。

【今註】㈠八子：七子八子，均秦宮中女官名。㈡衰絰：指居喪所穿的衣服。㈢長平：長平之戰，事見卷五，時在周赧王五十五年。㊃四戰之國：四面都是強敵，無險可守，須四面應戰，所以人民習於戰鬥。㊄鄗：音霍，在今河北省柏鄉縣北。㊅代：在今察哈爾省蔚縣東北。㊆引王之綬：綬，所以佩印者。言牽引燕王佩印之帶以止王。㊇蹴之：用足踢。㊈宋子：故城在今河北省趙縣。㊉逆：同逆。㊁樂乘於代：樂乘趙將，而非燕將，《戰國策》曰：「樂乘敗卿秦於代」，疑通鑑原亦同，後人誤刊。㊂處和：主持和議。

孝文王㊀

元年（西元前二五〇年）

㈠冬十月，己亥，王即位。三日薨。子楚立，是為莊襄王。尊華陽夫人為華陽太后，夏姬為夏太后㊁。

㈡燕將攻齊聊城㊂拔之㊃。或譖之燕王，燕將保聊城，不敢歸。齊田單攻之，歲餘不下。魯仲連乃為書，約之矢㊄以射城中，遺燕將為陳㊅利害，曰：「為公計者，不歸燕，則歸齊。今獨守孤城，齊兵日益而燕救不至，將何為乎？」燕將見書，泣三日，猶豫不能自決：欲歸燕，已有隙；欲降齊，所殺虜於齊甚眾，恐已降而後見辱。喟然歎曰：「與人刃我，寧我自刃㊆！」遂自殺。聊城亂，田單克㊇聊城。歸，言魯仲連於齊，欲爵之㊈。仲連逃之海上，曰：「吾與富貴而詘⑩於人，寧貧賤而輕世肆志焉⑪！」魏安釐王問天下之高士於子順，子順曰：「世無其人也；抑可以為次⑫，其魯仲連乎！」王曰：「魯仲連彊作之者⑬，非體自然也⑭。」子順曰：「人皆作之，作之不止，乃成君子；作之不變，習與體成，則自然也。」

【今註】㊀孝文王、名柱。諡孝文王。㊁夏姬為夏太后：莊襄王為夏姬所生，故尊之為太后。㊂聊城：故城在今山東省聊城縣西北。㊃拔之：攻取。㊄約之矢：將書信傳縛在箭上。㊅陳：敘述。㊆與人刃我，寧我自刃：與其使他人來殺我，寧願我自殺。㊇克：用眾兵勝之。㊈爵之：封以爵位。⑩詘：即屈伸之屈。⑪肆志焉：隨自己之意。⑫抑、可以為次：退一步說。⑬彊作之者：勉強作成者。⑭非體自然也：不是自然形成的。

莊襄王㊀

元年（西元前二四九年）

(一)呂不韋㊁為相國。

(二)東周君與諸侯謀伐秦，王使相國帥師討滅之，遷東周君於陽人聚㊂，周既不祀㊃。周比亡㊄，凡有七邑：河南㊅、洛陽、穀城㊆、平陰㊇、偃師㊈、鞏㊉、緱氏⑪。

(三)以河南洛陽十萬戶封相國不韋為文信侯。

(四)蒙驁伐韓，取成皋⑫滎陽⑬。初置三川郡⑭。

(五)楚滅魯，遷魯頃公於卞⑮，為家人⑯。

【今註】㊀莊襄王：本名異人，改名楚，孝文王之中子，謚莊襄王。㊁呂不韋：陽翟（今河南省禹縣）人，為大賈，見卷五周赧王五十八年。㊂陽人聚：在今河南省臨汝縣西。㊃皇甫謐曰：「周凡三十七王，八百六十七年。」司馬貞曰：「既盡也。」言東西周盡滅，周祖先遂無人祭祀。㊄比亡：將要亡國時。㊅河南：故郟鄏地，周赧王自洛陽徙居此，見《史記．周本紀》。故城在河南省洛陽縣西北五里。㊆穀城：在今河南省洛陽縣西北。㊇平陰：在今河南省孟津縣東，地當黃河以南，邙山之東。㊈偃師：在今河南省偃師縣。㊉鞏：在今河南省鞏縣西北，東西周分治時，地為東周所都。⑪緱氏：在今河南省偃師縣南。⑫成皋：在今河南省汜水故城西北。⑬滎陽：在今河南省滎澤縣西南。⑭三川郡：其地有河、伊、洛三川，故名。⑮卞：在今山東省泗水縣東。⑯家人：《漢書・董賢傳》注：「家人，猶庶人也。」

二年（西元前二四八年）

㈠日有食之。

㈡蒙驁伐趙；取榆次㈠、狼孟㈡等三十七城。

㈢楚春申君言於楚王曰：「淮北，地邊於齊，其事急，請以為郡，而封於江東。」楚王許之。春申君因城吳故墟㈢，以為都邑，宮室極盛。

【今註】㈠榆次：在今山西榆次縣西。㈡狼孟：在今山西省陽曲縣東北。㈢吳故墟：吳國舊都，《漢書・地理志》以為漢吳縣，在今江蘇省吳縣，其實春申君所治當在今江蘇無錫縣境。

三年（西元前二四七年）

㈠王齕攻上黨㈠諸城，悉拔之。初置太原郡。

㈡蒙驁帥師伐魏，取高都㈡、汲㈢。魏師數敗㈣，魏王患之㈤，乃使人請信陵君於趙。信陵君畏得罪，不肯還。誡門下㈥曰：「有敢為魏使通（七）者死。」賓客（八）莫敢諫。毛公薛公（九）見信陵君曰：「公子所以重於諸侯者（一〇）徒以有魏也。今魏急而公子不恤（一一），一旦秦人克大梁，夷先王之宗廟（一二），公子當何面目立天下乎！」語未卒，信陵君色變，趣駕（一三）還魏。魏王持（一四）信陵君而泣，以為上將軍。信陵君使人求援於諸侯。諸侯聞信陵君復為魏將，皆遣兵救魏。信陵君率五國之師，敗蒙驁於河外（一五），蒙驁遁走。信陵君追至函谷關，抑之（一六）而還。

安陵（一七）人縮高之子仕於秦，秦使之守管（一八）。信陵君攻之不下。使人謂安陵君（一九）曰：「君其遣縮高，吾將仕之以五大夫，使為執節尉（二〇）。」安陵君曰：「安陵，小國也，不能必使其民（二一），使者自往請之。」使吏導使者至縮高之所，使者致信陵君之命。縮高曰：「君之幸高也，將使高攻管也！夫父攻子守，人之笑也。見臣而下，是倍（二二）主也。父教子倍，亦非君之所喜，敢再拜辭。」使者以報信陵君。信陵君大怒，遣使之安陵君所（二三）曰：「安陵之地亦猶魏也（二四）。今吾攻管而不下，則秦兵及我，社稷必危矣。願君生束縮高而致之。若君弗致，無忌將發十萬之師以造安陵之城下㉕。」安陵君曰：「吾先君成侯受詔襄王以守此城也，手授太府之憲㉖。憲之上篇曰：『臣弒君，子弒父，有常不赦㉗。國雖大赦，降城亡子㉘，不得與焉㉙。』今縮高辭大位以全父子之義，而君曰：『必生致之。』是使我負襄王之詔，而廢太府之憲也。雖死終不敢行。」縮高聞之曰：「信陵君為人悍猛而自用㉚，此辭反必為國禍。吾已全己無違人臣之義矣，豈可使吾君有魏患乎！」乃之使者之舍，刎頸而死。信陵君聞之，縞素辟舍㉛，使使者謝安陵君曰：「無忌小人也，困於思慮㉜，失言於君，請再拜辭罪。」

王使人行萬金於魏，以閒信陵君㉝，求得晉鄙客，令說魏王曰：「公子亡在外㉞十年矣，今復為將，諸侯皆屬，天下徒聞信陵君而不聞魏王矣！」王又數㉟使人賀信陵君得為魏王未也。魏王日聞其毀㊱，不能不信，乃使人代信陵君將兵。信陵君自知再以毀廢，乃謝病不朝，日夜以酒色自娛，凡四歲而卒。韓王往弔。其子榮之以告子順，子順曰：「必辭之以禮。鄰國君弔，君為之主㊲。今君不命子，則子無所受韓君也。」其子辭之。

㈢五月，丙午，王薨。太子政立，生十三年矣，國事皆決於文信侯，號稱仲父㊳。

㈣晉陽㊴反。

【今註】㊀上黨：漢分秦太原郡所置，在今山西省東南部之地。其地甚高，故名上黨。閻若璩曰：「漢上黨郡治長子。」長子在山西省長子縣西。㊁高都：故城在今山西省晉城縣東北。㊂汲：故城在今河南省汲縣西南。㊃數敗：屢次戰敗。㊄患之：憂慮。㊅誡門下：告誡家中管理事務的人。㊆通：通報。㊇賓客：戰國時四公子皆下士，家中常供養食客兩三千人。㊈毛公薛公：趙國二隱士，毛公藏於博徒，薛公藏於賣漿家。見《史記》卷七十七〈信陵君列傳〉。㊉重於諸侯者：為諸侯所尊重。⑪不恤：不顧，不救。⑫夷先王之宗廟：將祖先宗廟毀壞，變成廢墟。⑬趣駕：催促著準備好車馬。⑭持：抱。⑮河外：胡三省曰：「自春秋至戰國，率以黃河之西為河外，晉賂秦以河外列城五，即其證也。」⑯抑之：壓逼。⑰安陵：在今河南省鄢陵縣西北。⑱管：周武王弟鮮，封於管，即今河南省鄭縣治。⑲安陵君：戰國時魏襄王封其弟於安陵，為安陵君。⑳執節尉：節、符節。周代出使必執符節，漢代執節不但可以出使，且可以掌生殺大權。㉑必使其民：強迫命令百姓必聽從。㉒倍：同「背」、背叛。㉓遣使之安陵君所：之、往。所：所住的地方。㉔安陵之地亦猶魏也：安陵同於魏國之地。㉕造：音（ㄘㄠ），到。造安陵之城下，到安陵城下。㉖手授太府之憲：太府為藏國家重要典籍文件之所。言魏襄王親自將魏國之憲章授給安陵始封之君成侯。㉗有常不赦：憲章中有條法，是不赦免的。㉘降城亡子：以城投降之人及逃亡之子。㉙不得與焉：與音（ㄩˋ），不包括在內。㉚自用：相信自己之才智很高，一切行動皆憑自己意志去做。㉛辟舍：辟同避字，避舍是不住正堂。㉜困於思慮：為思慮所困惑，思想乃不周全。㉝行萬金於魏，以閒信陵君：行用萬金於魏國，收買能進讒言，離間信陵君與魏王之人。㉞亡在外：在國外流亡。㉟數：屢次。㊱日聞其毀：每天聽到這些謗語。㊲君為之主：國君為主人受客人弔唁。㊳國事皆決於文信侯，號稱仲父：呂不韋封文信侯。管仲相齊桓公，稱為仲父，此仿傚其事。㊴晉陽：即今山西省太原縣。

始皇帝上①

元年（西元前二四六年）

㈠蒙驁擊定之②。

㈡韓欲疲秦人，使無東伐，乃使水工③鄭國為間④於秦，鑿涇水⑤自仲山⑥為渠，並北山、東注洛⑦。中作而覺⑧，秦人欲殺之。

鄭國曰：「臣為韓延數年之命；然渠成，亦秦萬世之利也。」乃使卒為之㊈。注填閼之水㊉溉舄鹵之地㊀四萬餘頃，收皆畝一鍾㊁，關中由是益富饒㊂。

【今註】㊀始皇帝：名政，莊襄王之子。自以為德尊三皇，功過五帝，因自號皇帝。又想從一世傳至萬世，故除去謚法號始皇帝。是為中國政治統一之始。㊁擊定之：擊定前年反秦之晉陽。㊂水工：即水官，能治水者。㊃間：間諜。㊄涇水：《漢書・地理志》云：「涇水出安定郡涇陽縣西幵頭山、東至馮翊陽陵縣入渭。」按涇陽縣在今甘肅省平涼縣東、陽陵縣故城在今陝西省咸陽縣東。㊅仲山：即今九嵏山之東仲山，九嵏山在今陝西省醴泉縣東北。㊆洛：水名、出陝西省雒南縣冢嶺山，至鞏縣東北洛口入黃河。㊇中作而覺：做到一半時而計謀被發覺。㊈乃使卒為之：使他終竟作成。㊉注填閼之水：引淤積污穢之水。㊀溉舄鹵之地：舄鹵即鹹鹵，言溉鹹鹵之田，便變為肥沃土田。㊁收皆畝一鍾：一鍾是六斛四升。謂一畝田可收獲六斛四升。㊂益富饒：愈富庶且寬裕。

二年（西元前二四五年）

㈠麃公㊀將卒攻卷㊁，斬首三萬。

㈡趙以廉頗為假相國㊂，伐魏，取繁陽㊃。魏孝成王薨，子悼襄王立，使武襄君樂乘代廉頗。廉頗怒，攻武襄君。武襄君走，廉頗出犇魏。久之，魏不能信用。趙師數困於秦，趙王思復得廉頗；廉頗亦思復用於趙。趙王使使者視廉頗尚可用否。廉頗之仇郭開多與使者金，令毀之㈤。廉頗見使者，一飯斗米，肉十斤，被甲上馬，以示可用。使者還報曰：「廉將軍雖老，尚善飯；然與臣坐，頃之，三遺矢㈥矣！」趙王以為老，遂不召。楚人陰使迎之，廉頗一為楚將，無功，曰：「我思用趙人。」卒死於壽春㈦。

【今註】㈠麃公：麃、邑名，麃公姓名不詳。㈡卷：故城在今河南省原武縣西北。㈢假相國：假義為假借，使其借用相國官職，王莽之稱假皇帝同此義。㈣繁陽：在今河南省內黃縣東北。㈤令毀之：郭開令使者毀謗廉頗。㈥矢：糞便。㈦壽春：楚邑、即今安徽省之壽縣。

三年（西元前二四四年）

㈠大饑㈠。

㈡蒙驁伐韓，取十二城。

㈢趙王以李牧為將，伐燕，取武遂、方城㈡。李牧者，趙之北邊良將也，嘗居代鴈門(三)；備匈奴(四)。以便宜置吏，市租皆輸入莫府(五)，為士卒費。日擊(六)數牛饗士，習騎射(七)，謹烽火(八)，多間諜(九)。為約(一〇)曰：「匈奴即入盜，急入收保(一一)，有敢捕虜(一二)者斬。」匈奴每入，烽火謹，輒入收保，不戰。如是數歲，亦不亡失。匈奴皆以為怯，雖趙邊兵亦以為吾將怯。趙王讓之(一三)，李牧如故。王怒，使佗人(一四)代之。歲餘，屢出戰不利，多失亡，邊不得田畜(一五)。王復請李牧，李牧杜門(一六)稱病不出。王彊起之(一七)，李牧曰：「必欲用臣，如前，乃敢奉令。」王許之。李牧至邊，如約。匈奴數歲無所得，終以為怯；邊士日得賞賜而不用(一八)，皆願一戰。於是乃具選車(一九)得千三百乘，選騎得萬三千匹，百金之士(二〇)五萬人，彀者(二一)十萬人，悉勒習戰(二二)。大縱畜牧人民滿野。匈奴小入，佯北不勝(二三)，以數十人委之(二四)。單于(二五)聞之，大率眾來入。李牧多為奇陳(二六)，張左右翼擊之，大破之，殺匈奴十餘萬騎，滅襜襤(二七)，破東胡(二八)，降林胡(二九)，單于犇走，十餘歲不敢近趙邊。先是，天下冠帶之國(三〇)七，而三國邊於戎狄：秦自隴以西有綿諸(三一)、緄戎(三二)、翟(三三)、豲(三四)之戎，岐、梁、涇、漆㉟之北有義渠㊱、大荔㊲、烏氏㊳、朐衍㊴之戎；而趙北有林胡、樓煩㊵之戎；燕北有東胡、山戎㊶，各分散居谿谷，自有君長，往往而聚者百有餘戎，然莫能相一。其後義渠築城郭以自守，而秦稍蠶食之。至惠王，遂拔義渠二十五城。昭王之時，宣太后誘義渠王，殺諸甘泉㊷，遂發兵伐義渠，滅之，始於隴西、北地、上郡、㊸築長城以拒胡。趙武靈王北破林胡、樓煩，築長城自代並陰山下㊹，至高闕㊺為塞，而置雲中、鴈門、代郡㊻。其後燕將秦開為質㊼於胡，胡甚信之，歸而襲破東胡，東胡卻千餘里。燕亦築長城，自造陽㊽至襄平㊾，置上谷、漁陽、右北平、遼東郡以拒胡。及戰國之末，而匈奴始大。

【今註】㊀大饑：五穀皆不熟為大饑。㊁武遂，方城：武遂在今河北省武強縣東北。方城故城在今河北省固安縣南。㊂代、鴈門：代及鴈門秦置兩郡。鴈門在代之西南，有今山西省西北部之地，代郡有今山西省東北部及察哈爾蔚縣附近地。㊃匈奴：北邊游牧民族、王國維以為即商代之鬼方。㊄莫府：莫同幕，莫府即將帥所居之帳幕。㊅擊：攻殺。㊆習騎射：春秋時用車戰，至戰國時漸變為騎馬射箭，故曰練習騎射。㊇謹鋒火：留心烽火，塞上置有侯望之地，有警即燃烽火。㊈多間諜：多用間諜，以刺探敵情。⑩約：命令。⑪急入收保：急將畜產收入，加以保護。⑫捕虜：捕捉匈奴。⑬讓之：責備他。⑭佗入：他人。⑮田畜：耕種畜牧。⑯杜門：杜塞門拒絕來見者。⑰彊起之：勉強使他允諾出任。⑱不用：不用以作戰。⑲選車：選車之堅良者，選騎亦同。⑳百金之士：《管子》曰：「能擒敵殺將者賞百金」，百金之士即能擒敵殺將之士。㉑彀者：善射箭之人。㉒悉勒習戰：部勒以上人士練習戰鬥。㉓匈奴小入，佯北不勝：匈奴來攻的人數少時，就假裝敗退。㉔以數十人委之：委是拋棄的意思，使數十人為敵所獲。㉕單于：匈奴君王為單于。單音蟬。㉖奇陳：即奇陣。㉗襜襤：胡人，在代地，《漢書》作澹林。㉘東胡：在匈奴之東，故稱東胡，其後為鮮卑烏桓。㉙林胡：胡三省曰：「如淳以澹林為林胡，以此觀之，似是兩種。」㉚冠帶之國：習於禮教之國，有冠有帶。戎狄與相反，無冠帶。㉛綿諸：胡三省曰：「綿諸道，屬天水郡，西漢之制，縣有蠻夷曰道。」當因綿諸戎所處之地，因以為名。綿諸道故城在今甘肅省通渭縣西。㉜緄戎：即西周所稱混夷。㉝翟：翟與狄同。漢隴西道有狄道縣，故城在今甘肅省狄道縣西南。㉞豲：應劭曰：「豲，戎邑也。」漢天水郡有豲道縣，故城在今甘肅省隴西縣東北。豲音桓。㉟岐、梁、涇、漆：岐、梁，二山名。涇、漆，二水名。皆在今陝西省境。㊱義渠：漢北地郡有義渠道，在今甘肅省寧縣。㊲大荔：《漢書‧地理志》：「臨晉，故大荔，秦獲之更名。」故城在今陝西省朝邑縣南。㊳烏氏：漢安定郡有烏氏縣，故城在今甘肅省平涼縣西北。㊴朐衍：漢北地郡有朐衍縣。應劭曰：「朐音煦。」故城在今寧夏省靈武縣。㊵樓煩：春秋時北狄國，戰國時為趙武靈王所滅。《括地志》：

「嵐州，樓煩胡地也。」按唐代嵐州在今山西省嵐縣。㊶山戎：胡三省曰：「自漢北平無終白狼以北，皆大山重谷，諸戎居之。春秋謂之山戎。」㊷甘泉：胡省三曰：「甘泉在漢馮翊雲陽縣，漢起甘泉宮於此。」漢雲陽縣在今陝西省淳化縣西北。㊸隴西、北地、上郡：隴西故城在今甘肅省隴西縣東北；北地郡秦治未詳，後漢治富平，富平在今陝西省富平縣。上郡秦治膚施，在今陝西省綏德縣東南。㊹陰山：起於河套西北，經綏遠察哈爾熱河，與內興安嶺相接，地理學稱崐崙山脈之北支曰陰山山系。㊺高闕：《漢書・地理志》曰：「朔方郡臨戎縣北有連山，險於長城，其山中斷，兩峯具峻，名曰高闕。」朔方郡有今綏遠境內義河以南鄂爾多斯全部地。㊻雲中：《史記正義》曰，雲中故城在今勝州榆林縣東北四十里，雲中郡有今山西省境內長城以外及綏遠之東部南部地。㊼質：押物以取信為質，此處言以人為質。㊽造陽：韋昭曰：「造陽地名，在上谷」。按漢上谷郡治沮陽，在今察哈爾省懷來縣。㊾襄平：故城在今遼寧遼陽縣北七十里。

四年（西元前二四三年）

㈠春蒙驁伐魏，取暘㈠、有詭。三月，軍罷。

㈡秦質子歸自趙，趙太子出歸國。

㈢七月，蝗疫，令百姓納粟千石，拜爵一級。

㈣魏安釐王薨，子景湣王立。

【今註】㈠暘、有詭：二地名，確地無考。暘，徐廣音場。

五年（西元前二四二年）

㈠蒙驁伐魏，取酸棗㈠、燕㈡、虛㈢、長平㈣、雍丘㈤、山陽㈥等二十城，初置東郡。

㈡初劇辛㈦在趙，與龐煖善；已而仕燕。燕王見趙數困於秦，廉頗去而龐煖為將，欲因共敝而攻之，問於劇辛。對曰：「龐煖易與耳㈧！」燕王使劇將而伐趙。趙龐煖禦之，殺劇辛，取燕師二萬。

㈢諸侯患秦攻伐無已時㈨。

【今註】㈠酸棗：故城在今河南省延津縣北十五里。㈡燕：《漢書・地理志》有南燕縣，屬東郡。王念孫曰：「國有南北燕而縣無南北燕，可言南燕國，不可言南燕縣也。」在今河南省延津縣東。㈢虛：在今河南省延津縣境。㈣長平：故城在今河南省西華縣東北。㈤雍丘：春秋故杞國，即今河南杞縣治。㈥山陽：此處指《漢書・地理志》中之山陽郡，故治在今山東省。胡三省曰：「史記正義曰，地理志河內郡有山陽縣。余考之上下文，此非河內之山陽，蓋班志山陽郡之地也」，按此即山陽治之昌邑，在今山東省金鄉縣西北。㈦劇辛：趙人，辛至自趙燕，見卷三赧王三年㈡。㈧龐煖易與耳：對付龐煖甚容易。㈨諸侯患秦攻伐無已時：此句為明年諸侯合從伐秦張本，體例亦採自《左傳》。

六年（西元前二四一年）

㈠楚、趙、魏、韓、衛合從以伐秦，楚王為從長㈠。春申君用事㈡，取壽陵㈢，至函谷㈣。秦師出，五國之師皆敗走。楚王以咎春申君，春申君以此益疎。觀津人朱英㈤謂春申君曰：「人皆以楚為彊㈥，君用之而弱；其於英不然。先君時秦善楚，二十年，而不攻楚，何也？秦踰黽阨之塞㈦而攻楚，不便，假道於兩周，背韓魏而攻楚，不可。今則不然，魏旦暮亡，不能愛許㈧、鄢陵㈨，魏割以與秦，秦兵去陳百六十里。臣之所觀者，見秦楚之日鬬也。」楚於是去陳徙壽春，命曰郢㈩。春申君就封於吳，行相事。

㈡秦拔魏朝歌㈡，及衛濮陽㈢。衛元君率其支屬徙居野王㈢，阻山以保魏之河內。

【今註】㈠楚王為從長：六國連合以攻秦，楚王為六國聯盟之長。㈡用事：當權。㈢壽陵：徐廣曰：「壽陵在常山」，胡三省曰：「余據『五國攻秦，取壽陵，至函谷，』則壽陵不在新安宜陽之間，當在河東郡界，常山無乃太遠？」按河東郡在今山西省西南部。㈣函谷：關名，在河南靈寶縣西南。㈤觀津：故城在今河北省武邑縣東南。㈥人皆以楚為彊，君用之而弱，其於英不然：言世人皆信楚國強，但你執政而楚弱，但此意我獨不以為然。㈦黽阨之塞：黽阨地名，古九塞之一，即今河南省信陽縣東南之平靖關。㈧許：在今河南省許昌縣西南。㈨鄢陵：在今河南省鄢陵縣西北。㈩郢：楚舊都：在今湖北省江陵縣北，今遷壽春，仍以郢名都城。⑪朝歌：紂都，衞康叔所封地。在今河南省淇縣東北。⑫濮陽：即今河南省之濮陽縣。⑬野王：在今河南省河內縣。

七年（西元前二四〇年）

㈠伐魏，取汲。

㈡夏太后薨。蒙驁卒。

八年（西元前二三九年）

㈠魏與趙鄴㈠。

㈡韓桓惠王薨，子安立。

【今註】㈠鄴：在今河南省臨漳縣西四十里。

九年（西元前二三八年）

㈠伐魏，取垣、蒲㈠。

㈡夏四月，寒，民有凍死者。

㈢王宿雍。

㈣己酉，王冠，帶劍。

㈤楊端和伐魏，取衍氏㈡。

㈥初，王即位，年少，太后時時與文信侯私通。王益壯，文信侯恐事覺，禍及己，乃詐以舍人㈢嫪毐㈣為宦者進於太后。太后幸之，生二子。封毐為長信侯，以太原為毐國，政事皆決於毐，客求為毐舍人者甚眾。王左右有與毐爭言者，告毐實非宦者。王下吏治毐。毐懼，矯㈤王御璽，發兵攻蘄年宮㈥，為亂。王使相國昌平君、昌文君發卒攻毐，戰咸陽，斬首數百。毐敗，走，獲之。秋，九月夷毐三族㈦、黨與皆車裂㈧，滅宗㈨，舍人罪輕者徙蜀，凡四千餘家。遷太后於雍萯陽宮(一〇)，殺其二子。下令曰：「敢以太后事諫者，戮而殺之，斷其四支，積於闕下。」死者二十七人。齊客茅焦上謁(一一)請諫。王使謂之曰：「若(一二)不見夫積闕下者邪？」對曰：「臣聞天有二十八宿，今死者二十七人，臣之來固欲滿其數耳！臣非畏死者也！」使者走入，白之。茅焦邑子(一三)同食者盡負其衣物而逃。王大怒曰：「是人也，故來犯吾！趣召鑊烹之(一四)，是安得積闕下哉！」王按劍而坐，口正沫出(一五)。使者召之入，茅焦徐行至前，再拜謁，起稱曰：「臣聞有生者不諱死，有國者不諱亡。諱死者不可以得生，諱亡者不可以得存。死生存亡，聖主所欲急聞也。陛下欲聞之乎？」王曰：「何謂也？」茅焦曰：「陛下(一六)有狂悖之行，不自知邪？車裂假父(一七)，囊撲(一八)二弟，遷母於雍，殘戮諫士，桀紂之行不至於是矣！令天下聞之，盡瓦解無嚮秦者，臣竊為陛下危之。臣言已矣。」乃解衣伏質(一九)。王下殿手自接之曰：「先生起就衣，今願受事(二〇)！」乃爵之上卿。王自駕，虛左方(二一)，往迎太后，歸於咸陽，復為母子如初。

㈦楚考烈王無子，春申君患之，求婦人宜子者甚眾，進之卒無子。趙人李園持其妹欲進諸楚王，聞其不宜子，恐久無寵，乃求為春申君舍人。已而謁歸㉒，故失期而還㉓。春申君問之，李園曰：「齊王使人求臣之妹，與其使者飲，故失期。」春申君曰：「聘入乎㉔？」曰：「未也。」春申君遂納之，既而有娠。李園使其妹說春申君曰：「楚王貴幸㉕君，雖兄弟不如也。今君相楚二十餘年㉖而王無子，即百歲後將更立兄弟，彼亦各貴其故所親，君又安得常保此寵乎。非徒然也㉗。君貴用事久，多失禮於王之兄弟。兄弟立，禍且及身矣！今妾有娠而人莫知。妾幸君未久，誠以君之重，進妾於王，王必幸之。妾賴天而有男，則是君子為王也。楚國盡可得，孰與身臨不測之禍哉？」春申君大然之，乃出李園妹謹舍㉘而言諸楚王。王召入，幸之，遂生男，立為太子。李園妹為王后。李園亦貴用事，而恐春申君泄其語，陰養死士，欲殺春申君以滅口。國人頗有知之者。楚王病，朱英謂春申君曰：「世有無望之福㉙，亦有無望之禍。今君處無望之世㉚，事無望之主㉛，安可以無無望之人㉜乎？」春申君曰：「何謂無望之福？」曰：「君相楚二十餘年矣，雖名相國其實王也。王今病，旦暮薨㉝，薨而君相幼主，因而當國，王長而反政，不即遂南面稱孤。此所謂無望之福也。」「何謂無望之禍？」曰：「李園不治國而君之仇㉞也，不為兵而養死士之日久矣！王薨，李園必先入，據權㉟而殺君以滅口。此所謂無望之禍也。」「何謂無望之人？」曰：「君置臣郎中㊱，王薨，李園先入，臣為君殺之。此所謂無望之人也。」春申君曰：「足下置之㊲！李園弱人也，僕又善之，且何至此？」朱英知言不用，懼而亡㊳去。後十七日，楚王薨。李園果先入，伏死士於棘門㊴之內。春申君入，死士俠㊵刺之，投其首於棘門之外。於是使吏盡捕誅春申君之家。太子立，是為幽王。

揚子法言曰：「或問信陵、平原、孟嘗、春申益乎㊶？」曰：「上失其政，姦臣竊國命，何其益乎？」

㈧王以文信侯奉先王功大，不忍誅。

【今註】㈠桓、蒲：垣在今山西垣曲縣西二十里；蒲在今山西省隰縣東北。㈡衍氏：在河南鄭縣北三十里。㊂舍人：呂不韋之門客。下言「舍人罪輕者徙蜀」亦指嫪毐之門客，與漢以後舍人之為官名者不同。㊃嫪毐：嫪音老，毐音外。㊄矯：詐用。㊅蘄年宮：蘄年宮為秦惠公所起，在雍。㊆夷毐三族：滅嫪毐之三族。三族為父族、母族與妻族。㊇車裂：古代之酷刑，將人體分繫於數車上而曳裂之。㊈滅宗：滅其宗族全體。㊉萯陽宮：秦文王所起，在雍。萯音倍。⑪上謁：通名求見。⑫若：你。⑬邑子：同邑人。⑭趣召鑊烹之：胡三省曰：「鑊、吳人謂之鍋。」速用鍋來烹煮他。⑮口正沫出：口中流涎，形容其憤怒。⑯陛下：對天子之尊稱，意為不敢對天子直言，謂其階陛下之執事人轉達。⑰假父：指嫪毐。⑱囊撲：用囊盛入而撲殺之。⑲解衣伏質：胡三省曰：「質與鑕同，鐵椹也。」伏質以備受腰斬。⑳受事：接受所教之事。㉑王自駕虛左方：王親自駕車，空出左方坐位，因左方為尊者所座。㉒已而謁歸：不久就謁見春申君請假歸。㉓故失期而還：故意較原約時日晚回。㉔聘入乎：已下聘幣否？㉕貴幸：貴是尊貴，幸是為所親愛。㉖今君相楚二十餘年：胡三省曰：「周赧王五十二年，楚以春申君為相，至是二十餘年。」按以黃歇為相事見卷五周赧王五十二年㈡。㉗非徒然也：不但如此。㉘謹舍：胡三省曰：「謹舍者，別為館舍，以居之，幸衞甚謹也。」㉙無望之福：意料不到之福氣。㉚無望之世：生死無常之世。㉛事無望之主：事奉喜怒不節之主。古望、妄兩字通，無望即無妄。㉜無望之人：事前未料到能得幫助之人。㉝旦暮薨：早晚就要死。㉞仇：仇敵。㉟據權：佔據政權。㊱郎中：《漢書・百官表》：「郎掌門戶，出充車騎，有議郎、中郎、傳郎、侍中。」胡三省曰：「韓信曰：『吾事項王，官不過郎中，位不過執戟。』蓋戰國時置此官。」㊲足下置之：你不必過問此事。㊳亡：出奔。㊴棘門：《史記正義》曰：「棘門，壽春城門名。」㊵俠：同夾。㊶益乎：有利益於其國否？此節見《法言》卷十一〈淵騫篇〉。

十年（西元前二三七年）

㈠冬，十月，文信侯免相，出就國㈠。宗室大臣議曰：「諸侯人來仕者，皆為其主遊閒耳㈡，請一切逐之。」於是大索逐客㈢。客卿楚人李斯亦在逐中，行，且上書曰：「昔穆公求士，西取由余於戎㈣，東得百里奚於宛㈤，迎蹇叔於宋㈥，求丕豹、公孫支於晉㈦，幷國二十，遂霸西戎。孝公用商鞅之法，諸侯親服，至今治彊。惠王用張儀之計，散六國之從㈧，使之事秦。昭王得范睢㈨，彊公室，杜私門。此四君者㈩，皆以客之功。由此觀之，客何負於秦哉⑪！夫色⑫、樂、珠玉不產於秦，而王服御⑬者眾；取人則不然，不問可否，不論曲直，非秦者去，為客者逐。是所重者在乎色、樂、珠玉，而所輕者在乎人民也。臣聞太山不讓⑭土壤，故能成其大，河海不擇細流，故能就其深⑮，王者不卻眾庶，故能明其德。

此五帝三王之所以無敵也。今乃棄黔首⑯以資⑰敵國，卻賓客以⑱業諸侯，所謂藉寇兵齎盜糧⑲者也。」王乃召李斯，復其官，除逐客之令。李斯至驪邑⑳而還。王卒用李斯之謀，陰㉑遺辯士㉒，齎金玉，遊說諸侯。諸侯名士，可下以財者，厚遺結之，不肯者利劍刺之。離其君臣之計，然後使良將隨其後，數年之中卒兼天下。

【今註】 ㈠出就國：文信侯離秦而至其封國，國在今河南省洛陽。㈡皆為其主遊閒耳：皆為其國君來遊說，使秦國君臣不和。㈢大索逐客：大搜索當逐出境之外人。㈣西取由余於戎：戎王遣由余使秦，秦穆公送戎王女樂而留由余。由余諫戎王，不聽，因降秦。助秦伐戎，并國十二。㈤東得百里奚於宛：百里奚原虞大夫，晉獻公滅虞時擄以為媵於秦。百里奚逃至宛，秦穆公贖之於楚而加以重用。按贖百里奚之說似始自戰國時。㈥迎蹇叔於宋：蹇叔為百里奚之友，時在宋。百里奚推薦於穆公「遂迎歸，使為上大夫。」㈦求丕豹、公孫支於晉：丕豹、公孫支均晉人。豹父丕鄭為晉惠公所殺，因而奔秦。公孫支即子桑，曾薦孟明於穆公。以上事皆見《史記》。㈧散六國之從：從即縱，張儀之「連橫」使六國原有之「合縱」解體。㈨昭王得范睢，彊公室，杜私門：以上商鞅、張儀、范睢各事皆見前各卷。㈩此四君者：穆公、孝公、惠王、昭王。⑪客何負於秦哉：客卿有何對不起秦之處？⑫色：女色。⑬服御：使用。⑭不讓：不拒絕。⑮就其深：造成它之深度。⑯黔首：

《說文》：「秦稱百姓為黔首。」⑰資：供給敵國用。⑱業：供給使得成功業。⑲藉冠兵齎盜糧：藉即借，借兵予賊寇，送糧食予強盜。⑳驪邑：古驪戎國，在今陝西省臨潼縣東北驪山之下。㉑陰：暗中。㉒辯士：戰國時重辯士，專以巧言獲得勝利。

十一年（西元前二三六年）

㈠趙人伐燕，取貍陽㊀。兵未罷，將軍王翦、桓齮、楊端和伐趙，攻鄴，取九城；王翦攻閼與㊁、轑陽㊂；桓齮取鄴，安陽。

㈡趙悼襄王薨，子幽繆王遷立。其母倡也，嬖㊃於悼襄王，悼襄王廢嫡子嘉㊄而立之。遷素以無行㊅聞於國。

㈢文信侯就國㊆歲餘，諸侯賓客使者相望於道請之。王恐其為變㊇，乃賜文信侯書曰：「君何功於秦？封君河南食十萬戶。何親於秦？號稱仲父。其與家屬徙處蜀。」文信侯自知稍侵㊈，恐誅。

【今註】㊀貍陽：胡三省曰：「戰國策：『燕昭王攻齊陽城及貍』竊意貍即貍陽也。其地當在燕齊境上。」㊁閼與：在今山西省和順縣西北。㊂轑：在今山西省遼縣。㊃安陽：胡三省曰：「鄴縣有安陽城。」按即今安陽縣。嬖：愛幸。㊄廢嫡子嘉：正式結婚之妻為嫡夫人，嫡夫人之子為嫡子。

嘉嫡子名。㈥無行：品行惡劣。㈦就國：至其封國洛陽。㈧變：叛變。㈨稍侵：漸漸受到迫害。

十二年（西元前二三五年）

㈠文信侯飲酖㈠死，竊葬。其舍人臨㈡者皆逐遷之，且曰：「自今以來㈢操國事㈣不道如嫪毐不韋者，籍其門㈤，視此㈥。」

揚子法言曰：「或問呂不韋其智矣乎？以人易貨㈦。」曰：「誰謂不韋智者歟！以國易宗㈧。呂不韋之盜，穿窬㈨之雄乎！穿窬也者，吾見擔石矣，未見雒陽也㈩。」

㈡自六月不雨至於八月。

㈢發四郡兵助魏伐楚。

【今註】㈠酖：胡三省曰：「鴆鳥出南方，噉蝮蛇，以其羽置酒中飲之立死。」㈡臨：眾聚哭。㈢自今以來：從今以後。㈣操國事不道：主持國家政事不合正道者。㈤籍其門：籍、簿書。籍其門言將其家之人口，財產，皆登記於簿上，收歸國有。㈥視此：以此為例。㈦以人易貨：呂不韋出千金，使異人得立為太子，及莊襄王即位，不韋遂為相國，事見卷五赧王五十八年㈡及本卷莊襄王㈠。㈧以國易宗：先封國洛陽，而後宗族被竄逐，是換其宗族。㈨穿窬：窬、牆也。穿牆之人即小竊。

⑩穿窬也者，吾見擔石矣，未見雒陽也：胡三省曰：「擔亦作儋，齊人謂小罌為儋。」儋石皆只能盛小物，言不韋只注意盛小物之器，而失其洛陽大封邑。以上文見《法言》卷十一〈淵騫篇〉。

十三年（西元前二三四年）

㈠桓齮伐趙，敗趙將扈輒於平陽㊀。斬首十萬，殺扈輒。趙王以李牧為大將軍，復戰於宜安㊁、肥下㊂，秦師敗績，桓齮犇㊃還。趙封李牧為武安君。

【今註】㊀平陽：按後漢鄴縣有平陽城，鄴縣即今河南省臨漳縣。㊁宜安：《括地志》曰：「宜安故城在常山藁城縣西南二十五里。」㊂肥下：春秋時肥子國，在今河北省藁縣西南肥纍城。㊃犇：即奔字。

十四年（西元前二三三年）

㈠桓齮伐趙，取宜安、平陽、武城㊀。韓王納地効璽㊁、請為藩臣㊂，使韓非來聘㊃。韓非者、韓之諸公子也，善刑名灋術㊄之學，見韓之削弱，數以書干㊅韓王，王不能用。於是韓非疾㊆治國不務求人任賢，反舉浮淫之蠹〔八〕而加之功實之上，寬則寵名譽之人〔九〕，急則用介胄之士〔一〇〕，所養非所用，所用非所養，悲廉直不容於邪枉之臣〔一一〕，觀往者得失之變，作孤憤、五蠹、內外儲、說林、說難五十六篇，十餘萬言〔一二〕。王聞其賢欲見之。非為韓使於秦，因上書說王曰：「今秦地方數千里，師名百萬，號令賞罰，天下不如。臣昧死願望見大王，言所以破天下從之計〔一三〕。大王誠聽臣說，一舉〔一四〕而天下之從不破，趙不舉，韓不亡，荊魏不臣，齊燕不親，霸王之名不成，四鄰諸侯不朝，大王斬臣以徇國〔一五〕，以戒為王謀不忠者也。」王悅之，未任用。李斯嫉之曰：「韓非、韓之諸公子也。今欲并諸侯，非終為韓，不為秦〔一六〕，此人情也。今王不用，久留而歸之，此自遺患也。不如以灋誅之。」王以為然，下吏治非。李斯使人遺非藥，令早自殺。韓非欲自陳〔一七〕，不得見。王後悔，使人赦之，非已死矣。

揚子灋言曰：「或問韓非作說難之書，而卒死乎說難，敢問何反也〔一八〕？」曰：「說難蓋其所以死乎！」曰：「何也？君子以禮動，以義止，合則進，否則退，確乎不憂其不合也(一九)。夫說人而憂其不合，則亦無所不至矣！」或曰：「非憂說之不合，非邪(二〇)？」曰：「說不由道，憂也，由道而不合，非憂也。」

臣光曰：「臣聞君子親其親以及人之親，愛其國以及人之國，是以功大名美而享有百福也。今非為秦畫謀，而首欲覆其宗國，以售其言(二一)。罪固不容於死矣(二二)。烏足愍哉(二三)！

【今註】 ㈠武城：後漢郡國志鄴縣有武城。鄴縣在今河南省臨漳縣西。㈡效璽：璽、王之印。古時璽與印同，但《左傳》已有「璽封」之言，是璽漸為君所專用，王秦遂有傳國璽。獻璽即等於交出國家之統治權。㈢藩臣：藩屬之臣。㈣聘：諸侯派大夫至他國拜訪曰聘。㈤刑名灋術：灋古法字。臣瓚曰：「術數謂法制治國之術也。」《漢書・藝文志》有法家。㈥干：上書請求或建議。㈦疾：憎惡。㈧蠹：蟲名，以喻害人民之政，其類有五，故曰五蠹。㈨名譽之人：有好名譽之人。㈩介胄之士：介胄之士是武士。(一一)悲廉直不容於邪枉之臣：廉潔正直之人，為不正之小人所不容。(一二)孤憤、五蠹、內外儲、說林、說難五十六篇，十餘萬言：自〈孤憤〉至〈說難〉均《韓非子》篇名。(一三)一舉：一實行。(一四)破天下從之計，破六國合縱以抗秦之計謀。(一五)徇國：殺人以警戒於國。(一六)非終為韓不為秦：韓非終久是助韓不助秦。(一七)自陳：自己去解釋明白。(一八)敢問何反也：胡三省曰：

「知說之難而卒死於說，是何其所行與所言反也。」㊈確乎不憂其不合也：不合則退，因此確實不須憂慮有不合之處。㊉非憂說之不合，非耶：按上「非」字指韓非、下「非」字是是非之非。㊁以售其言：專為達到其言之能被接受。㊂罪固不容於死矣：他之罪甚重，不是一死就可說已被罰懲。㊂烏足愍哉：有何值得為人可憐。

十五年（西元前二三二年）

㈠王大興師代趙，一軍抵鄴，一軍抵大原，取狼孟、番吾，遇李牧而還。

㈡初燕太子丹嘗質於趙，與王善。王即位，丹為質於秦，王不禮焉㊀。丹怒，亡歸。

【今註】㊀王不禮焉：王不以禮招待燕太子丹。表示輕視。

十六年（西元前二三一年）

㈠韓獻南陽地㊀。九月，發卒受地於韓。

㈡魏人獻地。

(三)代地震，自樂徐以西，北至平陰㈡，臺屋牆垣太半㈢壞，地坼㈣東西百三十步。

【今註】㈠南陽地：胡三省曰：「此漢南陽郡之地，時秦、楚、韓分有之。」按南陽郡非黃河北之南陽，後者久已為秦所據。㈡樂徐、平陰：胡三省曰：「史記正義曰：『樂徐在晉州，平陰在汾州。』余謂上書代地震，則樂徐平陰皆代地也；烏得在晉汾二州界？」㈢天半：一半以上。㈣坼：地裂開。

十七年（西元前二三〇年）

(一)內史勝滅韓，虜韓王安，以其地置潁川郡㈡。

(二)華陽太后薨。

(三)趙大饑。

(四)衛元君薨，子角立。

【今註】㈠潁川郡：胡三省曰：「韓至是而亡。潁川郡治陽翟縣，在今河南省禹縣。」

十八年（西元前二二九年）

㈠王翦將上地兵下井陘㊀，端和㊁將河內兵伐趙。李牧、司馬尚禦之。秦人多與趙王嬖臣㊂郭開金，使毀㊃牧及尚，言其欲反。趙王使趙葱及齊將顏聚代之。李牧不受命，趙人捕而殺之，廢司馬尚。

【今註】㊀井陘：在今河北省井陘縣北。㊁端和：胡三省曰：「端和即楊端和，此逸楊字。」㊂嬖臣：寵幸之臣。㊃毀：進讒言、毀謗。

十九年（西元前二二八年）

㈠王翦擊趙軍，大破之，殺趙葱，顏聚亡，遂克邯鄲㊀，虜趙王遷。王如㊁邯鄲，故與母家有仇怨者，皆殺之。還從太原上郡歸。

㈡太后薨。

㈢王翦屯中山以臨燕㊂，趙公子嘉帥㊃其宗數百人犇代，自立為代王。趙之亡大夫㊄稍稍歸之，與燕合兵軍上谷㊅。

㈣楚幽王薨，國人立其弟郝。三月，郝庶兄負芻殺之，自立。

㈤魏景湣王薨，子假立。

(六)燕太子丹怨王，欲報之(七)，以問其傅鞫武。鞫武請西約三晉，南連齊楚，北媾匈奴(八)以圖(九)秦。太子曰：「太傅之計曠日彌久(一〇)，令人心惽然(一一)，恐不能須也(一二)。」頃之(一三)，將軍樊於期得罪，亡之燕(一四)，太子受而舍之(一五)。鞫武諫曰：「夫以秦王之暴而積怒於燕，足為寒心(一六)，又況聞樊將軍之所在乎？是謂委肉當餓虎之蹊也(一七)。願太子疾(一八)遣樊將軍入匈奴。」太子曰：「樊將軍窮困於天下，歸身於丹，是固丹命卒之時也(一九)。願更慮之。」鞫武曰：「夫行危以求安(二〇)，造禍以為福，計淺而怨深(二一)，連結一人之後交，不顧國家之大害，所謂資怨而助禍(二二)矣！」太子不聽。

太子聞衞人荊軻之賢，卑辭厚禮(二三)而請見之，謂軻曰：「今秦已虜韓王，又舉兵南伐楚，北臨趙，趙不能支秦，則禍必至於燕。燕小弱數困於兵，何足以當秦？諸侯服秦，莫敢合從。丹之私計，愚以為誠得天下之勇士使於秦，劫秦王，使悉反諸侯侵地(二四)，若曹沫之與齊桓公(二五)，則大善矣，不可，則因而刺殺之。彼大將擅兵於外(二六)，而內有亂，則君臣相疑。以其閒(二七)，諸侯得合從，其破秦必矣。唯荊卿留意焉。」荊軻許之。於是舍荊卿於上舍㉘，太子日造門下，所以奉養荊軻無所不至。及王翦滅趙，太子聞之懼，欲遣荊軻行。荊軻曰：「今行而無信㉙，則秦未可親也。誠得樊將軍首與燕督亢之地圖㉚，奉獻秦王，秦王必說㉛，見臣，臣乃有以報。」太子曰：「樊將軍窮困來歸丹，丹不忍也！」荊軻乃私見樊於期曰：「秦之遇㉜將軍可謂深矣，父母宗族皆為戮沒，今聞購將軍首金千斤，邑萬家，將奈何？」於期太息流涕曰：「計將安出？」荊卿曰：「願得將軍之首以獻秦王，秦王必喜而見臣，臣左手把其袖，右手揕㉝其胸，則將軍之仇報，而燕見陵㉞之愧除矣！」樊於期曰：「此臣之日夜切齒腐心也㉟！」遂自刎。太子聞之，犇往伏哭，然已無奈何，遂以函㊱盛其首。太子豫求㊲天下之利匕首，使工以藥焠之㊳，以試人，血濡縷㊴，無不立死者。乃裝為遣荊軻，以燕勇士秦舞陽為之副，使入秦。

【今註】㊀遂克邯戰：攻佔趙都邯鄲，邯鄲音寒丹。㊁如：往。㊂屯中山以臨燕：中山，戰國時國名，為趙武靈王所滅，在今河北省中部偏西地，定縣祁縣等均屬其舊地。屯兵中山以壓迫燕國。

㊃帥：率領。㊄亡大夫：逃亡他處之官吏。㊅軍上谷：駐軍於上谷。胡三省曰：「燕地、秦置上谷郡。」按上谷郡治沮陽，在今察哈爾省懷來縣南。㊆報之：報復。㊇北媾匈奴：北方與匈奴連和。㊈圖：圖謀。㊉曠日彌久：曠、空遠。彌、長久。謂空費許多時日，延擱過久。⑪令人心惛然：惛同昏，使人心中煩悶。胡三省曰：「余謂然字句絕。」今從其說。⑫恐不能須也：恐怕不能再等待。⑬頃之：不久。⑭將軍樊於期得罪，亡之燕：樊於期，秦將，得罪於秦而逃亡之燕。⑮受而舍之：舍，動詞。接受並招待他住於館舍中。⑯足為寒心：足使人驚懼而戰慄。⑰委肉當餓虎之蹊也：蹊、小路。將肉置於餓虎經過之小路上，是必為虎所食。⑱疾：立刻。⑲命卒之時也：捨棄性命之時，言當盡死以保匿他。⑳行危以求安：希望行危險的事中，求得平安。㉑計淺而怨深：計謀膚淺而所獲怨甚深。㉒資怨而助禍：求得怨恨，並助長禍患。㉓卑辭厚禮：此謙虛懇求並備重禮。㉔使悉反諸侯侵地：反同返。使他將以前佔領各國土地皆各還原國。㉕曹沫：魯人，魯莊公與齊桓公會於柯，曹沫執匕首刼桓公，桓公乃許盡歸魯之侵地，見《史記・刺客傳》。《左傳》《穀梁傳》皆作曹劌，《左傳》亦未記此事。㉖擅兵於外：率領軍隊在國外。㉗閒：同間，指君臣間之嫌忌。㉘舍荊卿於上舍：招待荊軻住在上等館舍中。㉙無信：無使秦王相信之證據。㉚督亢：古地名、戰國時燕國最肥沃的地方，當現今河北省定興，新城、固安各縣平衍之區。㉛說：同悅。㉜遇：對待。㉝揕：用劍刺敵人之胸。㉞陵：同淩，受到的侮辱欺負。㉟切齒腐心：因恨怒而上下齒相磨擦為切齒，心因恨事之折磨而致腐爛為腐心，形容憤怒已極。㊱函：匣子，以盛物者。㊲豫求：預先求

得。㉘焠之：鑄刀劍時先燒然後將其浸於水或液中為焠。㉙濡縷：縷、布絲。濡：沾濕。濡縷，方能將布絲沾濕。

卷七 秦紀二

司馬光 編集
林瑞翰 註

起閼蓬閹茂，盡玄黓執徐，凡十九年。（甲戌至壬辰，西元前二二七年至西元前二〇九年）

始皇帝下

二十年（西元前二二七年）

㈠荊軻至咸陽㈠，因王寵臣蒙嘉，卑辭以求見。王大喜，朝服，設九賓㈡而見之。荊軻奉圖而進於王，圖窮而匕首見㈢，因把王袖而揕㈣之，未至身，王驚起，袖絕。荊軻逐王，王環㈤柱而走，羣臣皆愕，卒㈥起不意，盡失其度。而秦灋，羣臣侍殿上者，不得操㈦尺守之兵㈧。左右以手共搏㈨之，且曰：「王負劍㈩！負劍！」王遂拔以擊荊軻，斷其左股。荊軻廢，乃引匕首擿⑾王，中銅柱，自知事不就⑿，罵曰：「事所以不成者，欲生刼之，必得約契以報太子也⒀。」遂體解⒁四荊軻以徇⒂。王於是大怒，益⒃發兵詣⒄趙，就王翦以伐燕，與燕師、代師戰於易水之西，大破之。

【今註】㊀咸陽：秦都，故城在今陝西省咸陽縣東。㊁九賓：韋昭曰：「九賓、周禮九儀也。」九儀謂公、侯、伯、子、男、孤、卿、大夫、士。《史記索隱》曰：「周禮大行人，別九賓，謂九服之賓客也。列士傳云，設九牢也。」劉伯莊云：「九賓者、周王之備禮。天子臨軒，九服同會，秦何得九服？但亦陳設車輅文物耳！」劉敞曰：「賓謂傳擯之擯。九賓，擯者九人。」按：九賓一辭，雖出《周禮》，但歷代制度或有不同。凡設文物大備，即謂九賓，亦即大朝會之儀，不必援古書為證，劉伯莊說是。㊂見：續曰現。㊃揕：刺也。㊄環：圍繞。㊅卒：讀曰猝。㊆操：握持。㊇兵：武器。㊈搏：徒手奮擊。㊉王負劍：負即背負之負，負劍即背劍。秦王佩劍長，惶急之際，不可立拔，臣下欲王推劍於背拔之，令易出鞘，故曰王負劍。⑪擿：同擲。⑫就：成功。⑬欲生刼之，必得約契以報太子也：荊軻此語，略謂欲效曹沫之刼桓公，使秦王盡歸燕之侵地。曹沫，秦秋魯國人，事魯莊公，有戰績，齊師伐魯，沫三戰三敗；莊公獻遂邑之地以和，與齊桓公盟於柯。曹沫執匕首刼桓公，令齊盡歸魯之侵地，見《史記・刺客列傳》。⑭體解：分解其肢體。⑮徇：示眾。⑯益：多。⑰詣：往。

二十一年（西元前二二六年）

㈠冬，十月，王翦拔薊㊀，燕王及太子率其精兵東保遼東，李信急追之。代王嘉遺燕王書，令殺太子丹以獻。丹匿衍水㈡中，燕王使使斬丹，欲以獻王，王復進兵攻之。

㈡王賁㈢伐楚，取十餘城。王問將軍李信曰：「吾欲取荊㈣，於將軍度幾何人而足㈤？」李信曰：「不過用二十萬。」王以問王翦，王翦曰：「非六十萬人不可。」王曰：「王將軍老矣！何怯也！」遂使李信、蒙恬將二十萬人伐楚，王翦因謝病㈥歸頻陽㈦。

【今註】㈠薊：今河北省薊縣地。㈡衍水：《史記索隱》曰：「衍水在遼東。」㈢王賁：王翦之子。賁，音奔（ㄅㄣ）。㈣荊：荊即楚。始皇父莊襄王諱楚，故謂楚為荊。㈤於將軍度幾何人而足：度，預料。李宗侗按《漢書・叔孫通傳》：「二世召博士諸儒生問曰：『楚戍卒攻蘄入陳，於公何如？』」又〈張良傳〉：「具以酈生計告良曰：『於子房何如？』」與此句法相類似，蓋戰國秦漢間通用語。㈥謝病：引病辭職。㈦頻陽：故城在今陝西省富平縣東北。

二十二年（西元前二二五年）

㈠王賁伐魏，引河溝以灌大梁㈠。三月，城壞，魏王假降，殺之，遂滅魏。

王使人謂安陵君[二]曰：「寡人欲以五百里地易安陵。」安陵君曰：「大王加惠，以大易小，甚幸。雖然，臣受地於魏之先王，願終守之，弗敢易。」王義而許之。

(二)李信攻平輿[三]，蒙恬攻寢[四]，大破楚軍；信又攻鄢郢[五]，破之，於是引兵而西，與蒙恬會城父[六]。楚人因隨之，三日三夜，不頓舍[七]，大敗李信，入兩壁[八]，殺七都尉[九]，李信犇[一〇]還。王聞之，大怒，自至頻陽，謝王翦曰：「寡人不用將軍謀，李信果辱秦軍。將軍雖病，獨忍棄寡人乎？」王翦謝病不能將。王曰：「已矣，勿復言！」王翦曰：「必不得已用臣，非六十萬人不可。」王曰：「為聽將軍計耳！」於是王翦將六十萬人伐楚。王送至霸上[一一]，王翦請美田宅甚眾。王曰：「將軍行矣，何憂貧乎！」王翦曰：「為大王將，有功，終不得封侯，故及大王之嚮[一二]臣以請田宅，為子孫業耳！」王大笑。王翦既行，至關[一三]，使使還請善田者五輩。或曰：「將軍之乞貸[一四]，亦已甚矣！」王翦曰：「不然。王怚中[一五]而不信人，今空[一六]國中之甲士，而專委於我，我不多請田宅，為子孫業以自堅，顧⑰今王坐而疑我矣。」

【今註】㊀引河溝以灌大梁：《水經》云：「渠水出滎陽北河，東南流至浚儀縣。」注云：「始皇使王賁攻魏，斷故渠，引水東南出以灌大梁，因謂之梁溝。」按大梁即漢之浚儀，故城在今河南省開封縣西北。㊁安陵君：魏襄王封其弟於安陵，號稱安陵君。安陵一名鄢陵，故城在今河南省鄢陵縣西北。㊂平輿：即漢之平輿縣，故城在今河南省汝南縣東南。㊃寑：漢為寑縣，故城在今河南省沈丘縣東南。㊄鄢郢：胡三省曰：「此鄢郢，非楚故都之鄢郢也。楚故都為白起所取，秦已置南郡。據楚都壽春，以壽春為郢，則其前自郢徙陳，亦必以陳為郢矣。然則此郢，乃陳也。鄢即潁川之鄢陵，與平輿、城父皆相近。或曰，鄢郢當作鄢陵。」按古陳國，都宛丘，故城在今河南省淮陽縣。㊅城父：即漢之城父縣，故城在今安徽省亳縣東南。㊆頓舍：止息。㊇壁：軍壘。㊈都尉：胡三省曰：「此郡都尉，將兵從伐楚者也。秦列郡有守、有尉、有監，然秦漢之制，行軍亦自有都尉。」㊉犇：古奔字。⑪霸上：亦作灞上，又稱霸頭，即白鹿源，地居霸水之上，故名。其地在今陝西省長安縣東。⑫嚮：委任之意。⑬王翦既行，至關：胡三省曰：「此當是出武關也。」按武關為秦、楚交通孔道，胡說是。⑭乞貸：求物於人。⑮怚中：中心疑忌而任人不專。怚音粗（ㄘㄨ）。⑯空：盡出。⑰顧：反。

二十三年（西元前二二四年）

㈠王翦取陳以南至平輿。楚人聞王翦益軍而來，乃悉國中兵㈠以禦之，王翦堅壁不與戰。楚人數挑戰㈡，終不出。王翦日休士洗沐，而善飲食撫循㈢之，親與士卒同食。久之，王翦使人問軍中戲乎？對曰：「方投石超距㈣。」王翦曰：「可用矣。」楚既不得戰，乃引而東，王翦追之，令壯士擊，大破楚師，至蘄南㈤，殺其將軍項燕㈥，楚師遂敗走。王翦因乘勝略定城邑。

【今註】㈠悉國中兵：悉：盡；盡出國中之兵。㈡挑戰：激怒敵人以求戰。㈢撫循：安慰。㈣投石超距：投石，謂以石投遠以擊物；超距，謂跳躍使距超地而騰起。秦軍休養既久，精力充沛，故以投石超距為戲。㈤蘄南：蘄縣之南。蘄縣故城在今安徽省宿縣南。㈥項燕：項梁之父。

二十四年（西元前二二三年）

㈠王翦、蒙武虜楚王負芻，以其地置楚郡㈠。

【今註】㈠以其地置楚郡：胡三省曰：「按秦三十六郡無楚郡，此蓋滅楚之時暫置耳，後分為九江、鄣、會稽三郡。」按王先謙說，鄣郡乃楚漢之際所分置，亦非秦郡。

二十五年（西元前二二二年）

㈠大興兵，使王賁攻遼東，虜燕王喜。

臣光曰：「燕丹不勝一朝之忿，以犯虎狼之秦，輕慮淺謀，挑怨速禍，使召公之廟，不祀忽諸㈠，罪孰大焉！而論者或謂之賢，豈不過哉！夫為國家者，任官以才，立政以禮，懷民以仁，交鄰以信。是以官得其人，政得其節，百姓懷其德，四鄰親其義。夫如是則國家安如磐石㈡，熾如焱火㈢，觸之者碎，犯之者焦，雖有彊暴之國，尚何足畏哉？丹釋此不為，顧㈣以萬乘之國，決匹夫之怒，逞盜賊之謀，功隳身戮，社稷為墟，不亦悲哉！夫膝行蒲伏㈤，非恭也；復言重諾㈥，非信也；糜㈦金散玉，非惠也；刎首決腹㈧，非勇也。要之，謀不遠而動不義，其楚白公勝㈨之流乎！荊軻懷其豢養㈩之私，不顧七族，欲以尺八匕首，彊燕而弱秦，不亦愚乎？故揚子論之，以要離為蛛蝥之靡㈡，聶政為壯士之靡，荊軻為刺客之靡，皆不可謂之義[一二]。又曰：『荊軻，君子盜諸[一三]。』善哉！」

㈡王賁攻代，虜代王嘉[一四]。

㈢王翦悉定荊、江南地，降百越[一五]之君，置會稽郡[一六]。

㈣五月，天下大酺[一七]。

㈤初，齊君王后[一八]賢，事秦謹，與諸侯信，齊亦東邊海上[一九]，秦日夜攻三晉[二〇]、燕楚，五國各自救，以故齊王建立四十餘年，不受兵。及君王后且死，戒王建曰：「羣臣之可用者某。」王曰：「請書之。」君王后曰：「善。」王取筆牘受言，君王后曰：「老婦已忘矣。」君王后死，后勝[二一]相齊，多受秦間金[二二]，賓客入秦，秦又多與金，客皆為反間，勸王朝秦，不脩攻戰之備，不助五國攻秦，秦以故得滅五國。齊王將入朝，雍門[二三]司馬前曰：「所為立王者，為社稷耶？為王耶？」王曰：「為社稷。」司馬曰：「為社稷立王，王何以去社稷而入秦[二四]？」齊王還車而反。即墨大夫聞之，見齊王曰：「齊地方數千里，帶甲數百萬。夫三晉大夫，皆不便秦而在阿、甄[二五]之閒者百數。王收[二六]而與之百萬人之眾，使收三晉之故地，即臨晉之關，可以入矣㉗；鄢郢大夫㉘，不欲為秦而在城南下㉙者百數，王收而與之百萬之師，使收楚故地，即武關可以入矣㉚。如此，則齊威可立，秦國可亡，豈特保其國家而已哉！」齊王不聽。

【今註】㊀忽諸：奄忽而亡。㊁磐石：石之底部平大如盤者，亦作盤石，喻國基穩固。㊂焱火：焱，火花，音豔（一ㄢˋ）。喻國勢熾盛。㊃顧：反。㊄膝行蒲伏：膝行，謂屈膝跪行；蒲，謂以手著地爬行；伏，謂俯身伏地；皆恭敬之貌。㊅復言重諾：復言，謂言必信而可復；重諾，謂重然諾。㊆糜：耗散。㊇決腹：以刀切腹，令內臟流出而死。㊈白公勝：楚平王之孫，太子建之子。建得罪於平王，出奔而死於鄭，勝乃奔吳，引吳師入郢，殺叔父子西、子期，雖報父讎而卒亡其國。㊉豢養：養豕曰豢。豢養，喻若人之養犧牲，非愛之，將殺之。⑪以要離為蛛蝥之靡：要離，吳人，為吳王闔閭刺殺慶忌；靡，謂披靡而死。此言其力不足，譬如蜘蛛之蝥毒於人而自靡死。蛛蝥即蜘蛛，胡三省曰：「方言自關以西，秦晉之間，謂之鼄蝥：趙魏之間，謂之鼅鼄。」蝥，音矛（ㄇㄠˊ）。⑫皆不可謂之義：按揚子以為要離、聶政、荊軻三人之死，皆非君親之難、君子所不為，故曰不可謂之義。以上取意自揚子《法言・淵騫篇》。⑬荊軻，君子盜諸：此語亦出《法言・淵騫篇》。吳秘曰：「荊軻，以君子之道類之，則盜爾！」⑭虜代王嘉：嘉奔代，見上卷秦始皇帝十九年，至是趙亡。㉕百越：越人種落眾多，各置君長，不相統屬，故稱百越。㉖會稽郡：治吳縣，故城即今江蘇省吳縣。㉗大酺：令天下民合聚飲食以為樂。㉘君王后：齊太史敫之女，齊襄王之后。㉙東邊海上：言齊地極東，邊於海，不與秦國接壤，故得不受兵革。㉚三晉：韓、趙、魏皆故晉地，統稱三晉。㉛后勝：姓后名勝。按姓譜，后本作郈，其後去邑，遂作后。㉜間金：以金賂敵，離其君臣，令為反間，故曰間金。因敵方之間諜，令其於不如不覺之中，反為我用，是為反間。㉝雍門：杜預曰：「雍門，齊城門也。」㉞王何以去社稷而入秦：此語蓋取《孟子》民為貴，社稷次之，君為輕之義。王之所立，既為社稷，自不能去社稷而自為身計。去，離也，棄也。㉟阿、甄：胡三省曰：「甄當作鄄」。按阿即春秋齊之柯邑，戰國時曰阿邑，秦時謂之東阿，故城在今山東省穀陽縣東北。鄄即春秋衛之鄄邑，漢置鄄城縣，故城在今山東省濮縣東。㊱收：撫集。㊲即臨晉之關，可以入矣：謂撫集三晉之兵，使自河東以攻秦，則可破秦之臨晉關。臨晉關亦稱蒲津關，故址在今陝西省朝邑縣東。㊳鄢郢大夫：鄢郢，楚都，故以鄢郢大夫泛稱亡楚之遺臣。㊴城南下：胡三省曰：「城南下，即南城之下也。南城，齊威王使檀子所守者。」按漢有南城縣，屬豫章郡，故城在今江西省南坡縣南，或即其地。㊵即武關可以入矣：言可使楚人自南陽入武關以攻秦。武關故址在今陝西省商縣東，戰國時為秦之南關。

二十六年（西元前二二一年）

㈠王賁自燕南攻齊，猝入臨淄，民莫敢格㊀者。秦使人誘齊王，約封以五百里之地，齊王遂降，秦遷之共㊁，處之松柏之閒，餓而死。齊人怨王建不早與諸侯合從，聽姦人、賓客，以亡其國，歌之曰：「松耶？柏耶？住建共者客耶？」疾建用客之不詳也㊂。

臣光曰：「從衡㊃之說，雖反覆百端，然大要合從者，六國之利也。昔先王建萬國，親諸侯，使之朝聘以相交，饗宴以相樂，會盟以相結者，無它，欲其同心勠力，以保家國也。曏使六國能以信義相親，則秦雖彊暴，安得而亡之哉？夫三晉者，齊楚之藩蔽，齊楚者，三晉之根柢，形勢相資，表裏相依。故以三晉而攻齊楚，自絕其根柢；以齊楚而攻三晉，自撤其藩蔽也。安有撤其藩蔽以媚盜，曰：「盜將愛我而不攻。」豈不悖哉！

㈡王初并天下，自以為德兼三皇，功過五帝㊄，乃更號曰皇帝㊅。命為制，令為詔㊆，自稱曰朕㊇，追尊莊襄王為太上皇㊈。制曰：「死而以行為謚，則是子議父，臣議君也，甚無謂。自今以來，除謚法，朕為始皇帝，後世以計數，二世、三世至於萬世，傳之無窮。」

㈢初，齊威、宣之時，鄒衍論著終始五德之運⑽。及始皇幷天下，齊人奏之，始皇采⑾用其說，以為周得火德，秦代周，從所不勝為水德，始改年⑿，朝、賀皆自十月朔⒀，衣服、旌、旄、節、旗皆尚黑⒁，數以六為紀⒂。

㈣丞相綰⒃言燕、齊、荊地遠，不為置王，無以鎮之，請立諸子。始皇下⒄其議，廷尉⒅斯曰：「周文、武所封子弟、同姓甚眾，然後屬疏遠，相攻擊如仇讎，周天子弗能禁止。今海內賴陛下神靈，一統，皆為郡縣，諸子功臣，以公賦稅重賞賜之，甚足易制，天下無異意，則安寧之術也，置諸侯不便。」始皇曰：「天下共苦戰鬥不休，以有侯、王，賴宗廟，天下初定，又復立國，是樹兵⒆也，而求其寧息，豈不難哉！廷尉議是。」分天下為三十六郡⒇，郡置守、尉、監㉑。收天下兵聚咸陽，銷以為鍾鐻㉒，金人㉓十二，重各千石，置宮庭中。一法度、衡、石、丈尺，徙天下豪桀於咸陽十二萬戶。諸廟及章臺㉔、上林㉕，皆在渭南。每破諸侯，寫放其宮室㈥，作之咸陽北阪㈦上，南臨渭，自雍門㈧以東至涇、渭㈨，殿屋、復道㈩、周閣相屬㈪，所得諸侯美人、鐘鼓以充入之。

【今註】㈠格：抗禦。㈡共：古國名，漢為共縣，故城即今河南省輝縣。㈢疾建用客之不詳也：言恨齊王建不詳審賓客之善否而濫用之，致使齊國滅亡。㈣從衡：南北聯合曰從，東西勾結曰衡。從，讀曰縱；衡，讀曰橫。㈤三皇五帝：按三皇五帝，其說不一，秦博士以天皇、地皇、泰皇為三皇，秦皇所採必以此說為主。至於五帝之說，《大戴禮》、《史記》均以黃帝、顓頊、帝嚳、堯、舜為五帝，此戰國通行之說，秦皇亦必採此。㈥乃更號曰皇帝：孔穎達曰：「帝者，諦也，言天蕩然無心，忘於物我，公平通遠，舉事審諦，故謂之帝也。帝號同天，名所莫加，而稱皇者，以皇是美大之名，言大於帝也。」㈦命為制，令為詔：天子之言，一曰制書，二曰詔書。制書，謂天子所頒制度之命。詔書，謂天子布告臣民之書。按秦以前，上下相告語，皆可謂之詔，如《周禮・春官・大宗伯》：「詔相王之大禮，」此君告臣之例；《莊子・盜跖篇》：「為人父者，必能詔其子，」此父告子之例；《左傳》成二年：「燮之詔也，」此同僚相告之例；《周禮・天官・大宰》：「以八柄詔王馭羣臣，」此臣告君之例。自秦漢以後，惟天子始得稱之。㈧自稱曰朕：古者君臣之間通稱朕，自始皇帝定制，唯天子獨稱之。兩漢而後，因而不改。㈨追尊莊襄王為太上皇：胡三省曰：「太上者，極尊之稱也。始皇自號始皇帝，故追尊莊襄王為太上皇。自漢高帝以尊太公，此後不復為追號。」⑩終始五德之運：金、木、水、火、土，謂之五德。鄒衍創五德相勝之說，謂土勝水，木勝土，金勝木，火勝金，水勝火，是為推五勝。五德運行，終而復始，是為終始五德之運。鄒衍以火流王屋，為周受命之符，且服色尚赤，故以為周得火德，秦代周，故以秦為水德。⑪采：古採字。⑫始改年：胡三省曰：「夏以建寅之月為歲首，殷以建丑之月為歲首，周以建子之月為歲首，今始皇以建亥之月為歲首，是改年也。」⑬朝、賀皆自十月朔：秦正建亥，故以十月為歲首，朝賀以十月朔。⑭衣服、旌、旄、節、旗皆尚黑：析羽注旄於竿首謂之旌。旄，旌旗竿飾，亦謂之幢，本用犛牛尾為之。節，使者所持以為信；編毛於竿以象竹節，故謂之節。始皇以水德屬北方，北方尚黑，故衣服、旌、旄、節、旗皆尚黑。⑮數以六為紀：胡三省曰：「水成數六，故以六為紀。」⑯丞相綰：丞相王綰。⑰下：自上付下。⑱廷尉：按《漢書・百官表》，廷尉，秦官，主聽獄訟。顏師古曰：「廷，平也。治獄貴平，故以為號。」⑲樹兵：樹謂培植；兵謂戰亂。⑳分天下為三十六郡：秦三十六郡，或秦故郡，或因六國之舊，或滅六國所置。至始皇二十六年，凡有郡三十六，茲為簡明起見，列表若下：

秦始皇帝二十六年所定三十六郡表

郡名	何國原置	置郡年代	舊為何國地	入秦年代
隴西郡	秦置		秦故封	
北地郡	秦置	秦昭襄王時	故戎境	秦昭襄王時
上郡	魏置		魏境	秦惠文王十年
漢中郡	楚置		楚境	秦惠文王後十三年
蜀郡	秦置	秦惠文王後十四年	故蜀國	秦惠文王後十四年
巴郡	秦置	秦惠文王後十四年	故巴國	秦惠文王後十四年
邯鄲郡	秦置	秦王政十九年	趙都	秦王政十九年
鉅鹿郡	秦置	秦王政二十三年	趙境	秦王政二十三年
太原郡	秦置	秦莊襄王三年	趙故都	秦莊襄王三年
上黨郡	韓置		本韓地，後入趙	秦莊襄王三年
雁門郡	趙置		趙境	秦王政十九年
代郡	趙置		故代國，後入趙	秦王政二十五年
雲中郡	趙置		趙境	秦王政十三年
九原郡	秦置		趙境	

河東郡	秦置	秦昭襄王二十一年	魏都	秦昭襄王二十一年
東郡	秦置	秦王政五年	魏境	秦王政二十二年
碭郡	秦置	秦王政二十二年	魏境	秦王政二十二年
三川郡	秦置	秦莊襄王九年	韓境	秦莊襄王九年
潁川郡	秦置	秦王政十七年	韓都	秦王政十七年
南郡	秦置	秦昭襄王二十九年	楚故都	秦昭襄王二十九年
黔中郡	楚置		楚境	秦昭襄王三十年
南陽郡	秦置	秦昭襄王三十五年	楚境	秦昭襄王三十五年
長沙郡	秦置	秦王政二十五年	楚境	秦王政二十五年
九江郡	秦置	秦王政二十四年	楚都	秦王政二十四年
泗水郡	秦置	秦王政二十四年	楚境	秦王政二十四年
薛郡	秦置	秦王政二十四年	楚境	秦王政二十四年
郯郡	秦置	秦王政二十四年	楚境	秦王政二十四年
會稽郡	秦置	秦王政二十五年	楚境	秦王政二十五年
齊郡	秦置	秦王政二十六年	齊都	秦王政二十六年
琅邪郡	秦置	秦王政二十六年	齊境	秦王政二十六年

漁陽郡	燕置		燕境	秦王政二十一年
廣陽郡	燕置		燕境	秦王政二十一年
右北平郡	燕置		燕境	秦王政二十五年
上谷郡	燕置		燕境	秦王政二十一年
遼東郡	燕置		燕境	秦王政二十五年
遼西郡	燕置		燕境	秦王政二十五年

㉑郡置守、尉、監：按《漢書‧百官表》，郡守掌治其郡；郡尉掌佐守，典武職甲卒；監御史掌監郡守。㉒鐻：同虡。虡者，所以懸鐘，橫架曰筍，直立曰虡。㉓金人：金人即銅人。古時以銅為兵器，故銷鑄以為銅人。㉔章臺：臺名。㉕上林：苑名，在長安西南。㉖寫放其宮室：葉昌熾曰：「韓非子：『衛靈公召師涓而告之曰：有鼓新聲者，其狀似鬼神，王為聽而寫之。』國語：『王命工以良金寫范蠡之狀。』史記秦始皇紀：『寫放其宮室，作之咸陽北阪上。』蘇秦傳：『宋王無道，為木人，皆寫寡人。』新序：『葉公子高好龍，鉤以寫龍，屋室雕文以寫龍。』周髀經：『笠以寫天。』以上諸書，顧氏日知錄舉以為寫字訓書之證，不知此非寫字，乃象字之駁文也。北朝造象，凡象字皆省筆作象，或變文作為，其形似寫，因而誤釋為寫字。」按放，謂依倣，寫當作象，謂象倣其宮室，葉氏說是。㉗咸陽北阪：徐廣曰：「在長安西北，漢武帝時別名渭城。」㉘雍門：徐廣曰：「雍

門，在高陵縣。」高陵縣故城在今陝西省高陵縣西南。《史記正義》曰：「在今岐州雍縣東。」雍縣故城在今陝西省鳳翔縣南。胡三省曰：「余按班志，高陵縣，屬左馮翊，左輔都尉治焉；雍縣，屬右扶風；二說相去何遠也！三輔黃圖曰：『長安城西出北頭第一門，曰雍門，本名西城門。』但長安本秦離宮，秦之咸陽，則漢扶風之渭城也。渭城與長安，相去雖不遠，然秦時長安，未有十二門也。豈作史者因漢之雍門而書之歟！」㉙涇、渭：胡三省曰：「涇、渭，言涇、渭之交也。」㉚復道：架木為閣，上下俱通行人，故謂之復道，又稱閣道。㉛屬：聯綴。音祝（ㄓㄨˋ）。

二十七年（西元前二二〇年）

㈠始皇巡隴西㊀、北地㊁，至雞頭山㊂，過回中㊃焉。

㈡作信宮㊄渭南，已更命曰極廟㊅。自極廟道通驪山，作甘泉㊆前殿。築甬道㊇自咸陽屬之。治馳道㊈於天下。

【今註】㊀隴西郡：秦治狄道，故城在今甘肅省臨洮縣東北。㊁北地郡：秦治義渠，故城在今寧夏省寧縣西北。㊂雞頭山：《後漢書・隗囂傳》：「王孟塞雞頭道。」章懷注云：「在原州高平縣西。」高平縣，北魏置，故城在今陝西省高平縣北。㊃回中：宮名。《括地志》云：「回中宮，在雍西四十里。」按其故址在今甘肅省固原縣境。㊄信宮：瀧川龜太郎曰：「信宮，即長信宮，在今咸陽縣境。」㊅已更命曰極廟：言作宮已成而更名之。索隱曰：「言為宮廟象天極，故曰極廟。天官書，中宮曰天極，是也。」㊆甘泉：《三輔黃圖》曰：「甘泉宮，一名雲陽宮。」又《關輔記》云：「林光宮，一曰甘泉宮，始皇造，在今池陽縣西。故甘泉山宮，周匝十餘里，漢武帝廣之，周十九里。」池陽故城在今陝西省涇陽縣西北。㊇甬道：兩旁築垣牆，中如街巷，可通行人，輸貨物，謂之甬道。㊈馳道：賈山曰：「秦為馳道於天下，東窮燕、齊，南極吳、楚，江湖之上、瀕海之觀畢至。道廣五十步，三丈而樹，厚築其外，隱以金椎，樹以青松。」應劭曰：「馳道，天子所行之道也。」孔穎達曰：「馳道，如今御道也，是君馳走車馬之處，故曰馳道。」

二十八年（西元前二一九年）

㈠始皇東行㊀郡縣，上鄒嶧山㊁，立召頌功業㊂。於是召集魯儒生七十人，至泰山下議封禪㊃，諸儒或曰：「古者封禪為蒲車㊄，惡傷山之土石草木，埽㊅地而祭，席用葅稭㊆。」議各乖異，始皇以其難施用，由此絀㊇儒生。而遂除車道，上自太山陽㊈，至顛，立石頌德，從陰㊉道下，禪於梁父。其禮頗采太祝㊁之祀雍上帝㊂所用，而封藏皆祕之，世不得而記也。於是始皇遂東游海上，行禮，祠名山、大川及八神⑬。始皇南登琅邪⑭，大樂之，留三月，作琅邪臺⑮，立石頌德，明得意。

初，燕人宋毋忌、羨門子高⑯之徒，稱有僊⑰道形解銷化⑱之術，燕、齊迂怪⑲之士，皆爭傳習之。自齊威王、宣王、燕昭王，皆信其言，使人入海，求蓬萊、方丈、瀛洲，云此三神山，在勃海中，去⑳人不遠，患且至，則風引船去。嘗有至者，諸僊人及不死之藥皆在焉。及始皇至海上，諸方士齊人徐市等爭上書言之，請得齊㉑戒，與童男女求之。於是遣徐市，發童男女數千人入海求之，船交㉒海中，皆以風為解㉓，曰：「未能至，望見之焉。」

始皇還過彭城㉔，齊戒禱祠，欲出周鼎泗水㉕。使千人沒水求之，弗得。乃西南渡淮水，之㉖衡山㉗南郡㉘，浮江，至湘山祠㉙。逢大風，幾不能渡。上問博士㉚曰：「湘君㉛何神？」對曰：「聞之堯女，舜之妻，葬此。」始皇大怒，使刑徒三千人，皆伐湘山樹，赭其山㉜。遂自南郡，由武關歸。

(二)初，韓人張良，其父祖以上，五世相韓㉝。及韓亡，良散千金之產，欲為韓報仇。

【今註】㊀行：巡視。㊁鄒嶧山：即鄒縣之嶧山，以其在鄒縣境，故曰鄒嶧山，在今山東省鄒縣東南。㊂立石頌功業：按始皇巡狩，立石頌德者凡七處，太史公載其六，獨嶧銘刻不載。王昶曰：「水經注：『始皇觀禮于魯，登此山，命李斯大篆勒銘山額，名曰書門。』太平寰宇記：『李斯所刻石嶺，名曰書門，始皇乘羊車登之，其路猶在，即刻石所也。原石久毀，世所傳，皆後人摹本。』」㊃封禪：築壇增高以祭天曰封：除地增廣以祭地為墠，後改墠為禪。晉《太康地記》曰：「為壇於泰山以祭天，示增高也，為墠於梁父以祭地，示廣也。」《白虎通》曰：「王者易姓而起，必升封於泰山之上者何？因高告高，順其類，故升封者，增高也；下禪梁父之基，廣厚也；刻石紀號者，著己之功迹以自勸也。」梁父，山名，為泰山之支阜，在今山東省泰安縣南，接新泰縣界。㊄蒲車：以蒲草裹輪。㊅埽：清除。亦作掃。㊆葅稭：葅，《漢書》作苴。苴，草名，可以織蓆。稭，草蓆。苴稭，謂以苴草織成之蓆。苴，音居（ㄐㄩ）。稭，音皆（ㄐㄧㄝ）。㊇絀：同黜，貶退而不用。㊈陽：山之南麓。㊉陰：山之北麓。⑪太祝：按《漢書・百官表》，奉常之屬，有太祝令、丞，本秦舊制，漢因之。⑫祀雍上帝：秦於雍立畤以祀天帝。畤，祭天之所。⑬八神：按〈封禪書〉，八神：一曰天主，祠天齊淵水；二曰地主，祠天山梁父；三曰兵主，祠蚩尤；四曰陰主，祠三山；五曰陽主，祠之罘山；六曰月主，祠之萊山；七曰日主，祠成山；八曰時主，祠琅邪。⑭琅邪：山名，在今山東省諸城縣東南。㉕琅邪臺：括《地志云》：「始皇立層臺於琅邪山上，謂之琅邪臺。」郭璞曰：「琅邪臨海邊，有山曰琅邪臺。越王句踐徙琅邪，作觀臺以望東海。」《史記・秦始皇本紀》曰：「徙黔首三萬戶琅邪臺下。」秦稱百姓為黔首。是始皇所作琅邪臺，係因越臺之舊也。㉖羨門子高：複姓羨門，名子高。㉗僊：古仙字。㉘形解銷化：言人老則銷解其形體，成仙而去。㉙迂怪：怪誕不經。㉚去：距離。㉛齊：讀曰齋。㉜交：往返。㉝以風為解：言為風所引而不得至以自解說。㉞彭城：故治即今江蘇省銅山縣。㉟欲出周鼎泗水：泗水，淮水之支流，流經彭城。沈家本曰：「按秦記，昭襄王五十二年，九鼎入秦。正義：『秦昭取九鼎，其一飛入泗水，餘八，入于秦中。』正義所稱，未知何本。始皇所求，蓋九鼎之一耳！水經泗水注，稱周顯王四十二年，九鼎淪沒泗淵，秦始皇使數千人沒水求之，不得。蓋據漢書郊祀志也。然赧王時，九鼎入秦，則顯王時無淪沒泗淵之事。愚按此亦一說，說又見封禪書。」㊱之：往。㊲衡山：《括地志》云：「衡山，一名岣嶁山。」按其主峯在今湖南省衡山縣西北。㊳南郡：治郢，故城在今湖北省枝江縣東南。㊴湘山祠：祀湘君之祠，一稱黃陵廟。祠在湘山之南，近湘水，故稱湘山祠。湘山即君山，一名黃陵山，在今湖南省湘潭縣北。㊵博士：按《漢書・百官表》，博士，秦官，掌通古今。漢為太常屬官。㊶湘君：湘水之神，相傳為唐堯之女，虞舜之妻。劉向《列女傳》云：「舜為天子，娥皇為后，女英為妃。舜陟方死於蒼梧，二妃死於江湘之間，俗謂之湘君。」按《列女傳》，娥皇、女英、皆唐堯之女。又〈離騷〉、〈九歌〉，既有湘君，又有湘夫人。韓愈以為娥皇為正妃，故曰君，女英為次妃，故但稱夫人。㊂赭其山：赤土曰赭，音者（ㄓㄜˇ）。始皇使人盡伐湘山樹，令其山但見赤土，不見草木，故曰赭其山。㊂五世相韓：漢書張良傳，良祖父開地，相韓昭侯，宣惠王、襄哀王；父平，相釐王及悼惠王，凡五世為韓相。

二十九年（西元前二一八年）

㈠始皇東游，至陽武博浪沙㊀中，張良令力士，操鐵椎狙擊㊁始皇，誤中副車㊂。始皇驚，求弗得，令天下大索㊃十日。始皇遂登之罘㊄，刻石，旋之瑯邪㊅，道上黨入㊆。

【今註】 ㊀博浪沙：按《寰宇記》，博浪沙在陽武縣東南五里。陽武故城在今河南省陽武縣東南。浪，《史記》作浪，《漢書》作狼。㊁狙擊：狙，獸名，善伏伺他物，乘隙而襲之。狙擊，言伏伺而擊之，如狙之伺物。㊂副車：即從車。《史記索隱》引〈漢官儀〉云：「天子有屬車，即副車，奉車郎御而從後。」胡三省曰：「余謂副，貳也。漢有五時副車，又在屬車之外。」㊃索：搜查。㊄之罘：山名，在今山東省福山縣東北。罘，音扶（ㄈㄨˊ）。㊅旋之琅邪：旋，即還字；之，往也。謂自之罘還往琅邪。秦琅邪郡，治東武，故治即今山東省諸城縣。㊆道上黨入：道，同由，言由上黨入關中。上黨郡，秦置，據有今山西省東南部之地。其地甚高，古有與天為黨之說，故稱上黨。漢治長子，故城在今山西省長子縣西。

三十一年（西元前二一六年）

㈠使黔首㊀自實田㊁。

【今註】㊀黔首：按《史記・始皇本紀》，二十六年，初幷天下，更名民曰黔首。孔穎達曰：「黔，黑也。凡民以黑巾覆頭，故謂之黔首。」㊁實田：計其田畝之數。

三十二年（西元前二一五年）

㈠始皇之碣石㊀。使燕人盧生求羨門㊁。刻碣石門。壞城郭。決通堤坊㊂。

始皇巡北邊，從上郡入。盧生使入海，還，因奏錄圖書㊃，曰：「亡秦者，胡也㊄。」始皇乃遣將軍蒙恬，發兵三十萬人，北伐匈奴。

【今註】㊀碣石：山名。山之所在，諸說不同。一、按《漢書・地理志》，大碣石在驪成縣西南。驪成縣故城在今河北省樂亭縣西南；又按《水經・濡水注》，亦謂碣石在樂安亭東南，樂安亭，既今樂亭縣東北之樂安故城；《禹貢錐指》亦謂在樂亭縣西南灤河入海口之東，其地望均與《漢志》所載相符。二、《漢書・武帝紀》引文穎注：「碣石在遼西絫縣，絫縣今罷入臨楡，此石著海旁。」按絫縣故城在今河北省昌黎縣東南；《禹貢錐指》稱此碣石為小碣石：「驪成之山稱大碣石，則必有小碣石在，蓋即絫縣海旁之石矣。」三、《水經・濡水篇》：「碣石山在遼西臨楡縣南水中。」酈注云：「大禹鑿其石，右夾而納河，海水西侵，歲月逾甚而苞其山，故言在水中矣。」則此碣石本在臨楡縣南而淪於海。四、《地理今釋》曰：「考肇域志：『山東濟南府海豐縣有馬谷山，即古碣石山。』劉文偉亦以馬谷山在古九河之下，合于禹貢入河入海之文，斷為碣石無疑。」按海豐縣即今山東省無棣縣。㈡羨門：古仙人。㈢坊：讀曰防。㈣錄圖書：如後世讖緯之書，所載皆怪異之事。㈤亡秦者，胡也：鄭玄曰：「胡，胡亥，秦二世名也。秦見圖書，而不知此為人名，反備北胡。」余按圖讖之言本不可信，以胡為胡亥，亦後人附會之辭。始皇或欲擊胡，故托圖以行其意耳。

三十三年（西元前二一四年）

㈠發諸嘗逋亡人㈠、贅壻㈡、賈人㈢為兵，略取南越陸梁地㈣，置桂林㈤、南海㈥、象郡㈦，以謫㈧徙民五十萬人，戍五嶺㈨，與越雜處。

(二)蒙恬斥逐匈奴，收河南地⑩，為四十四縣，築長城，因地形用制險塞㊁。起臨洮㊂，至遼東，延袤㊂萬餘里。於是渡河據陽山㊃，逶迤㊄而北。暴師㊅於外十餘年，蒙恬常居上郡統治之，威振匈奴。

【今註】 ㈠逋亡人：無業流民。㈡贅壻：男子就婚於女家，謂之贅壻。秦俗，家貧子壯則出贅，見《漢書・賈誼傳》。錢大昕曰：「贅，以物質錢也。子壯則出贅者，謂其父贅而不贖，主家以女匹之，則謂之贅壻。」㈢賈人：行賈曰商，坐販曰賈。此賈人係統指商賈而言。㈣陸梁地：《史記正義》曰：「嶺南之人，多處山陸，其性強梁，故曰陸梁。」㈤桂林：秦郡，約有今廣西省之地。故治當在今廣西省桂林縣附近。㈥南海：秦郡，治番禺，故治即今廣東省番禺縣。㈦象郡：秦置，約有今廣東省西南部與廣西省南部、西部及安南等地。漢置日南郡，即秦象郡之南部。《茂陵書》曰：「象郡，治臨塵。」㈧讁：以罪遣往戍邊者。㈨五嶺：顏師古曰：「西自衡山之南，東窮於海，一山之限耳，而別標名則有五焉。」《廣州記》曰：「大庾、始安、臨賀、桂陽、揭陽，是為五嶺。」《南康記》曰：「一、大庾嶺，二、桂陽騎田嶺，三、九真都龐嶺，四、臨賀萌渚嶺，五、始安越城嶺。」按都龐嶺，一稱揭陽山，在今廣東省揭陽縣西。⑩收河南地：河南地在今河套以南，綏遠南境一帶。收，取也。㊁用制險塞：用，同以。言因險築塞以制敵。㊂臨洮：故城即今甘肅省岷縣。㊂延袤：迤邐連續貌。㊃陽山：在今綏遠省烏喇特旗西北。以其在黃河之北，故曰陽山。㊄逶迤：

委曲而行。(一六)暴師：師行露宿，故曰暴師。

三十四年（西元前二一三年）

㈠謫治獄吏不直㊀及覆獄故失㊁者，築長城及處南越地。

丞相李斯上書曰：「異時諸侯並爭，厚招遊學。今天下已定，灋令出一，百姓當家則力農、工，士則學習灋令。今諸生不師今而學古，以非㊂當世，惑亂黔首，相與非灋教人。聞令下，則各以其學議之，入則心非㊃，出則巷議㊄，誇主㊅以為名，異趣㊆以為高，率羣下以造謗，如此弗禁，則主勢降乎上，黨與成乎下，禁之便。臣請史官非秦記，皆燒之㊇，非博士官所職，天下有藏詩、書、百家語者，皆詣守、尉雜燒之㊈。有敢偶語詩、書，棄市(一〇)；以古非今者，族(一一)。吏見知不舉，與同罪。令下三十日，不燒(一二)，黥為城旦(一三)。所不去者(一四)，醫藥、卜筮、種樹之書。若有欲學灋令者，以吏為師。」制曰：「可。」

魏人陳餘，謂孔鮒(一五)曰：「秦將滅先王之籍，而子為書籍之主，其危哉！」子魚曰：「吾為無用之學，知吾者惟友，秦非吾友，吾何危哉！吾將藏之，以待其求，求至，無患矣！」

【今註】㈠不直：枉法徇私。㈡覆獄故失：獄已定而覆按之，謂之覆獄。知其當罪與不當罪而故出入之，使刑法失當，謂之故失。㈢非：疵議。㈣心非：外示順從而內實不服。㈤巷議：於街巷之中聚議當世政治。㈥誇主：誇矜於主上。㈦異趣：主張不同。㈧史官非秦記，皆燒之：胡三省曰：「此燒列國史記也。」㈨天下有藏詩、書、百家語者，皆詣守、尉雜燒之：胡三省曰：「秦之焚書，焚天下之人所藏之書耳！其博士官所藏則故在，項羽燒秦宮室，始併博士所藏者焚之。」㈩棄市：古時刑人於市，與眾棄之，故曰棄市。⑾族：滅其宗族。⑿不燒：言私藏詩書及百家語而不焚燬者。⒀黥為城旦：黥，刺面之刑；城旦，應劭曰：「旦起行治城，四歲刑也。」⒁所不去者：言許民間收藏而不必焚燬者。⒂孔鮒：孔子八世孫，字子魚。

三十五年（西元前二一二年）

㈠使蒙恬除直道㈠，道九原㈡，抵雲陽㈢。塹㈣山堙㈤谷，千八百里，數年不就。

㈡始皇以為咸陽人多，先王之宮庭小，乃營作朝宮渭南上林苑中。先作前殿阿房（六），東西五百步，南北五十丈，上可以坐萬人，下可以建五丈旗。周馳為閣道（七），自殿下直抵南山（八），表南山之顛以為闕。為複道自阿房度渭，屬之咸陽，以象天極閣道，絕漢抵營、室也（九）。隱宮徒刑者（一〇），七十萬人，乃分作阿房宮，或作驪山（一一），發北山石椁（一二），寫（一三）蜀、荊地材，皆至。關中（一四）計宮三百，關外四百餘。於是立石東海上朐（一五）界中，以為秦東門。因徙三萬家驪邑，五萬家雲陽，皆復（一六），不事十歲。

㈢盧生說（一七）始皇曰：「方中（一八）人主時為微行，以辟（一九）惡鬼（二〇），惡鬼辟，真人至。願上所居宮，毋令人知，然後不死之藥，殆可得也。」始皇曰：「吾慕真人。」自謂真人，不稱朕（二一）。乃令咸陽之旁二百里內，宮觀二百七十，複道、甬道相連，帷帳、鍾鼓、美人充之，各案署不移徙，行所幸，有言其處者，罪死。

始皇幸梁山宮（二二），從山上見丞相車騎眾，弗善也（二三）。中人或告丞相，丞相後損（二四）車騎，始皇怒曰：「此中人泄吾語。」案問，莫服，捕時在旁者，盡殺之。自是後莫知行之所在，羣臣受決事者，悉於咸陽宮。

侯生、盧生相與譏議始皇，因亡㉕去。始皇聞之，大怒，曰：「盧生等，吾尊賜之甚厚，今乃誹謗我。諸生在咸陽者，吾使人廉問㉖，或為妖言㉗以亂黔首。」於是使御史㉘悉案問諸生，諸生傳相告引乃自除㉙，犯禁者四百六十餘人，皆阬之㉚咸陽，使天下知之，以懲後。益發謫徙㉛邊。始皇長子扶蘇諫曰：「諸生皆誦灋孔子㉜，今上皆重灋繩之㉝，臣恐天下不安。」始皇怒，使扶蘇北監蒙恬軍於上郡。

【今註】 ㈠直道：道路名，言自九原直達雲陽。㈡九原：秦郡，漢為五原郡，治九原縣，故城即今綏遠省五原縣。㈢雲陽：故城在今陝西省淳化縣西北。㈣塹：掘。㈤堙：填塞。㈥阿房：宮名。《史記・秦始皇本紀》曰：「作宮阿房，故天下謂之阿房宮。」是阿房本山名，因山以名宮，故址在今陝西省長安縣西北。㈦閣道：架木為閣而行車其上。㈧南山：即終南山，又稱秦嶺，主峯在陝西省長安縣南。㈨為複道自阿房度渭，屬之咸陽，以象天極閣道，絕漢抵營、室也：〈天官書〉曰：「天極紫宮後十七星，絕漢抵營、室曰閣道。」按天極即北辰，營、室二星，象天子之宮。此言為複道，渡渭以屬咸陽，象天文閣道，絕河漢而抵營、室。複與復同。度，同渡。㈩隱宮徒刑者：言已被宮刑，更徒作者。《史記正義》曰：「餘刑見於市朝；宮刑，一百日，隱於蔭室，養之乃可，故曰隱宮，下蠶室是也。」⑫作驪山：言輸驪山作驪陵。⑬發北山石椁：何焯曰：「椁字疑衍。」⑭寫：何焯曰：「寫，輸寫之意，運其材也。」⑮關中：徐廣曰：「東函谷，南武關，西散關，北肅關，地居四關之中，亦曰四塞。」⑯朐：故城即今江蘇省東海縣。⑰復：除也，言除其賦役。⑱說：音稅（ㄕㄨㄟˋ）。⑱方中：謂仙人之方。⑲辟：讀曰避。⑳惡鬼：胡三省曰：「惡鬼，謂羣邪也。」㉑自謂真人，不稱朕：始皇初幷天下，自稱曰朕，至是自謂真人，乃不稱朕。㉒梁山宮：按《漢書・地理志》，梁山宮，在扶風好畤縣，好畤縣在今陝西省乾縣東。㉓弗善也：言中心怒其奢僭。㉔損：減少。㉕亡：逃。㉖廉問：察問。㉗妖言：怪誕不經之言。㉘御史：胡三省曰：「秦置御史，掌統姦滑，治大獄，御史大夫統之。」㉙諸生傳相告引乃自除：傳相告引者，謂甲引乙，乙復引丙。此言令諸生告引他人，乃得自除己罪。㉚阬之：敖英曰：「始皇坑儒，說者謂設為陷阱而殺之，余謂只是掩其不備而加害也，非真掘土為坑也。不爾，白起坑趙降卒四十萬於長平，設使掘土為坑，若是其廣大，彼降卒，寧不如之？又寧肯帖然束手而就死乎？」㉛徙：沈家本曰：「此言徙，實永戍也。」㉜誦灋孔子：誦孔子之言以為法。㉝繩之：糾正。

三十六年（西元前二一一年）

㈠有隕石于東郡㊀。或刻其石，曰：「始皇死而地分。」始皇使御史逐問，莫服，盡取石旁居人誅之，燔㊁其石。

㈡遷河北榆中㊂三萬家，賜爵一級。

【今註】㊀東郡：秦置，治濮陽，故治在今河北省濮陽縣南。㊁燔：燒也，音番（ㄈㄢˊ）。㊂河北榆中：河北，謂河套以北，榆中在河北，故云。榆中即榆林塞，一名榆谿，在今綏遠省境內鄂爾多斯黃河北岸一帶。

三十七年（西元前二一〇年）

㈠冬，十月，癸丑，始皇出遊，左丞相斯從，右丞相去疾守㊀。始皇二十餘子，少子胡亥最愛，請從，上許之。十一月，行至雲夢㊁，望祀虞舜於九疑山㊂。浮江下觀，藉柯渡海渚，過丹陽㊃，至錢唐㊄。臨浙江，水波惡，乃西百二十里，從陿中㊅渡，上會稽㊆，祭大禹，望于南海，立石頌德。還，過吳，從江乘㊇渡。並海上，北至琅邪、之罘，見巨魚，射殺之，遂並海西至平原津(九)而病。始皇惡言死，羣臣莫敢言死事。病益甚，乃令中車府令(一〇)行符璽事趙高為書賜扶蘇曰：「與喪會咸陽而葬。」書已封，在趙高所，未付使者。秋，七月，丙寅，始皇崩於沙丘平臺(一一)。丞相斯為上崩在外，恐諸公子及天下有變，乃祕之，不發喪。棺載轀涼車(一二)中，故幸宦者驂乘，所至上食，百官奏事如故。宦者輒從車中可其奏事。獨胡亥、趙高及幸宦者五六人知之。

初，始皇尊寵蒙氏，信任之。蒙恬任外將，蒙毅常居中，參謀議，名為忠信，故雖諸將、相，莫敢與之爭。趙高者，生而隱宮，始皇聞其彊力，通於獄灋，舉以為中車府令，使教胡亥決獄，胡亥幸之。趙高有罪，始皇使蒙毅治之。毅當高灋應死，始皇以高敏於事，赦之，復其官。趙高既雅(一三)得幸於胡亥，又怨蒙氏，乃說胡亥請詐以始皇命誅扶蘇而立胡亥為太子，胡亥然其計。趙高曰：「不與丞相謀，恐事不能成。」乃見丞相斯，曰：「上賜長子書及符、璽，皆在胡亥所(一四)。定太子，在君侯與高之口耳！事將何如？」斯曰：「安得亡國之言？此非人臣所當議也！」高曰：「君侯材能、謀慮、功高、無怨、長子信之，此五者，皆孰與㉕蒙恬？」斯曰：「不及也。」高曰：「然則長子即位，必用蒙恬為丞相，君侯終不懷通侯㉖之印，歸鄉里明矣。胡亥慈仁篤厚，可以為嗣，願君審計㉗而定之。」丞相斯以為然，乃相與謀，詐為受始皇詔，立胡亥為太子。更為書賜扶蘇，數以不能闢地立功，士卒多耗，數上書直言誹謗，日夜怨望，不得罷歸為太子；將軍恬，不矯正，知其謀，皆賜死，以兵屬㉘裨將㉙王離。扶蘇發書，泣，入內舍，欲自殺。蒙恬曰：「陛下居外，未立太子，使臣將三十萬眾守邊，公子為監，此天下重任也。今一使者來，即自殺，安㉚知其非詐？復請而後死，未暮也。」使者數趣㉛之，扶蘇謂蒙恬曰：「父賜子死，尚安復請？」即自殺。蒙恬不肯死，使者以屬吏，繫諸㉜陽周㉝，更置李斯舍人為護軍㉞。還報。胡亥已聞扶蘇死，即欲釋蒙恬，會蒙毅為始皇出禱山川，還至。趙高言於胡亥曰：「先帝欲舉賢立太子久矣，而毅諫以為不可，不若誅之。」乃繫諸代㉟。遂從井陘㊱抵九原。會暑，轀車臭，乃詔從官令車載一石鮑魚以亂之㉗。從直道㉘至咸陽，發喪。太子胡亥襲位。九月，葬始皇於驪山，下錮三泉㉙，奇器珍怪，徙藏滿之㉚。令匠作機弩，有穿近㉛者，輒射之。以水銀為百川、江河、大海，機相灌輸㉜。上具㉝天文，下具地理。後宮無子者，皆令從死。葬既已下，或言工匠為機藏，皆知之，藏重，即泄大事。盡閉之墓中㉞。

㈡二世欲誅蒙恬兄弟，二世兄子子嬰諫曰：「趙王遷殺李牧而用顏聚，齊王建殺其故世忠臣而用后勝，卒㉟皆亡國。蒙氏，秦之大臣謀士也，而陛下欲一旦棄去之，誅殺忠臣而立無節行之人，是內使羣臣不相信而外使鬭士之意離也。」二世弗聽，遂殺蒙毅及內史恬。恬曰：「自吾先人及至子孫，積功信於秦三世矣㊱。今臣將兵三十餘萬，身雖囚繫，其勢足以倍畔㊲。然自知必死而守義者，不敢辱先人之教，以不忘先帝也。」乃吞藥自殺。

揚子灋言曰：「或問蒙恬忠而被誅，忠奚㊳可為也？」曰：「塹山堙谷，起臨洮，擊遼水㊴，力不足而屍㊵有餘，忠不足相也㊶。」

臣光曰：「秦始皇方毒㊷天下而蒙恬為之使，恬不仁可知矣。然恬明於為人臣之義，雖無辜㊸見誅，能守死不貳㊹，斯亦足稱也。」

【今註】㊀右丞相去疾守：去疾，姓馮。守，謂留守長安。㊁雲夢：古澤藪名。雲夢本為二澤，分跨今湖北省境大江南北，江北為雲，江南為夢，廣袤八九百里，今湖北省京山縣以南，枝江縣以東，蘄春縣以西，及湖南省北部邊境華容縣以北，皆其區域；後淤成陸地，遂併稱曰雲夢。今曹湖、洪湖、梁子湖、斧頭湖等數十湖泊，星羅棋布，若斷若連，皆古雲夢澤遺蹟。㊂望祀虞舜於九疑山：望亦祀也。太史公曰：「舜南狩，崩於蒼梧之野，歸葬於江南九疑山。」酈道元曰：「營水西流，逕九疑山。其山磐碁蒼梧之野，峯秀數郡之間，羅巖九舉，各導一溪，岫壑負阻，異嶺同勢，遊者疑焉，故曰九疑。」文穎曰：「九疑山，半在蒼梧，半在零陵。」按零陵，古地名，故址在今湖南省寧遠縣東南，相傳即虞舜歸葬處。㊃渡海渚，過丹陽：海字疑誤，當作江。丹陽，秦縣，在今安徽省當塗縣東。按始皇自雲夢浮江而下，至丹陽，乃渡江南巡至錢唐。㊄錢唐：故治即今浙江省杭縣。㊅陿中：胡三省曰：「即今富陽分水之間。」徐廣曰：「蓋在餘杭也。」顧夷曰：「餘杭，秦始皇至會稽，經此，立為縣。」按其地即今浙江省餘杭縣，在富陽縣北。㊆會稽：山名，主峯今在浙江省紹興縣東南。㊇江乘：故城在今江蘇省句容縣北。㊈平原津：渡口曰津，津在平原，故曰平原津。平原縣故城在今山東省平原縣南。㊉中車府令：按《漢書・百官表》，太僕，秦官，其屬有車府令。按趙高本宦者，故稱中車府令。⑪沙丘平臺：《史記正義》曰：「始皇崩在沙丘之宮平臺之中。」

按沙丘本地名，因以名宮，故址在今河北省平鄉縣東北。⑫轀涼車：孟康曰：「轀涼車，如衣車，有窗牖，閉之則溫，開之則涼，故名。」按涼，一作輬。⑬雅：平素。⑭上賜長子書及符、璽，皆在胡亥所：長子，謂扶蘇。始皇賜扶蘇書及符、璽，本在趙高所，此特詐言以脅斯與同謀。⑮孰與：如何。⑯通侯：秦曰徹侯，漢避武帝諱改徹曰通，亦曰列侯。此曰通侯，乃史家所追稱。應劭曰：「通亦徹也。通者，言功德通於王室也。」張晏曰：「列侯者，見序列也。」⑰審計：熟慮。⑱屬：交付。⑲裨將：副將。⑳安：同焉。㉑趣：讀曰促。㉒諸：「之於」二字之急讀。㉓陽周：故城在今陝西省安定縣北。㉔更置李斯舍人為護軍：戰國以來至漢初，王公貴官，皆有舍人，猶門客之類，如藺相如嘗為趙宦者令舍人，李斯嘗為呂不韋舍人是。又《漢書・百官表》，護軍都尉，秦官，掌監護諸將。當是時，恬已屬吏，恐其軍有變，故以李斯舍人為護軍，使監護諸將。㉕乃繫諸代：秦代郡，治桑乾縣，故治在今河北省蔚縣東北。胡三省曰：「據地理，代距沙丘甚遠，蓋毅還至代，即就繫之。」㉖井陘：山名，在今河北省井陘縣東北，為太行山之支脈。其山四面高平，中凹如井，故名。山上有關，稱井陘關，亦曰十門關，又稱井陘口，為太行八徑之一，當冀晉二省交通之孔道。㉗載一石鮑魚以亂之：鮑魚即鱧魚，淹藏而成，有腐臭。始皇屍腐，臭氣外溢，恐臣下知之，故載鮑魚以亂其臭。㉘直道：自九原直抵雲陽，即三十五年蒙恬所除者。㉙下錮三泉：錮，言治銅塞之，使泉不溢。下錮三泉，喻入地之深。㉚徙藏滿之：言徙府庫之物，以充實陵寢之中。㉛穿近：穿地而近陵寢。㉜機相灌輸：言為機巧，使象百川、江河、大梅所注之水銀，轉相灌注。㉝具：

備。㉞或言工匠為機藏，皆知之，藏重，即泄大事。盡閉之墓中：舊以「或言工匠為機藏，皆知之，藏重即泄，大事盡，閉之墓中。」為讀。胡三省曰：「藏重即泄，謂工匠若更為第二重機藏，與外人近，即泄其所以為機藏之事，故大事盡，則皆閉之墓中。大事盡句絕。謂既下窆，則送終之大事盡也。」按藏重之重，宜訓輕重之重，不為重複之重。藏重為一句，即泄大事為一句。大事，蓋指祕葬始皇之事，非謂送終也。自工匠為機藏至即泄大事為進言者之語，略謂工匠為機藏，皆知其祕奧，而機藏之事至重，即令工匠出冢，或恐其泄機藏大事。盡閉之墓中，謂二世感於進言者之語，遂盡閉諸為機藏之工匠於墓中，不令外出。㉟卒：最後。㊱積功信於秦三世矣：恬祖驁，父武及恬，凡三世，皆事秦有功。㊲倍畔：倍同背，畔同叛。㊳奚：何。㊴起臨洮，擊遼水：擊，接觸；言恬興築長城之役，西起臨洮，東接遼水。㊵屍：屍原作死。㊶忠不足相也：相，交互。此言恬大興工役，殘百姓之命，無務民之義，雖忠於其君，猶不足以抵其罪。㊷毒：殘虐。㊸辠：古罪字。㊹不貳：忠貞一貫而無貳心。

二世皇帝上

元年（西元前二〇九年）

㈠冬，十月，戊寅，大赦。

(二)春，二世東行郡縣，李斯從。到碣石，並海南至會稽，而盡刻始皇所立刻石，旁著大臣從者名，以章(一)先帝成功盛德而還。

夏，四月，二世至咸陽，謂趙高曰：「夫人生居世間也，譬猶騁六驥過決隙(二)也。吾既已臨(三)天下矣，欲悉耳目之所好，窮心志之所樂，以終吾年壽，可乎？」高曰：「此賢主之所能行，而昏亂主之所禁也。雖然，有所未可，臣請言之。夫沙丘之謀(四)，諸公子及大臣皆疑焉！而諸公子盡帝兄，大臣又先帝之所置也。今陛下初立，此其屬意怏怏(五)皆不服，恐為變，臣戰戰栗栗(六)，唯恐不終(七)；陛下安得為此樂乎？」二世曰：「為之奈何？」趙高曰：「陛下嚴灋而刻(八)刑，令有罪者相坐(九)，誅滅大臣及宗室，然後收舉(一〇)遺民，貧者富之，賤者貴之，盡除先帝之故臣，更置陛下之所親信者，此則陰德歸陛下，害除而姦謀塞，羣臣莫不被潤澤(一一)，蒙厚德，陛下則高枕肆志(一二)寵樂矣。計莫出於此。」二世然之，乃更為灋律，務益刻深。大臣、諸公子有罪，輒下高鞫治之。於是公子十二人，僇(一三)死咸陽市；十公主矺(一四)死於杜(一五)，財物入於縣官(一六)，相連逮⑰者，不可勝數。公子將閭，昆弟三人，囚於內宮，議其罪獨後。二世使使令將閭曰：「公子不臣⑱，罪當死，吏致灋焉。」將閭曰：「闕廷之禮，吾未嘗敢不從賓贊也；廊廟之位，吾未嘗敢失節也；受命應對，吾未嘗敢失辭也；何謂不臣⑲？願聞罪而死。」使者曰：「臣不得與⑳謀，奉書從事。」將閭乃仰天大呼天者三，曰：「吾無罪。」昆弟三人皆流涕，拔劍自殺，宗室振恐。公子高欲犇，恐收族，乃上書曰：「先帝無恙時㉑，臣入則賜食，出則乘輿。御府之衣，臣得賜之；中廐㉒之寶馬，臣得賜之。臣當從死而不能，為人子不孝，為人臣不忠。不孝不忠者，無名以立於世，臣請從死，願葬驪山之足㉓，唯上幸哀憐之。」書上，二世大說㉔，召趙高而示之曰：「此可謂急乎？」趙高曰：「人臣當憂死不暇，何變之得謀？」二世可其書，賜錢十萬以葬。

復作阿房宮，盡徵材士㉕五萬人，為屯衛咸陽，令教射。狗馬禽獸當食者多，度㉖不足，下調郡縣㉗，轉輸菽㉘、粟、芻、稾㉙，皆令自齎糧食，咸陽三百里內，不得食其穀。

㈢秋，七月，陽城(三〇)人陳勝、陽夏(三一)人吳廣，起兵於蘄(三二)。是時，發閭左(三三)，戍漁陽(三四)，九百人屯大澤鄉(三五)，陳勝、吳廣皆為屯長(三六)。會天大雨，道不通，度已失期。失期，灋皆斬。陳勝、吳廣因天下之愁怨，乃殺將尉(三七)，召令徒屬曰：「公等皆失期，當斬。假令毋斬，而戍死者固什六七(三八)。且壯士不死則已，死則舉大名耳！王侯將相，寧有種乎？」眾皆從之。乃詐稱公子扶蘇、項燕(三九)，為壇而盟，稱大楚。陳勝自立為將軍，吳廣為都尉。攻大澤鄉，拔之；收而攻蘄(四〇)，蘄下，乃令符離(四一)人葛嬰將兵徇(四二)蘄以東，攻銍(四三)、酇(四四)、苦(四五)、柘(四六)、譙(四七)，皆下之。行收兵，比至陳(四八)，車六七百乘，騎千餘，卒數萬人。攻陳，陳守、尉皆不在，獨守丞(四九)與戰譙門(五〇)中，不勝，守丞死，陳勝乃入據陳。

初，大梁(五一)人張耳、陳餘，相與為刎頸交(五二)。秦滅魏，聞二人魏之名士，重賞購(五三)求之。張耳、陳餘乃變名姓，俱之陳為里監門(五四)以自食。里吏嘗以過笞陳餘，陳餘欲起(五五)，張耳躡之(五六)，使受笞。吏去，張耳乃引陳餘之桑下，數(五七)之曰：「始吾與公言何如？今見小辱，而欲死一吏乎？」陳餘謝之。陳涉㊄㊇既入陳，張耳、陳餘詣門上謁，陳涉素聞其賢，大喜。陳中豪桀、父老請立涉為楚王，涉以問張耳、陳餘，耳、餘對曰：「秦為無道，滅人社稷，暴虐百姓，將軍出萬死之計，為天下除殘也。今始至陳而王之，示天下私。願將軍毋王，急引兵而西，遣人立六國後，自為樹黨(五九)，為秦益敵。敵多則力分，與(六〇)眾則兵彊，如此，則野無交兵(六一)，縣無守城(六二)，誅暴秦，據咸陽，以令諸侯。諸侯亡而得立，以德服之，則帝業成矣。今獨王陳，恐天下懈(六三)也。」陳涉不聽，遂自立為王，號張楚(六四)。

當是時，諸郡縣苦秦灋，爭殺長吏以應涉。謁者(六五)從東方來，以反者聞，二世怒，下之吏。後使者至，上問之，對曰：「羣盜鼠竊狗偷，郡守、尉方逐捕，今盡得，不足憂也。」上悅。

陳王以吳叔(六六)為假王，監諸將，以西擊滎陽(六七)。

張耳、陳餘復說陳王，請奇兵(六八)北略趙地。於是陳王以故所善陳人武臣(六九)為將軍，邵騷為護軍，以張耳、陳餘為左右校尉，予(七〇)卒三千人徇趙。陳王又令汝陰(七一)人鄧宗，徇九江(七二)郡。當此時，楚兵數千人為聚者，不可勝數。

葛嬰至東城(七三)，立襄彊為楚王，聞陳王已立，因殺襄彊，還報，陳王誅殺葛嬰。

陳王令周市北徇魏地(七四)，以上蔡(七五)人房君蔡賜(七六)為上柱國(七七)。

陳王聞周文，陳之賢人也，習兵，乃與之將軍印，使西擊秦。

武臣等從白馬(七八)渡河，至諸縣，說其豪桀，豪桀皆應之。乃行收兵得數萬人，號武臣為武信君，下趙十餘城，餘皆城守，乃引兵東北擊范陽(七九)。范陽蒯徹(八〇)說武信君曰：「足下必將戰勝而後略地，攻得然後下城，臣竊以為過(八一)矣。誠聽臣之計，可不攻而降城，不戰而略地，傳檄(八二)而千里定，可乎？」武信君曰：「何謂也？」徹曰：「范陽令徐公，畏死而貪欲，先天下降。君若以為秦所置吏，誅殺如前十城，則邊地之城，皆為金城湯池，不可攻也；君若齎臣侯印，以授范陽令，使乘朱輪華轂(八三)，驅馳燕、趙之郊，即燕、趙城可無戰而降矣。」武信君曰：「善。」以車百乘，騎二百，侯印迎徐公。燕、趙聞之，不戰以城下者三十餘城。

陳王既遣周章[84]，以秦政之亂，有輕秦之意，不復設備。博士孔鮒[85]諫曰：「臣聞兵灋，不恃敵之不我攻，恃吾不可攻。今王恃敵，而不自恃，若跌[86]而不振，悔之無及也。」陳王曰：「寡人之軍，先生無累[87]焉。」

周文行收兵至關，車千乘，卒數十萬，至戲[88]軍焉。二世乃大驚，與眾臣謀，曰：「奈何？」少府[89]章邯曰：「盜已至，眾彊。今發近縣，不及矣。驪山徒[90]多，請赦之，授兵[91]以擊之。」二世乃大赦天下，使章邯免[92]驪山徒、人奴產子[93]，悉發以擊楚軍，大敗之，周文走。

張耳、陳餘至邯鄲[94]，聞周章卻，又聞諸將為陳王徇地還者，多以讒毀得罪誅。乃說武信君，令自王。八月，武信君自立為趙王，以陳餘為大將軍[95]，張耳為右丞相，邵騷為左丞相，使人報陳王。陳王大怒，欲盡族武信君等家而發兵擊趙。柱國房君諫曰：「秦未亡而誅武信君等家，此生一秦也，不如因而賀之，使急引兵西擊秦。」陳王然之，從其計，徙繫武信君等家宮中。封張耳子敖為成都君，使使者賀趙，令趣(九六)發兵西入關。張耳、陳餘說趙王曰：「王王趙，非楚意，特以計賀王(九七)。楚已滅秦，必加兵於趙。願王毋西兵，北徇燕、代，南收(九八)河內(九九)以自廣。趙南據大河，北有燕、代，楚雖勝秦，必不敢制趙；不勝秦，必重趙。趙乘秦、楚之敝，可以得志於天下。」趙王以為然，因不西兵。而使韓廣略燕，李良略常山，張黶略上黨。

九月，沛(一〇〇)人劉邦起兵於沛，下相(一〇一)人項梁起兵於吳，狄(一〇二)人田儋起兵於齊。

劉邦，字季，為人隆準(一〇三)龍顏(一〇四)，左股有七十二黑子(一〇五)，愛人，喜施(一〇六)，意豁如(一〇七)也。常有大度，不事家人生產作業。初為泗上亭長(一〇八)，單父(一〇九)人呂公，好相人，見季狀貌，奇之，以女妻之(一一〇)。既而季以亭長為縣送徒驪山，徒多道亡(一一一)，自度比至，皆亡之。到豐西(一一二)澤中亭，止飲，夜，乃解縱(一一三)所送徒，曰：「公等皆去，吾亦從此逝(一一四)矣。」徒中壯士願從者十餘人，劉季被酒(一一五)，夜徑澤中，有大蛇當徑，季拔劍斬蛇。有老嫗㉖哭曰：「吾子，白帝子也，化為蛇，當道，今赤帝子殺之㉗。」因忽不見。劉季亡匿於芒、碭山澤之間㉘，數有奇怪，沛中子弟聞之，多欲附者。及陳涉起，沛令欲以沛應之。掾、主吏蕭何、曹參㉙曰：「君為秦吏，今欲背之，率㉚沛子弟恐不聽，願君召諸亡在外者，可得數百人，因劫㉛眾，眾不敢不聽。」乃令樊噲召劉季，劉季之眾，已數十百人矣。沛令後悔，恐其有變，乃閉城，城守㉜，欲誅蕭、曹，蕭、曹恐，踰城保劉季㉝。劉季乃書帛，射城上，遺沛父老，為陳利害。父老乃率子弟共殺沛令，開門迎劉季，立以為沛公㉞。蕭、曹等為收沛子弟，得三千人，以應諸侯。

項梁者，楚將項燕子也。嘗殺人，與兄子籍避仇吳中，吳中賢士大夫，皆出其下。籍少時，學書不成，去，學劍，又不成，項梁怒之。籍曰：「書足以記名姓而已；劍一人敵，不足學，學萬人敵。」於是項梁乃教籍兵法，籍大喜，略知其意，又不肯竟學㉟。籍長八尺餘㊱，力能扛㊲鼎，才器過人。會稽守殷通，聞陳涉起，欲發兵以應涉，使項梁及桓楚將。是時，桓楚亡在澤中。梁曰：「桓楚亡，人莫知其處，獨籍知之耳！」梁乃誡籍持劍居外，梁復入與守坐，曰：「請召籍，使受命召桓楚。」守曰：「諾。」梁召籍入，須臾㉘，梁眴㉙籍曰：「可行矣！」於是籍遂拔劍斬守頭。項梁持守頭，佩其印綬㉚，門下大驚，擾亂。籍所擊殺數十百人㉛，一府中皆慴伏，莫敢起。梁乃召故所知豪吏，諭以所為起大事，遂舉吳中兵，使人收下縣㉜，得精兵八千人。梁為會稽守，籍為裨將，徇下縣。籍是時年二十四。

田儋，故齊王族也。儋從弟榮，榮弟橫，皆豪健宗彊，能得人。周市徇地至狄，狄城守。田儋詳㉝為縛其奴，從少年之廷㉞，欲謁殺奴㉟，見狄令，因擊殺令，而召豪吏子弟，曰：「諸侯皆反秦自立。齊，古之建國也；儋，田氏，當王。」遂自立為齊王，發兵以擊周市，周市軍還去。田儋率兵東略定齊地。

韓廣將兵北徇燕，燕地豪桀，欲共立廣為燕王。廣曰：「廣母在趙，不可。」燕人曰：「趙方西憂秦，南憂楚，其力不能禁我。

且以楚之彊，不敢害趙王將相之家，趙獨安敢害將軍家乎？」韓廣乃自立為燕王。居數月，趙奉燕王母家屬歸之。

趙王與張耳、陳餘北略地燕界，趙王間出㊱，為燕軍所得。燕囚之，欲求割地。使者往請，燕輒殺之。有廝養卒㊲走㊳燕壁，見燕將曰：「君知張耳、陳餘何欲？」曰：「欲得其王耳！」趙養卒笑曰：「君未知此兩人所欲也。夫武臣、張耳、陳餘，杖馬箠㊴，下趙數十城，此亦各欲南面而王，豈欲為將相終已耶？顧其勢初定，未敢參㊵分而王，且㊶以少長，先立武臣為王，以持趙心。今趙地已服，此兩人亦欲分趙而王，時未可耳！今君乃囚趙王，此兩人名為求趙王，實欲燕殺之，此兩人分趙自立。夫以一趙尚易燕㊷，況以兩賢王，左提右挈，而責殺王之罪，滅燕易矣！」燕將乃歸趙王，養卒為御而歸。

㈤周市自狄還，至魏地，欲立故魏公子甯陵㊸君咎為王，咎在陳，不得之魏。魏地已定，諸侯皆欲立周市為魏王，市曰：「天下昏亂，忠臣乃見。今天下共畔秦，其義必立魏王後，乃可。」

諸侯固請立市，市終辭不受，迎魏咎於陳，五反，陳王乃遣之，立咎為魏王，市為魏相。

㈥是歲，二世廢衛君角為庶人，衛絕祀㊹。

【今註】㈠章：表揚，今通作彰。㈡決隙：決，裂也；決隙即裂隙，喻其狹小。㈢臨：以高視下曰臨，引申為統治之義。㈣沙丘之謀：指矯詔殺扶蘇而立胡亥之事。㈤怏怏：意志不滿貌。㈥戰戰栗栗：恐懼貌。㈦不終：懼獲罪而不得終其天年。㈧刻：峻急寡恩。㈨相坐：互相連引而以法坐之。㈩收舉：懷撫而富貴之。⑪潤澤：喻天子之德，如雨露之潤澤草木。⑫高枕肆志：縱其所欲而無所忌憚。⑬僇：刑戮。⑭矺：同磔，謂分裂其肢體而殺之。矺，音宅（ㄓㄜˊ）。⑮杜：故城在今陝西省長安縣東南。⑯縣官：官府之統稱。⑰相連逮：逮，捕。言事相連及者，皆捕之。⑱不臣：無人臣禮。⑲「闕廷之禮」至「何謂不臣」：闕廷之禮，謂朝賀之儀；廊廟之位，謂祭祀之典。將閭之意，略言不敢以親親之恩，廢為臣之節，何得以不臣之罪相加？⑳與：讀曰預。㉑無恙時：謂在世時。㉒中廄：畜養御馬之所。㉓驪山之足：驪山之麓。㉔說：讀曰悅。㉕材士：有材力之士。㉖度：預料。㉗下調郡縣：下令郡縣而調發之。㉘菽：豆之總稱。㉙芻、稾：飼馬之乾草。㉚陽城：故城在今河南省登封縣東南。㉛陽夏：故城即今河南省太康縣。㉜蘄：故城在今安徽省宿縣南。㉝發閭左：閭，里門。言民居在里門之左者，皆發以為戍卒。應劭曰：「秦時以適發之，名適戍。先發吏有過及贅壻、賈人，後以嘗有市籍者發，又後以大父母、父母嘗有市籍者。戍者曹輩盡，復入閭取其左發之，未及取右而秦亡。」（三四）漁陽：故城在今河北省密雲縣西南。（三五）大澤鄉：故址在今安徽省宿縣南。（三六）屯長：人所聚為屯，渠帥曰長。（三七）將尉：尉，官名。《史記索隱》曰：「其尉將屯九百人，故云將尉。」（三八）什六七：十分之六七。（三九）乃詐稱公子扶蘇、項燕：以秦人賢扶蘇而楚人憐項燕，故陳勝、吳廣假借其名以為號召。（四〇）收而攻蘄：收大澤鄉之兵以攻蘄縣。（四一）符離：故城即今安徽省宿縣治。（四二）徇：略地。（四三）銍：故城在今安徽省宿縣南。（四四）酇：故城在今河南省永城縣西南。（四五）苦：故城在今河南省鹿邑縣東。（四六）柘：故城即今河南省柘城縣。（四七）譙：故城即今安徽省亳縣治。（四八）比至陳：比，《史記》作北。陳縣即古陳國，故城即今河南省淮陽縣。（四九）守丞：郡丞之居守者。（五〇）譙門：門名。劉奉世曰：「陳與譙隣門，去譙路者也。」（五一）大梁：戰國魏都，漢為浚儀縣，故城在今河南省開封縣西北。（五二）刎頸交：言托契深重，雖為友斷頸絕項，亦所不顧。（五三）購：懸賞以求。（五四）為里監門：為閭里監門之卒，故為卑賤以自隱。（五五）欲起：言不甘受辱，欲起與里吏對抗。（五六）躡之：以足蹈之。（五七）數：責備。（五八）陳涉：陳勝字涉。（五九）樹黨：培植黨與。（六〇）與：指與國，謂諸侯之親附於己者。（六一）野無交兵：言六國皆為楚之與國，相親附，則兵不復交鋒於野。（六二）縣無守城：謂諸縣皆叛秦，復為六國，無復為秦守城者。（六三）懈：離散其心。（六四）張楚：《廣雅・釋詁》云：「張，大也。」按張楚即大楚。（六五）謁者：按《漢書・百官表》，謁者，秦官，掌賓讚受事。（六六）吳叔：吳廣字叔。（六七）滎陽：故城在今河南省滎陽縣南。（六八）奇兵：兵出不意曰奇。（六九）武臣：姓武，名臣。(70)予：讀曰與。(71)汝陰：故城即今安徽省阜陽縣。(72)九江：郡名，秦置，項羽滅秦，以封黥布。漢高帝更名淮陽國。(73)東城：故址在今安徽省定遠縣東南。(74)魏地：顏師古曰：「即梁地，非河東之魏也。」(75)上蔡：故城在今河南省上蔡縣西。(76)房君蔡賜：房，封邑名。蔡賜封於房，故號房君。王先謙曰：「漢汝南有吳房縣，本房子國，是蔡賜封邑。」按吳房縣故城在今河南省遂平縣西。(77)上柱國：楚官號。(78)白馬：古津名，在白馬縣，漢屬東郡。故津在今河南省滑縣東。(79)范陽：故城在今河北省定興縣南。(80)蒯徹：即蒯通，漢避武帝諱改徹作通。(81)過：失策。(82)檄：罪責曉慰之文書。古時無紙，以木簡為之，故稱檄。(83)朱輪華轂：輪之中為轂，外為輻所輳，內為軸所貫。朱輪華轂，貴者所乘。(84)周章：即周文，應劭曰：「周章字文。」(85)博士孔鮒：胡三省曰：「鮒，魏相子順之子，孔子八世孫，即前藏書者也。」(86)跌：謂兵敗。(87)無累：言無勞憂念。(88)戲：顏師古曰：「戲，水名，在新豐東。」按漢新豐縣故城在今陝西省臨潼縣東。(89)少府：按《漢書·百官表》，少府，秦官，掌山林池澤之賦，以供養天子。(90)驪山徒：刑徒之輸作驪山者。(91)兵：兵器。(92)免：謂免其役作。(93)人奴產子：服虔曰：「人奴產子，家人之產奴。」按服說，謂家奴之治生產者。(94)邯鄲：故趙都，故城在今河北省邯鄲縣西南。(95)大將軍：按《漢書·百官表》，漢大將軍，位比三公。(96)趣：讀曰促。(97)特以計賀王：特，但。言楚本無意立趙，但力不能制，故且事安撫以為權宜之計。(98)收：略取。(99)河內：今河南省黃河以北之地。(100)沛：故城在今江蘇省沛縣東。(101)下相：故城在今江蘇省宿遷縣西。(102)狄：故城在今山東省高苑縣西北。(103)隆準：高鼻。

㉔顏：眉目之間。㉕黑子：今俗謂之痣。㉖施：拯濟窮乏。㉗豁如：胸懷坦達。㉘泗上亭長：泗上，亭名，此據《漢書》，按《史記》作泗水亭長。《後漢書・郡國志》云，沛有泗水亭，亭有高祖碑。是亭本名泗水，不名泗上，《史記》為是。秦法，十里一亭，亭有亭長，主求捕盜賊。㉙單父：故城即今山東省單縣治。㉚以女妻之：按呂公女，即呂后。㉛道亡：未至驪山，中道而逃亡。㉜豐西：豐邑之西。豐邑，漢為縣，故城即今江蘇省豐縣治。㉝縱：放。㉞逝：逃亡。㉟被酒：飲酒醺醉。㊱嫗：老婦尊稱。㊲吾子，白帝子也，化為蛇，當道，今赤帝子殺之：按此語或為漢人杜撰，以為漢高祖受命之說。時人或以為秦屬金德，白象金，故以白帝子為秦；火剋金，金尚赤，故以赤帝子喻高祖，為漢當代秦之符。㊳芒、碭山澤之閒：芒縣故城在今河南省永城縣東北。碭縣故城在今江蘇省碭山縣南。此言高祖常隱於芒、碭二縣山澤之間。按此山即碭山，在今永城、碭山二縣接界處。㊴掾、主吏蕭何、曹參：《漢書・曹參傳》云：「參為獄掾而蕭何為主吏。」又〈蕭何傳〉云：「以文毋害為沛主吏掾。」《史記索隱》曰：「漢書云，何為主吏。主吏，功曹也。又云，何為沛掾。是何為功曹掾。」功曹，漢官名，主選署功勞。掾，胥吏之屬，獄掾即獄吏，主吏掾即主吏之屬吏。據《漢書》，此掾當指曹參，主吏謂蕭何。㊵率：大抵。㊶劫：脅迫。㊷城守：登城守禦。㊸踰城保劉季：踰城投歸劉季以自保。㊹立以為沛公：胡三省曰：「春秋之時，楚僭王號，其大夫多封縣公，如申公、葉公、魯楊公之類是也。今立季為沛公，用楚制也。」㊺不肯竟學：不肯精研其學。何焯曰：「漢書藝文志兵法形勢中有項王一篇；黥布置陳如項籍軍，高祖望而惡之。蓋治兵置

陳，是其所長，故能力戰摧鋒，而不足於權謀，其後往來奔命，卒為人乘其罷而蹈之，所謂略知其意而不竟者也。」㉖籍長八尺餘：《漢書・項籍傳》，籍長八尺二寸。㉗扛：以兩手舉物。㉘須臾：言為時不久。㉙眴：動目示意。眴，音眩（ㄒㄩㄢˋ）。㉚印綬：印即印信，官吏持以為信驗者；綬，謂繫印之組，其長度色澤，視其爵秩之高低而有不同。㉛數十百人：自數十人乃至百人。㉜下縣：會稽轄下諸縣，顏師古曰：「非郡所都，故謂之下也。」㉝詳：讀曰佯。㉞廷：縣廷，為聽事之所。㉟欲謁殺奴：應劭曰：「古殺奴婢，皆當告官。」按儋本欲殺令，故詐欲殺奴以謁令。㊱間出：乘暇隙而微出。㊲廝養卒：韋昭曰：「析薪為廝，炊烹為養。」廝養卒，謂卒之操賤役者。㊳走：趨向。㊴杖馬箠：馬箠即馬策。杖馬箠，言其不用兵革，所過望風而下。㊵參：同三。㊶且：暫且。㊷易燕：易，輕視。易燕，言輕視燕國，不以為重。㊸甯陵：古地名，即漢之寧陵縣，故城在今河南省寧陵縣南。㊹衞絕祀：衞，周之列國，初都朝歌，在今河南省淇縣東北，衞文公遷楚丘，在今河南省滑縣東；衞成公又徙都帝丘，在今河南省濮陽縣西南。秦滅山東諸侯，獨存衞，降號為君，至是滅之。

卷八　秦紀三

起昭陽大荒落盡閼逢敦牂，凡二年。（癸巳至甲午，西元前二〇八年至西元前二〇七年）

司馬光編集
夏德儀註

二世皇帝下

二年（西元前二〇八年）

(一)冬十月，泗川監平[一]將兵圍沛公於豐[二]，沛公出與戰，破之，令雍齒[三]守豐。十一月，沛公引兵之[四]薛[五]，泗川守壯[六]兵敗於薛，走至戚[七]，沛公左司馬[八]得殺之[九]。

(二)周章[一〇]出關，止屯曹陽[一一]。二月餘，章邯追敗之，復走澠池[一二]。十餘日，章邯擊大破之。周文自刎，軍遂不戰。

吳叔[一三]圍滎陽[一四]，李由[一五]為三川[一六]守，守滎陽，叔弗能下[一七]。楚將軍田臧等相與謀曰：「周章軍已破矣，秦兵旦暮至。我圍滎陽城弗能下，秦兵至，必大敗。不如少遺兵[一八]守滎陽，悉精兵[一九]迎秦軍。今假王[二〇]驕，不知兵權，不足與計事，恐敗。」因相與矯王令㉑以誅吳叔，獻其首於陳王㉒。陳王使使㉓賜田臧楚令尹㉔印以為上將。田臧乃使諸將李歸等守滎陽，自以精兵西迎秦軍於敖倉㉕，與戰，田臧死，軍破。章邯進兵擊李歸等滎陽下，破之；李歸等死。陽城㉖人鄧說將兵居郟㉗，章邯別將擊破之。銍㉘人伍逢將兵居許㉙，章邯擊破之。兩軍皆散走陳。陳王誅鄧說。

㈢二世數誚讓㉚李斯，居三公㉛位，如何令盜如此。李斯恐懼，重爵祿㉜，不知所出㉝；乃阿㉞二世意，以書對曰：「夫賢主者，必能行督責㉟之術者也。故申子㊱曰，有天下而不恣睢㊲，命之曰以天下為桎梏㊳者，無佗焉，不能督責，而顧㊴以其身勞於天下之民，若堯禹然，故謂之桎梏也。夫不能修申韓㊵之明術，行督責之道，專以天下自適㊶也，而徒務苦形勞神㊷，以身徇百姓㊸，則是黔首之役㊹，非畜天下㊺者也，何足貴哉！故明主能行督責之術，以獨斷於上㊻，則權不在臣下㊼，然後能滅仁義之塗㊽，絕諫說之辯㊾，犖然行恣睢之心㊿，而莫之敢逆(51)。如此，羣臣百姓，救過不給(52)，何變之敢圖(53)？」二世說(54)。於是行督責益嚴。稅民深者(55)

為明吏，殺人眾者為忠臣。刑者相半於道(五六)，而死人日成積於市(五七)。秦民益駭懼思亂。

(四)趙李良已定常山(五八)，還報趙王。趙王復使良略太原(五九)，至石邑(六〇)，秦兵塞井陘(六一)，未能前。秦將詐為二世書以招良。良得書，未信，還之邯鄲(六二)，益請兵。未至，道逢趙王姊出飲，良望見以為王，伏謁(六三)道旁。王姊醉，不知其將，使騎謝李良。李良素貴，起，慚其從官(六四)。從官有一人曰：「天下畔(六五)秦，能者先立。且趙王素出將軍下(六六)，今女兒乃(六七)不為將軍下車，請追殺之。」李良已得秦書，固欲反趙，未決，因此怒遣人追殺王姊。因將其兵襲邯鄲。邯鄲不知，竟殺趙王、邵騷(六八)。趙人多為張耳、陳餘耳目者(六九)，以故(七〇)二人獨得脫。

(五)陳人秦嘉(七一)、符離(七二)人朱雞石等，起兵圍東海守(七三)於郯(七四)。陳王聞之，使武平君畔(七五)為將軍，監郯下軍。秦嘉不受命，自立為大司馬(七六)，惡屬武平君(七七)，告軍吏曰：「武平君年少，不知兵事，勿聽(七八)。」因矯以王命殺武平君畔。

(六)二世益遣長史司馬欣、董翳佐章邯擊盜(七九)。章邯已破伍逢，擊陳柱國房君(八〇)，殺之。又進擊陳西張賀軍(八一)。陳王出監戰，張賀死。臘月(八二)，陳王之汝陰(八三)，還至下城父(八四)，其御莊賈殺陳王以降。

初，陳涉既為王，其故人皆往依之。妻之父亦往焉，陳王以眾賓待之，長揖不拜(八五)。妻之父怒曰：「怙亂僭號(八六)，而傲長者(八七)，不能久矣。」不辭而去。陳王跪謝，遂不為顧(八八)。客出入愈益發舒言陳王故情(八九)。或說陳王曰：「客愚無知，顓妄言輕威(九〇)。」陳王斬之。諸故人皆自引去，由是無親陳王者。陳王以朱防(九一)為中正(九二)，胡武為司過(九三)，主司羣臣(九四)。諸將徇地(九五)，至令之不是(九六)，輒繫(九七)而罪之。以苛察為忠(九八)。其所不善者，弗下吏，輒自治之。諸將以其故不親附。此其所以敗也。

陳王故涓人將軍呂臣(九九)為蒼頭軍(一〇〇)，起新陽(一〇一)，攻陳，下之，殺莊賈，復以陳為楚(一〇二)，葬陳王於碭(一〇三)，諡曰隱王。

初，陳王令銍人宋留將兵定南陽(一〇四)，入武關(一〇五)。留已徇南陽，聞陳王死，南陽復為秦(一〇六)。宋留以軍降。二世車裂(一〇七)留以徇(一〇八)。

(七)魏周市將兵略豐沛，使人招雍齒。雍齒雅⑲不欲屬沛公，即以豐降魏。沛公攻之不克。

(八)趙張耳、陳餘收其散兵，得數萬人，擊李良。良敗走，歸章邯⑳。客有說耳、餘曰：「兩君羇旅㉑，而欲附趙㉒，難可獨立。立趙後，輔以誼㉓，可就功㉔。」乃求得趙歇㉕。春正月，耳、餘立歇為趙王，居信都㉖。

(九)東陽甯君㉗、秦嘉聞陳王軍敗，迺立景駒為楚王，引兵之方與㉘，欲擊秦軍定陶㉙下。使公孫慶使齊，欲與之并力俱進。齊王曰：「陳王戰敗，不知其死生，楚安得不請而立王？」公孫慶曰：「齊不請楚而立王，楚何故請齊而立王？且楚首事㉚，當令於天下㉛。」田儋殺公孫慶。秦左右校㉜復攻陳，下之。呂將軍走，徼兵復聚㉝，與番盜黥布㉞相遇；攻擊秦左右校，破之青波㉟，復以陳為楚。

黥布者，六㊱人也，姓英氏。坐法黥，以刑徒論輸驪山㊲。驪山之徒數十萬人，布皆與其徒長豪桀交通㊳。乃率其曹耦㊴，亡㊵之江中為羣盜。番陽令吳芮甚得江湖閒民心，號曰番君。布往見之，其眾已數千人。番君迺以女妻之，使將其兵擊秦。

(十)楚王景駒在留㉛，沛公往從之。張良亦聚少年百餘人，欲往從景駒，道遇沛公，遂屬焉。沛公拜良為廄將㉜。良數以太公兵法說沛公，沛公善之，常用其策。良為佗㉝人言，皆不省㉞；良曰：「沛公殆天授，」故遂留不去。沛公與良俱見景駒，欲請兵以攻豐。時章邯、司馬𡰱㉟將兵北定楚地，屠相至碭㊱。東陽甯君、沛公引兵西，與戰蕭西㊲，不利，還收兵聚留。二月，攻碭；三日拔㊳之，收碭兵得六千人，與故合九千人。三月，攻下邑㊴，拔之。還擊豐，不下。

(十一)廣陵㊵人召平，為陳王徇廣陵，未下。聞陳王敗走，章邯且至，迺渡江，矯陳王令，拜項梁為楚上柱國，曰：「江東已定，急引兵西擊秦。」梁迺以八千人渡江而西。聞陳嬰已下東陽，遣使欲與連和俱西。

陳嬰者，故東陽令史㊶，居縣中，素信謹㊷，稱為長者。東陽少年殺其令，相聚得二萬人，欲立嬰為王。嬰母謂嬰曰：「自我為汝家婦，未嘗聞汝先世之有貴者；今暴得大名，不祥，不如有所屬，事成，猶得封侯，事敗，易以亡㊸，非世所指名㊹也。」嬰乃不敢為王，謂其軍吏曰：「項氏世世將家，有名於楚；今欲舉大事，將非其人不可。我倚㊺名族，亡秦必矣。」其衆從之，乃以兵屬梁。

英布既破秦軍，引兵而東。聞項梁西渡淮，布與蒲將軍皆以其兵屬焉。

項梁衆凡六七萬人，軍下邳㊻。景駒、秦嘉軍彭城㊼東，欲以距梁。梁謂軍吏曰：「陳王先首事，戰不利，未聞所在；今秦嘉倍㊽陳王而立景駒，無道。」乃進兵擊秦嘉。秦嘉軍敗走。追之至胡陵㊾。嘉還戰一日，嘉死，軍降。景駒走死梁地㊿。

梁已幷秦嘉軍，軍胡陵，將引軍而西。章邯軍至栗(51)。項梁使別將朱雞石、餘樊君與戰。餘樊君死，朱雞石軍敗，亡走胡陵。梁乃引兵入薛，誅朱雞石。

沛公從騎百餘(五二)往見梁。梁與沛公卒五千人，五大夫將十人(五三)。沛公還，引兵攻豐，拔之。雍齒奔(五四)魏。

項梁使項羽別攻襄城(五五)。襄城堅守不下。已拔，皆阬(五六)之。還報。

梁聞陳王定死(五七)，召諸別將會薛計事。沛公亦往焉。居鄛(五八)人范增，年七十，素居家，好奇計；往說項梁曰：「陳勝敗固當。夫秦滅六國，楚最無罪，自懷王入秦不反(五九)，楚人憐之至今，故楚南公(六〇)曰：『楚雖三戶，亡秦必楚！』今陳勝首事，不立楚後而自立，其勢不長。今君起江東，楚蠭起(六一)之將皆爭附君者，以君世世楚將，為能復立楚之後也。」於是項梁然其言(六二)，乃求得楚懷王孫心於民間，為人牧羊。夏六月，立以為楚懷王，從民望也(六三)。陳嬰為上柱國，封五縣，與懷王都盱眙(六四)。項梁自號為武信君。

張良說項梁曰：「君已立楚後，而韓諸公子(六五)，橫陽君成最賢，可立為王，益樹黨。」項梁使良求韓成，立以為韓王，以良為司徒，與韓王將千餘人，西略韓地；得數城，秦輒復取之；往來為游兵潁川(六六)。

(十二)章邯已破陳王，乃進兵擊魏王於臨濟[六七]。魏王使周市出，請救於齊楚。齊王儋及楚將項它皆將兵，隨市救魏。章邯夜銜枚[六八]擊，大破齊楚軍於臨濟下，殺齊王及周市。魏王咎為[六九]其民約降[七〇]，約定自燒殺。其弟豹亡走楚。楚懷王予魏豹數千人，復徇魏地。齊田榮收其兄儋餘兵，東走東阿[七一]；章邯追圍之。齊人聞田儋死，乃立故齊王建之弟假為王，田角為相，角弟間為將，以距諸侯。

秋七月，大霖雨[七二]。武信君引兵攻亢父[七三]，聞田榮之急[七四]，迺引兵擊破章邯軍東阿下。章邯走而西。田榮引兵東歸齊。武信君獨追北。使項羽、沛公別攻城陽[七五]，屠之。楚軍軍濮陽[七六]東，復與章邯戰，又破之。章邯復振[七七]，守濮陽環水[七八]。沛公、項羽去攻定陶。八月，田榮擊逐齊王假。假亡走楚。田閒前救趙，因留不敢歸。田榮迺立儋子市為齊王，榮相之，田横為將，平齊地。

章邯兵益盛。項梁數使使告齊趙發兵，共擊章邯。田榮曰：「楚殺田假，趙殺角、間，乃出兵。」楚趙不許。田榮怒，終不肯出兵。

(十三)郎中令[七九]趙高，恃恩專恣[八〇]，以私怨誅殺人眾多，恐大臣入朝奏事言之，乃說二世曰：「天子之所以貴者，但以聞聲，羣臣莫得見其面故也。且陛下富於春秋〔八一〕，未必盡通諸事。今坐朝廷，譴舉有不當者〔八二〕，則見短於大臣〔八三〕，非所以示神明於天下也。陛下不如深拱禁中〔八四〕，與臣〔八五〕及侍中〔八六〕習法者待事〔八七〕，事來有以揆〔八八〕之。如此，則大臣不敢奏疑事，天下稱聖主矣。」二世用其計，乃不坐朝廷，見大臣，常居禁中。趙高侍中用事，事皆決於趙高。

高聞李斯以為言〔八九〕，乃見丞相曰：「關東羣盜多，今上急益發繇〔九〇〕，治阿房宮〔九一〕，聚狗馬無用之物，臣欲諫，為位賤〔九二〕，此真君侯之事，君何不諫？」李斯曰：「固也，吾欲言之久矣。今時上不坐朝廷，常居深宮，吾所言者不可傳也〔九三〕，欲見無閒〔九四〕。」趙高曰：「君誠能諫，請為君侯上閒語君。」於是趙高侍二世方燕樂〔九五〕，婦女居前，使人告丞相：「上方閒，可奏事。」丞相至宮門上謁〔九六〕，如此者三。二世怒曰：「吾常多閒日，丞相不來，吾方燕私〔九七〕，丞相輒來請事，丞相豈少我〔九八〕哉！且固我〔九九〕哉！」趙高因曰：「夫沙丘之謀〔一〇〇〕，丞相與焉〔一〇一〕。今陛下已立為帝，而丞相貴不益此，其意亦望裂地而王矣。且陛下不問臣，臣不敢言；丞相長男李由為三川守，楚盜陳勝等皆丞相傍縣〔二二〕之子，以故楚盜公行，過三川城守，不肯擊。高聞其文書相往來，未得其審〔二三〕，故未敢以聞。且丞相居外，權重於陛下。」二世以為然，欲案〔二四〕丞相，恐其不審，乃先使人按驗三川守與盜通狀〔二五〕。

李斯聞之，因上書言趙高之短曰：「高擅利擅害〔二六〕，與陛下無異。昔田常相齊簡公，竊其恩威，下得百姓，上得羣臣，卒殺簡公，而取齊國〔二七〕；此天下所明知也。今高有邪佚〔二八〕之志，危反之行〔二九〕。私家之富，若田氏之於齊矣，而又貪欲無厭，求利不止。列勢次主〔三〇〕，其欲無窮。劫〔三一〕陛下之威信，其志若韓玘為韓安相也〔三二〕。陛下不圖，臣恐其必為變也。」二世曰：「何哉？夫高，故宦人也〔三三〕，然不為安肆志〔三四〕，不以危易心〔三五〕，潔行修善，自使至此〔三六〕，以忠得進，以信守位，朕實賢之，而君疑之，何也？且朕非屬〔三七〕趙君，當誰任哉？且趙君為人，精廉彊力，下知人情，上能適朕；君其勿疑。」二世雅愛趙高，恐李斯殺之，乃私告趙高。高曰：

「丞相所患者獨高，高已死，丞相即欲為田常所為。」

是時盜賊益多，而關中卒發東擊盜者無已(二八)。右丞相馮去疾、左丞相李斯、將軍馮劫進諫曰：「關東羣盜並起，秦發兵誅擊，所殺亡甚眾，然猶不止盜多，皆以戍漕轉作事苦(二九)，賦稅大也。請且止(三〇)阿房宮作者，減省四邊戍轉。」二世曰：「凡所為貴有天下者，得肆意極欲(三一)，主重明法(三二)，下不敢為非，以制御(三三)四海矣。夫虞夏之主，貴為天子，親處窮苦之實，以徇百姓，尚何於法(三四)？且先帝起諸侯，兼天下，天下已定，外攘四夷，以安邊境，作宮室，以章得意(三五)；而君觀先帝功業有緒(三六)。今朕即位二年之閒，羣盜並起，君不能禁，又欲罷先帝之所為：是上無以報先帝，次不為朕盡忠力，何以在位？」下去疾、斯、劫吏，案責佗罪。去疾、劫自殺，獨李斯就獄。二世以屬趙高治之，責斯與子由謀反狀，皆收捕宗族賓客。

趙高治斯，榜掠(三七)千餘。不勝痛，自誣服(三八)。斯所以不死者，自負其辯有功，實無反心，欲上書自陳，幸(三九)二世寤(四〇)而赦之。乃從獄中上書曰：「臣為丞相，治民三十餘年矣。逮秦地之陜(三一)隘，不過千里，兵數十萬，臣盡薄材，陰行謀臣，資(三二)之金玉，使游說諸侯，陰脩甲兵，飭(三三)政教，官鬭士(三四)，尊功臣，故終以脅韓，弱魏，破燕趙，夷(三五)齊楚，卒兼六國，虜其王，立秦為天子。又北逐胡貉(三六)，南定百越(三七)，以見(三八)秦之彊。更剋畫(三九)平斗斛度量文章，布之天下，以樹秦之名。此皆臣之罪也，臣當死久矣。上幸盡其能力，乃得至今。願陛下察之。」書上，趙高使吏棄去，不奏，曰：「囚安得上書？」趙高使其客十餘輩，詐為御史(四〇)、謁者(四一)、侍中，更往覆訊斯(四二)。斯更以其實對。輒使人復榜之。後二世使人驗斯，斯以為如前，終不敢更言。辭服(四三)奏當上(四四)，二世喜曰：「微(四五)趙君，幾為丞相所賣！」及二世所使案三川守由者至，則楚兵已擊殺之。使者來，會丞相下吏。高皆妄為反辭，以相傅會。遂具斯五刑論(四六)。腰斬咸陽(四七)市。斯出獄，與其中子俱執，顧謂其中子曰：「吾欲與若復牽黃犬，俱出上蔡(四八)東門，逐狡兔，豈可得乎？」遂父子相哭，而夷三族。二世乃以趙高為丞相，事無大小皆決焉。

(二四)項梁已破章邯於東阿，引兵西北至定陶，再破秦軍。項羽、沛公又與秦軍戰於雍丘(二九)，大破之，斬李由。項梁益輕秦，有驕色。宋義(三〇)諫曰：「戰勝而將驕卒惰者敗。今卒少惰矣，秦兵日益，臣為君畏之。」項梁弗聽。乃使宋義使於齊。道遇齊使者高陵君顯(三一)，曰：「公將見武信君乎？」曰：「然。」曰：「臣論武信君必敗，公徐行，即免死，疾行則及禍。」二世悉起兵益章邯擊楚軍，大破之定陶，項梁死。時連雨自七月至九月，項羽、沛公攻外黃(三二)未下，去攻陳留(三三)。聞武信君死，士卒恐，乃與將軍呂臣引兵而東，徙懷王自盱眙都彭城。呂臣軍彭城東，項羽軍彭城西，沛公軍碭。

(二五)魏豹下魏二十餘城，楚懷王立豹為魏王。

(二六)後九月(三四)，楚懷王幷呂臣、項羽軍自將之。以沛公為碭郡長(三五)，封武安侯，將碭郡兵。封項羽為長安侯，號為魯公；呂臣為司徒，其父呂青為令尹。

(二七)章邯已破項梁，以為楚地兵不足憂，乃度河北擊趙，大破之；

引兵至邯鄲，皆徙其民河內[二五六]，夷[二五七]其城郭。張耳與趙王歇走入鉅鹿[二五八]城，王離圍之。陳餘北收常山兵，得數萬人，軍鉅鹿北。章邯軍鉅鹿南棘原[二五九]。趙數請救於楚。高陵君顯在楚，見楚王曰：「宋義論武信君之軍必敗，居數日，軍果敗；兵未戰而先見敗徵[二六〇]，此可謂知兵矣。」王召宋義與計事，而大說之，因置以為上將軍，項羽為次將，范增為末將，以救趙；諸別將皆屬宋義，號為卿子冠軍[二六一]。

初，楚懷王與諸將約，先入定關中[二六二]者王之。當是時，秦兵彊，常乘勝逐北，諸將莫利先入關[二六三]。獨項羽怨秦之殺項梁，奮願與沛公西入關。懷王諸老將皆曰：「項羽為人，慓悍猾賊[二六四]，嘗攻襄城，襄城無遺類[二六五]皆阬之，諸所過無不殘滅。且楚數進取，前陳王、項梁皆敗，不如更遣長者扶義[二六六]而西，告諭秦父兄。秦父兄苦其主久矣，今誠得長者往，無侵暴，宜可下。項羽不可遣，獨沛公素寬大長者，可遣。」懷王乃不許項羽，而遣沛公西略地，收陳王、項梁散卒以伐秦。沛公道碭[二六七]至陽城[二六八]與杠里[二六九]，攻秦壁[二七〇]，破其二軍。

【今註】㊀泗川監平：泗川為泗水之誤。泗水，郡名，有今江蘇省北部及安徽省東北部之地，漢高祖更名為沛郡。秦時郡置守、尉、監，而以御史監郡。平，泗水監之名。㊁豐：沛郡屬邑，漢高祖誕生於此；即今江蘇省豐縣。㊂雍齒：沛人，從高祖起兵，封什邡侯。㊃之：往。㊄薛：縣名，故城在今山東省滕縣東南。㊅泗川守壯：泗川亦為泗水之誤，壯為郡守之名。㊆戚：胡三省以為此戚縣非東海郡之戚縣，蓋沛郡之與東海，相去頗遠，壯兵敗而走，未必能至東海之戚。《漢書・地理志》沛郡有廣戚縣，故胡氏以為此戚當是廣戚之戚。廣戚縣在今江蘇省沛縣東。王先謙則以為戚為轅戚之戚，其地在今山東省嘉祥縣西南。㊇左司馬：官名，掌軍中刑戮之事。㊈得殺之：顏師古以得為司馬之名。劉攽曰：「得殺之者，得而殺之；漢書多以獲為得。」㊉周章：即下文所云周文。文為陳勝之將。⑪曹陽：晉灼曰：「亭名，在弘農東十三里。」弘農，縣名，故治在今河南省靈寶縣南。⑫澠池：即今河南省澠池縣。⑬吳叔：吳廣字叔，陽夏人。陽夏，今河南省太康縣。⑭滎陽：故治在今河南省成皋縣西南。⑮李由：李斯長子。⑯三川：秦郡名，初治洛陽，後徙滎陽。⑰弗能下：言吳叔不能攻下滎陽。⑱遺兵：留兵。⑲悉精兵：盡遣精兵。⑳假王：陳勝自立為王，而以吳廣為假王。㉑矯王令：假託楚王之命令。㉒陳王：即楚王陳勝；字涉，陽城人。㉓使使：上使字作動詞用，使使即派遣使者。㉔令尹：春秋楚官名。時諸侯之卿皆稱相，楚獨稱令尹。陳涉既自立為楚王，遂以令尹賜田臧。㉕敖倉：地名，在今河南省成皋縣西北敖山上；古僅曰敖，秦置倉其地，因曰敖倉。㉖陽城：古陽城邑，即今河南省登封縣東南之告成鎮。㉗郯：司馬貞曰：「郯當作郟。」張守節曰：「郟是春秋時郟地，今汝州郟縣城。」其地即今河南省輔城縣。郯音談。郟音夾。㉘銍：即今安徽省宿縣。銍音窒（ㄓˋ）。㉙許：本春秋許國，其地即今河南省許昌縣。㉚誚讓：責備。㉛三公：秦以丞相、太尉、御史大夫為三公，漢因之。㉜重爵祿：言以爵祿為重，不肯放棄。㉝不知所出：言不知計從何出。㉞阿：順。㉟督責：察其罪行，而責之以刑罰。㊱申子：申不害，戰國韓人，其學本於黃老，而主刑名，著有《申子》二篇。㊲恣睢：肆情放縱。㊳以天下為桎梏：言有天下者不能肆意督責，徒勞身於天下之民，即不啻以天下為桎梏而自縛其身。桎梏，刑具；在足曰桎，在手曰梏。㊴顧：但，特，徒，祇。㊵申韓：申子，韓非子。㊶自適：自求安適。㊷苦形勞神：使身苦，使神勞。㊸以身徇百姓：以己身為百姓犧牲。徇通殉。㊹黔首之役：老百姓之苦工。㊺畜天下：畜養天下，以奉一人。㊻獨斷於上：君主專斷於上。㊼權不在臣下：大權不操於人臣之手。㊽滅仁義之塗：使仁義之道消滅。㊾絕諫說之辯：使諫勸論辯之事絕跡。㊿犖然行恣睢之心：犖然，光明貌。言公然肆情放縱，無所忌憚。(51)逆：違抗。(52)救過不給：改過不暇。(53)何變之敢圖：何敢圖謀叛逆。(54)說：與悅通。(55)稅民深者：向人民徵稅重者。(56)刑者相半於道：言路上行人，半數皆受刑罰。(57)死人日成積於市：言遭刑戮而死之人每日積於市上。(58)常山：本屬秦邯鄲郡。錢大昕曰：「項羽封張耳為常山王，是常山之名不始於高帝，蓋趙歇既滅，遂因為郡耳。」

按漢常山郡在今河北省西南部。㊄太原：秦郡，漢因之，約有今山西省中部地。㊅石邑：縣名，故城在今河北省獲鹿縣東南。㊅井陘：山名，在今河北省井陘縣東北與獲鹿縣接界處，其上有關，曰井陘關，亦曰七門關，又稱井陘口。㊅邯鄲：戰國趙之都城，即今河北省邯鄲縣。㊅伏謁：伏地拜謁。㊅起，慚其從官：言李良拜謁而起，顧視從官，而自覺羞慚。㊅畔：同叛。㊅趙王素出將軍下：言趙王武臣之地位原在李良之下。㊅乃：竟。㊅邵騷：武臣自立為趙王，以陳餘為大將軍，張耳為右丞相，邵騷為左丞相。李良襲邯鄲，殺武臣，邵騷亦被殺。㊅趙人多為張耳、陳餘耳目者：言趙人多賢張耳陳餘，願為二人探聽消息以告之。㊆以故：以此故。㊆陳人秦嘉：胡三省曰：「陳當作凌，漢書陳勝傳作凌人秦嘉。」凌，縣名，在今江蘇省宿遷縣東南。㊆符離：即今江蘇省沛縣。㊆東海守：據《史記》，東海守之名為慶。㊆郯：故城在今山東省郯城縣西南。㊆武平君畔：畔為武平君之名。㊆大司馬：官名，周制屬夏官，為六卿之一，掌軍政。此則秦嘉自立，非受封於陳勝。㊆惡屬武平君：言秦嘉不欲統屬於武平君。㊆勿聽：言秦嘉令軍吏勿聽武平君之命令。㊆長史司馬欣、董翳佐章邯擊盜：胡三省曰：「時章邯為上將，將兵東討，故使欣為長史以佐之。據漢書項籍傳，翳為都尉。」㊇陳柱國房君：陳王之柱國房君。柱國，戰國楚置上柱國，凡破軍殺將者，封以此官。陳勝既自立為楚王，乃以此封房君。上柱國亦簡稱柱國。㊇陳西張賀軍：駐紮在陳西邊之張賀軍。陳，漢陽淮縣，今河南省淮寧縣治。㊇臘月：十二月。㊇汝陰：《漢書・地理志》作女陰，屬汝南郡；顏師古曰：「女，讀曰汝。」汝陰即今安徽省阜陽縣治。㊇下城父：顏師古曰：「地名，在沛郡城父縣東。」城父縣故址即今安徽省亳縣東南之城父村。〔八五〕長揖不拜：長揖：拱手自上而至極下。言陳勝對其岳父僅長揖而不下拜。〔八六〕怙亂僭號：言陳勝恃變亂而僭號稱王。〔八七〕傲長者：對長輩傲慢不恭。〔八八〕遂不為顧：言陳勝之岳父不因陳勝跪謝而反顧。〔八九〕客出入愈益發舒言陳王故情：言陳勝之故友出入往來，更縱談陳王之舊事。〔九〇〕顓妄言輕威：言專作妄語以減輕陳王之威望。顓通專。〔九一〕朱防：《史記》作朱房。〔九二〕中正：官名，陳勝置。〔九三〕司過：官名，陳勝置。〔九四〕主司羣臣：主伺察羣臣。〔九五〕徇地：略地。言巡行其地，而號令之，使其聽從。〔九六〕至今之不是：言諸將徇地時所發命令，朱房、胡武如以為不是。〔九七〕繫：囚禁。〔九八〕以苛察為忠：以苛刻偵察者為忠。〔九九〕故涓人將軍呂臣：涓人，侍從之官，主居中掃除清潔。將軍呂臣原為涓人，故曰故涓人將軍呂臣。〔一〇〇〕蒼頭軍：軍士皆著青巾，故曰蒼頭軍。〔一〇一〕新陽：縣名，故城在今安徽省太和縣西北。〔一〇二〕復以陳為楚：言復以陳地為楚國。〔一〇三〕碭：在今江蘇省碭山縣南。〔一〇四〕南陽：秦郡，漢因之，有今河南省西南部及湖北省西北部與河南省接界之地。〔一〇五〕武關：在今陝西省商縣東。〔一〇六〕南陽復為秦：南陽復屬於秦。〔一〇七〕車裂：古酷刑，縛人體於車上而曳裂之。〔一〇八〕徇：本作巡行而宣令解，此處引申作示眾解。〔一〇九〕雅：素。〔一一〇〕歸章邯：投降章邯。〔一一一〕兩君羈旅：言張耳、陳餘均為大梁（今河南省浚儀縣）人，其居趙，乃寄居之旅客耳。〔一一二〕附趙：依附於趙。〔一一三〕立趙後，輔以誼：言立六國時趙王之後裔而以義輔佐之。〔一一四〕可就功：可成功。〔一一五〕趙歇：趙王之後裔。〔一一六〕信都：在今河北省冀縣東北。〔一一七〕東陽甯君：東陽，縣名，故城在今安徽省天長縣西北。甯君，姓甯，時號為君。與下文秦嘉各為一人。〔一一八〕方與：縣名，故城在今山東省魚臺縣北。方音房，與音預。⑲定陶：縣名，故城在今山東省定陶縣西北。⑳首事：言最先起事伐秦。㉑當令於天下：言當發布號令於天下。㉒左右校：左右校尉。㉓徼兵復聚：言邀集散卒，使復相聚。徼，同要，同邀。㉔番盜黥布：番即番陽，今江西省鄱陽縣。英布以犯罪受黥刑，因號黥布；為盜於江中，番陽令吳芮妻之以女，故謂番盜。㉕青波：沈欽韓曰：「即青陂。」按青陂，水名，在今河南省新蔡縣西南接息縣界。㉖六：今安徽省六安縣。㉗論輸驪山：言有罪經判定送往驪山勞作。㉘布皆與其徒長豪傑交通：言英布與刑徒之首領及豪傑相交往。㉙曹耦：曹輩，儕輩。㉚亡：逃亡。㉛留：在今江蘇省沛縣東南。㉜廐將：官名，掌馬。㉝佗：同他。㉞省：察。㉟司馬𡰥：司馬，姓；𡰥，名。𡰥，古夷字。㊱屠相至碭：屠，宰殺。言章邯、司馬𡰥將兵攻楚，一路殺戮楚人，從相到碭。相，故城在今安徽省宿縣西北。㊲蕭西：蕭縣之西。蕭縣故城在今江蘇省蕭縣西北。㊳拔：攻破城邑而取之。㊴下邑：縣名，故城在今江蘇省碭山縣東。㊵廣陵：縣名，今江蘇省江都縣。㊶令史：縣令下之屬官。㊷信謹：信實謹慎。㊸易以亡：容易逃亡。㊹非世所指名：言不為世人所指名之反叛首腦。㊺倚：依。㊻軍下邳：軍，作動詞用，駐紮。下邳，縣名，故城在今江蘇省邳縣東。㊼彭城：即今江蘇省銅山縣。㊽倍：同背。㊾胡陵：縣名，故城在今山東省魚臺縣東南。㊿梁地：故魏地，有今河南省北部及山西省西南部之地。(51)栗：縣名，今河南省夏邑縣。(52)從騎百餘：從音蹤，隨行。言有騎者百餘人隨沛公行。(53)五大夫將十人：五大夫，第九等爵名。言以有五大夫爵者十人為將。(54)犇：同奔。(55)襄城：縣名，今河南省襄城縣。(56)阬：

同坑，活埋。(57)陳王定死：言陳王確實已死。(58)居鄛：縣名，故城在今安徽省巢縣東北。(59)懷王入秦不反：見四卷周赧王十九年。(60)楚南公：楚國之南公。南公為複姓。(61)蠭起：蠭，古蜂字。蠭起。謂如蠭之羣起。(62)然其言：然作動詞用，言以其言為然。(63)從民望也：言項梁求得楚懷王之孫名心者，立以為楚懷王，蓋順民望，以其祖謚為號。(64)盱眙：縣名，故城在今安徽省盱眙縣東北。盱音吁（ㄒㄩ），眙音怡。(65)諸公子：戰國時諸王之子，均以諸公子稱之。(66)潁川：秦郡，漢因之，有今河南省中部地。(67)臨濟：在今河南省長垣縣西南。(68)銜枚：枚狀如箸，橫銜口中，可止諠譁，故古時行軍襲敵，每令士卒銜枚。(69)為：音魏（ㄨㄟˋ），替。(70)約降：商約投降。(71)東阿：縣名，故城在今山東省陽穀縣東北。(72)霖雨：雨三日以往為霖。(73)亢父：在今山東省濟寧縣東。(74)田榮之急：言田榮被章邯圍困，情勢危急。(75)城陽：錢大昕曰：「應作成陽。」成陽故地在今山東省濮縣東南。(76)濮陽：縣名，既今河北省濮陽縣。(77)章邯復振：言章邯收散卒，又自振起。(78)守濮陽環水：決水自環以守濮陽。環，圍繞。(79)郎中令：秦官名，掌宮殿掖門戶。(80)恃恩專恣：恃恩寵，專權放縱。(81)富於春秋：以未來之歲月方多，喻年少之意。(82)譴舉有不當者：言譴責與獎陟或有不得其當者。(83)見短於大臣：言在大臣面前顯露自己之短處。(84)深拱禁中：深居宮中。(85)臣：趙高自稱。(86)侍中：官名，奏置五人，往來殿內奏事。(87)待事：等待奏事者入奏。(88)揆：揆度判行。(89)高聞李斯以為言：謂趙高風聞李斯對其勸二世深居宮中，事皆專決於彼，而有所批評。(90)急益發繇：繇同傜，傜役。言更加徵發服傜役之人。(91)治阿房宮：治，修建；阿房宮在今陝西省長安縣西北。(九二)為位賤：因為地位低微。(九三)吾所言者不可傳也：言吾所欲言者不可令他人聞知。(九四)無閒：無空閒之時。言二世無暇時。(九五)燕樂：宴享歡樂。燕通宴。(九六)上謁：至宮門求見。(九七)燕私：燕息，亦即安息。(九八)少我：以我年少而輕我。(九九)固我：以我為固陋而輕我。(一〇〇)沙丘之謀：事見上卷始皇三十七年。(一〇一)與焉：參與其謀。與音預。(一〇二)傍縣：近縣。(一〇三)審：確實之詳情。(一〇四)案：通按。按，驗。(一〇五)使人按驗三川守與盜通狀：言二世派人按驗三川守李由與盜勾結情形。(一〇六)擅利擅害：言趙高專有與人利或與人害之權。(一〇七)昔田常相齊……而取齊國：事見《左傳》哀公十四年。(一〇八)邪佚：不正當。(一〇九)危反之行：危害國家之舉動。(一一〇)列勢次主：言趙高居中用事，其位列權勢僅次於人主。(一一一)刼：刼持。(一一二)韓玘為韓安相：胡三省曰：「余觀李斯書意，正以胡亥亡國之禍，近在旦夕，故指韓安，以其用韓玘而亡韓之事警動之。韓安之時，必有韓玘者，特史逸其事耳。李斯與韓安同時，而韓安亡國之事，接乎胡亥之耳目，所謂殷鑒不遠也。」(一一三)故宦人也：本為宦者。(一一四)不為安肆志：言趙高不因安樂而縱情志。(一一五)不以危易心：言趙高不因危險而變心。(一一六)自使至此：言趙高能得今日之地位，是憑其自身之力。(一一七)非屬：不託付。屬音囑。(一一八)無已：不止。(一一九)戍漕轉作事苦：戍，征戍；漕，水運；轉，陸運；作，役作。事苦，言此諸事皆甚勞苦。(一二〇)且止：暫止。(一二一)肆意極欲：言任己之情欲而作為。(一二二)主重明法：言主之權重，而執法嚴明。(一二三)制御：統治。(一二四)尚何於法：言尚何事於法。(一二五)以章得意：言以建宮室明得意之狀。(一二六)功業有緒：言功業有成就。(一二七)榜掠：榜音彭，以杖擊打。掠音亮，拷打。(一二八)不勝痛，自誣服：言李斯受不住嚴刑拷打，自己屈招有造反行動。

(二九)幸：希冀。(三〇)寤：領悟。(三一)陿：同狹。(三二)資：助。(三三)飭：正。(三四)官鬬士：與鬥士以官。(三五)夷：滅。(三六)貉：音陌，或作貊，東北夷。(三七)百越：亦作百粵，種族名，其人雜居於交趾至會稽間數千里之地帶。(三八)見：音現，顯露。(三九)剋畫：計畫。剋為尅之俗字。(四〇)御史：本為記事之官，秦漢時乃當糾察之任，後世因之。(四一)謁者：秦官名，掌賓讚受事。(四二)更往覆訊斯：更迭前往覆審李斯。(四三)辭服：招認而不敢反供。(四四)奏當上：奏當，獄具而奏當處其罪。上，上呈於二世。(四五)微：非。(四六)遂具斯五刑論：言遂會商決定處李斯以五刑。秦法，當三族者，皆先黥、劓、斬左右趾，笞殺之，梟其首，菹其骨肉於市。其誹謗詈詛者，又先斷舌，謂之具五刑。(四七)咸陽：秦都，故城在今陝西省咸陽縣東。(四八)上蔡：縣名，故城在今河南省上蔡縣西。(四九)雍丘：縣名，故城在今河南省杞縣。(五〇)宋義：故楚令尹。(五一)高陵君顯：高陵，縣名，屬琅邪郡。顯，高陵君之名。(五二)外黃：縣名，故城在今河南省杞縣東。(五三)陳留：縣名，即今河南省陳留縣。(五四)後九月：即閏九月，秦置閏於歲末。(五五)碭郡長：郡守。(五六)河內：今河南省黃河以北地，舊時通稱河內。(五七)夷：破毀。(五八)鉅鹿：縣名，今河北省平鄉縣。(五九)棘原：在今河北省平鄉縣南。(六〇)敗徵：失敗之預兆。(六一)卿子冠軍：卿子，時人相褒尊之稱，猶言公子；冠軍，以其為上將，故曰冠軍。(六二)關中：秦地西有隴關，東有函谷關，南有武關，北有臨晉關，西南有散關，秦地居其中，故稱關中。(六三)諸將莫利先入關：言諸將懼秦之強，無以先入關為利者。(六四)慓悍猾賊：慓、疾；悍，勇；猾，狡；賊，殘害。(六五)無遺類：言無餘人。(六六)扶義：杖義。(六七)道碭：自碭取道而西。(六八)陽城：《漢書》作陽成，《史記》作成陽。胡三省曰：「余按沛公之兵，自碭而攻秦，道成陽與杠里，而後破東郡尉於成武。成陽縣屬濟陰，成武縣屬山陽。濟陰，唐為曹州，成武屬焉。若取道潁川之陽城，當自此西趨洛陝，安得復至成武耶？書成陽為是。」成陽縣故城在今山東省濮縣東南。㊆杠里：杠音江。胡三省以為在成陽、成武之間。成武縣既今山東省成武縣。㊇壁：軍壘。

三年（西元前二〇七年）

㈠冬十月，齊將田都畔田榮，助楚救趙。

㈡沛公攻破東郡尉㈠於成武。

㈢宋義行至安陽㈡，留四十六日，不進。項羽曰：「秦圍趙急，宜疾引兵渡河；楚擊其外，趙應其內，破秦軍必矣。」宋義曰：「不然。夫搏牛之蝱，不可以破蟣蝨㈢。今秦攻趙，戰勝，則兵疲，我承其敝；不勝，則我引兵鼓行㈣而西，必舉秦矣。故不如先鬬秦趙㈤。夫被堅執銳㈥，義不如公；坐運籌策㈦，公不如義。」因下令軍中曰：「有猛如虎，狠如羊，貪如狼，彊不可使者㈧，皆斬之。」乃遣其子宋襄相齊，身送之至無鹽㈨，飲酒高會㈩；天寒大雨，士卒凍飢。項羽曰：「將勠力而攻秦，久留不行。今歲饑民貧，士卒食半菽(一一)，軍無見糧(一二)，乃飲酒高會。不引兵渡河，因(一三)趙食與趙并力攻秦，乃曰：『承其敝！』夫以秦之彊，攻新造之趙，其勢必舉趙(一四)；趙舉秦彊，何敝之承(一五)？且國兵新破，王坐不安席(一六)，掃境內而專屬於將軍，國家安危，在此一舉。今不恤士卒，而徇其私(一七)，非社稷之臣(一八)也！」

十一月，項羽晨朝(一九)上將軍宋義，即其帳中斬宋義頭，出令軍中曰：「宋義與齊謀反楚，楚王陰令籍誅之。」當是時，諸將皆慴服(二〇)，莫敢枝梧(二一)；皆曰：「首立楚者，將軍家也，今將軍誅亂。」乃相與共立羽為假上將軍(二二)。使人追宋義子，及之齊，殺之。使桓楚報命於懷王，懷王因使羽為上將軍。

㈣十二月，沛公引兵至栗，遇剛武侯(二三)，奪其軍四千餘人，并之，與魏將皇欣、武滿軍合攻秦軍，破之。

㈤故齊王建孫安下濟北(二四)，從項羽救趙。

㈥章邯築甬道屬河，餉王離(二五)。王離兵食多，急攻鉅鹿。鉅鹿城中，食盡兵少；張耳數使人召前陳餘㉖。陳餘度兵少，不敵秦，不敢前。數月，張耳大怒，怨陳餘；使張黶、陳澤往讓㉗陳餘曰：「始吾與公為刎頸交㉘，今王與耳旦暮且死，而公擁兵數萬，不肯相救；安在其相為死㉙？苟必信㉚，胡不㉛赴秦軍俱死？且有十一二相全㉜。」陳餘曰：「吾度㉝前，終不能救趙，徒盡亡軍㉞。且餘所以不俱死，欲為趙王、張君報秦。今必俱死，如以肉委餓虎㉟，何益？」張黶、陳澤要以俱死。餘乃使黶、澤將五千人先嘗秦軍㊱。至，皆沒。當是時，齊師、燕師皆來救趙，張敖㊲亦北收代兵㊳得萬餘人來；皆壁餘旁㊴，未敢擊秦。

項羽已殺卿子冠軍，威震楚國，乃遣當陽君蒲將軍將卒二萬渡河，救鉅鹿。戰少利㊵，絕章邯甬道，王離軍乏食。陳餘復請兵。項羽乃悉引兵渡河，皆沈船，破釜甑，燒廬舍，持三日糧，以示士卒必死無一還心。於是至則圍王離，與秦軍遇㊶，九戰，大破之。章邯引兵卻㊷，諸侯兵乃敢進擊秦軍。遂殺蘇角，虜王離，涉閒㊸不降，自燒殺。當是時，楚兵冠諸侯軍。救鉅鹿者十餘壁㊹，莫敢縱兵㊺。及楚擊秦，諸侯將從壁上觀，楚戰士無不一當十，呼聲動天地。諸侯軍無不人人惴恐㊻。於是已破秦軍，項羽召見諸侯將。諸侯將入轅門㊼，無不膝行而前，莫敢仰視。項羽由是始為諸侯上將軍，諸侯皆屬焉。

於是趙王歇及張耳乃得出鉅鹿城，謝諸侯。張耳與陳餘相見，責讓陳餘以不肯救趙，及問張黶、陳澤所在。疑陳餘殺之，數以問餘。餘怒曰：「不意君之望臣深也㊽！豈以臣為重去將印㊾哉？」乃脫解印綬推與張耳。張耳亦愕不受。陳餘起如廁，客有說張耳曰：「臣聞天與不取，反受其咎。今陳將軍與君印，君不受，反天不祥，急取之！」張耳乃佩其印，收其麾下㊿。而陳餘還，亦望(51)張耳不讓，遂趨出，獨與麾下所善數百人之河上澤中漁獵。趙王歇還信都。

㈦春二月，沛公北擊昌邑(52)，遇彭越。彭越以其兵從沛公。越，昌邑人，常漁鉅野澤中(53)，為羣盜。陳勝、項梁之起，澤間少年相聚百餘人，往從彭越曰：「請仲(54)為長。」越謝曰：「臣不願也。」

少年彊請，乃許；與期旦日(五五)日出會，後期者斬。旦日日出，十餘人後，後者至日中。於是越謝曰：「臣老，諸君彊以為長。今期而多後，不可盡誅，誅最後者一人。」令校長斬之。皆笑曰：「何至於是！請後不敢。」於是越引一人斬之，設壇祭令，徒屬皆大驚，莫敢仰視。乃略地，收諸侯散卒，得千餘人，遂助沛公攻昌邑。昌邑未下，沛公引兵西過高陽(五六)。

高陽人酈食其(五七)，家貧落魄(五八)，為里監門(五九)。沛公麾下騎士，適(六〇)食其里中人。食其見謂曰：「諸侯將過高陽者數十人，吾問其將，皆握齪(六一)，好苛禮(六二)自用(六三)，不能聽大度之言(六四)。吾聞沛公慢而易人(六五)，多大略(六六)，此真吾所願從游，莫為我先(六七)。若見沛公，謂曰：『臣里中有酈生，年六十餘，長八尺，人皆謂之狂生，生自謂我非狂生。』」騎士曰：「沛公不好儒，諸客冠儒冠(六八)來者，沛公輒解其冠，溲溺(六九)其中。與人言，常大罵。未可以儒生說也。」酈生曰：「第(七〇)言之。」騎士從容言，如酈生所誡者。

沛公至高陽傳舍(七一)，使人召酈生。酈生至，入謁。沛公方倨牀(七二)

使兩女子洗足，而見酈生。酈生入，則長揖不拜，曰：「足下欲助秦攻諸侯乎？且(七三)欲率諸侯破秦也？」沛公罵曰：「豎儒(七四)！天下同共苦秦久矣，故諸侯相率而攻秦。何謂助秦攻諸侯乎？」酈生曰：「必聚徒合義兵誅無道秦，不宜倨見長者！」於是沛公輟洗(七五)，起攝衣(七六)，延酈生上坐，謝之(七七)。酈生因言六國從横時(七八)。沛公喜，賜酈生食。問曰：「計將安出？」酈生曰：「足下起糾合之眾，收散亂之兵，不滿萬人，欲以徑入彊秦，此所謂探虎口者也。夫陳留，天下之衝，四通五達(七九)之郊也。今其城中，又多積粟。臣善其令，請得使之，令下足下(八〇)；即(八一)不聽，足下引兵攻之，臣為內應。」於是遣酈生行，沛公引兵隨之，遂下陳留。號酈食其為廣野君。酈生言其弟商。時商聚少年，得四千人，來屬沛公。沛公以為將，將陳留兵以從。酈生常為說客，使諸侯。

(八)三月，沛公攻開封(八二)，未拔。西與秦將楊熊會戰白馬(八三)，又戰曲遇(八四)東，大破之。楊熊走之滎陽。二世使使者斬之以徇。夏四月，沛公南攻潁川，屠之。因張良遂略韓地(八五)。時趙別將司馬卬，方欲渡河入關，沛公乃北攻平陰(八六)，絕河津(八七)。南戰洛陽(八八)東，軍不利，南出轘轅(八九)。張良引兵從沛公。沛公令韓王成留守陽翟(九〇)，與良俱南。六月，與南陽守齮(九一)戰犨(九二)東，破之。略南陽郡，南陽守走保城守宛(九三)。

沛公引兵過宛西，張良諫曰：「沛公雖欲急入關，秦兵尚眾距險(九四)。今不下宛，宛從後擊，彊秦在前，此危道也。」於是沛公乃夜引軍，從他道還，偃旗幟(九五)，遲明(九六)，圍宛城三匝(九七)。南陽守欲自剄，其舍人(九八)陳恢曰：「死未晚也。」乃踰城，見沛公曰：「臣聞足下約，先入咸陽者，王之。今足下留守宛，宛郡縣連城數十，其吏民自以為降，必死，故皆堅守乘城(九九)。今足下盡日止攻(一〇〇)，士死傷者必多；引兵去宛，宛必隨足下後。足下前則失咸陽之約，後有彊宛之患。為足下計，莫若約降，封其守，因使止守(一〇一)，引其甲卒，與之西(一〇二)，諸城未下者，聞聲爭開門而待足下，足下通行無所累。」沛公曰：「善。」秋七月，南陽守齮降，封為殷侯，封陳恢千戶。引兵西，無不下者。至丹水(一〇三)，高武侯鰓(一〇四)、襄侯王陵⑮降。還攻胡陽⑯，遇番君別將梅鋗⑰，與偕攻析、酈⑱，皆降。所過，亡得鹵掠⑲，秦民皆喜。

㈨王離軍既沒，章邯軍棘原，項羽軍漳南⑳，相持未戰。秦軍數卻，二世使人讓章邯。章邯恐，使長史欣請事㉑。至咸陽，留司馬門㉒，三日，趙高不見，有不信之心。長史欣恐，還走其軍，不敢出故道。趙高果使人追之，不及。欣至軍，報曰：「趙高用事於中，下無可為者。今戰能勝，高必疾妬㉓吾功；不能勝，不免於死。願將軍孰㉔計之。」

陳餘亦遺章邯書，曰：「白起㉕為秦將，南征鄢郢，北阬馬服㉖，攻城略地，不可勝計，而竟賜死！蒙恬㉗為秦將，北逐戎人，開榆中地數千里，竟斬陽周！何者？功多，秦不能盡封，因以法誅之。今將軍為秦將三歲矣，所亡失以十萬數；而諸侯並起，滋益多。彼趙高素諛日久，今事念，亦恐二世誅之，故欲以法誅將軍以塞責，使人更代將軍，以脫其禍。夫將軍居外久，多內卻㉘，有功亦誅，無功亦誅。且天之亡秦，無愚智㉙，皆知之。今將軍內不能直諫，外為亡國將，孤特獨立，而欲常存，豈不哀哉！將軍何不還兵㉚，與諸侯為從㉛，約共攻秦，分王其地，南面稱孤？此孰與身伏鈇質，妻子為戮乎㉜？」

章邯狐疑㉝，陰使侯始成㉞使項羽，欲約。約未成。項羽使蒲將軍日夜引兵度三戶㉟，軍漳南，與秦軍戰，再破之。項羽悉引兵擊秦軍汙水㊱上，大破之。章邯使人見項羽，欲約。項羽召軍吏謀曰：「糧少，欲聽其約。」軍吏皆曰：「善。」項羽乃與期洹水㊲南殷虛㊳上。已盟，章邯見項羽而流涕，為言趙高㊴。項羽乃立章邯為雍王，置楚軍中。使長史欣為上將軍，將秦軍為前行㊵。

(十)瑕丘㊶申陽㊷下河南，引兵從項羽。

(十一)初，中丞相㊸趙高欲專秦權，恐羣臣不聽，乃先設驗。持鹿獻於二世曰：「馬也。」二世笑曰：「丞相誤邪？謂鹿為馬！」問左右，或默，或言馬以阿順趙高，或言鹿者㊹。高因陰中諸言鹿者以法㊺。後羣臣皆畏高，莫敢言其過。高前數言關東盜無能為也，及項羽虜王離等，而章邯等軍數敗，上書請益助。自關以東大抵盡畔秦吏，應諸侯。諸侯咸率其眾西鄉[36]。

八月，沛公將數萬，攻武關，屠之。高恐二世怒，誅及其身，乃謝病，不朝見。二世夢白虎齧其左驂馬[37]，殺之，心不樂，怪問占夢[38]。卜曰：「涇水為祟[39]。」二世乃齋於望夷宮[40]，欲祠涇水，沈四白馬。使使責讓高以盜賊事。高懼，乃陰與其壻咸陽令閻樂，及弟趙成謀曰：「上不聽諫，今事急，欲歸禍於吾。欲易置上，更立子嬰[41]。子嬰仁儉，百姓皆載其言。」乃使郎中令為內應，詐為有大賊，令樂召吏發卒，追劫樂母置高舍[42]。遣樂將吏卒千餘人，至望夷宮殿門，縛衛令僕射[43]，曰：「賊入此，何不止？」衛令曰：「周廬[44]設卒甚謹，安得賊敢入宮？」樂遂斬衛令，直將吏入[45]，行射郎宦者[46]。郎宦者大驚，或走，或格[47]；格者輒死，死者數十人。郎中令與樂俱入，射上幄[48]坐幃[49]。二世怒，召左右，左右皆惶擾不鬬。旁有宦者一人侍，不敢去。二世入內，謂曰：「公何不早告我？乃至於此！」宦者曰：「臣不敢言，故得全。使臣早言，皆已誅，安得至今？」閻樂前即[50]二世，數[51]曰：

「足下驕恣，誅殺無道，天下共畔足下，足下其自為計！」二世曰：「丞相可得見否？」樂曰：「不可。」二世曰：「吾願得一郡為王。」弗許。又曰：「願為萬戶侯。」弗許。曰：「願與妻子為黔首，比諸公子。」閻樂曰：「臣受命於丞相，為天下誅足下；足下雖多言，臣不敢報。」麾其兵進(五二)。二世自殺。閻樂歸報趙高。趙高乃悉召諸大臣公子，告以誅二世之狀，曰：「秦故王國，始皇君天下，故稱帝。今六國復自立，秦地益小，乃以空名為帝，不可。宜如故便(五三)。」乃立子嬰為秦王。以黔首葬二世杜南宜春苑中(五四)。

九月，趙高令子嬰齋戒，當廟見，受玉璽。齋五日，子嬰與其子二人謀曰：「丞相高殺二世望夷宮，恐羣臣誅之，乃詐以義立我。我聞趙高乃與楚約，滅秦宗室而分王關中。今使我齋見廟，此欲因廟中殺我。我稱病不行，丞相必自來，來則殺之。」高使人請子嬰數輩，子嬰不行。高果自往，曰：「宗廟重事，王奈何不行？」子嬰遂刺殺高於齋宮，三族高家(五五)以徇。遣將將兵距嶢關(五六)。沛公欲擊之。張良曰：「秦兵尚彊，未可輕，願先遣人益張旗幟於山上為疑兵、使酈食其、陸賈往說秦將，啗以利(五七)。」秦將果欲連和(五八)。沛公欲許之。張良曰：「此獨其將欲叛，恐其士卒不從；不如因其懈怠擊之。」沛公引兵繞嶢關，踰蕢山(五九)，擊秦軍，大破之藍田南；遂至藍田，又戰其北，秦兵大敗。

【今註】 ㈠東郡尉：東郡，秦置，漢因之，有今河南省黃河以北延津、淇縣以東地，河北省最南部南樂、清豐二縣地及山東省西部黃河兩岸附近地；治濮陽，在今河北省濮陽縣南。尉，郡尉。㈡安陽：在今山東省曹縣東，非今河南省之安陽縣。㈢搏牛之蝱，不可以破蟣蝨：顏師古曰：「搏，擊也。言以手擊牛之背，可以殺其上蝱，而不能破蝨，喻方欲滅秦，不可與章邯即戰也。」蝱亦作虻，好吸人畜血液之昆蟲。蟣，蝨子。蝨亦作虱。㈣鼓行：擊鼓而行。㈤先鬬秦趙：先使秦趙相鬥。㈥被堅執銳：被堅甲，執利兵。㈦坐運籌策：坐帷帳中，籌劃計謀。㈧猛如虎……彊不可使者：胡三省曰：「此暗指項羽也。」㈨無鹽：縣名，故城在今山東省東平縣東。㈩高會：大會。(一一)士卒食半菽：言士卒食蔬菜，以菽雜半之。菽，豆。(一二)軍無見糧：軍無現存之糧。(一三)因：利用。(一四)舉趙：吞併趙。(一五)何敝之承：何能承秦敝。(一六)王坐不安席：言楚懷王不能安然坐於王位。古人席地而坐，故曰坐不安席。(一七)徇其私：言營其私情，指宋義親送其子相齊事。(一八)社稷之臣：捍衛國家之臣。⑲朝：趙翼曰：「古時凡詣人皆曰朝，秦漢時僚屬謁長官亦曰朝。」⑳慴服：恐懼服從。慴音習。㉑枝梧：枝，小柱；梧，邪柱。引申為抵觸，不表贊同之意。亦作支吾。㉒假上將軍：以未得楚懷王之命，故暫稱假。㉓剛武侯：顏師古曰：「史失其名姓，惟識其爵號。」㉔濟北：濟水以北之地。㉕章邯築甬道屬河，餉王離：言章邯恐敵抄其糧道，故夾築垣墻以通餉道，而輸餉與王離。甬道，道之兩旁築以垣墻者。屬音矚，連接。㉖召前陳餘：言張耳召陳餘，使前來救鉅鹿。㉗讓：責備。㉘刎頸交：交友以性命相許曰刎頸交。㉙安在其相為死：言自何處可以見出為友而死之情義。㉚苟必信：若必守信義。㉛胡不：何不。㉜且有十一二相全：言十分之中尚有一二分得以勝秦而相保全之希望。㉝度：忖度。㉞徒盡亡軍：空損失全部軍隊。㉟以肉委餓虎：以肉棄置餓虎之前。㊱先嘗秦軍：先與秦軍交戰，以為試驗。嘗，試。㊲張敖：張耳之子。㊳代兵：代郡之兵。代郡有今山西省東北部及察哈爾省蔚縣附近地。㊴皆壁餘旁：皆於陳餘軍壘之旁紮營。㊵戰少利：言楚與秦戰，略有利，即小勝之意。㊶與秦軍遇：此秦軍指章邯軍，非王離軍。㊷卻：退卻。㊸涉閒：人名，姓涉，名閒。㊹十餘壁：十幾個軍壘。㊺縱兵：發動軍隊前往攻秦。㊻惴恐：恐懼。㊼轅門：軍行以車為陣，轅相向為門。㊽不意君之望臣深也：言不料君怨望餘若是之深。君，第二身稱代詞之尊稱，指張耳；臣，第一身稱代詞之謙稱，指陳餘。㊾重去將印：以捨去將印為難。㊿收其麾下：收其部下軍隊。(51)望：視。(52)昌邑：縣名，故城在今山東省金鄉縣西北。(53)常漁鉅野澤中：常在鉅野縣大野澤中捕魚。鉅野縣故城在今山東省鉅野縣之南。大野澤在今鉅野縣北。(54)仲：

彭越字仲。（五五）旦日：明日。（五六）高陽：縣名，即今河南省杞縣。（五七）酈食其：音歷異基。（五八）落魄：與落泊同，失業無法生活。（五九）為里監門：為里門之看守者。（六〇）適：恰好。（六一）握齪：局促，喻心胸狹隘。（六二）好苛禮：喜好瑣碎之禮節。（六三）自用：言以己之才智為可恃，行動全憑己意。（六四）大度之言：合乎大道理之言。（六五）慢而易人：言沛公為人雖傲慢而平易近人。（六六）多大略：多大計謀。（六七）莫為我先：無人為我先容，亦即無人為我介紹。（六八）冠儒冠：戴儒者之冠。上冠字音灌，作動詞用。（六九）溲溺：小便。（七〇）第：但。（七一）傳舍：驛站供應過客所設之房舍。（七二）倨牀：踞坐於牀。（七三）且：抑。（七四）豎儒：小儒。（七五）輟洗：言沛公停止洗足。（七六）攝衣：整衣。（七七）謝之：向酈食其謝罪。（七八）言六國從橫時：言六國縱橫時事。（七九）四通五達：四面往來通之，並數中央為五達。此喻地無險阻。（八〇）令下足下：言使陳留令投降沛公。（八一）即：假如，假設。（八二）開封：縣名，故城在今河南省開封縣南。（八三）白馬：縣名，故城在今河南省滑縣東。（八四）曲遇：縣名，今河南省中牟縣。（八五）因張良遂略韓地：文穎曰：「河南新鄭南至潁川，皆韓地也。張良家世相韓，故因之。」（八六）平陰：縣名，故城在今河南省孟津縣東。（八七）絕河津：斷絕黃河之渡口。（八八）洛陽：今河南省洛陽縣。（八九）轘轅：山名，在今河南省偃師縣東南，鞏縣西南，登封縣西北。其上有關，曰轘轅關。此處殆指關而言。（九〇）陽翟：縣名，故治即今河南省禹縣。（九一）南陽守齮：南陽郡守名齮。南陽郡有今河南省西南部及湖北省西北部地。（九二）犨：音讎，縣名，故城在今河南省魯山縣東南。（九三）宛：為南陽郡治所，即今河南省南陽縣。（九四）距險：依險以距敵。距通拒。（九五）偃旗幟：不張旗幟。（九六）遲明：比至天明。（九七）三帀：三周。（九八）舍人：左右親近之通稱，後遂以為私屬官號。〔九九〕乘城：登城。〔一〇〇〕盡日止攻：整日留此攻打。〔一〇一〕因使止守：因使南陽守守此宛城。〔一〇二〕引其甲卒，與之西：言引其軍隊，同向西進。〔一〇三〕丹水：縣名，故城在今河南省淅川縣西。〔一〇四〕鰓：人名，史失其姓。〔一〇五〕襄侯王陵：即後隨漢高祖定天下，為丞相，封安國侯之王陵。〔一〇六〕胡陽：縣名，故城在今河南省唐縣南。〔一〇七〕銷：音玄。〔一〇八〕析、酈：二縣名。析縣故城在今河南省內鄉縣西北百二十里。酈縣故城在今內鄉縣東北十里。〔一〇九〕亡得鹵掠：亡通無、毋，亡得即不得。鹵同虜，鹵掠即虜掠。〔一一〇〕漳南：漳水之南。漳水在今河北省平鄉縣南。〔一一一〕請事：有事請求指示。〔一一二〕司馬門：顏師古曰：「凡言司馬門者，宮垣之內，兵衞所在，四面皆有司馬，主武事。總言之，外門為司馬門。」〔一一三〕疾妬：仇恨妬忌。〔一一四〕孰：同熟。〔一一五〕白起事見五卷周赧王紀。〔一一六〕馬服：趙奢封馬服君，其子括遂亦稱馬服。白起破趙括軍，見六卷周赧王五十五年。〔一一七〕蒙恬事見上卷〈秦始皇紀〉。〔一一八〕郤：同隙。〔一一九〕無愚智：不論愚智。〔一二〇〕還兵：回軍內向以攻秦。〔一二一〕與諸侯為從：言與關東諸侯合縱。從音縱。〔一二二〕此孰與身伏鈇質，妻子為戮乎：言分王秦地，南面稱孤，與身伏鈇質，妻子被殺相較，孰優孰劣？身伏鈇質，謂遭腰斬。古時腰斬，將人置於質上，以鈇斬之。質，椹，今謂切肉所藉木質為椹板。鈇通斧。〔一二三〕狐疑：狐性多疑，每渡河，聽冰，且聽且渡，故以喻人之懷疑不決。〔一二四〕侯使成：侯，軍侯；姓使，名成。〔一二五〕三戶：漳水津，在今河北省磁縣界。〔一二六〕汙水：水名，在今河南省臨漳縣西南。〔一二七〕洹水：亦名安陽河，源出今山西省黎城縣，東流入河南省境，經林慮縣隆慮山及故殷虛，至安陽縣北安陽橋，再東至內黃縣，入衛河。洹音袁。〔一二八〕殷虛：亦作殷墟，殷代之故都。地當洹水之陰，即今河南省安陽縣西之小屯。㉙為言趙高：言章邯向項羽訴趙高弄權事。㉚前行：居前而行，猶今言先鋒或先頭部隊。㉛瑕丘：縣名，故城在今山東省滋陽縣西。㉜申陽：申，姓；陽，名。㉝中丞相：李斯既死，二世拜趙高為中丞相；蓋以其宦人，得入禁中。㉞或言鹿者：王念孫曰：「者字因下文而誤衍。」㉟高因陰中諸言鹿者以法：謂凡言鹿者，趙高即暗中陷以罪，而以法繩之。㊱鄉：同嚮。㊲左驂馬：古以四馬駕車，夾轅者曰服，兩旁曰驂，其在左旁者曰左驂馬，簡稱左驂。㊳占夢：官名，掌占夢之吉凶。㊴涇水為祟：涇水為禍。涇水，在今甘肅省境分南北二源：南源出化平縣西南大關山麓，東北流合北源；北源出固原縣南笄頭山，東南流經隆德平源二縣，會南源。二源既合，東南流至涇川縣，入陝西省境；再東南流，至高陵縣入渭水。㊵望夷宮：故址在今陝西省咸陽涇陽二縣交界處之眭村。㊶子嬰：秦始皇孫，扶蘇子。㊷追劫樂母置高舍：言追捕閻樂之母，置於趙高之家。㊸衞令僕射：衞尉掌宮門屯兵，其屬有衞士令。秦官自侍中、尚書、博士郎及軍屯吏騶永巷，皆有僕射，取其領事之號。㊹周廬：衞士於周垣內為區廬（即今之守衞室）而居之，晝則巡行非常，夜則警備不虞。㊺直將吏入：逕直率領吏卒入。㊻郎宦者：郎屬郎中令，宦者屬少府；皆宮中之官。㊼格：抵敵，抵抗。㊽幄：上下四方悉周以幔帳曰幄。㊾幃：單帳。㊿即：就。(51)數：數二世之罪。(52)麾其兵進：指揮其士兵前進。(53)宜如故便：應以仍舊稱王為是。(54)葬二世杜南宜春苑中：謂葬二世於杜縣南之宜春苑中。杜縣故城在今陝西省長安縣東南。(55)三族高家：言族誅趙高之三族。三族：父族，母族，妻族。(56)嶢關：嶢山之關，在今陝西省藍田縣東南。

嶢音堯。㉗啗以利：言以利誘之。啗音淡（ㄉㄢˋ）。㉘連和：休戰，結盟約。㉙蕢山：山名，在今陝西省藍田縣東南。蕢音匱（ㄎㄨㄟˋ）。

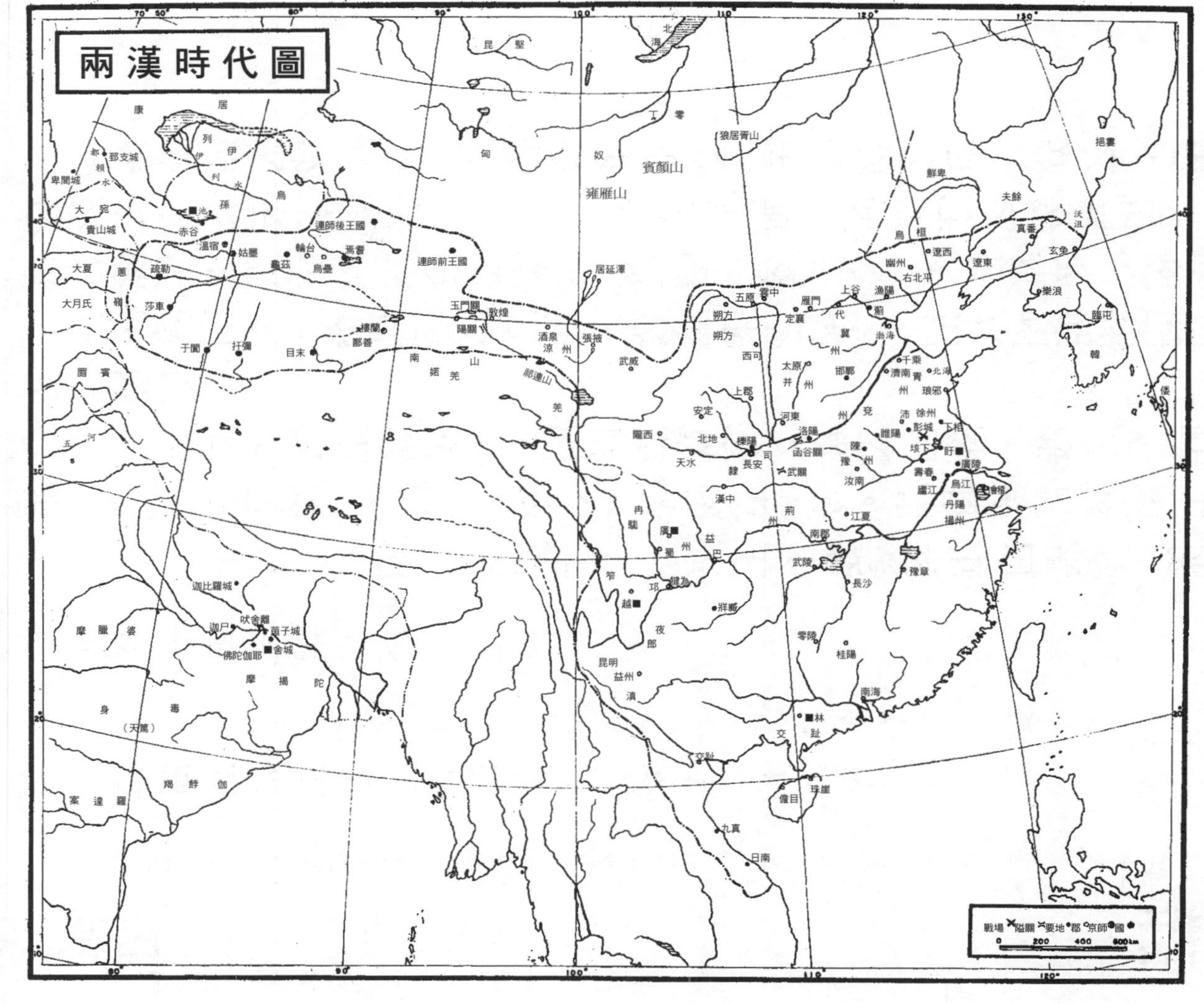
兩漢時代圖

卷九　漢紀一

司馬光編集
林瑞翰註

起旃蒙協洽，盡柔兆涒灘，凡二年。（乙未至丙申，西元前二〇六年至西元前二〇五年）

太祖高皇帝上之上

姓劉氏，諱邦，字季，沛豐邑中陽里人。秦二世元年，陳涉起蘄，沛父老立季為沛公。二年，項羽更立為漢王。明年，稱漢元年，五年，即帝位。

元年（西元前二〇六年）

㈠冬，十月㈠，沛公至霸㈡上，秦王子嬰㈢素車白馬㈣，係頸以組㈤，封皇帝璽㈥、符㈦、節㈧，降軹道㈨旁。諸將或言誅秦王，沛公曰：「始，懷王遣我㈩，固以能寬容；且人已降，殺之不祥。」乃以屬吏⑪。

賈誼論曰：「秦以區區之地，致萬乘之權⑫，招八州而朝同列⑬，百有餘年；然后以六合為家⑭，殽函⑮為宮，一夫作難而七廟墮⑯，身死人手為天下笑者，何也？仁誼不施，而攻守之勢異也⑰。」

㈡沛公西入咸陽⑱，諸將皆爭走⑲金帛財物之府，分之；蕭何獨先入收秦丞相府圖籍〔二〇〕藏之，以此沛公得具知〔二一〕天下阨塞〔二二〕，戶口多少彊弱之處。沛公見秦宮室、帷帳、狗馬、重寶、婦女以千數，意欲留居之。樊噲諫曰：「沛公欲有天下耶？將為富家翁耶？凡此奢麗之物，皆秦所以亡也，沛公何用焉〔二三〕！願急還霸上，無留宮中。」沛公不聽。張良曰：「秦為無道，故沛公得至此，夫為天下除殘賊，宜縞素為資〔二四〕。今始入秦，即安其樂，此所謂助桀為虐；且忠言逆耳利於行，毒藥苦口利於病，願沛公聽樊噲言！」沛公乃還軍霸上。

十一月，沛公悉召諸縣父老、豪傑，謂曰：「父老苦秦苛法〔二五〕久矣，吾與諸侯約，先入關者王之〔二六〕。吾當王關中，與父之約法三章耳〔二七〕！殺人者死，傷人及盜抵罪〔二八〕。餘悉除去秦法，諸吏民皆按堵〔二九〕如故。凡吾所以來，為父老除害，非有所侵暴，無恐〔三〇〕。且吾所以還軍霸上，待諸侯至而定約束耳！」乃使人與秦吏行縣、鄉、邑，告諭之〔三一〕。秦民大喜，爭持牛羊酒食獻饗軍士，沛公又讓不受，曰：「倉粟多，非乏，不欲費民〔三二〕。」民又益喜，唯恐沛公不為秦王。

項羽既定河北，率諸侯兵，欲西入關。先是諸侯吏卒繇㉝使屯戍過秦中㉞者，秦中吏卒遇之多無狀㉟。及章邯以秦軍降諸侯，諸侯吏卒乘勝多奴虜使之，輕折辱秦吏卒，秦吏卒多怨，竊言曰：「章將軍等詐吾屬降諸侯，今能入關破秦，大善；即不能，諸侯虜吾屬而東，秦又盡誅吾父母、妻子，柰何？」諸將微聞其計㊱，以告項羽。項羽召黥布、蒲將軍，計曰：「秦吏卒尚眾，其心不服，至關，不聽事，必危；不如擊殺之，而獨與章邯、長史欣、都尉翳入秦。」於是楚軍夜擊阬秦卒二十餘萬人新安㊲城南。

㈢或說㊳沛公曰：「秦富十倍天下，地形彊。聞項羽號章邯為雍王，王關中，今則來，沛公恐不得有此。可急使兵守函谷關㊴，無內㊵諸侯軍，稍徵關中兵以自益距之。」沛公然其計，從之。已而項羽至關，關門閉，聞沛公已定關中，大怒，使黥布等攻破函谷關。十二月，項羽進至戲㊶。沛公左司馬曹無傷使人言項羽曰：「沛公欲王關中，令子嬰為相，珍寶盡有之，欲以求封。」項羽大怒，饗士卒，期旦日擊沛公軍[42]。當是時，項羽兵四十萬，號百萬[43]，在新豐鴻門[44]；沛公兵十萬，號二十萬，在霸上。范增說項羽曰：「沛公居山東時，貪財好色；今入關，財物無所取，婦女無所幸，此其志不在小。吾令人望其氣，皆為龍虎，成五采，此天子氣[45]也，急擊勿失[46]。」

楚左尹項伯者[47]，項羽季父也，素善張良，乃夜馳之[48]沛公軍，私見張良，具告以事[49]，欲呼與俱去，曰：「毋俱死也。」張良曰：「臣為韓王送沛公，沛公今有急，亡[50]去，不義，不可不語。」良乃入，具告沛公。沛公大驚。良曰：「料公士卒，足以當項羽乎？」沛公默然，曰：「固不如也！且為之柰何？」張良曰：「請往謂項伯，言沛公之不敢叛也。」沛公曰：「君安與項伯有故？」張良曰：「秦時與臣游，嘗殺人，臣活之，今事有急，故幸來告良。」沛公曰：「孰與君少長[51]？」良曰：「長於臣。」沛公曰：「君為我呼入，吾得兄事之。」張良出，固要[52]項伯，項伯即入見沛公。沛公奉卮酒為壽[53]，約為婚姻，曰：「吾入關，秋毫[54]不敢有所近，籍(五五)吏民，封府庫，而待將軍。所以遣將守關者，備他盜之出入與非常也。日夜望將軍至，豈敢反乎？願伯具言臣之不敢倍(五六)德也。」項伯許諾，謂沛公曰：「旦日不可不蚤(五七)自來謝。」沛公曰：「諾。」於是項伯復夜去，至軍中，具以沛公言報項羽。因言曰：「沛公不先破關中，公豈敢入乎？今人有大功而擊之，不義也，不如因善遇之。」項羽許諾。

沛公旦日從百餘騎來見項羽鴻門，謝曰：「臣與將軍戮力而攻秦，將軍戰河北，臣戰河南，不自意能先入關破秦，得復見將軍於此。今者有小人之言，令將軍與臣有隙。」項羽曰：「此沛公左司馬曹無傷言之，不然，籍何以至此？」項羽因留沛公，與飲。范增數目項羽，舉所佩玉玦以示之者三(五八)，項羽默然不應。范增起，出，召項莊(五九)，謂曰：「君王為人不忍(六〇)，若(六一)入前為壽，壽畢，請以劍舞，因擊沛公，於坐殺之。不者，若屬(六二)皆且為所虜。」莊則(六三)入為壽。壽畢，曰：「軍中無以為樂，請以劍舞。」項羽曰：「諾。」項莊拔劍起舞，項伯亦拔劍起舞，常以身翼蔽(六四)沛公，莊不得擊。於是張良至軍門，見樊噲。噲曰：「今日之事何如？」良曰：「今項莊拔劍舞，其意常在沛公也。」噲曰：「此迫矣！臣請入，與之同命。」噲即帶劍擁盾(六五)入，軍門衛士，欲止不內，樊噲側其盾，以撞衛士，仆地。遂入，披帷(六六)立，瞋目(六七)視項羽，頭髮上指，目眦盡裂(六八)。項羽按劍長跽(六九)，曰：「客何為者？」張良曰：「沛公之參乘(七〇)樊噲也。」項羽曰：「壯士！賜之卮酒。」則與斗卮酒，噲拜謝，起立而飲之。項羽曰：「賜之彘(七一)肩。」則與一生彘肩，樊噲覆其盾於地，加彘肩其上，拔劍切而啗之。項羽曰：「壯士復能飲乎？」樊噲曰：「臣死且不避，卮酒安足辭？夫秦有虎狼之心，殺人如不能舉(七二)，刑人如恐不勝(七三)，天下皆叛之。懷王與諸將約曰：『先破秦入咸陽者，王之。』今沛公先破秦，入咸陽，毫毛不敢有所近，還軍霸上，以待將軍。勞苦而功高如此，未有封爵之賞，而聽細人(七四)之說，欲誅有功之人，此亡秦之續(七五)耳！竊為將軍不取也。」項羽未有以應，曰：「坐。」樊噲從良坐。坐須臾(七六)，沛公起如廁，因招樊噲出。沛公曰：「今者出未辭也，為之柰何？」樊噲曰：「如今人方為刀俎，我方為魚肉，何辭為？」於是遂去。鴻門去(七七)霸上四十里，沛公則置車騎(七八)，脫身獨騎，樊噲、夏侯嬰、靳彊、紀信等四人持劍盾步走，從驪山下道(七九)芷陽(八〇)間行(八一)趣(八二)霸上，留張良使謝(八三)項羽，以白璧獻羽，玉斗與亞父。沛公謂良曰：「從此道至吾軍，不過二十里耳(八四)！度我至軍中，公乃入。」沛公已去，間至軍中(八五)，張良入謝，曰：「沛公不勝桮杓(八六)，不能辭，謹使臣良奉白璧一雙，再拜獻將軍足下，玉斗一雙，再拜奉亞父足下。」項羽曰：「沛公安在(八七)？」良曰：「聞將軍有意督過之(八八)，脫身獨去，已至軍矣。」項羽則受璧，置之坐上；亞父受玉斗，置之地，拔劍撞而破之，曰：「唉！豎子不足與謀，奪將軍天下者，必沛公也！吾屬今為之虜矣。」沛公至軍，立誅殺曹無傷。

居數日，項羽引兵西屠咸陽，殺秦降王子嬰，燒秦宮室，火三月不滅；收其寶貨、婦女而東，秦民大失望(八九)。韓生說項羽曰：「關中阻山帶河，四塞之地，地肥饒，可都以霸(九〇)。」項羽見秦宮室皆以燒殘破，又心思東歸，曰：「富貴不歸故鄉，如衣繡夜行，誰知之者[九一]？」韓生退，曰：「人言楚人沐猴而冠[九二]耳，果然[九三]。」項羽聞之，烹韓生[九四]。

項羽使人致命懷王[九五]，懷王曰：「如約[九六]。」項羽怒，曰：「懷王者，吾家所立耳！非有功伐[九七]，何以得專主約？天下初發難時[九八]，假立諸侯後以伐秦[九九]，然身被堅執銳，首事[一〇〇]暴露於野，三年滅秦定天下者，皆將相諸君與籍之力也。懷王雖無功，固當分其地而王之。」諸將皆曰：「善。」春，正月，羽陽尊[一〇一]懷王為義帝，曰：「古之帝者，地方千里，必居上游[一〇二]。」乃徙義帝於江南，都郴[一〇三]。二月，羽分天下，王諸將。羽自立為西楚霸王[一〇四]，王梁、楚地九郡[一〇五]，都彭城[一〇六]。羽與范增疑沛公，而業已講解，又惡負約[一〇七]，乃陰謀[一〇八]曰：「巴蜀道險，秦之遷人[一〇九]皆居之。」乃曰：「巴蜀亦關中地也。」故立沛公為漢王，王巴、蜀、漢中，都南鄭[一一〇]。而三分關中，王秦降將以距塞漢路[一一一]。章邯為雍王，王咸陽以西，都廢丘[一一二]。長史欣者，故為櫟陽獄掾，嘗有德於項梁；都尉董翳者，本勸章邯降楚；故立欣為塞(二三)王，王咸陽以東至河，都櫟陽(二四)；立翳為翟(二五)王，王上郡，都高奴(二六)。項羽欲自取梁地，乃徙魏王豹為西魏王，王河東，都平陽(二七)。瑕丘申陽(二八)省，張耳嬖臣(二九)也，先下河南郡，迎楚河上，故立申陽為河南王，都洛陽(三〇)。韓王成因故都，都陽翟(三一)。趙將司馬卬，定河內，數有功，故立卬為殷(三二)王，王河內，都朝歌(三三)。徙趙王歇為代王。趙相張耳素賢，又從入關，故立耳為常山王，王趙地，治襄國(三四)。當陽(三五)君黥布，為楚將，常冠軍(三六)，故立布為九江王，都六(三七)。番君(三八)吳芮，率百越，佐諸侯，又從入關，故立芮為衡山王，都邾(三九)。義帝柱國共敖(四〇)，將兵擊南郡，功多，因立敖為臨江王(四一)，都江陵(四二)。徙燕王韓廣為遼東(四三)王，都無終(四四)。燕將臧荼從楚救趙，因從入關，故立荼為燕王，都薊(四五)。徙齊王田市為膠東王，都即墨(四六)。齊將田都從楚救趙，因從入關，故立都為齊王，都臨菑(四七)。項羽方渡河救趙，田安下濟北數城，引其兵降項羽，故立安為濟北王，都博陽(四八)。田榮數負項梁(四九)，又不肯將兵從楚擊秦，以故不封；成安君陳餘棄將印去，不從入關，亦不封。客多說項羽曰：「張耳、陳餘，一體[40]有功於趙。今耳為王，餘不可以不封。」羽不得已，聞其在南皮[41]；因環封之三縣[42]。番君將梅鋗功多，封十萬戶侯。

漢王怒，欲攻項羽，周勃、灌嬰、樊噲皆勸[43]之，蕭何諫[44]曰：「雖王漢中之惡，不猶愈於死乎？」漢王曰：「何為乃死也？」蕭何曰：「今眾弗如，百戰百敗，不死何為？夫能詘[45]於一人之下，而信[46]於萬乘之上者，湯、武是也。臣願大王王漢中，養其民以致[47]賢人，收用巴蜀，還定三秦[48]，天下可圖也。」漢王曰：「善。」乃遂就國，以何為丞相。漢王賜張良金百鎰[49]，珠二斗。良具以獻項伯，漢王亦因令良厚遺[50]項伯，使盡請漢中地，項王許之。夏，四月，諸侯罷戲下[51]兵，各就國。項王使卒三萬人，從漢王之國，楚與諸侯之慕從者數萬人，從杜南[52]入蝕中[53]。張良送至褒中[54]，漢王遣良歸韓，良因說漢王燒絕所過棧道[55]，以備諸侯盜兵，且示項羽無東意[56]。

㈣田榮聞項羽徙齊王市於膠東，而以田都為齊王，大怒。五月，榮發兵距擊田都，都亡走楚。榮留齊王市，不令之膠東。市畏項羽，竊亡之國，榮怒，六月，追擊殺市於即墨，自立為齊王。是時彭越在鉅野(五七)，有眾萬餘人，無所屬。榮與越將軍印，使擊濟北。秋，七月，越擊殺濟北王安，榮遂幷王三齊(五八)王之地；又使越擊楚，項王命蕭角(五九)將兵擊越，越大破楚軍。

(五)張耳之國，陳餘益怒，曰：「張耳與餘功等也。今張耳王，餘獨侯，此項羽不平。」乃陰使張同、夏說(六〇)說齊王榮曰：「項羽為天下宰(六一)，不平，盡王諸將善地，徙故王於醜地。今趙王乃北居代，餘以為不可(六二)。聞大王起兵，不聽不義(六三)，願大王資(六四)餘兵，擊常山，復趙王，請以趙為扞蔽(六五)。」齊王許之，遣兵從陳餘。

(六)項王以張良從漢王，韓王成又無功，故不遣之國，與俱至彭城，廢以為穰(六六)侯。已又殺之。

(七)初，淮陰(六七)人韓信，家貧，無行(六八)，不得推擇為吏，又不能治生商賈(六九)，常從人寄食飲(七〇)，人多厭之。信釣於城下，有漂母(七一)，見信飢，飯(七二)信，信喜，謂漂母曰：「吾必有以重報母。」母怒曰：「大丈夫不能自食，吾哀王孫(七三)而進食，豈望報乎？」淮陰屠中少年有侮信者，曰：「若(七四)雖長大，好帶刀劍，中情怯耳！」因眾辱之(七五)，曰：「信能死，刺我；不能死，出我袴下(七六)。」於是信孰(七七)視之，俛(七八)出袴下，蒲伏(七九)。一市人皆笑信，以為怯。及項梁渡淮，信杖劍(八〇)從之，居麾下，無所知名。項梁敗，又屬項羽，羽以為郎中，數以策干羽(八一)，羽不用。漢王之入蜀，信亡楚歸漢(八二)，未知名，為連敖(八三)，坐(八四)當斬。其輩十三人，皆已斬，次至信，信乃仰視，適見滕公(八五)，曰：「上不欲就天下(八六)乎？何為斬壯士？」滕公奇其言，壯其貌，釋而不斬。與語，大說之，言於王，王拜以為治粟都尉(八七)，亦未之奇也。信數與蕭何語，何奇之。漢王至南鄭，諸將及士卒皆歌謳(八八)思東歸，多道亡(八九)者，信度(九〇)何等已數言王(九一)，王不我用，即亡去。何聞信亡，不及以聞，自追之。人有言王曰：「丞相何亡。」王大怒，如失左右手。居一二日，何來，謁王，王且怒且喜，罵何曰：「若亡何也？」何曰：「臣不敢亡也，臣追亡者耳！」王曰：「若所追者誰？」何曰：「韓信也。」

王復罵曰：「諸將亡者以十數，公無所追，追信，詐也。」何曰：「諸將易得耳！至如信者，國士無雙(九二)。王必欲長王漢中(九三)，無所事信(九四)；必欲爭天下，非信無可與計事者，顧王策安所決耳(九五)？」王曰：「吾亦欲東耳，安能鬱鬱久居此乎？」何曰：「計必欲東，能用信，信即留；不能用，信終亡耳。」王曰：「吾為公以為將。」何曰：「雖為將，信不留。」王曰：「以為大將。」何曰：「幸甚。」於是王欲召信拜之，何曰：「王素慢(九六)無禮，今拜大將，如呼小兒，此乃信所以去也。王必欲拜之，擇良日，齋戒設壇場，具禮，乃可耳。」王許之，諸將皆喜，人人各自以為得大將，至拜大將，乃韓信也，一軍皆驚。信拜，禮畢，上坐(九七)，王曰：「丞相數言將軍，將軍何以教寡人計策？」信辭謝(九八)，因問王曰：「今東鄉(九九)爭權天下，豈非項王耶？」漢王曰：「然。」曰：「大王自料(一〇〇)勇悍仁彊，孰與(一〇一)項王？」漢王默然良久，曰：「不如也。」信再拜賀(一〇二)，曰：「惟(一〇三)信亦以為大王不如也！然臣嘗事之，請言項王之為人也。項王喑噁叱咤(一〇四)，千人皆廢(一〇五)，然不能任屬㉖賢將，此特㉗匹夫㉘之勇耳！項王見人，恭敬慈愛，言語嘔嘔㉙，人有疾病，涕泣分食飲，至使人有功，當封爵者，印刓敝，忍不能予㉚，此所謂婦人之仁也㉛。項王雖霸天下而臣諸侯㉜，不居關中而都彭城；背義帝之約，而以親愛王諸侯，不平㉝；逐其故主，而王其將相㉞；又遷逐義帝，置江南㉟；所過無不殘滅，百姓不親附，特劫於威彊耳！名雖為霸㊱，實失天下心，故其彊易弱㊲。今大王誠能反其道，任天下武勇，何所不誅？以天下城邑，封功臣，何所不服？以義兵從思東歸之士，何所不散㊳？且三秦王㊴為秦將，將秦子弟數歲矣，所殺亡不可勝計，又欺其眾降諸侯，至新安，項王詐坑秦降卒二十餘萬，唯獨邯、欣、翳得脫，秦父兄怨此三人，痛入骨髓，今楚強以威王此三人，秦民莫愛也㊵。大王之入武關，秋毫無所害，除秦苛法，與秦民約法三章，秦民無不欲得大王王秦者。於諸侯之約，大王當王關中，關中民咸知之。大王失職㊶入漢中，秦民無不恨者。今大王舉㊷而東，三秦可傳檄㊸而定也。」於是漢王大喜，自以為得信晚，遂聽信計，部署㊹

諸將所擊，留蕭何收巴蜀租，給軍糧食。

八月，漢王引兵從故道[25]出襲[26]雍，雍王章邯迎擊漢陳倉[27]，雍兵敗，還走，止戰好畤[28]，又敗，走廢丘。漢王遂定雍地，東至咸陽，引兵圍雍王於廢丘，而遣諸將略地。塞王欣、翟王翳皆降，以其地為渭南[29]、河上[30]、上郡[31]。

㈧令將軍薛歐、王吸出武關[32]，因王陵兵以迎太公、呂后。項王聞之，發兵距之陽夏[33]，不得前。

王陵者，沛[34]人也。先聚黨數千人，居南陽[35]，至是始以兵屬漢。項王取陵母，置軍中，陵使至，則東鄉[36]坐陵母，欲以招陵。陵母私送使者，泣曰：「願為老妾語陵，善事漢王，漢王長者，終得天下，毋以老妾故持二心。妾以死送使者。」遂伏劍而死。項王怒，亨[37]陵母。

㈨項王以故吳[38]令鄭昌為韓王以距漢。

㈩張良遺項王書曰：「漢王失職，欲得關中，如約即止，不敢東。」又以齊、梁反書遺項王曰：「齊欲與趙并滅楚[39]，」項王以此故無西意，而北擊齊。

(十一)燕王廣不肯之遼東，臧荼擊殺之，幷其地。

(十二)是歲，以內史沛周苛為御史大夫㉓。

(十三)項王使趣㉔義帝行，其羣臣左右，稍稍叛之。

【今註】㈠冬，十月：漢興，沿用秦歷，秦正建亥，故漢初以十月為歲首。西漢世系如下：

(1)漢高帝
- (2)惠帝
- (3)文帝—(4)景帝—(5)武帝
  - (6)昭帝
  - 戾太子—史皇孫—(7)宣帝—(8)元帝
    - (9)成帝
    - 中山孝王—(11)平帝
    - 定陶恭王—(10)哀帝

㈡霸上：即今之白鹿原，故址在今陝西省長安縣東，接藍田縣界。霸水流經其地，故稱霸上。㈢秦王子嬰：趙高誅二世，立子嬰，降帝號，但稱秦王。見卷八秦二世三年。㈣素車白馬：素，白。素車白馬，喪人之服；子嬰自以罪重當誅，故乘素車，駕白馬。㈤係頸以組：係，同繫。組，組練。以組練自繫其頸，表示被俘之意。㈥璽：天子印信。按古時無尊卑貴賤，凡印信皆得稱璽。秦漢以後，始為帝王印信之專稱。子嬰上秦始皇帝璽，漢王因服御之，世代相傳授，稱為漢傳國璽。據《史記正義》，按漢天子有六璽：皇帝行璽、皇帝之璽、皇帝信璽、天子行璽、天子之璽、天子信璽。傳國璽在六璽之外，故漢天子共有七璽。㈦符：符信。古時用為憑信之具，多以金屬或玉為之，上刻文字，剖為兩半，朝廷與外官各執其半以為信。如朝廷有事，欲發兵或更代將帥官吏，須遣使持半符至，外官出半符勘合之，以驗真偽，稱為合符。㈧節：符節。上有節毛，上下相重如竹節，故稱節。按古時使臣奉命交聘，每持節以為信，故亦稱使節。㈨軹道：亭名。按軹亦作枳。軹道亭故地在今陝西省咸陽縣北。㈩懷王遣我：楚懷王遣沛公西入關，見卷八秦二世二年。㈡屬吏：屬，交付。音祝（ㄓㄨˋ）。屬吏，以子嬰交付軍吏，嚴加監守。㈢秦以區區之地，致萬乘之權：《史記・秦始皇本紀》作「秦以區區之地，千乘之權。」通鑑依《漢書・項羽傳》作「秦以區區之地，致萬乘之權。」按「區區之地」與「千乘之權」，文氣一貫，均以喻秦為諸侯時事，《漢書》或以戰國之世，秦與關東六國並稱王，故改「千乘之權」為「致萬乘之權」，但戰國之時，七國並立，互爭雄長，雖號稱王而實為諸侯，且既云「致萬乘之權」，下又云「然后以六合為家」，於文義亦不順，仍以《史記》作「千乘之權」為長。㈢招八州而朝同列：招，招致。古分天下為九州，戰國之世，七國並立，秦在關中，據有雍州之地，其餘六國在關東，此謂秦盡招致之使朝於秦，是為招八州而朝同列。秦與六國俱稱王，是為同列。㈣以六合為家：天地東西南北，謂之六合，如曰四海或四方。秦既滅六國，混一四海，故曰以六合為家。㈤殽函：殽即殽山，亦稱殽谷，為函谷之東端，故函谷亦稱殽函。㈥七廟墮：古代祭祀之制，天子有七廟。此七廟：自父溯至高祖之祖凡六廟，幷始祖則合為七廟，按古時以廟祭為國之大典，故以七廟墮喻亡國。此係指秦亡而言。㈦以上賈誼〈過秦論〉。㈧咸陽：秦都。故城在今陝西省咸陽縣東。㈨走：趣向。㈩圖籍：地圖及戶籍。㈡具知：備知。㈢阨塞：險要之地。㈢沛公何用焉：謂凡此奢華之物，皆足以喪人意志，滅人之國，於沛公毫無用處。㈣縞素為資：弔民伐罪，以為創業之憑籍。㉕苛法：峻刻煩瑣之法令。㉖先入關者王之：先入關者，為關中之王。㉗與父老約法三章耳：何焯曰：「此約法與上苛法對。因紀末有初順民心，作三章之約，改約字為讀，始厚齋王氏（按：厚齋王氏，即宋王應麟，字伯厚。）然文紀中宋昌有『約法令』之語，刑法志言『約法三章』者非一，當仍舊也。」按此八字仍應一貫連讀，其意略謂，吾所求於父老者無他，但約法三章耳。其中「與」字為動詞，「約法」為「苛法」之對語，何氏說是。李宗侗曰：「按約字本重字，原當作『與父老約，約法三章耳。』原應於上約字斷句，後傳抄時略去一約字，遂起爭辯。古人凡重字或重詞，多以二點表示，故易被忽略，如此語原作『與父老約：法三章耳』，後此二點被省略，遂成單約字。以點代字之寫法，至兩漢時尚極通用，漢木簡及漢碑可證，而古書詞語因此被忽略者亦復不少。如論語：『子路宿於石門，晨門曰』一語，阮本校勘記謂皇本、高麗本皆重石門二字，可如此語原作『子路宿於石：門：晨門曰』，其後傳抄時石門下二點被忽略，遂少石門二字。此種現象在古籍中甚多見，約法三章疑亦如此。此假設至少可解決四字讀及八字讀歷來之爭辯。」㉘傷人及盜抵罪：抵罪，使各當其罪。按傷人有曲直，盜贓有多寡，罪名不可預定，各視案情之輕重以論罪。㉙按堵：安居其室而不遷動。按同安，按堵即安堵。㉚無恐：令關中父老無自恐懼。㉛使人與秦吏行縣、鄉、邑，告諭之：使軍中遣人隨秦吏徧行諸縣、鄉、邑，諭以沛公所以入關之意。胡三省曰：「秦制：縣大率方百里，十里一亭，十亭一鄉；邑，所封食邑。」按秦廢封建，無食邑，當為邑聚之邑，如高祖為沛之豐邑人，可證。㉜「倉粟多」至「不欲費民」：謂秦所遺倉中存粟尚多，軍不乏食，不勞百姓輸送。㉝繇：讀曰傜。㉞秦中：關中秦地。㉟無狀：無善狀。㊱微聞其計：謂密聞其計慮如此。㊲新安：故城在今河南省澠池縣東。㊳說：音稅（ㄕㄨㄟˋ）。㊴函谷關：以道形如函而得名，見《西征記》。又據《漢書》顏師古註，函谷故關即唐時桃林縣南之洪溜澗；其水北流入河，夾河西岸猶有舊關餘蹟。按：唐桃林縣，即今河南省靈寶縣。㊵內：讀曰納。㊶戲：水名；源出陝西省臨潼縣南驪山，北流入渭水。㊷期旦日擊沛公軍：期，約。旦日，明日清晨，項羽與士卒約以明日清晨襲擊沛公軍。㊸兵四十萬，號百萬：號，虛稱。兵實四十萬，今號稱百萬，虛張其數目以恐懼敵人。㊹新豐鴻門：胡三省曰：「新豐縣本秦驪邑，高祖七年方置，史以後來縣名書之。」應劭曰：「太上皇思東歸，於是高祖改築城市街里以象豐，徙豐民以實之，故號新豐。」按新豐故城在今陝西省臨潼縣東北，鴻門即今臨潼縣東之鴻門坂，亦稱項王營。㊺天子氣：按《晉書・天文志》：「天子氣內赤外黃，四方所發之處，當有王者。若天子欲有往遊處，其地亦先發此氣，或如城門，隱隱在氣霧中；或氣象青衣人，無手，在日西；或如龍馬；或雜色鬱鬱沖天者；皆帝王之氣。」我國古時方士有所謂望氣者，以觀妖祥，辨吉凶，雖近妄誕，但古人頗信之。㊻勿失：勿失此良機。㊼左尹項伯：項伯名纏，字伯。左尹，楚官名。㊽之：往。㊾具告以事：具，皆也。謂項伯以項羽欲擊沛公之事，皆以告張良。㊿亡：逃亡。(51)孰與君少長：孰，誰。謂君與項伯，誰少誰長。(52)固要：堅約之。(53)奉卮酒為壽：卮，厄俗字，酒器。卮酒，一卮酒。為壽，進酒於尊者，而獻無疆之壽。(54)秋毫：毫至秋而末銳，小而難見，故以秋毫喻微細。(55)籍：籍錄之。

㊽倍：讀曰背。㊾蚤：同早。㊿舉所佩玉玦以示之者三：玦，玉佩，狀如環而缺。范增舉玉玦以示項羽，欲堅其殺沛公之意。(59)項莊：項伯從弟。(60)不忍：秉性惻隱而仁慈。(61)若：汝。(62)若屬：汝輩。(63)則：即。(64)翼蔽：掩護之如翼之覆蔽。(65)盾：用以蔽身禦兵之具。(66)帷：帳幕之在旁側者。《釋名》：「帷、圍也，所以自障圍也。」(67)瞋目：張目。(68)目眦盡裂：眦，目際。凡張目過甚則眦裂，以喻盛怒之狀。(69)按劍長跽：撫劍長跪。(70)參乘：陪乘。亦作驂乘。驂乘居右，故又曰右驂。(71)彘：豕。說文：「豬，關東、西或謂之彘。」(72)舉：徧。(73)勝：盡。(74)細人：小人。(75)亡秦之續：踵亡秦之故轍。(76)須臾：無幾時。(77)去：距離。(78)置車騎：置，留。謂留車騎於鴻門，不以自隨。(79)道：由。(80)芷陽：《漢書・地理志》：「霸陵縣，故芷陽，文帝更名。」按芷陽故城在今陝西省咸寧縣東。(81)間行：微行。間，通閒。(82)趣：趨向。讀曰趨。(83)謝：告辭。(84)從此道至吾軍，不過二十里耳：上文云「鴻門去霸上四十里」，沛公從間道而行，故縮短二十里。(85)間至軍中：閒行至軍中。(86)不勝桮杓：桮，飲器，用以盛酒；杓，勺柄，用以斟酒。不勝桮酌，不勝酒量之意。(87)安在：何在。(88)督過之：譴責之。(89)秦民大失望：秦民初見沛公入關，無所侵暴，故大喜，日盼諸侯之至；及項羽為殘滅之行，秦民乃大失其初所望。(90)可都以霸：謂項羽若都關中，可以成霸業。(91)誰知之者：謂無人知之，則不榮顯。(92)沐猴而冠：沐猴即獼猴。謂獼猴性燥，不耐久著冠帶，以此喻項羽之浮燥無識。(93)果然：果如人言。(94)韓生：按《史記》未指明說者為何人，通鑑從《漢書》作韓生。裴駰按《楚漢春秋》、揚子《法言》俱云說者是蔡生，未如孰是。(95)項羽使

人致命懷王：項羽致命於懷王，蓋不欲沛公王關中，欲假懷王之命而徙封之，不意懷王堅持前約，故羽怒而徙懷王於江南。(九六)如約：言如前約，令先入關者為關中之王。(九七)伐：積功。(九八)初發難時：兵初起時。(九九)假立諸侯後以伐秦：假，借。謂假借援立諸侯後裔之名義為號召，以討伐秦國。(一〇〇)首事：首倡其事。(一〇一)陽尊：以虛名尊崇之。謂名尊之為帝而實則抑損其權。(一〇二)居上游：居水之上流。(一〇三)郴：故址即今湖南省郴縣。(一〇四)西楚霸王：舊名江陵為南楚，吳為東楚，彭城為西楚。項羽都彭城，故自號西楚霸生。(一〇五)梁楚九郡：按《史記》但稱項羽王九郡，漢書但稱王梁、楚九郡，而未載九郡之名，顏師古注漢書及胡三省注通鑑未提及。清儒研究項羽所王九郡者有四家。一：全祖望以為此九郡為東海、泗水、會稽、南陽、黔中、東郡、碭郡、楚郡、薛郡。二：錢大昕以為此九郡為泗水、東陽、東海、會稽、碭郡、薛郡、鄣郡、吳郡、東郡。三：劉文淇以為此九郡為會稽、東陽、泗水、潁川、鄣郡、郯郡、薛郡、碭郡、東郡。四：姚鼐以為此九郡為泗水、東海、東陽、會稽、碭郡、陳郡、東郡、鄣郡、薛郡。王先謙以為以上四說，獨全說較得其實，其餘三說皆非。王氏所根據理由如下：一：此九郡應以秦置郡名為定，若楚漢之際或漢以後所分置，皆非九郡之數。全祖望所舉九郡皆秦立郡名，其中東海為漢郡名，即奏之郯郡，故並無妨於奏置郡數，且此九郡皆梁、楚故地，故較諸說為得實。二：陳郡非秦所置，可證姚說之誤。三：潁川郡，本韓國故地，此時韓王或尚在，史表列為十八王之一，項羽雖不遣就國，但韓之疆域固在，項羽未殺成之前，潁川非項羽所有，且亦非梁、楚故地；項羽殺成之後，又封鄭昌為韓王，尤為項羽不得潁川之確證，此為劉說之誤。四：鄣、吳、東陽等三郡皆楚漢間所分置，項羽分封諸王時，尚無此三郡之名，此錢說錯誤之一；又錢大昕謂項羽於秦三十六郡中實得泗水、會稽、碭、薛四郡，而史稱九郡，說亦未妥，此其錯誤之二。（二六）彭城：故址即今江蘇省銅山縣。（二七）惡負約：畏人言已背負盟約。惡，音務（ㄨˋ）。（二八）陰謀：密謀。（二九）遷人：被徙放荒僻地區之罪囚。（三〇）王巴、蜀、漢中，都南鄭：巴、蜀、漢中皆秦郡。南鄭故城在今陝西省南鄭縣。（三一）距塞漢路：距塞漢軍東出之道路。（三二）廢丘：漢為槐里縣，故城在今陝西省興平縣東南。（三三）塞：取黃河之險，華川之固，以為阸塞；故名塞國。（三四）櫟陽：故城在今陝西省臨潼縣東北。（三五）翟：同狄。項羽以上郡北近戎翟，因以名國。（三六）高奴：故城在今陝西省膚施縣東。（三七）平陽：故城在今山西省臨汾縣西南。（三八）瑕丘申陽：姓瑕丘，名申陽。（三九）嬖臣：寵幸之臣。（四〇）洛陽：故城在今河南省洛陽縣東北。（四一）陽翟：故治即今河南省禹縣。（四二）殷：卬都朝歌，朝歌故殷都，因以名國。（四三）朝歌：故城在今河南省淇縣東北。（四四）襄國：《括地志》：「邢州本漢襄國縣，秦置三十六郡，於此置信都縣，屬鉅鹿郡，項羽改曰襄國。」胡三省曰：「予據班志，襄國縣屬趙國，信都縣屬信都國。漢蓋又分為二縣。」宋白曰：「趙王歇都襄國，今邢州所理龍岡縣是也。」按龍岡縣，隋置，屬邢州，即漢之襄國，故城在今河北省邢臺縣西南。（四五）當陽：故治在今湖北省當陽縣東。（四六）冠軍：作戰勇敢，為諸軍之首。（四七）六：故治在今安徽省六安縣北。（四八）番君：番，讀曰鄱。吳芮為鄱令，故號曰鄱君。秦置番陽縣，漢始稱鄱陽。故城在今江西省鄱陽縣東。（四九）鄡：即今湖北省黃岡縣。（五〇）柱國共敖：共，讀曰龔。姓共，名敖。柱國，楚官名，職掌如丞相。（五一）臨江王：即秦南郡之地。（五二）江陵：故楚之郢都，故城在今湖北省枝江縣東南。㉝遼東：本燕地，今分為遼東國。㉞無終：故城即今河北省薊縣。㉟薊：故城在今河北省大興縣西南。薊，音計（ㄐㄧˋ）。㊱即墨：故城在今山東省平度縣東南。㊲臨菑：即今山東省臨淄縣。㊳博陽：胡三省曰：「濟北有博關，博陽蓋在博關之南也。」㊴數負項梁：負，違背。謂屢次違背項梁約束，不肯將兵助楚。㊵一體：一律。謂其功勞相等。㊶南皮：故城在今河北省南皮縣東北。㊷環封之三縣：以環繞南皮三縣封陳餘。㊸勸：促成其事。㊹諫：以言矯正之。㊺詘：屈服。㊻信：伸出。㊼致：招徠。㊽三秦：雍、翟、塞三國皆秦故地，總稱三秦。㊾鎰：古時以二十四兩為一鎰，見《國語》。㊿遺：贈。(51)戲下：戲下有二說：顏師古釋戲為麾，謂諸侯從項羽西入關，各帥其軍聽命於羽，羽既封諸侯，各使就國，故總言罷戲下。司馬貞謂戲即戲水，項羽入關至戲西鴻門，屯置戲水下，故曰戲下，如屯軍許稱許下，屯軍洛稱洛下。胡三省以顏說為是，而顧炎武、王先慎諸人則贊同司馬貞之說。其實二說各自可通，不必堅持作麾下或戲水下。(52)杜南：杜縣之南。杜縣故城在今陝西省咸寧縣東南。(53)蝕中：古時由陝入漢中之交通孔道。程大昌《雍錄》云：「以地望求之，關中南面背礙南山，其有微徑可達漢中者，惟子午谷，在長安正南；其次向西則駱谷。此蝕中若非駱谷，即是子午谷。」(54)褒中：故城在今陝西省褒城縣東南，言其居褒谷之中，故稱褒中。褒谷，即褒斜谷之南口，在褒城縣北，褒斜北口即斜谷。俱為川陝交通要道。(55)棧道：於山崖險絕之處，傍鑿山巖而施版築，稱為棧道，又稱閣道。(56)無東意：無東出之意。(57)鉅野：故城在今山東省鉅野縣南。顏師古曰：「鉅野，澤名，因以名縣。」(58)三齊：齊、濟北、膠東三國，皆故齊地，總稱三齊。(59)蕭角：《史記》、《漢書》皆作蕭公角。沈欽韓曰：「蕭縣公，名角。通鑑直云蕭角，似非。」(60)夏說：姓夏，名說。說，讀曰悅。(61)宰：主宰。(62)不可：於義不合。(63)不聽不義：凡不義之事，皆可不必聽從。(64)資：資給。(65)扞蔽：藩屏。謂以趙國為齊國之藩屏。(66)穰：故城在今河南省鄧縣境。(67)淮陰：故城在今江蘇省淮陰縣東南。(68)無行：無善行可備推舉選擇。(69)商賈：行賣曰商；坐販曰賈。賈，音古（ㄍㄨˇ）。(70)寄食飲：依人為生，而不能自立。(71)漂母：以水擊絮為漂，故曰漂母。母，老婦尊稱。(72)飯：給以飯食。(73)王孫：少年人之尊稱，如言公子。秦滅六國，廢封建，貴族之後裔，多淪為平民，故凡尊稱少年人則曰公子王孫。(74)若：汝。(75)眾辱之：於大眾之前侮辱之。(76)袴下：股下。(77)孰：古熟字。(78)俛：俯首。(79)蒲伏：以身伏地。(80)仗劍：持劍。此謂但帶一劍，更無餘資。(81)以策干羽：干，求。謂獻策於羽，求其取用。(82)亡楚歸漢：自楚國逃亡而投歸漢王。(83)連敖：楚官名。(84)坐：坐法。(85)滕公：夏侯嬰。按《史記・夏侯嬰傳》：「常奉車從擊秦軍雒陽東，以兵車趣攻，戰疾，賜爵，轉為滕公。」又漢書夏侯嬰傳：「初嬰為滕令，奉車，故號滕公。」按漢因秦爵，止於封侯。嬰嘗為滕令，故尊稱為滕公，與吳芮嘗為番令而稱番君者相同，《漢書》說是。(86)就天下：成就大一統之業。(87)治粟都尉：按《漢書・百官表》，治粟內史，秦官，掌穀貨。都尉，蓋其屬官。至漢，改治粟內史為大司農。(88)歌謳：齊聲歌唱。(89)道亡：未至南鄭，即中道而逃亡。(90)度：揣測。(91)數言王：數薦信之才而言於漢王。(92)國士無雙：為國之奇士，無人可與相比。(93)長王漢中：永為漢中之王。(94)無所事信：不必重用韓信。(九五)顧王策安所決耳：顧，思念。蕭何謂漢王若欲爭天下，則重用韓信，若欲長王漢中，則不必用信，但念王何所決策耳。(九六)慢：待人不恭敬。(九七)上坐，登座。坐，同座。(九八)辭謝：自謙讓而不敢以賢能自居。(九九)鄉：讀曰向。(一〇〇)料：審量。(一〇一)孰與：何如。(一〇二)信再拜賀：韓信以漢王有自知之明，終能建立大業，故賀之。(一〇三)惟：《史記》作惟，《漢書》作唯。惟、唯古通。顏師古曰：「唯，應辭。」劉奉世曰：「唯字當屬下句，讀如本字。」王念孫曰：「唯讀為雖。言非獨大王以為弗如。雖信亦以為弗如也。雖字古多借作唯。史記淮陰侯傳作惟信亦以為大王不如也，則不得斷惟字為句，而讀為唯諾之唯矣。」(一〇四)喑噁叱咤：喑噁，音陰（ㄧㄣ）務（ㄨˋ），懷怒氣；叱咤，音翅（ㄔˋ）詐（ㄓㄚˋ），發怒聲。(一〇五)廢：懾伏。(一〇六)屬：委任。音祝（ㄓㄨˋ）。(一〇七)特：但。(一〇八)匹夫：匹，單獨之意，匹夫即獨夫。謂孤獨無援，雖勇不足懼。(一〇九)嘔嘔：同姁姁，和好貌。嘔，姁俱音吁（ㄒㄩ）。(一一〇)印刓敝，忍不能予：刓，角訛。敝，舊敝。謂撫弄印久，角訛舊敝，然終不忍與人。喻項羽吝於爵賞，不能按功授人官爵。予，讀曰與。(一一一)婦人之仁：謂羽但如篤於小仁，如婦人之富於惻隱之心，然而吝於爵賞，無遠大之見，臣下皆怨，不能成大功。(一一二)霸天下而臣諸侯：羽以力征得天下，故曰霸天下；天下諸侯皆羽所分封而聽命於羽，故曰臣諸侯。(一一三)不平：非項羽之所親，雖有功亦不得封王，故曰不平。(一一四)逐其故主，而王其將相：謂羽徙王諸侯於邊鄙，而以諸侯善地王其將相。此指徙趙王歇為代王而以趙相張耳為常山王，王故趙地；徙燕王廣為遼東王而以燕將臧荼為燕王；徙齊王市為膠東王，而以齊將田都為齊王。(一一五)遷逐義帝，置江南：義帝都郴，郴在江南。(一一六)

名雖為霸：項羽分天下以封諸侯，政由己出，諸侯皆聽命臣服，自號西楚霸王，故云名雖為霸。⑰易弱：易使變弱。⑱以義兵從東歸之士，何所不散：韓信云項羽殘暴，主宰天下不平，又遷逐義帝，是為不義；今漢反其道而行之，以申義於天下，是為義兵。漢軍西從入關者，皆關東人，今被謫遷於巴蜀，日思東歸，故曰思東歸之士。此謂漢若興兵，名正言順，既有義名，兼用思東歸之士，以此擊敵，敵軍無有不敗散者。⑲三秦王：雍王章邯、塞王司馬欣、翟王董翳。⑳秦民莫愛也：謂此三人，皆不得秦人之心，易於潰敗。㉑失職：失其應得之職。漢王本當王關中而徙王漢中，故曰失職。㉒舉：起兵。㉓檄：罪責曉慰之文書。㉔部署：部分而署置之。㉕故道：故城在今甘肅省成縣西。㉖襲：掩其不備，出兵突擊。㉗陳倉：故城在今陝西省寶雞縣東。㉘好畤：故址即今陝西省乾縣之好畤村。㉙渭南：郡名，後為京兆，治長安，故城在今陝西省長安縣西北。㉚河上：郡名，後為左馮翊，仍治長安。㉛上郡：治膚施，故城在今陝西省綏德縣東南。㉜武關：在今陝西省商縣東，戰國時秦之南關。㉝陽夏：故治即今河南省太康縣。夏，音賈（ㄐㄧㄚˇ）。㉞沛：故城在今江蘇省沛縣東。㉟南陽：郡名，治宛，故城即今河南省南陽縣。㊱東鄉：胡三省曰：「古以東鄉之位為尊，沛公見羽於鴻門，羽東鄉坐；韓信東鄉坐李左車而師事之，是也。」鄉，讀曰向。㊲亨：讀曰烹。㊳吳：故治即今江蘇省吳縣。㊴齊欲與趙幷滅楚：是時田榮併三齊，反楚，彭越亦反梁地。而趙之叛楚則在漢二年，此謂齊欲與趙幷滅楚，乃張良設詞以激怒項羽，使羽將兵北伐齊，而漢王因得從容經略關中之地。㊵御史大夫：按《漢書・百官表》，御史大夫，秦官，位上卿，掌副宰相。

㈣趣：讀曰促。

二年（西元前二〇五年）

㈠冬，十月，項王密使九江、衡山、臨江王㈠擊義帝，殺㈡之江中。

㈡陳餘悉三縣兵㈢，與齊兵共襲常山。常山王張耳敗走漢，謁漢王於廢丘，漢王厚遇之。陳餘迎趙王於代，復為趙王。趙王德陳餘，立以為代王，陳餘為趙王弱，國初定，不之國㈣；留傅趙王，而使夏說以相國守代。

㈢張良自韓間行㈤歸漢，漢王以為成信侯。良多病，未嘗特將㈥，常為畫策臣，時時從漢王。

㈣漢王如㈦陝㈧，鎮撫㈨關外父老。

㈤河南王申陽降，置河南郡㈩。

㈥漢王以韓襄王孫信為韓太尉，將兵略韓地。信急擊韓王昌於陽城㈡，昌降。十一月，立信為韓王，常將韓兵從漢王。

(七)漢王還都櫟陽。

(八)諸將拔隴西(一二)。

(九)春，正月，項王北至城陽(一三)，齊王榮將兵會戰，敗走平原(一四)，平原民殺之，項王復立田假為齊王。遂北至北海(一五)，燒夷(一六)城郭、室屋，坑田榮降卒，係虜其老弱婦女，所過多所殘滅，齊民相聚叛之。

(十)漢將拔北地(一七)，虜雍王弟平(一八)。

(十一)三月，漢王自臨晉(一九)渡河，魏王豹降，將兵從下河內，虜殷王印，置河內郡(二〇)。初，陽武(二一)人陳平，家貧，好讀書，里中社(二二)，平為宰(二三)，分肉甚均。父老曰：「善，陳孺子之為宰！」平曰：「嗟乎！使平得宰天下，亦如是肉矣。」及諸侯叛秦，平事魏王咎於臨濟，為太僕(二四)，說魏王，不聽。人或讒之，平亡(二五)去，後事項羽，賜爵為卿(二六)。殷王(二七)反楚，項羽使平擊降之，還，拜為都尉，賜金二十鎰。居無何(二八)，漢王攻下殷，項王怒，將誅定殷將吏，平懼，乃封其金與印，使使歸項王，而挺身間行(二九)，杖劍，亡渡河，歸漢王於脩武㉚。因魏無知求見漢王，漢王召入，賜食，遣罷就舍㉛。平曰：「臣為事來，所言不可以過今日。」於是漢王與語而說㉜之，問曰：「子之居楚，何官？」曰：「為都尉。」是日，即拜平為都尉，使為參乘，典護軍㉝。諸將盡讙㉞，曰：「大王一日得楚之亡卒，未知其高下，而即與同載，反使監護長者㉟！」漢王聞之，愈益幸平。

(十二)漢王南渡平陰津㊱，至洛陽新城㊲，三老㊳董公遮說㊴王曰：「臣聞順德者昌，逆德者亡；兵出無名㊵，事故不成。故曰：『明其為賊，敵乃可服㊶。』項羽為無道，放殺其主㊷，天下之賊也。夫仁不以勇，義不以力㊸。大王宜率三軍之眾，為之素服，以告諸侯而伐之，則四海之內，莫不仰德，此三王之舉㊹也。」於是漢王為義帝發喪，袒而大哭㊺，哀臨㊻三日。發使告諸侯曰：「天下共立義帝，北面事之。今項羽放殺義帝江南，大逆無道。寡人悉㊼發關中兵，收㊽三河㊾士，南浮江漢以下㊿，願從諸侯王擊楚之殺義帝者(五一)。」使者至趙，陳餘曰：「漢殺張耳，乃從。」於是漢王求人類張耳者，斬之，持其頭遺陳餘，餘乃遣兵助漢。

(五一)田榮弟橫收散卒，得數萬人，起城陽。夏，四月，立榮子廣為齊王以拒楚。項王因留連戰，未能下，雖聞漢東，既擊齊，欲遂破之，而後擊漢，漢王以故得率諸侯兵，凡五十六萬人，伐楚。到外黃(五二)，彭越將其兵三萬餘人歸漢。漢王曰：「彭將軍收(五三)魏地，得十餘城(五四)，欲急立魏後。今西魏王豹，真魏後。」乃拜彭越為魏相國，擅將其兵(五五)，略定梁地。漢王遂入彭城，收其貨寶、美人，日置酒高會(五六)。項王聞之，令諸將擊齊，而自以精兵三萬人，南從魯(五七)，出胡陵(五八)，至蕭(五九)。晨擊漢軍而東至彭城，日中，大破漢軍，漢軍皆走(六〇)，相隨入穀、泗水(六一)，死者十餘萬人。漢卒皆南走山，楚又追擊，至靈壁(六二)東睢水上，漢軍却，為楚所擠(六三)，卒十萬餘人，皆入睢水，水為之不流(六四)。圍漢王三匝，會大風從西北起，折木發屋，揚沙石，窈冥晝晦(六五)，逢迎楚軍，大亂壞散，而漢王乃得與數十騎遁去。欲過沛，收家室，而楚亦使人之沛取漢王家，家皆亡(六六)，不與漢王相見。漢王道逢孝惠、魯元公主(六七)，載以行。楚騎追之，漢王急，推墮二子車下。滕公（六八）為太僕，常下收載之，如是者三。曰：「今雖急，不可以驅（六九），奈何棄之？」故徐行，漢王怒，欲斬之者十餘，滕公卒保護脫二子。

審食其從太公、呂后間行求漢王，不相遇，反遇楚軍，楚軍與歸，項王常置軍中為質。

是時，呂后兄周呂侯（七〇）為漢將兵，居下邑（七一），漢王間往（七二）從之，稍稍收其士卒。諸侯皆背漢，復與楚。塞王欣、翟王翳亡降楚。

（十四）田橫進攻田假，假走楚，楚殺之，橫遂復定三齊之地。

（十五）漢王問羣臣曰：「吾欲捐關以東等棄之（七三），誰可與共功者？」張良曰：「九江王布，楚梟將（七四），與項王有隙。彭越與齊反梁地。此兩人，可急使。而漢王之將，獨韓信可屬（七五）大事，當一面。即欲捐之，捐之此三人，則楚可破也。」初，項王擊齊，徵兵九江，九江王布稱病不往，遣將將軍數千人行。漢之破楚彭城，布又稱病不佐楚，楚王由此怨布，數使使者誚讓（七六），召布，布愈恐，不敢往。項王方北憂齊、趙，西患漢，所與者獨九江王；又多布材（七七），欲親用之，以故未之擊。漢王自下邑徙軍碭(七八)，遂至虞(七九)，謂左右曰：「如彼等者，無足與計天下事。」謁者隨何進曰：「不審陛下所謂？」漢王曰：「孰(八〇)能為我使九江，令之發兵倍(八一)楚，留項王數月，我之取天下，可以百全。」隨何曰：「臣請使之。」漢王使與二十人俱(八二)。

五月，漢王至滎陽(八三)，諸敗軍皆會。蕭何亦發關中老弱未傅者(八四)悉詣滎陽(八五)，漢軍復大振。楚起於彭城，常乘勝逐北，與漢戰滎陽南，京、索間(八六)。楚騎來眾，漢王擇軍中可為騎將者，皆推故秦騎士重泉(八七)人李必、駱甲，漢王欲拜之，必、甲曰：「臣故秦民，恐軍不信，願得大王左右善騎者傅(八八)之。」乃拜灌嬰為中大夫，令李必、駱甲為左右校尉，將騎兵，擊楚騎於滎陽東，大破之，楚以故不能過滎陽而西。

漢王軍滎陽，築甬道(八九)，屬(九〇)之河，以取敖倉(九一)粟。

㈥周勃、灌嬰等言於漢王曰：「陳平雖美如冠玉(九二)，其中未必有也。臣聞平居家時，盜(九三)其嫂；事魏不容，亡歸楚；不中(九四)，又亡歸漢。今日大王尊官之，令護軍。臣聞平受諸將金，金多者得善處，金少者得惡處。平反覆亂臣也，願王察之。」漢王疑之，召讓(九五)魏無知。無知曰：「臣所言者，能也；陛下所問者，行也。今有尾生、孝己之行(九六)，而無益勝負之數，陛下何暇用之乎？楚漢相距，臣進奇謀之士，顧(九七)其計誠足以利國家不(九八)耳！盜嫂受金，又何足疑乎？」漢王召讓平，曰：「先生事魏，不中，事楚而去，今又從吾游，信者固多心乎！」平曰：「臣事魏王，魏王不能用臣說，故去事項王，項王不能信人，其所任愛，非諸項，即妻之昆弟(九九)，雖有奇士，不能用。聞漢王能用人，故歸大王。臣躶身(一〇〇)來，不受金，無以為資。誠臣計畫有可采(一〇一)者，願大王用之；使無可用者，金具在，請封輸官，得請其骨。」漢王乃謝(一〇二)，厚賜，拜為護軍中尉，盡護諸將，諸將乃不敢復言。

(十七)魏王豹謁歸視親疾(一〇三)，至，則(一〇四)絕河津(一〇五)反為楚。六月，漢王還櫟陽。

(十八)壬午（初六），立子盈為太子(一〇六)，赦罪人。

(十九)漢兵引水灌廢丘，廢丘降，章邯自殺，盡定雍地，以為中地(二七)、北地、隴西郡。

(二十)關中大饑，米斛萬錢，人相食，令民就食蜀漢。

初，秦之亡也，豪桀爭取金玉，宣曲(二八)任氏獨窖倉粟(二九)。及楚漢相距滎陽，民不得耕種，而豪傑金玉，盡歸任氏，任氏以此起富者數世。

(二一)秋，八月，漢王如滎陽，命蕭何守關中，侍太子，為法令、約束，立宗廟、社稷、宮室、縣邑，事有不及奏決者，輒以便宜施行，上來以聞(三〇)。計關中戶口，轉漕(三一)調兵以給軍，未嘗乏絕。

(二二)漢王使酈食其往說魏王豹，且召之。豹不聽，曰：「漢王慢(三二)而侮人，罵詈(三三)諸侯、羣臣，如罵奴耳！吾不忍復見也。」於是漢王以韓信為左丞相(三四)，與灌嬰、曹參俱擊魏。漢王問食其：「魏大將誰也？」對曰：「柏直。」王曰：「是口尚乳臭(三五)，安能當韓信？騎將誰也？」曰：「馮敬。」曰：「是秦將馮無擇子也，雖賢，不能當灌嬰。步卒將誰也？」曰：「項它。」曰：「不能當曹參。吾無患矣！」韓信亦問酈生：「魏得無用周叔為大將乎？」酈生曰：「柏直也。」信曰：「豎子耳！」遂進兵。魏王盛兵蒲坂(二六)，以塞臨晉。信乃益為疑兵(二七)，陳船(二八)欲渡臨晉，而伏兵從夏陽(二九)以木罌渡軍(三〇)，襲安邑(三一)。魏王豹驚，引兵迎信。九月，信擊虜豹，傳(三二)詣滎陽，悉定魏地，置河東、上黨、太原郡(三三)。

(廿三)漢之敗於彭城而西也，陳餘亦覺張耳不死，即背漢。韓信既定魏，使人請兵三萬人，願以北舉燕、趙，東擊齊，南絕楚糧道。漢王許之，乃遣張耳與俱引兵東北擊趙、代(三四)。後九月(三五)，信破代兵，禽(三六)夏說於閼與(三七)。信之下魏破代，漢輒遣人收(三八)其精兵詣滎陽以距楚。

【今註】㈠九江、衡山、臨江王：九江王黥布，衡山王吳芮，臨江王共敖。㈡殺：讀曰弒。㈢悉三縣兵：悉、盡，謂盡起三縣之兵。三縣，環南皮三縣，項羽以此三縣封陳餘。㈣之國：就國。㈤間行：微行。㈥特將：獨將。㈦如：往。㈧陝：故城即今河南省陝縣。㈨鎮撫：安慰。㈩河南郡：治洛陽，故治在今河南省洛陽縣北。(一一)陽城：故治在今河南省登封縣境。(一二)隴西郡：治狄道，故城在今甘肅省臨洮縣北。(一三)城陽郡：漢文時為侯國，故治即今山東省莒縣。(一四)平原：故城在今山東省平原縣南。⑮北海郡：治營陵，故治在今山東省樂昌縣東南。⑯燒夷：燒平。⑰北地郡：治馬嶺，故治在今甘肅省環縣東南。⑱雍王弟平：雍王章邯之弟章平。⑲臨晉：今陝西省大荔縣。⑳河內郡：治懷，故城在今河南省武涉縣西南。㉑陽武：故城在今河南省陽武縣東南。㉒社：社祭。孔穎達曰：「按祭法曰：『大夫以下，成羣立社，曰置社。』注云：『大夫不得特立社，與民族居百家以上，則共立一社，今時里社是也。』如鄭此言，則周之政法，百家以上得立社。其秦漢以來，雖非大夫，民二十五家以上，則得立社，故云『今之里社』。」㉓宰：主持切肉。㉔太僕：按《漢書・百官表》，太僕，秦官，掌輿馬。㉕亡：逃。㉖賜爵為卿：張晏曰：「禮秩如卿，不治事。」㉗殷王：司馬卬。㉘居無何：無幾時。㉙挺身間行：挺，拔。言平拔身微行，亡楚歸漢。㉚脩武：故城即今河南省嘉獲縣。㉛遣罷就舍：遣平就居舍休息。㉜說：讀曰悅。㉝典護軍：使平典護軍之職，而監護諸將。㉞讙：喧囂而議。讙，音喧（ㄒㄩㄢ）。㉟長者：諸將自謂。諸將以年齡較陳平為長，且從漢王日久，又有功伐，故自謂長者。㊱平陰津：平陰故城在今河南省孟津縣東。津，渡口。津在平陰縣，故曰平陰津。㊲新城：故城在今河南省洛陽縣南。㊳三老：按《漢書・百官表》，十里一亭，亭有長；十亭一鄉，鄉有三老，掌教化。㊴遮說：胡三省曰：「秦制：橫道自言曰遮。」自道旁出而攔駕曰橫道。㊵兵出無名：名，名義。無故興兵，則師出無名；指責敵方之罪而伐之，則師出有名。㊶明其為賊，敵乃可服：以事實證明敵方賊亂之行為，使百姓周知，然後舉兵征之，敵乃可服。㊷放殺其主：放，遷逐，謂項羽遷逐義帝於郴；殺，讀曰弒，謂項羽弒義帝於江中。㊸仁不以勇，義不以力：以，同用。謂若有仁義，則天下歸心，可不用勇力而天下自服。㊹三王之舉：三王，指夏、商、周三代創業之君。舉，功業。言以德義取天下，則功業可比蹤三王。㊺袒而大哭：袒，露肩臂。袒而大哭，表示哀慟。㊻哀臨：全軍哀哭。大眾聚哭曰臨。㊼悉：盡。㊽收：集。㊾三河：河南、河東、河內。㊿南浮江漢以下：張守節曰：「南收三河士，發關內兵，從雍州入子午道，至漢中，歷漢水而下，東行至徐州擊楚。」胡三省曰：「正義之說迂矣。三河在彭城之北，已不可謂南收三河士，若發關內兵，南浮江漢，獨不能出武關而浮江漢，而必入子午谷至漢中而下漢水邪？況子午道此時亦未通鑿，其可引之而為說乎？此特言發三河士，以攻其北，又南浮江漢，下兵以夾攻之也。」全祖望曰：「此文史記注不得其說，顏氏略之。胡三省以為一軍由三河以攻其北，一軍浮江漢以攻其南，是矣！然本紀不載南下之軍。水經注云：『高祖二年，置長沙、黔中郡。』是蓋南下之軍，自漢中出，先定二郡而有之。長沙乃義帝都，黔中則項王南境，乘虛取之，所謂南浮江漢也。江漢之地，過此二郡，共敖守南郡，漢軍尚未得至其境。是足以補遺。」㊀願從諸侯王擊楚之殺義帝者：從，率領。諸侯王，諸侯及諸王。此謂漢王願為天下倡義，率領諸侯及諸王以討伐項羽。殺，讀曰弒。㊁外黃：故城在今河南省杞縣東。㊂收：取。㊃得十餘城：項羽併王梁、楚，徙王豹於河東，號西魏王。今越下十餘城，皆梁之故地。㊄擅將其兵：得專擅其兵權，不受魏王豹之節度。㊅高會：大會。㊆魯：即今山東省曲阜縣。㊇胡陵：故城在今山東省魚臺縣東南。㊈蕭：故城在今江蘇省蕭縣北。㊉走：奔逃。㊀穀、泗水：胡三省曰：「臣瓚曰：『穀、泗二水，皆在沛郡彭城。』水經注：『睢水、出陳留縣西蒗蕩渠，東過沛郡相縣，又逕彭城郡之靈壁東而東南流，項羽敗漢王處也。』漢書又云：『東逼穀、泗。』服虔曰：『水名也。在沛國相縣界。』又詳睢水逕穀熟而兩分，而睢水為蘄水，故二水所在枝分，通為兼稱。穀水之名，蓋因地變。然則穀水即睢水也。睢水又東南至下相而入於泗，謂之睢口。泗水又東南過彭城縣東北，南至下邳入淮。」按胡說，穀水即睢水，但因地而異其稱耳。(六二)靈壁：即今安徽省靈壁縣。(六三)擠：排擠。(六四)水為之不流：殺人既多，睢水為之所塞。(六五)窈冥晝晦：窈冥，幽暗。晦，亦暗。(六六)亡：遺失。(六七)魯元公主：高祖之女，孝惠皇帝之姊，以其最長，食邑於魯，故稱魯元公主。(六八)滕公：夏侯嬰。(六九)驅：駕車疾馳。(七〇)周呂侯：呂澤。(七一)下邑：故城在今江蘇省碭山縣北。(七二)間往：閒行而往。(七三)捐關以東等棄之：捐，棄。等棄之，捐以與人，與棄相等。謂捐棄關東之地，不復視為私有，以待能立功與漢共破楚者，則封而與之。(七四)梟將：勇將。(七五)屬：委托。(七六)誚讓：責備。(七七)多布材：倚重黥布之材力。(七八)碭：故址即今江蘇省碭山縣。(七九)虞：故城在今河南省虞縣西南。(八〇)孰：誰。(八一)倍：讀曰背。(八二)與二十人俱：與二十人俱往使九江。(八三)滎陽：故城在今河南省滎澤縣西南。(八四)老弱未傅者：傅，附著。音附（ㄈㄨˋ），謂著籍以服公家傜役。按漢儀注，民滿二十三歲則著籍，屆五十六歲為老，乃得除籍，免為庶民。發關中老弱未傅者，謂關中之民，雖年未滿二十三，或過五十六，而不著於籍者，蕭何亦徵發之，以充軍役。(八五)悉詣滎陽：盡遣往滎陽當兵。(八六)京、索間：胡三省曰：「京縣、秦屬三川郡，漢改曰河南郡，即鄭共叔所居京城也。應劭曰：『京縣今有大索、小索亭。』括地志：『京城縣在鄭州滎陽東南二十里。滎陽縣，即大索城。』杜預曰：『成皋城東有大索城；又有小索，故城在滎陽縣北四里。』宋白曰：『滎陽縣故城在鄭州滎陽縣南十七里平原上，索水逕其東，即項羽圍漢王處。秦三川郡亦曾移理於此。括地志所謂滎陽縣即大索城，乃唐之滎陽縣。』」按此，大索城乃唐之滎陽，非漢之滎陽，滎澤縣，即今河南省滎澤縣治。（八七）重泉：故城在今陝西省蒲城縣東南。（八八）傅：附從。（八九）甬道：於兩旁築牆禦敵，中間為道以轉輸輜重，稱為甬道。（九〇）屬：聯及。（九一）敖倉：《括地志》云：「敖倉在鄭州滎陽縣西十五里，縣門之東，北臨汴水，南帶三皇山。秦時置倉於敖山，名敖倉云。」唐滎陽縣即今河南省滎陽縣。（九二）冠玉：飾冠之玉，此謂陳平外貌雖姣好而內中無善行。（九三）盜：私之。（九四）不中：不得其志。中，音仲（ㄓㄨㄥˋ）。（九五）讓：責備。（九六）尾生、孝己之行：尾生、孝己，皆古之信士。以孝行著於世。（九七）顧：但。（九八）不：讀曰否。（九九）其所任愛，非諸項，即妻之昆弟：諸項，項羽之宗族。昆弟，兄弟。此謂項羽但能信任其所親愛，而不能任用賢能。（一〇〇）躶身：除一身之外，別無餘資。躶，同裸。（一〇一）采：古採字。（一〇二）謝：致歉意。（一〇三）謁歸視親疾：謁歸，請假而歸：親，母親。謂請假歸國，以省侍其母之疾。（一〇四）則：即。（一〇五）絕河津：斷其津濟以距漢軍。（一〇六）太子：即孝惠帝。（一〇七）中地郡：本秦內史，後為右扶風，治長安。（一〇八）宣曲：胡三省曰：「漢有長水、宣曲胡騎；高祖功臣有宣曲侯，蓋地名也。張揖曰：『宣曲，宮名，在今昆明池西。』師古曰：『宣曲，觀名。』索隱曰：『上林賦云：西宣曲。當在京輔，今缺其地。』」（一〇九）窖倉粟：穿地為倉窖以藏粟。（一一〇）上來以聞：俟漢王返，乃以所為奏聞。上，天子，此指漢王，臣下不敢直稱其君之尊號，故稱上。㉑漕：水運。㉒慢：待人不謙恭。㉓罵詈：肆意罵人，兼及旁者。㉔以韓信為左丞相：有官稱而無職掌。李賡芸曰：「曹參以假右丞相定魏、齊，右丞相侯酈商遷丞相，皆係空名，不居其職，故公卿表不載。」㉕乳臭：喻其少弱不任事，若未離乳保之懷者。㉖蒲坂：故城在今山西省永濟縣西南。㉗疑兵：多張兵形，使敵人疑惑。㉘陳船：陳列船艘，如欲渡河之狀。㉙夏陽：故城在今陝西省韓城縣南。㉚以木罌渡軍：以木柙縛罌為浮橋以濟軍。罌，大腹小口之瓶。㉛安邑：故城在今山西省夏縣北。㉜傳：以驛傳送。㉝置河東、上黨、太原郡：河東郡，治安邑。上黨郡，治長子。太原郡，治晉陽。㉞北擊趙、代：時趙王歇為趙王，成安君陳餘為代王，陳餘留趙相歇，而以其將夏說為相國守代。㉟後九月：古者置閏於歲暮，稱十三月。漢初用秦歷，起十月，終九月，故稱後九月。㊱禽：同擒。㊲閼與：王先謙曰：「即韓之閼與邑也。」按其故址在今山西省和順縣西北。㊳收：徵取。

卷十　漢紀二

起彊圉作噩，盡著雍閹茂，凡二年。（丁酉至戊戌，西元前二〇四年至西元前二〇三年）

司馬光　編集
林瑞翰　註

太祖高皇帝上之下

三年（西元前二〇四年）

㈠冬，十月，韓信、張耳以兵數萬東擊趙，趙王及成安君陳餘聞之，聚兵井陘口㊀，號二十萬。廣武君李左車說成安君曰：「韓信、張耳乘勝㊁而去國遠鬭，其鋒不可當。臣聞千里餽糧㊂，士有飢色；樵蘇後爨㊃，師不宿飽。今井陘之道，車不得方軌㊄，騎不得成列㊅。行數百里，其勢糧食必在其後。願足下假㊆臣奇兵三萬人，從間路㊇絕其輜重㊈，足下深溝高壘，勿與戰，彼前不得鬭，退不得還，野無所掠，不至十日而兩將之頭，可致於麾下。否則，必為二子所禽矣。」成安君嘗自稱義兵，不用詐謀奇計，曰：「韓信兵少而疲，如此避而不擊，則諸侯謂吾怯而輕來伐我矣。」

韓信使人間視〔一〇〕，知其不用廣武君策，則大喜，乃敢引兵遂下〔一一〕。未至井陘口三十里，止舍〔一二〕。夜半，傳發〔一三〕，選輕騎二千人，人持一赤幟〔一四〕，從間道萆山〔一五〕而望趙軍。誡曰：「趙見我走，必空壁〔一六〕逐我，若〔一七〕疾〔一八〕入趙壁，拔趙幟，立漢赤幟。」令其裨將〔一九〕傳餐〔二〇〕，曰：「今日破趙會食。」諸將皆莫信，佯應曰：「諾。」信曰：「趙已先據便地〔二一〕為壁，且彼未見吾大將旗鼓，未肯擊前行，恐吾至險阻而還也〔二二〕。」乃使萬人先行出，背水陳〔二三〕，趙軍望見而大笑〔二四〕。平旦，信建大將旗鼓，鼓行〔二五〕出井陘口，趙開壁擊之，大戰良久，於是信與張耳佯棄鼓旗，走〔二六〕水上軍，水上軍開入之，復疾戰，趙果空壁爭漢旗鼓，逐信、耳。信、耳已入水上軍，軍皆殊死戰〔二七〕，不可敗。信所出奇兵二千騎，共候趙空壁逐利，則馳入趙壁，皆拔趙旗，立漢赤幟二千。趙軍已不能得信等，欲還歸壁，壁皆漢赤幟，見而大驚，以為漢皆已得趙王、將矣。兵遂亂，遁走，趙將雖斬之，不能禁也。於是漢兵夾擊，大破趙軍，斬成安君泜水〔二八〕上，禽趙王歇。

諸將效首虜[29]畢，賀，因問信曰：「兵法，右、倍[30]山陵，前、左水澤。今者，將軍令臣等反背水陳，曰：『破趙會食。』臣等不服，然竟以勝，此何術也？」信曰：「此在兵法，顧[31]諸君不察耳！兵法不云：『陷之死地而後生，置之亡地而後存[32]？』且信非得素拊循[33]士大夫也，此所謂驅市人而戰之[34]，其勢非置之死地，使人人自為戰。今予[35]之生地，皆走，寧尚可得而用之乎？」諸將皆服，曰：「善，非臣所及也。」

信募生得廣武君者予千金，有縛致麾下者，信解其縛，東鄉[36]坐，師事之[37]。問曰：「僕欲北伐燕，東伐齊，何若而有功[38]？」廣武君辭謝曰：「臣敗亡之虜，何足以權大事乎[39]？」信曰：「僕聞之，百里奚[40]居虞而虞亡，在秦而秦霸。非愚於虞而智於秦也，用與不用，聽與不聽也。誠令成安君聽足下計，若信者，亦已為禽矣[41]！以不用足下，故信得侍[42]耳！今僕委心歸計，願足下勿辭。」廣武君曰：「今將軍涉西河[43]，虜魏王，禽夏說，東下井陘，不終朝而破趙二十萬眾，誅成安君，名聞海內，威震天下，農夫莫不輟耕釋耒，褕衣甘食㊹，傾耳以待命者，此將軍之所長也。然而眾勞卒罷㊺，其實難用。今將軍欲舉倦敝之兵，頓之燕堅城之下，欲戰不得，攻之不拔，情見勢屈㊻，曠日㊼持久，糧食單竭㊽，燕既不服，齊必距境㊾以自彊，燕、齊相持而不下，則劉、項之權，未有所分也，此將軍所短也。善用兵者，不以短擊長，而以長擊短。」韓信曰：「然則何由㊿？」廣武君對曰：「方今為將軍計，莫如按甲休兵，鎮撫趙民，百里之內，牛酒日至，以饗士大夫。北首(51)燕路，而後遣辯士奉咫尺之書(52)，暴(53)其所長於燕，燕必不敢不聽從。燕已從，而東臨齊，雖有智者，亦不知為齊計矣！如是，則天下事，皆可圖(54)也。兵固有先聲而後實者，此之謂也。」韓信曰：「善。」從其策。發使使燕，燕從風而靡，遣使報漢，且請以張耳王趙，漢王許之。

楚數使奇兵渡河擊趙，張耳、韓信往來救趙，因行定趙城邑(55)，發兵詣(56)漢。

(二)甲戌，晦(57)（三十日），日有食之。

十一月，癸卯（二十九日），晦，日有食之。

㊂隨何至九江，九江太宰(五八)主之，三日不得見。隨何說太宰曰：「王之不見何，必以楚為彊，漢為弱也，此臣之所以為使(五九)。使何得見，言之而是，大王所欲聞也；言之而非，使何等二十人伏斧質(六〇)九江市，足以明王倍(六一)漢而與楚也。」太宰乃言之王，王見之。隨何曰：「漢王使臣敬通書大王御者，竊怪大王與楚何親也？」九江王曰：「寡人北鄉而臣事之。」隨何曰：「大王與項王俱列為諸侯，北鄉而臣事之者；必以楚為彊，可以託國也。項王伐齊，身負版築(六二)，為士卒先，大王宜悉九江之眾(六三)，身自將之，為楚前鋒，今乃發四千人以助楚，夫北面而臣事人者，固若是乎？漢王入彭城，項王未出齊也(六四)，大王宜悉九江之兵渡淮，日夜會戰彭城下，大王乃撫萬人之眾，無一人渡淮者，垂拱而觀其孰勝(六五)，夫託國於人者，固若是乎？大王提空名(六六)以鄉楚，而欲厚自託，臣竊為大王不取也。然而大王不背楚者，以漢為弱也。夫楚兵雖強，天下負之以不義之名(六七)，以其背盟約而殺義帝也。漢王

收(六八)諸侯，還守成皋(六九)、滎陽，下蜀漢之粟，深溝壁壘，分卒守徼乘塞(七〇)，楚人深入敵國八九百里(七一)，老弱轉糧千里之外，漢堅守而不動。楚進則不得功，退則不能解，故曰楚兵不足恃也。使楚勝漢，則諸侯自危懼而相救，夫楚之彊，適足以致天下之兵耳！故楚不如漢，其勢易見也。今大王不與萬全之漢，而自託於危亡之楚，臣竊為大王惑之。臣非以九江之兵，足以亡楚也，大王發兵而倍楚，項王必留，留數月，漢之取天下，可以萬全。臣請與大王提劍(七二)而歸漢，漢王必裂地而封大王，又況九江，必大王有也。」九江王曰：「請奉命。」陰許畔(七三)楚與漢，未敢泄也(七四)。楚使者在九江，舍傳舍(七五)，方急責布發兵。隨何直入，坐楚使者上，曰：「九江王已歸漢，楚何以得發兵？」布愕然。楚使者起，何因說布曰：「事已構(七六)，可遂殺楚使者，無使歸，而疾走漢幷力(七七)。」布曰：「如使者教。」於是殺楚使者，因起兵而攻楚。楚使項聲、龍且(七八)攻九江。數月，龍且破九江軍。布欲引兵走漢，恐楚兵殺之，乃間行(七九)與何俱歸漢。

十二月，九江王至漢，漢王方踞牀洗足，召布入見。布大怒，悔來，欲自殺，及出就舍，帳御(八〇)、飲食、從官，皆如漢王居，布又大喜過望。於是乃使人入九江，楚已使項伯收九江兵，盡殺布妻子。布使者頗得故人、幸臣，將眾數千人歸漢，漢益九江王兵，與俱屯成皐。

(四)楚數侵奪漢甬道(八一)，漢軍乏食。漢王與酈食其(八二)謀橈(八三)楚權，食其曰：「昔湯伐桀，封其後於杞(八四)；武王伐紂，封其後於宋(八五)。今秦失德棄義，侵伐諸侯，滅其社稷，使無立錐之地，陛下(八六)誠能復立六國之後，此其君臣百姓，必皆戴陛下之德，莫不嚮風慕義，願為臣妾。德義已行，陛下南鄉(八七)稱霸，楚必斂衽(八八)而朝。」漢王曰：「善，趣(八九)刻印，先生因行佩之(九〇)矣。」食其未行，張良從外來謁，漢王方食，曰：「子房(九一)前，客有為我計橈楚權者。」具(九二)以酈生語告良。曰：「何如？」良曰：「誰為陛下畫此計者？陛下事去矣！」漢王曰：「何哉？」對曰：「臣請借前箸(九三)為大王籌(九四)之。昔湯武封桀紂之後者，度(九五)能制其死生之命也。今陛下能制項籍之死命乎？其不可一也。武王入殷，表商容之閭㊈㊅，釋箕子之囚，封比干之墓㊈㊆，今陛下能乎？其不可二也。發巨橋㊈㊇之粟，散鹿臺㊈㊈之錢，以賜貧窮，今陛下能乎？其不可三也。殷事已畢，偃革為軒㊀㊀，倒載干戈，示天下不復用兵，今陛下能乎？其不可四也。休馬華山之陽，示以無為，今陛下能乎？其不可五也。放牛桃林㊀㊀之陰，以示不復輸積，今陛下能乎？其不可六也。天下游士，離其親戚，棄墳墓，去故舊，從陛下游者，徒㊀㊀欲日夜望咫尺之地。今復立六國之後，天下游士，各歸事其主，從其親戚，反其故舊、墳墓，陛下誰與取天下乎？其不可七也。且夫楚唯無彊，六國立者，復橈而從之㊀㊀，陛下焉得而臣之？其不可八也。誠用客之謀，陛下事去矣。」漢王輟食吐哺㊀㊀，罵曰：「豎儒幾敗而公事㊀㊀。」令趣銷印。

荀悅論曰：「夫立策決勝之術，其要有三。一曰形，二曰勢，三曰情。形者，言其大體得失之數也；勢者，言其臨時之宜，進退之機也；情者，言其心志可否之實也。故策同事等而功殊者，三術不同也。初，張耳、陳餘說陳涉以復六國，自為樹黨㉖，酈生亦說漢王，所以說者同，而得失異者，陳涉之起，天下皆欲亡秦，而楚漢之分，未有所定；今天下未必欲亡項也。故立六國於陳涉，所謂多已之黨，而益秦之敵也。且陳涉未能專天下之地也，所謂取非其有，以與於人，行虛惠而受實福也。立六國，於漢王所謂割己之有，而以資敵，設虛名而受實禍也。此同事而異形者也。及宋義待秦趙之斃㉗，與昔卞莊刺虎㉘同說者也。施之戰國之時，鄰國相攻，無臨時之急，則可也。戰國之立，其日久矣，一戰勝敗，未必以存亡也，其勢非能急於亡敵國也，進乘利，退自保，故累力㉙待時，乘敵之斃，其勢然也。今楚、趙所起，其與秦勢不並立，安危之機，呼吸成變㉚，進則定功，退則受禍，此同事而異勢者也。伐趙之役，韓信軍於泜水之上，而趙不能敗；彭城之難，漢王戰於睢水之上，士卒皆赴入睢水，而楚兵大勝㉛。何則？趙兵出國迎戰，見可而進，知難而退，懷內顧之心，無出死之計，韓信軍孤在水上，士卒必死，無有二心，此信之所以勝也。漢王深入敵國，置酒高會㉒，士卒逸豫㉓，戰心不固，楚以彊大之威，而喪其國都，士卒皆有憤激之氣，救敗赴亡之急，以決一旦之命㉔，此漢之所以敗也。且韓信選精兵以守，而趙以內顧之士攻之；項羽選精兵以攻，而漢以怠惰之卒應之，此同事而異情者也。故曰：權不可豫㉕設，變不可先圖，與時遷移，應物變化，設策之機㉖也。」

(五)漢王謂陳平曰：「天下紛紛，何時定乎？」陳平曰：「項王骨鯁㉗之臣，亞父、鍾離昧、龍且、周殷之屬，不過數人耳！大王誠能捐數萬斤金，行反間㉘，間其君臣，以疑其心。項王為人，意忌㉙信讒，必內相誅，漢因舉兵而攻之，破楚必矣。」漢王曰：「善。」乃出黃金四萬斤與平，恣所為，不問其出入。平多以金縱反間於楚軍，宣言諸將鍾離昧等為項王將，功多矣，然而終不得裂地而王，欲與漢為一，以滅項氏，而分王其地。項羽果意，不信鍾離昧等。

夏，四月，楚圍漢王於滎陽急，漢王請和，割滎陽以西者為漢。亞父勸羽急攻滎陽，漢王患之。項羽使使至漢，陳平使為太牢㉚

具，舉㉑進，見楚使，即佯驚曰：「吾以為亞父使，乃項王使。」復持去，更以惡草具㉒進楚使。楚使歸，具以報項王㉓，項王果大疑亞父。亞父急欲攻下滎陽城，項王不信，不肯聽。亞父聞項王疑之，乃怒曰：「天下事大定矣，君王自為之，願賜骸骨歸。」未至彭城，疽㉔發背而死。

五月，將軍紀信言於漢王曰：「事急矣！臣請誑㉕楚，王可以間出㉖。」於是陳平夜出女子東門二千餘人㉗，楚因四面擊之。紀信乃乘王車，黃屋左纛㉘，曰：「食盡，漢王降。」楚皆呼萬歲，之城東觀㉙，以故漢王得與數十騎出西門遁去，令韓王信與周苛、魏豹、樅公守滎陽。羽見紀信，問漢王安在？曰：「已出去矣！」羽燒殺信。周苛、樅公相謂曰：「反國之王㉚，難與守城。」因殺魏豹。

漢王出滎陽，至成皋，入關收兵，欲復東。轅生㉛說漢王曰：「漢與楚相距滎陽數歲，漢常困。願君王出武關，項王必引兵南走㉜。王深壁㉝勿戰，令滎陽、成皋間，且得休息。使韓信等得安輯㉞河北趙地，連燕、齊，君王乃復走滎陽。如此，則楚所備者多，力分，漢得休息，復與之戰，破之必矣。」漢王從其計，出軍宛㉟、葉㊱間，與黥布行收兵㊲。羽聞漢王在宛，果引兵南。漢王堅壁，不與戰。

㈥漢王之敗彭城，解而西㊳也，彭越皆亡㊴其所下城，獨將其兵，北居河上，常往來為漢游兵，擊楚，絕其後糧。是月，彭越度睢㊵，與項聲、薛公戰下邳，破殺薛公。羽乃使終公守成皐，而自東擊彭越。漢王引兵北，擊破終公，復軍成皐。

六月，羽已破走彭越，聞漢復軍成皐，乃引兵西拔滎陽城，生得周苛。羽謂苛為我將，以公為上將軍，封三萬戶。周苛罵曰：「若不趨降漢㊶，今為虜矣，若非漢王敵也。」羽烹周苛，幷殺樅公，而虜韓王信，遂圍成皐。漢王逃，獨與滕公㊷共車，出成皐玉門㊸，北渡河，宿小脩武㊹傳舍。晨，自稱漢使，馳入趙壁。張耳、韓信未起，即其臥內㊺奪其印符㊻，以麾召諸將，易置之。信、耳起，乃知漢王來，大驚。漢王既奪兩人軍，即令張耳循行，備守趙地。拜韓信為相國，收趙兵未發者㊼擊齊。

諸將稍稍得出成皋，從漢王。楚遂拔成皋，欲西，漢使兵距之鞏㊽，令其不得西。

㈦秋，七月，有星孛于大角㊾。

㈧臨江王敖薨，子尉嗣。

㈨漢王得韓信軍，復大振。八月，引兵臨河南，鄉軍小脩武㊿，欲復與楚戰。郎中(51)鄭忠說止漢王，使高壘深塹，勿與戰。漢王聽其計，使將軍劉賈(52)、盧綰將卒二萬人，騎數百，度白馬津(53)，入楚地，佐彭越燒楚積聚(54)，以破其業(55)，無以給項王軍食而已。楚兵擊劉賈，賈輒堅壁，不肯與戰，而與彭越相保。

㈩彭越攻徇梁地(56)，下睢陽(57)、外黃(58)等十七城。九月，項王謂大司馬曹咎曰：「謹守成皋，即漢王欲挑戰(59)，慎勿與戰，勿令得東而已。我十五日，必定梁地，復從將軍。」羽引兵東行，擊陳留(60)、外黃、睢陽等城，皆下之。

漢王欲捐(61)成皋以東，屯鞏、洛以距楚。酈生(62)曰：「臣聞知天之天者，王事可成。王者以民為天，而民以食為天(六三)。夫敖倉，天下轉輸久矣。臣聞其下，乃有藏粟甚多。楚人拔滎陽，不堅守敖倉，乃引而東，令適卒分守成皐(六四)，此乃天所以資漢也。方今楚易取，而漢反卻(六五)，自奪其便(六六)，臣竊以為過(六七)矣。且兩雄不俱立，楚漢久相持不決，海內搖蕩，農夫釋耒，紅女(六八)下機(六九)，天下之心，未有所定也。願足下急復進兵，收取(七〇)滎陽，據敖倉之粟，塞成皐之險，杜大行之道，距蜚狐之口(七一)，守白馬之津，以示諸侯形制(七二)之勢，則天下知所歸矣。」王從之，乃復謀取敖倉。

食其(七三)又說王曰：「方今燕趙已定，唯齊未下，諸田宗彊，負海岱，阻河濟(七四)，南近於楚，人多變詐。足下雖遣數萬師，未可以歲月破也(七五)。臣請得奉明詔，說齊王，使為漢而稱東藩。」【考異】史記、漢書皆以食其勸取敖倉及請說齊合為一事，獨劉向新序分為二，臣謂分為二者是。(七六)上曰：「善。」乃使酈生說齊王曰：「王知天下之所歸乎？」王曰：「不知也，天下何所歸？」酈生曰：「歸漢。」曰：「先生何以言之？」曰：「漢王先入咸陽，項王負約，王之漢中。項王遷殺義帝，漢王聞之，起蜀漢之兵，擊三秦，出關而責義帝之處(七七)，收天下之兵，立諸侯之後(七八)，降城即以侯其將，得賂(七九)即以分其士，與天下同其利，豪英賢才，皆樂為之用。項王有倍約(八〇)之名，殺義帝之負(八一)，於人之功無所記，於人之罪無所忘。戰勝而不得其賞，拔城而不得其封。非項氏莫得用事(八二)，天下畔(八三)之，賢才怨之，而莫為之用，故天下之事，歸於漢王，可坐而策(八四)也。夫漢王發蜀漢，定三秦，涉西河，破北魏(八五)，出井陘，誅成安君，此非人之力也，天之福也。今已據敖倉之粟，塞成皋之險，守白馬之津，杜大行之阪(八六)，距蜚狐之口，天下後服者先亡矣。王疾先下漢王(八七)，齊國可得而保也。不然，危亡可立而待也。」先是齊聞韓信且東兵(八八)，使華無傷、田解將重兵，屯歷下(八九)以距漢，及納酈生之言，遣使與漢平(九〇)。乃罷歷下守戰備，與酈生日縱酒(九一)為樂。

韓信引兵東，未度(九二)平原，聞酈食其已說下齊，欲止。辯士蒯徹說信曰：「將軍受詔擊齊，而漢獨發間使(九三)下齊，寧有詔止將軍乎？何以得毋行也！且酈生一士，伏軾(九四)掉三寸之舌(九五)，下齊七十餘城，將軍以數萬眾，歲餘乃下趙五十餘城，為將數歲，反不如一豎儒之功乎？」於是信然之，遂渡河。

【今註】 ㊀井陘口：據《元和志》所載，井徑口為太行八徑之第五陘。其地四面高，中央凹下如井，故名井陘口，又稱井陘關。故址在今河北省井陘縣北。㊁乘勝：乘破代之勝勢。㊂千里餽糧：運輸軍糧於千里之外。㊃樵蘇後爨：樵，取柴。蘇，取草。爨，炊飯。此言必先伐取薪草而後炊飯，亦軍儲不接之意。㊄方軌：車輛併列而行。㊅成列：排成行列。㊆假：借。㊇間路：小路。㊈輜重：輜車和重車。輜車即藏衣之車，重車即載重物之車。故以輜重為行軍時隨行物資之總稱。㊉間視：暗中窺伺。⑪乃敢引兵遂下：乃敢引兵自井徑狹道，侵入趙境。⑫止舍：立營休息，停止前進。⑬傳發：傳令軍中，預備出發。⑭赤幟：幟，旌旗。漢之旗幟皆赤，故曰赤幟。⑮萆山：隱蔽於山間，不使敵人看見。萆，同蔽。⑯空壁：壁，軍壘。壘中士卒盡出，無人防守，故曰空壁。⑰若：汝等。⑱疾：迅速。⑲裨將：偏將，以別於軍中之主將。⑳傳餐：服虔曰：「立駐傳餐食。」按信軍即發，無暇會食，但令兵士駐立陣中以傳餐食。㉑便地：指井陘口險要處。㉒且彼未見吾大將旗鼓，未肯擊前行，恐吾至險阻而還也：大將旗鼓：古時行軍，各以旗鼓自隨，以辨別軍伍。前鋒有前鋒之旗鼓，大將有大將之旗鼓，各自有別，一望便知。韓信為大將，故以大將旗鼓自隨。前行：前鋒軍。此謂韓信揣測成安君之意在於攻擊韓信之主力，若未見韓信旗鼓所在，必不肯輕易攻擊漢之前鋒軍。因陳餘以為韓信無能，而且怯敵，若見前鋒被趙軍攻擊，則將據守險處而退軍。㉓背水陳：謂背水而列陣。按河北省井徑口附近之桃河，即韓信背水立營處，古稱綿蔓水。陳，讀曰陣。㉔趙軍望見而大笑：我國古代兵法，以背水列陣為絕地，向阪列陣為廢軍。絕地即死地，謂前有強敵，後無退路，無處逃生。廢軍，謂無用武之地，其軍等於無用。陳餘素知兵法，故其軍望見漢軍背水列陣而大笑。㉕鼓行：擂鼓而行。㉖走：趨向。㉗殊死戰：決死作戰，不望生還。㉘泜水：即井陘水，世謂之鹿泉水，東北流，屈折經陳餘故壘，又東向流入綿蔓水。㉙效首虜：呈獻斬獲之首級與俘虜。㉚倍：讀曰背。㉛顧：但。㉜陷之死地而後生，置之亡地而後存：《孫子．九地篇》有死地一詞，前有高山，後有大水，進退不得，稱為死地。凡置士卒於死地，不戰則為敵人所殲滅，力戰則有生存之機會，故每能置生死於度外，努力作戰。亡地意義與死地同。㉝拊循：撫慰。㉞所謂驅市人而戰之：韓信自謂所率領之軍隊，非平素之所拊循，軍心未附，如果驅使作戰，與驅使市人作戰相同。㉟予：讀曰與。㊱鄉：讀曰向。㊲師事之：以師禮待之。㊳何若而有功：如何始能成功？㊴臣敗亡之虜，何足以權大事乎：權，稱錘，所以衡物，以見其輕重。李左車謂韓信所問，皆軍國大事，自己則為敗軍之將，不足以審處其輕重。㊵百里奚：本春秋時代虞國之臣，虞君不能用。後仕秦為大夫，穆公信用其言，遂霸西戎。㊶亦已為禽矣：言亦已為趙軍所擒矣。㊷得侍：得侍左右，以求教益。㊸涉西河：黃河自砥柱以上，龍門以下，謂之西河。韓信自陽夏渡河破魏，故云涉西河。㊹輟耕釋耒，褕衣甘食：輟，停止；耒，耕具；褕，奢華；甘，美味。此謂當時之人，畏韓信聲威，不能自保其生業，皆廢止田作，服飾奢華，食物甘飴，貪圖歡樂，而不作久遠之計。㊺罷：讀曰疲。㊻情見勢屈：見，暴露，屈，殫盡。情見勢屈，謂軍情暴露，兵勢殫盡。情見則敵知所備，勢屈則為敵所乘，如此則難以復戰。見，讀曰現。㊼曠日：久廢時日。㊽單：同殫。單竭，殫盡之意。㊾距境：屯兵境上以距敵。㊿由：從。何由，言當從何種計策。(51)北首：舉兵北向。(52)咫尺之書：八寸曰咫。謂簡牘尺度，或長八寸，或長一尺，喻其輕率。(53)暴：暴露。(54)圖：謀取。(55)因行定趙城邑：因救趙之便，鎮服趙國諸城邑。(56)詣：往。(57)晦：陰曆每月之末日。(58)太宰：漢代奉常之屬官，掌膳食、宿舍諸事務。(59)此臣之所以為使：隨何謂臣之出使九江，正欲為九江王言此事。(60)斧質：受斧之鑕。伏斧質：伏於鑕上而以斧斬之。質，同鑕。(61)倍：讀曰背。(62)版築：置土於二版之間，而以木杵築土實之，古代築牆多用此法。(63)悉九江之眾：盡起九江之兵。(64)漢王入彭城，項王未出齊也：漢二年夏四月，漢王率諸侯之兵凡五十六萬東伐楚，入彭城，時項羽出略齊地未返。見上卷漢二年㊷。(65)垂拱而觀其孰勝：垂拱，垂手端坐。孰，誰。言九江王不發兵助楚擊漢，但任楚漢相爭，而坐觀其誰勝誰敗。(66)空名：有名無實，黥布外有向楚之名，內無向楚之實，故謂之空名。(67)天下負之以不義之名：負，加也。此謂項羽背盟約，不王漢王於關中，又殺義帝於江中，故天下以不義之名，加於其身。(68)收：撫集。(69)成皋：故城在今河南省汜水縣北。(70)分卒守徼乘塞：徼，邊境亭鄣。塞，邊陲牆垣。乘，登據。言分兵登據邊境亭鄣、塞垣而守之。(71)楚人深入敵國八九百里：當時之形勢，楚在東，梁在中，而漢在西。梁本楚地所有，彭越據之而反，是為楚之敵國，楚人自彭城至滎陽、成皋，中間有梁地間之，故曰深入敵國八九百里。(七二)提劍：持劍。(七三)畔：同叛。(七四)未敢泄也：是時黥布猶懼楚之強而持兩端，故雖允許叛楚，而未敢明泄其事。(七五)舍傳舍：上舍字為動詞，下傳舍為名詞，謂止息於傳舍。傳舍即驛舍，供人止息，前人去，後人來，轉相傳受，故稱傳舍。(七六)事已構：背楚之事，已經構成。(七七)疾走漢幷力：速棄楚歸漢，與漢合力攻楚。(七八)龍且：姓龍名且。且，音沮（ㄐㄩˇ）。(七九)間行：微行。(八〇)帳御：帳，帷幕，古代行軍，設帷幕為止息之所。御，日用諸物。凡起居設備，衣著服飾，統稱帳御。(八一)甬道：築牆垣於道路之兩旁，於其中運輸糧秣，防備敵軍侵掠。(八二)酈食其：音歷異基。(八三)橈：變強為弱。(八四)杞：今河南省杞縣。(八五)宋：今河南省商丘縣。(八六)陛下：按漢五年，高帝始即皇帝位，此時為漢三年，猶為漢王，不應稱陛下。陛下之稱，乃史臣追書之。(八七)南鄉：古代帝王，皆南向而坐。(八八)歛衽：衽，衣襟，一謂衣袂，歛衽，言收歛其衣襟或衣袂，恭敬順服之狀。(八九)趣：催促。讀曰促。(九〇)行佩之：行，出使；佩，佩印。漢王命食其出使六國，授之以印，而使佩之。(九一)張良，字子房。(九二)具：皆。(九三)箸：筷子。(九四)籌：策劃。(九五)度：忖度。(九六)表商容之閭：表，表揚。商容，殷朝賢人。閭，里門。此謂武王克殷之後，即表商容之閭，以彰商容之賢德。(九七)封比干之墓：封，積土使成高墳，亦旌揚之意。比干為紂之忠臣，而紂王殺之，故武王克殷，即封比干之墓，以旌揚其忠。(九八)巨橋：一作鉅橋，古代粟倉之名。按杜佑通典，鉅橋倉遺址在今河北省曲周縣西北。(九九)鹿臺：臺名，殷紂王所築，在殷都朝歌城中。據劉向說，鹿臺大三里，高千尺。朝歌故城在今河南省淇縣北。(一〇〇)偃革為軒：革，兵車。軒，貴族之乘車。偃，廢。言廢兵車而用乘車，示不復用武，而專以禮樂治國。㉑桃林：亦稱桃林塞。自今河南省閿鄉縣以西，至陝西省潼關縣以東，皆古桃林塞故地。㉒徒：但。㉓楚唯無彊，六國立者，復橈而從之：楚唯無彊：此四字有二種解釋：服虔釋為「唯有使楚無彊，彊則六國弱而從之。」韋昭釋為「今無彊楚者，若六國立，必復屈橈從楚。」按以上二說俱可通。屈，屈服。橈，折弱。屈橈從楚，謂六國國勢微弱，不如楚國強盛，若立之，勢必屈服而服從楚國，於漢不但無利，反而有害。㉔輟食吐哺：輟，停止。哺，口中食物。言停止進食，而吐出口中食物。㉕豎儒幾敗而公事：高祖罵酈生為豎儒，謂此儒生簡直是豎子，幾敗汝公之事。而公即汝公，高祖自稱。公字本為尊稱之詞，高祖好嫚罵人，與人語常稱而公、乃公，以自尊大。㉖樹黨：培植黨與。張耳、陳餘說陳涉以立六國之後，見卷七秦二世元年⑶。㉗宋義待秦、趙之斃：斃，同敝，踣蹶不振之意。宋義救趙事見卷八秦二世三年第三條。㉘卞莊刺虎：《史記・陳軫傳》：「卞莊子欲刺虎，館豎子止之曰：『兩虎方且食牛，食甘，必爭，爭則必鬥，鬥則大者傷，小者死，從傷而刺之，一舉必有雙虎之名。』卞莊子以為然，立須之，有頃，二虎果鬥，大者傷，小者死，莊子從傷者而刺之，一舉果有雙虎之功。」按此本陳軫譬語，與鷸蚌相爭，漁翁得利之意相似。㉙累力：蓄力。㉚呼吸成變：一呼一吸之間，為時至暫，以喻事勢變杌，迅速莫測。㉛「漢王戰於睢水之上」至「楚兵大勝」：項羽以楚軍三萬人破漢軍五十六萬於睢水之上，見上卷漢二年⑿。㉜高會：大會僚屬，以共取樂。㉝逸豫：安樂。㉞決一旦之命：置生死於度外，決勝敗於一旦之間，勝則存，不勝則死。㉟豫：同預。

㉖機：要訣。㉗骨鯁：喻正直而不阿諛。㉘反間：利用敵方之間諜，在不知不覺之間，使之反為我方所用。㉙意：同疑。意忌即疑忌。㉚太牢：古代謂牛為太牢。㉛舉：用雙手捧持。舉進：舉食具而進。㉜更以惡草具：更，更換。惡，粗惡。草，草率。言移去盛牛之食具，而換以粗惡草率之食具。㉝具以報項王：皆以所見之情，回報項王。㉞疽：癰瘡。㉟誑：欺騙。㊱間出：暗中出行，如云間行、微行。㊲按《史記》，陳平夜出女子東門二千餘人句之下，有「被甲」二字，其意即將女子穿上鐵衣，扮成戰士。《漢書》無被甲二字，通鑑因之。王先慎曰：「史記有被甲二字，是也。下文楚因四面擊之，正因其被甲，疑為軍士，故擊之耳！班氏刪之，失其指矣！」㊳黃屋左纛：天子乘車以黃繒為蓋裏，故稱黃屋。纛即幢，旌旗之屬，以自幬翳。製造幢之質料有二說：李斐謂以毛羽為之，稱毛羽幢；蔡邕謂以犛牛尾為之；時代久遠，難於考索。王者之幢，繫於乘車左騑馬軛上，以幬翳馬目，不使馬自相瞥見，故稱左纛。㊴之城東觀：之，往。言往城東觀漢王出降。㊵反國之王：漢二年五月，魏王豹就國，絕河津，反漢為楚，故周苛等譏之為反國之王。㊶轅生：姓轅，史佚其名。生，男子美稱，如稱賈誼為賈生，董仲舒為董生等。㊷南走：向南而去。㊸深壁：深塹堅壁以自固守。㊹安輯：安集。㊺宛：故城即今河南省南陽縣。㊻葉：故城即今河南省葉縣南。㊼收兵：徵集軍隊。㊽解而西：離散西歸。彭城之敗，漢軍潰散西奔，故曰解而西。㊾亡：喪失。㊿度睢：渡過睢水。度，同渡。(51)若不趨降漢：汝不速降漢。趨，讀曰促。(52)滕公：夏侯嬰。(53)玉門：成皋北門之名稱。(54)小脩武：按脩武有大小二城，小脩武在大脩武城之東。(55)即其臥內：就其臥

處。㊻印符：印信和兵符。㊼收趙兵未發者：徵趙軍之尚未出發者。㊽鞏：故城在今河南省鞏縣西南。㊾有星孛于大角：孛，彗星之類。大角，我國古代之天象名詞，為天王帝坐廷。按此孛字當作動詞，意謂有星成孛狀於大角。古時相傳若君王怙惡不悛，則孛星出現，事雖妄誕，然古人頗信之。㊿引兵臨河南，鄉軍小脩武：按此句，《史記》作「引兵臨河南，饗軍小脩武。」《荀紀》亦作「王饗師河南。」獨《漢書》改饗為鄉，故顏注云：「鄉，讀曰嚮」以引兵臨河為一句，南鄉為一句，軍小脩武為一句，與《史記》異。錢大昭、王先謙皆以為鄉當作饗，其說是。(51)郎中：郎中令屬官，秩比三百石。(52)劉賈：高祖從兄，後封荊王。(53)白馬津：故址在今河南省滑縣東，亦稱黎陽津。(54)積聚：所積蓄之軍糧與芻槀。(55)業：功業。(56)攻徇梁地：攻略梁地。(57)睢陽：故城在今河南省商邱縣南。(58)外黃：杜佑曰：「漢外黃故城在陳留郡雍丘縣東。春秋齊桓公會諸侯於葵丘，即此。」按雍丘縣故治即今河南省杞縣。(59)挑戰：激怒敵人，使之出戰。(60)陳留：故治即今河南省陳留縣。(61)捐：棄之。(62)酈生：酈食其。(63)王者以民為天，而民以食為天：天，為所仰賴之意。言帝王必須仰賴人民以立國，人民必須仰賴糧食以生存。(64)乃引而東，令適卒分守成皋：適卒，以犯罪被遣為卒遠戍者。此謂項羽引兵東定梁地，而令曹咎統率適卒戍守成皋。適，同讁。(65)反卻：應取不取，反而退卻。(66)自奪其便：是時漢之兵力，足以攻取成皋，若漢取成皋，於漢為有利。今漢王不圖進取，唯務保守，是為自奪其便。(67)過：失當。(68)紅女：織女。紅，讀曰工。(69)機：機杼。(70)收取：奪取。(71)杜太行之道，距蜚狐之口：太行道，為太行山八徑之一，謂之太行徑，一名丹徑，在今河南省沁陽縣西北。行，音杭（ㄏㄤˊ）。蜚狐亦作飛狐，飛狐在今河北省淶源縣與察哈爾蔚縣之間，亦太行山八徑之一，一稱飛狐徑。何焯曰：「此似後人依托之語。杜太行之道，秦人規取韓趙舊意；當時漢已虜魏豹，禽趙歇，河東、河內、河北皆歸漢，何庸復杜太行之道以示形勢乎？燕趙已定，即代郡、飛狐亦非楚人所能北窺，何庸杜此兼距彼乎！與當時事實闊遠。」〔七二〕形制：據形勢之地以制敵。〔七三〕食其：音異基。〔七四〕負海岱，阻河濟：負，背負。岱，泰山別稱。齊地東至海，南至泰山，故曰負海岱，西阻清濟，北阻大河，故曰阻河濟。〔七五〕未可以歲月破也：謂齊國地勢險要，民俗詐偽，非歲月之間，所能攻破。〔七六〕王先謙曰：「據高紀三年九月，項羽使曹咎守成皋，自引兵東擊彭越，漢王使食其說齊連和。四年冬十月，韓信破齊，齊烹食其；漢破曹咎，就敖倉食。先後次第如此，是食其說漢王二事，並在三年九月，史、漢合之，未為非也。」〔七七〕責義帝之處：責問義帝所在。〔七八〕立諸侯之後：此乃酈生設辭以聳動齊王，非確有其事。〔七九〕賂：財貨。〔八〇〕倍約：違約，倍，讀曰背。〔八一〕殺義帝之負：負弒義帝之名。殺，讀曰弒。〔八二〕用事：當權。〔八三〕畔：同叛。〔八四〕可坐而策：策，推算。謂天下大勢，可推算而知之。〔八五〕北魏：指魏豹之魏國。豹都安邑，在大梁之西，故稱西魏；又因在黃河以北，故亦稱北魏。〔八六〕阪：山坡。傾倚崎嶇之處。〔八七〕疾先下漢王：速先投降於漢王。〔八八〕東兵：將兵而東。〔八九〕歷下：故城在今山東省歷城縣西。〔九〇〕平：媾和。〔九一〕縱酒：飲酒無度。〔九二〕度：經過。〔九三〕間使：使人乘間而單行。漢王既遣韓信攻齊，又遣酈生乘間使齊，而未關照韓信，故謂之間使。〔九四〕伏軾：憑軾。軾，軍前橫木，人所憑者。〔九五〕掉三寸之舌：搖舌行說而不用武力。

四年（西元前二〇三年）

㈠冬，十月，信襲破齊歷下軍，遂至臨淄。齊王以酈生為賣己㈠，乃烹之，引兵東走高密㈡，使使之楚請救。田橫走博陽㈢，守相田光走城陽，將軍田既軍於膠東㈣。

㈡楚大司馬咎守成皋，漢數挑戰，楚軍不出。使人辱之，數日，咎怒，渡兵汜水㈤，士卒半渡，漢擊之，大破楚軍，盡得楚國金玉貨賂，咎及司馬欣皆自剄汜水上。漢王引兵渡河，復取成皋，軍廣武㈥，就敖倉食。

項羽下梁地十餘城，聞成皋破，乃引兵還。漢軍方圍鍾離眛於滎陽東，聞羽至，盡走險阻。羽亦軍廣武，與漢相守數月。楚軍食少，項王患之，乃為俎，置太公其上㈦，告漢王曰：「今不急下㈧，吾烹太公。」漢王曰：「吾與羽俱北面㈨受命懷王，約為兄弟，吾翁即若翁㈩，必欲烹而⑪翁，幸分我一桮⑫羹。」項王怒，欲殺之，項伯曰：「天下事未可知。且為天下者不顧家，雖殺之，無益。祇益禍耳。」項王從之。

項王謂漢王曰：「天下匈匈㉓數歲者，徒㉔以吾兩人耳！願與漢王挑戰，決雌雄，毋徒苦天下之民父子為也。」漢王笑，謝曰：「吾寧鬬智，不能鬬力。」項王三令壯士出挑戰，漢有善騎射者樓煩㉕，輒射殺之。項王大怒，乃自被甲持戟挑戰，樓煩欲射之，項王瞋目㉖叱之，樓煩目不敢視，手不敢發，遂走還入壁，不敢復出。漢王使人間問㉗之，乃項王也，漢王大驚。

於是項王乃即㉘漢王，相與臨廣武間㉙而語。羽欲與漢王獨身挑戰㉚，漢王數㉛羽曰：「羽負約，王我於蜀漢，罪一。矯殺卿子冠軍，罪二。救趙不還報㉜，而擅刼諸侯兵入關，罪三。燒秦宮室，掘始皇帝冢，收私其財㉝，罪四。殺秦降王子嬰，罪五。詐阬秦子弟新安二十萬，罪六。王諸將善地，而徙逐故王㉞，罪七。出逐義帝彭城，自都之；奪韓王地，幷王梁、楚，多自與，罪八。使人陰殺義帝江南，罪九。為政不平，主約不信，天下所不容，大逆無道，罪十也。吾以義兵從諸侯㉟，誅殘賊，使刑餘罪人擊公㊱，何苦乃與公挑戰？」羽大怒，伏弩射中漢王。漢王傷胸，乃捫足㉗曰：「虜中吾指。」漢王病創，臥，張良彊請漢王起行㉘勞㉙軍，以安士卒，毋令楚乘勝。漢王出行軍，疾甚，因馳入成皐。

㈢韓信已定臨淄，遂東追齊王。項王使龍且將兵號二十萬以救齊，與齊王合軍高密。客或說龍且曰：「漢兵遠鬬窮戰㉚，其鋒不可當，齊、楚自居其地，兵易敗散㉛。不如深壁，令齊王使其信臣㉜招所亡城㉝，亡城聞王在，楚來救，必反漢。漢兵二千里，客居齊地，齊城皆反之，其勢無所得食，可無戰而降也。」龍且曰：「吾平生知韓信為人易與㉞耳！寄食於漂母，無資身之策㉟；受辱於袴下，無兼人之勇，不足畏也！且夫救齊，不戰而降之，吾何功？今戰而勝之，齊之半可得也㊱。」

十一月，齊、楚與漢夾濰水㊲而陳㊳。韓信夜令人為萬餘囊，滿盛沙，壅水上流，引軍半渡擊龍且，佯不勝，還走。龍且果喜，曰：「固知信怯也。」遂追信。信使人決壅囊，水大至，龍且軍大半不得渡，即急擊，殺龍且。水東軍散走，齊王廣亡㊴去。信遂追北至城陽(四〇)，虜齊王廣。漢將灌嬰，追得齊守相田光，進至博陽。田橫聞齊王死，自立為齊王，還擊嬰，嬰敗橫軍於嬴下(四一)。田橫亡走梁，歸彭越，嬰進擊齊將田吸於千乘(四二)。曹參擊田既於膠東，皆殺之，盡定齊地。

(四)立張耳為趙王。

(五)漢王疾愈，西入關，至櫟陽，梟故塞王欣頭櫟陽市(四三)。留四日，復如軍(四四)，軍廣武。

(六)韓信使人言漢王曰：「齊偽詐多變，反覆之國也。南邊楚(四五)，請為假王以鎮之。」漢王發書(四六)，大怒，罵曰：「吾困於此，旦暮望若(四七)來佐我，乃欲自立為王。」張良、陳平躡漢王足，因附耳語曰：「漢方不利，寧能禁信之自王乎？不如因而立之，善遇(四八)，使自為守。不然，變生(四九)。」漢王亦悟，因復罵曰：「大丈夫定諸侯，即為真王耳！何以假為？」春，二月，遣張良操(五〇)印立韓信為齊王，徵其兵擊楚。

(七)項王聞龍且死，大懼，使盱台(五一)人武涉往說齊王信曰：「天下共苦秦久矣！相與戮力擊秦，秦已破，計功割地，分土而王之，以休士卒。今漢王復興兵而東，侵人之分[52]，奪人之地。已破三秦，引兵出關，收[53]諸侯之兵，以東擊楚，其意非盡吞天下者不休，其不知厭足[54]如是甚也。且漢王不可必[55]，身居項王掌握中數矣。項王憐而活之，然得脫，輒倍約，復擊項王，其不可親信如此。今足下雖自以漢王為厚交，為之盡力用兵，必終為所禽[56]矣。足下所以得須臾至今者，以項王尚存也[57]。當今二王之事權[58]在足下，足下右投則漢王勝，左投則項王勝，項王今日亡，則次取足下，足下與項王有故，何不反漢，與楚連和，參分[59]天下王之？今釋此時，而自必於漢以擊楚，且為智者固若此乎？」韓信謝曰：「臣事項王，官不過郎中，位不過執戟[60]。言不聽，畫[61]不用，故倍楚而歸漢。漢王授我上將軍印，予我數萬眾，解衣衣我，推食食我，言聽計用，故吾得以至於此。夫人深親信我，我倍之，不祥。雖死不易，幸為信謝項王。」

武涉已去，蒯徹知天下權在信，乃以相人之術說信[62]曰：「僕相君之面，不過封侯，又危不安。相君之背，貴乃不可言[六三]。」韓信曰：「何謂也？」蒯徹曰：「天下初發難也，憂在亡秦[六四]而已。今楚漢分爭，使天下之人，肝膽塗地，父子暴骸骨於中野，不可勝數。楚人走彭城，轉鬬逐北，乘利席卷[六五]，威震天下。然兵困於京、索之間，迫西山而不能進者，三年於此矣[六六]！漢王將十萬之眾，距鞏、雒，阻山河之險，一日數戰，無尺寸之功，折北[六七]不救[六八]，此所謂智勇俱困者也。百姓罷[六九]極怨望，無所歸倚，以臣料之，其勢非天下之賢聖，固不能息天下之禍。當今兩主之命，縣[七〇]於足下。足下為漢則漢勝，與楚則楚勝，誠能聽臣之計，莫若兩利而俱存之，參分天下，鼎足而居，其勢莫敢先動。夫以足下之賢聖，有甲兵之眾，據彊齊，從[七一]趙、燕，出空虛之地，而制其後，因民之欲，西鄉[七二]為百姓請命[七三]，則天下風走而響應矣！孰敢不聽？割大弱彊，以立諸侯。諸侯已立，天下服聽，而歸德於齊。按齊之故，有膠、泗[七四]之地，深拱揖讓[七五]，則天下之君王，相率而朝於齊矣。蓋聞天與不取，反受其咎，時至不行，反受其殃，願足下熟慮之。」韓信曰：「漢王遇我甚厚，吾豈可以鄉利而倍義乎？」蒯生曰：「始常山王、成安君(七六)為布衣時，相與為刎頸之交(七七)，後爭張黶、陳澤之事，常山王殺成安君泜水之南，頭足異處。此二人相處，天下至驩(七八)也，然而卒相禽(七九)者，何也？患生於多欲(八〇)，而人心難測也。今足下欲行忠信，以交於漢王，必不能固於二君之相與也；而事多大於張黶、陳澤者，故臣以為足下必(八一)漢王之不危己，亦誤矣。大夫種存亡越，霸句踐(八二)，立功成名而身死亡，野獸已盡而獵狗烹。夫以交友言之，則不如張耳之與成安君者也；以忠信言之，則不過大夫種之於句踐也。此二者足以觀矣，願足深慮之。且臣聞勇略震主者身危，功蓋天下者不賞。今足下戴震主之威，挾不賞之功，歸楚，楚人不信，歸漢，漢人震恐，足下欲持是安歸乎？」韓信謝曰：「先生且休矣！吾將念之(八三)。」後數日，蒯徹復說曰：「夫聽者，事之候也(八四)；計者，事之機也(八五)；聽過計失，而能久安者，鮮(八六)矣。故知者，決之斷也(八七)；疑者，事之害也。審豪氂之小計，遺天下之大數，智誠知之，決弗敢行者，百事之禍也(八八)。夫功者難成而易敗，時者難得而易失也。時乎時，不再來(八九)。」韓信猶豫不忍倍漢，又自以為功多，漢終不奪我齊，遂謝蒯徹(九〇)，因去，佯狂為巫。

(八)秋，七月，立黥布為淮南王。

(九)八月，北貉(九一)、燕人來致(九二)梟騎(九三)助漢。

(十)漢王下令，軍士不幸死者，吏為衣衾棺斂(九四)，轉送(九五)其家，四方歸心焉。

(十一)是歲。以中尉(九六)周昌為御史大夫。昌，苛從弟也。

(十二)項羽自知少助食盡，韓信又進兵擊楚，羽患之。漢遣侯公說羽，請太公(九七)。羽乃與漢約，中分天下，割洪溝(九八)以西為漢，以東為楚。九月，楚歸太公呂后，引兵解而東歸。

漢王欲西歸，張良，陳平說曰：「漢有天下太半(九九)，而諸侯皆附；楚兵疲食盡，此天亡之時也。今釋弗擊，此所謂養虎自遺(一〇〇)患也。」漢王從之。

【今註】(一)齊王以酈生為賣己：齊王謂酈生與韓信合謀，使漢得乘懈破齊歷下軍，故以酈生為賣己。

㊁高密：故城在今山東省高密縣西南。㊂博陽：胡三省曰：「此博陽，即博城之陽。」按博城故址在今山東省泰安縣東南。㊃膠東：王國，治即墨，故城在今山東省平度縣東南。㊄汜水：按汜水有二處，其一在濟陰界，乃漢王即帝位處；另一在成皋城東，即曹咎渡兵與漢王合戰處。此汜水即成皋城東之汜水。㊅廣武：故址在今河南省汜水縣東北。漢時廣武有東西二城，詳下註[一九]。㊆乃為俎，置太公其上：俎，木几，置肉其上，以備臠切。項羽示漢王欲烹太公，故置太公於俎上。《史記》、《漢書》俱作高俎。高俎，即俎之高者。置太公於高俎，目的在使漢王易於看見。㊇下：投降。㊈北面：北向。[一〇]吾翁即若翁：我父即汝父。[一一]而：汝。[一二]桮：盛羹之具，其側有二耳，飲時以二手持之。[一三]匈匈：讙擾之意。[一四]徒：但。[一五]樓煩：胡人種名，其後，漢於其地置縣。此樓煩，指樓煩之騎士。[一六]瞋目：張目。[一七]閒問：暗中詢問。[一八]即：追躡。[一九]廣武閒：此閒字或作澗字。何焯曰：「案藝文類聚，閒、當作澗。」周壽昌曰：「御覽六十九引漢書項籍傳云：『沛公與項籍臨廣武澗而語，數籍十罪。』今亦作閒，不作澗。西征記曰：『有三皇山，或謂三室山，山上有二城，東者曰東廣武，西者曰西廣武，各在山一頭，相去二百餘步。其間隔深澗，漢祖與項籍語處。』據此，作澗為勝。」按作閒或作澗，俱可通。若云項王、漢王各據東西廣武而語，則作閒；若謂臨澗而語，則當作澗。按何、周考證，史、漢或本作澗字，後人傳抄誤改，遂作閒字。[二〇]獨身挑戰：與漢王獨決勝負，不須他人之助。[二一]數：列舉其罪狀而責之。[二二]不還報：未返報楚懷王。[二三]掘始皇帝冢，收私其財：掘始皇帝之墓，而盜取其寶貨以為私有。[二四]徙逐故王：此指封燕將臧荼、齊將田都、趙相

張耳之屬於善地，而徙封燕、齊、趙諸王於邊地。㉕從諸侯：以諸侯之軍自從，猶率領之義。然高帝五年二月詔：「故衡山王吳芮從百粵之兵」，亦謂芮以百粵之兵自從，與此同義。㉖公：指項羽。清儒或以為作羽，不宜作公。王先謙曰：「按上文連稱羽，此輕賤之詞，不得忽稱公；下文公則自謂也。史記亦作使刑餘罪人擊殺項羽，何苦乃與公挑戰。班氏涉筆誤改，而荀紀、通鑑從之，坐未審耳！」㉗漢王傷胸，乃捫足：捫，撫摸。音門（ㄇㄣˊ）。漢王本傷胸，恐軍心洶懼，故意摸足，表示僅傷足，以安眾心。㉘行：巡視。㉙勞：慰撫。㉚窮戰：拚死作戰。㉛齊、楚自居其地，兵易敗散：謂齊、楚之軍，在本國作戰，思鄉戀土，內懷顧望，難於赴敵，而易於潰散。㉜信臣：常所親信之臣。㉝亡城：失亡城邑。㉞易與：容易對付。㉟策：謀略。龍且謂韓信謀略，尚不足以資其一身，何能克敵制勝。㊱今戰而勝之，齊之半可得也：韓信自謂戰則功高，當得封齊之半地。㊲濰水：胡三省引水經注：「濰水逕高密縣故城西，韓信與龍且夾水而陳，即此處。」㊳陳：讀曰陣。㊴亡：逃亡。㊵城陽：《史記正義》曰：「城陽：留澤縣是也，在濮州東南九十一里。」胡三省曰：「予據班志：濟陰郡城陽縣雷澤，在西北，此梁地也。自濰水追北至城陽，此乃漢城陽國之地。」按：城陽國故治即今山東省莒縣。㊶贏下：漢之贏縣。故城在今山東省萊蕪縣西北。㊷千乘：故城在今山東省高苑縣北。㊸梟故塞王欣頭櫟陽市：梟，縣首於木端以示眾。櫟陽為塞國之舊都。欣本受項羽封為塞王，故梟欣首於其故都以示眾。㊹復如軍：謂復往軍中。㊺南邊楚：南與楚國接境。㊻發書：拆閱韓信使者所呈之書。㊼若：汝。㊽善遇：善待。按史、漢善遇下皆有之字，作善遇之，文意較順。(四九)變生：謂韓信將反漢而與楚。(五〇)操：持。(五一)盱台：故城在今安徽省盱眙縣東北。(五二)分：音奮（ㄈㄣˋ）。(五三)收：徵取。(五四)厭足：滿足。(五五)必：必信之。(五六)禽：同擒。(五七)足下所以得須臾至今者，以項王尚存也：須臾，苟且延年之意。蒯徹謂以項王尚存，韓信始得苟且至今而未為漢王所殺。(五八)事權：事勢輕重之所在。(五九)參分：三分。(六〇)官不過郎中，位不過執戟：郎中，掌執戟宿衛。韓信先仕楚為郎中。(六一)畫：策畫。(六二)以相人之術說信：蒯徹欲以微言挑動韓信，故托之於相。(六三)相君之背，貴乃不可言：語意相關，暗謂韓信若背漢，則可大貴。(六四)憂在亡秦：所憂者，惟滅秦一事而已。(六五)卷：同捲。(六六)三年於此矣：謂至今已三年。(六七)折北：敗北。(六八)不救：顏師古釋為無援，胡三省釋為不能自救。按二說俱可解。(六九)罷：讀曰疲。(七〇)縣：讀曰懸。(七一)從：率領。(七二)西鄉：齊國在東，故曰西鄉。(七三)請命：謂止楚漢之爭，使百姓安居樂業，士卒不死亡。(七四)膠、泗：水名，俱在今山東省境。(七五)深拱揖讓：高坐深宮之中，而以禮教治天下。(七六)常山王、成安君：常山王張耳，成安君陳餘。(七七)刎頸之交：謂交友至歡，而以性命相許。(七八)驩：同歡。(七九)卒相禽：終相擒滅。(八〇)患生於多欲：欲，同慾，《韓詩外傳》：「五福生於無為，而患生於多欲。」(八一)必：必信。(八二)存亡越，霸句踐：使越國已亡而復存，佐句踐創立霸業。(八三)念之：思之。(八四)聽者，事之候也：聽，採納善言。候，朕兆。此謂必先能採納善言，而後始能預占事之成敗，不能者反是。(八五)計者，事之機也：計，策略謀畫。機，關鍵所在。此謂善謀者始能洞見事勢之關鍵，不能者反是。(八六)鮮：寡少。(八七)知者，決之斷也：知，明見。此謂明見為斷事之本，若不能當機立斷，則不可謂明見。(八八)智誠知之，決弗敢行者，百事之禍也：此謂雖智慮所及，而不能明決而行，則將成為禍患之源。(八九)時乎時，不再來：時，機會。時不再來，謂良機難再得，稍縱即逝。嘆惜之語。(九〇)遂謝蒯徹：辭謝蒯徹之計策而不採用。(九一)北貉：古國名，在我國東北方。(九二)致：呈獻。(九三)梟騎：勇健騎士。(九四)吏為衣衾棺斂：命軍吏為死亡軍士作衣衾而斂其尸於棺中。(九五)轉送：傳送。(九六)中尉：按《漢書・百官表》，中尉，秦官，掌徼循京師。武帝太初元年，更名執金吾。(九七)漢遣侯公說羽，請太公：漢彭城之敗，太公、呂后為楚所得，見上卷漢二年(十三)。(九八)洪溝：《史記》作鴻溝，《漢書》作洪溝。張華曰：「始皇鑿引河水以灌大梁，謂之鴻溝，楚漢會此處也。」按鴻溝為古汴水之支津，即今河南省之賈魯河。(九九)太半：韋昭曰：「凡數三分有二為太半，一為少半。」按：古字太與大通，太半即大半，今人皆以過半為大半。(一〇〇)遺：遺留。

卷十一　漢紀三

司馬光編集
林瑞翰註

起屠維大淵獻，盡重光赤奮若，凡三年。（己亥至辛丑，西元前二〇二年至西元前二〇〇年）

太祖高皇帝中

五年（西元前二〇二年）

㈠冬，十月，漢王追項羽至固陵㊀，與齊王信、魏相國越期會擊楚，信、越不至。楚擊漢軍，大破之，漢王復堅壁自守，謂張良曰：「諸侯不從，柰何？」對曰：「楚兵且破，二人未有分地㊁，其不至固宜㊂。君王能與共天下㊃，可立致也。齊王信之立，非君王意㊄，信亦不自堅㊅；彭越本定梁地，始，君王以魏豹故，拜越為相國㊆，今豹死，越亦望王，而君王不早定㊇。今能取睢陽以北至穀城㊈，皆以王彭越；從陳以東傅海，與齊王信㊉，信家在楚，其意欲復得故邑。能出捐㊁此地，以許兩人，使各自為戰，則楚易破也。」漢王從之，於是韓信、彭越皆引兵來。

十一月，劉賈南渡淮，圍壽春(一二)，遣人誘楚大司馬周殷，殷畔(一三)楚，以舒屠六(一四)，舉九江兵迎黥布(一五)，並行(一六)屠城父(一七)，隨劉賈皆會。

十二月，項王至垓下(一八)，兵少食盡，與漢戰，不勝，入壁。漢軍及諸侯兵圍之數重，項王夜聞漢軍四面皆楚歌(一九)，乃大驚，曰：「漢皆已得楚乎？是何楚人之多也！」則(二〇)夜起飲帳中，悲歌忼慨，泣數行下。左右皆泣，莫能仰視。於是項王乘其駿馬名騅(二一)，麾下壯士騎從者八百餘人，直夜(二二)潰圍(二三)，南出馳走。平明(二四)，漢軍乃覺之，令騎將灌嬰以五千騎追之。項王渡淮，騎能屬(二五)者，纔百餘人。至陰陵(二六)，迷失道，問一田父，田父紿(二七)曰：「左。」左，乃陷大澤中，以故漢追及之。項王乃復引兵而東，至東城(二八)，乃有二十八騎。漢騎追者數千人，項王自度(二九)不得脫(三〇)，謂其騎曰：「吾起兵至今八歲矣，身七十餘戰，未嘗敗北，遂霸有天下。然今卒(三一)困於此，此天之亡我，非戰之罪也。今日固決死，願為諸君快戰(三二)，必潰圍、斬將、刈旗，三勝之，令諸軍知天亡我，非戰之罪也。」乃分其騎以為四隊，四鄉(三三)。漢軍圍之數重，項王謂其騎曰：「吾為公取彼一將。」令四面騎馳下，期山東為三處[34]。於是項王大呼[35]馳下，漢軍皆披靡[36]，遂斬漢一將。是時郎中騎[37]楊喜追項王，項王瞋目而叱之，喜人馬俱驚，辟易[38]數里。項王與其騎會為三處，漢軍不知項王所在，乃分軍為三，復圍之。項王乃馳，復斬漢一都尉，殺數十百人，復聚其騎，亡其兩騎耳。乃謂其騎曰：「何如？」騎皆伏曰：「如大王言。」於是項王欲東渡烏江[39]，烏江亭長檥船[40]待，謂項王曰：「江東雖小，地方千里，眾數十萬人，亦足王也，願大王急渡。今獨臣有船，漢軍至，無以渡。」項王笑曰：「天之亡我，我何渡為？且籍與江東子弟八千人渡江而西，今無一人還。縱江東父兄憐而王我，我何面目見之？縱彼不言，籍獨不愧於心乎？」乃以其所乘騅馬賜亭長，令騎皆下馬，步行，持短兵[41]接戰，獨籍所殺漢軍數百人，身亦被十餘創。顧見漢騎司馬呂馬童，曰：「若[42]非吾故人乎？」馬童面之[43]，指示中郎騎王翳，曰：「此項王也。」項王乃曰：「吾聞漢購[44]我頭千金[45]，邑萬戶，吾為若德[46]。」乃自刎而死。王翳取其頭，餘騎相蹂踐，爭項王，相殺者數十人。最其後，楊喜、呂馬童、及郎中呂勝、楊武各得其一體，五人共會其體，皆是，故分其戶，封五人皆為列侯㊼。

楚地悉㊽定，獨魯不下，漢王引天下兵，欲屠之，至其城下，猶聞絃誦之聲，為其守禮義之國，為主死節，乃持項王頭以示魯父兄，魯乃降。漢王以魯公禮葬項王於穀城，親為發哀，哭之而去。諸項氏枝屬，皆不誅，封項伯等四人㊾，皆為列侯，賜姓劉氏。諸民略在楚者，皆歸之。

太史公曰：「羽起隴畮㊿之中，三年，遂將五諸侯(51)滅秦，分裂天下，而封王侯，政由羽出，位雖不終(52)，近古(53)以來，未嘗有也。及羽背關懷楚(54)，放逐義帝而自立，怨王侯叛己，難矣。自矜功伐，奮其私智而不師古，謂霸王之業，欲以力征，經營天下五年，卒亡其國；身死東城，尚不覺悟，而不自責，乃引天亡我，非用兵之罪也，豈不謬哉！」

楊子灋言：「或問：『楚敗垓下，方死，曰：天也！諒(55)乎？』

曰：『漢屈羣策，羣策屈羣力(五六)；楚懷羣策，而自屈其力(五七)。屈人者克(五八)，自屈者負，天曷故焉(五九)！』」

(二)漢王還至定陶(六〇)，馳入齊王信壁，奪其軍。

(三)臨江王共尉(六一)不降，遣盧綰、劉賈擊虜之。

(四)春，正月，更立齊王信為楚王，王淮北，都下邳(六二)；封魏相國建城侯彭越為梁王，王魏故地，都定陶。

(五)令曰：「兵不得休八年(六三)，萬民與苦甚(六四)。今天下事畢，其赦天下殊死(六五)已下。」

(六)諸侯王皆上疏，請尊漢王為皇帝。二月，甲午（初三日），王即皇帝位于汜水(六六)之陽。更王后曰皇后，太子曰皇太子，追尊先媼(六七)曰昭靈夫人。

(七)詔曰(六八)：「故衡山王吳芮從百粵之兵(六九)，佐諸侯誅暴秦，有大功，諸侯立以為王，項羽侵奪之地(七〇)，謂之番(七一)君，其以芮為長沙王(七二)。」又曰：「故粵王無諸，世奉粵祀，秦侵奪其地，使其社稷不得血食(七三)。諸侯伐秦，無諸身率閩中兵，以佐滅秦，項羽廢而弗立，今以為閩粵王，王閩中地。」

(八)帝西都洛陽[七四]。

(九)夏，五月，兵皆罷歸家。

(十)詔民前或相聚保山澤，不書名數。今天下已定，令各歸其縣，復故爵田宅[七五]。吏以文灋教訓辨告[七六]，勿笞辱。軍吏卒爵及七大夫以上，皆令食邑[七七]。非七大夫已下，皆復其身及戶，勿事[七八]。

(十一)帝置酒洛陽南宮[七九]。上[八〇]曰：「徹侯[八一]、諸將，毋敢隱[八二]朕，皆言其情，吾所以有天下者何？項氏之所以失天下者何？高起[八三]。」王陵對曰：「陛下使人攻城掠地，因以與之，與天下同其利；項羽不然，有功者害之，賢者疑之，此其所以失天下也。」上曰：「公知其一，未知其二。夫運籌帷幄之中，決勝千里之外，吾不如子房；填[八四]國家，撫百姓，給餉餽[八五]，不絕糧道，吾不如蕭何；連百萬之眾，戰必勝，攻必取，吾不如韓信。三者皆人傑，吾能用之，此吾所以取天下者也。項羽有一范增而不能用，此所以為我禽[八六]也。」羣臣說[八七]服。

(十一)韓信至楚，召漂母，賜千金。召辱己少年，令出胯下者，以為中尉。告諸將相曰：「此壯士也。方辱我時，我寧不能殺之邪？殺之無名，故忍而就此(八八)。」

(十二)彭越既受漢封，田橫懼誅，與其徒屬五百餘人，入海，居島中(八九)。帝以田橫兄弟，本定齊地，齊賢者多附焉。今在海中，不取，後恐為亂。乃使使赦橫罪，召之。橫謝曰：「臣烹陛下之使酈生(九〇)，今聞其弟商為漢將，臣恐懼，不敢奉詔，請為庶人，守海島中。」使還報，帝乃詔衛尉(九一)酈商曰：「齊王田橫即至，人馬從者，敢動搖者致族夷(九二)。」乃復使使持節，具告以詔商狀(九三)。曰：「田橫來，大者王，小者乃侯耳！不來，且舉兵加誅焉(九四)。」橫乃與其客二人乘傳(九五)詣(九六)洛陽。未至三十里，至尸鄉(九七)廄置(九八)，橫謝使者曰：「人臣見天子，當洗沐。」因止留，謂其客曰：「橫始與漢王俱南面(九九)稱孤(一〇〇)，今漢王為天子，而橫乃為亡虜，北面事之，其恥固已甚矣。且吾烹人之兄，與其弟併肩(一〇一)而事主，縱彼畏天子之詔不敢動，我獨不媿(一〇二)於心乎？且陛下所以欲見我者，不過欲一見吾面貌耳。今斬吾頭，馳三十里閒，形容尚未能敗，猶可觀也。」遂自剄，令客奉㉓其頭，從使者馳奏之。帝曰：「嗟乎！起自布衣，兄弟三人更王，豈不賢哉！」為之流涕，而拜其二客為都尉，發卒二千人，以王者禮葬之㉔。既葬，二客穿其冢旁孔，皆自剄，下從之。帝聞之，大驚，以橫客皆賢，餘五百人尚在海中，使使召之。至，則聞田橫死，亦皆自殺。

⒁初，楚人季布為項籍將，數窘辱帝。項籍滅，帝購求布千金，敢有舍匿㉕，罪三族㉖。布乃髡鉗㉗為奴，自賣於魯朱家㉘。朱家心知其季布也，買置田舍，身之洛陽㉙，見滕公㉚，說曰：「季布何罪？臣各為其主用職㉛耳！項氏臣，豈可盡誅邪？今上始得天下，而以私怨求一人，何示不廣㉜也？且以季布之賢，漢求之急，此不北走胡，南走越耳！夫忌壯士以資敵國，此伍子胥所以鞭荊平之墓也㉝。君何不從容㉞為上言之？」滕公待閒㉟言於上如朱家指㊱。上乃赦布，召拜郎中，朱家遂不復見之。

布母弟丁公㊲亦為項羽將，逐窘帝彭城西。短兵接，帝急顧㊳謂丁公曰：「兩賢豈相戹哉㉙？」丁公引兵而還。及項王滅，丁公謁見，帝以丁公徇軍中㉚，曰：「丁公為項王臣，不忠，使項王失天下者也。」遂斬之，曰：「使後為人臣，無傚丁公也。」

臣光曰：「高祖起豐沛以來，罔㉛羅豪傑，招亡納叛，亦已多矣。及即帝位，而丁公獨以不忠受戮，何哉？夫進取之與守成，其勢不同。當羣雄角逐㉜之際，民無定主，來者受之，固其宜也。及貴為天子，四海之內，無不為臣，苟不明禮義以示之，使為臣者，人懷貳心，以徼㉝大利，則國家其能久安乎？是故斷以大義，使天下曉然皆知為臣不忠者，無所自容，而懷私結恩者，雖至於活己，猶以義不與也。戮一人而千萬人懼，其慮事豈不深且遠哉！子孫享有天祿四百餘年，宜矣！」

(十五)齊人婁敬戍隴西，過洛陽，脫輓輅㉞，衣羊裘，因齊人虞將軍求見上。虞將軍欲與之鮮衣㉟，婁敬曰：「臣衣㊱帛㊲，衣帛見；衣褐㊳，衣褐見；終不敢易衣。」於是虞將軍入言上，上召見，問之。婁敬曰：「陛下都洛陽，豈欲與周室比隆哉？」上曰：「然。」

婁敬曰：「陛下取天下與周異。周之先，自后稷封邰㉙，積德絫㉚善，十有餘世，至於太王、王季、文王、武王，而諸侯自歸之，遂滅殷為天子。及成王即位，周公相焉，乃營洛邑，以為此天下之中也。諸侯四方納貢職，道里均矣。有德則易以王，無德則易以亡。故周之盛時，天下和洽，諸侯、四夷，莫不賓㉛服，效其貢職；及其衰也，天下莫朝，周不能制也。非惟其德薄也，形勢弱也。今陛下起豐沛，卷㉜蜀漢，定三秦，與項羽戰滎陽、成皋之間，大戰七十，小戰四十，使天下之民，肝腦塗地，父子暴骨中野，不可勝數。哭泣之聲未絕，傷夷㉝者未起，而欲比隆於成、康之時，臣竊以為不侔㉞也。且夫秦地，被山帶河，四塞以為固，卒㉟然有急，百萬之眾，可立具㊱也。因秦之故資，甚美膏腴之地，此所謂天府者也㊲。陛下入關而都之，山東雖亂，秦之故地，可全而有也。夫與人鬥，不搤其亢㊳，拊㊴其背，未能全其勝也。今陛下案㊵秦之故地，此亦搤天下之亢而拊其背也。」帝問羣臣，羣臣皆山東人，爭言周王數百年，秦二世即亡。洛陽東有成皋，西有殽澠(四一)，倍河鄉伊洛(四二)，其固亦足恃也。上問張良，良曰：「洛陽雖有此固，其中小，不過數百里，田地薄，四面受敵，此非用武之國也。關中左殽函(四三)，右隴蜀(四四)，沃野(四五)千里，南有巴蜀之饒，北有胡苑(四六)之利，阻三面而守，獨以一面東制諸侯。諸侯安定，河、渭漕輓(四七)天下，西給京師；諸侯有變，順流而下，足以委輸(四八)；此所謂金城(四九)千里，天府之國也。婁敬說是也。」上即日(五〇)車駕(五一)西都長安，拜婁敬為郎中，號曰奉春君，賜姓劉氏。

(六)張良素多病，從上入關，即道引(五二)，不食穀，杜門不出，曰：「家世相韓，及韓滅，不愛萬金之資，為韓報讎彊秦，天下振動。今以三寸舌為帝者師，封萬戶侯，此布衣之極(五三)，於良足矣。願棄人間事，欲從赤松子(五四)游耳！」

臣光曰：「夫生之有死，譬猶夜旦之必然，自古及今，固未嘗有超然而獨存者也。以子房之明辨達理，足以知神仙之為虛詭矣！然其欲從赤松子遊者，其智可知也。夫功名之際，人臣之所難處，如高帝所稱者，三傑而已。淮陰誅夷，蕭何繫獄，非以履盛滿而不止耶？故子房託於神仙，遺棄人間，等功名於外物(五五)，置榮利而不顧，所謂明哲保身(五六)者，子房有焉！」

(七)六月，壬辰（初三），大赦天下。

(八)秋，七月，燕王臧荼反(五七)，上自將征之

(九)趙景王耳、長沙文王芮，皆薨。

(廿)九月，虜臧荼。壬子（九月己未朔，無壬子），立太尉(五八)長安侯盧綰為燕王。

綰家與上同里閈(五九)，綰生又與上同日，上寵幸綰，羣臣莫敢望(六〇)，故特王之。【考異】史記、漢書高紀，於此皆云，使丞相噲將兵平代地。按樊噲傳，從平韓王信，乃遷左丞相，是時未為丞相(六一)，又代地無反者，噲傳亦無此事，疑紀誤(六二)。

(廿一)項王故將利幾(六三)反，上自擊破之。

(廿二)後九月，治長樂宮(六四)。

(廿三)項王將鍾離昧，素與楚王信善，項王死後，亡歸信。漢王怨昧，聞其在楚，詔楚捕昧。

信初之國(六五)，行(六六)縣邑，陳兵(六七)出入

【今註】 ㈠固陵：前漢為固始縣，後漢併入陽夏縣，故城在今河南省太康縣西。㈡分地：畫分之土地。如項羽自立為西楚霸王，王梁楚九郡，此梁楚九郡即為項羽之分地。是時韓信雖立為齊王，然漢王未畫予確定之疆界，又彭越僅為相國，未有疆土之封，故張良謂二人未有分地。㈢其不至固宜：謂信、越不如約會兵，乃當然之事。㈣共天下：分割天下土地分封諸侯，不以天下為私有。㈤齊王信之立，非君王意：漢王因韓信自請為假王，乃立為齊王，是韓信之立，非漢王本意。㈥堅：堅其向漢之意。㈦君王以魏豹故，拜越為相國：漢王立魏豹為魏王而以彭越為魏相，見卷九漢二年(一三)。㈧定：確定其名分。㈨穀城：故治在今山東省東阿縣東。(一〇)從陳以東傅海，與齊王信：傅，讀曰附，附著之意。此謂自陳以東著於海，盡以與齊王信。陳即古之陳國，漢為淮陽國，故治在今河南省淮陽縣西南。(一一)捐：棄之。(一二)壽春：故城即今安徽省壽縣。(一三)畔：同叛。(一四)以舒屠六：以舒之眾，屠破六縣。舒縣故城在今安徽省盧江縣西。(一五)舉九江兵迎黥布：漢九江郡，治壽春。周殷叛楚，兼舉九江之兵，來與漢會。(一六)並行：並軍而行以擊楚。(一七)城父：故城即安徽省亳縣東南之城父村。(一八)垓下：故址在今安徽省靈壁縣南。(一九)楚歌：有二種解釋。應劭曰：「楚歌者，謂雞鳴歌也。漢已略得其地，故楚歌者多，雞鳴時歌也。」顏師古曰：「楚歌者，為楚人之歌，猶言吳歈越吟耳！若以雞鳴為歌曲之名，於理則可，不得云雞鳴時也。高祖令戚夫人楚舞，自為作楚歌，豈亦雞鳴時乎？」按應說，楚歌即雞鳴時之歌，顏說以為但指楚地歌謠，顏說較為合理。(二〇)則：同即。(二一)騅：蒼、白二種毛色互相間雜。故凡馬毛蒼白雜間者，則名曰騅馬。(二二)直夜：乘夜。(二三)潰圍：衝散敵方之陣形，乘敵方混亂之際，突圍而出。㉔平明：天正明時候。㉕屬：聯及。㉖陰陵：故城在今安徽省定遠縣西北。㉗紿：欺騙。㉘東城：故城在今安徽省定遠縣東南。㉙度：忖度。㉚脫：離開危境。㉛卒：終於。㉜快戰：疾戰。奮勇力戰之意。㉝四鄉：各以兵器四面向敵。鄉國，讀曰向。㉞期山東為三處：約期會聚於山之東邊，分為三處。㉟呼：叫喊。㊱披靡：軍隊潰敗，如草木為風所吹，分向二邊偃仆。㊲郎中騎：胡三省曰：「郎中騎，即漢官所謂騎郎。」㊳辟易：驚惶退避，易地而處。㊴烏江：故址在今安徽省和縣東北。㊵艤船：划船使附著於岸。艤，音蟻（ㄧˇ），附著之意。㊶短兵：兵器之短者，謂刀劍之屬。㊷若：汝。㊸面之：向之。㊹購：以財設賞，如今所謂懸賞。㊺千金：《史記正義》曰：「漢以一斤金為千金，當一萬錢也。」胡三省曰：「一斤金與萬戶邑多少不稱，正義之議，未可據也。」按：胡三省所疑甚是。叔孫通定朝儀，即賜金五百斤，今項羽之事大於叔孫通，豈值金一斤而已？按《孟子・公孫丑章》：「於宋餽七十鎰而受。」註：「古者以一鎰為一金。一鎰是二十四兩也。」又按《漢書・食貨志》，漢制以金一斤為一金，此千金當為金千鎰，不然亦當為金千斤。㊻吾為若德：我為汝自刎以德汝。㊼封五人皆為列侯：呂馬童封中水侯，王翳封杜衍侯，楊喜封赤泉侯，楊武封吳防侯，呂勝封涅陽侯。㊽悉：盡也。㊾等四人：射陽侯劉纏，中皐侯劉它，桃侯劉襄，其一人漢表未載，《史記》作玄武侯。㊿晦：古畝字。(51)將五諸侯：此時山東諸侯之六國，項羽為楚將，而齊、趙、韓、魏、燕五國，並起從楚伐秦，故云將五諸侯。(52)不終：不能終竟其霸業。(53)近古：近代。(54)背關懷楚：棄背關中形勝之地，懷戀故鄉而重歸於楚國。(五五)諒：信實。(五六)漢屈羣策，羣策屈羣力：屈，盡也。此謂高祖不奮其私智，而令人得各盡其才。(五七)楚懷羣策，而自屈其力：懷，憎惡。此謂楚不能聽用眾謀，故自屈其力。(五八)克：勝利。(五九)天曷故焉：謂楚自取滅亡，何預乎天事！曷，通何。(六〇)定陶：故城在今山東省定陶縣西北。(六一)臨江王共尉：共敖之子。尉，《史記》高紀作驩。(六二)下邳：故城在今江蘇省邳縣東。(六三)八年：自陳勝、吳廣起事，至今凡八年。(六四)萬民與苦甚：與，讀曰預。此謂萬民同預戰禍，其苦甚深。(六五)殊死：斬首之刑。(六六)氾水：此水在今山東省曹縣與定陶縣之分界處，為濟水之支流，非河南之氾水。(六七)媼：老媼之通稱，此處係指高祖之母。顏師古曰：「媼，女老稱也。史家不詳著高祖母姓氏，無得記之，故取當時相呼稱號而言也。」(六八)詔：詔令。按古時，相告皆曰詔，無上下尊卑之別。至秦始皇帝始以令為詔，自是秦漢以下，惟天子獨稱之。詳參卷七始皇帝二六年註㊆。(六九)從百粵之兵：率領百粵之兵。粵人四散而居，其種非一，故稱百粵。(七〇)侵奪之地：侵奪其地。之，同其。(七一)番：讀曰鄱。(七二)其以芮為長沙王：按《史記．高祖紀》，長沙王吳芮，都臨湘，臨湘故城在今湖南省長沙縣南。吳芮本受項羽封為衡山王，都邾，至是高祖徙封為長沙王。(七三)社稷不得血食：古人祭祀尚血腥，又深信神靈能享受此血腥之祭品，稱為血食。若國亡則社稷無人祭祀，故謂社稷不得血食。(七四)西都洛陽：高祖即帝位於定陶，定陶在洛陽之東，今定都洛陽，故曰西都洛陽。(七五)復故爵田宅：復，回復。謂故有之爵級田宅，因爭戰而喪失者，今回復之。(七六)辨告：顏師古曰：「辨告者，分別義理以曉喻之。」王念孫曰：「辨、讀為班，班告，佈告也。謂以文法教訓佈告眾民也。王莽傳：『辨社諸侯。』孟康註：『辨、布也。』師古註：『辨、讀曰班。』又云：『非五威將帥所班。』蕭該云：『班、舊作辨。』夷昭曰：『辨、布也，音班。』皆其證。顏望文生訓，而非其本旨。」按此，辨，讀曰班，辨告即佈告。㊐軍吏卒爵及七大夫以上，皆令食邑：臣瓚曰：「秦制，列侯乃得食邑，今七大夫以上皆食邑，所以寵之也。」顏師古曰：「七夫夫，公大夫也。爵第七，故謂之七大夫。」列侯即徹侯，漢避武帝諱，改稱通侯，又稱列侯。㊑皆復其身及戶，勿事：復，免除。事，役使。此謂免除其身及一戶之內所有之徭役，勿復加以役使。㊒洛陽南宮：《括地志》：「南宮，在洛州洛陽縣東北二十六里洛陽故城中。」《輿地志》：「秦時，洛陽已有南北宮。」㊓上：指高祖。古人不敢直稱君主尊號，但稱上以代表之。若當代皇帝則稱今上。㊔徹侯：漢避武帝諱稱通侯。通與徹同義。謂諸侯之功德通於王室。後又改為列侯，謂其爵位見於序列。㊕隱：諱言。㊖高起：高起二字，或以為當作動詞，或以為當作姓名，至今未有定論。張晏釋為「詔使高官者起」，是主張高起為動詞，但贊成此說者甚少。孟康釋為「姓高，名起」，是主張高起為姓名。顏師古、臣瓚、周壽昌等人皆主張孟說，顏師古駁張晏之說云：「若言高官者起，則丞相蕭何、太尉盧綰及張良、陳平之屬，時皆在陵上，陵不得先對也。」然主張孟說者亦不能尋出高起為人名之確證。錢大昭據荀紀無高起二字，認為衍文，按荀紀或不解高起二字之義而略去，亦未可知，錢若據此即謂為衍文，亦乏佐證。王先謙以為所當闕疑，甚是。今若依張說，則高祖語當至高起處斷句；若依孟說，則當於所以失天下者何處斷句，高起二字當屬下文王陵對為一句。㊗填：同鎮，安定之意。㊘餉餽：軍糧。餽，同饋。

(八六)禽：同擒。(八七)說：讀曰悅。(八八)就此：成今日之功。(八九)居島中：此島即世傳之田橫島。田橫島之位置有二說。一說即今江蘇省東海縣北海中之小高山，見《元和志》：「小高山、在東海北六十里，田橫避漢所居也。三面絕壁，皆百餘仞，惟東南一道，略通行人。」東海即今江蘇省東海縣。王先謙云小高山高七百二十丈，周圍十餘里，去海岸二十餘里，中可居千餘家，其上累石為城，，謂之田橫固。另一說田橫島在今山東省即墨縣東北海中，見清《一統志》，未知孰是。(九〇)韓信襲破齊歷下軍，齊王烹酈生，見上卷漢四年(一)。(九一)衞尉：按《漢書・百官表》，衞尉，秦官，掌宮門衞屯兵。(九二)族夷：誅夷其族，使無遺類。(九三)具告以詔商狀：皆以高祖詔商之意告田橫。(九四)「田橫來」至「加誅焉」：高祖召田橫，謂橫若來，大則封王，小亦不失封侯，不來，則加誅戮。(九五)乘傳：傳，驛傳。驛站置車，謂之傳車，或稱驛車。凡乘傳車者，每至一驛，則更易其乘車，故稱乘傳，取轉相傳受之義。(九六)詣：往。(九七)尸鄉：應劭曰：「尸鄉在偃師城西。」偃師即今河南省偃師縣。(九八)廄置：廄，馬房。置馬以傳驛，謂之廄置，猶後之驛站。(九九)南面：南向。古者帝王南向而坐，故曰南面。(一〇〇)孤：王侯之謙稱。(一〇一)併肩：併列。(一〇二)媿：同愧。(一〇三)奉：讀曰捧。(一〇四)世傳田橫之墓在偃師縣西十五里。(一〇五)舍匿：收容而隱匿之。(一〇六)三族：誅夷其三族。據張晏說，父母、兄弟、妻子為三族。如淳則以父族、母族、妻族為三族。(一〇七)髡鉗：髡，剃髮。鉗，以鐵具束頸。古人皆蓄髮，惟卑賤者始剃之。(一〇八)朱家：魯之大俠。(一〇九)身之洛陽：親往洛陽。(一一〇)滕公：夏侯嬰。(一一一)用職：為其分內應為之事。此云季布本項氏之臣，窘辱高祖，乃其分內應為之事。(一一二)不廣：胸懷狹窄，不能容物。高祖不能容一季布，故曰示天下以不廣。(二三)此伍子胥所以鞭荊平之墓也：子胥，伍員別字；荊，楚之別稱。子胥之父伍奢為楚平王所殺，子胥奔吳，藉吳師以伐楚，吳師入郢，平王已卒，子胥乃發掘平王之墓，而鞭韃其尸，以報父仇。(二四)從容：舒緩不迫。(二五)待閒：伺高祖事務閑暇之時。(二六)指：同旨。(二七)丁公：薛人，名固，季布之異父同母弟。(二八)顧：迴視。(二九)兩賢豈相戹哉：兩賢，高祖自謂，並謂丁公。高祖謂丁公吾與汝俱是時賢，何至相困戹？故丁公感高祖之語而引兵還。(三〇)帝以丁公徇軍中：徇，行示。高祖以丁公行示軍中，為人臣不忠者之戒。(三一)罔：古網字。(三二)角逐：爭勝。(三三)徼：希求。(三四)脫輓輅：輅，轆車前之橫木，音洛（ㄌㄨㄛˋ）。輓，繫於輅上之挽索，為引車之用。此謂解脫繫於輅上之挽索，使乘車停止前進。(三五)鮮衣：華麗之服裝。(三六)衣：穿著。下同。(三七)帛：縑素織成之衣。(三八)褐：毛線織成之衣。(三九)邰：故城在今陝西省武功縣西南。(四〇)絫：古累字。(四一)賓：順服。(四二)卷：讀曰捲。(四三)夷：同痍，創傷。(四四)侔：相等。(四五)卒：讀曰猝。(四六)具：具備。(四七)此所謂天府者也：府，藏聚。萬物之所藏聚，謂之天府。婁敬謂秦地物產饒多，可備贍給，故稱之為天府。(四八)搤其亢：亢，喉嚨。搤。捉持。搤其亢，謂控持其生死要道。(四九)拊：打擊。(五〇)案：同按，佔據。(五一)殽澠：殽山和澠池。(五二)倍河鄉伊洛：洛陽城北以黃河為固，南阻伊、洛為險，故曰背大河而向伊洛。(五三)殽函：殽山與函谷關。(五四)隴蜀：隴山南連蜀之岷山，在地理上為一單位，故並稱隴蜀。(五五)沃野：沃，灌溉。言其土地有灌溉之利。(五六)胡苑：苑，禽獸孳生之所。漢之安定、北地、上郡以北，與胡人接疆，可以畜牧，故稱為胡苑。(五七)河渭漕輓：漕，水運。輓，挽引。凡溯流行舟，水急難上，則以巨索擊舟於兩岸挽引之，稱為漕輓。漢漕關東之粟，自河入渭，自渭溯流而輸之長安。(48)委輸：逶遠轉輸。委，通逶。(49)金城：喻秦有四塞之國，固若金城。(50)即日：當日。司馬貞曰：「高祖即日西遷者，蓋謂其日即定計，非即日遂行也。」(51)車駕：天子乘車。(52)道引：屏除穀食而靜居行氣。道，讀曰導。(53)布衣之極：謂爵位之尊，僅次於帝王。(54)赤松子：太古時代某仙人之稱號。(55)等功名於外物：視富貴榮華為身外之物。(56)明哲保身：明哲之士，能擇安而處，不為禍害所及。(57)燕王臧荼反：臧荼，項羽所立，逐殺故主而王燕地，懼高祖伐之，故反。(58)太尉：按《漢書・百官表》，太尉，秦官，掌武事。漢制，與丞相、御史大夫並為三公。(59)閈：里門，音汗（ㄏㄢˋ）。(60)望：希求。(61)周壽昌曰：「漢初有丞相虛封，猶後世加銜。噲傳，噲擊陳豨，以將軍遷為左丞相，後以相國擊盧綰，表均未載。左右丞相之設，在孝惠、高后時；相國之號，在高帝十一年；而噲先稱之，皆虛封也。酈商傳，遷右丞相，復以丞相將兵擊黥布。傅寬傳，以相國代丞相噲擊陳豨。商、寬並未為相，亦未列表。韓信傳，使為假丞相。有假字，益可如。」(62)按《史記・高帝紀》：「燕王臧荼反，攻下代地。高祖自將擊之，得燕王臧荼，即立太尉盧綰為燕王，使丞相噲將兵攻代。」則噲之平代不無所本，非紀誤也。(63)利幾：姓利，名幾。《史記・高帝紀》云利幾為陳公，不隨項羽，亡降高祖，高祖侯之於潁川。陳公，漢書作陳令。按：幾本為陳令，陳公乃其尊稱，猶夏侯嬰為滕令而號滕公。(64)長樂宮：程大昌雍錄云：「長樂宮，本案之興樂宮。週迴二三十里，高祖修改而居之，在長安城東隅。」(65)之國：就國。(66)行：巡視。(67)陳兵：列兵以自防衛。

六年（西元前二〇一年）

㈠冬，十月，人有上書告楚王信反者，帝以問諸將，皆曰：「亟㊀發兵坑豎子耳！」帝默然，又問陳平，陳平曰：「人上書言信反，信知之乎？」曰：「不知。」陳平曰：「陛下精兵孰與㊁楚？」上曰：「不能過。」平曰：「陛下諸將用兵，有能過韓信者乎？」上曰：「莫及也。」平曰：「今兵不如楚精，而將不能及，舉兵攻之，是趣㊂之戰也，竊為陛下危之。」上曰：「為之柰何？」平曰：「古者天子有巡狩㊃，會諸侯，陛下第㊄出，偽游雲夢㊅，會諸侯於陳。陳，楚之西界，信聞天子以好出游㊆，其埶㊇必無事而郊迎謁，謁而陛下因禽㊈之，此特㊉一力士之事耳！」帝以為然，乃發使告諸侯會陳，吾將南游雲夢，上因隨以行。楚王信聞之，自疑懼，不知所為。或說信曰：「斬鍾離昧以謁上，上必喜，無患。」信從之。

十二月，上會諸侯於陳，信持昧首謁上。上令武士縛信，載後車。信曰：「果若人言，狡兔死，走狗烹，高鳥盡，良弓藏，敵國破，謀臣亡[11]。天下已定，我固當烹。」上曰：「人告公反。」遂械繫[12]信以歸，因赦天下。田肯賀上曰：「陛下得韓信，又治秦中[13]。秦，形勝[14]之國也。帶河阻山，地埶便利，其以下兵於諸侯，譬猶居高屋之上，建瓴水[15]也。夫齊東有琅邪、即墨之饒[16]，南有泰山之固[17]，西有濁河[18]之限，北有勃海之利，地方二千里，持戟百萬，此東西秦也[19]。非親子弟，莫可使王齊者。」上曰：「善。」賜金五百斤。

上還，至洛陽，赦韓信，封為淮陰侯。信知漢王[20]畏惡其能，多稱病，不朝從[21]，居常鞅鞅[22]，羞與絳、灌等列[23]。嘗過樊將軍噲，噲跪拜送迎，言稱臣，曰：「大王乃肯臨臣。」信出門，笑曰：「生乃與噲等為伍。」上嘗從容與信言諸將能將兵多少，上問曰：「如我能將幾何？」信曰：「陛下不過能將十萬。」上曰：「於君何如？」曰：「臣多多而益善耳！」上笑曰：「多多益善，何為為我禽？」信曰：「陛下不能將兵而善將將，此乃信之所以為陛下禽也。且陛下所謂天授，非人力也㉔。」

㈡甲申（二十七日），始剖符㉕封諸功臣為徹侯。蕭何封酇㉖侯，所食邑獨多㉗。功臣皆曰：「臣等身被堅執銳㉘，多者百餘戰，少者數十合㉙。今蕭何未嘗有汗馬之勞，徒持文墨議論，顧反居臣等上，何也㉚？」帝曰：「諸君知獵乎？夫獵，追殺獸兔者，狗也；而發縱㉛指示獸處者，人也。今諸君徒㉜能得走獸耳，功狗也；至如蕭何，發縱指示，功人也。」羣臣皆不敢言。

張良為謀臣，亦無戰鬬功，帝使自擇齊三萬戶。良曰：「始，臣起下邳，與上會留㉝，此天以臣授陛下。陛下用臣計，幸而時中㉞，臣願封留足矣，不敢當三萬戶。」乃封張良為留侯，陳平為戶牖㉟侯。平辭曰：「此非臣之功也。」上曰：「吾用先生謀計，戰勝克敵，非功而何？」平曰：「非魏無知，臣安得進㊱？」上曰：「若子㊲可謂不背本矣！」乃復賞魏無知。

㈢帝以天下初定，子幼，昆弟少，懲秦孤立而亡，欲大封同姓，以填㊳撫天下，春，正月，丙午（二十一日），分楚王信地為二國㊴，以淮東五十三縣，立從兄將軍賈為荊王㊵，以薛郡㊶、東海㊷、彭城㊸三十六縣，立弟文信君交為楚王。壬子（二十七日），以雲中、雁門、代郡五十三縣，立兄宜信侯喜為代王。以膠東、膠西、臨菑、濟北、博陽、城陽郡㊹七十三縣，立微時㊺外婦㊻之子肥為齊王。諸民能齊言者，皆以與齊㊼。

㈣上以韓王信材武，所王北近鞏、洛，南迫宛、葉，東有淮陽㊽，皆天下勁兵處，乃以太原郡㊾三十一縣為韓國㊿，徙韓王信王太原，以北備禦胡，都晉陽。信上書曰：「國被邊，匈奴數入寇。晉陽去塞遠，請治馬邑(51)。」上許之。

㈤上已封大功臣二十餘人，其餘日夜爭功不決，未得行封。上在洛陽南宮，從複道(52)望見諸將，往往相與坐沙中語。上曰：「此何語？」留侯曰：「陛下不知乎？此謀反耳！」上曰：「天下屬安定(53)，何故反乎？」留侯曰：「陛下起布衣，以此屬(54)取天下。今陛下為天子，而所封皆故人、所親愛，所誅皆生平所仇怨。今軍吏計功，以天下不足徧封，此屬畏陛下不能盡封，恐又見疑平生過失及誅(五五)，故即相聚謀反耳！」上乃憂，曰：「為之柰何？」留侯曰：「上平生所憎，羣臣所共知，誰最甚者？」上曰：「雍齒與我有故怨(五六)，數嘗窘辱我，我欲殺之，為其功多，故不忍。」留侯曰：「今急先封雍齒，則羣臣人人自堅矣。」於是上乃置酒，封雍齒為什方侯(五七)，而急趨(五八)丞相、禦史(五九)定功行封。羣臣罷酒，皆喜曰：「雍齒尚為侯，我屬無患矣(六〇)！」

臣光曰：「張良為高帝謀臣，委以心腹(六一)，宜其知無不言，安有聞諸將謀反，必待高帝目見偶語，然後乃言之邪？蓋以高帝初得天下，數用愛憎行誅賞，或時害至公，羣臣往往有觖望(六二)自危之心，故良因事納忠，以變移帝意，使上無阿私(六三)之失，下無猜懼(六四)之謀，國家無虞(六五)，利及後世。若良者，可謂善諫矣！」

㈥列侯畢已受封，詔定元功(六六)十八人位次(六七)，皆曰：「平陽侯曹參，身被七十創，攻城略地，功最多，宜第一。」謁者關內侯(六八)鄂千秋進曰：「羣臣議皆誤。夫曹參雖有野戰略地之功，此特一時之事耳！上與楚相距五歲，失軍亡眾，跳身(六九)遁者數矣，然蕭何常從關中遣軍補其處[七〇]，非上所詔令召而數萬眾會；上之乏絕[七一]者數矣，又軍無見糧[七二]，蕭何轉漕關中，給食不乏；陛下雖數亡山東[七三]，蕭何常全關中[七四]以待陛下；此萬世之功[七五]也。今雖亡曹參等百數，何缺於漢[七六]？漢得之，不必待以全[七七]。柰何欲以一旦之功，而加萬世之功哉！蕭何第一，曹參次之。」上曰：「善。」於是乃賜蕭何帶劍履上殿，入朝不趨[七八]。上曰：「吾聞進賢受上賞。蕭何功雖高，得鄂君乃益明。」於是因鄂千秋故所食邑，封為安平侯[七九]。是日，悉[八〇]封何父子兄弟十餘人，皆有食邑。益封何二千戶。

(七)上歸櫟陽。

(八)夏，五月，丙午（二十三日），尊太公為太上皇[八一]。

(九)初，匈奴畏秦，北徙十餘年。及秦滅，匈奴復稍南，度河[八二]。單于[八三]頭曼[八四]有太子曰冒頓[八五]，後有所愛閼氏[八六]，生少子，頭曼欲立之。是時東胡[八七]彊而月氏[八八]盛，乃使冒頓質[八九]於月氏。既而頭曼急擊月氏，月氏欲殺冒頓，冒頓盜其善馬[九〇]騎之，亡歸[九一]。頭曼以為壯，令將萬騎。冒頓乃作鳴鏑[九二]，習勒[九三]其騎[九四]射，令曰：「鳴鏑所射，而不悉射者，斬之。」冒頓乃以鳴鏑自射其善馬，既又射其愛妻。左右或不敢射者，皆斬之。最後，以鳴鏑射單于善馬，左右皆射之。於是冒頓知其可用，從頭曼獵，以鳴鏑射頭曼，其左右亦皆隨鳴鏑而射，遂殺頭曼，盡誅其後母與弟及大臣不聽從者，冒頓自立為單于。

東胡聞冒頓立，乃使使謂冒頓，欲得頭曼時千里馬。冒頓問羣臣，羣臣皆曰：「此匈奴寶馬也，勿與。」冒頓曰：「柰何與人鄰國，而愛一馬乎？」遂與之。居頃之㊈㊄，東胡又使使謂冒頓，欲得單于一閼氏。冒頓復問左右，左右皆怒，曰：「東胡無道，乃求閼氏，請擊之。」冒頓曰：「柰何與人鄰國，愛一女子乎？」遂取所愛閼氏予㊈㊅東胡，東胡王愈益驕。東胡與匈奴中間有棄地莫居㊈㊆千餘里，各居其邊為甌脫㊈㊇。東胡使使謂冒頓，此棄地，欲有之。冒頓問羣臣，羣臣或曰：「此棄地，予之亦可，勿與亦可。」於是冒頓大怒，曰：「地者，國之本也，柰何予之？」諸言予之者，皆斬之。冒頓上馬，令國中有後出者，斬，遂襲擊東胡。東胡初輕冒頓，不為備，冒頓遂滅東胡。既歸，又西擊走月氏，南併樓煩、白羊、河南王〔九九〕。遂侵燕代，悉復收蒙恬所奪匈奴故地，與漢關〔一〇〇〕故河南塞〔一〇一〕，至朝那〔一〇二〕、膚施。是時，漢兵方與項羽相距〔一〇三〕，中國罷於兵革〔一〇四〕，以故冒頓得自彊〔一〇五〕，控弦之士〔一〇六〕三十餘萬，威服〔一〇七〕諸國。

秋，匈奴圍韓王信於馬邑。信數使使胡〔一〇八〕，求和解。漢發兵救之，疑信數間使〔一〇九〕，有二心〔一一〇〕，使人責讓〔一一一〕信，信恐誅，九月，以馬邑降匈奴。匈奴冒頓因引兵南踰句注〔一一二〕，攻太原，至晉陽。

㈩帝悉去秦苛儀法，為簡易〔一一三〕。羣臣飲酒，爭功，醉，或妄呼〔一一四〕，拔劍擊柱，帝益厭之。叔孫通說上曰：「夫儒者，難與進取〔一一五〕，可與守成〔一一六〕。臣願徵魯諸生與臣弟子，共起〔一一七〕朝儀。」帝曰：「得無難乎？」叔孫通曰：「五帝異樂，三王不同禮。禮者，因時世人情，為之節文者也〔一一八〕。臣願頗采〔一一九〕古禮，與秦儀雜就之。」上曰：「可試為之，令易知，度〔一二〇〕吾所能行者為之。」於是叔孫通使徵魯諸生〔一二一〕三十餘人，魯有兩生不肯行，曰：「公所事者且十主〔一二二〕，皆面諛以得親貴。今天下初定，死者未葬，傷者未起，又欲起禮樂。禮樂所由起，積德百年而後可興也㉓。吾不忍為公所為。公去矣，無汙㉔我。」叔孫通笑曰：「若㉕真鄙儒㉖也，不知時變㉗。」遂與所徵三十人西㉘，及上左右為學者㉙，與其弟子百餘人，為綿蕞㉚野外，習之，月餘，言於上曰：「可試觀矣。」上使行禮，曰：「吾能為此。」乃令羣臣習肄㉛。

【今註】㊀亟：同急。㊁孰與：何如。㊂趣：讀曰促。㊃巡狩：天子往諸侯之國，巡視諸侯職守。㊄第：但。㊅雲夢：楚澤名，在今湖北省大江南北。自今湖北省京山縣以南，枝江縣以東，蘄春縣以西，湖南省華容縣以北，皆古雲夢澤。其後乾涸，悉為邑居聚落。㊆以好出游：以愛好雲夢澤之勝景而出遊。㊇埶：同勢。㊈禽：同擒。㊉特：但。⑪「果若人言」至「謀臣亡」：自狡兔死至謀臣亡句，乃韓信引前人之語。「狡兔得而獵犬烹，高鳥盡而良弓藏」，見《文子・上德篇》。「狡兔死，良犬烹，敵國滅，謀臣亡」，為伍子胥謂文種之語，見《吳越春秋》。韓信引用以自譬，故曰果若人言。⑫械繫：加以杻械，而以繩索縛之。⑬治秦中：治，國都所在。秦中，關中秦地。治秦中，謂建都於關中。⑭形勝：得形勢之勝便。秦阻四塞以為固，故稱形勝之國。⑮建瓴水：建，翻覆。音蹇。瓴有二說：其一為瓶，如淳曰：「瓴，盛水瓶也。居高屋中，而翻瓴水，言其向下之勢易也。」此釋瓴為盛水之瓶。其二為甓，沈欽韓曰：「瓴，瓴甋也。詩傳：甓，令適也，居檐寫水者，或以板為之。如說誤。」瓴甋即令適，即甓，皆磚之別名，此釋瓴為屋檐瀉水之甓。如說流行甚久，至沈欽韓始釋為甓。按此文作建瓴水，若瓴為屋檐瀉水之甓，則水自瀉，何須翻覆之？又按《淮南子．脩務篇》：「夫救火者汲水而趨之，或以甕瓴，或以盆盂。」此瓴即盛水之瓶。然則瓴自瓴，瓴甋自瓴甋，瓴不必強作瓴甋，如說為勝。⑯東有琅邪、即墨之饒：琅邪、即墨皆近海，齊地財用之所出。⑰南有泰山之固：泰山在齊之南境，齊負以為固。⑱濁河：黃河汙濁，故謂之濁河。⑲此東西秦也：此言齊地形勝，足與秦亢衡，齊之與秦，猶東西二秦。⑳漢王二字為誤文。宋祁曰：「案：六年遊雲夢時，高祖已即帝位，不容更稱王也。」宋說甚是。按：《史記．淮陰侯例傳》、《漢書．韓信傳》俱作漢王，此《史記》之誤文，《漢書》因之，通鑑又因之。㉑朝從：朝覲高祖而從之行。㉒鞅鞅：意志不滿。鞅同怏。㉓羞與絳、灌等列：絳謂絳侯周勃，灌謂潁陰侯灌嬰。等列即同列。韓信本為王，位在勃、嬰諸人上，至是降封為侯，與勃、嬰輩等列，故引以為羞。㉔按韓信封淮陰侯，在四月。以上自信封淮陰侯及其後諸事，皆追敍之語。㉕剖符：將符破開為二，一存帝所，一授諸侯，以為憑信。㉖酇：故城在今湖北省光化縣東北。㉗所食邑獨多：胡三省曰：「班書功臣表，蕭何封酇侯八千戶，而曹參封平陽、張良封留，皆萬戶，宜不得言何封邑獨多。蓋參以十二月甲申封，何以正月丙午封，功臣言何居上，其意不能平者，特同日受封樊、酈、絳、灌諸人耳！張良亦以丙午封，諸人言何不言良者，蓋高祖先使良自擇齊三萬戶，而良止受留萬戶，故不敢言也。」

㉘被堅執銳：披堅甲，執銳兵。被，音披（ㄆㄧ）。㉙合：合戰。㉚顧反居臣等上，何也：顧，念也。此謂蕭何無爭戰之功，而位反居臣等之上，此臣等常念念而不能解者。㉛發縱：顏師古曰：「發縱，謂解紲而放之也；指示，以手指示之；今俗言放狗。而讀者乃為蹤蹟之蹤，非也。書本皆不為蹤字，自有逐蹤之狗，不待人發也。」胡三省引洪氏隸釋曰：「元祐中，洺州治河堤，得漢北海淳于長夏君碑，其辭有曰：『紹縱先軌。』又北軍中侯郭仲奇碑云：『有山甫之縱。』又云：『徽縱顯。』又司隸校尉魯峻碑云：『比縱豹產。』又圉令趙君碑云：『羡其縱。』外黃令高彪碑：『莫與比縱。』皆以縱為蹤。蕭何傳：『發縱指示獸處。』顏師古注云：『書本皆不為蹤字，讀者乃為蹤蹟之蹤，非也。』據此數碑，則漢人固多借用，顏氏之注殆未然也。」按：錢大昭亦曰：「說文無蹤字，蹤蹟字古作縱。」王先謙引《史記》作蹤，以證蹤、縱通用，云顏注非是。據此，縱當作蹤解，不作紲解；發縱，猶曰發蹤。㉜徒：但。㉝臣起下邳，與上會留：秦二世二年，張良遇沛公於留縣遂以其軍屬高祖。留：故址在今江蘇省沛縣東南。㉞中：計無遺策。音仲（ㄓㄨㄥˋ）。㉟戶牖：即後之東昏縣，故城在今河南省蘭陽縣東北。㊱非魏無知，臣安得進：陳平因魏無知求見漢王，見卷九漢二年㈩。㊲若子：如先生者。子，男子美稱，猶今稱人為先生。㊳填：同鎮。㊴二國：謂荊與楚。荊在淮東，楚在淮西。㊵以淮東五十三縣，立從兄將軍賈為荊王：胡三省曰：「時以故東陽郡、鄣郡、吳郡五十三縣王賈。東陽，漢下邳地；鄣郡，漢丹陽地；吳郡，即會稽地。蓋其地自淮東而南，盡丹陽、會稽也。賈死後，以王吳王濞。」按：東陽故治在今安徽省天長縣北，鄣郡故治在今浙江省長

興縣南，吳郡故治即今江蘇省吳縣。東陽、鄣、吳三郡，皆非秦郡，又按《漢書・地理志》丹陽郡下云：故鄣郡。則此三郡，或皆楚漢間所置。又下邳，漢屬東海，秦為郯郡地，胡注據文穎說云東陽即漢下邳，非是。㊶薛郡：故治即今山東省曲阜縣。㊷東海：郡名，即秦之郯郡，郡治即今山東省郯縣。㊸彭城：郡名，治彭城，後為楚國。㊹膠東、膠西、臨菑、濟北、博陽、城陽郡：按此六郡皆非秦郡，或為楚漢兵爭之際所置。王先謙曰：「日月表：項羽分三齊，更名為臨淄，然它處皆稱齊，不稱臨淄也。膠東、濟北二國，羽所立，而田榮併之。博陽，濟北王都。蓋榮併三齊，仍名齊國，臨淄、膠東、濟北、博陽皆為郡，而膠西、城陽二郡，或於此時分立也。」其說頗可取。膠西故治即今山東省膠縣。㊺微時：未顯達之時。㊻外婦：情婦。㊼諸民能齊言者，皆以與齊：高祖既以齊地形勝，與秦地抗衡，欲以張大齊國，故凡民諳齊語諸近齊城邑，俱劃以與齊，故齊得城獨多。㊽北近鞏、洛，南迫宛、葉，東有淮陽：胡三省曰：「韓之分晉，其地南至宛、葉，西包鞏、洛，接于新安、宜陽，東有潁川，而淮陽之地，則屬於楚。及漢定天下，韓王信剖符王潁川，其地東兼淮陽。所謂北近南迫，言其境相迫近耳！不屬韓也。」按：淮陽故治在今河南省淮陽縣西南。㊾太原郡：治晉陽，即今山西省太原縣。㊿以太原郡三十一縣為韓國：胡三省曰：「班志：太原郡領二十一縣。今以三十一縣為韓國，蓋定襄未置郡，故太原之境，北被邊，兼有雁門之馬邑。」(51)馬邑：故治即今山西省朔縣。(52)複道：於道上架長閣為道，上下二道，俱可通行，複者，取重複之意，亦曰閣道。(53)屬安定：近方安定。屬，音祝（ㄓㄨˋ），新近之意。(54)此屬：此輩。(55)及誅：及於誅戮。

(五六)雍齒與我有故怨：服虔曰：「未起之時，與我有故怨也。」師古曰：「每以勇力窘辱高祖。」胡三省曰：「余觀帝初起，令雍齒守豐，齒雅不欲屬帝，即以豐降魏，可以見其有故怨矣！」按此語或無怨字。王念孫曰：「案怨字因注文而衍。蓋正文本作雍齒與我有故，故服注申之曰：『未起之時，與我有故怨。』若正文有怨字，則服注為贅語矣。有故即有怨。呂氏春秋精諭篇：『齊桓公與管仲謀伐衞，退朝而入，衞姬望見君，下堂再拜，請衞君之罪。公曰：吾與衞無故，子曷為請？』無故，即無怨也。史記作雍齒與我有故；文選幽通賦注、御覽居處部二十三引漢書，並作雍齒與我有故；新序善謀篇同。皆無怨字。」按王說，此句當作「雍齒與我有故」，不宜有怨字。(五七)什方侯：《漢書・功臣表》作汁防侯，故城在今四川省什邡縣南。(五八)趨：讀曰促。(五九)丞相御史：漢制，丞相職無所不總，御史大夫掌副丞相。(六〇)我屬無患矣：謂我輩不患不封侯。(六一)委以心腹：付以心腹機密之事。

(六二)觖望：怨望。(六三)阿私：偏袒其所私愛。(六四)猜懼：疑懼。(六五)無虞：無憂。(六六)元功：大功；首功。

(六七)十八人位次：顏師古曰：「謂蕭何、曹參、張敖、周勃、樊噲、酈商、奚涓、夏侯嬰、灌嬰、傅寬、靳歙、王陵、陳武、王吸、薛歐、周昌、丁復、蟲達，自第一至十八也。」胡三省曰：「此但定蕭何等元功十八人位次耳！至呂后時，乃詔作高祖功臣位次，凡一百四十餘人。師古所謂自蕭何至蟲達十八人，呂后所定位次也。張敖於高祖九年，始自趙王廢為宣平侯，安得預元功十八人之數哉？顏師古註功臣位次，云張耳及敖並為無大功，蓋以魯元之故，呂后曲升之耳！此說則得之。」按胡三省之意，顏師古所列元功十八人位次，乃呂后時所定，非高帝六年所定；至高帝六年所定元功十八人位次，已不可考。清儒對此十八人次位亦頗聚訟，然亦無結論。〔六六〕關內侯：按秦制，關內侯，爵第十九級，位在列侯之下，有侯號而無封邑，居京畿，故號關內侯。漢高祖既破敗項羽，統一天下，以軍民久罹戰禍，始詔爵及七大夫以上，皆令食邑。〔六九〕跳身：輕裝出走，以避敵人追擊。〔七〇〕處：漢軍失亡多而防務空虛之處。〔七一〕乏絕：軍糧不繼。〔七二〕見糧：現有糧食，即儲糧。見，讀曰現。〔七三〕數亡山東：亡，喪失。謂屢次喪失關東之地。〔七四〕全關中：全，保全。謂保全關中為漢王之根據地。〔七五〕萬世之功：謂蕭何功大，雖歷萬世而功不滅。〔七六〕何缺於漢：於漢無損。〔七七〕漢得之，不必待以全：全，安全，謂漢之安危，繫於蕭何，而不繫於曹參等。〔七八〕劍履上殿，入朝不趨：胡三省曰：「古者君子必帶劍，所以備身，且昭武備也。秦法：羣臣上殿，不得持尺寸之兵。草曰扉，麻曰屨，皮曰履。屨、履所以從軍，軍容不入國，故皆不許以上殿。君前必趨，崇敬也。今賜何劍履上殿，入朝不趨，殊禮也。」〔七九〕因鄂千秋故所食邑，封為安平侯：千秋本為關內侯，至是因其故所食邑封為安平侯。安平縣故城即今河北省安平縣。〔八〇〕悉：盡。〔八一〕太上皇：太上，極尊之意。太公為高祖之父，故高祖尊之為太上皇。〔八二〕度河：此河指河套而言，在今綏遠省境內。度，同渡。〔八三〕單于：匈奴國主之稱號。讀音如禪（ㄕㄢˊ）于（ㄩˊ）。〔八四〕頭曼：曼，讀音如瞞（ㄇㄢˊ）。〔八五〕冒頓：冒頓二字讀音如墨（ㄇㄛˋ）毒（ㄉㄨˊ）。〔八六〕閼氏：讀音如焉（ㄧㄢ）支（ㄓ），單于后妃之稱號。〔八七〕東胡：烏垣、鮮卑之屬，在匈奴之東，故稱東胡。〔八八〕月氏：讀音如月支。〔八九〕質：質子。此云頭曼送冒頓於月支為質子。〔九〇〕善馬：馬之善馳者。〔九一〕亡歸：逃歸。〔九二〕鳴鏑：鏑即箭鏃。於箭鏃近箭桿處開小孔，箭射出時則淩風而響，故稱鳴鏑，又稱為髐箭。(九三)習勒：統御其部眾，使熟習其命令。(九四)騎：騎從。(九五)居頃之：不久之後。(九六)予：讀曰與。(九七)莫居：無人居住。(九八)各居其邊為甌脫：甌脫，匈奴語。於邊境築土室以候望敵情，並可居宿，如中國之鄣堠。此云匈奴與東胡各於其邊境築甌脫以相伺候，匈奴所築甌脫與東胡所築甌脫之間，有棄地千餘里，無人居住，不屬匈奴，亦不屬東胡，猶今之緩衝地帶。(九九)樓煩、白羊、河南王：樓煩、白羊二王之居在河南。(一〇〇)闕：接境。(一〇一)故河南塞：河南謂河套以南，在今綏遠省南部一帶。蒙恬未伐匈奴以前，其地本屬匈奴，秦於此築塞以防之。至是匈奴復奪河南地，以秦時河南故塞與漢接境。(一〇二)朝那：故城在今甘肅省平涼縣西北。(一〇三)距：抗衡。(一〇四)罷於兵革：罷，讀曰疲。兵革，戎旅之事。裴松之曰：「皮去毛曰革，古者以革為兵，故語稱兵革。革猶兵也。」按古時兵甲以革為之，故稱兵甲為革。《戰國策・秦策》：「兵甲大強。」注：「革猶甲也。」故凡武事則概言兵革。(一〇五)自彊：坐大。彊，古強字。時中國多事，無暇北顧，故匈奴得以坐大。(一〇六)控弦之士：控弦，引弓。控弦之士，謂力能引弓者。匈奴以弓矢為主要武器，故稱其士卒為控弦之士。(一〇七)威服：以兵威服人。(一〇八)胡：漢族對北方遊牧民族之泛稱，但主要係指匈奴。(一〇九)間使：未請於漢而私自遣使。(一一〇)二心：謂韓王信事漢不專。(一一一)責讓：即責備。(一一二)句注：山名，一名雁門山，又名西陘山，在今山西省代縣西北，為我國北方之天險。句，讀如鉤。(一一三)帝悉去秦苛儀法，為簡易：悉，盡。去，除去。苛，煩細。儀，禮儀。法，法度。謂高帝盡除去秦代苛細之禮儀、法度，以簡易之儀法與羣臣共處。(一一四)妄呼：隨意呼叫而無節度。(一一五)進取：謂創業。(一一六)守成：謂治國。(一一七)起：制作。(一一八)禮者，因時世人情，為之節文者也：節，節制。文，文飾。此謂禮樂之功用，在於節制人之情感，文飾人之儀表，使其符合節度而已，故不必古今相同。㉙采：同採。㉚度：忖度。㉛使徵魯諸生：出使魯國，以徵魯諸生。㉜所事者且十主：胡三省曰：「通事秦始皇、二世、陳涉、項梁、楚懷王、項羽及帝，凡七主。且、幾也，言幾及十主也。」㉝禮樂所由起，積德百年而後可興也：此言禮樂之興，必先以德教化民，歷久積漸而後可以成就，非一朝一夕所能猝辦。㉞汙：汙辱。該生鄙叔孫通之為人，視與通共事為汙辱。㉟若：汝等。㊱鄙儒：鄙陋而不通時宜之儒生。㊲時變：與時俗遷移變化。㊳西：自魯啟程而西入關。㊴及上左右為學者：與常侍高帝左右近臣而素有學問者。㊵綿蕞：謂習朝會之儀。綿謂連索為營，代表朝廷，蕞謂束茅而列之，代表官爵位次。叔孫通教其弟子習朝儀，故於野外為綿蕞以為示範。㊶習肄：肄亦習之義，故於校中習業亦稱肄業。習肄，即練習。

七年（西元前二〇〇年）

㈠冬，十月，長樂宮成，諸侯羣臣皆朝賀①。先平明②，謁者治禮③，以次引入殿門，陳東西鄉。衞官④俠陛⑤，及羅立⑥廷中，皆執兵⑦，張旗幟。於是皇帝傳警⑧，輦⑨出房，引諸侯王⑩以下，至吏六百石⑪，以次⑫奉賀，莫不振恐肅敬。至禮畢⑬，復置灋酒⑭。

諸侍坐殿上皆伏，抑首㈤，以尊卑次起上壽。觴九行㈥，謁者言罷酒，御史執法㈦，舉不如儀者，輒引去。竟朝㈧置酒，無敢讙譁㈨失禮者。於是帝曰：「吾乃今日知為皇帝之貴也。」乃拜叔孫通為太常㈩，賜金五百斤。

初，秦有天下，悉內㈡六國禮儀，采㈢擇其尊君抑臣者存之。及通制禮，頗有㈢所增損㈣，大抵皆襲秦故，自天子稱號，下至佐僚及宮室官名，少所變改。其書後與律令同錄，藏於理官㈤，法家又復不傳，民臣莫有言者焉。

臣光曰：「禮之為物大矣！用之於身，則動靜有法，而百行㈥備焉；用之於家，則內外有別，而九族睦㈦焉；用之於鄉，則長幼有倫㈧，而俗化美焉；用之於國，則君臣有敍㈨，而政治成焉；用之於天下，則諸侯順服，而紀綱正焉。豈直㈩几席之上，戶庭之間㈠，得之而不亂哉！夫以高祖之明達，聞陸賈之言而稱善㈢，睹叔孫通之儀而嘆息，然所以不能肩㈢於三代之王者，病於不學㈣而已。當是之時，得大儒而佐之，與之㈤以禮為天下，其功烈㈥豈若是而止哉！惜夫叔孫生之器(37)小也，徒竊禮之糠粃(38)以依世諧俗(39)，取寵(40)而已。遂使先王之禮，淪沒而不振，以迄于今，豈不痛甚矣哉！是以揚子譏之曰：『昔者，魯有大臣，史失其名，曰：何如其大也？曰：叔孫通欲制君臣之儀，召先生於魯，所不能致者二人。曰：若是則仲尼之開迹諸侯(41)也，非邪？曰：仲尼開迹，將以自用(42)也；如委已而從人(43)，雖有規矩準繩(44)，焉得而用之(45)？』善乎揚子之言也！夫大儒者，惡肯毀其規矩準繩以趨一時之功哉(46)？」

(二)上自將擊韓王信，破其軍於銅鞮(47)，斬其將王喜，信亡走匈奴。白土(48)人曼丘臣(49)、王黃等，立趙苗裔(50)趙利為王，復收信敗散兵，與信及匈奴謀攻漢。匈奴使左右賢王(51)將萬餘騎，與王黃等屯廣武(52)以南至晉陽。漢兵擊之，匈奴輒敗走，已復屯聚。漢兵乘勝追之，會天大寒，雨雪(53)，士卒墮指者，什二三(54)。上居晉陽，聞冒頓居代谷(55)，欲擊之，使入覘(56)匈奴。冒頓匿(57)其壯士、肥牛、馬，但見老弱及羸畜(58)。使者十輩(59)來，皆言匈奴可擊。上復使劉敬往使匈奴，未還，漢悉兵三十二萬北逐之(60)，踰句注。劉敬還報，曰：

「兩國相擊，此宜夸矜（六一），見所長。今臣往，徒（六二）見羸瘠（六三）老弱，此必欲見短（六四），伏奇兵（六五）以爭利。愚以為匈奴不可擊也。」是時漢兵已業行（六六），上怒，罵劉敬曰：「齊虜以口舌得官（六七），今乃妄言沮吾軍（六八）。」械繫敬廣武。帝先至平城，兵未盡到，冒頓縱精兵（六九）四十萬騎，圍帝於白登（七〇）七日。漢兵中外（七一）不得相救餉（七二）。帝用陳平祕計（七三），使使閒（七四）厚遺（七五）閼氏。閼氏謂冒頓曰：「兩主不相困，今得漢地，而單于終非能居之也。且漢主亦有神靈，單于察之（七六）。」冒頓與王黃、趙利期（七七），而黃、利兵不來，疑其與漢有謀（七八），乃解圍之一角。會天大霧，漢使人往來，匈奴不覺。陳平請令彊弩傅兩矢，外鄉（七九），從解角直出。帝出圍，欲驅（八〇），太僕滕公固（八一）徐行。至平城，漢大軍亦到，胡騎遂解去。漢亦罷兵歸，令樊噲止定代地（八二）。上至廣武，赦劉敬，曰：「吾不用公言，以困平城（八三）。吾皆已斬前使十輩矣。」乃封敬二千戶，為關內侯，號為建信侯。帝南過曲逆（八四），曰：「壯哉縣！吾行天下，獨見洛陽與是（八五）耳。」乃更封（八六）陳平為曲逆侯，盡食之（八七）。平從帝征伐，凡六出奇計，輒益封邑焉。

㈢十二月，上還過趙，趙王敖執子壻禮(八八)，甚卑(八九)。上箕倨(九〇)慢罵(九一)之。趙相貫高(九二)、趙午等，皆怒，曰：「吾王，孱(九三)王也。」乃說王曰：「天下豪傑並起，能者先立。今王事(九四)帝甚恭，而帝無禮，請為王殺之。」張敖齧其指出血(九五)，曰：「君何言之誤！先人亡國，賴帝復得國(九六)。德流子孫(九七)，秋豪皆帝力也(九八)！願君無復出口(九九)。」貫高、趙午等皆相謂曰：「乃吾等非也。吾王長者，不倍(一〇〇)德，且吾等義不辱(一〇一)，今帝辱我王，故欲殺之，何洿王為(一〇二)？事成，歸王；事敗，獨身坐耳(一〇三)！」

㈣匈奴攻代，代王喜(一〇四)棄國自歸，赦為郃陽(一〇五)侯。

㈤辛卯（初十日），立皇子如意(一〇六)為代王。

㈥春，二月，上至長安。蕭何治未央宮(一〇七)，上見其壯麗，甚怒，謂何曰：「天下匈匈(一〇八)，勞苦數歲，成敗未可知，是何治宮室過度(一〇九)也！」何曰：「天下方未定，故可因以就(一一〇)宮室。且夫天子以四海為家，非壯麗無以重威(一一一)，且無令後世有以加(一一二)也！」上說(一一三)。

臣光曰：「王者以仁義為麗，道德為威，未聞其以宮室填(一一四)服天下也。天下未定，當克己節用以趨(二五)民之急，而顧(二六)以宮室為先，豈可謂之知所務哉！昔禹卑宮室而桀為傾宮(二七)。創業垂統之君，躬行節儉，以訓示子孫，其末流猶入於淫靡，況示之以侈乎？乃云無令後世有以加，豈不謬(二八)哉！至於孝武，卒以宮室罷敝天下(二九)，未必不由酇侯啟(三〇)之也。」

(七)上自櫟陽徙都長安(三一)。

(八)初置宗正(三二)官，以序九族(三三)。

(九)夏，四月，帝行如(三四)洛陽。

【今註】(一)長樂宮成，諸侯羣臣皆朝賀：胡三省曰：「時未起未央宮，故帝御長樂宮受朝賀。及蕭何既起未央宮前殿，自惠帝以後，皆御未央而長樂為太后所居，謂之東朝。」(二)先平明：天未明之前。(三)治禮：主持朝見儀節。(四)衛官：侍衛之官，指郎中、中郎等執戟侍衛之屬。(五)俠陛：挾殿階之兩旁而立。俠，同挾。(六)羅立：羅列而立。(七)兵：兵器。(八)傳警：傳令警戒。古時天子外出，必事先傳令警戒，清肅道路，以防備發生意外之事。(九)輦：帝后所乘之車。(一〇)諸侯王：漢稱諸王為諸侯王，取爵為王而位為諸侯之義，非謂諸侯及諸王。(一一)吏六百石：胡三省曰：「漢吏六百石，銅印墨綬，奉月七十斛。」(一二)以次：以爵位高低為序。(一三)禮畢：朝賀之禮畢。(一四)灋酒：賀儀中之禮酌，專為向皇帝上壽而設。(一五)抑首：低首。謂不敢平視。(一六)九行：九偏。(一七)御史執法：御史，官名，負糾察之任。執法，依法執行糾察。(一八)竟朝：自行朝賀之禮，以至於禮畢。(一九)讙譁：喧譁。(二〇)太常：按《漢書・百官表》，奉常，秦官，掌宗廟禮儀。景帝中六年，改曰太常。按此不書奉常而書太常者，使人易知。(二一)內：同納。(二二)采：同採。(二三)頗有：略有。(二四)增損：或增加之，或減少之。(二五)理官：推鞫獄訟之官府。(二六)行：行為。(二七)睦：和洽。(二八)倫：輩分。(二九)敍：次序。(三〇)直：但。(三一)几席之上，戶庭之間：几席之上，指朝宴而言；戶庭之間，指朝賀而言。(三二)聞陸賈之言而稱善：陸賈著新語，粗述存亡之徵。大抵謂黷武者亡，崇禮者興。每奏一篇，高帝未嘗不稱善。見卷十二高祖十一年(八)。(三三)肩：並列。(三四)病於不學：其缺點在於未嘗學問。(三五)與之：輔佐之。(三六)功烈：功業。(三七)器：抱負。(三八)糠粃：瑣碎無用之物，喻不能得禮之精義。(三九)依世諧俗：取媚與人，隨俗浮沉。(四〇)取寵：求取帝王之寵愛。(四一)開迹諸侯：歷聘於諸侯之國。(四二)自用：展布其所學以匡濟百姓。(四三)委己而從人：委屈自己而順從他人之意旨。此謂叔孫通但屈己從人，依世諧俗以取寵而已，何得與孔子以濟世為目的者相比。(四四)規矩準繩：謂治世法則。此指禮教而言。(四五)以上揚雄《法言》。(四六)惡肯毀其規矩準繩，以趨一時之功哉：惡，音烏（ㄨ），惡肯，即何肯。趨，赴。司馬溫公歎惜叔孫通未能以禮教佐高帝平治天下，建立萬世不朽之功業，故不配稱大儒。(四七)銅鞮：故城在今山西省沁縣西南。(四八)白土：故城在今陝西省神木縣北。(四九)曼丘臣：姓曼丘，名臣。(五〇)苗裔：後代。苗為草之末，裔為裾之端，故以苗裔喻末代子孫。(五一)左右賢王：即左賢王與右賢王，匈奴爵號，位在諸王之上，單于之下。〔五二〕廣武：故城在今山西省代縣西。〔五三〕雨雪：下雪。取雪下如雨之意。〔五四〕什二三：十人之中，有二人或三人。〔五五〕代谷：胡三省曰：「此代谷在句注之北，後魏都平城，建為代都，蓋因代谷而名也。」按此，代谷當在平城附近。平城故址在今山西省大同縣東。〔五六〕覘：偵察。〔五七〕匿：隱藏之，使敵方不能發覺。〔五八〕但見老弱及羸畜：見，音現（ㄒㄧㄢˋ），顯露。羸，音餒（ㄋㄟˇ），瘦弱。羸畜，牲畜之瘦弱者。此謂匈奴故意顯示羸弱以誘漢兵。〔五九〕十輩：十人。〔六〇〕漢悉兵三十二萬北逐之：漢盡發所有之兵凡三十二萬北逐匈奴。〔六一〕夸矜：張大形勢。夸，同誇。〔六二〕徒：但。〔六三〕瘠：瘦。〔六四〕見短：顯露短處，以引誘敵人。〔六五〕奇兵：兵出不意曰奇。〔六六〕已業行：已經出動。〔六七〕齊虜以口舌得官：婁敬本齊人，以說高帝都關中，拜郎中，號奉春君，賜姓劉氏，故高帝罵敬為齊虜，以口舌得官。〔六八〕沮軍：沮壞士氣。〔六九〕縱精兵：放任軍隊出戰，不加管束。〔七〇〕白登：山名，在今山西省大同縣東。〔七一〕中外：圍中與圍外。〔七二〕救餉：救，救援。餉，給以糧食。〔七三〕祕計：胡三省曰：「祕計者，以其失中國之禮，故祕而不傳。」〔七四〕間：乘間，不令人知之意。〔七五〕厚遺：贈以豐盛之禮物。〔七六〕察之：考慮之。閼氏請單于考慮釋放漢高之事。〔七七〕期：約期會兵擊漢。〔七八〕謀：勾結。〔七九〕令彊弩傅兩矢，外鄉：令士卒持強弩，於每弩之上，加著二矢，令士卒持之，外向敵圍以禦敵。傅，讀曰附。〔八〇〕驅：駕車疾馳。〔八一〕固：通故，即故意。〔八二〕令樊噲止定代地：止，留。此謂高祖自歸，而留樊噲將兵平定代地。〔八三〕以困平城：以此受困於平城。〔八四〕曲逆：故城在今河北省完縣東南。〔八五〕是：指曲逆縣。〔八六〕更封：徙封。陳平初封戶牖侯，至是徙封為曲逆侯。〔八七〕盡食之：侯主有權徵收封邑中各戶之租稅為私用，而不必輸之於國家。故稱之為食邑，食，即取其租稅以自供奉之意。按漢封侯之制，雖以食邑地名為諸侯封號，但所食戶或僅為該地總戶數之一部份而非全部，食邑以外，戶口之租稅仍歸漢朝所有，而不歸於諸侯。譬如蕭何始封酇，食八千戶，後又益封二千戶，可知酇必在萬戶以上，而蕭何所食戶僅為酇之一部份而非全部；至武帝時，何之曾孫慶僅食酇二千四百戶；宣帝時何之玄孫建世僅食酇二千戶，但皆號酇侯。今高帝以曲逆一縣盡封與陳平，故稱盡食之。時曲逆有五千戶，見《史記・陳平世家》、《漢書・陳平傳》。(八八)趙王敖執子壻禮：張敖娶高祖長女魯元公主，為高祖女壻，故執子壻禮。(八九)卑：恭順。(九〇)箕倨：坐時伸展其足而微屈其膝，其狀如箕，倨傲無禮之狀。(九一)慢罵：辱罵。慢同嫚。(九二)貫高：姓貫名高。(九三)孱：懦弱不武。(九四)事：侍奉。(九五)張敖齧其指出血：以齒噬物曰齧，張敖自齧其指出血，以表至誠，誓不背漢。(九六)先人亡國，賴帝復得國：張耳亡國奔漢，見卷九漢二年(二)。其後漢復立耳為趙王，見卷十漢四年(四)。(九七)德流子孫：德澤傳布於子孫。(九八)秋毫皆帝力也：秋毫，毫至秋而末至微，以喻微細。此謂趙國所有，無非高祖所賜。(九九)無復出口：無復提及弒帝之事。(一〇〇)倍：讀曰背。(一〇一)義不辱：立義不受侵辱。古代有主辱臣死之觀念。今趙王受辱，貫高等為趙王之臣，故自謂受辱。(一〇二)何洿王為：洿，污染。此言何必污染趙王，使負背德之名？(一〇三)獨身坐耳：獨以身受弒帝之罪。(一〇四)代王喜：喜即高祖兄劉仲。代本韓王信故國。韓王信亡降匈奴，高祖因立喜為代王，王韓王信故地。(一〇五)郃陽：故治即今陝西省郃陽縣。(一〇六)如意：戚夫人之子。(一〇七)未央宮：胡三省曰：「未央宮在長安城西南隅，周迴二十八里。」《元和志》云：「東距長樂宮一里，中隔武庫。」《括地志》云：「未央宮在雍州長安縣西北十里長安故城中。」⑱匈匈：喧擾不安之意。⑲過度：超逾制度。此指所建宮室，過於壯麗。⑳就：經營。㉑重威：加重其威嚴。㉒無令後世有以加：加，超過。此謂無令後世所營宮室，較今所營築者更為壯麗。㉓說：讀曰悅。㉔填：同鎮。㉕趨：赴。㉖顧：反。㉗禹卑宮室而桀為傾宮：禹，夏禹，夏朝開國之君。桀，夏桀，夏朝末代之君。卑，卑下簡陋。傾宮，傾靡侈麗之宮室。此謂末代之君，不如創業之艱難，雖祖先示以節儉，猶不免流入淫靡，以喻蕭何慫恿高帝專為奢侈，不足為後世之法。㉘謬：錯誤。㉙卒以宮室罷敝天下：罷，讀曰疲。罷敝即疲敝。此謂武帝以營築宮室，終使天下百姓，疲敝不堪。㉚啟：開導。㉛自櫟陽徙都長安：高祖聽婁敬、張良之言，自洛陽徙都櫟陽，至是未央宮成，始自櫟陽徙都長安。㉜宗正：按《漢書・百官表》，宗正，秦官，掌親屬。平帝元始元年，更名宗伯。㉝序九族：謂序別九族，使和睦相親。按族即氏。《左傳》隱公八年：「胙之土而命之氏。」疏：「氏族一也，所從言之異耳。釋例曰：『別而稱之謂之氏，合而言之則曰族。』釋例言別合者，若宋之華元、華喜皆出戴公，向魚、鱗、蕩共出桓公，獨舉其人則云華氏、向氏，幷指其宗則云戴族、桓族，是其別合之義也。」可見族即氏之別名，皆為姓之分支，但稱謂不同而已。九族一詞，出於〈堯典〉：「克明俊德，以親九族。」〈堯典〉九族即九氏。其後相沿遂成同姓氏諸宗族之總稱。此所謂序九族，但泛指劉氏諸族而言，非真謂九族或九氏也。㉞如：往。

卷十二　漢紀四

起玄黓攝提格，盡昭陽赤奮若，凡十二年（壬寅至癸丑，西元前一九九年至西元前一八八年）

司馬光編集
林瑞翰註

太祖高皇帝下

八年（西元前一九九年）

㈠冬，上東擊韓王信餘寇於東垣㊀，過柏人㊁，貫高等壁人於廁中，欲以要上㊂。上欲宿，心動。問曰：「縣名為何？」曰：「柏人。」上曰：「柏人者，迫於人也。」遂不宿而去。十二月，帝行自東垣至㊃。

㈡春，三月，行如㊄洛陽。

㈢令賈人毋得衣錦、繡、綺、縠、絺、紵、罽，操兵，乘，騎馬㊅。

㈣秋，九月，行自洛陽至㊆。淮南王、梁王、趙王、楚王㊇皆從。

㈤匈奴冒頓數苦北邊㊈，上患之㊉，問劉敬，劉敬曰：「天下初定，士卒罷⑪於兵，未可以武服也。冒頓殺父代立，妻羣母，以力為威，未可以仁義說也。獨可以計久遠⑫，子孫為臣⑬耳！然恐陛下不能為。」上曰：「柰何？」對曰：「陛下誠能以適長公主⑭妻之，厚奉遺之⑮，彼必慕以為閼氏⑯，生子必為太子。陛下以歲時⑰漢所餘，彼所鮮⑱，數問遺⑲，因使辯士風⑳諭以禮節。冒頓在，固為子壻，死，則外孫為單于，豈嘗聞外孫敢與大父㉑抗禮㉒者哉？可無戰以漸臣也。若陛下不能遣長公主，而令宗室及後宮詐稱公主，彼知，不肯貴近㉓，無益㉔也。」帝曰：「善。」欲遣長公主，呂后日夜泣，曰：「妾唯太子、一女，柰何棄之匈奴？」上竟㉕不能遣。

【今註】①東垣：故城在今河北省正定縣南。②柏人：故城在今河北省唐山縣西。③壁人於廁中，欲以要上：壁人，置人於複壁之中。廁，同側。要，伺隙邀擊。謂置人於側壁之中，欲以襲擊高祖。按《史記》、《漢書・張耳傳》俱作置廁。置，驛舍，置廁，即驛舍之側壁，通鑑略置字，遂成廁中。或曰，廁，溷廁，非是。④行自東垣至：自東垣行至長安。⑤如：往。⑥令賈人毋得衣錦、繡、綺、縠、絺、紵、罽，操兵，乘，騎馬：賈人，坐以販物者，即今之店商。衣，穿著。錦，織絲成花紋。繡，以絲刺繡成五采。綺，絲素織有文采者。縠，縐紗。絺，葛布之精細者。紵，細麻布。罽，同罽，毛布。操，握持。兵，兵器。乘，乘車。此謂高祖令市肆商販不得穿著錦繡綺縠絺紵罽所裁製之華麗服裝，又不得握持兵器、乘車和騎馬。賈，音古（ㄍㄨˇ）。㈦行自洛陽至：自洛陽行至長安。㈧淮南王、梁王、趙王、楚王：淮南王黥布，梁王彭越，趙王張敖，楚王交。㈨數苦北邊：時常出兵侵略，以擾亂漢之北邊。㈩患之：憂之。⑪罷：讀曰疲。⑫計久遠：謀久遠之計。⑬子孫為臣：令冒頓之子孫，變為漢朝之臣。⑭適長公主：適，讀曰嫡，皇后所生，即魯元公主，時為趙王張敖之后。⑮厚奉遺之：以厚禮賄賂之，結其歡心。⑯慕以為閼氏：慕，向慕。此謂單于必向慕漢朝之富強而以漢所遣嫡長公主為閼氏。⑰歲時：歲首、伏臘之時。⑱鮮：寡少。⑲問遺：問，遣使問候其起居。遺，餽贈。⑳風：同諷，以微言相勸。㉑大父：祖父。㉒抗禮：行平等之禮儀。㉓貴近：尊顯而親暱之。㉔無益：於事無所補益。㉕竟：終。

九年（西元前一九八年）

㈠冬，上取家人子㊀，名為長公主，以妻單于。使劉敬往結和親約。

臣光曰：「建信侯謂冒頓殘賊不可以仁義說，而欲與為婚姻，何前後之相違也！夫骨肉之恩，尊卑之敍[二]，唯仁義之人為能知之，柰何欲以此服冒頓哉！蓋上世帝王之御[三]夷狄也，服則懷之以德，叛則震之以威，未聞與為婚姻也。且冒頓視其父如禽獸而獵之，奚有於婦翁[四]？建信侯之術，固已疎矣！況魯元已為趙后，又可奪[五]乎？」

(二)劉敬從匈奴來，因言：「匈奴河南白羊、樓煩王，去長安近者七百里，輕騎[六]一日一夜可以至秦中[七]。秦中新破[八]，少民，地肥饒，可益實[九]。夫諸侯初起時，非齊諸田、楚昭、屈、景莫能興[一〇]。今陛下雖都關中，實少民，東有六國之彊族，一日有變，陛下亦未得高枕而臥[一一]也。臣願陛下徙六國後及豪傑、名家居關中，無事可以備胡，諸侯有變，亦足率以東伐，此彊本弱末[一二]之術也。」上曰：「善。」十一月，徙齊、楚大族昭氏、屈氏、景氏、懷氏、田氏五族及豪傑於關中，與利田宅[一三]，凡十餘萬口。

(三)十二月，上行如洛陽。

(四)貫高怨家知其謀[一四]，上變告之[一五]。於是上逮捕趙王及諸反者。

趙午等十餘人，皆爭自剄(一六)，貫高獨怒，罵曰：「誰令公為之(一七)？今王實無謀，而并捕王，公等皆死，誰白(一八)王不反者？」乃轞車膠致(一九)，與王詣(二〇)長安。高對獄(二一)，曰：「獨吾屬為之，王實不知。」吏治，榜笞數千，刺剟，身無可擊者(二二)，終不復言。

呂后數言張王以公主故，不宜有此(二三)。上怒曰：「使張敖據天下，豈少而(二四)女乎？」不聽。廷尉以貫高事辭聞，上曰：「壯士！誰知(二五)者，以私問之(二六)。」中大夫(二七)泄公曰：「臣之邑子(二八)，素(二九)知之，此固趙國立義不侵(三〇)為然諾(三一)者也。」上使泄公持節往問之箯輿(三二)前。泄公與相勞苦(三三)如生平驩(三四)。因問張王果有計謀不(三五)？高曰：「人情寧不各愛其父母妻子乎？今吾三族(三六)皆以論死(三七)，豈愛王過於吾親哉？顧(三八)為王實不反，獨吾等為之。」具道本指(三九)所以為者，王不知狀。於是泄公入，具以報上(四〇)。春，正月，上赦趙王敖，廢為宣平侯。徙代王如意為趙王。

上賢貫高為人，使泄公具告之，曰：「張王已出。」因赦貫高。貫高喜，曰：「吾王審(四一)出乎？」泄公曰：「然。」泄公曰：「上多㊷足下，故赦足下。」貫高曰：「所以不死，一身無餘㊸者，白張王不反也。今王已出，吾責已塞㊹，死不恨矣。且人臣有簒弒之名，何面目復事上哉！縱上不殺我，我不愧於心乎？」乃仰絕亢㊺，遂死。

荀悅論曰：「貫高首為亂謀，殺㊻主之賊，雖能證明其王，小亮不塞大逆，私行不贖公罪㊼。春秋之義，大居正㊽，罪無赦，可也㊾。」

臣光曰：「高祖驕以失臣，貫高很以亡君㊿，使貫高謀逆者，高祖之過也；使張敖亡國者，貫高之罪也。」

㈤詔丙寅（十月二十七日）前有罪殊死已下，皆赦之。

㈥二月，行自洛陽至。

㈦初，上詔趙羣臣、賓客敢從張王者，皆族(51)。郎中田叔、客孟舒、皆自髡鉗(52)為王家奴以從。及張敖既免，上賢田叔、孟舒等，召見，與語，漢廷臣無能出其右者(53)。上盡拜為郡守、諸侯相(54)。

㈧夏，六月，晦，日有食之。

(九)更以丞相何為相國㉟。

【今註】㊀家人子：庶人家女。㊁敍：次序。㊂御：統治。㊃奚有於婦翁：奚有即何有。此謂冒頓無親親之恩，雖娶漢女，何能尊事漢朝？㊄奪：奪趙王之后，以與單于為閼氏。㊅輕騎：輕裝疾行之騎兵。㊆秦中：關中，秦之故地，故稱秦中。㊇新破：兵燹之後，民生凋敝，猶未殷實。㊈益實：增加人口以充實之。㊉非齊諸田、楚昭、屈、景莫能興：田，齊國王族田氏，昭、屈、景，楚國王族昭氏、屈氏和景氏。此謂田、昭、屈、景諸氏，皆常時強族，諸侯之所以能起而與秦國抗衡，實賴此四氏之號召力量。⑪高枕而臥：安臥無憂。⑫彊本弱末：關中為漢之根本，關東為六國故地。今徙六國之豪族以充實關中，削弱關東諸侯之勢力，是為彊本弱末。⑬與利田宅：與以良田美宅，使得安居樂業。⑭謀：指謀弒高帝事。見上卷漢七年㈢。⑮上變告之：以貫高等謀逆之事上告。變，非常之事，此指貫高謀逆之事而言。⑯自剄：以刀自斷其頸。⑰為之：謂為此謀逆之事。⑱白：辯明。⑲檻車膠致：檻車，囚車，車作檻形，亦稱檻車。膠，密封之。致，運送。謂置貫高於檻車中，密封檻車四周，使不得脫逃，而運送長安。⑳詣：往。㉑對獄：受審答供。㉒吏治，榜笞數千，刺剟，身無可擊者：吏，獄吏。治，鞫治。榜笞，捶擊。剟，以鐵刺之。此謂獄吏鞫治貫高，用刑慘酷，捶擊刺剟，至體無完膚。榜，音彭（ㄅㄥˋ）。㉓不宜有此：不宜有謀反之事。㉔而：汝。㉕知：認識。㉖以私問之：動以私情，問其真象。㉗中大夫：屬郎中令，掌論議。㉘邑子：同縣之人。㉙素：平素。㉚立義不侵：以義自立，不受侵辱。㉛為然諾：重於然諾。凡許人以事，謂之然諾。㉜箯輿：編竹為床，形狀如輿。是時貫高為獄吏傍笞刺剟，不能坐立，故置之於箯輿之上。㉝勞苦：慰問其辛苦之狀。㉞驩：同歡。㉟不：讀曰否。㊱三族：父族、母族、妻族。㊲論死：其罪於法當死。㊳顧：念。㊴本指：本意。指，通旨。㊵具以報上：皆以貫高所對呈報高祖。㊶審：實。㊷多：重。㊸無餘：三族皆誅，但餘貫高一人，更無親者。㊹責已塞：謂責職已盡。㊺仰絕亢：仰首而自斷其頸。亢，喉頭，頸部之總稱。㊻殺：讀曰弒。㊼小亮不塞大逆，私行不贖公罪：亮，同諒，小亮，小信。逆，弒上之行。私行，指辯明趙王無罪之事。公罪，指謀弒高帝之事。此謂辯白故主之行小，謀弒高帝之事大，功罪不侔，難以相抵，且節義乃其私行，謀逆則屬公罪，公私有別，亦不宜以其私行而贖公罪。㊽大居正：以居正為大。此云貫高謀逆，不能正君臣之分，是失大節。㊾以上見荀悅《漢紀》。㊿很以亡君：凶惡逆戾曰很；亡君，使其君亡國。趙王敖以貫高謀逆而失國，故曰貫高很以亡君。(51)族：誅夷其宗族。(52)髡鉗：髡，剃髮。鉗，以鐵束項。(53)漢廷臣無能出其右者：我國自古以來，或以左為尊，或以右為尊，隨時代與地域而有不同。觀此文意，似取以右為尊之義，此謂漢廷臣之材能，無有過之者。(54)郡守、諸侯相：按《漢書・百官表》，郡守，秦官，掌治其郡，秩二千石，漢初諸侯王國，亦置丞相，統眾官、羣卿、大夫、都官如漢朝。景帝中五年，令諸侯王不得復治國，天子為置吏，改丞相曰相，秩二千石。(55)更以丞相何為相國：胡三省曰：「自丞相進相國，則相國之位，尊於丞相矣！」

十年（西元前一九七年）

㈠夏，五月，太上皇崩于櫟陽宮。秋，七月，癸卯（十四日），葬太上皇于萬年㊀。【考異】漢書：五月，太上皇后崩；七月癸卯，太上皇崩，葬萬年。荀紀，五月無后字，七月無崩字，蓋荀悅之時，漢書本尚未訛謬故也，今從之㊁。楚王、梁王㊂皆來送葬。赦櫟陽囚。

㈡定陶戚姬㊃有寵於上，生趙王如意。上以太子仁弱，謂如意類己㊄，雖封為趙王，常留之長安。上之㊅關東，戚姬常從，日夜啼泣，欲立其子。呂后年長，常留守，益疏㊆。上欲廢太子而立趙王，大臣爭之，皆莫能得。御史大夫周昌廷爭之彊㊇，上問其說，昌為人吃㊈，又盛怒，曰：「臣口不能言，然臣期期㊉知其不可；陛下欲廢太子，臣期期不奉詔。」上欣然而笑。呂后側耳於東廂㊀，聽，既罷㊁，見昌，為跪謝，曰：「微㊂君，太子幾廢。」

時趙王年十歲，上憂萬歲之後不全也。符璽御史㊃趙堯，請為趙王置貴彊相，及呂后、太子、羣臣素所敬憚者。上曰：「誰可者？」堯曰：「御史大夫昌，其人也。」上乃以昌相趙，而以堯代昌為御史大夫。**【考異】**史記、漢書張良傳，皆云，十二年，上擊黥布還，愈欲易太子。按百官表，十年，趙堯為御史大夫，則是時，太子位已定，今從之。

㈢初，上以陽夏侯陳豨為相國，監趙、代邊兵(一五)，豨過辭淮陰侯(一六)，淮陰侯挈(一七)其手，辟左右(一八)，與之步於庭，仰天嘆曰：「子可與言乎？」豨曰：「唯將軍令之！」淮陰侯曰：「公之所居，天下精兵處也；而公，陛下之信幸臣(一九)也。人言公之畔(二〇)，陛下必不信，再至，陛下乃疑矣，三至，必怒而自將。吾為公從中起，天下可圖(二一)也。」陳豨素知其能也，信之，曰：「謹奉教。」

豨常慕魏無忌(二二)之養士，及為相守邊，告歸(二三)，過趙，賓客隨之千餘乘(二四)，邯鄲官舍皆滿。趙相周昌求入見上，具言豨賓客甚盛，擅兵於外數歲，恐有變。上令人覆案(二五)豨客居代者諸不法事，多連引豨。豨恐，韓王信因使王黃、曼丘臣等說誘之。太上皇崩，上使人召豨，豨稱病不至。九月，遂與王黃等反，自立為代王，刼略趙、代。上自東擊之，至邯鄲，喜曰：「豨不南據邯鄲而阻漳水(二六)，吾知其無能為矣。」周昌奏常山(二七)二十五城，亡其二十城，請誅守、尉(二八)。上曰：「守、尉反乎？」對曰：「不(二九)。」上曰：

「是力不足，亡(二〇)罪。」上令周昌選趙壯士可令將者，白見(二一)四人。上嫚罵(二二)曰：「豎子能為將乎？」四人慙，皆伏地。上封各千戶，以為將。左右諫曰：「從入蜀、漢，伐楚，賞未徧行；今封此，何功？」上曰：「非汝所知。陳豨反趙、代，地皆豨有，吾以羽檄(二三)徵天下兵，未有至者。今計唯獨邯鄲中兵耳！吾何愛四千戶，不以慰趙子弟？」皆曰：「善。」又聞豨將皆故賈人，上曰：「吾知所以與之(二四)矣。」乃多以金購豨將(二五)，豨將多降。

【今註】㈠萬年：顏師古引《三輔黃圖》：「高祖初居櫟陽，太上皇因居櫟陽。既崩，葬其北原，起萬年邑，置長、丞焉。」按此，櫟陽宮在櫟陽，高帝未遷長安時故宮。萬年乃析櫟陽而置，以為奉陵邑，故城在今陝西省臨潼縣東北。㈡通鑑據荀悅《漢紀》，以太上皇崩於五月，而葬於七月，按《史記・高帝紀》：「春、夏無事。七月，太上皇崩櫟陽宮。」司馬遷去漢初未遠，所記不宜有誤。又《漢書・盧綰傳》：「漢十年秋，太上皇崩。」《漢書・高帝紀》王先謙補注：「官本注作夏五月太上皇后崩八字。」據此，《漢書》亦以太上皇崩在七月，此「夏五月太上皇后崩」八字恐為後人誤加，《漢書》本無之。意者荀悅之時，《漢書》已衍此八字，荀悅雖覺其誤而不如其為衍文，故僅略去后字，又於下文略去崩字，遂有崩於五月而葬於七月之誤。㈢楚王、梁王：楚王交，梁王彭越。

㊃戚姬：姬戚氏。姬本婦人美稱，漢為內官官號，秩比二千石，位次婕妤下。㊄類己：己，高祖自謂。類己，與己相似。如意相貌雄偉如高祖，故高祖謂如意類己。㊅之：往。㊆益疏：疏，疏遠。此謂呂后常留守關中，更少與高祖相見。㊇廷爭之彊：於殿廷之中強爭之。㊈吃：口吃。㊉期期：王先謙訓期為必，引左哀十六年傳：「期死，非勇也。」杜注：「期，必也。」又《漢書・路溫舒傳》：「溫舒引俗語曰：『畫地為獄，議不入；刻木為吏，期不對。』」師古注：「期，猶必也。」其說甚是。期期知其不可，謂必知其不可；期期不奉詔，謂必不奉詔，期期本當作期，昌口吃重言，乃為期期。㊁東廂：殿東側室。㊂罷：罷朝。㊂微：無。㊃符璽御史：御史之掌符璽者也，屬御史大夫。璽音喜（ㄒㄧˇ）。㊄以陽夏侯陳豨為相國，監趙、代邊兵：以陳豨為代相國兼監趙、代邊兵以備匈奴。㊅淮陰侯：韓信。㊆挈：執；攜。㊇辟左右：辟，屏除。此謂韓信屏除左右侍從，與陳豨密語。㊈信幸臣：寵信愛幸之臣。㊉畔：同叛。㊁圖：謀而取之。㊂魏無忌：戰國時魏之信陵君。㊂告歸：請假而歸。㊃乘：車一輛為一乘。㊄覆案：詳驗。㊅阻漳水：阻漳水以自固。㊆常山：秦滅趙，置鉅鹿、邯鄲郡，漢始置常山郡。故治在今河北省元氏縣西北。㊇守尉：守，郡守尉，都尉。㊈不：讀曰否。㊉亡：同無。㊁白見：白於高祖而召見之。㊂嫚罵：辱罵。㊂羽檄：檄即徵兵之文書，亦稱檄書。顏師古以為古時檄書以木簡為之，長一尺二寸，若烽警緊急，則於檄書之上加插鳥羽，以示速疾，稱為羽檄。㊃知所以與之：知道如何對付之方法。㊄以金購豨將：購，收買。豨將多賈人，賈人嗜利，故能以金購之使降。

十一年（西元前一九六年）

㈠冬，上在邯鄲。陳豨將侯敞將萬餘人游行㊀，王黃將騎千餘軍曲逆，張春將卒萬餘人度㊁河攻聊城㊂。漢將軍郭蒙與齊將擊，大破之。太尉周勃道㊃太原，入定代地。至馬邑，不下，攻殘之㊄。趙利守東垣，帝攻拔之，更命㊅曰真定。帝購王黃、曼丘臣以千金㊆，其麾下皆生致之，於是陳豨軍遂敗。

淮陰侯信稱病，不從擊豨，陰㊇使人至豨所，與通謀。信謀與家臣夜詐詔赦諸官徒奴㊈，欲發以襲呂后、太子，部署已定，待豨報，其舍人㊉得罪於信，信囚欲殺之。春，正月，舍人弟上變，告信欲反狀於呂后(一一)。呂后欲召，恐其黨(一二)不就，乃與蕭相國謀，詐令從上所來，言豨已得死，列侯、羣臣皆賀。相國紿(一三)信曰：「雖疾，彊入賀(一四)。」信入，呂后使武士縛信，斬之長樂鍾室(一五)。信方斬，曰：「吾悔不用蒯徹之計(一六)，乃為兒女子(一七)所詐，豈非天哉！」遂夷(一八)信三族。

臣光曰：「世或以韓信為首建大策，與高祖起漢中，定三秦（一九），遂分兵以北，禽魏、取代、仆趙、脅燕，東擊齊而有之，南滅楚垓下，漢之所以得天下者，大抵皆信之功也。觀其距蒯徹之說，迎高祖於陳（二〇），豈有反心哉？良由失職（二一）怏怏，遂陷悖逆（二二）。夫以盧綰里閈舊恩（二三），猶南面王燕，信乃以列侯奉朝請（二四），豈非高祖亦有負於信哉？臣以為高祖用詐謀禽信於陳，言負則有之；雖然，信亦有以取之也。始，漢與楚相距滎陽，信滅齊，不還報而自王（二五），其後，漢追楚至固陵，與信期共攻楚，而信不至（二六）。當是之時，高祖固有取信之心矣！顧（二七）力不能耳！及天下已定，則信復何恃哉！夫乘時以徼利（二八）者，市井（二九）之志也。醻（三〇）功而報德者，士君子之心也。信以市井之志利其身，而以士君子之心望於人，不亦難哉！是故太史公論之曰：『假令韓信學道（三一）謙讓，不伐（三二）己功，不矜其能，則庶幾哉於漢家勳，可以比周、召、太公之徒，後世血食矣！不務出此，而天下已集（三三），乃謀畔逆，夷滅宗族，不亦宜乎！』」

(二)將軍柴武斬韓王信於參合（三四）。

㈢上還洛陽，聞淮陰侯之死，且喜且憐之，問呂后曰：「信死亦何言？」呂后曰：「信言恨不用蒯徹計。」上曰：「是齊辯士蒯徹也。」乃詔齊捕蒯徹。蒯徹至，上曰：「若教淮陰侯反乎？」對曰：「然，臣固教之，豎子㊲不用臣之策，故令自夷㊱於此。如用臣之計，陛下安得而夷之乎？」上怒，曰：「亨之。」徹曰：「嗟乎，冤哉，亨也！」上曰：「君教韓信反，何冤？」對曰：「秦失其鹿㊳，天下共逐之，高材疾足者先得焉。蹠之狗吠堯㊴，堯非不仁，狗固吠非其主。當是時，臣唯獨知韓信，非知陛下也。且天下銳精持鋒㊵，欲為陛下所為者甚眾，顧力不能㊶耳！又可盡亨之邪？」上曰：「置之㊷。」

㈣立子恆為代王，都晉陽。

㈤大赦天下。

㈥上之擊陳豨也，徵兵於梁，梁王稱病，使將將兵詣邯鄲。上怒，使人讓㊸之。梁王恐，欲自往謝，其將扈輒曰：「王始不往，見讓而往，往則為禽矣！不如遂發兵反。」梁王不聽。梁太僕得罪，亡走漢(四三)，告梁王與扈輒謀反。於是上使使掩(四四)梁王，梁王不覺，遂囚之洛陽。有司治(四五)，反形已具(四六)，請論如法。上赦以為庶人，傳處蜀青衣(四七)。西至鄭(四八)，逢呂后從長安來，彭王為呂后泣涕，自言無罪，願處故昌邑(四九)。呂后許諾，與俱東至洛陽。呂后白上，曰：「彭王壯士，今徙之蜀，此自遺患，不如遂誅之，妾謹與俱來。」於是呂后乃令其舍人告彭越復謀反，廷尉王恬開(五〇)奏請族之，上可其奏。三月，夷越三族(五一)。梟越首洛陽下，詔有收視者，輒捕之。梁大夫欒布使於齊，還，奏事越頭下，祠而哭之，吏捕以聞。上召布，罵，欲烹之。方提趨湯(五二)，布顧(五三)曰：「願一言而死。」上曰：「何言？」布曰：「方上之困於彭城，敗滎陽、成皋間，項王所以遂不能西(五四)者，徒(五五)以彭王居梁地，與漢合從(五六)苦(五七)楚也。當是之時，王一顧與楚，則漢破，與漢，而楚破。且垓下之會，微(五八)彭王，項氏不亡。天下已定，彭王剖符受封，亦欲傳之萬世。今陛下一徵兵於梁，彭王病不行，而陛下疑以為反。反形未具(五九)，以苛小(六〇)案誅滅之，臣恐功臣人人自危也。今彭王已死，臣生不如死，請就烹。」於是上乃釋布罪，拜為都尉。

(七)丙午，立皇子恢為梁王。【考異】漢書諸侯王表作三月丙午。按劉羲叟長曆，三月丙辰朔，無丙午，今從史記年表(六一)。丙寅（十一日），立皇子友為淮陽王。罷東郡，頗益梁；罷潁川郡，頗益淮陽(六二)。

(八)夏，四月，行自洛陽至。

(九)五月，詔立秦南海尉趙佗為南粵王。使陸賈即授璽綬(六三)，與剖符(六四)通使，使和集百越，無為南邊患害。

初，秦二世時，南海尉任囂(六五)，病且死，召龍川(六六)令趙佗，語(六七)曰：「秦為無道，天下苦之。聞陳勝等作亂，天下未知所安。南海僻遠，吾恐盜、兵侵地至此，欲興兵絕新道自備(六八)，待諸侯變。會病甚，且番禺(六九)負山險，阻南海(七〇)，東西數千里，頗有中國人相輔，此亦一州之主也，可以立國。郡中長吏，無足與言者，故召公告之。」即被(七一)佗書，行南海尉事(七二)。囂死，佗即移檄告橫浦、陽山、湟谿關(七三)，曰：「盜兵且至，急絕道，聚兵自守。」因稍以法誅秦所置長吏(七四)，以其黨為假守(七五)。秦已破滅，佗即擊幷桂林、象郡，自立為南越武王。

陸生至，尉佗魋結(七六)，箕倨(七七)見陸生，陸生說佗曰：「足下中國人(七八)，親戚、昆弟、墳墓在真定，今足下反天性，棄冠帶(七九)，欲以區區(八〇)之越，與天子抗衡(八一)為敵國，禍且及身矣。且夫秦失其政，諸侯、豪桀並起，唯漢王先入關，據咸陽。項羽倍約，自立為西楚霸王，諸侯皆屬，可謂至彊。然漢王起巴蜀，鞭笞(八二)天下，遂誅項羽滅之，五年之間，海內平定，此非人力，天之所建(八三)也。天子聞君王王南越，不助天下誅暴逆(八四)，將相欲移兵而誅王，天子憐百姓新勞苦，故且休之，遣臣授君王印，剖符通使，君王宜郊迎(八五)，北面(八六)稱臣，乃欲以新造未集(八七)之越，屈彊(八八)於此，漢誠聞之，掘燒王先人冢，夷滅宗族，使一偏將(八九)將十萬眾臨越，則越(九〇)殺王降漢，如反覆手耳！」於是尉佗乃蹶然(九一)起坐，謝陸生曰：「居蠻夷中久，殊失禮義。」因問陸生曰：「我孰與蕭何、曹參、韓信賢(九二)？」陸生曰：「王似賢也。」復曰：「我孰與皇帝賢？」陸生曰：「皇帝繼五帝、三皇之業，統理中國，中國之人以億計，地方萬里，萬物殷富，政由一家，自天地剖判[九三]，未始有也。今王眾不過數十萬，皆蠻夷崎嶇山海間，譬若漢一郡耳！何乃比於漢？」尉佗大笑，曰：「吾不起中國，故王此。使我居中國，何遽不若漢[九四]？」乃留陸生，與飲，數月，曰：「越中無足與語，至生來，令我日聞所不聞。」賜陸生橐中裝，直千金[九五]。他送[九六]亦千金。陸生卒[九七]拜尉佗為南越王，令稱臣，奉漢約[九八]。歸報，帝大悅，拜賈為太中大夫[九九]。

陸生時時前說稱詩書，帝罵之曰：「乃公居馬上而得之，安事詩書[一〇〇]？」陸生曰：「居馬上得之，寧可以馬上治之乎？且湯、武逆取[一〇一]，而以順守[一〇二]之，文武並用，長久之術也。昔者吳王夫差、智伯、秦始皇，皆以極武[一〇三]而亡，鄉[一〇四]使秦已并天下，行仁義，法[一〇五]先聖，陛下安得而有之？」帝有慙色，曰：「試為我著秦所以失天下，吾所以得之者，及古成敗之國。」陸生乃粗述[一〇六]存亡之徵，凡著十二篇，每奏一篇，帝未嘗不稱善，左右呼萬歲，號其書曰「新語」。

㈩帝有疾，惡⑰見人。臥禁中⑱，詔戶者⑲無得入羣臣，羣臣絳、灌⑳等莫敢入。十餘日，舞陽㉑侯樊噲排闥㉒直入，大臣隨之。上獨枕一宦者臥，噲等見上，流涕，曰：「始，陛下與臣等起豐沛，定天下，何其壯也！今天下已定，又何憊㉓也！且陛下病甚，大臣震恐，不見臣等計事，顧㉔獨與一宦者絕㉕乎？且陛下獨不見趙高之事㉖乎？」帝笑而起。

㈯秋，七月，淮南王布反。初，淮陰侯死，布已心恐；及彭越誅，醢㉗其肉以賜諸侯，使者至淮南，淮南王方獵，見醢，因大恐。陰令人部聚兵，候伺旁郡警急。布所幸姬病，就醫，醫家與中大夫賁赫㉘對門，赫乃厚餽遺，從姬飲醫家，王疑其與亂，欲捕赫，赫乘傳詣長安，上變，言布謀反有端，可先未發誅也㉙。上讀其書，語蕭相國，相國曰：「布不宜有此㉚，恐仇怨妄誣之。請繫赫，使人微驗㉛淮南王。」淮南王見赫以罪亡，上變，固已疑其言國陰事㉜；漢使又來，頗有所驗，遂族赫家，發兵反。反書聞，上乃赦賁赫，以為將軍。上召諸將問計，皆曰：「發兵擊之，坑豎子耳，何能為乎？」汝陰侯滕公(二三)召故楚令尹薛公，問之。令尹曰：「是固當反。」滕公曰：「上裂地而封之，疏爵(二四)而王之，其反何也？」令尹曰：「往年殺彭越，前年殺韓信(二五)，此三人者，同功一體(二六)之人也。自疑禍及身，故反耳！」滕公言之上，上乃召見，問薛公。薛公對曰：「布反不足怪也。使布出於上計，山東非漢之有也；出於中計，勝敗之數，未可知也；出於下計，陛下安枕而臥矣。」上曰：「何謂上計？」對曰：「東取吳，西取楚，并齊取魯，傳檄燕、趙，固守其所(二七)，山東非漢之有也。」「何謂中計？」「東取吳，西取楚，并韓取魏，據敖倉之粟，塞成皋之口，勝敗之數，未可知也。」「何謂下計？」「東取吳，西取下蔡(二八)，歸重於越，身歸長沙(二九)，陛下安枕而臥，漢無事矣。」上曰：「是計將安出？」對曰：「出下計。」上曰：「何為廢上、中計，而出下計？」對曰：「布故麗山之徒(三〇)也，自致萬乘之主，此皆為身，不顧後，為百姓萬世慮者也。故曰出下計。」上曰：「善。」封薛公千戶，乃立皇子長為淮南王。**【考異】**史記諸侯年表云，十二月庚子，厲王長元年。漢書諸侯王表，十月庚午，立。今從漢書帝紀。是時，上有疾，欲使太子往擊黥布。太子客東園公、綺里季、夏黃公、角里先生㉛說建成㉜侯呂釋之曰：「太子將兵，有功，則位不益㉝；無功，則從此受禍矣！君何不急請呂后，承間㉞為上泣，言黥布，天下猛將也，善用兵，今諸將皆陛下故等夷㉟，乃令太子將此屬，無異使羊將狼㊱，莫肯為用。且使布聞之，則鼓行㊲而西耳，上雖病，彊㊳載輜車㊴，臥而護之㊵，諸將不敢不盡力。上雖苦，為妻子自彊。」於是呂釋之立夜㊶見呂后，呂后承間為上泣涕而言，如四人意。【考異】史記、漢書皆言呂澤夜見呂后。按恩澤侯表，有周呂侯澤，建成侯釋之，今此上云建成侯而下云呂澤，恐誤，當為釋之是。又留侯世家，上欲廢太子，立戚夫人子趙王如意，大臣多諫爭，未能得堅決者也。呂后恐，不知所為，人或謂呂后曰：「留侯善畫計策，上信用之。」呂后乃使建成侯呂澤刼留侯，曰：「君常為上謀臣，今上易太子，君安得高枕而臥乎？」留侯曰：「始，上數在困急之中，幸用臣筴。今天下安定，以愛欲易太子，骨肉之間，雖臣等百餘人，何益？」呂澤強要曰：「為我畫計。」留侯曰：「此難以口舌爭也，顧上有不能致者，天下有四人。四人者，年老矣，皆以為上慢，侮人，故逃匿山中，義不為漢臣。然上高此四人，今公誠能無愛金玉璧帛，令太子為書，卑辭安車，因使辯士固請，宜來。來，以為客，時時從入朝，令上見之，則必異而問之。問之，上知此四人賢，則一助也。」於是呂后令呂澤使人奉太子書，卑辭厚禮迎此四人。四人至，客建成侯所。上欲使太子擊黥布，四人相謂曰：「凡來者，將以存太子。太子將兵，事危矣。」乃說建成侯云云，上遂自行。上破布歸，置酒，太子侍，四人從太子，年皆八十有餘，鬚眉皓白，衣冠甚偉。上怪問之，曰：「彼何為者？」四人前對，各言名姓，曰：「東園公、角里先生、綺里季、夏黃公。」上乃大驚，曰：「吾求公數歲，公辟逃我，今公何自從吾兒游乎？」四人皆曰：「陛上輕士，善罵，臣等義不受辱，故恐而亡匿。竊聞太子為人仁孝，恭敬愛士，天下莫不延頸欲為太子死者，故臣等來耳。」上曰：「煩公幸卒調護太子。」四人為壽已畢，起去，上目送之。召戚夫人，指示四人者，曰：「我欲易之，彼四人輔之，羽翼已成，難動矣。呂氏真而主矣！」戚夫人泣，上曰：「為我楚舞，吾為若楚歌。」歌曰：「鴻鵠高飛，一舉千里，羽翮已就，横絕四海，横絕四海，當可柰何？雖有繒繳，尚安所施？」歌數闋，戚夫人噓唏流涕。上起去，罷酒，竟不易太子者，留侯本招此四人之功也。按高祖剛猛伉厲，非畏搢紳譏議者也，但以大臣皆不肯從，恐身後趙王不能獨立，故不為耳！若決意欲廢太子，立如意，不顧義理，以留侯之久故親信，猶云非口舌所能爭，豈山林四叟片言遽能柅其事哉？借使四叟實能柅其事，不過汙高祖數寸之刃耳，何至悲歌云羽翮已成，繒繳安施乎？若四叟實能制高祖，使不敢廢太子，是留侯為子立黨，以制其父也。留侯豈為此哉？此特辯士欲夸大四叟之事，故云然，亦猶蘇秦約六國從，秦兵不敢闚函谷關十五年；魯仲連折新垣衍，秦將聞之，卻軍五十里耳！凡此之類，皆非事實，司馬遷好奇，多愛而采之，今皆不取。

上曰：「吾惟豎子，固不足遣(四二)，而公自行耳！」於是上自將兵而東，羣臣居守，皆送至霸上。留侯病，自彊起，至曲郵(四三)，見上曰：「臣宜從，病甚。楚人剽疾(四四)，願上無與爭鋒。」因說上令太子為將軍，監關中兵。上曰：「子房雖病，彊臥而傅太子。」是時叔孫通為太傅，留侯行少傅(四五)事。發上郡、北地、隴西車騎(四六)、巴蜀材官(四七)及中尉卒(四八)三萬人，為皇太子衞，軍霸上。

布之初反，謂其將曰：「上老矣，厭兵(四九)，必不能來；使諸將，諸將獨患淮陰、彭越，今皆已死，餘不足畏也。」故遂反。果如薛公之言，東擊荊，荊王賈走死富陵(五〇)。盡劫其兵，度淮，擊楚。楚發兵與戰徐(五一)、僮(五二)間，為三軍，欲以相救為奇(五三)。或說楚將曰：「布善用兵，民素畏之，且兵法：『諸侯自戰其地為散地(五四)，』今別為三，彼敗吾一軍，餘皆走，安能相救？」不聽。布果破其一軍，其二軍散走，布遂引兵而西。

【今註】㊀游行：往來巡視，為諸軍救援。㊁度：同渡。㊂聊城：故城在今山東省聊城縣東南。㊃道：由。㊄攻殘之：攻下其城而多殺其軍民。㊅命：名。㊆購王黃、曼丘臣以千金：購，懸賞。凡能獲得王黃、曼丘臣者，則以千金與之。㊇陰：秘密。㊈諸官徒奴：官，官府。徒，民有罪而罰充勞役者。奴，民有罪而沒入官者。㊉舍人：門客之流，平居為賓客，有事則備咨詢。(一一)告信欲反狀於呂后：按《漢書．功臣表》，告信反者，舍人樂說，後封慎陽侯。按《史記》作欒說。未知孰是。(一二)儻：同倘。或然之意。(一三)紿：欺詐。(一四)彊入賀：勉力入賀。(一五)長樂鍾室：長樂宮之鍾室。鍾室，懸鍾之室。(一六)吾悔不用蒯徹之計：蒯徹勸韓信背漢，信不從。見卷十漢四年(七)。(一七)兒女子：指呂后；鄙視之辭。(一八)夷：誅夷。夷即平，謂盡除誅之，使無噍類。(一九)三秦：項羽分故秦地為雍、塞、翟三國，是為三秦。(二〇)迎高祖於陳：高祖偽遊雲夢，韓信出迎高祖於陳。見上卷漢高六年(一)。

(二一)失職：失其王爵。(二二)悖逆：犯上作亂。(二三)里閈舊恩：里閈，猶里閭之義，盧綰與高祖毗隣，少相親狎，故謂里閈舊恩。(二四)以列侯奉朝請：漢制，諸侯朝見天子，春曰朝，秋曰請。韓信但以列侯居京師，按時朝覲，而無兵權，故謂以列侯奉朝請。(二五)信滅齊，不還報而自王：韓信既滅齊，自立為假王，見卷十漢四年㈥。(二六)與信期共攻楚，而信不至：固陵之戰，漢與韓信、彭越約，會兵擊楚，信、越皆不至，見卷十一漢五年㈠。(二七)顧：但。(二八)乘時以徼利：乘人之窘以希求大利。(二九)市井：商賈小人。(三〇)醻：同酬。(三一)道：君臣之道。(三二)伐：自矜誇其才能。(三三)集：安附。(三四)參合：故城在今山西省陽高縣東北。(三五)豎子：指韓信。蒯徹怒信不用其謀，致自夷滅，故罵之為豎子。(三六)自夷：自取夷滅。(三七)鹿：喻帝位。(三八)跖之狗吠堯：跖即盜跖，盜跖至暴而堯至仁，跖之犬可使吠堯，喻人臣但忠於其主，而不問仁暴。(三九)銳精持鋒：銳，磨淬兵器，使之銳利。精，兵器之精良者。鋒，兵器之尖端。銳精持鋒，謂磨淬兵器，使成鋒銳，而持以作戰。(四〇)顧力不能：反而自省其力，有所不能。(四一)置之：捨之；又赦之。(四二)讓：責備。(四三)亡走漢：懼罪逃亡，自梁國投奔漢朝。(四四)掩：乘其不備而捕之。(四五)治：案問，此謂案問其謀反之狀。(四六)反形已具：反形，謀反之形迹。具，具備。彭越雖不反，扈輒勸之反，越祖匿之而不誅，故有司謂越反形已具。(四七)傳處蜀青衣：以驛傳徙處彭越於蜀郡之青衣縣。青衣故城在今西康省雅安縣北。(四八)鄭：故城在今陝西省華縣北。(四九)願處故昌邑：彭越起於昌邑，故自言願徙居其地。(五〇)王恬開：即王恬啟，避景帝諱，改啟為開。(五一)三月，夷越三族：胡三省曰：「此以漢書本紀為據。史記高祖紀作夏夷彭越三族，年表書越反誅，又在十年。夏誅彭越，蓋以盧綰言為據。」施之勉曰：「按史記高紀，十一年，夏，梁王彭越謀反，夷三族。黥布傳，十一年，夏，漢誅梁王彭越。傳與紀合，當無為誤。盧綰傳，十二年，綰謂其幸臣曰，往年春，漢族淮陰，夏誅彭越，皆呂后計。尤信而有據矣。漢書高紀作三月者，蓋彭越反，廢遷蜀，在三月。立恢為梁王，友為淮南王，均在三月，可證也。彭越道見呂后，人告其復反，遂族誅之，當已在夏，史記高紀是實錄，漢書高紀係說詞，皆是也。」按此，彭越之誅，當在是年夏，不在三月。通鑑於此既以誅越在三月，又於高帝十二年下載盧綰「夏誅彭越」之語，亦相牴觸，而未加考異。(五二)提趨湯：擒拏欒布，欲投之於沸水之中。(五三)顧：回視。(五四)西：西向攻擊漢軍。(五五)徒：但。(五六)與漢合從：南北聯合，謂之合從。從，音縱（ㄗㄨㄥˋ）。時楚、漢東西相持，故欒布謂梁、漢聯合為合縱。(五七)苦：困擾。(五八)微：無。(五九)反形未具：欒布以扈輒勸彭越反而越不聽，故謂反形未具。(六〇)苛小：細小之罪。(六一)胡三省曰：「按考異曰：『漢書諸侯王表，作三月丙午。按劉羲叟長曆，三月丙辰朔，無丙午，今從史記年表。』今按史記年表，作二月丙午。但通鑑先書三月夷彭越三族，方於此書子恢為梁王，則又是三月丙午。」按《史記・高紀》：「夏四月梁王彭越謀反，廢遷蜀，復欲反，遂夷三族。立子恢為梁王。」又《漢書・高紀》：「三月，梁王彭越謀反，夷三族。詔曰：『擇可為梁王、淮陽王者。』燕王綰、相國何等請立子恢為梁王，子友為淮陽王。」是皆以立恢在誅越之後。按二月，越尚未反，恢何得立為梁王？此《史記》年表之誤。今按四月丙戌朔，丙午二十一日，或當在夏四月。若依《漢書》作三月，則丙午為誤文。(六二)「罷東郡」至「頗益淮陽」：按《漢書・地理志》，東郡、潁川郡於漢高十一年皆未嘗罷廢。此罷但云損削二郡支縣以增廣梁與淮陽二國之地，非謂廢此二郡以屬此二國。(六三)即授璽綬：以南粵王璽綬就其所居而授之。(六四)與剖符：漢視南粵王爵如諸侯王，故剖符而封之。(六五)囂：音敖（ㄠˊ）。(六六)龍川：故城在今廣東省龍川縣西北。(六七)語：告之。(六八)絕新道自備：絕，杜塞。新道，秦世新開通粵之道路。此謂杜塞中原與南粵之交通要道，以自守備。(六九)番禺：故址即今廣東省廣州市。(七〇)負山險，阻南海：負，背；番禺北有五嶺，依山設險，是為負山險；南臨南海，阻以為固，是為阻南海。(七一)被：加也，遺也。(七二)行南海尉事：兼攝南海尉職事。(七三)橫浦、陽山、湟谿關：胡三省曰：「武帝伐南越，遣楊僕出豫章，下橫浦。則橫浦。通豫章之路也。杜佑曰：『橫浦關在虔州大庾縣西南。』南康記曰：『南野大庾嶺三十里至橫浦，有秦時關，其下謂之塞上。』班志：『陽山侯國，屬桂陽郡。』姚氏曰：『連州陽山縣上流百餘里，有騎田嶺，當是陽山關。』新唐書地理志：『連州陽山縣，有故秦湟溪關。』郡國志：『陽山縣理匯水之南，即其故墟，本南越置關之邑。故關在縣之西北四十里茂溪口。』」按：虔州大庾縣即今江西省大庾縣。連州陽山縣即今廣東省陽山縣。(七四)長吏：大吏。秦漢吏秩六百石以上稱長吏。《漢書・景帝紀》：「吏六百石以上，皆長吏也。」此長吏當指郡縣守、尉、令、長諸職。(七五)以其黨為假守：假，攝行其職務。守，主管其事。此謂趙佗以其黨為郡縣之職，或為假，或為守。(七六)魋結：讀曰椎髻。束髮成撮，其形如椎。(七七)箕倨：伸展兩腳而坐，微屈其膝，其狀如箕。(七八)足下中國人：趙佗本真定人，見《史記・趙佗傳》。(七九)反天性，棄冠帶：胡三省曰：「背父母之國，不念墳墓宗族，是反天性也；椎髻以從蠻夷之俗，是棄冠帶也。」(八〇)區區：狹小。(八一)抗衡：敵對。對拒曰抗，車軛上橫木曰衡。取兩車相對拒，互不避讓之意。(八二)鞭笞：驅策。(八三)建：立。(八四)暴逆：指秦及項羽。(八五)郊迎：出郊以迎漢使。(八六)北面：北向。(八七)未集：民心未附。(八八)屈彊：不順服。(八九)偏將：此言偏將而不言大將，示漢之強盛，謂一偏將之力，即足以破滅南越。(九〇)越：越人。(九一)蹶然：受驚而起。(九二)我孰與蕭何、曹參、韓信賢：孰與，何如。謂我與蕭何、曹參、韓信相比，何者為賢？(九三)自天地剖判：自太古以來。(九四)何遽不若漢：顏師古曰：「言有何迫促，而不如漢也。」胡三省曰：「遽者，急促也，今江南人謂之便。何至便不如漢也。」王念孫曰：「顏訓遽為迫促，非也。遽亦何也，連言何遽者，古人自有複語耳。」余以為遽字乃「至於」二字之急讀，何遽不若漢，謂何至於不如漢。(九五)橐中裝，直千金：橐，行囊。裝，齎行之禮物。此謂趙佗以價值千金之禮物，置於囊巾，為陸生齎行。直，同值。(九六)他送：橐中裝以外所賜陸生之禮物。(九七)卒：終於。(九八)約：約束。(九九)太中大夫：按《漢書‧百官表》，大中大夫，掌議論，屬郎中令。(一〇〇)安事詩書：事，用。謂詩書於我無所用。(一〇一)逆取：以武力取天下。(一〇二)順守：以禮樂治天下。(一〇三)極武：黷武。(一〇四)鄉：讀曰向，昔日。(一〇五)法：效法。(一〇六)粗述：略述。(一〇七)惡：憎惡。(一〇八)禁中：天子所居宮室，禁衛嚴密，非侍衛之臣，不得妄入，故稱禁中。(一〇九)戶者：守門戶之侍臣。(一一〇)絳、灌：絳侯周勃，潁陰侯灌嬰。(一一一)舞陽：故址在今河南省舞陽縣西。(一一二)排闥：推門。(一一三)憊：疲乏至極。(一一四)顧：反而。(一一五)絕：訣別。(一一六)趙高之事：趙高以宦者為秦始皇帝所寵任，始皇帝崩，高矯詔殺太子扶蘇而立胡亥。樊噲以此諷高祖。(一一七)醢：臠割其肉以為醬。顏師古曰：「反者被誅，皆以為醢，即刑法志所謂葅其骨肉是也。」⑱賁赫：姓賁，名赫。賁，音肥（ㄈㄟˊ）。⑲可先未發誅也：可及其未發兵而先誅滅之。⑳不宜有此：不宜有謀反之事。㉑微驗：暗中案驗，而不顯言其事。㉒陰事：祕密之事。此指謀反之事而言。㉓汝陰侯滕公：汝陰侯夏侯嬰號滕公。汝陰縣故城在今安徽省阜陽縣境。㉔疏爵：分爵。㉕往年殺彭越，前年殺韓信：往年即前年。按彭越、韓信之誅，俱在漢十年。㉖同功一體：一體即一律。言其功勞相等，不分上下。㉗固守其所：固守其所取之地。㉘下蔡：故城在今安徽省壽縣北。㉙「東取吳」至「身歸長沙」：胡三省曰：「吳、謂荊王劉賈所封之地；楚、謂楚王交所封之地；齊、謂齊王肥所封之地；魯亦入楚境；韓地時以益淮陽國；魏地、梁王友所封也；下蔡縣、屬沛郡，春秋時之州來也；越、會稽地，故越王句踐之墟也；長沙、吳芮所封國，時其子臣嗣封。黥布都六，阻淮為固，故策其西取下蔡，東取劉賈，以據全淮；越在東南，故策其歸輜重於越以自厚，為深固不可取之計；布娶於長沙王，故策其身歸長沙。料其出於麗山之徒，憂不及遠也。」㉚麗山之徒：麗，同驪。黥布本刑徒，輸作驪山。見卷八秦二世二年㈩。㉛東園公、綺里季、夏黃公、角里先生：胡三省曰：「此所謂四皓也，避秦之亂，隱於商山。」索隱曰：「按陳留志云：『園公姓唐，字宣明，居園中，因以為號。夏黃公姓崔名廣，字少通，齊人，隱居夏里修道，故號曰夏黃公。角里先生河內軹人，太伯之後，姓周名術，字元道，京師號曰霸上先生，一曰角里先生。』」角，音祿（ㄌㄨˋ）。按《漢書》顏注，亦作角里先生。㉜建成：侯國，故城在今河南省永城縣東南。㉝有功，則位不益：太子嗣君，位王尊貴，雖更立功，位不加益。㉞承間：伺便隙之時。㉟諸將皆陛下故等夷：故，故時。等夷，等儕。謂高祖未起時本布衣，與諸將為儕輩。㊱使羊將狼：喻以仁弱將強暴。不唯難以立功，且將反為所噬。㊲鼓行：擂鼓進軍，無所畏忌。㊳彊：勉力。㊴輜車：藏衣之車。㊵臥而護之：臥於輜車之中以監護諸將。㊶立夜：即夜。㊷吾惟豎子，固不足遣：惟，思。豎子，指太子。高祖罵太子懦弱，不足以任此事。㊸曲郵：胡三省曰：「司馬彪曰：『長安縣東，有曲郵聚。』索隱曰：『今在新豐西，俗謂之郵頭。』漢書舊儀云：『五里一郵，郵人居間，相去一里半。』按郵，乃今之候也。」㊹剽疾：剽悍迅捷。㊺太傅、少傅：胡三省曰：「班志，太子太傅、少傅，古官。予據古世子有三師、三少，至漢，惟太傅、少傅耳！」㊻車騎：車，戎車。騎，騎士。㊼材官：軍士稱號，以有材力者為之。㊽中尉卒：中尉所轄兵卒。按《漢書・百官表》，中尉，秦官，掌徼循京師。武帝太初元年，更名執金吾。㊾厭兵：苟習安樂而憎惡武事。㊿富陵：故城在今安徽省盱眙縣東北。㉛徐：故城在今安徽省盱眙縣西北。㉜僮：故城在今安徽省盱眙縣東北。㉝欲以相捄為奇：欲為奇兵以相救援。捄，同救。㉞自戰其地為散地：於本土作戰，士卒戀土懷安，鬥志不堅，而易於逃散。

十二年（西元前一九五年）

㈠冬，十月，上與布軍遇於蘄㊀西。布兵精甚，上壁庸城㊁。望布軍置陳㊂如項籍軍，上惡㊃之。與布相望見，遙謂布曰：「何苦而反？」布曰：「欲為帝耳！」上怒，罵之，遂大戰。布軍敗走，渡淮，數止，戰，不利，與百餘人走江南。上令別將追之。

(二)上還，過沛，留，置酒沛宮，悉召故人、父老、諸母、子弟佐酒㊄，道舊故為笑樂。酒酣㊅，上自為歌，起舞，忼慨㊆傷懷，泣㊇數行下。謂沛父兄曰：「游子悲故鄉㊈。朕自沛公以誅暴逆，遂有天下，其以沛為朕湯沐邑[一〇]，復其民，世世無有所與[一一]。」樂飲十餘日，乃去。

(三)漢別將擊英布軍洮水[一二]南北，皆大破之。布故與番君[一三]婚，以故長沙成王臣使人誘布，偽欲與亡[一四]走越，布信而隨之[一五]，番陽人殺布茲鄉[一六]民田舍。

(四)周勃悉定代郡[一七]、雁門[一八]、雲中[一九]地，斬陳豨於當城[二〇]。【考異】盧綰傳云：「漢使樊噲擊斬豨。」按斬豨者，周勃，非樊噲也。

(五)上以荊王賈無後，更以荊為吳國。辛丑（九日），立兄仲之子濞[二一]為吳王，王三郡五十三城。

㈥十一月，上過魯，以太牢祠孔子。

㈦上從破黥布歸，疾益甚，愈欲易太子㉒，張良諫，不聽，因疾不視事㉓。叔孫通諫曰：「昔者，晉獻公以驪姬之故，廢太子，立奚齊㉔，晉國亂者數十年，為天下笑；秦以不蚤定扶蘇㉕，令趙高得以詐立胡亥，自使滅祀，此陛下所親見。今太子仁孝，天下皆聞之。呂后與陛下攻苦食啖㉖，其可背哉？陛下必欲廢適而立少㉗，臣願先伏誅，以頸血汙地。」帝曰：「公罷矣！吾直㉘戲耳！」叔孫通曰：「太子，天下本。本一搖，天下振動。柰何以天下為戲乎？」時大臣固爭者多，上知羣臣心皆不附趙王，乃止，不立。

㈧相國何以長安地陿㉙，上林中多空地，棄㉚，願令民得入田，毋收稾為禽獸食㉛。上大怒，曰：「相國多受賈人財物，乃為請吾苑。」下相國廷尉，械繫之。數日，王衞尉侍，前問㉜曰：「相國何大罪，陛下繫之暴也？」上曰：「吾聞李斯相秦皇帝，有善歸主，有惡自與。今相國多受賈豎金，而為之請吾苑，以自媚於民㉝，故繫治㉞之。」王衞尉曰：「夫職事苟有便於民而請之，真宰相事，陛下柰何乃疑相國受賈人錢乎？且陛下距楚數歲，陳豨、黥布反，陛下自將而往，當是時，相國守關中，關中搖足㊱則關以西非陛下有也。相國不以此時為利，今乃利賈人之金乎？且秦以不聞其過㊱亡天下，李斯之分過，又何足法哉㊲？陛下何疑宰相之淺㊳也！」帝不懌㊴。是日，使使持節赦出相國。相國年老，素恭謹，入，徒跣㊵謝㊶。帝曰：「相國休矣㊷！相國為民請苑，吾不許，我不過為桀紂王，而相國為賢相。吾故繫相國，欲令百姓聞吾過也。」

(九)陳豨之反也，燕王綰發兵擊其東北。當是時，陳豨使王黃求救匈奴，燕王綰亦使其臣張勝於匈奴，言豨等軍破。張勝至胡，故燕王臧荼子衍出亡在胡，見張勝，曰：「公所以重於燕者，以習胡事也。燕所以久存者，以諸侯數反，兵連不決也。今公為燕，欲急滅豨等，豨等已盡，次亦至燕，公等亦且為虜矣！公何不令燕且緩陳豨而與胡和㊸，事寬，得長王燕，即有漢急，可以安國㊹。」張勝以為然，乃私令匈奴助豨等擊燕。燕王綰疑張勝與胡反，上書請族張勝。勝還，具道所以為者，燕王乃詐論他人(四五)，脫勝家屬，使得為匈奴間(四六)，而陰使范齊之(四七)陳豨所，欲令久亡，連兵勿決(四八)。漢擊黥布，豨常將兵居代。漢擊斬豨，其裨將降，言燕王綰使范齊通計謀於豨所。帝使使召盧綰，綰稱病，又使辟陽(四九)侯審食其，御史大夫趙堯往迎燕王，因驗問左右。綰愈恐，閉匿(五〇)，謂其幸臣曰：「非劉氏而王，獨我與長沙耳！往年春，漢族淮陰，夏，誅彭越，皆呂氏計。今上病，屬任(五一)呂后，呂后婦人，專欲以事誅異姓王者及大功臣。」乃遂稱病不行，其左右皆亡匿(五二)，語頗泄。辟陽侯聞之，歸，具報上，上益怒；又得匈奴降者，言張勝亡在匈奴，為燕使。於是上曰：「盧綰果反矣！」春，二月，使樊噲以相國將兵擊綰，立皇子建為燕王。

(十)詔曰：「南武侯織，亦粵之世(五三)也，立以為南海王(五四)。」

(十一)上擊布時，為流矢所中，行道疾甚。呂后迎良醫，醫入見，曰：「疾可治。」上嫚罵之，曰：「吾以布衣，提三尺(五五)，取天下，此非天命乎？命乃在天，雖扁鵲(五六)何益？」遂不使治疾，賜黃金五十斤，罷之。呂后問曰：「陛下百歲後，蕭相國既死，誰令代之？」上曰：「曹參可。」問其次，曰：「王陵可，然少戇㊆，陳平可以助之；陳平智有餘，然難獨任。周勃重厚少文㊇，然安劉氏者，必勃也，可令為太尉。」呂后復問其次，上曰：「此後亦非乃㊈所知也。」夏，四月，甲辰（二十五日），帝崩於長樂宮。

【考異】漢書云：呂后與審食其謀盡誅諸將，酈商見審食其，說以如此，大臣內叛，諸將外反，亡可蹻足待也。審食其入言之，乃以丁未發喪。按呂后雖暴戾，亦安敢一旦盡誅大臣，又時陳平不在滎陽，樊噲不在代，此恐妄，今不取。

丁未（二十八日），發喪，大赦天下。

㈩盧綰與數千人居塞下，候伺，幸㈧上疾愈，自入謝。聞帝崩，遂亡入匈奴。

⑾五月，丙寅（十七日），葬高帝於長陵㈥。

初，高祖不修文學，而性明達㈦，好謀能聽㈧，自監門戍卒，見之如舊。初順民心，作三章之約㈨。天下既定，命蕭何次律令㈩，韓信申軍法㈥，張蒼定章程㈦，叔孫通制禮儀㈧；又與功臣剖符作誓，丹書鐵契，金匱石室，藏之宗廟㈨。雖日不暇給㈩，規摹㈦弘遠矣。

(七四)己巳（二十日），太子即皇帝位，尊皇后曰皇太后。

(七五)初，高帝病甚，人有惡[七二]樊噲，云黨[七三]於呂氏，即一日上晏駕[七四]，欲以兵誅趙王如意之屬[七五]。帝大怒，用陳平謀，召絳侯周勃，受詔床下，曰：「陳平急馳傳載勃代噲將。平至軍中，即斬噲頭。」二人既受詔，馳傳，未至軍，行計[七六]之，曰：「樊噲，帝之故人也，功多，且又呂后弟呂嬃[七七]之夫，有親且貴，帝以忿怒，故欲斬之，則恐後悔。寧囚而致[七八]，上自誅之。」未至軍，為壇，以節召樊噲。噲受詔，即反接[七九]，載檻車，傳詣長安[八〇]，而令絳侯勃代將，將兵定燕反縣。平行，聞帝崩[八一]，畏呂嬃讒之於太后，乃馳傳先去。逢使者，詔平與灌嬰屯滎陽。平受詔，立復馳至宮，哭殊悲，因固請得宿衞中[八二]。太后乃以為郎中令[八三]，使傅教惠帝，是後呂嬃讒乃不得行。樊噲至，則赦復爵邑[八四]。

(七六)太后令永巷[八五]囚戚夫人，髡鉗，衣赭衣[八六]，令舂。遣使召趙王如意，使者三反，趙相周昌謂使者曰：「高帝屬臣趙王[八七]，王年少，竊聞太后怨戚夫人，欲召趙王，幷誅之，臣不敢遣王。王且亦病，不能奉詔。」太后怒，先使人召昌。昌至長安，乃使人復召趙王。王來，未到，帝知太后怒，自迎趙王霸上，與入宮，自挾與起居飲食，太后欲殺之，不得閒㊅。

【今註】㊀蘄：故城在今安徽省宿縣境。㊁上壁庸城：胡三省曰：「以布軍鋭甚，故堅壁以挫之。」庸城：地名，當在蘄縣西。按《漢書・地理志》無庸城。㊂陳：讀曰陣。㊃惡：畏憎。㊄佐酒：助行酒以互勸飲。㊅酒酣：飲酒滿量而未醉，意陶陶然。㊆忼慨：意氣激昂。忼，同慷。㊇泣：眼淚。㊈游子悲故鄉：游子，離鄉游客。悲，悲思。㊉湯沐邑：以其邑之租賦供湯沐之具，而不繳納於官府。⑪復其民，世世無有所與：免除沛人之徭役賦稅，令世世無預徭賦之征。與，讀曰預。⑬洮水：蘇林曰：「洮、音兆。」徐廣曰：「洮、音道。在江淮間。」胡三省曰：「布軍既敗，走江南，則洮水當在江南。羅含湘中記：『零陵有洮水。』水經注：『洮水出洮陽縣西南，東流注於湘水。』如淳注：『洮陽之洮，音韜。』蓋布舊與長沙王婚，其敗也，往從之；而洮水又在長沙境內，疑近是也。」按零陵郡故治即今湖南省零陵縣。齊召南曰：「案胡三省謂洮水當在江南，甚是。但即以零陵郡之洮陽當之，零陵去淮南太遠，與下文所云追斬布鄱陽者不合也。」全祖望曰：「是蓋九江之沘水，沘與洮相似而譌。布敗於蘄，反走其國，又敗於沘，方思投長沙，未至而死於鄱陽也。沘水見水經。零陵洮水在長沙國境南，何容布得走之與漢兵鬥，復任其出境，重入淮南國中之鄱陽也？顧祖禹欲以震澤之洮湖當之，則在吳王濞國內，益謬。」王先謙曰：「余謂顧說近之。此時吳王濞未封，地屬荊王劉賈。布東併荊地，則洮湖在其域中，互戰敗，乃走番耳！」⑬番君：吳芮。番，音鄱。⑭與亡：與俱逃亡。⑮隨之：隨長沙成王臣至番陽。⑯茲鄉：顏師古曰：「茲鄉、鄡陽縣之鄉也。」胡三省曰：「班志，鄡陽縣，屬豫章郡。余據史記及漢書高紀，皆言追斬布番陽，竊意茲鄉當在番陽界，非鄡陽。」按王先謙引《寰宇記》，鄡陽縣故址在番陽縣西北百二十里。⑰代郡：治桑乾縣，故城在今察哈爾省蔚縣東北。⑱雁門郡：治善無縣，故城在今山西省右玉縣南。⑲雲中郡：治雲中縣，故城即今綏遠省托克托縣。⑳當城：故城在今察哈爾省蔚縣東。㉑濞：音披（ㄆㄧ）。㉒愈欲易太子：愈，益也；謂欲易太子之心益決。㉓因疾不視事：高祖臨行，以張良行太子少傅事留輔太子，至是諫不聽，因辭以疾，不肯視事。㉔晉獻公以驪姬之故，廢太子，立奚齊：晉獻公寵驪姬，廢太子申生而立驪姬之子奚齊。㉕不蚤定扶蘇：不早定扶蘇為君。蚤，同早。㉖攻苦食啖：治理勤苦之事而食無味之食。啖，通淡。㉗廢適而立少：嫡指太子，少謂趙王如意。適，讀曰嫡。㉘直：但。㉙陜：同狹。㉚上林中多空地，棄：上林，苑名，故址在今陝西省長安縣西。此謂上林苑中多空棄無用之地。㉛毋收稾為禽獸食：上林苑本空棄之地，但種稾以給獸食，今令有司勿復於苑中取稾，而令民田種其中以取粟。㉜前問：進而請之。㉝自媚於民：求愛於民。㉞治：鞫問其罪。㉟搖足：基礎搖動。㊱過：過失。㊲何足法哉：謂李斯之分過，不足以取法。㊳淺：無深遠之見。㊴不懌：慚悔而不悅。㊵徒跣：赤足步行。㊶謝：謝罪。㊷休矣：令田外自休息。㊸緩陳豨而與胡和：緩攻陳豨而與匈奴連和。㊹事寬，得長王燕，即有漢急，可以安國：事寬，謂無兵禍之時。漢急，謂為漢朝所窘迫。此謂若無兵禍時，得長為燕國之王，即使漢朝加兵於燕，亦可引匈奴之援以自安其國。㊺詐論他人：以他人詐為張勝及其家屬以抵其罪。㊻間：間諜。㊼之：往。㊽欲令久亡，連兵勿決：欲使陳豨久亡叛，與漢連兵相持，使勝負歷久而不決。㊾辟陽：故城在今河北省冀縣東南。㊿閉匿：自閉匿其蹤跡以避漢朝使者。(51)屬任：委以政事而信任之。(52)亡匿：逃亡藏匿。(53)世：後裔。(54)南海王：南海郡時為南越王趙佗所有，漢但虛封之而已。(55)三尺：劍。按《史記》作三尺劍，《漢書》刪劍字。(56)扁鵲：古之良醫。(57)戇：愚直。(58)重厚少文：持重忠厚而少文采。(59)乃：乃夫之略詞，高祖自謂。王先謙曰：「乃者，昵近之詞。」(60)幸：冀望。(61)長陵：後為長陵縣，故城在今陝西省咸陽縣東。(62)明達：聰明通達。(63)能聽：能聽納善言而不剛愎自用。(64)作三章之約：高祖初入關，與父老約法三章。見卷九漢元年㈡。(65)命蕭何次律令：次，編次。《漢書・刑法志》：「何捃摭秦法，取其宜於時者，作律九章。」(66)韓信申軍法：申，申明。《漢書・藝文志》：「漢興，張良、韓信序次兵法，凡百八十二家，刪取要用，定著三十五家。」(67)章程：規章法式。(68)叔孫通制禮儀：見上卷漢高六年㈩及七年㈠。(69)又「與功臣剖符作誓」至「藏之宗廟」：胡三省曰：「剖符作誓，謂剖符封功臣，刑白馬，與山河帶礪之盟也。丹書鐵券者，以鐵為契，以丹書之。」如淳曰：「金匱，猶金縢也。」顏師古曰：「以金為匱，以石為室，重緘封之，重慎之義。」胡三省曰：「蓋謂以丹書盟誓之言於鐵券，盛之以金匱石室而藏之宗廟也。」(70)日不暇給：謂戎務倥傯，無片刻之暇。(七一)規摹：創立制度，垂範後世。(七二)惡：譖毀。(七三)黨：黨附。(七四)晏駕：晏，晚。謂宮車晚出。凡天子崩殂，臣下不忍直言，故稱為晏駕。(七五)趙王如意之屬：指趙王如意及戚夫人諸人。(七六)行計：於道中且馳行，且計議。(七七)頞：音須。(七八)寧囚而致：寧可囚噲送至高祖處。致，至也。(七九)反接：顏師古曰：「反縛兩手也。」(八〇)載檻車，傳詣長安：用檻車囚載樊噲，以驛傳馳送往長安。檻車即囚車，其狀如檻，亦作轞車。(八一)平行，聞帝崩：陳平未至京師，於道中聞高帝崩。(八二)中：禁中。(八三)郎中令：按《漢書・百官表》，郎中令，秦官，掌宮殿掖門戶。武帝太初元年，更名光祿勳。(八四)赦復爵邑：赦免其罪而恢復其爵邑。(八五)永巷：漢制，於宮中為長巷，凡妃嬪宮女之有罪者則囚之，稱為永巷。見《三輔黃圖》。(八六)赭衣：胡三省曰：「赭衣，囚服也，以赤土染之。」(八七)高帝屬臣趙王：屬，托付。臣，周昌自謂。言高帝以趙王托付周昌，使徊護之。(八八)不得閒：閒，空隙之時。孝惠帝與趙王共起居飲食，故呂后不得其隙而殺之。

孝惠皇帝

元年（西元前一九四年）

(一)冬，十二月，帝晨出射，趙王年少，不能蚤起，太后使人持酖(一)飲之。犁明(二)，帝還，趙王已死。太后遂斷戚夫人手足，去眼，煇耳，飲瘖藥㊂，使居廁中，命曰人彘。居數日，乃召帝觀人彘。帝見，問知其戚夫人，乃大哭，因病，歲餘不能起。使人請㊃太后曰：「此非人所為，臣為太后子，終不能治天下㊄。」帝以此日飲，為淫樂，不聽政。

臣光曰：「為人子者，父母有過則諫，諫而不聽，則號泣而隨之㊅。安有守高祖之業，為天下之主，不忍母之殘酷，遂棄國家而不恤，縱酒色以傷生？若孝惠者，可謂篤㊆於小仁，而未知大誼㊇也。」

㈡徙淮陽王友為趙王㊈。

㈢春，正月，始作長安城西北方㊉。

【今註】㊀酖：鴆酒。鴆鳥有毒，以其羽浸酒中，飲之可致死。㊁犂明：亦作黎明。黎，黑暗。天欲曉未曉之時，黑與明相雜，故稱黎明。㊂去眼，煇耳，飲瘖藥：鑿去其眼，使不能視；以藥薰耳，使不能聽；飲以啞藥，使不能言。瘖音陰（ㄧㄣ），啞也。㊃請：謁見。㊄臣為太后子，終不能治天下：顏師古曰：「令太后治事，已自如太子然。」胡三省曰：「惠帝之意，蓋以謂身為太后子，而不能容父之寵姬，是終不能治天下也。」按此言惠帝為天下主，而不能全護其庶母，是示天下以不孝，故自謂無面目以治天下。㈥父母有過則諫，諫而不聽，則號泣而隨之：此《禮記・曲禮》之語。㈦篤：厚。㈧誼：同義。㈨徙淮陽王友為趙王：高祖十一年，封友為淮陽王。㈩始作長安城西北方：胡三省曰：「漢都長安，蕭何雖治宮室，未暇築城。帝始築之，至五年乃畢，故書以始事。」杜佑曰：「惠帝所築長安城在今大興城西北苑中。」按隋大興城即今陝西省長安縣。作城之西北方者，以長安城廣大，不能一時徧築之，而先築其西北方。

二年（西元前一九三年）

㈠冬，十月，齊悼惠王㈠來朝，飲於太后前，帝以齊王兄也，置之上坐㈡。太后怒，酌酖酒，置前，賜齊王為壽。齊王起，帝亦起，取卮，太后恐，自起泛帝卮㈢。齊王怪之，因不敢飲，佯醉㈣，去，問知其酖，大恐。齊內史士㈤說王，使獻城陽郡為魯元公主湯沐邑。太后喜，乃罷歸㈥齊王。

㈡春，正月，癸酉（初四），有兩龍見蘭陵㈦家人㈧井中。

㈢隴西地震。

㈣夏，旱。

㈤部陽侯仲[九]薨。

㈥酇文終侯蕭何病，上親自臨視。因問曰：「君即百歲後，誰可代君者？」對曰：「知臣莫如主。」帝曰：「曹參何如？」何頓首，曰：「帝得之矣，臣死不恨。」

㈦秋，七月，辛未（初五），何薨。何置田宅，必居窮僻處，為家不治垣屋[一〇]，曰：「後世賢，師吾儉；不賢，毋為勢家所奪。」癸巳（二十七日），以曹參為相國。參聞何薨，告舍人趣治行[一一]，吾將入相。居無何[一二]，使者果召參。始，參微時，與蕭何善，及為將相，有隙[一三]，至何且死，所推賢惟參。參代何為相，舉事無所變更[一四]，一遵何約束，擇郡、國吏，木訥[一五]於文辭，重厚長者，即召，除[一六]為丞相史[一七]；吏之言文刻深，欲務聲名者，輒斥去之。日夜飲醇酒[一八]，卿大夫以下吏及賓客見參不事事[一九]，來者皆欲有言，參輒飲以醇酒，閒[二〇]欲有所言，復飲之，醉而後去，終莫得開說[二一]，以為常。見人有細過，專掩匿覆蓋之，府中無事。參子窋[二二]為中大夫，帝怪相國不治事，以為豈少[二三]朕與[二四]？使窋歸，以其私問參。

參怒，笞窋二百，曰：「趣入侍，天下事非若所當言也。」至朝㉕時，帝讓㉖參曰：「乃者㉗我使諫君也。」參免冠謝㉘，曰：「陛下自察聖武，孰與高帝？」上曰：「朕乃安敢望先帝！」又曰：「陛下觀臣能，孰與蕭何賢㉙？」上曰：「君似不及也。」參曰：「陛下言之是也！高帝與蕭何定天下，法令既明，今陛下垂拱，參等守職，遵而勿失，不亦可乎！」帝曰：「善。」參為相國，出入三年，百姓歌㉚之曰：「蕭何為法，較若㉛畫一；曹參代之，守而勿失；載其清淨㉜，民以寧壹。」

【今註】㊀齊悼惠王：高祖庶長子。㊁置之上坐：惠帝以家人禮宴齊王，以齊王為兄，故坐之於己之上。㊂太后恐，自起泛帝卮：泛，撥覆之。呂后恐惠帝飲卮中鴆酒，故撥覆之。㊃佯醉：假作醉狀。㊄內史士：顏師古曰：「內史，王國官。士、其名也。」按《漢書・百官表》，王國有內史，掌治民。㊅罷歸：放使歸國。㊆蘭陵：故城在今山東省嶧縣東。㊇家人：庶人之家。㊈郚陽侯仲：仲即代王喜。仲封郚陽侯事見上卷高祖七年㈣。㊉垣屋：有圍牆之屋。⑪趣治行：趣，催促。治行，整理行裝。趣，讀曰促。⑫居無何：無幾時。⑬有隙：不和洽。⑭舉事無所變更：凡事無所更改。⑮木訥：質朴無文而嗇於言詞。⑯除：授之以職。⑰丞相史：胡三省曰：「漢制，丞相官屬，長史之下，有椽史、令史等員。」㉘醇酒：美酒。酒質純濃而不雜曰醇。㉙不事事：不省治丞相職事。㉚閒：伺其便隙之時。㉛開說：謂有所啟白。㉜窋：音咄（ㄑㄩ）。㉝少：以其年少而藐視之。㉞與：讀曰歟。㉟朝：朝覲。㊱讓：責備。㊲乃者：昔者。指昔日使窋問參之事。㊳謝：引過自責。㊴陛下觀臣能，孰與蕭何賢：賢，優也。曹參問惠帝，臣之材能與蕭何相比，何人為優。㊵歌：頌其功德。㊶較若：清楚不紊。㊷載其清淨：載，行。清淨，無為。謂行其無為之治。

三年（西元前一九二年）

㈠春，發長安六百里內男女十四萬六千人城長安，三十日罷。

㈡以宗室女為公主，嫁匈奴冒頓單于。是時冒頓方彊，為書使使遺高后，辭極褻嫚㈠。高后大怒，召將相大臣，議斬其使者，發兵擊之。樊噲曰：「臣願得十萬眾，橫行匈奴中。」中郎將㈡季布曰：「噲可斬也！前匈奴圍高帝於平城㈢，【考異】季布云：「前陳豨反於代相。匈奴圍高帝於平城。」按平城之圍，乃韓王信反，非陳豨反也。漢兵三十二萬，噲為上將軍，不能解圍。今歌吟㈣之聲未絕，傷夷㈤者甫起㈥，而噲欲搖動天下㈦，妄言以十萬眾橫行，是面謾㈧也。且夷狄譬如禽獸，得其善言不足喜，惡言不足怒也。」高后曰：「善。」令大謁者㈨張釋報書，【考異】史記文帝本紀及惠景間侯者表、漢書匈奴傳，皆作澤。史記文帝本紀：「八年，中大謁者張釋。」漢書紀作釋卿，恩澤侯表及周勃傳，皆云張釋。顏師古注曰：「荊燕吳傳云張擇。」今從史記呂后本紀漢書恩澤侯表、周勃傳。深自謙遜㈩以謝之，幷遺以車二乘，馬二駟⑪。冒頓復使使來謝，曰：「未嘗聞中國禮義，陛下幸而赦之。」因獻馬，遂和親。

㈢夏，五月，立閩越君搖為東海王。搖與無諸，皆越王句踐之後也。從諸侯滅秦，功多，其民便附⑫，故立之，都東甌⑬，世號東甌王。

㈣六月，發諸侯王、列侯徒隸二萬人城長安。

㈤秋，七月，都廄⑭災。

㈥是歲，蜀湔氐⑮反，擊平之。

【今註】㈠褻嫚：污濊傲慢。褻，音洩（ㄒㄧㄝˋ）。嫚，同慢。㈡中郎將：胡三省曰：「漢有五官、左、右中郎三將，秩二千石，典領中郎，屬郎中令。」㈢匈奴圍高帝於平城：平城之圍，見上卷高祖七年㈡。㈣歌吟：呻吟。㈤夷：同痍。㈥甫起：初癒。㈦搖動天下：國家元氣未復，不思休息養民，而欲黷武動眾，使國家不得安寧，故曰搖動天下。㈧面謾：當呂后、廷臣之前，而作欺詛之語。㈨大謁者：胡三省曰：「謁者，秦官，掌賓贊受事。員七十人。大謁者，蓋其長也。」㈩謙遜：敬讓卑順。㈡車二乘，馬二駟：車一輛為一乘，馬四匹為一駟。一車駕四馬，故車二乘則附馬二駟。㈢便附：便，安習。言安習其政令而附之。㈢東甌：故城在今浙江省永嘉縣西南。㈣都廐：胡三省曰：「都廐、大廐也，屬太僕。」按都廐，天子車馬所在。㈤湔氐：湔氐居湔氐道，故城至今四川省松潘縣西北。湔，音煎（ㄐㄧㄢ）。胡三省曰：「百官表，有蠻夷曰道。則其地蓋湔氐居之，故曰道也。」

四年（西元前一九一年）

㈠冬，十月，立皇后張氏。后，帝姊魯元公主女也。太后欲為重親㈠，故以配帝。

㈡春，正月，舉民孝弟力田者，復其身㈡。

㈢三月，甲子（初七），皇帝冠㈢，赦天下。

㈣省法令妨吏民者，除挾書律㈣。

㈤帝以朝太后於長樂宮，及閒往㈤，數蹕，煩民㈥。乃築複道於武庫南㈦。奉常叔孫通諫曰：「此高帝月出遊衣冠之道也，子孫奈何乘宗廟道上行哉㈧！」帝懼，曰：「急壞之。」通曰：「人主無過舉㈨，今已作，百姓皆知之矣，願陛下為原廟渭北㈩，月出遊之，益廣㈡宗廟，大孝之本。」上乃詔有司立原廟。

臣光曰：「過者，人之所必不免也，惟聖賢為能知而改之。古之聖王，患其有過而不自知也，故設誹謗之木，置敢諫之鼓㈢，豈畏百姓之聞其過哉？是以仲虺㈢美成湯曰：『改過不吝㈣。』傅說㈤戒高宗曰：『無恥過作非㈥。』由是觀之，則為人君者，固不以無過為賢，而以改過為美也。今叔孫通諫孝惠，乃云人主無過舉，是教人君以文過遂非㈦也，豈不繆㈧哉！」

㈥長樂宮鴻臺㈨災。

㈦秋，七月，乙亥（二十日），未央宮凌室㈩災。丙子（二十一日），織室㈡災。

【今註】㈠重親：魯元公主，惠帝之姊，今以其女配帝為后，是為重親。㈡舉民孝弟力田者，復其身：胡三省曰：「善事父母為孝，善事兄長為弟。力田者，取其竭力服勤於田事。孝弟、人倫之大，力田、人生之本，故今郡國舉之，復其身以風厲天下也。弟、讀曰悌。」㈢冠：行加冠禮。按古時童子不戴冠，行冠禮後始為成年。鄭樵曰：「漢改皇帝冠為加元服。」王鳴盛曰：「惠帝時年二十。景帝後三年，皇太子冠，即武帝也，時年十六。昭紀，元鳳四年，帝加元服，時年十八。哀紀：成帝為加元服，時年十七。平紀，帝崩，年十四，始加元服以冠。案：古者天子、諸侯皆年十二而冠，冠而生子。漢初經典殘闕，天子冠禮無明文，故無定期。」㈣除挾書律：應劭曰：「挾，藏也。」張晏曰：「秦律挾書者族，今始除之。」㈤閒往：謂暇時小謁，非正式朝見。㈥數蹕，煩民：蹕，禁止行人。天子出警入蹕，惠帝數謁太后於長樂宮，故民以為煩。㈦乃築複道於武庫南：複道即閣道。連閣為道，上下俱可通行人，故稱複道。胡三省曰：「武庫在長樂、未央之間，故築複道始於武庫南。」㈧此高帝月出遊衣冠之道也，子孫奈何乘宗廟道上行哉：捧高帝衣冠，自陵寢出遊高帝廟，每月一次，謂之向遊衣冠。惠帝所築閣道正值此道之上，惠帝行於上，而高帝衣冠遊於下，故叔孫通謂惠帝乘宗廟道上而行。㈨過舉：作事不當而有過失。㈩為原廟渭北：顏師古曰：「原，重也。」按高帝先已有廟，今更於渭北立廟，故曰重廟。叔孫通之意，使高帝陵寢衣冠但月遊至渭北原廟，不復至城中高廟，如是則不必經過惠帝所築閣道之下。⑪益廣：擴大。⑫誹謗之木，敢諫之鼓：世傳舜立誹謗之木，堯置敢諫之鼓，見《淮南子・主術篇》。誹謗之木：立木令百姓書為政之善否。敢諫之鼓：置鼓於朝，人民欲諫者，則擊鼓上達。⑬仲虺：成湯左相。⑭改過不吝：勇於承認過失而改之。⑮傅說：高宗賢相。說音悅（ㄩㄝˋ）。⑯恥過作非：恥於承認過失而作非義之事。⑰文過遂非：掩飾過失，將錯就錯。⑱繆：錯誤。⑲鴻臺：胡三省引《三輔黃圖》：「鴻臺，在長樂宮中，秦始皇二十七年築。高四十丈，上起觀宇。帝嘗射飛鴻於臺上，故曰鴻臺。」㊂凌室：藏冰之室。

㊂織室：織作繒帛之處，屬少府，有東、西織室。

五年（西元前一九〇年）

㈠冬，雷。桃李華㊀，棗實㊁。

㈡春，正月，復發長安六百里內男女十四萬五千人城長安，三十日罷。

㈢夏，大旱。江河水少，谿谷水絕。

㈣秋，八月，平陽懿侯曹參薨。

【今註】㊀華：開花。㊁實：結實。

六年（西元前一八九年）

㈠冬，十月，以王陵為右丞相，陳平為左丞相。

㈡齊悼惠王肥薨。

㈢夏，留文成侯張良薨。

㈣以周勃為太尉。

七年（西元前一八八年）

㈠冬，發車騎、材官詣滎陽，太尉灌嬰㊀將㊁。

㈡春，正月，辛丑朔，日有食之。

㈢夏，五月，丁卯（二十九日），日有食之，既㊂。

㈣秋，八月，戊寅（十二日），帝崩于未央宮。大赦天下。九月，辛丑（初五），葬安陵㊃。初，呂太后命張皇后取他人子養之，而殺其母，以為太子。既葬，太子即皇帝位，年幼，太后臨朝稱制㊄。

【今註】㊀太尉灌嬰：朱一新曰：「公卿表及嬰傳，嬰為太尉在孝文時，此時未為太尉，紀追書之。」㊁將：率領。㊂既：全食。㊃安陵：故邑在今陝西省咸陽縣東。㊄稱制：頒布制度之命令曰制，惟天子得稱之。今呂后臨朝，攝行天於事，故稱制。

卷十三 漢紀五

起閼逢攝提格，盡昭陽大淵獻，凡十年。（甲寅至癸亥，西元前一八七年至西元前一七八年）

司馬光編集
林瑞翰註

高皇后

元年（西元前一八七年）

㈠冬，太后議欲立諸呂為王，問右丞相陵，陵曰：「高帝刑白馬㈠，盟曰：『非劉氏而王，天下共擊之㈡。』今王呂氏，非約也。」太后不說㈢，問左丞相平、太尉勃㈣，對曰：「高帝定天下，王子弟，今太后稱制，王諸呂，無所不可。」太后喜。罷朝，王陵讓㈤陳平、絳侯，曰：「始與高帝啑血㈥盟，諸君不在邪？今高帝崩，太后女主，欲王呂氏，諸君縱欲阿意㈦背約，何面目見高帝於地下乎？」陳平、絳侯曰：「於今面折廷爭㈧，臣不如君；全社稷，定劉氏之後，君亦不如臣。」陵無以應之。

十一月，甲子（是月庚寅朔，無甲子。），太后以王陵為帝太傅，實奪之相權㊈。陵遂病(一〇)，免歸(一一)，乃以左丞相平為右丞相(一二)；以辟陽侯審食其為左丞相，不治事，令監宮中，如郎中令(一三)。食其故得幸於太后，公卿皆因而決事。

太后怨趙堯為趙隱王謀(一四)，乃抵堯罪(一五)。上黨守任敖，嘗為沛獄吏，有德於太后(一六)，乃以為御史大夫。太后又追尊其父臨泗侯呂公為宣王，兄周呂令武侯澤為悼武王，欲以王諸呂為漸(一七)。

㈡春，正月，除三族罪、妖言令(一八)。

㈢夏四月，魯元公主薨。封公主子張偃為魯王，謚公主曰魯元太后。

㈣辛卯（二十八日），封所名孝惠子(一九)山為襄城(二〇)侯，朝為軹(二一)侯，武為壺關(二二)侯。

㈤太后欲王呂氏，乃先立所名孝惠子彊為淮陽王(二三)，不疑為恆山王(二四)。使大謁者張釋風(二五)大臣，大臣乃請立悼武王長子酈侯台(二六)為呂王，【考異】漢書外戚侯表及高五王傳，皆作鄜侯，今從史記本紀、功臣侯表。割齊之濟南郡(二七)為呂國。

㈥五月，丙申（初四），趙王宮叢臺(二八)災。

㈦秋，桃李華。

【今註】㈠刑白馬：刑，宰割。謂宰白馬，歃血而為盟誓。㈡非劉氏而王，天下共擊之：胡三省曰：「高祖刑白馬，與羣臣盟曰：『非劉氏不王，非有功不侯。』」㈢說：讀曰悅。㈣左丞相平、太尉勃：左丞相陳平，太尉周勃。勃封絳侯，故亦稱絳侯。㈤讓：責備。㈥啑血：歃血。以口微吸所刑牲畜之血而為誓約。㈦阿意：阿諛呂后意旨。㈧面折廷爭：面折，當面指斥其過失。廷爭，當朝廷而諫諍。㈨奪之相權：奪其相權。之，同其。㈩病：托病不奉朝請。㈡免歸：免其職務而遣令歸國。㈢乃以左丞相平，為右丞相：胡三省曰：「此時尚右，故陳平自左丞相遷右丞相。」㈢「以辟陽侯」至「如郎中令」：審食其雖為丞相，而不掌丞相職事，令掌監宮中，職事如郎中令。㈣怨趙堯為趙隱王謀：趙王如意，謚隱，號隱王。謀，策畫。此指趙堯為高祖策畫，令周昌為趙相事。見上卷高祖十年㈡。㈤乃抵堯罪：趙堯以高帝十年代周昌為御史大夫，至是免官，見《漢書・公卿表》。所云抵堯罪，當係指此。㈥有德於太后：《漢書・任敖傳》：「高祖嘗避吏，吏繫呂后，遇之不謹，敖素善高祖，怒，擊傷主呂后吏。」故云有德於太后。㈦欲以王諸呂為漸：漸，逐次。欲以逐次實現其封諸呂為王之計劃。按呂后欲封諸呂為王，恐為大臣所阻，故先追封死者，逐次及於生者。㈧除三族罪、妖言令：胡三省曰：「秦為威虐，罪之重者，戮及三族，過誤之語，以為妖言，故皆除之。」㈨所名孝惠子：實非孝惠子，而號稱孝惠子。所名，謂名是而實非。㈢襄城：故城即今河南省襄城縣。㉑軹：故城在今河南省濟源縣南。㉒壺關：故城在今山西省長治縣東南。㉓彊為淮陽王：惠帝元年，徙封淮陽王友為趙王，今以淮陽封彊。㉔不疑為恆山王：恆山郡，屬趙國，今割之以封不疑。恆山郡治元氏縣，故城在今河北省元氏縣西北。文帝時，改恆山為常山。㉕諷：讀曰諷。以微詞授意。㉖台：音胎（ㄊㄞ），又音怡（ㄧˊ）。㉗濟南郡：治東平陵縣，故城在今山東省歷城縣東。㉘叢臺：臺名，在趙都邯鄲。

二年（西元前一八六年）

㈠冬，十一月，呂肅王台薨。【考異】史記本紀，高后元年立孝惠子不疑為恆山王，呂台為呂王。二年，恆山王薨。十一月，呂王台薨。年表，二人皆以元年薨。漢書本紀，元年，立不疑、呂台、產、祿、通為王，二年，不疑薨。年表，元年，不疑及呂台為王，二年，皆薨。蓋史記年表薨字，應在二年，誤書於元年耳。其實，二人皆以二年薨，漢書本紀云，產、祿、通為王，亦誤也。

㈡春，正月，乙卯（二十七日），地震，羌道㈠、武都道㈡山崩。

㈢夏，五月，丙甲（初九日），封楚元王子郢客為上邳㈢侯，齊悼惠王子章為朱虛㈣侯，【考異】史記高后紀，在元年，今從漢書王子侯表。令入宿衛，又以呂祿女妻章。

(四)六月，丙戌（三十日），晦，日有食之。

(五)秋七月，恆山哀王不疑薨。

(六)行八銖錢㊄。

(七)癸丑（二十七日），立襄成侯山為恆山王，更名義。

【今註】㊀羌道：故城在今甘肅省武都縣西北。㊁武都道：故址在今甘肅省成縣西。漢武帝時置武都郡。㊂上邳：故城在今山東省滕縣南。㊃朱虛：故城在今山東省臨朐縣東。㊄八銖錢：銖，古衡名。《漢書・律曆志》：「二十四銖為兩。」八銖錢，秦世所鑄錢，漢興，廢之，更鑄莢錢，民患其太輕，至是復行八銖錢。

三年（西元前一八五年）

(一)夏，江水、漢水溢，流㊀四千餘家。

(二)秋，星晝見。

(三)伊水㊁、洛水、汝水㊂溢，流八百餘家。

【今註】㊀流：為水所漂沒。㊁伊水：洛水之支流。㊂汝水：淮水之支流。

四年（西元前一八四年）

㈠春，二月，癸未（初七日），立所名孝惠子太為昌平㊀侯。

㈡夏，四月，丙申（二十一日），太后封女弟㊁嬃為臨光侯。

㈢少帝寖長㊂，自知非皇后子㊃，乃出言曰：「后安能殺吾母而名我？我壯，即為變。」太后聞之，幽之永巷㊄中，言帝病，左右莫得見。太后語羣臣曰：「今皇帝病，久不已㊅，失惑昏亂，不能繼嗣治天下，其代之㊆。」羣臣皆頓首，言皇太后為天下齊民㊇計，所以安宗廟、社稷甚深，羣臣頓首奉詔。遂廢帝，幽殺之。五月，丙辰（十一日），立恆山王義為帝，更名曰弘。不稱元年，以太后制天下事故也。以軹侯朝為恆山王。

㈣是歲，以平陽侯曹窋為御史大夫。

㈤有司請禁南越關市鐵器㊈，南越王佗曰：「高帝立我，通使物㊉，今高后聽讒臣，別異蠻夷，隔絕器物，此必長沙王計，欲倚中國擊滅南越，而并王之，自為功也。」

【今註】㊀昌平：故城在今河北省昌平縣東南。㊁女弟：妹妹。㊂寖長：漸長。㊃自知非皇后子：少帝非張皇后所出，見上卷惠帝七年第四條。㊄永巷：宮中長巷，為幽閉之所。㊅不已：不癒。㊆其代之：命羣臣議舉可以代為皇帝者。㊇齊民：平民，取無貴賤之別，一律平等之義。㊈有司請禁南越關市鐵器：關市，於邊關設市，與蠻夷為交易之所。此謂有司請禁以鐵器與南越互市。㊉通使物：使，使節。物，器物。

五年（西元前一八三年）

㈠春，佗自稱南越武帝。發兵攻長沙，敗㊀數縣而去。

㈡秋，八月，淮陽懷王彊薨。以壺關侯武為淮陽王。

㈢九月，發河東、上黨騎屯北地。

㈣初令戍卒歲更㊁。

【今註】㊀敗：擊敗長沙之軍。㊁初令戍卒歲更：更，更代。胡三省曰：「秦虐用其民，南戍五嶺，北築長城，戍卒連年不歸，而死者多矣。至此，始令一歲而更。」

六年（西元前一八二年）

(一)冬，十月，太后以呂王嘉㊀居處驕恣，廢之。十一月，立肅王弟產為呂王。

(二)春，星晝見。

(三)夏，四月丁酉（初三日），赦天下。

(四)封朱虛侯章弟興居為東牟㊁侯，亦入宿衛。

(五)匈奴寇狄道㊂，攻阿陽㊃。

(六)行五分錢㊄。

(七)宣平侯張敖卒，【考異】史記呂后本紀，敖卒，在明年六月。按史記功臣表，高后六年，敖卒，漢書功臣表，敖以高祖九年封，十七年薨，蓋本紀之誤。賜謚曰魯元王㊅。

【今註】㊀呂王嘉：呂肅王台之子。高后二年，台薨，嘉嗣為呂王。㊁東牟：故城在今山東省文登縣西北。㊂狄道：故城在今甘肅省臨洮縣西南。㊃阿陽：故城在今甘肅省靜寧縣南。㊄五分錢：即漢初所鑄之莢錢。㊅賜謚曰魯元王：張敖本嗣父耳爵為趙王。貫高謀反，敖廢為宣平侯，仍尚魯元公主。高后元年，公主薨，謚曰魯元太后。敖以侯卒，因公主賜謚魯元王。

七年（西元前一八一年）

㈠冬，十二月，匈奴寇狄道，略二千餘人。

㈡春，正月，太后召趙幽王友。友以諸呂女為后，弗愛，愛他姬，諸呂女怒，去，讒之於太后，曰：「王言呂氏安得王？太后百歲後，吾必擊之。」太后以故召趙王。趙王至，置邸㈠，不得見。令衞圍守之，弗與食。其羣臣或竊饋㈡，輒捕論之㈢。丁丑（十八日），趙王餓死，以民禮葬之長安民冢次。

㈢己丑（三十日），日食，晝晦㈣，太后惡㈤之，謂左右曰：「此為我也。」

㈣二月，徙梁王恢為趙王㈥，呂王產為梁王。梁王不之國，為帝太傅。

㈤秋，七月，丁巳（是月戊午朔，無丁巳），立平昌侯太為濟川王㈦。

㈥呂顉女為將軍營陵㈧侯劉澤妻，澤者，高祖從祖昆弟也。齊人田生為之說大謁者張卿㈨曰：「諸呂之王也，諸大臣未大服。今營陵侯澤，諸劉最長，今卿言太后，王之，呂氏王益固矣。」張卿入言太后，太后然之，乃割齊之琅邪郡，封澤為琅邪王。【考異】史記世家、漢書列傳皆云，田生先說張卿，令風大臣，立呂產為呂王，然後說令王澤。按太后自以呂王嘉驕恣，廢之，以產代為呂王，非始封於呂，又諸呂之王已久，何必待田生之謀？以此不取。

(七)趙王恢之徙趙，心懷不樂，太后以呂產女為王后。王后從官，皆諸呂，擅權，微伺趙王，趙王不得自恣。王有所愛姬，王后使人酖殺之。六月，王不勝悲憤，自殺。太后聞之，以為王用婦人，棄宗廟禮㊉，廢其嗣。

是時，諸呂擅權用事，朱虛侯章，年二十，有氣力㊁，忿劉氏不得職，嘗入侍太后燕㊂飲，太后令章為酒吏，章自請曰：「臣，將種也，請得以軍法行酒。」太后曰：「可。」酒酣，章請為耕田歌，太后許之。章曰：「深耕穊種，立苗欲疏，非其種者，鉏而去之㊂。」太后默然。頃之，諸呂有一人醉，亡酒㊃，章追，拔劍斬之而還報，曰：「有亡酒一人，臣謹行法斬之。」太后左右皆大驚，業已許其軍法，無以罪也。因罷。自是之後，諸呂憚朱虛侯，雖大臣皆依朱虛侯，劉氏為益彊㊄。

陳平患諸呂，力不能制，恐禍及己，嘗燕居深念㊅，陸賈往，直入坐，而陳丞相不見。陸生曰：「何念之深也！」陳平曰：「生揣我何念(一七)？」陸生曰：「足下極富貴，無欲(一八)矣！然有憂念，不過患諸呂、少主耳！」陳平曰：「然，為之柰何？」陸生曰：「天下安，注意相；天下危，注意將。將相和調，則士豫附(一九)。天下雖有變，權不分(二〇)，為社稷計，在兩君(二一)掌握耳。臣嘗欲謂太尉絳侯，絳侯與我戲，易吾言(二二)；君何不交驩(二三)太尉，深相結？」因為陳平畫(二四)呂氏數事，陳平用其計，乃以五百金為絳侯壽，厚具樂飲，太尉報，亦如之，兩人深相結，呂氏謀益衰。陳平以奴婢百人、車馬五十乘、錢五百萬遺陸生為飲食費。

(八)太后使使告代王(二五)，欲徙王趙，代王謝之，願守代邊。太后乃立兄子呂祿為趙王，追尊祿父建成康侯釋之為趙昭王。

(九)九月，燕靈王建(二六)薨，有美人子(二七)，太后使人殺之，國除。

(十)遣隆慮(二八)侯周竈將兵擊南越。

【今註】㊀置邸：置於趙邸。邸，邸宅。漢制，諸侯王、諸侯及郡、國守、相，皆置邸於京師，以為朝覲時住宿之所。㊁竊饋：私以食物與之。㊂輒捕論之：輒捕其饋者，以罪論之。㊃晦：天色幽暗。㊄惡：畏憎。㊅徙梁王恢為趙王：高祖十一年，誅彭越，封恢為梁王，至是徙王趙。㊆立平昌侯太為濟川王：胡三省曰：「四年，封太為昌平侯，班表亦作昌平，此誤以平字在上。濟川即濟南、濟北之地，蓋割齊封之。時太年幼，未嘗之國。」㊇營陵：故城在今山東省昌樂縣東南。㊈大謁者張卿：胡三省曰：「張卿，即前大謁者張釋也。」按：卿，尊稱之詞。㊉王用婦人，棄宗廟禮：用，同以。諸侯王有國，所以奉祀宗廟。今恢以愛姬之故自殺，不以奉祀宗廟為重，是為棄宗廟之禮。⑪氣力：氣概材力。⑫燕：同宴。⑬深耕概種，立苗欲疏；非其種者，鋤而去之：概，稠密。深耕概種，謂欲子孫繁衍，則須深固其根本。立，四散置之。立苗欲疏，謂為政一如耕作，須廣建同姓諸侯，以為帝室藩屏。非其種者，鋤而去之，暗指諸呂，非漢朝之宗室，須斥逐之，不宜使專擅朝政。概，音冀（ㄐㄧˋ）。⑭亡酒：避酒而逃。⑮益彊：益，漸也，益強即漸強。⑯燕居深念：燕居，平居。深念，深思。陳平以諸呂擅權，國家不安，且恐禍及己，故雖平居亦深思對付之策。⑰生揣我何念：生，先生。揣，猜測。云先生猜我所思何事？⑱無欲：無復他求。欲，古慾字。⑲豫附：樂附。⑳權不分：將相和調則權不分，然後可以協力濟時變。㉑兩君：指陳平與絳侯周勃。時平為相而勃為太尉，分掌將相之權。㉒絳侯與我戲，易吾言：戲，戲狎。易，輕易。陸賈謂周勃素與之親昵，相戲狎，而輕易其言，雖告之，無益。㉓驩：同歡。㉔畫：策畫。㉕代王：高祖十一年，誅陳豨，平代，因立子恆為代王。㉖燕靈王建：高祖十二年，燕王盧綰反，亡入匈奴，因立子建為燕王。㉗美人子：美人所生之子。美人，女官號。㉘隆慮：即今河南省林縣。

八年（西元前一八〇年）

㈠冬，十月，辛丑（十六日），立呂肅王子東平㈠侯通為燕王，封通弟莊為東平侯。

㈡三月，太后祓㈡，還，過軹道，見物如蒼犬，撠㈢太后掖㈣，忽不復見，卜之，云：「趙王如意為祟㈤。」太后遂病掖傷。

太后為外孫魯王偃㈥年少，孤弱，夏，四月，丁酉（十五日），封張敖前姬兩子侈為新都㈦侯，壽為樂昌㈧侯，【考異】史記惠景間侯者表，新都作信都，壽作受，今從本紀。以輔魯王。又封中大謁者㈨張釋為建陵㈩侯，以其勸王諸呂，賞之也。

㈢江、漢水溢，流萬餘家。

㈣秋，七月，太后病甚，乃令趙王祿為上將軍，居北軍；呂王產居南軍㈡。太后誡產、祿曰：「呂氏之王，大臣弗平。我即崩，帝年少，大臣恐為變。必據兵衛宮，慎毋送喪，為人所制。」辛巳（三十日），太后崩。遺詔大赦天下，以呂王產為相國，以呂祿女為帝后。高后已葬，以左丞相審食其為帝太傅。【考異】史記將相表，八年，七月，辛巳，食其為太傅；九月，丙戌，復為丞相；後九月，免。漢書公卿表，七年，七月，辛巳，食其為太傅；八年，九月，復為丞相；後九月，免。以長曆推之，八年七月無辛巳，九月無丙戌，閏月，羣臣代邸上議，無食其名，二表皆誤。今從史記本紀，免相在此月。本紀又云，八月，壬戌，食其復為左丞相，亦誤。

㈤諸呂欲為亂，畏大臣絳、灌等，未敢發。朱虛侯[12]以呂祿女為婦，故知其謀，乃陰令人告其兄齊王[13]，欲令發兵西[14]，朱虛侯、東牟侯[15]為內應，以誅諸呂，立齊王為帝。齊王乃與其舅駟鈞、郎中令祝午、中尉魏勃陰謀發兵，齊相召平[16]弗聽。

八月，丙午（二十六日），齊王欲使人誅相[17]，相聞之，乃發卒衞王宮。魏勃紿[18]召平曰：「王欲發兵，非有漢虎符驗也[19]。而相君[20]圍王，固善，勃請為君將兵衞王。」召平信之。勃既將兵，遂圍相府，召平自殺。於是齊王以駟鈞為相，魏勃為將軍，祝午為內史，悉發國中兵。使祝午東[21]，詐琅邪王[22]曰：「呂氏作亂，齊王發兵，欲西誅之。齊王自以年少，不習兵革[23]之事，願舉國[24]委大王，大王自高帝將也[25]，請大王幸之臨菑，見齊王計事。」琅邪王信之，西馳見齊王。齊王因留琅邪王，而使祝午盡發琅邪國兵，并將之。【考異】史記澤世家、漢書傳，皆以為澤與齊王合謀，蓋誤。今從史記呂后本紀、齊王世家、漢書呂后紀、齊王傳。琅邪王說齊王曰：「大王高皇帝適長孫㉖也，當立。今諸大臣狐疑，未有所定，而澤於劉氏，最為長年，大臣固待澤決計。今大王留臣，無為也，不如使我入關計事。」齊王以為然，乃益具車㉗送琅邪王。琅邪王既行，齊遂舉兵西攻濟南㉘，遺諸侯王書，陳㉙諸呂之罪，欲舉兵誅之。相國呂產等聞之，乃遣潁陰㉚侯灌嬰，將兵擊之。灌嬰至滎陽，謀曰：「諸呂擁兵關中，欲危劉氏而自立。今我破齊，還報，此益呂氏之資也。」乃留屯滎陽，使使諭齊王及諸侯，與連和，以待呂氏變㉛，共誅之。齊王聞之，乃還兵西界，待約。

呂祿、呂產欲作亂，內憚絳侯、朱虛等，外畏齊、楚兵，又恐灌嬰畔㉜之。欲待灌嬰兵與齊合而發，猶豫未決。當是時，濟川王太、淮陽王武、常山王朝及魯王張偃，皆年少，未之國，居長安。趙王祿、梁王產各將兵居南北軍，皆呂氏之人也。列侯、羣臣莫自堅其命㉝，太尉絳侯勃不得主兵。曲周㉞侯酈商老病，其子寄與呂祿善，絳侯乃與丞相陳平謀，使人劫酈商，令其子寄往紿說呂祿曰：「高帝與呂后共定天下，劉氏所立九王㉟，呂氏所立三王㊱，皆大臣之議，事已布告，諸侯皆以為宜，今太后崩，帝少，而足下佩趙王印，不急之國㊲守藩，乃為上將，將兵留此，為大臣、諸侯所疑。足下何不歸將印，以兵屬㊳太尉，請梁王歸相國印，與大臣盟而之國，齊兵必罷，大臣得安，足下高枕㊴而王千里，此萬世之利㊵也。」呂祿信然其計，欲以兵屬太尉，使人報呂產及諸呂老人，或以為便，或曰不便，計猶豫未有所決。

呂祿信酈寄，時與出游獵，過㊶其姑呂嬃㊷，嬃大怒，曰：「若㊸為將而棄軍，呂氏今無處㊹矣。」乃悉出珠玉寶器，散堂下，曰：「毋為他人守也。」

九月，庚申（十日），旦，【考異】史記本紀，八月，庚申，旦，上有八月丙午。漢書高后紀亦云，八月，庚申。今以長曆推之，下八月，當為九月。平陽侯窋行御史大夫事㊺，見相國產計事，郎中令賈壽，使從齊來㊻，因數㊼產曰：「王不早之國，今雖欲行，尚可得耶？」具以灌嬰與齊、楚合從㊽，欲誅諸呂，告產，且趣㊾產急入宮。平陽侯頗聞其語，馳告丞相、太尉，太尉欲入北軍，不得入，襄平㊿

侯紀通，尚符節(五一)，乃令持節矯內太尉北軍(五二)。太尉復令酈寄與典客(五三)劉揭先說呂祿曰：「帝使太尉守北軍，欲足下之國。急歸將印，辭去，不然，禍且起。」呂祿以為酈況(五四)不欺己，遂解印，屬典客，而以兵授太尉。太尉至軍，呂祿已去。太尉入軍門，行令軍中，曰：「為呂氏右袒，為劉氏左袒(五五)。」軍中皆左袒，太尉遂將北軍。然尚有南軍，丞相平乃召朱虛侯章佐太尉。太尉令朱虛侯監軍門，令平陽侯告衛尉(五六)，毋入相國產殿門(五七)。呂產不知呂祿已去北軍，乃入未央宮，欲為亂。至殿門，弗得入，徘徊(五八)往來。平陽侯恐弗勝，馳語太尉，太尉尚恐不勝諸呂，未敢公言誅之，乃謂朱虛侯曰：「急入宮衛帝。」朱虛侯請卒，太尉予(五九)卒千餘人，入未央宮門，見產廷中。日餔(六〇)時，遂擊產，產走，天風大起，以故其從官亂，莫敢鬬。逐產，殺之郎中府(六一)吏廁中。朱虛侯已殺產，帝命謁者持節勞(六二)朱虛侯，朱虛侯欲奪其節，謁者不肯，朱虛侯則從與載(六三)，因節信(六四)馳走，斬長樂衛尉呂更始，還馳入北軍，報太尉。太尉起，拜賀朱虛侯，曰：「所患獨呂產，今已誅，天下定矣。」遂遣人分部㊅㊄，悉捕諸呂男女，無少長，皆斬之。辛酉（十一日），捕斬呂祿，而笞殺呂嬃，使人誅燕王呂通，而廢魯王張偃。戊辰（十八日），徙濟川王王梁㊅㊅，遣朱虛侯章以誅諸呂事告齊王，令罷兵。

灌嬰在滎陽，聞魏勃本教齊王舉兵，使使召魏勃至，責問之。勃曰：「失火之家，豈暇先言丈人而救火乎㊅㊆？」因退立，股戰而栗㊅㊇，恐不能言者，終無他語。灌將軍熟視㊅㊈，笑曰：「人謂魏勃勇，妄，庸人耳，何能為乎！」乃罷㊆㊀魏勃。灌嬰兵亦罷滎陽，歸㊆㊁。

班固贊曰：「孝文時，天下以酈寄為賣友㊆㊂。夫賣友者，謂見利而忘義也。若寄父為功臣，而又執劫，雖摧呂祿，以安社稷，誼存君親，可也㊆㊂。」

㈥諸大臣相與陰謀㊆㊃曰：「少帝及梁、淮陽、恆山王，皆非真孝惠子也。呂后以計詐名他人子㊆㊄，殺其母，養後宮，令孝惠子之，立以為後及諸王，以彊呂氏。今皆已夷滅諸呂，而所立即長，用事，吾屬(七六)無類(七七)矣。不如視(七八)諸王最賢者，立之。」或言齊王，高帝長孫，可立也。大臣皆曰：「呂氏以外家惡，而幾危宗廟，亂功臣(七九)，今齊王舅駟鈞，虎而冠(八〇)，即立齊王，復為呂氏矣。代王方今高帝見子，最長，仁孝寬厚，太后家薄氏(八一)，謹良，且立長，固順(八二)，況以仁孝聞天下乎？」乃相與共陰使人召代王。代王問左右，郎中令張武等曰：「漢大臣皆故高帝時大將，習兵，多謀詐(八三)，此其屬意非止此也(八四)，特畏高帝、呂太后威耳！今已誅諸呂，新喋血(八五)京師，此以迎大王為名，實不可信。願大王稱疾，毋往，以觀其變。」中尉宋昌進(八六)曰：「羣臣之議皆非也。夫秦失其政，諸侯、豪傑並起，人人自以為得之者以萬數。然卒踐天子之位者，劉氏也，天下絕望，一矣。高帝封王子弟地，犬牙相制(八七)，此所謂磐石之宗(八八)也，天下服其彊，二矣。漢興，除秦苛政，約(八九)法令，施德惠，人人自安，難動搖，三矣。夫以呂太后之嚴(九〇)，立諸呂為三王，擅權專制，然而太尉以一節入北軍，一呼，士皆左袒為劉氏，叛諸呂，卒以滅之，此乃天授，非人力也。今大臣雖欲為變，百姓弗為使，其黨寧能專一邪？方今內有朱虛、東牟之親，外畏吳、楚、淮陽[九一]、琅邪、齊、代之彊，方今高帝子，獨淮南王與大王，大王又長，賢聖仁孝，聞於天下，故大臣因天下之心，而欲迎立大王，大王勿疑也。」代王報太后計之，猶豫未定，卜之，兆得大橫[九二]，占[九三]曰：「大橫庚庚[九四]，余為天王，夏啟以光[九五]。」代王曰：「寡人固以為王矣！又何王？」卜人曰：「所謂天王者，乃天子也。」於是代王遣太后弟薄昭，往見絳侯。絳侯等具為昭言所以迎立王意。薄昭還報，曰：「信矣！毋可疑者。」代王乃笑謂宋昌曰：「果如公言。」乃命宋昌參乘[九六]，張武等六人乘傳，從詣[九七]長安。至高陵[九八]，休止，而使宋昌先馳之長安觀變。昌至渭橋[九九]，丞相以下皆迎。昌還，報代王，馳至渭橋，羣臣拜謁，稱臣，代王下車答拜。太尉勃進曰：「願請間[一〇〇]。」宋昌曰：「所言公，公言之；所言私，王者無私。」太尉乃跪上天子璽符。代王謝[一〇一]曰：「至代邸[一〇二]而議之。」後九月，己酉（二十九日），晦，代王至長安，舍代邸，羣臣從至邸。丞相陳平等皆再拜，言曰：

「子弘㉓等皆非孝惠子，不當奉宗廟。大王、高帝長子，宜為嗣，願大王即天子位。」代王西鄉讓者三，南鄉讓者再㉔，遂即天子位。羣臣以禮次㉕侍，東牟侯興居曰：「誅呂氏，臣無功，請得除宮㉖。」乃與太僕汝陰侯滕公入宮，前，謂少帝曰：「足下非劉氏子，不當立。」乃顧麾左右執戟者掊兵罷去㉗。有數人，不肯去兵，宦者令張釋㉘諭告，亦去兵。滕公乃召乘輿車㉙，載少帝出。少帝曰：「欲將我安之㉚乎？」滕公曰：「出就舍，舍少府㉛。」乃奉天子法駕㉜，迎代王於邸。報曰：「宮謹除。」代王即夕入未央宮。有謁者十人，持戟衛端門㉝，曰：「天子在也，足下何為者而入？」代王乃謂太尉，太尉往諭，謁者十人皆掊兵而去。代王遂入，夜拜宋昌為衛將軍㉞，鎮撫南北軍，以張武為郎中令，行㉟殿中；有司分部誅滅梁、淮陽、恆山王及少帝於邸。文帝還坐前殿夜㊱下詔書，赦天下。

【今註】 ㊀東平國：故城在今山東省東平縣東。㊁祓：除災求福之祭。祓音拂（ㄈㄨˊ），又音廢（ㄈㄟˋ）。㊂撽：曲其肘如戟而持之。撽音戟（ㄐㄧˇ）。㊃掖：同腋。肘脅之間。㊄祟：鬼神為禍。祟音遂（ㄙㄨㄟˋ）。㊅魯王偃：張敖之子，高后元年，封魯王。㊆新都國：故城在今河南省新野縣東。㊇樂昌：故城在今河北省南樂縣西北。㊈中大謁者：中謂中官，職掌宮中之事。如淳曰：「灌嬰為中謁者，後常以閹人為之。諸官加中者，多閹人也。」㊉建陵國：故址在今江蘇省沭陽縣西北。⑪南北軍：胡三省曰：「班表：中壘校尉，掌北軍壘門外。又有中尉，掌徼循京師，屬官有中壘、寺互等令、丞。至後漢，始置北軍中候，掌監五營。劉昭注曰：『舊有中壘校尉，領北置營壘之事。中興，省中壘，但置中候以監五營。』又據班表，中壘以下八校尉，皆武帝置。意者武帝以前，北軍屬中尉，故領中壘令、丞等官；南軍蓋衞尉所統。班表：衞尉，掌宮門衞屯兵。周勃之入北軍也，尚有南軍，乃先使曹窋告衞尉，毋入呂產殿門，然後使朱虛侯逐產，殺之未央宮郎中府吏廁中。以此，知南軍屬衞尉也。」按南、北二軍，以北軍兵勢較盛。吳仁傑曰：「漢南、北軍，雖號為兩軍相表裏，其實南軍非北軍比也。高帝發中尉卒三萬人；王溫舒為中尉，請覆脫卒，得數萬人；北軍尺籍，亦云盛矣！至若蓋寬饒為衞司馬，衞卒之數，不過數千人而已。故漢之兵制，常以北軍為重。周勃一入北軍，而呂產輩束手就戮；戾太子不得北軍之助，卒敗於丞相之兵；兩軍之勢，大略可覩。」⑫朱虛侯：劉章。⑬齊王：劉襄。⑭發兵西：發兵自齊西入關。⑮東牟侯：劉興居，劉章之弟。⑯「郎中令祝午」至「齊相召平」：按《漢書・百官表》：諸侯王，高祖初置。有太傅輔王，內史治國民，中尉掌武職，丞相統眾官，羣卿、大夫、都官如漢朝。景帝中五年，令諸侯王不得復治國，天子為置吏，改丞相曰相。武帝改漢內史為京兆尹，中尉為執金吾，郎中令為光祿勳，故王國如故。損其郎中令秩千石，改太僕曰僕，秩亦千石。成帝綏和元年，省內史，更令相治民如郡太守，中尉如郡都尉。⑰相：齊相召平。⑱紿：欺騙。⑲非有漢虎符驗也：驗，證信。此謂漢朝未嘗遣使至齊國合符，無所憑信，齊王不得發兵。⑳相君：君，男子美稱。召平為齊相，故魏勃稱之為相君。㉑東：自齊國東使琅邪。㉒琅邪王：劉澤。高后三年，割齊之琅邪封澤為王。㉓兵革：戎旅之事。㉔舉國：全國。㉕大王自高帝將也：謂澤自高帝時即為將。㉖高皇帝適長孫：齊王襄，悼惠王肥之子，高帝之長孫。時惠帝已崩，無嫡嗣，故琅邪王澤謂襄為高帝嫡長孫。適，讀曰嫡。㉗益具車：多備車騎。㉘濟南：本屬齊國。呂后元年，割封呂台為呂國。㉙陳：列述。㉚潁陰：故治即今河南省許昌縣。㉛變：作亂。㉜畔：同叛。㉝列侯、羣臣莫自堅其命：謂列侯、羣臣，人人自危。㉞曲周：故城在今河北省曲周縣東北。㉟劉氏所立九王：楚王交，高祖弟；代王恆、淮南王長，高祖子；吳王濞，高祖姪；琅邪王澤，劉氏疏屬；齊王襄，高祖孫；常山王朝、淮陽王武、濟川王太，惠帝子。㊱呂氏三王：梁王呂產，趙王呂祿，燕王呂通。產本嗣父台爵為呂王，高后七年，徙封梁。㊲之國：就國。㊳屬：交付。㊴高枕：安臥無憂。㊵萬世之利：利及子孫，傳之無窮。㊶過：訪。㊷呂嬃，呂后之妹，於呂祿為姑。㊸若：汝。㊹無處：謂將見誅滅，死無葬身之地。㊺平陽侯窋行御史大夫事：高后四年，曹窋為御史大夫。按《漢書・公卿表》，高后八年，以淮南丞相張蒼為御史大夫，是時蒼未視事，而窋尚在官，故謂之行事。窋：音咄。㊻使從齊來：使齊而返。㊼數：責備。㊽齊、楚合從：齊、楚俱在關東，連兵西向，欲以誅諸呂，如戰國時關東諸侯合縱以伐秦，故謂之合縱。(四九)趣：讀曰促。(五〇)襄平：故城在今遼寧省遼陽縣北。(五一)尚符節：尚，主也，主管頒發符節之職。(五二)令持節矯內太尉北軍：太尉周勃令紀通持節矯帝命納勃於北軍。內，讀曰納。(五三)典客：按《漢書・百官表》，典客，秦官，掌諸侯及歸義蠻夷。景帝中六年，更名大行令。武帝太初元年，更名大鴻臚。(五四)酈況：酈寄字。(五五)袒：捲袖露臂。右袒，露其右臂，左袒，露其左臂。(五六)衞尉，掌宮門衞屯兵。(五七)毋入相國產殿門：勿令相國呂產得入殿門。(五八)徘徊：徬徨不進。(五九)予：讀曰與。(六〇)餔：古以申時進食為餔。申時，傍晚時刻。(六一)郎中府：如淳曰：「郎中令，掌宮殿門戶，故府在宮中。」王先謙曰：「郎中府，即郎中署。」(六二)勞：慰問。(六三)從與載：從謁者，與同載一車而馳。(六四)因節信：因謁者所持之節以為信。(六五)分部：分別行事。(六六)徙濟川王王梁：濟川王太。時呂產為梁王，產既誅，因徙太為梁王。(六七)失火之家，豈暇先言丈人而後救火乎：此喻救亡如救火，無暇待有詔命而後舉兵。(六八)股戰而栗：股，上腿。戰，發抖。栗，同慄。謂恐懼過甚而股戰慄。(六九)熟視：注視之甚久。(七〇)罷：捨而遣之。(七一)罷滎陽，歸：於滎陽休兵，解而西歸。(七二)天下以酈寄為賣友：酈寄與呂祿相友善，詭奪其軍而誅之，是為賣友。(七三)而又執劫，雖摧呂祿，以安社稷，誼存君親，可也：執劫，為人所執而劫以為質。此謂酈寄父商為周勃所劫質，其勢不得不詭詐呂祿以救其父，於義言之，不可謂為賣友。(七四)陰謀：秘密謀議。(七五)詐名他人子：名，占。言詐奪他人子而占為己有。(七六)吾屬：吾輩，諸大臣自謂。(七七)無類：謂將盡見夷滅至無遺種。(七八)視：審察選擇。(七九)亂功臣：使功臣失其序列。(八〇)虎而冠：言駟鈞暴戾如虎，若齊王立為帝，則駟鈞主朝政，無異猛虎而著冠帶，與呂氏何異。(八一)太后家薄氏：代王，高帝薄姬所生。(八二)順：於理不悖。(八三)習兵，多謀詐：嫻習兵機，而長於詐謀。(八四)此其屬意非止此也：屬意，意之所在。此謂漢諸大臣常蓄異志，其意望未嘗以目前之爵位為滿足。(八五)啑血：啑通唼，又通喋，《漢書》作喋，周壽昌曰：「喋，為唼喋之喋。」王先謙曰：「史記作啑，啑、唼同字。」周壽昌曰：「若口唼之也。」啑血，以口啑血，喻搏鬥猛烈，如禽獸之相殘喋。(八六)進：獻策。(八七)犬牙相制：謂諸封國地形，如犬牙之交錯，互相牽制。(八八)磐石之宗：宗，宗主。謂漢朝為天下之宗主。磐石，石大而下平，盤據地面，不可移動，以喻其穩固。(八九)約：省約。(九〇)嚴：威。(九一)淮陽：《史記》、《漢書》俱作淮南，當從之。按前此劉氏所立凡九王，梁、淮陽、恆山三王皆幼弱，諸大臣方議欲廢之，必不在宋昌所舉六王之數。(九二)兆得大橫：古時以龜甲灼火，視龜甲上裂紋以辨吉凶，謂之兆；甲上裂紋正橫，謂之大橫。(九三)占：卜辭。(九四)庚庚：形容詞，喻橫紋之明晰。(九五)夏啟以光：夏啟，夏禹之子，嗣禹為王。光，發揚先王之業。此謂代王此行，亦將入繼大統，以光高帝之業。(九六)參乘：陪乘。古人乘車，尊者居左，御者居中，另以一人居右陪乘為參乘。參同三，取三人同乘之義，亦作驂，又以其居右，亦曰右驂。(九七)詣：往。(九八)高陵：故城在今陝西省高陵縣西南。(九九)渭橋：蘇林曰：「渭橋在長安北三里。」索隱曰：「咸陽宮在渭北，興樂宮在渭南，秦昭王通兩宮之間，作渭橋。」(一〇〇)請間：間，暇隙。此謂周勃請代王屏除左右從者，賜以片刻之暇，欲有所陳，不欲於眾中顯論之。(一〇一)謝：辭讓。(一〇二)代邸：漢制，諸侯王、列侯及郡國守相各有邸舍在長安，為朝覲時息宿之所。代邸，代王之邸。(一〇三)子弘：謂少帝。少帝初名義，高后四年，立為帝，更名弘。㉔代王西鄉讓者三，南鄉讓者再：如淳曰：「讓羣臣也。或曰：賓主位東西面，君臣位南北面，故西鄉坐，三讓不受，羣臣猶稱宜，乃更南鄉坐，示變即君位之漸也。」胡三省曰：「如說以代王南鄉坐為即君位之漸，恐非代王所以再讓之意。蓋王入代邸，而漢廷羣臣繼至，王以賓主禮接之，故西鄉。羣臣勸進，王凡三讓，羣臣遂扶王正南面之位，王又讓者再，則南鄉，非王之得已也。羣臣扶之，使南鄉耳！遽以為南鄉坐，可乎？」㉕以禮次：以職位尊卑為序。㉖除宮：清除宮室。胡三省曰：「此時羣臣雖奉帝即位，而少帝猶居禁中，蓋有所屏除也。」㉗顧麾左右執戟者掊兵罷去：顧，回視。麾，指揮。執戟者，郎官、謁者之屬，皆執戟以宿衛宮殿。掊兵，捨棄兵器。此謂夏侯嬰等回視少帝左右從官，令捨棄所執兵器離去。掊，音赴（ㄈㄨˋ）。㉘宦者令張釋：按《漢書・百官表》，宦者令，屬少府。張釋，即大謁者，封建陵侯者。釋本宦者，故兼是官。㉙乘輿車：天子所乘之車。乘輿，天子別稱，取天子以天下為家，不以宮室為常處，乘輿以行天下之義。㉚安之：何往。㉛舍少府：舍，止息，命暫於少府止息。㉜法駕：天子儀仗。漢官儀：「天子鹵薄，有大駕、法駕、小駕。大駕：公卿奉引，大將軍驂乘，屬車八十一乘。法駕：公卿不在鹵薄中，惟京兆尹、執金吾、長安令奉引，侍中驂乘，屬車三十六乘。」按《後漢書・輿服志》東漢改法駕屬車為四十六乘，大駕如西漢之制。鹵薄，謂車駕次第，如今所謂儀仗。《春明夢餘錄》云：「鹵薄之制兆於秦，而其名則始於漢。或曰：凡兵衛以甲盾居外，為導從捍御，其先後皆著之簿籍，故曰鹵簿。」屬，連屬。屬車，謂車車相連接而陳於後。㉝端門：胡三省曰：「端門：未央宮前殿之正南門。」㈣衞將軍：胡三省曰：「班表：前後左右將軍，皆周末官，秦因之。漢不常置。蔡質漢儀：『漢興，置大將軍、驃騎將軍，位次丞相，車騎將軍、衞將軍、左右前後將軍，皆金紫，位次上卿。』余據大將軍，始於灌嬰。驃騎、車騎、左、右、前、後將軍，景、武之後，方有其官。衞將軍，則始置於此。」㈤行：巡視。㈥夜：當夜。

太宗孝文皇帝上

元年（西元前一七九年）

㈠冬，十月，庚戌（初一日），徙瑯邪王澤為燕王㈠，封趙幽王子遂為趙王㈡。

㈡陳平謝病㈢，上問之，平曰：「高祖時，勃功不如臣，及誅諸呂，臣功亦不如勃，願以右丞相讓勃。」十一月，辛巳（初二日），上徙平為左丞相，太尉勃為右丞相，大將軍灌嬰為太尉。諸呂所奪齊、楚故地，皆復與之㈣。

㈢論誅諸呂功，右丞相勃以下，益戶賜金各有差㈤。絳侯朝罷，趨出，意得甚，上禮之恭，常目送之。郎中安陵㈥袁盎諫曰：「諸呂悖逆，大臣相與共誅之。是時，丞相為太尉，本兵柄，適會其成功㈦，今丞相如有㈧驕主色，陛下謙讓，臣主失禮，竊為陛下弗取㈨也。」後朝，上益莊㈩，丞相益畏。

㈣十二月，詔曰：「法者，治之正也㈡。今犯法已論，而使無罪之父母、妻子、同產坐之，及為收帑㈢，朕甚不取。其除收帑、諸相坐律令。」

㈤春，正月，有司請蚤㈢建太子。上曰：「朕既不德，縱不能博求天下賢聖有德之人而禪天下焉，而曰豫㈣建太子，是重㈤吾不德也。其安之㈥。」有司曰：「豫建太子，所以重宗廟、社稷，不忘天下也。」上曰：「楚王、季父也，吳王、兄也，淮南王、弟也㈦，豈不豫哉！今不選舉焉，而曰必子㈧，人其以朕為忘賢、有德者，而專於子，非所以憂天下㈨也。」有司固請，曰：「古者殷、周有國，治安皆千餘歲，用此道㈩也。立嗣必子，所從來遠矣。高帝平天下為太祖，子孫繼嗣，世世不絕。今釋宜建㈡，而更選於諸侯及宗室，非高帝之志也。更議不宜㈢。子啟㈢最長，純厚慈仁，請建以為太子。」上乃許之。

㈥三月，立太子母竇氏為皇后。皇后，清河觀津㉔人，有弟廣國，字少君，幼為人所略㉕賣，傳十餘家。聞竇后立，乃上書自陳，召見，驗問得實，乃厚賜田宅、金錢，與兄長君家於長安。絳侯、灌將軍等曰：「吾屬不死，命乃且縣此兩人㉖。兩人所出微㉗，不可不為擇師傅、賓客，又復效呂氏，大事也㉘。」於是乃選士之有節行者與居。竇長君、少君由此為退讓君子，不敢以尊貴驕人。

㈦詔振貸鰥寡孤獨窮困之人㉙。又令八十已上㉚，月賜米、肉、酒，九十已上，加賜帛絮。賜物當稟㉛鬻㉜米者，長吏閱視，丞若尉致㉝，不滿九十，嗇夫㉞、令史㉟致。二千石㊱遣都吏㊲循行，不稱者督之㊳。

㈧楚元王交薨。

㈨夏，四月，齊、楚地震，二十九山同日崩，大水潰出。

㈩時有獻千里馬者，帝曰：「鸞旗㊴在前，屬車在後，吉行日五十里，師行三十里。朕乘千里馬，獨先安之㊵？」於是還其馬，與道里費，而下詔曰：「朕不受獻也。其令四方，毋求來獻。」

(十一)帝既施惠天下，諸侯、四夷，遠近驩㊶洽，乃脩代來功㊷，封宋昌為壯武㊸侯。

(十二)帝益明習國家事，朝而問右丞相勃曰：「天下一歲，決獄幾何？」勃謝不知；又問：「一歲錢穀出入幾何？」勃又謝不知，惶愧，汗出沾背。上問左丞相平，平曰：「有主者㊹。」上曰：「主者謂誰？」曰：「陛下即問決獄，責廷尉；問錢穀，責治粟內史㊺。」上曰：「苟各有主者，而君所主者，何事也？」平謝曰：「陛下不知其駑下㊻，使待罪㊼宰相。宰相者，上佐天子理陰陽，順四時；下遂萬物之宜；外鎮撫四夷、諸侯；內親附百姓，使卿大夫各得任其職焉㊽！」帝乃稱善。右丞相大慚，出而讓陳平曰：「君獨不素教我對。」陳平笑曰：「君居其位，不知其任邪？且陛下即問長安中盜賊數，君欲彊對邪？」於是絳侯自知其能不如平遠矣。

居頃之，人或說勃曰：「君既誅諸呂，立代王，威震天下，而君受厚賞，處尊位，久之，即禍及身矣。」勃亦自危，乃謝病請歸相印，上許之。秋，八月，辛未（二十七日），右丞相勃免，左丞相平專為丞相。

(十三)初，隆慮侯竈擊南越[49]，會暑濕，士卒大疫，兵不能隃領[50]。歲餘，高后崩，即罷兵，趙佗因此以兵威、財物賂遺閩越、西甌駱[51]，役屬焉。東西萬餘里，乘黃屋，左纛，稱制，與中國侔[52]。帝乃為佗親冢[53]在真定者，置守邑，歲時奉祀。召其昆弟，尊官厚賜寵之。復使陸賈使南越，賜佗書曰：「朕，高皇帝側室之子[54]也。棄外[55]，奉北藩于代，道里遼遠，壅蔽樸愚，未嘗致書[56]。高皇帝棄羣臣，孝惠皇帝即世[57]，高后自臨事[58]，不幸有疾，諸呂為變。賴功臣之力，誅之已畢，朕以王侯吏不釋[59]之故，不得不立。今即位。乃者[60]，聞王遺將軍隆慮侯書，求親、昆弟[61]，請罷長沙兩將軍[62]。朕以王書，罷將軍博陽侯[63]。親、昆弟在真定者，已遣人存問，修治先人冢。前日，聞王發兵，於邊為寇災不止。當其時，長沙苦之，南郡尤甚。雖王之國，庸獨利乎㈥㈣？必多殺士卒，傷良將吏，寡人之妻，孤人之子，獨人父母，得一亡十，朕不忍為也。朕欲定地犬牙相入者㈥㈤，以問吏，吏曰，高皇帝所以介㈥㈥長沙土也。朕不得擅變焉！今得王之地，不足以為大，得王之財，不足以為富，服領㈥㈦以南，王自治之。雖然，王之號為帝，兩帝並立，亡㈥㈧一乘之使㈥㈨，以通其道，是爭也。爭而不讓，仁者不為也。願與王分棄前惡㈦〇，終今以來㈦㈠，通使如故。」賈至南越，南越王恐，頓首謝罪，願奉明詔，長為藩臣，奉貢職。於是下令國中曰：「吾聞兩雄不俱立，兩賢不並世。漢皇帝，賢天子。自今以來，去帝制、黃屋、左纛。」因為書，稱蠻夷大長、老夫、臣佗，昧死㈦㈡再拜，上書皇帝陛下，曰：「老夫，故越吏也。高皇帝幸賜臣佗璽，以為南越王，孝惠皇帝即位，義不忍絕，所以賜老夫者甚厚。高后用事，別異蠻夷㈦㈢，出令曰：『毋與蠻夷越㈦㈣金鐵、田器、馬、牛、羊，即予，予牡，毋予牝㈦㈤。』老夫處僻，馬牛羊齒已長㈦㈥，自以祭祀不修，有死罪，使內史藩、中尉高、御史平，凡三輩，上書謝過(七七)，皆不反(七八)。又風聞(七九)老夫父母墳墓已壞削(八〇)，兄弟、宗族已誅論(八一)。吏相與議曰：『今內不得振於漢(八二)，外亡以自高異。』故更號為帝，自帝其國，非敢有害於天下(八三)。高皇后聞之，大怒，削去南越之籍(八四)，使使不通。老夫竊疑長沙王讒臣，故發兵以伐其邊。老夫處越四十九年，于今抱孫焉。然夙興夜寐(八五)，寢不安席，食不甘味，目不視靡曼之色(八六)，耳不聽鍾鼓之音者，以不得事(八七)漢也。今陛下幸哀憐，復故號，通使漢如故，老夫死骨不腐(八八)，改號不敢為帝矣。」

(十四)齊哀王襄薨。

(十五)上聞河南守吳公治平(八九)為天下第一，召以為廷尉。吳公薦洛陽人賈誼，帝召以為博士(九〇)。是時，賈生年二十餘，帝愛其辭博(九一)，一歲中，超遷(九二)至太中大夫(九三)。賈生請改正朔(九四)，易服色(九五)，定官名，興禮樂，以立漢制，更(九六)秦法。帝謙讓，未遑也(九七)。

【今註】(一)徙琅邪王澤為燕王：高后七年，封營陵侯澤為瑯邪王。齊王起兵誅諸呂，澤失國，西至京師，與大臣共立帝，以功徙封燕王。(二)封趙幽王子遂為趙王：高后七年，趙幽王友幽死京師，徙梁王恢為趙王。恢死，以其國封呂祿。祿誅，乃復封友長子遂為趙王。㊂謝病：托病引退。㊃諸呂所奪齊楚故地，皆復與之：呂后封呂台為呂王，後徙封呂產為梁王，頗奪齊、楚之地以增廣其國。至是皆復其舊。㊄益戶賜金各有差：益戶，增加其封戶。差，等別。此謂或增封，或賜金，各視其功之高低而有等別。㊅安陵：故城在今陝西省咸陽縣東。㊆適會其成功：因其機會而成大功。㊇如有：似有。㊈弗取：不足取法。謂臣驕而主謙，於禮不合。㊉上益莊：莊，嚴肅。謂不似前此之謙恭。㊁法者，治之正也：法令無私，而為致治之本。㊂收帑，謂捕取其妻、子以論罪。帑，音奴（ㄋㄨˊ），妻、子之系統。㊂蚤：同早。㊃豫：同預。先事而為曰豫。㊄重：增加。㊅其安之：言文帝諭羣臣，且安於現狀，不必以預建太子為慮。顏師古曰：「安猶徐也。言不必汲汲耳！」㊆楚王、季父也；吳王、兄也；淮南王、弟也：楚王交，高祖之弟，於帝為季父；吳王濞，高祖之姪，於帝為兄；淮南王長，高祖之子，於帝為弟。㊇必子：必傳位於子。㊈非所以憂天下：憂天下，謂以國家之安危治亂為念。此謂若必傳位於子，是示天下以自私，非憂念國家之本意。㊉用此道：此道謂父子相承之制。此言殷、周能傳國長久，以父子承相傳授之故。㊁今釋宜建：釋，捨棄。宜建，子嗣。此謂今捨子嗣而不立。㊂更議不宜：不當改變立嗣必子之議。㊂啟：景帝名。㊃觀津：故城在今河北省武邑縣東南。胡三省曰：「班志：觀津縣，屬信都國，清河郡無觀津。蓋信都、清河，本皆趙地，景帝二年，為廣川國；四年，為信都郡；而清河郡，則高帝置。此在未分置之前，故繫之清河。」㊄略：劫奪。㊅命乃且縣此兩人：縣，讀曰懸。謂長君、少君兄弟，貴幸用事，足以讒毀諸大臣。㉗所出微：出身微賤。㉘大事也：謂此事所關係國家安危者甚大。㉙詔振貸鰥寡孤獨窮困之人：振，同賑，救濟。貸，貸與；又有寬免之義，如政府貸與之錢粟或民所欠之租賦，或寬其期限，或免其輸還。鰥，老而無妻；寡，老而無夫；孤，少而喪父；獨，老而無子；皆指窮困無告之人。此謂凡鰥寡孤獨，窮困無告之民，皆賑貸之，令其存立。鰥，音綰（ㄍㄨㄢ）。㉚八十已上：年八十以上。下類此。㉛稟：給與。㉜鬻：讀曰粥，今所謂稀飯。㉝長吏閱視，丞若尉致：長吏，指縣令、長。閱視，省視。若，或。丞若尉，謂或丞或尉。致，送至。此謂由縣令、長省視，縣丞或縣尉自送之，以示慎重。按《漢書・百官表》，縣令、長，皆秦官，掌治其縣。萬戶以上為令，秩千石至六百石；不足萬戶為長，秩五百石至三百石。皆有丞、尉，秩四百石至二百石，是為長吏。㉞嗇夫：按《漢書・百官表》，地方之制，大率十里一亭，十亭一鄉。鄉有嗇夫，職聽訟，收賦稅。㉟令史：《漢書・百官表》，縣吏百石以下有斗食佐史之秩。斗食佐史，謂其秩卑，以斗計祿。胡三省引漢官云：「斗食佐史，即斗食令史。」㊱二千石：郡守。㊲都吏：郡之佐吏。如淳引律說：「都吏，今督郵是也。」督郵，郡之佐吏，掌監屬縣，考殿最。其職權如今之監察使，督察專員之屬。㊳不稱者督之：稱，稱職。督，責罰。此謂郡守遣都吏巡視諸縣，凡縣長吏所為不如詔旨者，都吏呈報郡守，郡守依法責罰之。㊴鸞旗：天子之旗，顏師古曰：「鸞旗，編以羽毛，列繫幢旁，載於車上。大駕出則陳於道而先行。」沈欽韓引《宋史・輿服志》：「鸞旗車、漢為前驅，赤質，曲壁，一轅。上載赤旗，繡鸞鳥。」與顏注異。㊵獨先安之：安之，何往。謂鹵簿行緩，雖有千里馬，無所用之。〔41〕驩：同歡。〔42〕脩代來功：脩，整理。謂整理自代從至京師諸臣功勞，分別行賞。脩，按《史記》作循，王先謙曰：「循、脩，因形似而誤。」循，撫慰。〔43〕壯武：故城在今山東省即墨縣西。〔44〕主者：主掌其事者。〔45〕問決獄，責廷尉；問錢穀，責治粟內史：廷尉掌刑辟，決獄當問之；治粟內史掌穀貨，錢穀出入當問之；故平謂各有主者。責，詰問。〔46〕駑下：庸碌無能。駑，馬之劣者，故以自喻。〔47〕待罪：在位官吏之謙稱。謂時虞因失職而獲罪。〔48〕「宰相者」至「其職焉」：此謂宰相之職，但綜其大體而已，至於決獄、錢穀之事，皆非宰相之職掌。〔49〕隆慮侯竈擊南越：高后命周竈將兵擊南越，見高后七年㈩。〔50〕閩越、西甌駱：越人種類眾多，故稱百越。甌、駱皆其種。顏師古曰：「西甌，即駱越也。言西者，以別東甌也。」〔51〕隃領：隃，同踰。領，同嶺。下皆類此。〔52〕侔：相等。〔53〕親冢：父母之墳墓。〔54〕側室之子：言非嫡后所生。〔55〕棄外：謂不得留中以侍奉高帝。〔56〕未嘗致書：謂未得通信使於越。〔57〕即世：去世。〔58〕自臨事：臨朝稱制，自理萬機。〔59〕不釋：辭讓帝位而未見許。〔60〕乃者：不久以前。〔61〕求親、昆弟：趙佗親冢、昆弟，俱在真定，故來求之。〔62〕長沙兩將軍：胡三省曰：「呂后七年，佗反，攻長沙，故遣二將軍屯於長沙以備之。」〔63〕將軍博陽侯：胡三省曰：「高祖功臣表有博陽侯陳濞，蓋於此時為將軍也。」〔64〕雖王之國，庸獨利乎：謂漢雖疲於拒戰，但越亦須損兵折將，殺傷吏卒，無利可言。〔65〕欲定地犬牙相入者：謂欲重定長沙疆界，凡與越地相錯者，割而棄之，以息兵爭。〔66〕介：間隔。〔67〕服領：蘇林曰：「山領名也。」如淳曰：「長沙南界。」胡三省曰：「服領者，自五嶺以南，荒服以外，因以稱之。」〔68〕亡：

同無。（六九）一乘之使：車一輛為一乘。使者乘車而行，故謂一乘之使。（七〇）分棄前惡：分棄，彼此共棄之。惡，不和睦。謂前此漢與越有相憎恨不和睦之事，願彼此共棄之，而重新言好。（七一）終今以來：自今以後，至於終久。（七二）昧死：言冒昧而犯死罪，以示敬畏之意。（七三）別異蠻夷：視蠻夷為異族而不令與中國等列。（七四）蠻夷越：以越為蠻夷，故稱蠻夷越。（七五）即予，予牡，毋予牝：牡，雄。牝，雌。恐其蕃息，故僅與雄者。予，讀曰與。（七六）馬牛羊齒已長：凡年老則齦消而齒露，故以齒長喻年老。馬牛羊齒，佗自謙稱之辭。（七七）上書謝過：上書高后，以自引咎。（七八）反：同返。（七九）風聞：傳聞。如今云有此風聲。（八〇）壞削：毀壞鋤平之。（八一）誅論：以罪論死。（八二）不得振於漢：為漢所貶抑，而不得揚名於中國。（八三）非敢有害於天下：不敢作危害中國之事。（八四）削去南越之籍：越本受漢封，漢視之如諸侯王，故屬籍於漢。今既稱帝，不復臣服漢朝，故漢削去其籍，而視之為外國。（八五）夙興夜寐：寢早即起，深夜乃臥。（八六）靡曼之色：靡曼，細緻潤澤。靡曼之色，指美女。（八七）事：侍奉。（八八）死骨不腐：謂今復得為漢朝之臣，身雖死而名不滅。（八九）治平：政治和平。（九〇）博士：按《漢書・百官表》，博士，秦官，掌通古今，秩比六百石，員多，至數十人。武帝建元五年，初置五經博士；宣帝黃龍元年，增員十二人，屬奉常。（九一）辭博：長於文辭而博雅多識。（九二）超遷：越次升擢，不依常制。（九三）太中大夫：按《漢書・百官表》，太中大夫，掌論議，無員，多至數十人，秩比千石，屬郎中令。（九四）改正朔：正朔，謂正月初一日。古時天子易姓，則改正朔。據《尚書・大傳》：夏以寅月為正，以平旦為朔；殷以丑月為正，以雞鳴為朔；周以子月為正，以夜半為朔。秦改以建亥之月為正。漢興，沿用秦正未改，故賈誼請改之。(九五)易服色：戰國以來，有五行終始之說。謂周以火德王，秦代周為水德，漢代秦為土德，故周服色尚赤，秦尚黑而漢宜尚黃，漢初，服色尚赤，故誼以為宜改。(九六)更：變更。(九七)帝謙讓，未遑也：遑，暇。謂文帝謙讓，不敢當創制之主，未暇採納賈誼之議。

二年（西元前一七八年）

㈠冬，十月，曲逆獻侯陳平薨。

㈡詔列侯各之國。為吏及詔所止者，遣太子(一)。

㈢十一月，乙亥（初二），周勃復為丞相。

㈣癸卯（三十日），晦，日有食之。詔羣臣悉思朕之過失及知見之所不及，匄(二)以啟告(三)朕，及舉賢良方正，能直言極諫者，以匡(四)朕之不逮(五)，因各敕以職任。務省繇費(六)以便民。罷衞將軍(七)。太僕見馬，遺財足，餘皆以給傳置(八)。

㈤潁陰侯騎(九)賈山，上書言治亂之道曰：「臣聞雷霆(一〇)之所擊，無不摧折者；萬鈞(一一)之所壓，無不糜滅者。今人主之威，非特雷霆也，埶重，非特萬鈞也；開道而求諫，和顏色而受之，用其言而顯其身，士猶恐懼而不敢自盡（一二）；又況於縱欲恣暴，惡（一三）聞其過乎？震（一四）之以威，壓之以重，雖有堯舜之智，孟賁之勇，豈有不摧折者哉？如此，則人主不得聞其過，社稷危矣！昔者，周蓋千八百國（一五），以九州（一六）之民，養千八百國之君，君有餘財，民有餘力，而頌聲（一七）作。秦皇帝以千八百國之民自養，力罷（一八），不能勝其役（一九）；財盡，不能勝其求；一君之身耳！所自養者，馳騁、弋（二〇）獵之娛，天下弗能供也。秦皇帝計其功德，度其後嗣，世世無窮，然身死纔數月耳，天下四面而攻之，宗廟滅絕矣。秦皇帝居滅絕之中，而不自知者，何也？天下莫敢告也。其所以莫敢告者，何也？亡（二一）養老之義，亡輔弼之臣，退誹謗之人，殺直諫之士，是以道訣（二二），媮合（二三），苟容（二四）；比其德，則賢於堯舜；課（二五）其功，則賢於湯武；天下已潰（二六）而莫之告也。今陛下使天下舉賢良方正之士，天下皆訢（二七）焉！曰：『將興堯舜之道，三王之功矣。』天下之士，莫不精白（二八）以承休德（二九）。今方正之士，皆在朝廷矣！又選其賢者，使為常侍、諸吏（三〇），與之馳驅射獵，一日再三出，臣恐朝廷之解弛（三一），百官之墮[32]於事也。陛下即位，親自勉以厚天下[33]，節用愛民，平獄緩刑，天下莫不說[34]喜。臣聞山東吏，布詔令，民雖老羸癃[35]疾，扶杖而往聽之。願少須臾[36]毋死，思見德化[37]之成也。今功業方就，名聞方昭，四方鄉風[38]，而從豪俊之臣、方正之士，直[39]與之日日射獵，擊兔伐狐，以傷大業[40]，絕天下之望，臣竊悼之。古者，大臣不得與宴游[41]，使皆務其方[42]，而高其節，則羣臣莫敢不正身修行，盡心以稱大禮[43]。夫士修之於家而壞之於天子之廷，臣竊愍[44]之。陛下與眾臣宴游，與大臣、方正朝廷論議，游不失樂，朝不失禮，議不失計，軌[45]事之大者也。」上嘉納其言。上每朝，郎、從官上書疏，未嘗不止輦受其言。言不可用，置之；言可用，采[46]之；未嘗不稱善。

帝從霸陵上，欲西馳下峻阪[47]，中郎將袁盎騎，並車擥轡[48]。上曰：「將軍怯邪？」盎曰：「臣聞千金之子，坐不垂堂[49]；聖主不乘危，不徼幸[50]。今陛下騁六飛[51]，馳下峻山，有如馬驚車敗，陛下縱自輕，柰高廟、太后何？」上乃止。

上所幸慎夫人，在禁中，常與皇后同席坐。及坐郎署(五二)，袁盎引卻慎夫人坐(五三)。慎夫人怒，不肯坐。上亦怒，起，入禁中。盎因前說曰：「臣聞尊卑有序，則上下和。今陛下既已立后，慎夫人乃妾，妾、主豈可與同坐哉？且陛下幸之，即厚賜之。陛下所以為慎夫人，適所以禍之也。陛下獨不見人彘(五四)乎？」於是上乃說(五五)，召語慎夫人，慎夫人賜盎金五十斤。

㈥賈誼說上曰：「管子(五六)曰：『倉廩實而知禮節，衣食足而知榮辱。』民不足而可治者，自古及今，未之嘗聞。古之人曰：『一夫不耕，或受之饑；一女不織，或受之寒。』生之有時(五七)，而用之亡度，則物力必屈(五八)。古之治天下，至纖至悉(五九)，故其畜(六〇)積足恃。今背本而趨末者甚眾，是天下之大殘也(六一)。淫侈之俗，日日以長，是天下之大賊(六二)也。殘賊公行，莫之或止，大命將泛(六三)，莫之振救。生之者甚少，而靡(六四)之者甚多，天下財產，何得不蹶(六五)？漢之為漢，幾四十年矣。公私之積，猶可哀痛(六六)。失時不雨，民且狼顧(六七)；歲惡(六八)不入，請賣爵子(六九)。既聞耳(七〇)矣，安有為天下阽危者(七一)

若是，而上不驚者？世之有饑穰(七二)，天之行(七三)也，禹湯被(七四)之矣！即不幸有方二三千里之旱，國胡以相卹(七五)？卒(七六)然邊境有急，數十百萬之眾，國胡以餽之？兵旱相乘(七七)，天下大屈。有勇力者，聚徒而衡擊(七八)；罷夫羸老(七九)，易子齧(八〇)其骨；政治未畢通(八一)也，遠方之能僭擬者(八二)，並舉而爭起矣！乃駭而圖之(八三)，豈將有及乎？夫積貯者，天下之大命也。苟粟多而財有餘，何為而不成？以攻則取，以守則固，以戰則勝，懷(八四)敵附遠，何招而不至？今敺(八五)民而歸之農，皆著於本，使天下各食其力，末技游食之民(八六)，轉而緣南晦(八七)，則畜積足而人樂其所矣。可以為富安天下，而直為此廩廩也(八八)，竊為陛下惜之。」上感誼言，春，正月，丁亥（十五日），詔開藉田(八九)，上親耕以率天下之民(九〇)。

(七)三月，有司請立皇子為諸侯王，詔先立趙幽王少子辟彊為河間(九一)，朱虛侯章為城陽王，東牟侯興居為濟北王(九二)，然後立皇子武為代王，參為太原王，揖為梁王。

(八)五月，詔曰：「古之治天下，朝有進善之旌(九三)，誹謗之木，所以通(九四)治道而來(九五)諫者也。今法有誹謗訞言之罪(九六)，是使眾臣不敢盡情，而上無由聞過失也，將何以來遠方之賢良？其除之。」

㈨九月，詔曰：「農，天下之大本也，民所恃以生也；而民或不務本而事末，故生不遂(九七)。朕憂其然，故今茲親率羣臣農，以勸之。其賜天下民今年田租之半。」

㈩燕敬王澤薨。

【今註】㊀為吏及詔所止者，遣太子：為吏，謂在漢朝任職者。詔所止，謂雖未在朝任職，但以恩愛見留於京師者。太子，列侯之嫡長子。《漢書》文紀二年詔曰：「前趙王幽死，朕甚憐之，已立其太子遂為趙王。」按此，漢諸侯王及列侯之嫡長子亦稱太子。㊁匄：乞。音丐（ㄍㄞˋ）。㊂啟告：開導而陳告之。㊃匡：匡正。㊄不逮：意慮之所不及。㊅省繇費：省，減省。繇，力役。費，費用。繇，讀曰傜。㊆備將軍：按《漢書・文帝紀》作備軍將軍。胡三省曰：「通鑑傳寫，逸一軍字耳！」㊇太僕見馬，遺財足，餘者以給傳置：太僕，掌輿馬。見馬，見在之馬。財，同纔。傳置，驛置；宋祁引《廣雅》云：「置：驛也。」此謂太僕所掌現有之馬，纔留足用而已；其餘多出之馬，皆以撥充驛傳之用。㊈騎：侯家之騎從。㊉霆：迅雷。(一一)鈞：三十斤。(一二)盡：盡其所欲言。(一三)惡，厭憎。(一四)震：震懼。(一五)周蓋千八百國：國，諸侯之國。周時有一千八百諸侯，見王制正義引公羊說。㊅九州：古分天下為九州，故以九州喻全國。㊆頌聲：讚美之聲。㊇罷：讀曰疲。㊈不能勝其役：勝，堪。謂傜役繁而人力少，不能堪其役使。㊉弋：以絲索繫矢以射飛鳥。㉑亡：同無。㉒道諛：顏師古曰：「道，讀曰導，導引主意於邪也。」或謂道諛即諂諛。王念孫曰：「道諛，即諂諛之轉聲。史記越世家：『吳已殺子胥，導諛者眾。』導諛，即諂諛也，或作道諛，莊子天地篇『道諛之人』是也。又曰：『謂已道人，謂已諛人。』道人即諂人也；漁父篇『希意道言謂之諂』，是道與諂同義。故荀子不苟篇『非諂諛也』，賈子先醒篇『君好諂諛而惡至言』，韓詩外傳並作『道諛』。諂與道，聲之轉；諂諛之為導諛，聲轉而字異也。」㉓婾合：婾，同偷，苟且之意，婾合即苟合，謂苟且以迎合上意。㉔苟容：苟且以容身，不敢直道而行。㉕課：計。㉖天下已潰：水旁決曰潰。此謂天下離叛，如水之潰堤。㉗訢：續曰欣。㉘精白：磨厲品學，使令精粹而潔白。㉙休德：美德。㉚常侍、諸吏：按《漢書・百官表》，常侍、諸吏皆加官。常侍得入禁中，諸吏得舉劾不法。㉛解弛：懈怠鬆弛，不勤於政事。解，同懈。㉜墮：同惰。㉝親自勉以厚天下：厚，殷富，謂帝勤於政事，使天下之民，日漸殷富。㉞說：讀曰悅。㉟癃：疲病。㊱須臾：從容延年之意。㊲德化：以德化民之政。㊳鄉風：風，風化，謂上之化下，如風之行。向風，謂慕其政教。㊴直：但。㊵大業：謂治國平天下之事。㊶大臣不得與宴游：與，續曰預。宴游，安樂閑游。此謂大臣職在治國，須勤於政事，不得預安樂閑遊之事。㊷方：廉潔。㊸以稱大禮：稱，副。謂不廢其職掌。㊹愍：憐惜。㊺軌：法度。㊻采：同採。㊼阪：山坡。㊽並車擥轡：並車，與帝軍並列而行。擥，同攬。轡，馬繮。攬轡，謂控御駕車之馬，使不馳騁。㊾坐不垂堂：垂堂，當堂外屋簷之下而坐。坐不垂堂，懼瓦墜而傷人，以喻其自愛。㊿不乘危，不徼幸：乘，因。徼，冀求。幸，分外之福。不乘危，不徼幸，謂不因危以冀求非分之福。(51)六飛：天子之車駕六馬。飛，《史記》作騑。又如淳曰：「六馬之疾若飛也。」」(52)郎署：直衞郎官之署，在上林苑中。(53)引卻慎夫人坐：引退慎夫人，令不得與皇后同席坐。(54)人彘：呂后妬戚夫人得幸於高帝，高帝崩，呂后斷戚夫人手足，去眼，煇耳，而飲以啞藥，使居廁中，號曰人彘。盎引此以為戒，故謂適所以禍之也。(55)說：讀曰悅。(56)管子：管仲之書。相傳為管仲所作，然書中多涉及管仲以後之事，或為後人所附加。(57)生之有時：非其時而不生，故謂生之有時。(58)屈：殫盡。(59)至纖至悉：纖，微細。悉，盡。謂雖至微細之事，無不顧慮及之。(60)畜：同蓄。(61)背本而趨末者甚眾，是天下之大殘也：本，農業。末，工商業。殘，害。此謂棄農而務工商者多，則產穀少而食者眾，是為天下之大害。(62)賊：害。(63)泛：傾覆。謂如舟之隨流而傾覆。(64)靡：讀曰糜。耗費。(65)蹶：傾竭。音厥（ㄐㄩㄝˊ）。(66)公私之積，猶可哀痛：謂漢之興，年代已久，而無蓄積，是為可哀痛者。(67)失時不雨，民且狼顧：狼顧，狼性疑怯而常顧望。此謂民見天不雨而心恐，如狼之疑怯顧望。(68)歲惡：歲歉不登。(69)請賣爵子：王先謙引賈子作「請賣爵鬻子」，謂民既貧，又值歲歉，故請賣爵級，兼請賣子以自存。(70)聞耳：聞於天子之耳。(71)阽危者：危而欲墜曰阽危。阽音殿（ㄧㄢˋ）。王先謙引賈子，阽危下無者字。疑者字誤衍。(72)饑穰：饑，饑荒。穰，豐收。(73)行：常道。(74)被：遭遇。(75)胡以相恤：胡，何。謂何以相恤。

(七六)卒：讀曰猝。(七七)相乘：交相侵陵。(七八)衡擊：衡，讀曰橫，橫擊，謂縱兵為侵暴之事。(七九)罷夫羸老：罷，續曰疲。羸老，弱者與老者。(八〇)齩：古咬字。以齒齧物。(八一)未畢通：未盡通達於下民。(八二)遠方之能僭擬者：僭擬，假冒名號而比於天子。《漢書》此語作「遠方之能疑者。」顏師古注：「疑，讀曰擬。僭也。」通鑑似據顏注改為「遠方之能僭擬者。」王先謙曰：「能字誤衍。」按賈子原作「遠方之疑者」。王先謙曰：「賈子服疑篇云：『衣服疑者是謂爭先，澤厚疑者是謂爭賞，權力疑者是謂爭強。彼人者，近則冀幸，疑則比爭。』與此遠方疑者爭起，文義相發明。」(八三)乃駭而圖之：圖，謀也。謂至是始駭懼而謀所以應付之，已無及矣。(八四)懷：招徠而撫慰之。(八五)敺：同驅。(八六)末技游食之民：末技，謂工商業。業工商者不務農，寄游四方以為生，故稱游食之民。(八七)轉而緣南畮：緣，附著。畮，古畝字。南畝，田畝之統稱，見於《詩經》，如〈豳風・七月〉：「饁彼南畝。」〈小雅・甫田〉：「俶載南畝。」〈小雅・信南山〉：「南東其畝。」胡承珙《毛詩後箋》云：「馮氏名物疏曰：『古之治田者，大抵因地勢、水勢而為之，其在南者謂之南畝。』案田中之甽，所以行水；其壟所以播穀，亦謂之畝。一甽一壟，相間成列。地之大勢，西北高，東南下，甽之行水，多自西北而注於東南，故詩云南東其畝。」此謂令民棄工商之業，轉而還於農作。(八八)可以為富安天下，而直為此廩廩也：廩，同懍，危懼貌。此謂若務農耕，厚蓄積，則天下可以富安，何乃棄此不為，而使天下常慼不足，直懍懍若此！(八九)藉田：天子親耕之田。臣瓚曰：「藉，謂蹈藉也。」謂親蹈其田而耕之。(九〇)按漢元年至文帝前三年凡二十九年，而賈誼疏云：「漢之為漢，幾四十年矣！」則是疏當在文帝前十二年左右，不宜繫於此年，而詔開藉田，亦非感於賈誼之言而發。此《漢書・食貨志》之誤，而通鑑因之。(九一)立趙幽王少子辟彊為河間：河間，本屬趙國。文帝元年，以趙幽王子遂為趙王。至是又分河間封遂之弟辟彊為河間。(九二)朱虛侯章為城陽王，東牟侯興居為濟北王：章、興居皆齊悼惠子，故分齊之城陽、濟北以封之。(九三)進善之旌：應劭曰：「旌，幡也，堯設之五達之道，令民進善也。」如淳曰：「欲有進者，於旌下言之。」(九四)通：通達。(九五)來：招徠。(九六)訞言之罪：訞，同妖。顏師古曰：「高后元年，詔除訞言令，今猶有訞言罪，則是中間重設此條。」(九七)不遂：夭喪。謂民捨本逐末，衣食乏絕，是以不遂其生。

卷十四　漢紀六

起閼逢困敦，盡重光協洽，凡八年。（甲子至辛未，西元前一七七年至西元前一七〇年）

司馬光編集
林瑞翰　註

太宗孝文皇帝中

前三年（西元前一七七年）

㈠冬，十月，丁酉（三十日），晦，日有食之。十一月，丁卯（三十日），晦，日有食之。

㈡詔曰：「前遣列侯之國㊀，或辭未行。丞相，朕之所重，其為朕率列侯之國。」十二月，免丞相勃，遣就國。乙亥（六日），以太尉灌嬰為丞相。罷太尉官，屬丞相。

㈢夏，四月，城陽景王章薨。

初，趙王敖獻美人於高祖，得幸，有娠㊁。及貫高事發㊂，美人亦坐繫河內。美人母弟趙兼，因辟陽侯審食其言㊃呂后，呂后妒，弗肯白㊄。美人已生子，恚㊅，即自殺。吏奉其子詣上，上悔，名之曰長，令呂后母之，而葬其母真定，後封長為淮南王(七)。淮南王蚤(八)失母，常附呂后，故孝惠、呂后時得無患，而常心怨辟陽侯，以為不彊爭之於呂后，使其母恨而死也。及帝即位，淮南王自以最親(九)，驕蹇(一〇)數不奉法，上常寬假(一一)之。是歲，入朝，從上入苑囿(一二)獵，與上同車，常謂上大兄。王有材力，能扛(一三)鼎，乃往見辟陽侯，自袖鐵椎(一四)，椎辟陽侯，令從者魏敬剄之，馳走闕下，肉袒(一五)謝罪，帝傷其志為親，故赦弗治。當是時，薄太后及太子、諸大臣，皆憚淮南王，淮南王以此，歸國益驕恣，出入稱警蹕，稱制，擬於天子。袁盎諫曰：「諸侯太驕，必生患。」上不聽。

(四)五月，匈奴右賢王入居河南地(一六)，侵盜上郡保塞蠻夷(一七)，殺掠人民。上幸(一八)甘泉(一九)，遣丞相灌嬰發車騎八萬五千詣高奴，擊右賢王；發中尉材官(二〇)屬衞將軍，軍長安；右賢王走出塞。上自甘泉之高奴，因幸太原，見故羣臣，皆賜之，復(二一)晉陽、中都(二二)民三歲租，留游太原十餘日。

(五)初，大臣之誅諸呂也，朱虛侯(二三)功尤大，大臣許盡以趙地王朱虛侯；盡以梁地王東牟侯㉔。及帝立，聞朱虛、東牟之初欲立齊王㉕，故絀㉖其功，及王諸子，乃割齊二郡以王之。興居自以失職奪功㉗，頗怏怏㉘，聞帝幸太原，以為天子且自擊胡，遂發兵反。帝聞之，罷丞相及行兵㉙，皆歸長安。以棘蒲㉚侯柴武為大將軍，將四將軍十萬眾擊之，祁㉛侯繒賀為將軍，軍滎陽。秋，七月，上自太原至長安。詔濟北吏民，兵未至，先自定，及以軍、城、邑降者，皆赦之㉜，復官爵；與王興居去來者，赦之㉝。八月，濟北王興居兵敗，自殺。

(六)初，南陽張釋之為騎郎㉞，十年不得調㉟，欲免歸㊱。袁盎知其賢而薦之，為謁者僕射㊲。釋之從行，登虎圈㊳。上問上林尉㊴諸禽獸簿㊵，十餘問，尉左右視㊶，盡不能對。虎圈嗇夫㊷從旁代尉對，上所問禽獸簿甚悉㊸，欲以觀其能，口對響應無窮㊹者。帝曰：「吏不當若是邪？尉無賴㊺。」乃詔釋之拜嗇夫為上林令。釋之久之㊻，前曰：「陛下以絳侯周勃何如人也？」上曰：「長者㊼也。」又復問：「東陽㊽侯張相如何如人也？」上復曰：「長者。」

釋之曰：「夫絳侯、東陽侯稱為長者，此兩人言事，曾不能出口，豈效此嗇夫喋喋利口捷給(四九)哉！且秦以任刀筆之吏(五〇)，爭以亟疾苛祭(五一)相高，其敝徒文具而無實(五二)，不聞其過，陵遲(五三)至於土崩。今陛下以嗇夫口辯而超遷之，臣恐天下隨風而靡(五四)，爭為口辯而無其實。夫下之化上，疾(五五)於景(五六)響，舉錯(五七)不可不審(五八)也。」帝曰：「善。」乃不拜嗇夫。

上就車(五九)，召釋之參乘，徐行，問釋之秦之敝，具以質言(六〇)，至宮，上拜釋之為公車令(六一)。頃之(六二)，太子與梁王(六三)共車入朝，不下司馬門，於是釋之追止太子、梁王，無得入殿門，遂劾不下公門，不敬，奏之(六四)。薄太后聞之，帝免冠(六五)，謝教兒子不謹。薄太后乃使使承詔赦太子、梁王，然後得入。帝由是奇釋之，拜為中大夫(六六)。頃之，至中郎將。從行至霸陵，上謂羣臣曰：「嗟乎！以北山石為椁(六七)，用紵絮斮陳漆其間(六八)，豈可動哉！」左右皆曰：「善。」釋之曰：「使其中有可欲者，雖錮南山，猶有隙；使其中無可欲者，雖無石椁，又何戚焉(六九)！」帝稱善。

是歲，釋之為廷尉，上行，出中渭橋(七〇)，有一人從橋下走，乘輿馬驚，於是使騎捕之，屬(七一)廷尉。釋之奏當此人犯蹕(七二)，當罰金。上怒曰：「此人親驚吾馬，馬賴和柔，令他馬，固不敗傷我乎？而廷尉乃當之罰金。」釋之曰：「法者，天下公共也。今法如是，更重之，是法不信於民也。且方其時，上使使誅之則已，今已下(七三)廷尉，廷尉，天下之平(七四)也，壹傾(七五)，天下用法，皆為之輕重(七六)，民安所錯其手足(七七)？唯陛下察之。」上良久曰：「廷尉當是也。」其後，人有盜高廟坐(七八)前玉環，得(七九)，帝怒，下廷尉治。釋之按盜宗廟服御物者為奏，當棄市。上大怒，曰：「人無道，乃盜先帝器，吾屬廷尉者，欲致之族，而君以法(八〇)奏之，非吾所以共(八一)承宗廟意也。」釋之免冠頓首謝，曰：「法如是足也。且罪等然以逆順為差(八二)，今盜宗廟器而族之，有如萬分一，假令愚民取長陵一抔土(八三)，陛下且何以加其法乎？」帝乃白太后，許之。

【今註】 (一)前遣列侯之國：事見上卷上年(二)。(二)娠：懷孕。娠音身（ㄕㄣ）。(三)貫高事發：貫高謀反事發，見卷十二高祖九年(四)。(四)言：言趙美人有娠之事。(五)弗肯白：白，稟告。謂不肯以趙美人懷孕事稟告高祖。⑥恚：憤恨。恚音惠（ㄏㄨㄟˋ）。⑦封長為淮南王：高祖十一年，黥布反，乃立長為淮南王。⑧蚤：同早。⑨自以最親：時高祖諸子，惟帝及長尚存，故自以為最親。⑩驕蹇：驕縱自恣。⑪寬假：寬容。⑫苑囿：畜養禽獸之所。⑬扛：舉。⑭自袖鐵椎：自藏鐵椎於袖中。⑮肉袒：袒衣露體。⑯河南地：今綏遠省南部河套以南之地。⑰上郡保塞蠻夷：蠻夷之居上郡而為漢保守邊塞者。⑱幸：凡天子車駕所至曰幸。⑲甘泉：宮名。顏師古曰：「甘泉宮，在雲陽，本秦林光宮。」雲陽縣故城在今陝西省淳化縣西北。⑳中尉材官：胡三省曰：「此中尉所掌材官士也。」㉑復：免除其租稅。㉒中都：按《漢書・高紀》，十一年，高帝破陳豨軍，立子恆為代王，都晉陽。又文紀，立為代王，都中都。蓋先都晉陽，後徙都中都。中都縣故城在今山西省平遙縣西北。㉓朱虛侯：劉章。㉔東牟侯：劉興居。㉕聞朱虛、東牟之初欲立齊王：齊王襄為朱虛侯及東牟侯之兄，故朱虛侯等陰欲立之。見上卷高后八年㈥。㉖絀：貶抑。㉗失職奪功：依約興居本應王全梁之地，今帝絀其功而僅割齊之濟北郡封之，不足其所應得，故謂失職奪功。㉘怏怏：意志不滿。㉙行兵：行擊匈奴之兵。㉚棘蒲：故城即今河北省趙縣治。㉛祁：故城在今山西省祁縣東南。㉜以軍、城、邑降者，皆赦之：謂或以卒伍，或以城，或以邑降漢者，皆赦之。㉝與王興居去來者，赦之：去，叛去。來，來降。此謂先與濟北王興居共叛去而今來降者，亦赦其罪。㉞騎郎：郎屬郎中令，掌守門戶，出充車騎。郎中有車、騎、戶三將。主車曰車郎，主騎曰騎郎，主戶曰戶郎，皆以中郎將主之。㉟調：選充高職。㊱欲免歸：求免職歸家。㊲謁者僕射：射，音亦（ㄧˋ）。按《漢書・百官表》，謁者掌賓讚受事，秩比六百石，有僕射，秩比千石，應劭曰：「僕，主也。」僕射即主射。古時重武事，故以僕射為長官之稱呼。㊳虎圈：養虎之所，在上林苑中。㊴上林尉：按《漢書・百官表》，上林有八丞，十二尉。武帝元鼎以後，屬水衡都尉。㊵禽獸簿：胡三省曰：「禽獸簿，謂簿錄禽獸之大數也。」㊶尉左右視：胡三省曰：「帝問之而不能對，故倉皇失措而左右視也。」㊷虎圈嗇夫：掌虎圈之小吏。㊸悉：詳盡。㊹響應無窮：謂應對敏捷，如響之應聲，無有窮盡。㊺無賴：才能不足當其職。㊻久之：謂未即奉詔。㊼長者：周壽昌曰：「長者，厚德之稱，與陳平傳之長者為貴人異。史記平準書：『天子於是以式終長者。』後書寇恂傳：『時人歸其長者。』章帝八王傳論：『章帝長者。』三國魏志陳羣傳注引魏書：『君子謂羣於是乎長者矣！』皆此類。」㊽東陽：故城在今安徽省天長縣西北。㊾喋喋利口捷給：喜多言而能辯論。喋音牒（ㄉㄧㄝˊ），多言貌。㊿刀筆之吏：古代無紙，以刀削竹木為簡牒以記事，故吏皆以刀筆自隨。(51)亟疾苛察：亟，同急。苛察，察其細微。(52)其敝徒文具而無實：徒，但。此謂流弊所及：但具文而已，而無濟於實用。(53)陵遲：因循不革，頹替於無形。顏師古曰：「言如丘陵之逶遲，稍卑下也。」(54)隨風而靡：謂草之向風，隨而偃仆，喻上之所好，則下羣起而爭效之，如風之行。無所不被。(55)疾：快速。(56)景：同影。(57)舉錯：舉，升擢。錯，貶廢。錯音措（ㄘㄨㄛˋ）。(58)審：謹慎。(59)就車：登車。(60)具以質言：具，皆也，質，誠朴。此謂釋之所對，皆是誠朴之語。(61)公車令：按《漢書・百官表》，公車令，屬衞尉。胡三省引漢官儀：「公車司馬令，掌殿司馬門。」如淳曰：「宮衞令諸出入殿門、公車司馬門者，皆下，不如令者，罰金四兩。」胡廣云：「諸門各陳屯夾道，其旁設兵，以示威武；交節立戟，以遮呵出入。」（六二）頃之：無幾時。（六三）梁王：文帝前二年，立皇子揖為梁王。（六四）奏之：劾其罪而奏上其事。周壽昌引《書・呂刑》正義云：「漢世問罪謂之鞫，斷獄謂之劾。」（六五）免冠：脫去其冠，表示負罪在身。（六六）中大夫：按《漢書・百官表》，中大夫，掌論議，屬郎中令，其位在太中大夫之下，諫大夫之上。太中大夫秩比千石，諫大夫秩比八百石。武帝太初元年，更名中大夫曰光祿夫夫，秩比二千石，位在太中大夫之上。按《後漢志》有中散大夫，秩六百石。按〈蕭望之傳〉，蕭由為中散夫夫。是前漢已有其官，而不見於表。（六七）椁：外棺。古時棺有二重，外為椁，內為棺。（六八）用紵絮斮陳漆其間：紵絮，麻絮。斮，斬碎之，音斫（ㄓㄨㄛˊ）。謂斬碎麻絮，和漆而著於其間。（六九）「使其中有可欲者」至「又何戚焉」：可欲者，謂金玉之屬，人人皆欲得之。錮，音固（ㄍㄨˋ），謂冶銅鑄塞以為固。戚，憂慮。此謂厚葬而多藏金玉，則人人思欲發取之，雖錮南山以為墳，猶非萬全；若薄葬而中無所有，雖無石椁，亦不憂為人所盜發。（七〇）中渭橋：沈欽韓引《長安志》：「中渭橋在咸陽縣東南二十里，本名橫橋，架渭水上。」（七一）屬：交付。（七二）奏當此人犯蹕：上奏按律抵此人以犯蹕之罪。當，按律抵罪。蹕，謂天子出行，當辟止行人，今既蹕而不迴避，是為犯蹕。（七三）下：交付。（七四）廷尉，天下之平：廷尉掌平刑罰，故謂為天下之平。（七五）傾：枉法而不持平。（七六）皆為之輕重：謂不依律令，但隨心之喜惡而定其罪之輕重。（七七）民安所錯其手足：安，何。錯，同措，安置。凡徬徨不知所從則手足無措。此謂若不持法以平，則民無保障，勢將惶恐不如所措。（七八）坐：同座，安置神主之處。(十九)得：捕得盜玉環之人。(二十)以法：依律斷罪。(二一)共：讀曰恭。(二二)罪等然以逆順為差：等然，等級判然。此謂罪之輕重，以順逆為等差，不可曲意枉法。(二三)取長陵一抔土：長陵，高祖陵寢。抔，以手掬物。音培（ㄆㄟˊ），又音裒（ㄆㄡˇ）。一抔土，謂一掬土。按：取長陵一抔土，乃暗指盜發陵寢，張晏曰：「不欲指言，故以取土喻之也。」

四年（西元前一七六年）

(一)冬，十二月，潁陰懿侯灌嬰薨。

(二)春，正月，甲午（十四日），以御史大夫陽武張蒼為丞相。蒼好書，博聞，尤邃(一)律歷。

(三)上召河東守季布，欲以為御史大夫。有言其勇，使酒難近(二)者，至，留邸一月，見罷(三)。季布因進曰：「臣無功竊寵，待罪河東。陛下無故召臣，此人必有以臣欺(四)陛下者；今臣至，無所受事，罷去，此人必有毀(五)臣者。夫陛下以一人之譽而召臣，以一人之毀而去臣，臣恐天下有識(六)聞之，有以闚陛下之淺深也。」上默然，慙，良久，曰：「河東，吾股肱郡(七)，故特召君耳。」

(四)上議以賈誼任公卿之位，大臣多短(八)之曰：「洛陽之人，年少初學，專欲擅權，紛亂諸事。」於是天子後亦疏之，不用其議，以為長沙王(九)太傅。

(五)絳侯周勃既就國，每河東守、尉(一〇)行縣(一一)至絳，勃自畏，恐誅，常被甲，令家人持兵(一二)以見之。其後人有上書告勃欲反，下廷尉。廷尉逮捕勃，治之。勃恐，不知置辭(一三)。吏稍侵辱之，勃以千金與獄吏，吏乃書牘(一四)背示之曰：「以公主為證(一五)。」公主者，帝女也，勃太子勝之尚(一六)之。薄太后亦以勃無反事，帝朝太后，太后以冒絮(一七)提(一八)帝，曰：「絳侯始誅諸呂，綰(一九)皇帝璽，將兵於北軍，不以此時反，今居一小縣，顧(二〇)欲反邪？」帝既見絳侯獄辭，乃謝曰：「吏方驗(二一)而出之。」於是使使持節赦絳侯，復爵邑。絳侯既出，曰：「吾嘗將百萬軍，然安知獄吏之貴乎？」

(六)作顧成廟(二二)。

【今註】(一)邃：精研。(二)使酒難近：使酒，酗酒。難近，令人畏而遠之。(三)見罷：謂無所受事。劉攽曰：「猶言見逐見棄耳。」按帝召布，本欲以為御史大夫，至是悔，不欲授之，故曰見罷。(四)欺：

謂妄言其賢，而選舉不實。㊄毀：讒毀。㊅有識：有識之士。㊆股肱郡：股肱，身體行動之所恃，因以喻得力之輔佐。股肱郡，謂諸郡中之尤要者。㊇短：讒毀。㊈長沙王：吳差。㊉守、尉：漢承秦制，郡有守有尉。守掌治其郡，尉佐守典武職，掌甲卒。⑪行縣：巡行屬縣。⑫兵：兵器。⑬置辭：立辭以對訟。⑭牘：木簡，獄吏所執以書獄辭者。⑮以公主為證：以公主故，而證勃之不反。⑯尚：娶。凡娶帝女則曰尚主。韋昭曰：「尚，奉也，不敢言娶也。」⑰冒絮：頭巾。晉灼曰：「巴蜀異物志謂頭上巾為冒絮。」⑱提：擲。音讀底（ㄉㄧˇ）。⑲綰：貫。謂以綬貫璽而自佩之。⑳顧：反。㉑驗：證其無罪。㉒顧成廟：服虔曰：「顧成廟在長安坡南。」

五年（西元前一七五年）

(一)春，二月，地震。

(二)初，秦用半兩錢㊀，高祖嫌其重，難用，更鑄莢錢㊁，於是物價騰踊，米至石萬錢。夏，四月，更造四銖錢㊂。除盜鑄錢令，使民得自鑄。賈誼諫曰：「法使天下公得雇租㊃，鑄銅錫為錢，敢雜以鉛鐵為它巧者，其罪黥。然鑄錢之情，非殽雜㊄為巧，則不可得贏㊅。而殽之甚微，為利甚厚㊆。夫事有召禍，而法有起姦。今令細民，人操造幣之埶（八），各隱屏而鑄作（九），因欲禁其厚利微姦（一〇），雖黥罪日報（一一），其埶不止。乃者（一二），民人抵罪，多者一縣百數，及吏之所疑，榜笞犇走者甚眾。夫縣法（一三）以誘民，使入陷阱，孰多於此？又民用錢，郡縣不同。或用輕錢（一四），百加若干（一五）；或用重錢，平稱不受（一六）。法錢不立（一七），吏急而壹之乎？則大為煩苛，而力不能勝（一八）；縱而弗呵（一九）乎？則市肆異用，錢文大亂。苟非其術，何鄉而可哉（二〇）？今農事棄捐，而采銅者日蕃（二一）。釋其耒耨（二二），冶鎔（二三）炊炭，姦錢日多，五穀不為多（二四）。善人怵（二五）而為姦邪，愿民（二六）陷而之刑戮。刑戮將甚，不詳（二七），奈何而忽（二八）？國知患此，吏議必曰：『禁之。』禁之不得其術，其傷必大。令（二九）禁鑄錢，則錢必重。重，則其利深，盜鑄如云（三〇）而起，棄市（三一）之罪，又不柄足禍以禁矣。姦數不勝而法禁數潰（三二），銅使之然也。銅布於天下，其為禍博（三三）矣。故不如收（三四）之。」賈山亦上書諫，以為錢者，亡（三五）用器也，而可以易富貴；富貴者，人主之操柄也令民為之，是與人主共操柄（三六），不可長也。上不聽。

是時，太中大夫鄧通方寵幸，上欲其富，賜之蜀嚴道㊲銅山，使鑄錢。吳王濞有豫章㊳銅山，招致天下亡命者以鑄錢，東煮海水為鹽，以故無賦㊴而國用饒足。於是吳、鄧錢布天下。

㈢初，帝分代為二國，立皇子武為代王，參為太原王㊵，是歲，徙代王武為淮陽王，以太原王參為代王，盡得故地㊶。

【今註】㊀秦用半兩錢：秦半兩錢，重者十二銖，輕者八銖。㊁莢錢：胡注引杜佑曰：「莢錢如榆莢，重一銖半，徑五分，文曰漢興，即應劭所謂五分錢。」索隱引顧氏案古今註云：「莢錢重三銖。」㊂四銖錢：按《漢書・食貨志》，四銖錢，其文為半兩。㊃雇租：雇，雇傭以鼓鑄。租，租其本以鼓鑄，猶今之謂承鑄。㊄殺雜：混雜。謂以雜物滲鑄以為巧利。㊅贏：餘利。㊆殺之甚微，為利甚厚：微，微細。謂姦民鼓鑄，殺雜為巧，所費甚微，而獲利甚厚。㊇人操造幣之埶：謂人人皆持鑄錢之權。操，持。埶，同勢。㊈各隱屏而鑄作：隱，蔽藏。屏，與外界隔絕。言各自蔽藏，專於鑄作，而與外界隔絕。㊉微姦：無有姦偽欺詐之事。微，同無。⑪報：論罪。⑫乃者：近日以來。⑬縣法：立法。此指立姦鑄之法而言。縣，讀曰懸。⑭輕錢：時既令民得私鑄錢，殺雜為巧，或重或輕，無有準則。依法，錢每枚應重四銖，不足四銖者為輕錢。⑮百加若干：依法，錢每枚應重四銖，百枚當重一斤十六銖。今錢輕於四銖，百枚重少於一斤十六銖，此不足之數，隨各地錢之輕重而有不同，不可預知，故泛言若干以代表之。百加若干者，謂錢百枚不足法定重量，則加錢若干枚以補足之。⑯或用重錢，平稱不受：凡錢每枚重逾四銖者為重錢。應劭曰：「用重錢，則平稱有餘，不能受也。」⑰法錢不立：法錢，法定之錢，每枚應重四銖。時民既得私鑄錢，恣為輕重，不相統一，故謂法錢不立。⑱力不能勝：勝，任。力不能勝，謂其能力，不足以任其事。⑲縱而弗呵：縱，放任，呵，譴責。縱而弗呵，謂放任民使得私鑄錢，雖殽雜為利，恣為輕重，而不加譴責。⑳何鄉而可哉：此謂壹之亦非是，縱之亦非是，當以何策以消弭其患。鄉，讀曰向。㉑蕃：多。㉒耒耨：耕具。㉓冶鎔：鎔，錢模。冶鎔，謂冶鑄錢模。㉔五穀不為多：王念孫曰：「五穀不為多，多字因上文姦錢日多而衍。為，成也，言五穀不成也。」此言民皆棄其農事而鑄錢。故五穀不成。㉕怵：誘。音述（ㄔㄨˋ）。謂為利所誘而心動。㉖愿民：愿，謹厚。愿民，謂謹厚之民。㉗詳：通祥。㉘忽：輕忽，謂不在意。㉙令：法令。㉚如雲：喻其眾多。㉛棄市：死刑。禮王制：「刑人於市，與眾棄之。」㉜姦數不勝而法禁數潰：謂為姦邪者多而法不勝禁。㉝博：大。㉞收：收銅冶為官有而禁民私鑄錢。㉟亡：同無。㊱操柄：謂權勢所在，如操持兵刃之柄。㊲嚴道：屬蜀郡。故城在今西康省雅安縣西。㊳豫章郡：治南昌，即今江西省南昌縣。㊴無賦：不徵賦於民。㊵帝分代為二國，立皇子武為代王，參為太原王：見卷十三文帝前二年(七)。㊶盡得故地：盡得故代國之地。

六年（西元前一七四年）

㈠冬，十月，桃李華[一]。

㈡淮南厲王長自作法令，行於其國，逐漢所置吏，請自置相、二千石[二]，帝曲意[三]從之。又擅刑殺不辜[四]，及爵人至關內侯[五]，數上書，不遜順；帝重自切責之[六]，乃令薄昭與書風[七]諭之，引管、蔡及代頃王、濟北王興居以為儆戒[八]。王不說[九]，令大夫但士、伍開章等七十人，與棘蒲侯柴武太子奇，謀以輂車[一〇]四十乘，反谷口[一一]，令人使閩、越、匈奴。事覺，有司治之，使使召淮南王。王至長安，丞相張蒼、典客馮敬行御史大夫事與宗正、廷尉[一二]奏長罪，當棄市。制曰：「其赦長死罪，廢勿王，徙處蜀郡嚴道邛郵[一三]。」盡誅所與謀者。載長以輜車，令縣以次傳[一四]之。袁盎諫曰：「上素驕淮南王，弗為置嚴傅相，以故致此。淮南王為人剛，今暴摧折之，臣恐卒[一五]逢霧露，病死，陛下有殺弟之名，奈何？」上曰：「吾特苦之耳！今復之[一六]。」淮南王果憤恚，不食死。縣傳至雍[一七]，雍令發封[一八]，以死聞，上哭甚悲，謂袁盎曰：「吾不聽公言，卒[一九]亡淮南王，今為奈何？」盎曰：「獨斬丞相、御史以謝天下，乃可。」上即令丞相、御史逮考⑳諸縣傳送淮南王不發封餽侍㉑者，皆棄市。以列侯葬淮南王於雍，置守冢三十戶。

㈢匈奴單于遺漢書曰：「前時皇帝言和親事，稱書意合歡㉒。漢邊吏侵侮右賢王，右賢王不請㉓，聽後義盧侯難支㉔等計，與漢吏相距，絕二主之約，離兄弟之親，故罰右賢王，使之西求月氏㉕，擊之。以天之福，吏卒良，馬力強，以夷滅㉖月氏，盡斬殺降、下，定之㉗。樓蘭㉘、烏孫㉙、呼揭㉚及其旁二十六國，皆已為匈奴㉛。諸引弓之民㉜，并為一家，北州以定。願寢兵休士卒，養馬，除前事，復故約，以安邊民。皇帝即不欲匈奴近塞，則且詔吏民遠舍㉝。」帝報書曰：「單于欲除前事，復故約，朕甚嘉之，此古聖王之志也。漢與匈奴，約為兄弟，所以遺㉞單于甚厚。倍㉟約離兄弟之親者，常在匈奴。然右賢王事，已在赦前，單于勿深誅㊱。單于若稱書意，明告諸吏，使無負約，有信，敬如單于書。」後頃之，冒頓死，子稽粥㊲立，號曰老上單于。老上單于初立，帝復遣宗室女翁主㊳為單于閼氏。使宦者燕人中行說㊴傅㊵翁主。說不欲行，漢強使之。說曰：「必我也，為漢患者(41)。」中行說既至，因降單于，單于甚親幸之。初，匈奴好(42)漢繒絮(43)食物，中行說曰：「匈奴人眾，不能當漢之一郡，然所以強者，以衣食異，無仰於漢也。今單于變俗，好漢物，漢物不過什二，則匈奴盡歸於漢矣(44)。」其得漢繒絮，以馳草棘中，衣袴皆裂敝，以示不如旃(45)裘之完善也；得漢食物，皆去(46)之，以示不如湩酪(47)之便美也。於是說教單于左右疏記(48)，以計課(49)其人眾畜牧：其遺漢書牘及印封，皆令長大(50)，倨傲其辭，自稱天地所生，日月所置，匈奴大單于。漢使或訾咲(51)匈奴俗無禮義者，中行說輒窮漢使(52)，曰：「匈奴約束徑(53)，易行；君臣簡，可久；一國之政，猶一體也。故匈奴雖亂，必立宗種。今中國雖云有禮義，及親屬益疏(54)，則相殺奪，以至易姓，皆從此類也。嗟(55)！土室之人(56)，顧無多辭喋喋佔佔(57)。顧(58)漢所輸匈奴繒絮米糵(59)，令其量中(60)，必善美而已矣，何以言為乎？且所給備善則已，不備，苦惡(61)，則候秋熟，以騎馳蹂(62)而(63)稼穡耳！」

㈣梁太傅賈誼(六四)上疏曰：「臣竊惟今之事埶，可為痛哭者一，可為流涕者二，可為長太息者六，若其它背理而傷道者，難徧以疏舉(六五)。進言(六六)者皆曰：『天下已安，已治矣！』臣獨以為未也。曰安且治者，非愚則諛(六七)，皆非事實，知治亂之體者也。夫抱火厝(六八)之積薪之下，而寢其上，火未及然(六九)，因謂之安，方今之埶，何以異此？陛下何不令臣得孰數之(七〇)於前，因陳治安之策，試詳擇焉！使為治，勞志慮，苦身體，乏鐘鼓之樂，勿為可也(七一)；樂與今同，而加之諸侯軌道(七二)，兵革不動，匈奴賓服，百姓素朴，生為明帝，沒為明神，名譽之美，垂於無窮，使顧成之廟(七三)，稱為太宗，上配太祖，與漢亡極，立經陳紀(七四)，為萬世灋，雖有愚幼不肖之嗣，猶得蒙業而安。以陛下之明達，因使少知治體者得佐下風(七五)，致此非難也。夫樹國固，必相疑之埶(七六)，下數被其殃，上數爽其憂(七七)，甚非所以安上而全下也。今或親弟謀為東帝，親兄之子，西鄉而擊(七八)，今吳又見告矣(七九)。天子春秋鼎盛(八〇)，行義未過(八一)，德澤有加焉，猶尚如是，況莫大諸侯，權力且十此者虖(八二)？然而天下少安，何也？

大國之王，幼弱未壯，漢之所置傅、相，方握其事(八三)。數年之後，諸侯之王，大抵(八四)皆冠(八五)，血氣方剛，漢之傅、相，稱病而賜罷。彼自丞、尉以上，偏置私人(八六)，如此有異淮南、濟北之為邪？此時而欲為治安，雖堯舜不治。黃帝曰：『日中必熭，操刀必割(八七)。』今令此道順(八八)而全安，甚易；不肯蚤為，已乃墮骨肉之屬而抗剄之(八九)，豈有異秦之季世(九〇)虖？其異性負彊而動者，漢已幸而勝之矣！又不易其所以然(九一)，同姓襲是跡而動，既有徵(九二)矣，其埶盡又復然(九三)。殃旤(九四)之變，未知所移，明帝處之，尚不能以安，後世將如之何？臣竊跡前事(九五)，大抵彊者先反。長沙乃二萬五千戶耳，功少而最完，埶疏而最忠(九六)，非獨性異人也(九七)，亦形埶然也。曩(九八)令樊、酈、絳、灌(九九)據數十城而王，今雖以殘亡，可也(一〇〇)。令信、越(一〇一)之倫，列為徹侯而居，雖至今存，可也。然則天下之大計可知已(一〇二)！欲諸王之皆忠附，則莫若令如長沙王，欲臣子勿菹醢(一〇三)，則莫若令如樊、酈等，欲天下之治安，莫若眾建諸侯而少其力(一〇四)。力少，則易使以義(一〇五)；國小，則亡邪心。令海內之埶，如身之使臂，臂之使指，莫不制從㉖。諸侯之君，不敢有異心，輻湊㉗並進，而歸命天子。割地定制，令齊、趙、楚各為若干國，使悼惠王、幽王、元王㉘之子孫，畢以次各受祖之分地㉙，地盡而止。其分地眾而子孫少者，建以為國，空而置之，須㉚其子孫生者，舉使君之。一寸之地，一人之眾，天子亡所利焉，誠以定治而已。如此，則臥赤子天下之上㉛而安，植遺腹㉜、朝委裘㉝而天下不亂。當時大治，後世誦聖㉞，陛下誰憚而久不為此？天下之埶，方病大瘇㉟。一脛之大幾如要㊱，一指之大幾如股。平居不可屈伸，一二指搐，身慮無聊㊲。失今不治，必為錮疾㊳，後雖有扁鵲㊴，不能為已㊵。病非徒瘇也㊶，又苦跛盭㊷。元王之子，帝之從弟也㊸，今之王者，從弟之子也；惠王之子，親兄子也㊹，今之王者，兄子之子也。親者㊺或亡分地以安天下，疏者㊻或制大權以偪㊼天子，臣故曰，非徒病瘇也，又苦跛盭。可痛哭者，此病是也。

　天下之埶方倒縣㊽。凡天子者，天下之首，何也？上也。蠻夷者，天下之足，何也？下也。今匈奴嫚侮侵掠，至不敬也，而漢歲致金絮采繒以奉之，足反居上，首顧(二九)居下，倒縣如此，莫之能解，猶為國有人乎(三〇)？可為流涕者，此也。

今不獵猛敵，而獵田彘，不搏反寇，而搏畜菟，翫細娛而不圖大患(三一)，德可遠加而直數百里外，威令不勝(三二)。可為流涕者，此也。

今庶人屋壁，得為帝服，倡優下賤，得為后飾。且帝之身，自衣皁綈(三三)，而富民牆屋被文繡(三四)；天子之后，以緣其領，庶人孽妾(三五)，以緣其履：此臣所謂舛也。夫百人作之，不能衣一人，欲天下亡寒，胡可得(三六)也？一人耕之，十人聚而食之，欲天下亡饑，不可得也。飢寒切於民之肌膚，欲其亡為姦邪，不可得也。可為長太息者，此也。

商君(三七)遺(三八)禮義，棄仁恩，幷心於進取，行之二歲，秦俗日敗。故秦人家富，子壯則出分(三九)；家貧，子壯則出贅(四〇)。借父耰鉏，慮有德色(四一)；母取箕箒，立而誶語(四二)；抱哺其子，與公併倨(四三)；婦姑不相說(四四)，則反脣而相稽(四五)；其慈子耆利，不同禽獸者亡幾耳(四六)。今其遺風餘俗，猶尚未改，棄禮義，捐廉恥日甚，可謂月異而歲不同矣。逐利不耳，慮非顧行也(四七)。今其甚者，殺父兄矣，而大臣特以簿書不報、期會之間以為大故(四八)，至於俗流失，世壞敗，因恬而不知怪(四九)，慮(五〇)不動於耳目，以為是適然(五一)耳。夫移風易俗，使天下回心而鄉道，類非俗吏之所能為也。俗吏之所務，在於刀筆筐篋(五二)，而不知大體，陛下又不自憂，竊為陛下惜之。豈如今(五三)定經制(五四)，令君君臣臣(五五)，上下有差，父子六親(五六)，各得其宜，此業壹定，世世常安，而後有所持循矣(五七)。若夫經制不定，是猶度(五八)江河亡維楫(五九)，中流而遇風波，船必覆矣！可為長太息者，此也。

夏、殷、周為天子，皆數十世，秦為天子，二世而亡。人性不甚相遠也，何三代之君，有道之長，而秦無道之暴(六〇)也？其故可知也。古之王者，太子乃生(六一)，固舉以禮(六二)，有司齊(六三)肅端冕，見之南郊(六四)。過闕則下(六五)，過廟則趨(六六)，故自為赤子(六七)，而教固已行矣。孩提(六八)有識，三公三少(六九)，明孝仁禮義，以道習之，逐去邪人，不使見惡行。於是皆選天下之端士孝弟(七〇)博聞有道術者以衛翼(七一)之，使與太子居處出入。故太子乃生而見正事，聞正言，行正道，左右前後，皆正人也。夫習與正人居之，不能毋正，猶生長於齊，不能不齊言也；習與不正人居之，不能毋不正，猶生長於楚之地，不能不楚言也。孔子曰：『少成若天性，習貫[七二]如自然。』習與智長，故切而不媿[七三]，化與心成，故中道若性[七四]。夫三代之所以長久者，以其輔翼太子，有此具也。及秦而不然，使趙高傅胡亥而教之獄，所習者非斬、劓[七五]人，則夷人之三族也。胡亥今日即位而明日射人，忠諫者謂之誹謗，深計者謂之妖言，其視殺人若艾[七六]草菅[七七]然。豈惟胡亥之性惡哉？彼其所以道[七八]之者，非其理故也。鄙諺[七九]曰：『前車覆，後車誡。』秦世之所以亟[八〇]絕者，其轍[八一]跡可見也。然而不避，是後車又將覆也。天下之命，縣於太子，太子之善，在於早諭[八二]教與選左右。夫心未濫而先諭教，則化易成也；開於道術，智誼之指[八三]，則教之力也；若其服習積貫，則左右而已。夫胡粵之人，生而同聲，嗜欲不異，及其長而成俗，累數譯而不能相通，有雖死而不相為者[八四]，則教習然也。臣故曰，選左右早諭教，最急。夫教得而左右正，則太子正矣；太子正而天下定矣。書曰：『一人有慶，兆民賴之(八五)。』此時務(八六)也。凡人之智，能見已然，不能見將然(八七)。夫禮者，禁於將然之前，而灋者，禁於已然之後。是故灋之所為用易見，而禮之所為生難知也。若夫慶賞以勸善，刑罰以懲惡，先王執此之政，堅如金石；行此之令，信如四時(八八)；據此之公，無私如天地；豈顧(八九)不用哉？然而曰禮云、禮云者，貴絕惡於未萌，而起教於微眇(九〇)，使民日遷善遠辠(九一)而不自知也。孔子曰：『聽訟，吾猶人也，必也，使毋訟乎(九二)！』為人主計者，莫如先審(九三)取捨(九四)，取捨之極定於內，而安危之萌應於外矣(九五)。秦王之欲尊宗廟而安子孫，與湯武同，然而湯武廣大其德行，六七百歲而弗失，秦王治天下，十餘歲則大敗，此亡他故矣，湯武之定取舍審而秦王之定取舍不審矣！夫天下，大器也。今人之置器，置諸安處則安，置諸危處則危；天下之情，與器無以異，在天子之所置之。湯武置天下於仁義禮樂，累子孫數十世，此天下所共聞也；秦王置天下於灋令刑罰，旤幾及身，子孫誅絕，此天下之所共見也；是非其明效大驗邪？人之言曰：『聽言之道，必以其事觀之，則言者莫敢妄言。』今或言禮誼之不如灋令，教化之不如刑罰，人主胡不引殷、周、秦事以觀之也？人主之尊譬如堂，羣臣如陛(96)，眾庶如地。故陛九級，上廉(97)遠地，則堂高；陛無級，廉近地，則堂卑。高者難攀，卑者易陵(98)，理埶然也。故古者聖王，制為等列，內有公、卿、大夫、士，外有公、侯、伯、子、男，然後有官師(99)、小吏，延及庶人，等級分明，而天子加焉，故其尊不可及也。里諺曰：『欲投鼠，而忌器。』此善諭也。鼠近於器，尚憚不投，恐傷其器，況於貴臣之近主乎？廉恥節禮以治君子，故有賜死而無戮辱，是以黥、劓之辠，不及大夫，以其離主上不遠也。禮(100)，不敢齒(101)君之路馬，蹴(102)其芻(103)者有罰，所以為主上豫遠(104)不敬也。今自王、侯、三公之貴，皆天子之所改容而禮之也，古天子之所謂伯父、伯舅(105)也，而令與眾庶同黥、劓、髡、刖(106)笞、傌(107)、棄市之灋，然則堂不無陛乎？被辱者不泰迫(108)虖？廉恥不行大臣(109)，無乃握重權大官，而有徒隸無恥之心虖？夫望夷之事，二世見當以重灋者，投鼠而不忌器之習也(110)。臣聞之：

『履雖鮮，不加於枕；冠雖敝，不以苴履㉑。』夫嘗已在貴寵之位，天子改容而禮貌之㉒矣，吏民嘗俯伏以敬畏之矣，今而有過，帝令廢之可也，退之可也，賜之死可也，滅之可也；若夫束縛之，係緤㉓之，輸之司寇㉔，編之徒官㉕，司寇小吏，詈罵而榜笞之，殆非所以令眾庶見也。夫卑賤者習知尊貴者之一旦㉖吾亦乃可以加此㉗也，非所以尊尊貴貴之化也。古者大臣有坐不廉而廢者，不謂不廉，曰簠簋不飾㉘；坐汙穢淫亂，男女無別者，不曰汙穢，曰帷薄不脩㉙；坐罷軟㉚不勝任者，不謂罷軟，曰下官不職。故貴大臣定有其辠矣，猶未斥然；正以呼之也，尚遷就而為之諱也。故其在大譴大何之域者㉛，聞譴何則白冠氂纓㉜，盤水加劍㉝，造請室㉞而請罪耳，上不執縛係引而行也；其有中罪㉟者，聞命而自弛㊱，上不使人頸盭而加㊲也；其有大罪者，聞命則北面再拜，跪而自裁㊳，上不使人捽抑㊴而刑之也；曰：『子㊵大夫自有過耳，吾遇子有禮矣。』遇之有禮，故羣臣自憙㊶；嬰㊷以廉恥，故人矜㊸節行。上設廉恥禮義以遇其臣，而臣不以節行報其上者，則非人類也。故化成俗定，則為人臣者，皆顧行而忘利，守節而伏義，故可以託不御之權㉞，可以寄六尺之孤㉟，此厲廉恥，行禮義之所致也，主上何喪焉㊱？此之不為，而顧彼之久行㊲，故曰可為長太息者，此也。」誼以絳侯前逮繫獄，卒無事，故以此譏上。上深納其言，養下有節㊳。是後大臣有罪，皆自殺，不受刑㊴。

【今註】㊀華：開花，讀曰花。㊁請自置相、二千石：漢制，諸王國自相以下至內史、中尉，皆秩二千石，漢為置之，秩不及二千石以下諸吏王得自置。今長驕橫，逐漢所置吏，而請自置之。㊂曲意：承順他人意旨。㊃不辜：無罪之人。㊄爵人至關內侯：關內侯，爵第十九等，非諸侯王所得專擅。㊅帝重自切責之：重，難也。謂帝念手足之情而難自切責之。㊆風：讀曰諷。以微言托意而不顯言之。㊇引管、蔡及代頃王、濟北王興居以為儆戒：管、蔡，謂管叔、蔡叔，周武王之弟。成王即位，謀反，為周公所誅。代頃王劉仲，高祖之兄，高祖七年，仲棄國自歸，廢為郃陽侯。東牟侯興居，以佐立文帝功，封濟北王，文帝前三年，發兵反，兵敗自殺。以上諸人，皆以至親，罹法獲罪，故薄昭引之，以為淮南王長儆戒。㊈說：讀曰悅。㊉輦車：《史記》作輂車。《通訓定聲》云：「按古者大車多駕牛，其駕馬者曰輂。」顏師古曰：「輦車，人輓行以載兵器也。」王念孫曰：「案輦車為人輓行之車，則不得言四十乘，輦車當依史記作輂車，說文：『輂，大車駕馬也。』周官鄉師：『與其輦。』鄭注：『輦駕馬，輦人輓行。』故曰輦車四十乘。世人多言輦，少見輦，故輦譌為輦。」按王念孫自注：「乘車，四馬車也。」輦車人輓，故王謂不得言乘。(十一)谷口：故城在今陝西省醴泉縣東北。(十二)宗正、廷尉：按《史記・淮南厲王傳》：「宗正臣逸，廷尉臣賀。」(十三)邛郵：郵置名。郵，郵驛，謂置驛以傳郵。按《漢書・地理志》，嚴道有邛來山，邛郵，或設其地。(十四)傳：以驛傳送。(十五)卒：讀曰猝。(十六)吾特苦之耳！今復之：特，但。復，還。帝謂吾但暫困苦之，令其自悔，今即追還之。(十七)雍：故城在今陝西省鳳翔縣南。(十八)雍令發封：輜車有封，以防逃匿，前此所經諸縣，莫敢發其封，至是雍令乃發之。(十九)卒：終於。(二十)逮考：追捕而案問之。(二十一)餽侍：餽，同饋，饗以食物。侍，候問其起居。(二十二)稱書意合歡：稱，副。言漢所作為與所遺書意相副而共結歡親。(二十三)不請：未經請命單于而擅自與漢相抗距。(二十四)後義盧侯難支：難支，匈奴將名，封後義盧侯。(二十五)月氏：讀音如月支（ㄓ）。(二十六)夷滅：夷，平；夷滅，謂誅滅之盡，令無遺種。(二十七)盡斬殺降、下，定之：降，投降於匈奴者，下，為匈奴所擊服者，匈奴盡斬殺之，而平定其地。(二十八)樓蘭：漢西域諸國之一，昭帝時更名鄯善。治扜泥城，故地在今新疆省鄯善縣東南戈壁中。(二十九)烏孫：漢西域諸國之一。先居燉煌、祁連間，後逐大月氏而建烏孫國，奄有今新疆省境內溫宿縣以北，伊寧縣以南一帶之地。(三十)呼揭：漢時匈奴屬國。揭，讀如切（ㄑㄧㄝ），又音竭（ㄐㄧㄝˊ），或音犁（ㄌㄧˊ）。胡三省曰：「史記正義，呼揭國在瓜州西北。余據班史，匈奴北服丁零、呼揭之國。宣帝時，匈奴乖亂，其西方呼揭王，自立為呼揭單于。西域傳，呼揭不在三十六國之數，而烏孫國東與匈奴接，則呼揭蓋在烏孫之東，匈奴西北也。」㊁皆已為匈奴：皆服屬於匈奴。㊂引弓之民：胡人以游牧為生，民皆習武，以弓矢為兵器，故自稱引弓之民。㊃遠舍：舍，居止。遠舍，謂遠離邊塞而居。㊄遺：贈與。㊅倍：讀曰背。㊆深誅：深究其罪而誅肇事諸吏。㊆稽粥：讀音如雞（ㄐㄧ）育（ㄩˋ）。㊇翁主：漢制，天子之女稱公主，諸侯王之女稱翁主。顏師古曰：「天子不親主婚，故謂之公主。諸王即自主婚，故其女曰翁主。翁者，父也，言父主其婚也；亦曰王主，言王自主其婚也。高祖答項羽曰：『吾翁即若翁也。』揚雄方言云：『周晉秦隴謂父曰翁。』」㊈中行說：姓中行，名說。說，讀曰悅。㊉傅：輔導。㊉必我也，為漢患者：必我也，《史記》作必我行也。《漢書》刪行字。謂必強我行，則為漢患。㊉好：愛好。㊉繒絮：繒，帛之總稱；絮，絲絮。㊉漢物不過什二，則匈奴盡歸於漢矣：什二，十分之二。言匈奴人數寡少，漢但費物十分之二，則可徧賂匈奴之民，而使之服屬於漢朝。㊉旃：同氈。㊉去：廢棄。㊉湩酪：湩，乳汁，音重（ㄓㄨㄥˋ），又音童（ㄊㄨㄥˊ）。酪，乳漿，煎乳為之。㊉疏記：分條目以記事。㊉計課：計，計算。課，稽核。㊉其遺漢書牘及印封，皆令長大：謂匈奴遺漢書牘及印封，皆較漢遺匈奴為長為大，以自尊傲。按《漢書・匈奴傳》，漢遺單于書以尺一牘，中行說令單于遺漢以尺二牘。㊉訾咲：訾，詆毀。咲，古笑字。㊉窮漢使：設辭詰駁漢使，使其窮於應對。㊉徑：簡而不繁。㊉及親屬益疎：謂不娶父兄之妻，數代而後，則親屬血緣，日益疏遠。㊉嗟：歎愍之詞。㊉土室之人：匈奴逐水草，居穹廬，非如中國有室屋，故謂中國人為土室之人。㊉顧無多辭喋喋佔佔：顧，思念。喋喋，多言貌。佔佔，顏師古曰：「衣裳貌也。」中行說謂漢使且當思念之，無喋喋多言，以著冠帶自高。(五八)顧：念也。(五九)櫱：釀酒酵母。(六〇)量中：量滿其數。中，音仲（ㄓㄨㄥˋ）。(六一)苦惡：粗劣。(六二)蹂：踐踏。(六三)而：汝，指漢人。(六四)梁太傅賈誼：賈誼自長沙王太傅徵為梁懷王太傅。(六五)難徧以疏舉：謂難以分條徧舉之。(六六)進言：陳說於天子之前。(六七)曰安且治者，非愚則諛：實謂治安者則愚，明如其非而假言以取容者則諛。(六八)厝：放置。(六九)然：古燃字。(七〇)孰數之：孰，古熟字。熟，詳也。孰數之，謂分條而詳陳之。(七一)「使為治」至「勿為可也」：賈誼謂若採擇其策以治天下，可致天下於治安，且無須加勞苦，減娛樂；若須加勞苦，減娛樂，則勿為可也。(七二)加之諸侯軌道：軌道，法制。此謂兼能使諸侯遵守漢朝之法制。(七三)顧成：文帝廟名，文帝前四年建。(七四)立經陳紀：創立世人共同遵守之常法。(七五)下風：當風之下方，人臣對帝王之謙稱。(七六)夫樹國固，必相疑之埶：謂建國於險固之處，諸侯強大，則必與天子有相疑之勢。(七七)上數爽其憂：爽，傷。謂下疑上則必反，而上必因諸侯之反而數為憂慮所傷。(七八)今或親弟謀為東帝，親兄之子，西鄉而擊：親弟謂淮南厲王長。長謀反，故謂謀為東帝。親兄之子，謂齊悼惠肥之子濟北王興居。興居謀反而西擊滎陽，故曰西向而擊。(七九)今吳又見告矣：吳謂吳王濞。見告者，謂濞不遵漢之法制，而為人所告發。(八〇)鼎盛：方盛。(八一)未過：未有過失。(八二)況莫大諸侯，權力且十此者虖：顏師古曰：「莫大，謂無有大於其國者，言最大也。十此，謂十倍於此。」胡三省曰：「余謂誼之大意，蓋謂淮南、濟北，當文帝之時，尚敢以一國為變，使諸侯相合，襲是跡而動，則其權力十倍於此，為患莫大焉。」余按顏注莫大為最大，甚是。至云權力且十此者，顏注、胡注俱未當。余以為賈誼之意，謂天子方值盛年，又有德澤於天下之民，諸侯宜稍存戒懼之心，然而小國如淮南、濟北，猶敢稱兵而反；今諸侯之最強大者，其權力且十倍於淮南、濟北，以此言之，其反也無疑。故下文繼云，天下之所以尚未危亂，以大國之王幼弱未壯之故。此大國之王，即所謂莫大諸侯，權力且十倍於淮南王、濟北王者。〔八三〕事：權勢。〔八四〕大抵：大略。〔八五〕冠：成年。古人成年則加冠，故以喻成年。〔八六〕彼自丞、尉以上，偏置私人：郡縣各有丞有尉。此謂自郡縣丞尉以上，至於王朝之傅相，皆諸王之私人，則漢朝不能制之。〔八七〕日中必熭，操刀必割：日中，陽光最盛之時，熭，暴乾。音衞（ㄨㄟˋ）。謂欲暴物使乾，當俟日中，過此則失時。臣瓚曰：「太公曰：『日中不熭，是謂失時；操刀不割，失利之期。』言當及時也。」〔八八〕道順：由順而行，不為叛逆。〔八九〕已乃墮骨肉之屬而抗剄之：墮，毀。抗，舉。剄，以刃割頸。此謂必俟諸侯之叛，而後毀骨肉之親恩，以法誅滅之，則於義不安。〔九〇〕秦之季世：季世，末世。王先謙曰：「始皇紀，二世即位，六公子戮死於杜，公子將閭三人殺於內宮是也。」〔九一〕易其所以然：謂變更其法制，以消弭所以反叛之根源。〔九二〕徵：證驗。〔九三〕其埶盡又復然：謂與異姓諸王之叛，如出一轍。〔九四〕旤：古禍字。〔九五〕跡前事：追尋前事之蹤跡。〔九六〕功少而最完，埶疏而最忠：漢初異姓諸王，至文帝時惟長沙以忠謹獨存。〔九七〕非獨性異人也：非獨其秉性忠貞，異於常人。〔九八〕曩：昔時。〔九九〕樊、酈、絳、灌：樊謂樊噲，酈謂酈商，絳謂絳侯周勃，灌謂灌嬰。〔一〇〇〕今雖以殘亡，可也：謂其勢強必反，而招致殘亡。〔一〇一〕信、越：信謂淮陰侯韓信，越謂彭越。〔一〇二〕已：語終辭。〔一〇三〕菹醢：菹，酢菜；醢，肉醬。謂臠切其肉，使如菹醢。〔一〇四〕眾建諸侯而少其力：謂多立諸侯之國，減削其權力，無使過於強大。㉕使以義：以禮義約束之。㉖制從：從其節制。㉗輻湊：輻，車輪中之支木。湊，歸聚。謂天下諸侯，歸命於天子，如車輻之歸聚於車轂。㉘悼惠王、幽王、元王：齊悼惠王肥，趙幽王友，楚元王交。㉙分地：所得之封域。㉚須：等待。㉛臥赤子天下之上：赤子，謂尚在襁褓之幼孩。謂使幼孩繼嗣為帝，以治天下。幼孩不能坐，故謂之臥。㉜植遺腹：遺腹，謂父死而子尚在母腹中未出生者，植，謂立之以繼嗣。㉝朝委裘：謂垂裘於朝廷而羣臣謁之。王先謙曰：「植遺腹，故但朝先帝裘衣。」㉞誦聖：歌誦其聖明。㉟瘇：音踵（ㄓㄨㄥˇ）。如淳曰：「腫足曰瘇。」王先謙曰：「瘇當作瘇。說文：『瘇，脛气足腫。』詩曰：『既微且瘇。』籀文作𡰥。」㊱要：同腰。㊲一二指搐，身慮無聊：搐，音畜（ㄒㄩˋ）。顏師古曰：「搐，謂動而痛也。」聊，恃賴。此謂指病腫甚，有一二指痛則身懼，若無所恃賴，喻諸侯強大，朝廷微弱，有一二反者，則朝廷為之震動，而不能自保。㊳錮疾：經久不癒之疾。亦作痼疾。錮，音固（ㄍㄨˋ）。㊴扁鵲，古之良醫。㊵不能為已：為，醫治。已，語終辭。㊶病非徒瘇也：徒，但也。王念孫曰：「『病非徒瘇』，當作『非徒病瘇』。『病瘇』與『苦蹠盭』對文，則病字當在瘇字上，不當在非徒上。御覽疾病部三引此正作『非徒病瘇』，下文云：『臣故曰非徒病瘇也，又苦蹠盭。』尤其明證矣。」按《賈子・大都篇》亦作「病非徒𡰥」王念孫指為傳抄之誤。㊷蹠盭：蹠，腳掌，音炙（ㄓˋ）。盭，古戾字。蹠盭，謂腳掌反戾，不可動也。㊸元王之子，帝之從弟也：元王交，高帝之弟，其子於文帝為從弟。㊹惠王之子，親兄子也：齊悼惠王肥，高帝之庶長子，其子於文帝為親兄之子。㊺親者：

謂文帝之子孫。㉖疏者：謂元王、惠王之後。㉗偪：古逼字。㉘縣：讀曰懸。㉙顧：反。㉚猶為國有人乎：此謂上下之序，顛倒如此，而不能解救，是國中無明智之士，而朝臣無匡濟之才。㉛「今不獵猛敵」至「不圖大患」：猛敵、反寇，皆指匈奴。不征強敵而務田獵，是為翫細娛而不圖大患。翫，玩弄。圖，謀所以對付之策。㉜威令不勝：勝，任。威令不行於下，故曰不勝。勝，《漢書・賈誼傳》作信。顏師古注：「信，讀曰伸。」威令不伸，亦威令不行之意。㉝皁綈：皁，黑色。綈，厚繒。㉞牆屋被文繡：以錦繡張懸屋垣以為飾，喻其侈麗。被，讀曰披。㉟孽妾：婢妾之庶賤者。㊱胡可得：反問之詞，意即不可得。㊲商君：謂商鞅。㊳遺：遺棄。㊴出分：分家產而出居，不同堂而聚。㊵出贅：以子出質富家為奴以易錢。錢大昕曰：「漢書嚴助傳：『歲比不登，民待賣爵贅子以接衣食。』如淳曰：『淮南俗賣子與人作奴，名曰贅子。三年不能贖，遂為奴婢。』然則贅子猶今之典身，立有年限取贖者，去奴婢僅一閒耳。秦人子壯出贅，謂其父不相顧，惟利是嗜，捐棄骨肉，降為奴婢而不恥也。其贅而不贖，主家以女匹之，則謂贅壻，故當時賤之。」㊶借父耰鉏，慮有德色：耰，音憂（ㄧㄡ）；鉏，同鋤。耰、鉏，皆田具。慮，大率，其用法與無慮同，謂不待計慮而可知之，轉為大率之義。此謂秦俗衰敗，民不知禮義，以田器借與其父，而率有自矜之色，以為有恩德於其父。㊷母取箕箒，立而誶語：誶，詰問；又責罵。此句有二解：謂母欲借取箕箒，則子女立而詰問，示不輕借；或謂母徑取箕箒而不相告知，則子女立而責罵之。㊸抱哺其子，與公併倨：公，丈夫之父。倨，微曲其膝而坐。婦與公併倨而抱哺其子，喻無禮之甚。㊹說：讀曰悅。㊺反脣而相稽：不甘受責，發言自辯，與相計較。㊻其慈子耆利，不同禽獸者亡幾耳：耆，同嗜。此謂秦人不知孝義，但知愛子貪利，而輕簡其父母，與禽獸相去無幾。㊼逐利不耳，慮非顧行也：不，讀曰否，慮，大率。謂其所追赴，但計利與否，大率皆不顧及行為之善惡。㊽大臣特以簿書不報、期會之閒以為大故：特，但。簿書，行政報告書。此謂大臣但以簿書、期會為急，而不知厲節行以正風俗。㊾至於俗流失，世壞敗，因恬而不知怪：失同泆，按《漢書・禮樂志》作風俗流溢。流泆即流溢，謂不循軌範，如水之流溢。因字為固字之誤，按《賈子・俗激篇》作「固恬弗知怪」可證。王念孫曰：「固與顧同，顧，反也。」恬，安也。王念孫曰：「恬而，恬然也。」此謂至於風俗流溢，世事敗壞，反恬然不以為怪。㊿慮：大率。(51)適然：事理之所當然。(52)俗吏之所務，在於刀筆筐篋：周壽昌曰：「刀筆以治文書，筐篋以貯財幣。」此謂俗吏所務，在於科條徵斂，至於回風易俗，則非其力所能為。(53)今：立即。(54)經制：常制。(55)君君臣臣：君臣各守其道。(56)六親：胡注引賢曰：「六親，謂父子兄弟夫婦也。」(57)持循：持以為準而遵循之。(58)度：同渡。(59)維楫：維，繫舟之纜索。楫，短槳。(60)暴：短促。(61)乃生：始生。(62)舉以禮：孔廣森曰：「春秋左傳所謂以太子生之禮舉之，接以太牢是也。」按此謂備太牢之禮以迎太子之生。太子為國之儲君，故以太牢之禮迎之。(63)齊：讀曰齋。(64)南郊：祀天之所。(65)下：下車。(66)趨：低首疾行。(67)赤子：嬰兒。劉奉世曰：「嬰兒體色赤，故曰赤子。」(68)孩提：嬰兒稍長，雖在襁褓，能知孩笑，可提抱者。(69)三公三少：三公謂太師、太傅、太保；三少謂少師、少傅、少保。(70)孝弟：能盡子道曰孝；能盡弟道曰悌。弟，同悌。(七一)翼：衞護。(七二)貫：今通作慣。(七三)習與智長，故切而不媿：媿，同愧，矯飾之意。按此句承上引孔子「習慣如自然」一語而來，謂習興智俱長，則舉止切合常道，如出於自然而無矯飾之狀。(七四)化與心成，放中道若性：中道，切合常道。按此句承上語「少成若天性」而來，謂教化夙成於中心，故其行為莫不切合常道，若其天性然。(七五)劓：割劓之刑。(七六)艾：讀曰刈。(七七)菅：茅草。音姦（ㄐㄧㄢ）。(七八)道：讀曰導。(七九)鄙諺：俗語。(八〇)亟：同急。(八一)轍：車跡。(八二)諭：曉告。(八三)智誼之指：指，旨趣。王念孫曰：「智誼之指，本作智誼理之指。智、讀曰知，與開字相對為文，謂開通於道術，識義理之指也。後人誤讀智為智慧之智，則智誼理三字義不相屬，故刪去理字，而不知智誼二字，義亦不相屬也。大戴禮、賈子並作知義理之指。」(八四)「夫胡粵之人」至「有雖死而不相為者」：胡三省曰：「按賈誼之意，人初生之時，雖胡越之人，嗜欲不異，及其成俗，則不易改，若事非其俗，雖迫令使死，猶不可使其強為。」(八五)一人有慶，兆民賴之：此〈周書・呂刑〉之辭。一人，謂天子；兆民，謂庶民。此言天子有善，則庶民共獲其利。(八六)時務：當時要務。賈誼謂教諭太子，使習於為善，乃當世之要務。(八七)信如四時：春夏秋冬，謂之四時。言如四時之運行，信而不爽。(八八)將然：將欲發生之事。(八九)顧：反而。(九〇)眇：細小。(九一)遷善遠皋：遷，遷就。皋，古罪字。謂見善則遷就之，見罪則遠離之。(九二)聽訟，吾猶人也，必也，使毋訟乎：此《論語》載孔子之語。謂若使吾聽訟，則吾之才能，與常人無異，必欲使天下治安，唯有先以德義化民，使無爭訟。(九三)審：詳慮。(九四)取舍：取，謂其所擇用；舍，謂其所棄置。舍，讀曰捨。(九五)取舍之極定於內，而安危之萌應於外矣：極，至。萌，朕兆。此謂取捨之先，必經詳慮，詳慮之至，則定取捨。取捨當則國安，取捨不當則國危，故取捨方定於內，而安危之兆，已應於外。(九六)陛：殿堂前階。(九七)廉：殿堂側隅。(九八)陵：乘越。(九九)官師：一官之長。猶今云某機關首長。(一〇〇)禮：《禮記・曲禮》。(一〇一)齒：數其齒齡。(一〇二)蹴：以足蹋之。(一〇三)芻：馬所食草。(一〇四)遠：遠離。(一〇五)伯父、伯舅：伯，長也，尊稱之詞。古時天子呼同姓諸侯之長者為伯父，異姓諸侯之長者為伯舅。(一〇六)刖：斷足之刑。(一〇七)傌：古罵字。(一〇八)泰迫：泰，同太。迫，近也。謂王侯公卿，皆天子貴近之臣。(一〇九)廉恥不行大臣：大臣輕被戮辱，故廉恥不行。(一一〇)二世見當以重灋者，投鼠而不忌器之習也：當，決罪。當以重法，決死之謂。此謂二世見弒於望夷宮，良由秦尚刑罰，無忌上之風，有以致之。(一一一)苴履：為履中之藉。(一一二)禮貌之：加禮容而敬之。(一一三)係緤：以長繩繫縛之。(一一四)司寇：顏師古曰：「司寇，主刑罰之官。」(一一五)編之徒官：謂編列為刑徒，服役於官府。(一一六)一旦：言或有一日。(一一七)加此：謂加以詈罵榜笞之事。(一一八)簠簋不飾：簠，音甫（ㄈㄨˇ），又音扶（ㄈㄨˊ）。簋，音軌（ㄍㄨㄟˇ）。簠簋，盛飯之具，故以簠簋不飾喻不廉。(一一九)帷薄不脩：帷，帳幔。薄，竹簾。幔與簾俱以隔障內外，故謂內外不肅為帷薄不脩。(一二〇)罷軟：軟弱無能。罷，讀曰疲。(一二一)其在大譴大何之域者：譴，責讓。何，詰問。域，處境。此言方其受責問之時。(一二二)白冠氂纓：纓，冠上繫帶，其以氂毛為者曰氂纓。白冠氂纓，俱喪服。謂自以獲罪當誅，故著喪服。(一二三)盤水加劍：盤水，謂以盤盛水，水性至平，示法平而無私。加劍於盤，示當自刎。(一二四)請室：請罪之室。(一二五)中罪：謂較譴何之罪為重，然尚不至於死者。(一二六)自弛：弛，毀。謂自毀衣冠容儀以就刑獄。㉗頸盭而加：盭，古戾字。謂不使人戾頸而加褫辱。㉘自裁：自殺。㉙捽抑：持髮按首。捽，音卒（ㄗㄨˊ）。㉚子：男子美稱。㉛憙：讀曰喜。㉜嬰：加。㉝矜：矜尚。㉞可以託不御之權：謂可托以權柄而不須復加制御。㉟六尺之孤：喻嗣君幼少，未能自立。語出《論語・泰伯》。㊱主上何喪焉：喪，喪失。謂如此於主上無所喪失。㊲此之不為，而顧彼之久行：胡三省曰：「此，謂以禮義廉恥遇其臣；彼，謂戮辱貴臣。言不為此而反行彼也。」㊳有節：謂不濫施刑罰。㊴是後大臣有罪，皆自殺，不受刑：胡三省曰：「漢人相傳以大臣不對理陳冤為故事，多有聞命而引決者。然詣獄受刑者亦多有之，史特大概言之耳。」

七年（西元前一七三年）

㈠冬，十月，令列侯太夫人、夫人㊀、諸侯王子及吏二千石，無得擅徵捕。

㈡夏，四月，赦天下。

六月，癸酉（二日），未央宮東闕罘罳㊁災。

㈢民有歌淮南王者，曰：「一尺布，尚可縫；一斗粟，尚可舂；兄弟二人不相容㊂。」帝聞而病之㊃。

【今註】㈠列侯太夫人、夫人：列侯之妻稱夫人，列侯之母稱太夫人。㈡罘罳：音浮（ㄈㄡˊ）思（ㄙ）。《漢書・五行志》作罘思。王念孫曰：「說文無罳字。漢書作罘罳，考工記匠人注作浮思，明堂位注作桴思，皆古字假借。他書或作罘罳者，皆因罘字而誤加网也。」胡三省引崔豹《古今注》：「罘罳，屏也。」章炳麟曰：「說文：『罦，兔罟也。』隸省作罘，漢世稱屏為罘思。古者守望牆牖，皆為射孔，屏最在外，守望尤急，是故刻為网形，以通矢簇，謂之罘思。」㈢一尺布，尚可縫；一斗粟，尚可舂，兄弟二人不相容：孟康曰：「尺帛斗粟尚不棄，況於兄弟而更相逐乎？」臣瓚曰：「一尺帛，可縫而共衣，一斗粟，可舂而共食，況以天下之廣，而不相容也。」按孟、瓚二說俱可通。《淮南子》高誘序云：「民歌之曰：『一尺繒，好童童，一升粟，飽蓬蓬，兄弟二人，不能相容。』」按此本為民謠，所傳尚不免有異詞，解說尤不必拘泥於一家，但求其合韻而寓意譏諷，即不失民謠本旨。㈣病之：患之。以其寓意譏諷，故文帝患之。

八年（西元前一七二年）

㈠夏，封淮南厲王子安等四人為列侯㈠。賈誼知上必將復王之也，上疏諫曰：「淮南王之悖逆無道，天下孰㈡不知其罪？陛下幸而赦遷之，自疾而死㈢，天下孰以王死之不當？今奉尊罪人之子，適足以負謗於天下㊃耳！此人少壯㊄，豈能忘其父哉？白公勝所為父報仇者，大父與叔父也㊅。白公為亂，非欲取國代主，發忿快志，剡手㊆以衝仇人之匈㊇，固為俱靡㊈而已。淮南雖小，黥布嘗用之矣⑩。漢存特幸耳⑪！夫擅仇人⑫足以危漢之資，於策不便。予⑬之眾積之財，此非有子胥、白公報於廣都之中⑭，即疑有剸諸⑮、荊軻⑯起於兩柱之閒⑰，所謂假賊兵，為虎翼者也⑱，願陛下少留計。」上弗聽。

㈡有長星⑲出于東方。

【今註】㊀封淮南厲王子安等四人為列侯：封安為阜陵侯，勃為安陽侯，賜為陽周侯，良為東城侯。㊁孰：誰。㊂自疾而死：賈誼謂淮南王自罹疫疾而死；非文帝殺之。㊃適足以負謗於天下：謂若尊王其子，則是明淮南王無罪，使文帝負枉殺胞弟之名，而為天下之人所譏詆。㊄少壯：謂稍長大。㊅白公勝所為父報仇者，大父與叔父也：大父，即祖父。白公勝為楚平王之孫，楚太子建之子。建得罪於平王，出奔鄭而死，勝復奔吳，與伍子胥率吳師入郢，發平王之墓以報父仇，又殺子西、子期。子西、子期，皆平王子，建之弟，於勝為叔父。㊆剡手：剡，銳利，音炎（ㄧㄢˇ）。手持利器，故曰剡手。㊇匈：古胸字。㊈俱靡：靡，碎。俱靡，謂與仇人共靡滅。

㈩淮南雖小，黥布嘗用之矣：黥布據淮南反，在高祖十一年秋七月。㈡漢存特幸耳：特，但。謂漢之勝布，得以自存，但為天幸，非必可勝之。㈢仇人：謂淮南厲王諸子。㈢予：讀曰與。㈣廣都之中：大都廣眾之中。㈤剸諸：吳之勇士，為闔閭刺殺王僚。㈥荊軻：衞之賢士，為燕太子丹謀刺秦王。㈦兩柱之閒：殿陛之上，人君聽政正坐之處。㈧所謂假賊兵，為虎翼者也：假，借。兵，兵器。賊與虎皆至凶殘，假賊以兵，為虎添翼，喻適足以助長其勢，恣為暴虐。㈨長星：星名，形狀略如彗星而光芒較長。相傳長星主兵革，長星出現，則將有戰亂之事。

九年（西元前一七一年）

㈠春，大旱。

十年（西元前一七〇年）

㈠冬，上行幸甘泉。

㈡將軍薄昭殺漢使者，帝不忍加誅，使公卿從之飲酒，欲令自引分㈠，昭不肯，使羣臣喪服往哭之，乃自殺。

臣光曰：「李德裕以為漢文帝誅薄昭，斷則明矣，於義則未安也。秦康送晉文，興如存之感㊁，況太后尚存，唯一弟薄昭，斷之不疑，非所以慰母氏之心也。臣愚以為法者，天下之公器，惟善持法者，親疏如一，無所不行，則人莫敢有所恃而犯之也。夫薄昭雖素稱長者，文帝不為置賢師傅，而用之典兵，驕而犯上，至於殺漢使者，非有恃而然乎？若又從而赦之，則與成、哀之世何異哉？魏文帝嘗稱漢文帝之美，而不取其殺薄昭。曰：『舅后之家，但當養育以恩，而不當假借以權，既觸罪法，又不得不害。』譏文帝之始不防閑㊂昭也。斯言得之矣！然則欲慰母心者，將慎之於始乎！」

【今註】㊀引分：自殺。㊁秦康公送晉文，興如存之感：《詩・秦風・渭陽》小序：「渭陽，康公念母也。康公之母，晉獻公之女。文公遭麗姬之難，未反而秦姬卒。穆公納文公。康公時為太子，贈送文公于渭之陽，念母之不見也，我見舅氏，如母在焉！及其即位而作是詩。」㊂防閑：防範於未然。

卷十五 漢紀七

司馬光編集
林瑞翰註

起玄黓涒灘，盡柔兆閹茂，凡十五年。（壬申至丙戌，西元前一六九年至西元前一五五年）

太宗孝文皇帝下

前十一年（西元前一六九年）

㈠冬，十一月，上行幸代。春，正月，自代還。

夏，六月，梁懷王揖薨，無子。賈誼復上疏曰：「陛下即不定制，如今之埶，不過一傳再傳㈠，諸侯猶且人恣而不制㈡，豪植而大強㈢，漢灋不得行矣。陛下所以為蕃扞㈣及皇太子之所恃者，唯淮陽、代二國耳㈤。代北邊匈奴，與強敵為鄰，能自完則足矣；而淮陽之比大諸侯，廑㈥如黑子㈦之著面，適足以餌大國㈧，而不足以有所禁禦。方今制在陛下，制國而令子適足以為餌，豈可謂工哉？臣之愚計，願舉淮南地以益淮陽，而為梁王立後，割淮陽北邊二三列城與東郡以益梁。不可者㈨，可徙代王而都睢陽，梁起於新郪[一〇]，而北著之河；淮陽包陳[一一]而南揵[一二]之江，則大諸侯之有異心者，破膽而不敢謀。梁足以扞齊、趙，淮陽足以禁吳、楚，陛下高枕，終無山東之憂矣！此二世之利也[一三]。當今恬然[一四]，適遇諸侯之皆少[一五]，數歲之後，陛下且見之矣。夫秦日夜苦心勞力，以除六國之阺[一六]，今陛下力制天下，順指如意[一七]，高拱以成六國之阺，難以言智。苟身無事，畜[一八]亂宿[一九]阺，孰視而不定[二〇]，萬年之後，傳之老母、弱子，將使不寧[二一]，不可謂仁。」帝於是從誼計，徙淮陽王武為梁王，北界泰山，西至高陽，得大縣四十餘城。後歲餘，賈誼亦死，死時年三十三矣。

(二)徙城陽王喜[二二]為淮南王。

(三)匈奴寇狄道。時匈奴數為邊患，太子家令[二三]潁川[二四]鼂錯上言兵事，曰：「兵灋曰：『有必勝之將，無必勝之民。』繇[二五]此觀之，安邊境，立功名，在於良將，不可不擇也。臣又聞用兵臨戰，合刃之急者三：一曰得地形，二曰卒服習，三曰器用利。兵灋：步兵、車騎、弓弩、長戟，矛鋋[二六]、劍楯之地，各有所宜，不得其宜者，或十不當一。士不選練，卒不服習，起居不精，動靜不集㉗，趨利弗及，避難不畢㉘，前擊後解㉙，與金鼓之指相失㉚，此不習勒卒之過也，百不當十。兵㉛不完利，與空手同；甲不堅密，與袒裼㉜同；弩不可以及遠，與短兵同；射不能中，與無矢同；中不能入，與無鏃㉝同；此將不省兵㉞之禍也，五不當一。故兵灋曰：『器械不利，以其卒予㉟敵也；卒不可用，以其將予敵也；將不知兵，以其主予敵也；君不擇將，以其國予敵也。』四者，兵之至要也㊱。臣又聞小大異形，彊弱異埶，險易異備㊲。夫卑身以事彊，小國之形也；合小以攻大，敵國之形也㊳；以蠻夷攻蠻夷，中國之形也。今匈奴地形技蓺㊴，與中國異。上下山阪，出入溪澗，中國之馬弗與㊵也；險道傾仄㊶，且馳且射，中國之騎弗與也；風雨罷㊷勞，飢渴不困，中國之人弗與也；此匈奴之長技也。若夫平原易地，輕車㊸突騎㊹，則匈奴之眾，易撓㊺亂也；勁弩長戟，射疏及遠㊻，則匈奴之弓，弗能格㊼也；堅甲利刃，長短相雜，遊弩往來，什伍㊽俱前，則匈奴之兵，弗能當也；材官騶發㊾，矢道同的㊿，則匈奴之革笥木薦㊶，弗能支也；下馬地鬬，劍戟相接，去就相薄㊷，則匈奴之足，弗能給也㊸，此中國之長技也。以此觀之，匈奴之長技三，中國之長技五。陛下又興數十萬之眾，以誅數萬之匈奴，眾寡之計，以一擊十之術也。雖然，兵，凶器；戰，危事也；故以大為小，以彊為弱，在俛仰之間耳㊹。夫以人之死爭勝，跌而不振㊺，則悔之無及也。帝王之道，出於萬全，今降胡、義渠、蠻夷之屬來歸誼者，其眾數千，飲食長技，與匈奴同，賜之堅甲、絮衣、勁弓、利矢，益以邊郡之良騎，令明將能知其習俗，和輯㊻其心者，以陛下之明約將之。即有險阻，以此當之，平地通道，則以輕車材官制之，兩軍相為表裏，各用其長技，衡加之以眾㊼，此萬全之術也。」帝嘉之，賜錯書，寵答焉。錯又上言曰：「臣聞秦起兵而攻胡粵者，非以衛邊地而救民死也，貪戾而欲廣大也！故功未立而天下亂。且夫起兵而不知其埶，戰則為人禽㊽，屯則卒積死㊾。夫胡貉之人，其性耐寒，楊粵之人，其性耐暑，秦之戍卒，不耐其水土，戍者死於邊，輸者僨㊿於道。秦民見行，如往棄市，因以讁發之，名曰讁戍。先發吏有讁及贅壻、賈人，後以嘗有市籍者(六一)，又後以大父母、父母嘗有市籍者，後入閭取其左(六二)，發之不順，行者憤怨，有萬死之害，而亡(六三)銖兩之報。死事之後，不得一筭之復(六四)，天下明知禍烈(六五)及己也。陳勝行戍，至於大澤，為天下先倡(六六)，天下從之如流水者，秦以威劫而行之之敝(六七)也。胡人衣食之業，不著於地(六八)，其勢易以擾亂邊境，往來轉徙，時至時去，此胡人之生業而中國之所以離南晦(六九)也。今胡人數轉牧行獵於塞下(七〇)，以候(七一)備塞之卒。卒少則入，陛下不救，則邊民絕望，而有降敵之心；救之，少發則不足，多發，遠縣纔至，則胡又已去；聚而不罷，為費甚大，罷之，則胡復入，如此連年，則中國貧苦而民不安矣。陛下幸憂邊境，遣將吏發卒以治塞，甚大惠也。然今遠方之卒，守塞一歲而更(七二)，不知胡人之能，不如選常居者，家室田作，且以備之(七三)，以便為之高城深塹(七四)。要害之處，通川之道，調立城邑，毋下千家(七五)。先為室屋，具(七六)田器，乃募民，免罪拜爵(七七)，復其家(七八)，予冬夏衣，稟食，能自給而止(七九)。

塞下之民，祿利不厚，不可使久居危難之地。胡人入驅，而能止其所驅者，以其半予之㊇〇，縣官為贖㊇一。其民如是，則邑里相救助，赴胡不避死。非以德上也，欲全親戚，而利其財也㊇二。此與東方之戍卒，不習地埶而心畏胡者，功相萬也㊇三。以陛下之時，徙民實邊，使遠方無屯戍之事，塞下之民，父子相保，無係虜之患。利施後世，名稱聖明，其與秦之行怨民㊇四，相去遠矣。」上從其言，募民徙塞下。

錯復言：「陛下幸募民，徙以實塞下，使屯戍之事益省，輸將㊇五之費益寡㊇六，甚大惠也。下吏誠能稱厚惠，奉明灋，存卹所徙之老弱，善遇其壯士，和輯其心，而勿侵刻，使先至者安樂而不思故鄉，則貧民相慕而勸往矣！臣聞古之徙民者，相㊇七其陰陽之和，嘗其水泉之味，然後營邑立城，製里割宅，先為築室家，置器物焉。民至有所居，作有所用，此民所以輕去㊇八故鄉而勸之㊇九新邑也。為置醫巫以救疾病，以脩祭祀，男女有昏㊈〇，生死相卹，墳墓相從，種樹畜長㊈一，室屋完安，此所以使民樂其處而有長安之心也。臣又聞古之制邊縣，以備敵也。使五家為伍，伍有長；十長一里，里有假[九二]士；四里一連，連有假五百[九三]；十連一邑，邑有假候[九四]。皆擇其邑之賢材有護[九五]，習地形，知民心者，居則習民於射灋，出則教民於應敵。故卒伍成於內，則軍政定於外，服習以成，勿令遷徙[九六]。幼則同遊，長則共事，夜戰聲相知，則足以相救；晝戰目相見，則足以相識；驩[九七]愛之心，足以相死。如此而勸以厚賞，威以重罰，則前死不還踵矣[九八]。所徙之民，非壯有材者，但費衣糧，不可用也。雖有材力，不得良吏，猶亡功也。陛下絕匈奴，不與和親，臣竊意[九九]其冬來南也。壹大治，則終身創矣[一〇〇]。欲立威者，始於折膠[一〇一]，來而不能困，使得氣去[一〇二]，後未易服也。」

錯為人陗直刻深[一〇三]，以其辯得幸太子，太子家號曰智囊[一〇四]。

【今註】 [一]傳：傳世。[二]人恣而不制：人人自恣而不可制御。[三]豪植而大強：矜豪以自植立而強盛太過。[四]蕃扞：為國家之藩屏，以扞衛王室。蕃，同藩。[五]陛下所以為藩扞及皇太子之所恃者：唯淮陽、代二國耳：淮陽王武、代王參，皆文帝之子，太子之弟，故云所恃惟此二國。[六]廑：同僅。[七]黑子：俗所謂痣。以黑子比淮陽，喻其國小。[八]適足以餌大國：餌，魚食。謂國小如魚餌，適足為大國所吞食。⑨不可者：謂帝若不以前說為然。⑩新郪：故城在今安徽省太和縣北。⑪包陳：包括陳地而有之。陳，古陳國之地。⑫揵：連接。王念孫曰：「揵當為捷字之誤也。隸書捷字或作捷，與揵字相似，因誤而為揵。捷之言接也。」⑬此二世之利也：謂若從賈誼之言，漢可得二世泰然無事。二世者，謂終帝之身及太子嗣立之世。⑭恬然：平安無禍。⑮少：年少。⑯旤：古禍字。⑰頤指如意：動頤指揮，所欲皆如意。⑱畜：讀曰蓄。⑲宿：累積。⑳孰視而不定：孰，古熟字。謂熟審其勢如此，而不早為之計。㉑寧：安寧。㉒喜：城陽王章之子，齊悼惠王肥之孫。㉓太子家令：按《漢書・百官表》，太子家令，詹事屬官。張晏曰：「太子稱家，故曰家令。」臣瓚曰：「茂陵中書太子家令，秩八百石。」㉔潁川：郡名，治陽翟，故治即今河南省禹縣。㉕繇：同由。㉖鋋：短矛。㉗集：整齊。㉘畢：盡。㉙解：隊伍散而不整。㉚與金鼓之指相失：金，鉦鐃之屬。指，意旨。此謂擊鼓之意主進兵，鳴金之意主收兵，若動靜不集，趨利弗及，避難不畢，前擊後解，則與金鼓之意相失。㉛兵：兵器。㉜袒裼：肉袒。裼，音錫（ㄒㄧˊ）。㉝鏃：箭鋒。㉞不省兵：謂不注意兵器之利鈍與保藏。㉟予：讀曰與。㊱四者，兵之至要也：謂此四者，皆用兵至要之道。㊲險易異備：險謂險阻之地，易謂平野之處。險阻利步卒，平野利車騎，故曰異備。㊳合小以攻大，敵國之形也：小不敵大，故若與為敵，則須結援以共制之。㊴埶：古藝字。㊵弗與：不如。㊶仄：古側字。㊷罷：讀曰疲。㊸輕車：言其輕捷，可駕以疾馳。㊹突騎：言其驍銳，可用以衝突敵人。㊺撓：折弱之。㊻射疏及遠：勁弩可以射疏，長戟可以及遠。顏師古曰：「疏，亦闊遠也。」㊼格：捍拒。㊽什伍：五人為伍，二伍為什。古代軍制以伍為最低單位，故軍隊亦稱隊伍或卒伍。㊾騶發：《漢書・孝文紀》作驟發。騶，讀曰驟。王引之曰：「驟發，謂疾發也。字或作趨。韓子八說篇：『貍首射侯，不當強弩趨發。』趨發、騶發，並與驟發同。荀子禮論篇：『步中武象，趨中韶濩。』正論篇趨作騶，史記禮書作驟。是騶、趨並與驟通也。」㊿同的：謂同中一的，喻其善射。(51)薄：迫近。(52)革笥木薦：革笥，以皮作鎧以蔽身。木薦，以木為楯以禦矢。笥，音司（ㄙ）。(53)匈奴之足，弗能給也：此謂匈奴習於騎騁而不慣於步行，若離去其馬，則其足力不能應步戰之所求。(54)以大為小，以彊為弱，在俛仰之間耳：俛仰，俯仰。俛仰之間，喻變化之速且易，如在一俛一仰之間。此謂兵事凶危，若不如其術，則雖大易於變小，雖強易於變弱。(55)跌而不振：跌，失據。謂戰敗失據，不可復振。(56)和輯：和睦而撫集之。輯，同集。(57)衡加之以眾：謂多加之以眾，衡同橫。(58)禽：讀曰擒。(59)屯則卒積死：積，累積。積死，喻死亡者眾多。按此言邊地苦寒暑，士卒不耐其水土，故生疾病而死亡累積。(60)僨：踣仆。音奮（ㄈㄣˋ）。(61)嘗有市籍者：謂前嘗為商賈者。(62)入閭取其左：謂凡居里門左旁者，盡徵發之。閭左解詳秦紀二世元年第三十三注。(63)亡：同無。(64)不得一筭之復：復謂免其傜役賦稅。漢律：「人出一筭，筭百二十錢。」(65)禍烈：為禍之甚，如烈火傷人。(66)倡：讀曰唱。謂唱義以滅秦。(67)敝：同弊。(68)胡人衣食之業，不著於地：胡人以游牧為業，衣獸皮，食獸肉，而不務耕耘，故云衣食之業，不著於地。(69)南晦：田畝之泛稱，解詳卷十三文帝前二年註(87)。(70)塞下：邊塞之下。(71)候：伺候，謂伺其間隙而攻擊之。(72)遠方之卒，守塞一歲而更：戍卒歲更，見卷十三高后五年㈣。（七三）不如選常居者，家室田作，且以備之：謂不如令於邊地立家置田，為久居之計，使習知胡人之技以備禦之。（七四）以便為之高城深塹：因地形之便，守禦之隙，而為之城塹。（七五）「要害之處」至「毋下千家」：調，度也。謂度其險要之處，建立城邑，以民戶實之，每一城邑，勿使少於千家。（七六）具：具備。（七七）免罪拜爵：調募民徙邊，有罪者免其罪，無罪者賜之以爵。（七八）復其家：免其家之賦稅徭役。（七九）予冬夏衣，稟食，能自給而止：稟，通廩，給食曰廩。此謂初徙之時政府且廩給其衣食，至其能自贍給時為止。（八〇）胡人入驅，而能止其所驅者，以其半予之：言胡人入寇，驅略漢人及畜產而去，凡有人能阻止其所驅略以歸還其本主者，令本主以其半賞之。（八一）縣官為贖：縣官，泛指政府。此承上句之言，謂政府為失主備價取贖，如是受賞者有得利之實，而失主仍可重獲其所失而無所損。（八二）非以德上也，欲全親戚，而利其財也：謂民之勇於相救助，其旨在於自全求利，而非欲以此立德義於主上。（八三）功相萬也：謂其成功，將萬倍於東方諸郡民之戍邊者。（八四）行怨民：謂發愁怨之民，使行戍役於遠方。（八五）輸將：輸送。（八六）益寡：漸寡。王先謙曰：「凡言益者，皆以漸而加之詞。李廣傳：『胡虜益解』，言胡虜漸解也。蘇武傳：『武益愈』，言武漸愈也。」（八七）相：占視。（八八）去：離。（八九）之：往。（九〇）昏：古婚字。謂婚姻配合。（九一）種樹畜長：劉攽曰：「所種所樹，蓄積長茂。」王先謙曰：「此與下室屋完安對文，劉說是也。」蓄，讀曰蓄。（九二）假：音假借之假。劉奉世曰：「古者戍皆有期，代則不置，故曰假。」（九三）五百：連長官之名稱。按此文自五家為伍，遞增至連，凡得二百家，或謂取五百人長之義，非也。王文彬曰：

「此文五百蓋與長、士、侯隨地命名，非必以數起義也。」㊉㊃候：胡三省曰：「候，即軍候也。」㊉㊄有護：有保護其民之才能者。㊉㊅勿令遷徙：勿令易其所業。㊉㊆驩：同歡。㊉㊇還踵：回旋其足，返身而逃。還，音旋。此謂雖前進戰死，亦無退卻之心。㊉㊈竊意：意，料。竊意，謂私料之。㊀㊀壹大治，則終身創矣：治，懲罰。宋祁曰：「治下疑有之字。」按若作「壹大治之」，則文意自明。㊀㊀創，傷痍。按鼂錯之意，謂欲除匈奴之患，必先移民實邊，服習戰陣。俟冬來匈奴南侵，迎頭加以痛擊，匈奴受創既深，則兵勢終不可復振。㊀㊀欲立威者，始於折膠：凡造弓必和膠為之，秋氣至而膠凝固，弓力乃勁而可用，故匈奴每候秋以寇邊。此謂漢如欲立威於匈奴，則當及時以兵威折服之。㊀㊀來而不能困，使得氣去：謂匈奴來侵，漢不能困服之，使其得勝逞氣而去。㊀㊀陗直刻深：峻急寡恩而不阿私。㊀㊀智囊：謂其一身所有，皆是智算，若囊橐之盛物。

十二年（西元前一六八年）

㈠冬，十二月，河決酸棗㈠，東潰㈡金隄㈢，東郡大興卒塞之。

㈡春，三月，除關無用傳㈣。

㈢鼂錯言於上曰：「聖王在上，而民不凍飢者，非能耕而食之，織而衣之也，為開其資財之道也。故堯有九年之水，湯有七年之旱，而國亡捐瘠㊄者，以畜㊅積多而備先具也。今海內為一，土地人民之眾，不減湯禹，加以無天災數年之水旱，而畜積未及者，何也？地有遺利，民有餘力，生穀之土未盡墾，山澤之利未盡出，游食之民未盡歸農也。夫寒之於衣，不待輕暖㊆；飢之於食，不待甘旨㊇；飢寒至身，不顧廉恥。人情一日不再食，則飢，終歲不製衣，則寒。夫腹飢不得食，膚寒不得衣，雖慈父不能保其子，君安能以有其民哉？明主知其然也，故務民於農桑，薄賦斂，廣畜積，以實倉廩，備水旱，故民可得而有也。民者，在上所以牧之。民之趨利，如水走下四方，無擇也㊈。夫珠玉金銀，飢不可食，寒不可衣，然而眾貴之者，以上用之故也。其為物，輕微易藏，在於把握，可以周㊉海內而無飢寒之患，此令臣輕背其主，而民易去其鄉，盜賊有所勸，亡逃者得輕資㊁也。粟米布帛，生於地，長於時，聚於力㊂，非可一日成也。數石之重，中人弗勝㊂，不為姦邪所利，一日弗得而飢寒至，是故明君貴五穀而賤金玉。今農夫五口之家，其服役㊃者，不下二人，其能耕者，不過百畮，百畮之收，不過百石。春耕夏耘，秋穫冬藏，伐薪樵，治㈤官府，給繇㈥役，春不得避風塵，夏不得避暑熱，秋不得避陰雨，冬不得避寒凍。四時之閒，無日休息，又私自送往迎來，弔死問疾、養孤長幼㈦在其中，勤苦如此，尚復被水旱之災，急政暴賦㈧，賦歛不時，朝令而暮改㈨。有者半賈而賣㈩，無者取倍稱之息㈡，於是有賣田宅鬻妻子以償責者矣。而商賈大者積貯倍息，小者坐列販賣㈢。操其奇贏㈢，日游都市，乘上之急，所賣必倍㈣。故其男不耕耘，女不蠶織，衣必文采，食必粱㈤肉；無農夫之苦，有仟佰之得㈥。因其富厚，交通王侯，力過吏埶，以利相傾㈦，千里游敖㈧，冠蓋相望，乘堅策肥㈨，履絲曳縞㈩，此商人所以兼幷農人，農人所以流亡者也。方今之務，莫若使民務農而已矣。欲民務農，在於貴粟，貴粟之道，在於使民以粟為賞罰。今募天下入粟縣官，得以拜爵，得以除罪，如此，富人有爵，農民有錢，粟有所渫㈡。夫能入粟以受爵，皆有餘者也。取於有餘以供上用，則貧民之賦可損㈢，所謂損有餘，補不足，令出而民利者也。今令民有車騎馬一匹者，復卒三人〔三三〕。車騎者，天下武備也，故為復卒。神農之教曰：『有石城十仞〔三四〕，湯池〔三五〕百步，帶甲百萬，而無粟，弗能守也。』以是觀之，粟者，王者大用，政之本務。今民入粟，受爵至五大夫〔三六〕以上，乃復一人耳，此其與騎馬之功，相去遠矣！爵者，上之所擅〔三七〕，出於口而無窮；粟者，民之所種，生於地而不乏；夫得高爵與免罪，人之所甚欲也。使天下人入粟於邊以受爵免罪，不過三歲，塞下之粟必多矣。」帝從之。令民入粟於邊，拜爵，各以多少級數為差〔三八〕。

錯復奏言：「陛下幸使天下入粟塞下以拜爵，甚大惠也。竊恐塞卒之食不足用，大渫天下粟，邊食足以支五歲，可令入粟郡縣〔三九〕矣。郡縣足支一歲以上，可時赦，勿收農民租。如此，德澤加於萬民，民愈勤農，大富樂矣。」上復從其言，詔曰：「道〔四〇〕民之路在於務本。朕親率天下農，十年于今，而野不加辟〔四一〕，歲一不登，民有飢色〔四二〕。是從事〔四三〕焉尚寡，而吏未加務〔四四〕，吾詔書數下，歲勸民種樹〔四五〕，而功未興，是吏奉吾詔不勤，而勸民不明也。且吾農民甚苦，而吏莫之省㊻，將何以勸焉！其賜農民今年租稅之半。」

【今註】㈠酸棗：故城在今河北省延津縣北。㈡潰：水旁決。㈢金隄：河隄名。顏師古曰：「在東郡白馬界。」胡三省引《括地志》：「金隄，一名千里隄，在白馬縣東五里。」按白馬縣故城在今河南省滑縣東。㈣傳：符信，於出入關時合之，乃得過，如今之通行證。顏師古曰：「古者或用棨，或用繒帛。棨者，刻木為合符也。」㈤捐瘠：捐，因飢而相棄。瘠，瘦。㈥畜：讀曰蓄。㈦不待輕暖：輕暖，衣飾之輕麗和暖者。此謂但求禦寒，而不求美麗。㈧不待甘旨：甘旨，美食。此謂飢餓之甚，則但求充腹，而不擇美食。㈨民之趨利，如水之走下四方，無擇也：走，流向。此謂水性向下，但往低處漫流而無定向，民之趨利，正如水之向下，乃其本性。⑩周：周遍而遊行。⑪輕資：輕資即輕齎。謂所齎持者甚輕微而其用途甚大，古資、齎字通。《周禮・天官・典婦功》：「女功之事齎。」注：「故書齎為資，女功事資，謂女功絲枲之事。」⑫聚於力：《漢紀・孝文紀》作聚於市。王念孫曰：「粟米布帛之生長與聚，皆由人力，不當專以聚言之。力當作市。市者，粟米布帛之所聚，故曰聚於市。言始而生於地，繼而長於時，終而聚於市，其為時甚久，故曰非可一日成也。力字本作市，與力相似而誤。」⑬數石之重，中人弗勝：中人即常人。勝，任也。數石之粟，則常人不能任其重。⑭服役：謂服公家之傜役。⑮治：修緝。⑯繇：同傜。⑰長幼：謂撫養幼少者使長大。⑱急政暴賦：言征調峻急而賦斂苛暴。政，讀曰征。⑲朝令而暮改：《漢紀・文帝紀》作朝令暮得。王念孫曰：「改本作得，言急征暴賦，朝出令而暮已得，非謂其朝令而暮改也。今作改者，後人不曉文義而妄易之耳！」⑳有者半賈而賣：有者，謂有粟米布帛之蓄積者。賈，讀曰價。需錢以應征賦，故半價而賣其所有。㉑無者取倍稱之息：倍稱之息，謂借一而償二。此謂無物可賣者，則以倍稱之息，向富有者借錢，以應征斂。㉒坐列販賣：坐列市肆，以販賣其貨品。㉓操其奇贏：珍奇之物，可鬻售得厚利者。操，攜帶。㉔乘上之急，所賣必倍：謂乘上之所急需，則倍價而售。㉕粱：好米。㉖無農夫之苦，有仟佰之得：仟佰，田畝之統稱。賈誼〈過秦論〉：「起仟佰之中」，亦謂拔起於隴畝。按此云商賈之華衣美食，無一不出自耕耘蠶桑，凡此皆農夫之所有。今商賈操奇贏，取倍息；以其餘財，易農夫之所有，故無農夫之苦，而坐享田畝之利。㉗傾：兼幷。㉘敖：同遨。㉙乘堅策肥：乘堅車，策肥馬。㉚履絲曳縞：織絲為履，裁縞為衣。縞，素繒之精白者。衣長而垂曳於地，故謂曳縞。㉛渫：疏散。㉜損：減少。㉝復卒三人：當為卒者，免其三人，不為卒者，復其筭錢。㉞石城十仞：一仞八尺。石城十仞，喻其高峻。㉟湯池：池，城邊環池，俗謂之城河。湯池，謂以沸湯為池，喻其防衛嚴固，不可輒近。㊱五大夫：第九等爵。㊲擅：專有。㊳令民入粟於邊，拜爵，各以多少級數為差：按《漢書‧食貨志》，時令民入粟於邊者，六百石，爵上造，稍增至四千石為五大夫，萬二千石為大庶長。大庶長，第十八等爵。㊴令入粟郡縣：令輸粟入諸郡縣，以備凶災。㊵道：讀曰導。㊶辟：讀曰闢。開墾曰闢。㊷歲一不登，民有飢色：歲，穀熟。登，收成。此謂民無積蓄，一遇歉歲，則民有飢餒之色。㊸從事：從農事。㊹加務：勤加勸導。㊺樹：種植。㊻省：察視。

十三年（西元前一六七年）

㈠春，二月，甲寅（十六日），詔曰：「朕親率天下農耕，以供粢盛㊀；皇后親桑，以供祭服；其具禮儀㊁。」

㈡初，秦時，祝官有祕祝㊂，即有災祥㊃，輒移過於下。夏，詔曰：「蓋聞天道，禍自怨起，而福繇㊄德興。百官之非，宜由朕躬。今祕祝之官，移過於下，以彰吾之不德，朕甚弗取，其除之。」

㈢齊太倉令淳于意㊅有罪當刑，詔獄逮㊆繫長安。其少女緹縈㊇上書曰：「妾父為吏，齊中皆稱其廉平。今坐灋當刑，妾傷夫死者不可復生，刑者不可復屬㊈，雖後欲改過自新，其道無繇也。妾願沒入為官婢⑩，以贖父刑罪，使得自新。」天子憐悲其意，五月，詔曰：「詩曰：『愷弟君子，民之父母⑪。』今人有過，教未施而刑已加焉。或欲改行為善，而道無繇至，朕甚憐之。夫刑至斷支⑫體，刻肌膚，終身不息⑬，何其刑之痛而不德也！豈為民父母之意哉？其除肉刑，有以易之，及令罪人，各以輕重不亡逃，有年而免㈣。具為令㈤。」丞相張蒼、御史大夫馮敬奏請定律，曰：「諸當髡者，為城旦、舂㈥，當黥者，髡鉗為城旦、舂㈦。當劓㈧者，笞三百。當斬左止㈨者，笞五百。當斬右止及殺人先自告及吏坐受賕枉灋、守縣官財物而即盜之，已論而復有笞罪者，皆棄市㈩。罪人獄已決為城旦、舂者，各有歲數以免。」制曰：「可。」

是時，上既躬修玄默⑪，而將相皆舊功臣，少文多質，懲惡亡秦之政，論議務在寬厚，恥言人之過失，化行天下，告訐⑫之俗易，吏安其官，民樂其業，畜積歲增，戶口寖息⑬，風流⑭篤厚，禁罔⑮疏闊，罪疑者予民⑯，是以刑罰大省⑰，至於斷獄⑱四百，有刑錯⑲之風焉。

㈣六月，詔曰：「農，天下之本，務莫大焉。今勤身從事而有租稅之賦，是為本末者無以異也⑳，其於勸農之道未備，其除田之租稅。」

【今註】㈠粢盛：粢，黍稷。凡以黍稷盛於禮器以供祭祀則謂之粢盛。㈡其具禮儀：令立耕桑之禮制。㊂祕祝：祝，詛告於神，以消移災患。以其所祝，國家諱之，故曰祕祝。祝，音呪（ㄓㄡˋ）。㊃災祥：災凶之統稱。說文段注：「凡統言則災亦謂之祥，析言則善者謂之祥。」㊄繇：讀曰由。㊅齊太倉令淳于意：太倉令，齊王國官名，姓淳于，名意。㊆逮：押解囚犯。顏師古曰：「逮者，在道將送，防禦不絕，若今之傳送囚也。」㊇緹：音題（ㄊㄧˊ）。㊈屬：連接。㊉官婢：胡三省曰：「漢制，永巷令，典官婢。」按官婢，沒入官府為婢以充勞役。⑪愷弟君子，民之父母：此〈大雅・泂酌〉之詩。弟，讀曰悌。愷悌：和樂簡易貌。謂君子有和樂簡易之德，則民敬之如父而親之如母。⑫支：讀曰肢。⑬終生不息：息，生長。謂所刑之處，終身不復生長。⑭各以輕重不亡逃，有年而免：謂其不逃亡者，按罪之輕重滿其徒作年數，得免為庶人。⑮具為令：使更立條例，著為法令。⑯諸當髡者，為城旦、舂：髡，剃髮之刑。城旦，旦起修治城郭，男子之刑。舂，舂米，婦女之刑。此謂當判髡刑者，男子以城旦之刑代之，婦女以舂刑代之，即上詔文所謂「其除肉刑，有以易之」之意。以下同。⑰當黥者，髡鉗為城旦、舂：黥，刺面之刑。鉗，以鐵束頸。⑱劓：割鼻之刑。⑲止：通趾。斬止，斬足之刑。⑳「當斬右止」至「皆棄市」：此謂罪當斬右足者，今從棄市之罪。殺人先自告，謂殺人案未發而先自首；受賕枉灋，謂曲法而受賂；守縣官財物而即盜之，謂主管公家財物，因職權之便而盜取之。凡犯此三罪已被判刑而又犯他罪至笞者，皆以棄市之罪論之。㉑玄默：沉靜寡言。㉒告訐：告發他人之私事。訐：音節（ㄐㄧㄝˊ）。㉓寖息：寖，逐漸。息，孳生。㉔風流：風俗習尚。㉕罔：古網字。㉖罪疑者予民：罪疑，所犯之罪，可重可輕，疑似不決者。罪疑者予民，謂所犯之罪，疑似不能決者，則與民以便，從輕斷處。㉗省：減少。㉘斷獄：犯重罪而處以死刑者。㉙刑錯：錯，放置。音措（ㄘㄨㄛˋ）。刑錯，棄置刑罰而不用。言民不犯法，故刑罰無所用。㉚農，「天下之本」至「是為本末者無以異也」：本謂農事，末謂商賈。此言國計之本，在於務農，今農賈俱有租稅之賦，是無本末之別。

十四年（西元前一六六年）

㈠冬，匈奴老上單于十四萬騎入朝那、蕭關㈠，殺北地都尉卬㈡，虜人民畜產甚多，遂至彭陽㈢，使奇兵入燒回中宮㈣，候騎至雍甘泉㈤，帝以中尉周舍、郎中令張武為將軍，發車千乘，騎卒十萬，軍長安旁，以備胡寇，而拜昌侯盧卿㈥為上郡將軍，甯侯魏遬㈦為北地將軍，隆慮侯周竈為隴西將軍，屯三郡。上親勞軍，勒兵，申㈧教令，賜吏卒，自欲征匈奴，羣臣諫，不聽；皇太后固要㈨，上乃止。於是以東陽侯張相如為大將軍，成侯董赤㈩、內史欒布皆為將軍，擊匈奴。單于留塞內月餘乃去。漢逐出塞，即還，不能有所殺。

上輦過郎署⑪，問郎署長馮唐曰：「父家安在？」對曰：「臣大父⑫趙人，父徙代。」上曰：「吾居代時，吾尚食監⑬高袪，數為我言趙將李齊之賢，戰于鉅鹿下⑭。今吾每飯，意未嘗不在鉅鹿也⑮，父知之乎？」唐對曰：「尚不如廉頗、李牧之為將也。」上搏髀⑯曰：「嗟乎！吾獨不得廉頗、李牧為將，吾豈憂匈奴哉！」唐曰：「陛下雖得廉頗、李牧，弗能用也。」上怒，起，入禁中。良久，召唐讓⑰曰：「公奈何眾辱我，獨無間處乎⑱？」唐謝曰：「鄙人不知忌諱。」上方以胡寇為意，乃卒⑲復問唐曰：「公何以知吾不能用廉頗、李牧也？」唐對曰：「臣聞上古王者之遣將也，跪而推轂，曰：『閫以內者，寡人制之，閫以外者，將軍制之⑳。』軍功爵賞，皆決於外，歸而奏之，此非虛言也。臣大父言李牧為趙將，居邊，軍市之租㉑，皆自用饗士，賞賜決於外，不從中覆也。委任而責成功，故李牧乃得盡其智能，選車千三百乘，彀騎㉒萬三千，百金之士㉓十萬，是以北逐單于，破東胡，滅澹林㉔，西抑彊秦，南支韓、魏。當是之時，趙幾霸。其後，會趙王遷㉕立，用郭開讒，卒誅李牧㉖，令顏聚代之，是以兵破士北㉗，為秦所禽滅。今臣竊聞魏尚為雲中守，其軍市租盡以饗士卒，私養錢㉘五日一椎牛，自饗賓客、軍吏、舍人，是以匈奴遠避，不近雲中之塞。虜曾一入，尚率車騎擊之，所殺甚眾。夫士卒盡家人子㉙，起田中從軍，安知尺籍伍符㉚？終日力戰，斬首捕虜，上功幕府㉛，一言不相應㉜，文史以法繩之，其賞不行而吏奉法必用。臣愚以為陛下賞太輕，罰太重。且雲中守魏尚坐上功首虜差六級，陛下下之吏，削其爵，罰作㉝之。由此言之，陛下雖得廉頗、李牧，弗能用也。」上說㉞。是日，令唐持節赦魏尚，復以為雲中守，而拜唐為車騎都尉㉟。

(二)春，詔廣增諸祀壇場㊱珪幣㊲，且曰：「吾聞祠官祝釐㊳，皆歸福於朕躬，不為百姓，朕甚愧之。夫以朕之不德而專饗㊴，獨美其福，百姓不與㊵焉，是重吾不德也。其令祠官致敬，無有所祈。」

(三)是歲，河間文王辟彊薨。

(四)初，丞相張蒼以為漢得水德，魯人公孫臣以為漢當土德，其應黃龍見㊃。蒼以為非是，罷之。

【今註】㊀蕭關：故址在今甘肅省固原縣東南。㊁印：北地都尉名。顏師古曰：「功臣表云：『缾侯孫單，以父北地都尉卬力戰死事，文帝十四年封。』與此正合，然則卬姓孫。」缾侯國故城在今山東省臨朐縣東南。㊂彭陽：故城在今甘肅省鎮原縣東。㊃回中宮：秦時所築。齊召南引《括地志》：「秦回中宮在岐州雍縣西。」按秦始皇二十九年，巡隴西，過回中宮，即此。雍縣，即漢右扶風雍縣地，故城在今陝西省鳳翔縣南。㊄甘泉：即甘泉宮，故址在今陝西省雲陽縣西北。㊅昌侯盧卿：昌侯國故城在今山東省諸城縣東南。盧卿，《漢書・功臣表》原作⿱艹旅卿，見《史記索隱》。今表作旅卿。王先謙曰：「旅，⿱艹旅誤字。」㊆甯侯魏遫：甯侯國故城在今河南省獲嘉縣境。遫，古速字。㊇申：伸明。㊈固要：力加阻止。要，音邀（一ㄠ）。㊉成侯董赤：董赤，《漢書・功臣表》作董赫，高帝功臣董渫之子。成侯國故城在今山東省寧陽縣北。⑪郎署：郎官止息之所。⑫大父：祖父。⑬尚食監：主膳食之官。⑭戰于鉅鹿下：胡三省曰：「當是秦將王離圍鉅鹿時。」⑮今吾每飯，意未嘗不在鉅鹿也：帝自謂每進食時，未嘗不念高祛所言，而思李齊在鉅鹿時事。⑯搏髀：搏，同拊，以手拍擊。髀，股。音陛（ㄅㄧˋ）。搏髀，拍股頓足。凡人有所欲而不獲，則拍股頓足而歎惜。⑰讓：責備。⑱獨無間處乎：謂何不於無人間隙之時言之。⑲卒：終於。⑳閫以內者，寡人制之；閫以外者，將軍制之：閫，門限。韋昭曰：「此郭門之閫也。」按此謂將軍統軍出征，一離國都，則軍事措置，皆可自專，而不從中覆校。㉑軍市之租：於軍區立市，而收其租稅。㉒彀騎：彀，張弩。彀騎，控弦之騎士。㉓百金：喻其貴重。百金之士，喻士之良者。㉔澹林：胡三省曰：「澹林，即襜襤。」按《史記・李牧傳》：「滅襜襤，破東胡，降林胡，單于奔走。」則襜襤亦胡之一支。㉕趙王遷：即趙幽王。㉖趙誅李牧，事見卷六秦始皇十八年。㉗北：敗。㉘私養錢：謂正餉之外，官另廩給以為營養之費者。㉙家人子：庶人家之子。㉚安知尺籍伍符：尺籍，簡籍長一尺，以書軍令；或曰，以書斬首之功。伍符，令軍人伍伍相保為信，不容姦詐。按馮唐之意，似謂士卒盡為庶人家子，拔起隴畝，但知力戰為功，至於軍令及伍保之法，非所閑習，詳下文意可知。㉛幕府：軍旅無常處，居於帳幕之中，所在開府為治，故稱將軍府為幕府。㉜不相應：謂所呈報與其所上首虜之數不同。㉝罰作：刑名。蘇林曰：「一歲刑為罰作。」㉞說：讀曰悅。㉟拜唐為車騎都尉：《漢書・百官表》，無車騎都尉官。《漢書・馮唐傳》，帝令唐主中尉及郡國車士，《漢紀》作主中尉及郡車騎士。按是時諸侯王國兵權皆獨立，唐恐不得主之，當以《漢紀》為是。㊱壇場：祭神之所。㊲珪幣：祭神所用之玉帛。㊳祝釐：祝福。釐，讀曰禧。㊴專饗：專享祠官之祝福。饗，同享。㊵與：讀曰預。㊶魯人公孫臣以為漢當土德，其應黃龍見：按五行之說，土色尚黃，故公孫臣以黃龍出現為漢當土德之瑞。見，讀曰現。

十五年（西元前一六五年）

(一)春，黃龍見成紀㊀，帝召公孫臣，拜為博士，與諸生申明土德，草㊁改歷、服色事，張蒼由此自絀㊂。

(二)夏，四月，上始幸雍，郊見五帝㊃，赦天下。

(三)九月，詔諸侯王、公卿、郡守舉賢良能直言極諫者，上親策㊄之。太子家令鼂錯對策高第，擢為中大夫。錯又上言宜削諸侯及灋可更定者，書凡三十篇。上雖不盡聽，然奇其材。

(四)是歲，齊文王則㊅、河間哀王福㊆皆薨，無子，國除。

(五)趙人新垣平以望氣見上，言長安東北有神氣，成五采，於是作渭陽五帝廟㊇。

【今註】㊀成紀：故城在今甘肅省秦安縣北。㊁草：初創。㊂自絀：謂不見信於帝而深自貶黜。細，同黜。㊃郊見五帝：祭天帝曰郊。秦時立白帝、赤帝、黃帝、青帝四時於雍，漢高帝又立黑帝時，故雍有五帝時。時，祭天帝之所。㊄策：設題試士。㊅齊文王則：哀王襄之子，悼惠王肥之孫。㊆河間哀王福：文王辟彊之子，趙幽王友之孫。㊇作渭陽五帝廟：立五帝廟於渭水之陽。

十六年（西元前一六四年）

㈠夏，四月，上郊祀五帝于渭陽五帝廟。於是貴新垣平，至上大夫㊀，賜累千金，而使博士諸生刺㊁六經中作王制㊂，謀議巡狩封禪事，又於長門㊃道北，立五帝壇。

㈡徙淮南王喜復為城陽王；又分齊為六國，丙寅（十七日），立齊悼惠王子在者六人：楊虛㊄侯將閭為齊王，安都㊅侯志為濟北王，武成㊆侯賢為菑川王，白石㊇侯雄渠為膠東王，平昌㊈侯卬為膠西王，扐㊉侯辟光為濟南王；淮南厲王子在者三人：阜陵㊁侯安為淮南王，安陽㊂侯勃為衡山王，陽周㊂侯賜為廬江王。

㈢秋，九月，新垣平使人持玉杯，上書闕下，獻之。平言上曰：「闕下有寶玉氣來者。」已視之，果有獻玉杯者，刻曰：「人主延壽。」平又言：「臣候㊃日再中。」居頃之，日卻，復中。於是始更以十七年為元年，令天下大酺㊄。平言曰：「周鼎亡㊅在泗水中。今河決，通於泗，臣望東北汾陰㊆，直有㊇金寶氣，意㊈周鼎其出乎！兆見不迎則不至。」於是上使使治廟汾陰南，臨河，欲祠出周鼎。

【今註】㊀上大夫：按《漢書・百官表》，無上大夫官。㊁刺：採取。㊂王制：王鳴盛曰：「即封禪書。」㊃長門：如淳曰：「長門，亭名，在長安城東南。」《括地志》：「長門故亭在雍州萬年縣東北苑中，後館陶公主長門園。」武帝以長門名宮，即此。㊄楊虛：據《水經・河水注》引〈地理志〉曰：「楊虛，平原之隸縣也。城在高唐之西南。」按《漢書・地理志》無楊虛縣，而平原郡有樓虛侯國。齊召南曰：「當作陽虛，各本俱誤。文帝封齊悼惠王子將閭為楊虛侯，後漢光武封馬武為楊虛侯，即此。」按〈功臣表〉又有樓虛侯訾順，然則樓虛或本名楊虛，後改為樓虛。按樓虛故城在今山東省禹城縣東南。㊅安都：《史記正義》曰：「安都故城在瀛海高陽縣西南三十九里。」按唐高陽縣治在今河北省高陽縣東。㊆武成：《史記》作武城。王先謙曰：「案東海南城縣，武帝封城陽共王子貞，即魯武城也，晉為南武城，賢蓋封此，後改南城耳！」按其故址在今山東省費縣西南。㊇白石：《史記正義》曰：「白石故城在德州安德縣北二十里。」按唐安德縣即今山東省陵縣治。㊈平昌：故城在今山東省安丘縣南。㊉扐：故城即今山東省商河縣。㊀皐陵：故城在今安徽省全椒縣東。㊁安陽：侯國，故址在今河南省正陽縣西南。㊂陽周：屬上郡，故城在今甘肅省定西縣北。王先謙疑非陽周侯賜所封，當闕疑。㊃候：占候。㊄大酺：古者無事不飲酒。漢律，三人以上無故羣飲酒，罰金四兩。今國家有慶，今民無少長，皆得羣聚飲酒，以相獻酬。㊅亡：淪沒。㊆汾陰：故城在今山西省榮河縣北。㊇直有：特有。謂東北汾陰之地，特有金寶之氣。㊈意：疑也。

後元年（西元前一六三年）

㈠冬，十月，人有上書告新垣平所言皆詐也，下吏治㊀，誅夷平㊁。是後，上亦怠於改正服㊂、鬼神之事，而渭陽、長門五帝，使祠官領，以時致禮，不往焉。

㈡春，三月，孝惠皇后張氏薨㊃。

㈢詔曰：「閒者㊄數年不登㊅，又有水旱疾疫之災，朕甚憂之。愚而不明，未達其咎，意者朕之政有所失而行有過與㊆？乃天道有不順，地利或不得，人事多失和，鬼神廢不享與？何以致此？將百官之奉養或廢，無用之事或多與？何其民食之寡乏也！夫度田㊇非益寡㊈，而計民未加益㊉，以口量地，其於古猶有餘，而食之甚不足者，其咎安在？無乃百姓之從事於末⑪，以害農者蕃⑫，為酒醪以靡穀者多⑬，六畜⑭之食焉者眾與？細大之義，吾未得其中⑮。

其與丞相、列侯、吏二千石、博士議之，有可以佐百姓者，率意遠思㈥，無有所隱。」

【今註】㈠治：以法懲罰之。㈡平：謂誅平其家室宗族。㈢正服：正謂正朔；服謂服色。㈣孝惠皇后張氏薨：張晏曰：「后黨於呂氏，廢處北宮，故不曰崩。」何焯曰：「不以后禮喪葬，故不曰崩。書曰皇后，則但退處，未嘗廢也。」㈤間者：近來。㈥數年不登：謂穀物數歉不收。㈦與：讀曰歟，語尾詞。㈧度田：量計田畝之數。㈨益寡：較前為少。㈩加益：加多。⑾末：工商之業。⑿蕃：多。⒀為酒醪以靡穀者多：醪，含有酒滓之醇釀。靡，消耗。此謂釀酒者多，穀物由是消耗而食不足。⒁六畜：俗以馬牛羊犬豬雞為六畜。⒂未得其中：謂未得其要。中，音仲（ㄓㄨㄥˋ）。⒃率意遠思：率，循也。謂循各人意見之所及而深思之。

二年（西元前一六二年）

㈠夏，上行幸雍棫陽宮㈠。

㈡六月，代孝王參㈡薨。

㈢匈奴連歲入邊，殺略人民、畜產甚多，雲中、遼東最甚，郡萬餘人。上患之，乃使使遺匈奴書，單于亦使當戶㈢報謝，復與匈奴和親。

㈣八月，戊戌（初二），丞相張蒼免。帝以皇后弟竇廣國賢，有行，欲相之。曰：「恐天下以吾私㊃廣國。」久念不可，而高帝時大臣，餘見無可者㊄。御史大夫梁國申屠嘉㊅，故以材官蹶張㊆從高帝，封關內侯，庚午（初四日），以嘉為丞相，封故安㊇侯。嘉為人廉直，門不受私謁。是時太中大夫鄧通方愛幸，賞賜累鉅萬，帝嘗燕飲通家，其寵幸無比。嘉嘗入朝，而通居上旁，有怠慢之禮。嘉奏事畢，因言曰：「陛下幸愛羣臣，則富貴之，至於朝廷之禮，不可以不肅㊈。」上曰：「君勿言，吾私之。」罷朝，坐府中，嘉為檄⑩召通詣丞相府，不來，且斬通。通恐，入言上，上曰：「汝第往，吾今使人召若⑪。」通詣⑫丞相府，免冠，徒跣，頓首謝嘉。嘉坐自如，弗為禮，責曰：「夫朝廷者，高帝之朝廷也。通小臣，戲殿上，大不敬，當斬。吏今行斬之⑬。」通頓首，首盡出血，不解。上度⑭丞相已困通，使使持節召通而謝丞相：「此吾弄臣⑮，君釋之。」鄧通既至，為上泣，曰：「丞相幾殺臣。」

【今註】㈠雍棫陽宮：胡三省引《三輔黃圖》：「棫陽宮，秦昭王所起。」又引《括地志》：「在岐州扶風縣東北。」按唐岐州扶風縣即今陝西省扶風縣。㈡代孝王參：文帝前二年，封參為太原王，三年，徙封代王。㈢當戶：匈奴官名，有左右大當戶。㈣私：偏愛。下文帝謂申屠嘉曰：「我私之。」亦謂偏愛鄧通，與此同義。㈤高帝時大臣，餘見無可者：謂高帝時大臣，薨逝之餘，其現存之臣，無一可為相者。見，讀曰現。㈥申屠嘉：複姓申屠，名嘉。㈦材官蹶張：漢代兵種名稱。凡材官之多力者，能腳蹋強弩，張之以發射，稱為蹶張。漢律有蹶張士。㈧故安：故城在今河北省易縣東南。㈨肅：恭敬。㈩檄：削木為文書，長二尺。⑪汝第往，吾今使人召若：第，但。今，即時。若，汝。帝謂通，但往丞相府，勿恐懼，汝往，吾即使人召汝。⑫詣：往。⑬吏今行斬之：嘉語其吏，命即行斬通。⑭度：料。⑮弄臣：為主上所寵愛戲弄之臣。

三年（西元前一六一年）

㈠春，二月，上行幸代。

㈡是歲，匈奴老上單于死，子軍臣單于立。

四年（西元前一六〇年）

㈠夏，四月，丙寅（三十日），晦，日有食之。

㈡五月，赦天下。

㈢上行幸雍。

五年（西元前一五九年）

㈠春，正月，上行幸隴西。三月，行幸雍。秋，七月，行幸代。

六年（西元前一五八年）

㈠冬，匈奴三萬騎入上郡，三萬騎入雲中，所殺略甚眾，烽火㊀通於甘泉、長安。以中大夫令免為車騎將軍㊁，屯飛狐，故楚相蘇意為將軍，屯句注，將軍張武屯北地㊂，河內㊃太守周亞夫為將軍，次㊄細柳㊅，宗正㊆劉禮為將軍，次霸上，祝茲㊇侯徐厲為將軍，次棘門㊈，以備胡。上自勞軍，至霸上及棘門軍，直馳入，將以下騎送迎；已而之細柳軍，軍士吏被甲，銳兵刃，彀弓弩持滿㊀。天子先驅㊁至，不得入。先驅曰：「天子且至軍門。」都尉曰：「將軍令曰：『軍中聞將軍令，不聞天子之詔。』」居無何㊂，上至，又不得入。於是上乃使使持節詔將軍：「吾欲入營勞軍。」亞夫乃傳言開壁門。壁門士請車騎曰：「將軍約，軍中不得馳驅。」於是天子乃按轡徐行。至營，將軍亞夫持兵㊂，揖，曰：「介冑之士不拜，請以軍禮見。」天子為動，改容，式車㊃，使人稱謝：「皇帝敬勞將軍。」成禮而去。既出軍門，羣臣皆驚，上曰：「嗟乎！此真將軍矣。曩者㊄霸上、棘門軍，若兒戲耳，其將固可襲而虜也。至於亞夫，可得而犯耶？」稱善者久之。月餘，漢兵至邊，匈奴亦遠塞㊅，漢兵亦罷，乃拜周亞夫為中尉。

(二)夏，四月，大旱，蝗㊆。令諸侯無入貢，弛山澤㊇，減諸服御，損郎吏員，發倉庾㊈以振民，民得賣爵。

【今註】㊀烽火：古時於邊境高處為墩，積薪草於其上，寇至則舉火燃之以報警，謂之烽；或燔薪縱煙為訊，謂之燧。晝則燔燧，夜乃舉烽。㊁以中大夫令免為車騎將軍：顏師古曰：「中大夫，官名，其人姓令名免耳！此諸將軍下至徐厲皆書姓，而徐廣以為中大夫令是官名，此說非也。據百官表，景帝初改衞尉為中大夫令，文帝時無此官，而中大夫是郎中令屬官，秩比二千石。」周壽昌曰：「百官表：『惠帝七年，奉常免。』師古云：『免、名也。』此蓋即其人，史失姓耳！顏云下書姓，此亦應是令姓。案七年：『中尉亞夫為車騎將軍，屬國悍為將屯將軍，郎中令張武為復土將軍。』張武書姓，亞夫、悍俱未書姓。謂景帝改衞尉為中大夫令，文帝時尚不能稱，則英布為九江王時，已稱淮南王；景帝大農令，武帝太初元年更名大司農，而食貨志於衞青擊胡，即稱大司農，武帝以後尚稱大農；武帝始設三輔，而景帝後五年詔已稱三輔。蓋補稱或追稱，此等處班史無定例也，以徐說為正。」③北地：秦滅義渠，置北地郡。④河內：項羽以河內郡為殷國，高帝滅殷，復置河內郡。⑤次：何焯曰：「屯與次異，屯有分地，次備調發也。」⑥細柳：如淳曰：「長安細柳倉，在渭北，近石徼。」張楫曰：「在昆明池南，今有柳市是也。」顏師古曰：「匈奴傳云：『置三將軍，軍長安西細柳、渭北棘門、霸上』，此則細柳不在渭北，楫說是也。」據此，亞夫軍次之細柳有二說，其一為細柳倉，在渭水之北，另一為柳市，在渭水南，柳市一稱細柳原，見《元和志》。按〈匈奴傳〉，此細柳當在渭南，不在渭北。⑦宗正：秦官，掌親屬，漢因之。⑧祝茲：《史記》作松茲，故城在今安徽省宿松縣北。⑨棘門：如淳曰：「棘門，在橫門外。橫門，長安城北出西頭第一門。」⑩轂弓弩持滿：弓弩上弦，力拽之使滿，以壯軍容。⑪先驅：先行導駕者，若今之儀仗隊。⑫居無何：謂無幾時。⑬兵：兵器。⑭式車：式，車前橫木。式車，以手撫式，俯身為禮。⑮曩者：前時。

(一六)遠塞：謂離漢邊塞。(一七)蝗：凡史書蝗者，皆言蝗蟲為災。(一八)弛山澤：弛，解禁。弛山澤，謂解山澤之禁，與民同利。(一九)倉庾：穀倉之總稱。胡廣曰：「在邑曰倉，在野曰庾。」按說文，凡穀倉無覆蓋者則稱庾。

七年（西元前一五七年）

㊀夏，六月，己亥（朔），帝崩于未央宮。遺詔曰：「朕聞之，蓋天下萬物之萌生，靡㊀有不死。死者，天地之理，萬物之自然，奚㊁可甚哀？當今之世，咸嘉生而惡死，厚葬以破業，重服以傷生，吾甚不取。且朕既不德，無以佐百姓，今崩，又使重服久臨㊂，以罹㊃寒暑之數，哀人父子，傷長老之志，損其飲食，絕鬼神之祭祀，以重吾不德，謂天下何？朕獲保宗廟，以眇眇㊄之身，託于天下君王之上，二十有餘年矣。賴天之靈，社稷之福，方內㊅安寧，靡有兵革。朕既不敏，常懼過行㊆以羞㊇先帝之遺德，惟年之久長，懼于不終。今乃幸以天年，得復供養于高廟，其奚哀念之有㊈？其令天下吏民，令到㊉，出臨三日，皆釋服，毋禁取(一一)婦、嫁女、

祠祀、飲酒、食肉，自當給喪事服臨者，皆無跣㊂，經帶㊂毋過三寸，毋布車及兵器㊃，毋發民哭臨宮殿中，殿中當臨者，皆以旦夕㊄，各十五舉音，禮畢，罷。非旦夕臨時，禁毋得擅哭臨。已下棺，服大功十五日，小功十四日，纖七日，釋服㊅。不在令中者，皆以此令，比類從事㊆。布告天下，使明知朕意。霸陵山川，因其故，毋有所改㊇。歸夫人以下至少使㊈。」乙巳（七日），葬霸陵。帝即位二十三年，宮室花圃，車騎服御，無所增益，有不便，輒弛㊉以利民。嘗欲作露臺，召匠計之，直㊁百金。上曰：「百金㊂，中人㊂十家之產也。吾奉先帝宮室，嘗恐羞之，何以臺為？」身衣弋㊃綈，所幸慎夫人，衣不曳地，帷帳無文繡，以示敦朴，為天下先。治霸陵，皆瓦器，不得以金銀銅錫為飾；因其山，不起墳。吳王㊄詐病不朝，賜以几杖。羣臣袁盎等諫說雖切，常假借納用焉。張武等受賂金錢，覺，更加賞賜，以媿其心。專務以德化民，是以海內安寧，家給人足，後世鮮㊅能及之。

㈡丁未（九日），太子即皇帝位，尊皇太后薄氏曰太皇太后，皇后曰皇太后㉗。

㈢九月，有星孛于西方。

㈣是歲，長沙王吳著薨，無子，國除㉘。初，高祖賢文王芮，制詔御史，長沙王忠，其定著令㉙。至孝惠、高后時，封芮庶子二人為列侯，傳國數世絕。

【今註】㊀靡：通無。㊁奚：何。㊂臨：哭喪。㊃罹：冒犯。音離（ㄌㄧˊ）。㊄眇眇：細微。㊅方內：四方之內，如曰宇內、海內。㊆過行：失當之行為。㊇羞：汙辱。㊈「惟年之久長」至「其奚哀念之有」：帝謙懷，自謂但懼享壽長久，或有過行以忝辱先帝之美德，今得終天年，以從先帝在天之靈，實為有幸，尚何哀念之有？㊉令到：令，指文帝遺詔。令到，謂詔文布達之時。⑪取：讀曰娶。⑫跣：赤足。⑬絰帶：喪服。在首曰絰，在腰曰帶。⑭布車：車上施布為蓬幕，以遮隔內外。無布車及兵器，謂出喪時，不設輕車介士。⑮當臨者，皆以旦夕：謂皆以旦夕哭，餘時不得擅哭。⑯已下棺，服大功十五日，小功十四日，纖七日，釋服：大功、小功，俱喪服名。大功之服，其布質緝飾，較衰服為細，較小功為粗。纖，細布之服。按文帝之意，謂棺下壙既葬之後，則除重服，改服大功十五日，小功十四日，纖七日，凡三十六日而釋服。⑰不在令中者，皆以此令，比類從事：謂此詔中無文者，皆比照常制以行事。⑱霸陵山川，因其故，毋有所改：因山為藏，不復起壙，川流不遏，而維其原狀。壙者，謂聚土於墓上，使之高大隆起。㊈歸夫人以下至少使：夫人以下，有美人、良人、八子、七子、長使、少使，皆遣歸家。㊉弛：廢除。㉑直：古值字。㉒百金：漢制，金重一斤為一金，百金，即金百斤。㉓中人，謂不富亦不貧。㉔弋：黑色。㉕吳王：吳王濞。㉖鮮：少。㉗太皇太后、皇太后：帝祖母稱太皇太后，帝母稱皇太后。㉘長沙王吳著薨，無子，國除：高帝封吳芮為長沙王，傳成王臣、哀王回、共王右，至著而絕；著，《漢書》作差。㉙定著令：謂定其車服爵土之制而著之於令。按高帝既誅異姓諸王，與羣臣約，非劉氏不王，今吳芮獨王，故特著之於令，以示例外。

孝景皇帝上

元年（西元前一五六年）

㈠冬，十月，丞相嘉等奏：「功莫大於高皇帝，德莫盛於孝文皇帝。高皇帝廟宜為帝者太祖之廟，孝文皇帝廟宜為帝者太宗之廟，天子宜世世獻祖宗之廟，郡國諸侯宜各為孝文皇帝立太宗之廟㊀。」制曰：「可。」

㈡夏，四月，乙卯（二十二日），赦天下。

㈢遣御史大夫青㈡至代下，與匈奴和親。

㈣五月，復收民田半租㈢。三十而稅一。

㈤初，文帝除肉刑㈣，外有輕刑之名，內實殺人。斬右止者又當死，斬左止者笞五百，當劓者笞三百，率多死。是歲，下詔曰：「加笞與重罪無異㈤，幸而不死，不可為人㈥。其定律：笞五百曰三百，笞三百曰二百。」

㈥以太中大夫周仁為郎中令，張歐為廷尉，楚元王子平陸㈦侯禮為宗正，中大夫鼂錯為左內史㈧，仁始為太子舍人㈨，以廉謹得幸；張歐亦事帝於太子宮，雖治刑名家，為人長者，帝由是重之，用為九卿。歐為吏未嘗言按人，專以誠長者處官，官屬以為長者，亦不敢大欺。

【今註】㈠太祖、太宗：我國古代謚法之制，有功曰祖，有德曰宗。高帝以功定天下，為漢之始祖，故稱太祖；文帝以德治天下，為漢之太宗，故稱太宗。㈡青：開封侯陶青，高帝功臣陶舍之子。㈢復收民田半租：文帝十二年，賜民田租之半，十三年，盡除民田之租稅，今復收其半租。㈣文帝除肉刑，在文帝十三年。㈤加笞與重罪無異：重罪謂死刑，笞而致死，是與重罪無異。㈥幸而不死，不可為人：謂雖不死，亦將傷殘。㈦平陸：按漢有二平陸，一屬西河郡，一屬東平國，故屬東平者加東為東平陸，即平陸侯禮之封國，故城在今山東省汶上縣北。㈧左內史：內史，掌治京師。按《漢書・百官表》，景帝二年，分置左右內史。此在景帝元年，按百官表尚未分置。又按〈公卿表〉，景帝元年，中大夫鼂錯為左內史，二年八月丁巳，左內史鼂錯為御史大夫。則左內史之分置，似又在景帝之前，而錯傳則但云以錯為內史，無左字，未知孰誤。㈨太子舍人：胡三省引《續漢志》：「太子舍人，更直宿衛，如三署郎中。」

二年（西元前一五五年）

㈠冬，十二月，有星孛于西南。

㈡令天下男子年二十始傅㈠。

㈢春，三月，甲寅（二十七日），立皇子德為河間，閼為臨江王，餘為淮陽王，非為汝南王，彭祖為廣川王，發為長沙王。

㈣夏，四月，壬午（二十五日），太皇太后薄氏㈡崩。

㈤六月，丞相申屠嘉薨。時內史鼂錯數請閒言事，輒聽，寵幸傾九卿㈢，瀍令多所更定。丞相嘉自絀，所言不用，疾錯。錯為內史，東出不便，更穿一門南出。南出者，太上皇廟堧垣㊃也。嘉聞錯穿宗廟垣，為奏請誅錯。客有語錯，錯恐，夜入宮上謁，自歸㊄上。至朝，嘉請誅內史錯。上曰：「錯所穿，非真廟垣，乃外堧垣，故冗官㊅居其中，且又我使為之，錯無罪。」丞相嘉謝。罷朝，嘉謂長史㊆曰：「吾悔不先斬錯，乃請之，為錯所賣。」至舍，因歐㊇血而死，錯以此愈貴。

㈥秋，與匈奴和親。

㈦八月，丁未（八月丙辰朔，無丁未），以御史大夫開封㊈侯陶青為丞相。丁巳（初二日），以內史鼂錯為御史大夫。

㈧彗星出東北。

㈨秋，衡山雨雹，大者五寸，深者二尺。

㈩熒惑逆行，守北辰；月出北辰間；歲星逆行天廷中㊉。

㈩㈠梁孝王㊁以竇太后少子故，有寵，王四十餘城，居天下膏腴地，賞賜不可勝道。府庫金錢，且百巨萬㊂，珠玉寶器，多於京師。築東苑，方三百餘里；廣睢陽㊂城七十里。大治宮室，為複道，自宮連屬於平臺㈣三十餘里。招延四方豪俊之士，如吳人枚乘、嚴忌，齊人羊勝、公孫詭、鄒陽，蜀人司馬相如之屬，皆從之遊。每入朝，上使使持節，以乘輿駟馬迎梁王於關下。既至，寵幸無比。入則侍上，同輦；出則同車，射獵上林中。因上疏請留，且半歲，梁侍中、郎、謁者著籍㈤，引出入天子殿門，與漢宦官無異。

【今註】 ㈠今天下男子年二十始傅：舊制二十三而傅，今更制為二十而傅。傅，讀曰附，解見卷九高帝二年註㊄。㈡薄太后：文帝之母。㈢九卿：漢以奉常、郎中令、衞尉、太僕、廷尉、典客、宗正、治粟內史、少府為正卿，號稱九卿。㈣堧垣：堧，隙地。廟堧，謂廟垣外空隙之地。古時宮殿廟宇率有內外垣，堧即其間隙地，故外垣亦稱堧垣。錯所穿垣即太上皇廟之外垣。堧，音輭（ㄖㄨㄢˇ）。㈤歸：自首。㈥宂官：散官。謂有官號而無職掌。宂，音茸。（ㄖㄨㄥˇ）㈦長史：丞相屬官，其職無所不監。㈧歐：吐。㈨開封：故城在今河南省開封縣南。㈩熒惑逆行，守北辰；月出北辰間；歲星逆行天廷中：熒惑，火星別名。逆行，天體運行，失其常道。北辰，北極星。歲星，木星別名。天廷，太微星座。古人以北辰、天廷象人君之位，故尊而不可犯，若有其他天體守之，或出之，或逆行經之，則象臣下將有犯上之變。㈡梁孝王：文帝二年，封代王，四年，徙封淮陽王，十二年，徙封梁王。㊁百巨萬，謂以萬萬計，不可勝數。㊂睢陽：梁國都城。㊃為複道：自宮連屬於平臺三十里：平臺，梁孝王之離宮。按《商邱縣志》，縣東北有平臺集，接虞城縣界，或其故址。屬，連接。音祝（ㄓㄨˋ）。謂所治複道自宮連接於平臺，凡長三十餘里。㊄梁侍中、郎、謁者著籍，引出入天子殿門，與漢宦官無異：籍謂門籍。漢制凡出入天子殿門者皆須著姓名於門籍，無門籍者不得擅出入，故竇太后除竇嬰門籍，使不得朝請，見《漢書・竇嬰傳》。引謂引之使出入天子殿門。今梁孝王侍臣俱得著籍，故能恣其出入，與漢宦官無異。

卷十六　漢紀八

司馬光　編集
林瑞翰　註

起彊圉大淵獻，盡上章困敦，凡十四年。（丁亥至庚子，西元前一五四年至西元前一四一年）

孝景皇帝下

前三年（西元前一五四年）

㈠冬，十月，梁王來朝。時上未置太子，與梁王宴飲，從容言曰：「千秋萬歲後，傳於王。」王辭謝，雖知非至言㊀，然心內喜，太后亦然。詹事㊁竇嬰引卮酒進㊂上曰：「天下者，高祖之天下，父子相傳，漢之約也，上何以得傳梁王？」太后由此憎嬰，嬰因病免。太后除嬰門籍㊃，不得朝請，梁王以此益驕。

㈡春，正月，乙巳（二十二日），赦。

㈢長星出西方。

㈣洛陽東宮㊄災。

㈤初，孝文時，吳太子入見，得侍皇太子飲、博。吳太子博爭道，不恭，皇太子引博局提㊅吳太子，殺之，遣其喪歸葬。至吳，吳王慍㊆曰：「天下同宗㊇，死長安，即葬長安，何必來葬為？」復遣喪之長安葬。吳王由此稍失藩臣之禮，稱疾不朝。京師知其以子故㊈，繫治驗問吳使者，吳王恐，始有反謀。後使人為秋請㊉，文帝復問之，使者對曰：「王實不病，漢繫治使者數輩，吳王恐，以故遂稱病。夫察見淵中魚，不祥(一一)。唯上棄前過，與之更始(一二)。」於是文帝乃赦吳使者，歸之，而賜王几杖，老不朝。吳得釋其罪，謀亦益解(一三)。然其居國，以銅鹽故，百姓無賦(一四)。卒踐更，輒予平賈(一五)；歲時存問(一六)茂材(一七)，賞賜閭里(一八)；他郡國吏欲來捕亡人者，公共禁弗予(一九)；如此者四十餘年。鼂錯數上書，言吳過可削(二〇)，文帝寬，不忍罰，以此吳日益橫(二一)。及帝即位，錯說上曰：「昔高帝初定天下，昆弟少，諸子弱，大封同姓，齊七十餘城，楚四十餘城，吳五十餘城，封三庶孽(二二)，分天下半。今吳王前有太子之郤(二三)，詐稱病不朝，於古灋當誅。文帝弗忍，因賜几杖，德至厚，當改過自新，反益驕溢，即山鑄錢(二四)，煮海水為鹽，誘天下亡人，謀作亂。今削之亦反，不削亦反。削之，其反亟㉕，禍小；不削，反遲，禍大。」上令公卿、列侯、宗室雜議，莫敢難㉖，獨竇嬰爭之，由此與錯有郤。

及楚王戊來朝，錯因言戊往年為薄太后服，私姦服舍㉗，請誅之。詔赦削東海郡，及前年趙王有罪，削其常山郡，膠西王卬以賣爵事有姦㉘，削其六縣。廷臣方議削吳，吳王恐削地無已，因發謀舉事。念諸侯無足與計者，聞膠西王勇，好兵，諸侯皆畏憚之，於是使中大夫應高，口說膠西王曰：「今者，主上任用邪臣，聽信讒賊，侵削諸侯，誅罰良重㉙，日以益甚。語有之曰：『狧穅及米㉚。』吳與膠西，知名諸侯也，一時見察，不得安肆㉛矣。吳王身有內疾㉜，不能朝請，二十餘年，常患見疑，無以自白。脅肩累足㉝，猶懼不見釋。竊聞大王以爵事有過㉞，所聞諸侯削地，罪不至此，此恐不止削地而已㉟。」王曰：「有之，子將奈何？」高曰：「吳王自以為與大王同憂，願因時循理棄軀，以除患於天下，意亦可乎？」膠西王瞿然㊱駭曰：「寡人何敢如是？主上雖急㊲，固有死耳，安得不事[三八]？」高曰：「御史大夫鼂錯營惑[三九]天子，侵奪諸侯，諸侯皆有背叛之意，人事極矣。彗星出，蝗蟲起，此萬世一時，而愁勞，聖人所以起也[四〇]。吳王內以鼂錯為誅，外從大王後車，方洋[四一]天下，所向者降，所指者下，莫敢不服。大王誠幸而許之一言，則吳王率楚王，略函谷關，守滎陽、敖倉之粟，距漢兵，治次舍[四二]，須[四三]大王。大王幸而臨之，則天下可併，兩主分割，不亦可乎？」王曰：「善。」歸報吳王，吳王猶恐其不果[四四]，乃身自為使者，至膠西，面約之。膠西羣臣，或聞王謀，諫曰：「諸侯地，不能當漢十二[四五]，為叛逆以憂太后[四六]，非計也。今承一帝，尚云不易，假令事成，兩主分爭，患乃益生。」王不聽，遂發使約齊、菑川、膠東、濟南[四七]，皆許諾。

初，楚元王[四八]好書，與魯申公、穆生、白生俱受詩於浮丘伯[四九]。及王楚，以三人為中大夫。穆生不耆[五〇]酒，元王每置酒，常為穆生設醴[五一]。及子夷王[五二]、孫王戊即位，常設，後乃忘設焉，穆生退曰：「可以逝[五三]矣。醴酒不設，王之意怠，不去，楚人將鉗我於市。」遂稱疾，臥。申公、白公彊起之，曰：「獨不念先王之德與(五四)？今王一旦失小禮，何足至此？」穆生曰：「易稱『知幾其神乎！』幾者，動之微，吉凶之先見者也。君子見幾而作，不俟終日。先王之所以禮吾三人者，為道存也，今而忽(五五)之，是忘道也。忘道之人，胡可與久處？豈為區區(五六)之禮哉？」遂謝病去。申公、白生獨留。王戊稍淫暴，太傅韋孟作詩諷諫，不聽，亦去，居於鄒(五七)。戊因坐削地事，遂與吳通謀。申公、白生諫戊，戊胥靡(五八)之，衣之赭衣，使雅舂(五九)於市。休侯富(六〇)使人諫王，王曰：「季父不吾與(六一)，我起(六二)，先取季父矣。」休侯懼，乃與母太夫人(六三)犇(六四)京師。

及削吳會稽、豫章郡書至，吳王遂先起兵，誅漢吏二千石以下。膠西、膠東、菑川、濟南、楚、趙亦皆反。楚相張尚、太傅趙夷吾諫王戊，戊殺尚、夷吾。趙相建德、內史王悍諫王遂，遂燒殺建德、悍。

齊王後悔，背約城守。濟北王城壞未完，其郎中令刦守王，不得發兵。膠西王、膠東王為渠率(六五)，與菑川、濟南共攻齊，圍臨菑(六六)。趙王遂發兵住(六七)其西界，欲待吳、楚俱進，北使匈奴，與連兵。吳王悉其士卒(六八)，下令國中曰：「寡人年六十二，身自將：少子年十四，亦為士卒先；諸年上與寡人同，下與少子等，皆發。」凡二十餘萬人。南使閩、東越，閩、東越亦發兵從。

吳王起兵於廣陵(六九)，西涉淮，因幷楚兵，發使遺諸侯書，罪狀鼂錯，欲合兵誅之。吳、楚共攻梁，破棘壁(七〇)，殺數萬人，乘勝而前，銳甚。梁孝王遣將軍擊之，又敗梁兩軍，士卒皆還走，梁王城守睢陽(七一)。

初，文帝且崩，戒太子曰：「即有緩急，周亞夫真可任將兵。」及七國反書聞，上乃拜中尉周亞夫為太尉，將三十六將軍，往擊吳、楚，遣曲周侯酈寄擊趙，將軍欒布擊齊(七二)。復召竇嬰，拜為大將軍，使屯梁陽，監齊、趙兵。

初，鼂錯所更令三十章(七三)，諸侯讙譁。錯父聞之，從潁川來，謂錯曰：「上初即位，公為政用事，侵削諸侯，疏人骨肉，口語多怨，公何為也？」錯曰：「固也㊃，不如此，天子不尊，宗廟不安。」父曰：「劉氏安矣，而鼂氏危。吾去公歸矣！」遂飲藥死，曰：「吾不忍見禍逮㊄身。」後十餘日，吳、楚七國俱反，以誅錯為名。上與錯議出軍事，錯欲令上自將兵而身居守，又言徐㊅、僮㊆之旁，吳所未下者，可以予㊇吳。錯素與袁盎不善，錯所居坐，盎輒避，盎所居坐，錯亦避，兩人未嘗同堂語。及錯為御史大夫，使吏按盎受吳王財物，抵辠㊈，詔赦以為庶人。吳楚反，錯謂丞史㊉曰：「袁盎多受吳王金錢，專為蔽匿，言不反，今果反，欲請治盎，宜知其計謀。」丞史曰：「事未發治之，有絕㊁：今兵西向，治之何益？且盎不宜有謀㊂。」錯猶與㊂未決。人有告盎，盎恐，夜見竇嬰，為言吳所以反，願至前㊃，口對狀。嬰入，言上，乃召盎。盎入見，上方與錯調㊄兵食。上問盎：「今吳、楚反，於公意何如？」對曰：「不足憂也。」上曰：「吳王即山鑄錢，煮海為鹽，誘天下豪傑，白頭㊅舉事，此其計不百全，豈發乎？何以言其無能為也！」對曰：「吳銅鹽之利則有之，安得豪傑而誘之？誠令吳得豪傑，亦且輔而為誼，不反矣。吳所誘，皆無賴子弟、亡命、鑄錢姦人，故相誘以亂。」錯曰：「盎策之善。」上曰：「計安出？」盎對曰：「願屏左右(八七)。」上屏人，獨錯在。盎曰：「臣所言，人臣不得知。」乃屏錯。錯趨避東廂(八八)，甚恨。上卒(八九)問盎，對曰：「吳、楚相遺書，言高皇帝王子弟，各有分地，今賊臣鼂錯，擅適(九〇)諸侯，削奪之地(九一)，以故反，欲西共誅錯，復故地而罷。方今計獨有斬錯，發使赦吳、楚七國，復其故地，則兵可毋血刃而俱罷。」於是上默然，良久，曰：「顧誠何如(九二)，吾不愛一人以謝天下。」盎曰：「愚計出此，唯上孰計之(九三)。」乃拜盎為太常(九四)，密裝治行。後十餘日，上令丞相青、中尉嘉、廷尉歐(九五)劾奏錯：「不稱主上德信，欲疏羣臣、百姓，又欲以城邑予吳，無臣子禮，大逆無道，錯當要(九六)斬。父母、妻子、同產(九七)無少長，皆棄市。」制曰：「可。」錯殊不知。壬子（二十九日），上使中尉召錯，紿載行市(九八)，錯衣朝衣(九九)，斬東市(一〇〇)。上乃使袁盎與吳王弟子宗正德侯通(一〇一)使吳。

謁者僕射鄧公為校尉，上書言軍事，見上。上問曰：「道軍所來㉒，聞鼂錯死，吳、楚罷不㉓？」鄧公曰：「吳為反數十歲矣㉔！發怒削地，以誅錯為名，其意不在錯也。且臣恐天下之士，拑口不敢復言㉕矣。」上曰：「何哉？」鄧公曰：「夫鼂錯患諸侯彊大，不可制，故請削之以尊京師，萬世之利也。計畫始行，卒受大戮㉖。內杜忠臣之口，外為諸侯報仇，臣竊為陛下不取也。」於是帝喟然長息曰：「公言善，吾亦恨㉗之。」

袁盎、劉通至吳，吳、楚兵已攻梁壁矣。宗正以親故，先入見，諭吳王，令拜受詔。吳王聞袁盎來，知其欲說，笑而應曰：「我已為東帝，尚誰拜？」不肯見盎而留軍中，欲劫使將，盎不肯。使人圍守，且殺之。盎得間㉘脫亡㉙，歸報。太尉亞夫言於上曰：「楚兵㉚剽輕㉛，難與爭鋒，願以梁委之㉜，絕其食道，乃可制也。」上許之。亞夫乘六乘傳㉝，將會兵滎陽。發至霸上，趙涉遮說亞夫曰：「吳王素富，懷輯㉞死士久矣。此知將軍且行，必置間人㉟於殽澠阸陿之閒㊱；且兵事尚神密，將軍何不從此右去㊲，走藍田，出武關，抵洛陽閒。不過差一二日㉘，直入武庫㉙，擊鳴鼓，諸壁聞之，以為將軍從天而下也㉚。」太尉如其計，至洛陽，喜曰：「七國反，吾乘傳至此，不自意全㉛。今吾據滎陽，滎陽以東，無足憂者。」【考異】史記、漢書皆云，太尉得劇孟，喜如得敵國，曰：「吳楚無足憂者。」按孟一游俠之士耳，亞夫得之，何足輕重？蓋其徒欲為孟重名，妄撰此言，不足信也。使吏搜殽澠閒，果得吳伏兵，乃請趙涉為護軍。

太尉引兵東北走昌邑㉜。吳攻梁急，梁數使使條侯㉝求救，條侯不許；又使使愬㉞條侯於上，上使告條侯救梁，亞夫不奉詔，堅壁不出，而使弓高侯㉟等將輕騎兵，出淮泗口㊱，絕吳、楚兵後，塞其饟㊲道。梁使中大夫韓安國及楚相張尚弟羽為將軍，羽力戰，安國持重，乃得頗敗吳兵。吳兵欲西，梁城守，不敢西。即走條侯軍㊳，會下邑，欲戰，條侯堅壁，不肯戰。吳糧絕卒飢，數挑戰，終不出。條侯軍中夜驚，內相攻擊，擾亂至帳下，亞夫堅臥不起，頃之，復定。吳犇壁東南陬㊴，亞夫使備西北㊵，已而其精兵果犇西北，不得入。吳、楚士卒多飢死，叛散，乃引而去。二月，亞夫出精兵追擊，大破之。吳王濞棄其軍，與壯士數千人夜亡走，楚王戊自殺。

吳王之初發也，吳臣田祿伯為大將軍。田祿伯曰：「兵屯聚而西，無它奇道，難以立功。臣願得五萬人，別循江、淮而上，收淮南、長沙，入武關，與大王會，此亦一奇也。」吳王太子諫曰：「王以反為名，此兵難以借人，人亦且反王，奈何？且擅兵而別㉛，多它利害㉜，徒自損耳。」吳王即不許田祿伯。

吳少將桓將軍說王曰：「吳多步兵，步兵利險，漢多車騎，車騎利平地；願大王所過城，不下，直去，疾西據洛陽武庫，食敖倉粟，阻山河之險，以令諸侯，雖無入關，天下固已定矣。大王徐行，留下城邑。漢軍車騎至，馳入梁、楚之郊，事敗矣㉝。」吳王問諸老將，老將曰：「此年少，椎鋒㉞可耳！安知大慮？」於是王不用桓將軍計。

王專幷將兵，兵未度㉟淮，諸賓客皆得為將、校尉、侯、司馬㊱，獨周丘不用。周丘者，下邳人，亡命吳，酤酒無行㊲，王薄之㊳，不任。周丘乃上謁，說王曰：「臣以無能，不得待罪行閒㊴，臣非敢求有所將也，願請王一漢節，必有以報。」王乃予之。周丘得節，夜馳入下邳。下邳時聞吳反，皆城守。至傳舍，召令入戶，使從者以罪斬令㊵。遂召昆弟、所善豪吏，告曰：「吳反兵且至，屠下邳，不過食頃㊶。今先下㊷，家室必完，能者封侯矣。」出乃相告，下邳皆下。周丘一夜得三萬人，使人報吳王，遂將其兵，北略城邑，比至陽城㊸，兵十餘萬，破陽城中尉軍，聞吳王敗走，自度㊹無與共成功，即引兵歸下邳，未至，疽發背死。

㈥壬午（三十日），晦，日有食之。

㈦吳王之棄軍亡也，軍遂潰，往往稍降太尉條侯及梁軍。吳王度淮，走丹徒㊺，保東越㊻，兵可萬餘人，收聚亡卒。漢使人以利啗㊼東越，東越即紿吳王出勞軍，使人鏦㊽殺吳王，盛其頭，馳傳以聞。吳太子駒亡走閩越。吳、楚反，凡三月，皆破滅，於是諸將乃以太尉謀為是，然梁王由此與太尉有隙。

三王之圍臨菑也，齊王使路中大夫㊾告於天子，天子復令路中大夫還報，告齊王堅守，漢兵今破吳、楚矣。路中大夫至，三國㊿兵圍臨菑數重，無從入。三國將與路中大夫盟曰：「若(五一)反言漢已破矣(五二)，齊趣下三國(五三)；不，且見屠。」路中大夫既許，至城下，望見齊王，曰：「漢已發兵百萬，使太尉亞夫擊破吳、楚，方引兵救齊，齊必堅守，無下。」三國將誅路中大夫。齊初圍急，陰與三國通謀，約未定，會路中大夫從漢來，其大臣乃復勸王無下三國。會漢將欒布、平陽侯(五四)等兵至齊，擊破三國兵，解圍，已後聞齊初與三國有謀(五五)，將欲移兵伐齊，齊孝王懼，飲藥自殺。膠西、膠東、菑川王各引兵歸國，膠西王徒跣、席稾、飲水(五六)謝(五七)太后，王太子德曰：「漢兵還，臣觀之已罷(五八)，可襲，願收王餘兵擊之，不勝而逃入海，未晚也。」王曰：「吾士卒皆已壞(五九)，不可用。」弓高侯韓頹當遺膠西王書曰：「奉詔誅不義，降者赦除其辠，復故；不降者滅之。王何處？須以從事(六〇)。」王肉袒叩頭，詣漢軍壁，謁曰：「臣卬奉灋不謹，驚駭百姓，乃苦將軍遠道至於窮國，敢請菹醢之罪。」弓高侯執金鼓見之，曰：「王苦軍事(六一)，願聞王發兵狀。」王頓首䣛(六二)行，對曰：「今者，鼂錯，天子用事臣，變更高皇帝法令，侵奪諸侯地，卬等以為不義，恐其敗亂天下，七國發兵，且誅錯；今聞錯已誅，卬等謹已罷兵，歸將軍。」曰：「王苟以錯為不善，何不以聞？及（六三）未有詔虎符，擅發兵擊義國（六四），以此觀之，意非徒（六五）欲誅錯也。」乃出詔書，為王讀之，曰：「王其自圖（六六）。」王曰：「如卬等，死有餘罪。」遂自殺，太后，太子皆死。膠東王、菑川王、濟南王皆伏誅。酈將軍兵至趙，趙王引兵還邯鄲（六七），城守，酈寄攻之，七月不能下。匈奴聞吳、楚敗，亦不肯入邊。欒布破齊還，幷兵引水灌趙城，城壞，王遂自殺，帝以齊首善（六八），以迫劫有謀，非其辠也，召立齊孝王太子壽，是為懿王。濟北王（六九）亦欲自殺，幸全其妻子。齊人公孫玃（七〇）謂濟北王曰：「臣請試為大王明說梁王，通意天子，說而不用，死未晚也。」公孫玃遂見梁王，曰：「夫濟北之地，東接彊齊，南牽吳越，北脅燕趙，此四分五裂之國（七一），權不足以自守，勁（七二）不足以捍（七三）寇，又非有奇怪，云以待難也（七四）。雖墜言於吳，非其正計也（七五）。鄉（七六）使濟北見（七七）情，實示不從之端（七八），則吳必先歷齊，畢濟北（七九），招燕、趙而總之，如此，則山東之從結而無隙(八〇)矣。今吳王連諸侯之兵，毆(八一)白徒(八二)之眾，西與天子爭衡，濟北獨底節(八三)不下，使吳失與(八四)而無助，跬步(八五)獨進，瓦解土崩，破敗而不救者，未必非濟北之力也。夫以區區之濟北，而與諸侯爭彊，是以羔犢之弱而扞虎狼之敵(八六)也。守職不橈(八七)，可謂誠一矣。功義如此，尚見疑於上，脅肩低首，累足撫衿(八八)，使有自悔不前(八九)之心，非社稷之利也。臣恐藩臣守職者疑之。臣竊料之，能歷西山(九〇)，徑長樂(九一)，抵未央(九二)，攘袂(九三)而正議者，獨大王耳！上有全亡(九四)之功，下有安百姓之名，德淪於骨髓，恩加於無窮，願大王留意詳惟(九五)之。」孝王大說(九六)，使人馳以聞，濟北王得不坐(九七)，徙封於菑川。

(八)河間太傅衛綰擊吳、楚有功，拜為中尉。綰以中郎將事文帝，醇謹(九八)無它。上為太子時，召文帝左右飲，而綰稱病不行。文帝且崩，屬(九九)上曰：「綰長者，善遇之。」故上亦寵任焉。

(九)夏，六月，乙亥（二十五日），詔吏民為吳王濞等所詿誤(一〇〇)當坐及逋逃、亡軍(一〇一)者，皆赦之。

㈩帝欲以吳王弟德哀侯廣之子㉒續吳，以楚元王子禮㉓續楚，竇太后曰：「吳王，老人也，宜為宗室順善。今乃首率七國，紛亂天下，奈何續其後？」不許吳㉔，許立楚後。乙亥（二十五日），徙淮陽王餘為魯王，汝南王非為江都王，王故吳地㉕；立宗正禮為楚王，立皇子端為膠西王，勝為中山王㉖。

【今註】㊀至言：誠直之言。㊁詹事：按《漢書・百官表》，詹事，秦官，掌皇后、太子家。顏師古曰：「皇后、太子各置詹事，隨其所在以名官。」臣瓚曰：「茂陵書詹事秩真二千石。」㊂引巵酒進：胡三省曰：「引酒進之，蓋罰爵也。」竇嬰以帝失言，故進酒罰之。㊃門籍：出入天子宮門之籍，參見上卷景帝二年註㉕。㊄東宮：高祖都洛陽時所築宮室。㊅提：擲擊之。㊆慍：怒。㊇天下同宗：謂天下諸侯王，同姓共為一家。㊈知其以子故：謂如其以子死之故，怨望不朝，非真有疾。㊉使人為秋請：春覲曰朝，秋覲曰請。吳王濞怨望不自行，故使人代己致請禮。⑪察見淵中魚，不祥：趙文子曰：「周諺有言：『察見淵魚者不祥，智料隱匿者有殃。』」見《列子・說符篇》。此言天子不察臣下之陰私，察之則臣下憂患而生變，是為不祥。⑫與之更始：謂赦其已往過失之行，使得自新以守臣道。⑬謀益解：謂反謀漸釋。⑭以銅鹽故，百姓無賦：調吳國擅鑄錢煮鹽之利，國用饒足，不另取賦於百姓。⑮卒踐更，輒予平賈：漢制，正卒無常人，凡民皆當更迭為之，一月一更，是為卒更。若富者直更而不願往，貧者欲得雇更錢者，則由直更者出錢二千雇之，由貧者代為更卒，是為踐更。又民皆須直邊戍三日，諸不願往者得出錢三百入官，由官募願往戍者以錢給之，是為過更。此錢即為時庸平價錢。今吳王欲得民心，凡欲踐更者，官按平價應得之數與之，不令民之次直者出錢雇庸。予，讀曰與，下同。賈，讀曰價。⑯存問：慰問。⑰茂材：士之有美材者。⑱閭里：泛指閭里之民。⑲公共禁弗予：公然容匿亡人，禁止他郡吏至吳追捕。⑳言吳過可削：謂吳數有過失，可因其罪而削其國土。㉑橫：驕蹇不馴。㉒庶孽：即庶子，謂非嫡出者。此指齊王肥、楚王交及吳王濞而言。㉓郤：同隙，謂有釁隙而不和睦。㉔即山鑄錢：謂就山採礦以鑄錢。㉕亟：同急。㉖難：詰難。㉗服舍：居喪之所。㉘姦：欺詐之事。㉙良重：良實厚重之臣。㉚狧糠及米：狧，犬用舌取食。狧糠及米，謂犬初狧糠，糠盡，遂至食米。喻漢不知足，廣削諸侯疆土，土盡則至滅國。狧音舌（ㄕㄜˊ）。㉛不得安肆：謂不得安寧縱意，而將受制於人。㉜內疾：疾在身中，不顯於外。今所謂暗疾。㉝脅肩累足：脅肩，斂肩不敢舉臂。累足，疊足而立，不敢前進。並謂兢懼之意。㉞有過：謂見責。㉟所聞諸侯削地，罪不至此，此恐不止削地而已：言諸侯所犯之罪甚微，本不至於削地，而竟受削地之責，此則漢朝之意，或在滅諸侯之國，而不止於削地而已。㊱瞿然：駭懼貌。瞿，音懼（ㄐㄩˋ）。㊲急：用法峻急。㊳安得不事：謂何得不君事之而謀反乎？㊴營惑：惑亂。㊵愁勞，聖人所以起也：言聖人每因民之愁怨勞苦，出而濟世，所謂殷憂啟聖，此即其時。㊶方洋：翺翔。㊷次舍：止息之所。㊸須：等待。㊹果：決斷。㊺十二：十分之二。㊻太后：膠西王太后。(四七)齊、菑川、膠東、濟南：齊王將閭，菑川王賢，膠東王雄渠，濟南王辟光，皆文帝所封。(四八)楚元王：楚元王交，高祖異母弟。(四九)浮丘伯：複姓浮丘，名伯。(五〇)耆：讀曰嗜。(五一)醴：甜酒。(五二)夷王：夷王郢客。(五三)逝：離去。(五四)與：讀曰歟。(五五)忽：懈怠。(五六)區區：細小貌。(五七)鄒：古鄒國，即今山東省鄒縣。(五八)胥靡：刑名，以繩聯綴縛之使相隨以服役。劉敞曰：「胥靡，說文作縃縻，謂拘縛之也。」(五九)雅舂：王先謙引官本《漢書》作碓舂，後人改碓作雅。周壽昌曰：「雅，常也。言使之常舂，不得息。」按碓舂、雅舂，義俱可通。(六〇)休侯富：富，楚元王之子，夷王之弟，封休侯。(六一)不吾與：謂不與吾同謀。(六二)起：起兵。(六三)母太夫人：漢制，諸侯之母稱太夫人。(六四)犇：古奔字。(六五)渠率：大帥。(六六)臨菑：齊都。(六七)住：屯駐。(六八)悉其士卒：悉，盡也，謂盡發其士卒使行。(六九)廣陵：吳都，故城在今江蘇省江都縣東北。(七〇)棘壁：故址在今河南省寧陵縣西。(七一)睢陽：梁都。(七二)將軍欒布擊齊：按是時，齊王背約為漢城守，此謂擊齊，當指膠東、膠西、濟南、菑川等齊地諸國之反漢者。(七三)所更令三十章：更，更改，令，法令。謂錯所更改法令，多達三十章。(七四)固也：言固當如此。(七五)逮：及。(七六)徐：故城在今安徽省泗縣東南。(七七)僮：故城在今安徽省泗縣東北。(七八)予：讀曰與。(七九)辠：古罪字。(八〇)丞史：如淳曰：「百官表，御史大夫有兩丞。丞史，丞及史也。」王先謙曰：「御史兩丞，一曰中丞。表言成帝更御史大夫名大司空，置長史如中丞。又云哀帝時御史丞更名御史長史，是丞史即御史丞。如云丞及史。分丞史為二，非也。」(八一)有絕：謂或可使吳知所儆懼而絕其反謀。(八二)盎不宜有謀：謂盎為漢朝大臣，不宜有與諸侯串謀之事。(八三)猶與：即猶豫。與，讀曰豫。(八四)前：天子之前。(八五)調：調度。(八六)白頭：吳王年老髮白，故帝謂之白頭。(八七)願屏左右：屏，除也。謂請屏除左右侍臣，與帝獨語。(八八)東廂：正殿東邊之側殿。(八九)卒：竟。(九〇)適：讀曰讁。讁，譴責。(九一)削奪之地：即削奪其地。之，同其。(九二)顧誠何如：顧，但。誠，實在。謂吾非愛錯一人，但念斬錯之後，其結果是否誠如所言耳。(九三)孰計之：謂詳慮之。孰，古熟字。(九四)拜盎為太常：景帝中六年，始改奉常為太常，時盎尚為奉常，史追書之。(九五)丞相青、中尉嘉、廷尉歐：丞相陶青，廷尉張歐，中尉嘉，史失其姓。(九六)要：同腰。(九七)同產：同母兄弟。(九八)行市：案行市中。(九九)朝衣：朝服。(一〇〇)東市：古時刑人必於市，與眾共棄之，故曰棄市。此斬錯之市在長安之東，故曰東市。(一〇一)德侯通：高祖兄仲之子廣封德侯，廣為吳王濞之弟。廣死，子通嗣爵，於吳王為弟之子。(一〇二)道軍所來：由軍中來。(一〇三)不：讀曰否。(一〇四)為反數十歲：謂蓄反謀已數十歲。(一〇五)天下之士，拑口不敢復言：錯以進言而死，故謂天下之士，不敢復言。(一〇六)卒受大戮：卒，竟。或讀曰猝，謂猝然受戮，義亦可通。錯受族夷之誅，故曰大戮。(一〇七)恨：悔恨。(一〇八)閒：閒隙。謂圍守鬆懈之隙。(一〇九)脫亡：脫身逃歸。(一一〇)楚兵：總謂吳楚之兵。(一一一)剽輕：剽悍而輕捷。(一一二)以梁委之：委，棄也。謂棄梁不救，使承吳楚之攻擊。(一一三)六乘傳：其制未詳。張晏曰：「傳車六乘也。」胡三省曰：「余據漢有乘傳、馳傳，文帝之自代入立也，張武等乘六乘傳。今亞夫乘六乘傳，六乘傳之見於史者二，蓋又與乘傳不同。」(一一四)懷輯：撫集。(一一五)閒人：刺客。(一一六)殽澠阸陿之閒：阸同阨。陿同狹。殽山澠池之間，其道阨陿，易於埋伏。(一一七)右去：謂偏西道而走。按自霸上趨藍田，出武關，其道在逕趨殽澠之西，故曰右去。(一一八)出武關，抵洛陽閒，不過差一二日：自長安出武關至洛陽，其道迂曲，故須遲一二日然後至。⑲武庫：指洛陽之武庫。⑳以為將軍從天而下也：不見其出殽澠之道而不意其猝至，故謂從天而降。㉑不自意全：謂不自意能安全而至洛陽。㉒昌邑：故城在今山東省金鄉縣西北。㉓條侯：周亞夫封條侯。條，《漢書・地理志》作脩，屬信都王國。顏師古曰：「脩，音條。」故城在今河北省景縣南。㉔愬：同訴。㉕弓高侯：弓高侯韓隤當，韓王信之子。信叛亡入匈奴，隤當自匈奴來歸，封弓高侯。故城在今河北省阜城縣東南。㉖淮泗口：泗水南流入淮處。㉗饟：古餉字。㉘即走條侯軍：吳軍阻於梁，不敢西進，故捨梁，趨亞夫軍以求戰。㉙陬：隅。㉚亞夫使備西北：劉奉世曰：「兩陣相向，吳奔東南陬，則西北在陣後，何由奔之？蓋亞夫令備西南陬，傳者但欲見能料敵，反其所攻，不知遂失實也。」㉛擅兵而別：謂使別將將兵而分出。㉜多它利害：謂若令他將分兵而出，則主將兵少力分，或有決戰，則難以制勝，利害之間，不可不慮。㉝「吳多步兵」至「事敗矣」：此謂吳無須逐城攻取，但須速進軍西向據洛陽之險，阻遏漢之車騎，勿令馳入吳、楚平原，然後留軍攻取所過城邑，諸城無漢援，則不能久守而天下可定；若捨此不為，專務攻略城邑，令漢之車騎得馳入吳、楚平原，步騎不敵，則吳軍必敗。㉞椎鋒：椎鋒無解，《史記》作推鋒。㉟度：同渡。㊱將、校尉、侯、司馬：胡三省曰：「凡軍行，有大將、裨將領軍，皆有部曲。部有校尉，曲有軍侯、軍司馬；又有假侯，假司馬；皆有副。其別營領屬為別部司馬。」㊲酤酒無行：但知買酒醉飲而無善行。㊳薄之：輕其為人。㊴行閒：行伍之間。㊵令：下邳令。㊶食頃：謂一頓飯之間。㊷先下：謂先降於吳軍。㊸陽城：《漢書・吳王傳》作城陽，是。城陽，王國，都莒，其地南行接下邳之境，又下云破其中尉軍，若陽城則但為縣，不得有中尉。按《漢書・百官表》，王國有中尉，掌武職。㊹度：料。㊺吳王度淮，走丹徒：丹徒縣在今江蘇省鎮江縣東南。按《史記》作度江走丹徒，《漢記》亦云亡走江南，保丹徒，《漢書》誤改作度淮，通鑑因之。按丹徒在江南，不得云度淮，自當依《史記》作度江。度，同渡。㊻保東越：欲據東越以自保。㊼啗：音祖。謂以利為餌以誘之。㊽鏦：以矛戟撞殺之。㊾路中大夫：姓路，官為中大夫。㊿三國：謂膠西、膠東、菑川。按《漢書・吳王濞傳》前云膠西王、膠東王為渠率，與菑川、濟南共攻圍臨菑；後又云三王之圍齊臨菑也，三月不能下，漢兵至，膠西、膠東、菑川王各引兵歸國。是此三國不計濟南在內甚明。然初言四國共圍齊，此又但言三國，疑有一誤。(51)若：汝。(52)反言漢已破矣：反，謂所言與原意相反。按路中大夫本欲告齊漢兵已破吳、楚之軍，今三國諸將脅之，使告齊謂漢軍已破，故謂反言。(53)趣下三國：下，降也。速降三國。趣，讀曰促。(54)平陽侯：平陽簡侯曹奇。(55)已後聞齊初與三國有謀：此句後字《史記》作復者是。謂欒布等擊破三國兵，解齊國之圍，已而復聞齊初與三國有謀，遂欲移兵伐齊。按《漢書・高五王傳》亦誤作後，王念孫曰：「復、後二字，篆、隸皆相似，故復譌作後。」(56)徒跣、席稾、飲水：稾，同槀。席稾，謂以稾草為薦，取其粗劣。徒跣、席稾、飲水，皆知罪自責之意。(57)謝：請罪。(58)罷：讀曰疲。(59)壞：瘡痍未復，疲困不可復戰。(60)王何處，須以從事：謂膠西王於降與不降之間，將如何選擇以自處，吾將待王決定而後行事。(61)王苦軍事：謂戎旅之事至為勞苦，而王乃親為之。(六二)鄒：同滕。(六三)及：王念孫曰：「及當為乃，言王何不以聞而乃擅發兵也。」(六四)義國：齊國守義而不從反，故謂之義國。(六五)徒：但。(六六)自圖：自謀應付之策。(六七)邯鄲：趙國都城。(六八)首善：首，向也，謂向善而無逆亂之心。(六九)濟北王：齊悼惠王之子，文帝十六年受封。志於吳、楚初反時，亦與通謀，後其郎中令劫守之不得發兵，故未反。吳、楚既敗，志懼漢見罪而誅其妻子，故欲自殺明志以冀保全其妻子。(七〇)獲：音臒（ㄑㄩˊ）。《荀紀》作蠼。(七一)「夫濟北之地」至「此四分五裂之國」：此謂濟北之地，東與強齊相接，南為吳越所牽制，北為燕趙所脅迫，四方受敵，若不附從，則為強隣所瓜分。(七二)勁：力。(七三)捍：抵禦。(七四)又非有奇怪，云以待難也：奇怪，神靈怪異之術。此謂濟北之國，處於四面受敵之地，其權謀勁力，既不足以扞守，又無神靈怪異之術以禦難，若不與隣國通謀，則危難立至，故不得不虛與週旋以應時變。(七五)雖墜言於吳，非其正計也：墜言，失言。濟北王嘗許吳王以叛漢，故謂失言。此謂濟北雖失言於吳，乃權宜之策，而非其本意。(七六)鄉：昔日，讀曰向。(七七)見：顯露，讀曰現。(七八)端：追尋事情之頭緒。(七九)吳必先歷齊，畢濟北：歷，經過。畢，了結，破滅之意。言吳必不屯兵於齊國堅城之下，而將捨齊於不顧，聚其兵力以攻滅濟北。(八〇)從結而無隙：從，讀曰縱，從結，謂結合縱之約。若縱約成：山東諸國，合而為一，而漢則無隙可乘，故曰從結而無隙。(八一)毆：同驅。(八二)白徒：非素習軍旅之人。(八三)底節：底，自始至終。底節，謂謹守臣節，自始至終，無有叛意。(八四)與：與國。(八五)跬步：半步，喻其不能速進。跬，音愧（ㄎㄨㄟˋ）。(八六)以羔犢之弱而扞虎狼之敵：羔，小羊，犢：小牛。以羔犢扞虎狼，喻以至弱當至強。

（八七）橈：屈服。（八八）撫衿：衿，衣帶，紟之借字。撫衿，悔恨之意。（八九）自悔不前：自悔不與吳同反而不敢前進以自歸於漢。（九○）西山：殽山與華山。（九一）長樂宮：太后所居。（九二）未央宮：天子所居。（九三）攘袂：捲袖露臂。凡議論激烈，則捲袖露臂而力爭之。（九四）全亡：保全將亡之國。（九五）惟：思慮。（九六）說：讀曰悅。（九七）不坐：謂不坐謀反之罪。（九八）醇謹：忠厚謹慎而不虛華。（九九）屬：讀曰囑。（一○○）詿誤：為人所蒙蔽牽連而犯罪。（一○一）亡軍：從軍而逃亡。（一○二）德哀侯廣之子：即德侯通。（一○三）楚元王子禮：禮時封平陸侯，為宗正。（一○四）不許吳：謂不許帝為吳立後。（一○五）徙淮陽王餘為魯王，汝南王非為江都王，王故吳地：景帝前二年三月，封皇子餘為淮陽王，非為汝南王，至是徙封吳地。武帝元狩二年，江都王建謀反，國除為廣陵郡。（一○六）勝為中山王：中山王都盧奴，盧奴故城即今河北省定縣。

四年（西元前一五三年）

㈠春，復置關，用傳出入㊀。

㈡夏，四月，己巳（二十三日），立子榮為皇太子，徹為膠東王。

㈢六月，赦天下。

㈣秋，七月，臨江王閼薨㊁。

㈤冬，十月，戊戌（按是月己酉朔，晦在戊寅，非戊戌也），晦，日有食之㈢。

㈥初，吳、楚七國反，吳使者至淮南，淮南王㈣欲發兵應之，其相曰：「王必欲應吳，臣願為將。」王乃屬之㈤。相已將兵，因城守，不聽王而為漢。漢亦使曲城侯㈥將兵救淮南，以故得完。吳使者至廬江，廬江王㈦不應，而往來使越，至衡山，衡山王㈧堅守，無二心。及吳、楚已破，衡山王入朝，上以為貞信，勞苦㈨之，曰：「南方卑濕㈩。」徙王王於濟北以褒㈡之。廬江王以邊越，數使使相交，徙為衡山王，王江北㈢。

【今註】㈠復置關，用傳出入：文帝十二年春三月，除關，無用傳，至是以七國新反，復置關，用傳出入。傳，出入關所持符信，詳上卷文帝十二年註㈣。㈡臨江王閼薨：閼以景帝前二年三月封臨江王，至是薨。㈢「冬，十月」至「日有食之」：冬十月當係於歲首，不宜係之歲末，此承《漢書·本紀》之誤。又按《漢書·五行志》，是年無日食，《荀紀》同。周壽昌以為此年及上年兩日食俱為傳寫誤衍，故係冬十月於歲末。㈣淮南王：淮南王安，淮南厲王之子，文帝十六年封。㈤屬之：屬，委付，言以兵事委之。㈥曲城侯：按《漢書·功臣表》，曲城侯蟲捷。捷，蟲達之子，孝文元年嗣侯。曲城縣故城在今山東省掖縣東北。㈦廬江王：廬江王賜，淮南厲王之子，文帝十六年封。

㈧衡山王：衡山王勃：淮南厲王之子，文帝十六年封。㈨勞苦：慰勞其辛苦。㈩卑濕：地勢卑下而氣候潮濕。㈡褒：旌揚其美。㈢廬江王以邊越至王江北：邊越，謂邊界與越相接。按廬江、衡山二國，皆故淮南國地。廬江王王江南，得豫章、廬江二郡；與越接境。今徙王衡山，王江北，漢則收豫章、廬江二郡，以斷其與越交通之道。衡山王都六，六在江北，即黥布之故都。

五年（西元前一五二年）

㈠春，正月，作陽陵邑㈠。夏，募民徙陽陵，賜錢二十萬。

㈡遣公主嫁匈奴單于。

㈢徙廣川王彭祖為趙王㈡。

㈣濟北貞王勃薨。

【今註】㈠陽陵：本名弋陽，景帝預作壽陵於此，因更名陽陵。故城在今陝西省咸陽縣東。㈡徙廣川王彭祖為趙王：景帝前二年三月，封皇子彭祖為廣川王，至是徙封趙。

六年（西元前一五一年）

㈠冬，十二月，雷，霖雨㈠。

㈡初，上為太子，薄太后以薄氏女為妃，及即位，為皇后，無寵。秋，九月，皇后薄氏廢。

㈢楚文王禮薨。

㈣初，燕王臧荼有孫女，曰臧兒，嫁為槐里㈡王仲妻，生男信與兩女而仲死，更嫁長陵田氏，生男蚡、勝。文帝時，臧兒長女為金王孫婦，生女俗，臧兒卜筮㈢之，曰：「兩女皆當貴。」臧兒乃奪金氏婦，金氏怒，不肯予決㈣。內之太子宮，生男徹。徹方在身㈤，時王夫人夢日入其懷。及帝即位，長男榮為太子，其母栗姬，齊人也，長公主嫖㈥欲以女嫁太子，栗姬以後宮諸美人，皆因公主見帝，故怒而不許㈦。長公主欲予王夫人男徹，王夫人許之，由是長公主日讒栗姬，而譽王夫人男之美㈧，帝亦自賢之，又有曩㈨者所夢日符㈩，計未有所定⑪。王夫人知帝嗛⑫栗姬，因怒未解，陰使人趣⑬大行⑭請立栗姬為皇后，帝怒，曰：「是而⑮所宜言邪？」遂按誅大行。

【今註】㈠霖雨：下雨連續三日以上為霖。㈡槐里：即秦之廢丘，高祖二年，更名槐里。㈢卜筮：

以龜甲灼火曰卜，以蓍草占卦曰筮，皆所以占休咎。㈣不肯予決：予，讀曰與；決，今通作訣，別也。言金氏怒，不肯與其婦作別。㈤身：同娠。㈥長公主嫖：漢時帝女稱公主，帝之姊妹稱長公主。嫖，文帝之女，景帝之姊。㈦栗姬怒而不許：栗姬妬，故怒而不許。㈧美：美德。㈨曩：古昔字。⑩日符：符，瑞應。王夫人娠武帝時，夢日入其懷，即所謂日符。⑪定：謂定立皇后之計。⑫嗛：啣恨。《史記・外戚世家》云：「景帝嘗體不安，心不樂，屬諸子為王者於栗姬，曰：『百歲後，善視之。』栗姬怒，不肯應，言不遜。景帝恚，心嗛之而未發也。」⑬趣：讀曰促。⑭大行：禮官，掌賓禮容儀。行音衡。顏師古曰：「大行令，本名行人，典客屬官也，後改曰大行令。」胡三省曰：「余按班表，帝中六年，改典客曰大行令，武帝太初元年，改大行令為大鴻臚，更名行人為大行令。意其有誤，不然，則追書也。」劉敞曰：「史記，文景事最略，漢書則頗有所錄，蓋班氏博採他書成之。故於景帝世，謂典客為鴻臚，行人為大行，由他書即武帝時官記景帝世事，班氏失於改革耳，非表誤也。」⑮而：汝。

七年（西元前一五〇年）

㈠冬，十一月，己酉（是月辛酉朔，無己酉。），廢太子榮為臨江王，太子太傅竇嬰力爭，不能得，乃謝病免。栗姬恚恨而死。

㈡庚寅（三十日），晦，日有食之。

㈢二月，丞相陶青免。乙巳（十六日），太尉周亞夫為丞相，罷太尉官。

㈣夏，四月，乙巳（十七日），立皇后王氏。

㈤丁巳（二十九日），立膠東王徹為皇太子。

㈥是歲，以太僕劉舍㊀為御史大夫，濟南㊁太守郅都㊂為中尉。始，都為中郎將，敢直諫，嘗從入上林，賈姬㊃如廁，野彘卒㊄來入廁，上目都㊅，都不行，上欲自持兵㊆救賈姬，都伏上前，曰：「亡一姬，復一姬進，天下所少，寧賈姬等乎？陛下縱自輕㊇，奈宗廟、太后何？」上乃還，彘亦去。太后聞之，賜都金百斤，由此重都。都為人勇悍公廉，不發私書，問遺㊈無所受，請謁無所聽。及為中尉，先㊉嚴酷，行法不避貴戚，列侯、宗室見都，側目而視，號曰蒼鷹㊁。

【今註】㊀劉舍：桃安侯劉襄之子，襄本項氏，高祖賜姓劉。㊁濟南：濟南王辟光反，國除為郡。㊂郅都：姓郅名都。郅，音至（ㄓˋ）。㊃賈姬：即賈夫人，生趙敬肅王彭祖及中山靖王勝。㊄卒：

讀曰猝。㊅目都：以目視都，使前往救賈姬。㊆兵：兵器。㊇自輕：謂輕於冒險，不以生命為重。㊈問遺：問，慰問；遺，餽贈。㊉先：尚也。⑪蒼鷹：言其行法酷烈，如鷹鷙之擊物

中元年（西元前一四九年）

㈠夏，四月，乙巳（二十三日），赦天下。

㈡地震。衡山原都㊀雨雹，大者七八寸。

【今註】㊀原都：胡三省曰：「原都，地名，蓋屬衡山國。」

二年（西元前一四八年）

㈠春，二月，匈奴入燕。

㈡三月，臨江王榮坐侵太宗廟壖垣㊀為宮，徵詣中尉府對簿㊁，臨江王欲得刀㊂筆為書謝上，而中尉郅都，禁吏不予。魏其侯㊃使人間與㊄臨江王，臨江王既為書謝上，因自殺。竇太后聞之，怒，後竟以危灋中都㊅而殺之。【考異】史記本紀，後二年，正月，郅將軍擊匈奴。酷吏傳，郅都死後，宗室多犯法，上乃召甯成為中尉。成為中尉，在中六年，則後二年所謂郅將軍者，非都也，疑別一人。漢書紀無郅將軍事。

(三)夏，四月，有星孛于西北[七]。

(四)立皇子越為廣川王，寄為膠東王[八]。

(五)秋，九月，甲戌（二十日），晦，日有食之。

(六)初，梁孝王以至親有功[九]，得賜天子旌旗，從千乘萬騎，出蹕入警[一〇]。王寵信羊勝、公孫詭，以詭為中尉。勝、詭多奇邪計[一一]，欲使王求為漢嗣。栗太子[一二]之廢也，太后意欲以梁王為嗣，嘗因置酒，謂帝曰：「安車大駕，用梁王為寄。」帝跪席舉身曰：「諾。」罷酒，帝以訪諸大臣，大臣袁盎等曰：「不可。昔宋宣公不立子而立弟，以生禍亂，五世不絕[一三]。小不忍，害大義，故春秋大居正[一四]。」由是太后議格[一五]，遂不復言。王又嘗上書願賜容車之地[一六]，徑至長樂宮，自使梁國士眾築作甬道[一七]，朝太后。袁盎等皆建[一八]以為不可，梁王由此怨袁盎及議臣，乃與羊勝、公係詭謀陰使人刺殺袁盎及他議臣十餘人。賊[一九]未得也，於是天子意梁[二〇]，逐賊，果梁所為。上遣田叔、呂季主往按梁事，捕公孫詭、羊勝。詭、勝匿王後宮，使者十餘輩至梁，責二千石[二一]急，梁相軒丘豹[二二]及內史韓安國以下，舉國大索，月餘，弗得。安國聞詭、勝匿王所，乃入見王而泣，曰：「主辱者臣死。大王無良臣，故紛紛至此。今勝、詭不得，請辭賜死㉓。」王曰：「何至此？」安國泣數行下，曰：「大王自度於皇帝孰與㉔臨江王親？」王曰：「弗如也。」安國曰：「臨江王適㉕長太子，以一言過，廢王臨江㉖，用宮垣事，卒自殺中尉府㉗。何者？治天下，終不用私亂公。今大王列在諸侯，訹邪臣浮說㉘，犯上禁，橈明灋㉙，天子以太后故，不忍致灋於大王，太后日夜涕泣，幸大王自改，大王終不覺寤㉚，有如太后宮車即晏駕㉛，大王尚誰攀乎？」語未卒㉜，王泣數行而下，謝安國曰：「吾今出勝、詭。」王乃令勝、詭皆自殺，出之。上由此怨望梁王，梁王恐，使鄒陽入長安，見皇后兄王信，說曰：「長君弟㉝得幸於上，後宮莫及，而長君行迹，多不循道理者。今袁盎事即窮竟㉞，梁王伏誅，太后無所發怒，切齒側目㉟於貴臣，竊為足下憂之。」長君曰：「為之奈何？」陽曰：「長君誠能精為上言之㊱，得毋竟梁事，長君必固自結於太后，太后厚德長君㊲，入於骨髓，而長君之弟，幸於兩宮（三八），金城之固也（三九）。昔者，舜之弟象，日以殺舜為事，及舜立為天子，封之於有卑（四〇）。夫仁人之於兄弟，無藏怒，無宿怨，厚親愛而已（四一），是以後世稱之。以是說天子，徼幸（四二）梁事不奏（四三）。」長君曰：「諾。」乘閒入言之，帝怒稍解。是時太后憂梁事，不食，日夜泣不止，帝亦患之。會田叔等按梁事來，還至霸昌廐（四四），取火悉燒梁之獄辭，空手來見帝。帝曰：「梁有之乎？」叔對曰：「死罪有之。」上曰：「其事安在（四五）？」田叔曰：「上毋以梁事為問也。」上曰：「何也？」曰：「今梁王不伏誅，是漢灋不行也；伏灋而太后食不甘味，臥不安席，此憂在陛下也。」上大然之，使叔等謁太后，且曰：「梁王不知也，造為之者（四六），獨在幸臣，羊勝、公孫詭之屬為之耳，謹已伏誅死，梁王無恙（四七）也。」太后聞之，立起坐餐，氣平復。梁王因上書請朝，既至關，茅蘭（四八）說王，使乘布車（四九），從兩騎入，匿於長公主（五〇）園。漢使使迎王，王已入關，車騎盡居外，不知王處。太后泣曰：「帝果殺吾子。」帝憂恐，於是梁王伏斧質於闕下（五一）謝罪，太后、帝大喜相泣，復如故，悉召王從官入關，然帝益疏(53)王，不與同車輦矣。

帝以田叔為賢，擢為魯相(54)。

【今註】㊀太宗廟壖垣：壖垣即堧垣，指內垣與外垣間之隙地。詳上卷景帝前三年註㊃。按景帝即位之初，詔郡國諸侯各為孝文皇帝立太宗之廟，故臨江國亦有之。㊁簿：獄訟之文辭。㊂刀：古時著書於簡牘，故必用刀以削簡。㊃魏其侯：竇嬰。魏其侯國故城在今山東省臨沂縣南。㊄間與：伺間隙而與之。㊅以危灋中都：危灋，峻法。謂以峻法構成郅都之罪。㊆有星孛于西北：孛，彗起之屬而光芒較短。此謂有星成孛狀，出現於天之西北方。㊇立皇子越為廣川王，寄為膠東王：景帝前五年，徙廣川王彭祖為趙王。故立越為廣川王；前七年，立膠東王徹為皇太子，故立寄為膠東王。㊈梁孝王以至親有功：梁孝王以母弟至親，又有捍禦吳、楚之功。㊉從千乘萬騎，出蹕入警：警，戒肅道路；蹕，禁止行人；凡天子出則稱警蹕。從車千乘，騎士萬人，出入警蹕，皆天子儀制。⑪奇邪計：怪譎詭異之計。⑫栗太子：太子榮，栗姬之子，故稱栗太子。⑬宋宣公不立子而立弟，以生禍亂，五世不絕：宋宣公捨其子與夷而立其弟穆公，穆公又捨其子馮不立而立與夷，其後馮與與夷爭國，宋國大亂，五世不絕。⑭大居正：此《公羊傳》之言。意謂凡事以全大義為先，而不敢於小仁。⑮格：止。⑯容車之地：謂地狹僅足容車。⑰甬道：道之兩旁築有牆垣者。⑱建：建議。⑲賊：

指刺客。⑳意梁：意，通疑。謂疑為梁王所為。㉑二千石：漢初，諸侯王國各置傅、相、御史大夫及諸卿，制度如漢朝，皆秩二千石。㉒軒丘豹：複姓軒丘，名豹。㉓請辭賜死：謂請賜死。㉔孰與：何如。㉕適：讀曰嫡。㉖以一言之過，廢王臨江：景帝嘗屬諸王子於太子之母栗姬，栗姬怒而言不遜，由是廢太子，是為以一言之過而見廢。㉗用宮垣事，卒自殺中尉府：謂以侵太宗廟堧垣事徵而自殺。用，同以。卒，竟也。㉘訹邪臣浮說：訹，誘惑。浮說，虛浮不實之言。此云梁王為邪臣浮說所誘惑。訹，音卹（ㄒㄩˋ）。㉙橈明法：橈，曲。橈明法，意即枉法自恣，不受法律之制裁。㉚覺寤：悔悟前非。寤，通悟。㉛宮車即晏駕：凡帝、后崩，臣下不敢直斥，俱言晏駕。晏，遲出之意；宮車，後妃所乘之車。㉜卒：畢。㉝長君弟：王信字長君。弟，謂女弟，即王信之妹王皇后。㉞窮竟：推究其始末。㉟切齒側目：怨憤之狀。㊱精為上言之：精，微密。謂乘間密為上言之，不令人知。㊲太后厚德長君：謂太后必以長君於己有厚德。㊳兩宮：太后宮及帝宮。㊴金城之固也：謂其榮寵無極，不可譖毀，有如金城之固。㊵有卑：胡三省曰：「卑，音鼻。師古及柳宗元皆以為零陵之鼻亭，即象所封。」㊶自「夫仁人之於兄弟」至「厚親愛而已」：用《孟子》語意。㊷微幸：事不可必期，故曰微幸。㊸不奏：不窮竟其事，使不上聞。㊹霸昌廄：驛名，在長安東北。㊺其事安在：其事，指梁孝王罪狀。帝欲取梁王罪狀，故問其事安在。㊻造為之者：謂籌謀為此事者。㊼恙：憂。㊽茅蘭：服虔曰：「茅蘭，孝王大夫。」㊾乘布車：謂棄王者之車，乘布車私入關，不欲令人知之，觀下文意自明。㊿長公主：館陶長公主嫖，景帝之姊。(五一)闕下：未央宮北闕之下，為臣下奏事朝謁之所。㉟疏：同疎。㊱擢為魯相：相景帝之子魯共王餘。

三年（西元前一四七年）

㈠冬，十一月，罷諸侯御史大夫官。
㈡夏，四月，地震。旱，禁酤酒㊀。
㈢三月，丁巳，立皇子乘為清河王㊁。
㈣秋，九月，蝗。
㈤有星孛于西北。
㈥戊戌（三十日），晦，日有食之。
㈦初，上廢栗太子，周亞夫固爭之，不得，上由此疏之。而梁孝王每朝，常與太后言條侯之短㊂。竇太后曰：「皇后兄王信可侯也。」帝讓㊃曰：「始南皮㊄、章武㊅，先帝不侯，及臣㊆即位，乃侯之，信未得封也。」竇太后曰：「人生各以時行耳，自竇長君在時，竟不得侯，死後，其子彭祖顧㊇得侯，吾甚恨㊈之。帝趣㊉侯信也。」帝曰：「請得與丞相議之。」上與丞相議，亞夫曰：

「高皇帝約：『非劉氏不得王，非有功不得侯。』今信雖皇后兄，無功，侯之非約也。」帝默然而止。其後，匈奴王徐盧等六人降，帝欲侯之以勸後，丞相亞夫曰：「彼背主降陛下，陛下侯之，則何以責人臣不守節者乎？」帝曰：「丞相議不可用。」乃悉封徐盧等為列侯⑪。亞夫因謝病⑫。九月，戊戌（三十日），亞夫免，以御史大夫桃⑬侯劉舍為丞相。

【今註】 ㈠酤酒：賣酒。㈡立皇子乘為清河王：清河郡，高帝置，今以為國。㈢梁孝王每朝，常與太后言條侯之短：七國之反，吳楚急攻梁國，梁數求救於條侯亞夫，亞夫不許，由是梁孝王與條侯有隙。㈣讓：推辭。㈤南皮：南皮侯竇彭祖，竇太后弟長君之子。南皮故城在今河北省南皮縣東北。㈥章武：章武侯竇廣國，竇太后少弟。章武故城在今河北省滄縣東北。㈦臣：帝對太后自稱臣。㈧顧：反。㈨恨：引為憾事。㈩趣：讀曰促。⑪乃悉封徐盧等為列侯：按《史記・惠景間侯者年表》，容城侯徐盧、桓侯賜、遒侯隆彊、易侯僕黥、范陽侯代、翕侯邯鄲，俱匈奴王，以景帝中三年十二月丁丑同日封。⑫謝病：托病不視事。⑬桃：故城在今河北省冀縣西北。

四年（西元前一四六年）

㈠夏，蝗。

㈡冬，十月㈠，戊午（二十日，按十月己亥朔，戊午二十日，不宜有日食），日有食之。

【今註】㈠冬，十月：按此條當系於是年夏之前，此系於夏之後，誤。

五年（西元前一四五年）

㈠夏，立皇子舜為常山王㈠。

㈡六月，丁巳（二十九日），赦天下。

㈢大水。

㈣秋，八月，己酉（二十二日），未央宮東闕災。

㈤九月，詔諸獄疑若㈡，雖文致於灋㈢，而於人心不厭㈣者，輒讞㈤之。

㈥地震。

【今註】㈠立皇子舜為常山王：常山郡，高帝置，屬趙國，呂后分為常山國，文帝併為趙國，今復為常山國以王舜。㈡疑若：謂疑而不能明者。《通典・刑法四・雜議上》云：「廷尉上囚，防年繼母陳殺防年父，防年因殺陳。依律，殺母以大逆論。帝疑之。武帝時年十二，為太子，在旁，帝遂問之。太子答曰：『夫繼母如母，明不及母，緣父之故，比之於母。今繼母無狀，手殺其父，則下手之日，母恩絕矣，宜與殺人者同，不宜以大逆論。』從之。」按此防年之罪，亦可以殺人論，亦可以大逆論，疑莫能決，即所謂疑若。㈢文致於灋：謂原情定罪，其罪可輕，而以律文致之，使陷重刑。㈣厭：服。㈤讞：會審而平議之。

六年（西元前一四四年）

㈠冬，十月，梁王來朝，上疏欲留，上弗許㈠。王歸國，意忽忽㈡不樂。

㈡十一月，改諸廷尉、將作等官名㈢。

㈢春，二月，乙卯（朔），上行幸雍，郊五畤㈣。

㈣三月，雨雪。

㈤夏，四月，梁孝王薨。竇太后聞之，哭極哀，不食，曰：「帝果殺吾子。」帝哀懼不知所為，與長公主計㈤之，乃分梁為五國，盡立孝王男五人為王：買為梁王，明為濟川王，彭離為濟東王，定為山陽王，不識為濟陰王[六]；女五人，皆食湯沐邑。奏之太后，太后乃說[七]，為帝加一餐。孝王未死時，財以巨萬計，及死，藏府餘黃金尚四十餘萬斤，他物稱是[八]。

㈥上既減笞法[九]，笞者猶不全[一〇]，乃更減笞三百曰二百，笞二百曰一百；又定箠令[一一]，箠長五尺，其本大一寸，竹也，末薄半寸，皆平其節[一二]。當笞者笞臀[一三]，畢一罪乃更人[一四]，自是笞者得全。然死刑既重，而生刑又輕，民易犯之。

㈦六月，匈奴入鴈門，至武泉[一五]，入上郡，取苑馬[一六]，吏卒戰死者二千人。

隴西李廣，為上郡太守，嘗從百騎[一七]出，遇匈奴數千騎，見廣，以為誘騎[一八]，皆驚，上山陳[一九]。廣之百騎，皆大恐，欲馳還走，廣曰：「吾去大軍數十里，今如此，以百騎走，匈奴追射我，立盡。今我留，匈奴必以我為大軍之誘[二〇]，必不敢擊我。」廣令諸騎曰：「前[二一]。」未到匈奴陳二里所，止，令曰：「皆下馬解鞍。」其騎曰：「虜多且近，即有急，奈何？」廣曰：「彼虜以我為走，今皆解鞍，以示不走，用堅其意㉒。」於是胡騎遂不敢擊。有白馬將㉓出護㉔其兵，李廣上馬，與十餘騎犇㉕殺射白馬將而復還至其騎中，解鞍，令士皆縱㉖馬臥。是時，會暮，胡兵終怪之，不敢擊。夜半時，胡兵亦以為漢有伏軍於旁，欲夜取之㉗，胡皆引兵而去。平旦，李廣乃歸其大軍。

(八)秋，七月，辛亥（二十九日），晦，日有食之。

(九)自郅都之死，長安左右㉘宗室多暴犯法㉙，上乃召濟南都尉南陽甯成為中尉，其治效郅都，其廉弗如；然宗室、豪傑，皆人人惴㉚恐。

(十)城陽共王喜薨㉛。

【今註】㈠上疏欲留，上弗許：胡注引褚少孫曰：「諸侯王朝見天子，漢法，凡當四見耳。始到，入小見；到正月朔旦，奉皮薦璧賀正月法見；後三日，為王置酒，賜金錢財物，後二日，復入小見，辭去。凡留長安不過二十日。小見者，燕見於禁門內，飲於省中。」㈡忽忽：失意貌。㈢改諸廷尉、將作等官名：按《漢書・百官表》，是年改廷尉為大理，將作少府為將作大匠，奉常為太常，典客為大行令，長信詹事為常信少府，將行為大長秋，主爵中尉為都尉。㊃郊五時：祭天曰郊。五時，即五帝時。時，音止（ㄓˇ），奉祀天帝之所。㊄計：商議。㊅「買為梁王」至「不識為濟陰王」：胡三省曰：「梁仍都睢陽。濟川國在陳留、東郡之間。濟東國後入漢為大河郡，後又為東平國。山陽國即山陽郡。濟陰國即濟陰郡。」㊆說：讀曰悅。㊇他物稱是：謂他物價值與所餘黃金略等。㊈上既減笞法：減笞法事，見上卷景帝前元年。㊉笞者猶不全：謂猶因笞而殘廢或致死。⑪箠令：笞刑之法令。箠即策，笞具，以竹為之。箠，音垂（ㄔㄨㄟˊ）。⑫皆平其節：箠以竹為之，竹有節，令削平之，以輕其刑。⑬臀：音豚（ㄊㄨㄣˊ）。大腿上端與腰相連之處。如淳曰：「然則先時笞背也。」按臀部多肉，且距內臟遠，笞雖重，但傷肌膚，若笞背則傷及內臟。⑭畢一罪乃更人：謂於行笞時不中更人。按更人則力紓而笞重，不更人則力乏而笞輕，凡此皆所以減輕笞刑。⑮武泉：故城在今綏遠省歸綏縣西。⑯苑馬：苑，養禽獸之所，故牧馬之處亦曰苑。《漢書・食貨志》云：「孝景之世，始造苑馬以廣用。」漢儀注：「太僕牧師諸苑三十六所，分佈北邊、西邊，以郎為苑監官，奴婢三萬人，養馬三十萬匹。」⑰從百騎：以百騎自隨。⑱誘騎：謂故示敵寡弱以誘敵。李廣騎少，故匈奴疑為誘騎。⑲陳：讀曰陣，謂列陣以觀廣軍之動靜。⑳誘：即誘騎。㉑前：令騎前行。㉒用堅其意：用，同以。謂以堅敵以我為誘騎之意。按匈奴本以廣軍為誘騎，故上山列陣以待之，然猶疑其將走；今下馬解鞍以示不走，欲使匈奴不疑，而以為廣軍真為誘騎。㉓白馬將：匈奴將之乘白馬者。㉔護：監視。㉕犇：古奔字。㉖縱：放。㉗欲夜取之：謂漢伏兵欲乘夜以襲擊匈奴。

㉗長安左右：謂京畿之中，長安左右諸城邑。㉙暴犯法：謂輕於犯法而無所戒懼。㉚惴：憂懼，音墜（ㄓㄨㄟˋ）。㉛城陽共王喜薨：共，讀曰恭。共王喜，文帝前四年，嗣父章爵為城陽王，八年，徙封淮陽；後四年，復為城陽王，至是薨。

後元年（西元前一四三年）

㈠春，正月，詔曰：「獄，重事也；人有智愚，官有上下，獄疑者讞㊀有司，有司所不能決，移廷尉。讞㊁而後不當，讞者不為失㊂。欲令治獄者，務先寬。」

㈡三月，赦天下。

㈢夏，大酺五日，民得酤酒㊃。

㈣五月，丙戌（九日），地震。上庸㊄地震二十二日，壞城垣。

㈤秋，七月，丙午（是月丁丑朔，盡乙巳二十九日，無丙午），丞相舍免㊅。

㈥乙巳（二十九日），晦，日有食之。

㈦八月，壬辰（八月丁未朔，無壬辰），以御史大夫綰為丞相，衞尉南陽直不疑㈦為御史大夫。初，不疑為郎，同舍有告歸，誤持其同舍郎金去，已而同舍郎覺亡㈧，意不疑㈨，不疑謝有之㈩，買金償；後告歸者至而歸金，亡金郎大慚，以此稱為長者。稍遷至中大夫，人或廷毀(一一)不疑，以為盜嫂。不疑聞，曰：「我乃無兄。」然終不自明(一二)也。

㈧帝居禁中，召周亞夫賜食，獨置大胾(一三)，無切肉，又不置箸。亞夫心不平，顧謂尚席(一四)取箸。上視而笑曰：「此非不足君所乎(一五)？」亞夫免冠(一六)謝上，上曰：「起。」亞夫因趨出，上目送之，曰：「此鞅鞅，非少主臣也(一七)。」居無何(一八)，亞夫子為父買工官(一九)尚方甲楯五百被(二〇)可以葬者(二一)，取庸苦之，不與錢(二二)。庸知其盜買縣官器，怨而上變，告子(二三)，事連汙亞夫。書既聞，上下吏，吏簿責(二四)亞夫，亞夫不對。上罵之，曰：「吾不用也(二五)。」召詣廷尉，廷尉責問曰：「君侯欲反何？」亞夫曰：「臣所買器，乃葬器也，何謂反乎？」吏曰：「君縱不欲反地上，即欲反地下耳！」吏侵(二六)之益急。初，吏捕亞夫，亞夫欲自殺，其夫人止之，以故不得死，遂入廷尉，因不食五日，歐血而死㉗。

(九)是歲，濟陰哀王不識薨㉘。

【今註】㈠讞：呈報上級覆議。㈡讞：議罪。下讞字同。㈢讞者不為失：失，過失。謂所議之罪有疑若不能決者，經呈報覆議，雖初議或有不當，所議之人，不受過失之罪。㈣民得酤酒：景帝中三年，禁民酤酒，今弛此禁，復令民得酤酒。㈤上庸：故城在今湖北省竹山縣東南。㈥丞相舍免：景帝中三年，以桃侯劉舍代周亞夫為丞相，至是免。㈦直不疑：姓直，名不疑。㈧覺亡：亡，遺失。謂發覺其金遺失。㈨意不疑：意，同疑。謂疑其金為不疑所盜取。㈩謝有之：謂謝過而自云金為己所取。⑪廷毀：於廷見時，當眾之前而毀辱之。⑫不自明：不自辯白。⑬胾：大塊肉。胾音菑（ㄗ）。⑭尚席：主理筵席之官。⑮此非不足君所乎：此，指賜食之事。景帝言賜君大胾而無切肉，又不設箸，皆由我意，於君豈有所不足乎？⑯免冠：古時大臣自以為有過失則脫冠而謝罪。⑰此鞅鞅，非少主臣也：鞅鞅，意氣不滿貌。韓信失王，居常鞅鞅，亦此義。鞅，通怏。意常鞅鞅，必恃功傲上，不能臣事少主，故謂非少主之臣。⑱居無何：不久以後。⑲工官：營造器物之官署。⑳被：同具，五百被，即五百具。㉑可以葬者：可以為葬器者。㉒取庸苦之，不與錢：命庸工搬取甲楯，役使之甚苦而不與賃錢。㉓子：亞夫之子。㉔簿責：書其罪款於簿，一一責問之。㉕吾不用也：不用，謂不用獄吏簿責。帝怒亞夫倔強不置對，故直下廷尉考劾，不用獄吏責問。㉖侵：欺陵。㉗歐血而死：歐，吐也，亦作嘔。按《史記·景帝紀》，亞夫死在景帝中三年，《漢書·景帝紀》則係於後元年，通鑑據《漢書》。《漢書補注》引王先慎曰：「史記，亞夫死於中三年，是也。亞夫免丞相，公卿表在中三年；本傳，亞夫謝病免相，頃之，上召賜食，居無何，買葬器，事起，遂入廷尉，不食死。玩文法，亦不應隔免相後四年。侯表，孝景三年為太尉，七年為丞相，有罪，國除。自三年順推至中三年，合七年之數，明不當在後元年也。」㉖濟陰哀王不識薨：濟陰哀王不識，梁孝王之子，景帝中六年封濟陰王，至是薨。

二年（西元前一四二年）

㈠春，正月，地一日三動。

㈡三月，匈奴入鴈門，太守馮敬與戰，死。發車騎、材官屯鴈門。

㈢春，以歲不登，禁內郡食馬粟，沒入之㊀。

㈣夏，四月，詔曰：「雕文刻鏤，傷農事者也；錦繡纂組，害女工者也㊁。農事傷，則飢之本；女工害，則寒之原也。夫飢寒並至，而能亡為非者，寡矣。朕親耕，后親桑，以奉宗廟粢盛祭服，為天下先㊂。不受獻，減太官㊃，省繇㊄賦，欲天下務農蠶，素有畜積，以備災害。彊毋攘㊅弱，眾毋暴㊆寡，老耆㊇以壽終，幼孤得遂長㊈。今歲或不登，民食頗寡，其咎安在？或詐偽為吏㊉，以貨賂為市，漁奪⑪百姓，侵牟⑫萬民。縣丞，長吏也，姦灋⑬與盜盜⑭，甚無謂也。其令二千石，各脩其職，不事官職耗⑮亂者，丞相以聞，請其罪⑯。布告天下，使明知朕意。」

㈤五月，詔筭貲四得官⑰。

㈥秋，大旱。

【今註】㊀禁內郡食馬粟，沒入之：謂內郡之民，以粟飼馬者，沒其馬入官。㊁雕文刻鏤，傷農事者也；錦繡纂組，害女工者也：文，文飾；鏤，亦刻。組，絲練；纂，赤組。此謂民事雕文刻鏤，則廢農事，女務錦繡纂組，則妨女工。農事，謂田作；女工，謂桑織。㊂先：提倡。㊃減太官：太官，掌膳食之事。減太官，意即減膳損食，使不過於豐盛。㊄繇：讀曰傜。㊅攘：奪取。㊆暴：侵陵。㊇耆：〈曲禮〉：六十曰耆。《說文》段注：「七十以上曰耆。」㊈遂：成。㊉詐偽為吏：為吏枉法為姦，以欺詐小民。⑪漁奪：無擇貧富，皆侵奪之。⑫侵牟：牟，同蛑，食苗根之蟲。此謂姦吏侵民，如蛑之食苗，盡而後已。或曰：牟，取。侵牟，亦侵奪之意。⑬姦灋：因法作姦。⑭與盜盜：與盜共為盜。⑮耗：讀曰眊。昏憒不明曰眊。⑯請其罪：謂請於天子，以治二千石眊亂不事官職者之罪。㊄詔筭資四得官：漢制，貲萬錢一筭，一筭一百二十七錢，如今之財產稅。按《漢書・景帝紀》，在此之前，限貲十筭以上乃得為吏，十筭，即家貲十萬。漢制，賈人雖有財不得仕宦，廉士則無貲又不得宦，故減貲為四筭得為官。官，《漢書》作宦。《漢書補注》引張釋之曰：「漢之仕進，大抵郎侍及仕州郡及卿府辟召三塗。郎乃宦於皇帝者也。無訾不得宦於皇帝，自可仕郡縣及卿府也。」姚鼐曰：「此所云宦謂郎也。漢初，郎須有衣馬之飾，乃得侍上，故以訾筭。」何焯曰：「董仲舒所謂選郎吏以富訾，指此訾算也。司馬相如以訾算為郎。」訾，通貲。

三年（西元前一四一年）

㈠冬，十月，日月皆食，赤五日。

㈡十二月，晦，雷，日如紫，五星逆行㊀，守太微㊁。月貫㊂天廷中。

㈢春，正月，詔曰：「農，天下之本也。黃金珠玉，飢不可食，寒不可衣，以為幣㊃用，不識其終始。間㊄歲或不登，意為末㊅者眾，農民寡也。其令郡國務勸農桑，益㊆種樹㊇，可得衣食物。吏發民若取庸采黃金珠玉者，坐贓為盜㊈，二千石聽㊉者，與同罪。」

(四)甲寅（十七日），皇太子冠。

(五)甲子（二十七日），帝崩于未央宮。太子即皇帝位，年十六，尊皇太后為太皇太后，皇后為皇太后。

(六)二月，癸酉（六日），葬孝景皇帝于陽陵。

(七)三月，封皇太后同母弟田蚡為武安[一一]侯。勝為周陽[一二]侯。

(八)班固贊曰：「孔子稱斯民也，三代之所以直道而行也[一三]。信哉！周、秦之敝，罔[一四]密文[一五]峻，而姦軌不勝[一六]。漢興，掃除煩苛，與民休息，至于孝文，加之以恭儉，孝景遵業，五六十載之間，至于[一七]移風易俗，黎民[一八]醇厚[一九]。周云成、康，漢言文、景，美矣。」

(九)漢興，接秦之弊，作業劇而財匱，自天子不能具鈞駟[二〇]，而將相或乘牛車[二一]，齊民[二二]無藏蓋[二三]。天下已平，高祖乃令賈[二四]人不得衣絲乘車，重租稅以困辱之。孝惠、高后時，為天下初定，復弛商賈之律[二五]，然市井之子孫[二六]，亦不得仕宦為吏。量吏祿，度官用，以賦於民[二七]；而山川、園池、市井、租稅之入，自天子以至於封君、湯沐邑，皆各為私奉養焉，不領於天下之經費[二八]。漕轉[二九]山東[三〇]粟，以給中都官㉛，歲不過數十萬石。繼以孝文、孝景，清淨恭儉，安養天下，七十餘年之閒，國家無事，非遇水旱之災，民則人給家足，都鄙㉜廩庾皆滿，而府庫餘貨財，京師之錢累巨萬㉝，貫㉞朽而不可校㉟。太倉㊱之粟，陳陳相因㊲，充溢露積於外，至腐敗不可食㊳。眾庶街巷有馬，而阡陌㊴之閒成羣，乘字牝者，擯而不得聚會㊵。守閭閻㊶者食粱肉，為吏者長子孫㊷，居官者以為姓號㊸，故人人自愛而重犯瀀㊹，先行義而後詘辱焉㊺。當此之時，罔㊻疏而民富，役財驕溢㊼，或至兼幷。豪黨之徒，以武斷於鄉曲㊽。宗室有土㊾，公卿大夫以下，爭于奢侈，室廬輿服，僭于上，無限度。物盛而衰，固其變也。自是之後，孝武內窮㊿侈靡，外攘(五一)夷狄，天下蕭然(五二)，財力耗矣！

【今註】㊀逆行：天體運行，不遵常道。㊁太微：帝星所在。㊂貫：橫穿而過。㊃幣：通貨。㊄閒：近來。㊅末：工商業。㊆益：增加。㊇種樹：種植。㊈吏發民若取庸采黃金珠玉者，坐贓為盜：若，同及。發民，徵用其民以事勞役。取庸，取民資以雇庸工。此謂吏發民及取庸以採黃金珠玉者，以盜贓之罪犯坐之。⑩聽：知而不問。⑪武安：故城在今河北省武安縣西南。⑫周陽：《漢書・地理志》無周陽縣。《水經注・涑水篇》：「涑水出聞喜縣東山黍葭谷。」注：「水出華谷，西過周陽邑南，景帝封田勝為侯國。」又《史記正義》：「絳州聞喜縣東二十九里，有周陽故城。」則周陽當在聞喜縣不遠處。聞喜故城在今山西省聞喜縣西南。⑬孔子稱斯民也，三代之所以直道而行也：此班固引論語載孔子之辭。孔子之意，略為今此之民，並不劣於夏、商、周三代之民，然而三代之世，政化淳一，故能直道而行，今則不然。此孔子傷感當世之語，班固引用之。⑭罔：古網字，謂法網。⑮文：律文。⑯不勝：不勝其多。⑰至於：王先慎曰：「至於二字，涉上文而衍。御覽八十八引無至於二字。」⑱黎民：庶民。⑲醇厚：純一忠厚而不澆雜。⑳天子不能具鈞駟：色純一不雜曰鈞；四馬駕一車曰駟。天子之車駕四馬，色宜鈞一，今國貧，故雖天子不能具鈞駟。㉑將相或乘牛車：以牛駕車。時馬少，故雖將相之尊，亦乘牛車。㉒齊民：謂齊等無有貴賤之別，如今謂平民。㉓無藏蓋：謂無物可資蓋藏。言其貧乏之甚。㉔賈：坐販曰賈，此為商賈之總稱。㉕弛商賈之律：謂許其衣錦乘車。㉖市井之子孫：古人販物於市井之旁。《史記正義》曰：「古未有市，若朝聚井汲水，便將貨物於井邊貨賣，故曰市井。」故以市井指商人。市井之子孫，即商賈之子孫。㉗量吏祿，度官用，以賦於民：此謂量出為入以徵賦稅，纔取足用而已。㉘不領於天下之經費：領，理也；經，常也。此謂自封君以下，皆以封邑私奉養，不領入漢朝之倉廩府庫為天下之常費。㉙轉漕：水運曰漕，車運曰轉。㉚山東：函谷以東，即關東。㉛中都官：京都諸官府。㉜都鄙：邑聚曰都，邊邑曰鄙。㉝巨萬：猶萬萬，喻其多而難計，故統言之。㉞貫：串錢之繩。㉟校：計數。

㊱太倉：京師積穀之倉。㊲陳陳相因：陳，久舊。謂舊者未盡，而新者復來。㊳充溢露積於外，至腐敗不可食：積粟既多，倉小不能容，遂至露積腐敗。㊴阡陌：田中小道。㊵乘字牝者，擯而不得聚會：牝，指雌馬。字，指乳馬。此言當時民間富饒，故皆乘雄馬，凡乘牝馬或乳馬，則眾恥之，擯棄而不與會聚。㊶閭閻：里門。㊷為吏者長子孫：時太平無事，吏至於生長子孫，而不轉職。㊸居官者以為姓號：在職既久，遂以官名為姓氏，《漢書・貨殖傳》有倉氏、庫氏，皆是。㊹重犯法：重，難也。言人人自愛其身而不肯輕易犯法。㊺先行義而後詘辱焉：先，尚。詘，同黜。謂以行義相尚而以媿辱相黜。此據《史記》之文，《漢書・食貨志》作先行誼而詘媿辱焉，無後字。按詘字即先字之對文，後字或為後人所妄加。按《史記・平準書》太史公曰，作先本絀末，而不作先本後絀末，明後字為後人所妄加。㊻罔：法網。罔同網。㊼役財驕溢：謂耗財無度。㊽豪黨之徒，以武斷於鄉曲：謂鄉曲豪強，恃其富饒，以威勢主斷曲直。㊾宗室有土：宗室，謂國之宗姓；有土，謂受邑土之封。㊿窮：極端。(五一)攘：抵禦。(五二)蕭然：擾亂不安。

資治通鑑今註十五冊出版進度表

冊　次	紀　年	出版時間
1	周紀　秦紀　漢紀	100 年 11 月
2	漢紀	100 年 11 月
3	漢紀	101 年 1 月
4	漢紀　魏紀	101 年 2 月
5	晉紀	101 年 3 月
6	晉紀	101 年 4 月
7	宋紀　齊紀	101 年 5 月
8	齊紀　梁紀	101 年 6 月
9	梁紀　陳紀	101 年 7 月
10	隋紀　唐紀	101 年 8 月
11	唐紀	101 年 9 月
12	唐紀	101 年 10 月
13	唐紀	101 年 11 月
14	後梁紀　後唐紀	101 年 12 月
15	後唐紀　後晉紀 後漢紀　後周紀	101 年 12 月

古籍今註今譯

資治通鑑今註　第一冊
周紀　秦紀　漢紀

編　　者—國家教育研究院
校 註 者—李宗侗 夏德儀等
發 行 人—王春申
總 編 輯—李進文
執行編輯—徐平
校　　對—郭則寬 林郁潔 吳素慧
封面設計—吳郁婷

業務組長—陳召祐
行銷組長—張傑凱
出版發行—臺灣商務印書館股份有限公司
23141 新北市新店區民權路 108-3 號 5 樓（同門市地址）
電話：(02)8667-3712　傳真：(02)8667-3709
讀者服務專線：0800056196
郵撥：0000165-1
E-mail：ecptw@cptw.com.tw
網路書店網址：www.cptw.com.tw
Facebook：facebook.com.tw/ecptw

局版北市業字第 993 號
初版：1975 年 12 月
二版一刷：2011 年 11 月
二版二刷：2019 年　9 月
印刷廠：沈氏藝術印刷股份有限公司
定價：新台幣 990 元
法律顧問：何一芃律師事務所

資治通鑑今註. 第一冊. 周紀 秦紀 漢紀 ／ 李宗侗. 夏德儀 校註；國家教育研究院 主編-- 二版. --新北市：臺灣商務, 2011. 11
面； 公分. --（古籍今註今譯）

ISBN 978-957-05-2652-3（精裝）

1. 資治通鑑 2. 註釋

610.23 100018985

廣告回信
板橋郵局登記證
板橋廣字第1011號
免貼郵票

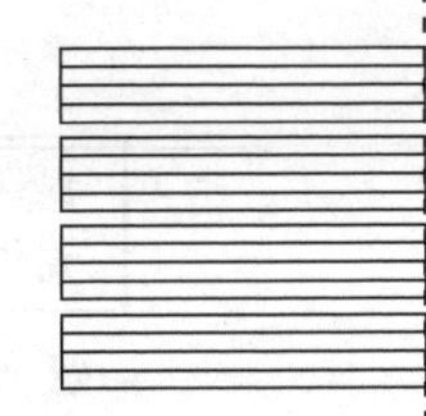

23141
新北市新店區民權路108-3號5樓
臺灣商務印書館股份有限公司 收

請對摺寄回，謝謝！

傳統現代　並翼而翔

Flying with the wings of tradtion and modernity.

讀者回函卡

感謝您對本館的支持，為加強對您的服務，請填妥此卡，免付郵資寄回，可隨時收到本館最新出版訊息，及享受各種優惠。

■ 姓名：______________________ 性別：□ 男 □ 女

■ 出生日期：________年________月________日

■ 職業：□學生 □公務(含軍警) □家管 □服務 □金融 □製造
□資訊 □大眾傳播 □自由業 □農漁牧 □退休 □其他

■ 學歷：□高中以下（含高中）□大專 □研究所（含以上）

■ 地址：
____
____

■ 電話：(H) ______________________ (O) ______________

■ E-mail：____________________________________

■ 購買書名：__________________________________

■ 您從何處得知本書？

□網路 □DM廣告 □報紙廣告 □報紙專欄 □傳單
□書店 □親友介紹 □電視廣播 □雜誌廣告 □其他

■ 您喜歡閱讀哪一類別的書籍？

□哲學．宗教 □藝術．心靈 □人文．科普 □商業．投資
□社會．文化 □親子．學習 □生活．休閒 □醫學．養生
□文學．小說 □歷史．傳記

■ 您對本書的意見？（A/滿意 B/尚可 C/須改進）

內容 __________ 編輯________ 校對________ 翻譯__________
封面設計________ 價格________ 其他________________

■ 您的建議：__________________________________

____

※ 歡迎您隨時至本館網路書店發表書評及留下任何意見

臺灣商務印書館 The Commercial Press, Ltd.

23141新北市新店區民權路108-3號5樓 電話：(02)8667-3712
讀者服務專線：0800-056196 傳真：(02)8667-3709
郵撥：0000165-1號 E-mail：ecptw@cptw.com.tw
網路書店網址：www.cptw.com.tw
臉書：facebook.com.tw/ecptw